GUÉRILLA
et
CONTRE-GUÉRILLA
Théorie et Pratique

Jehan MOREL

GUÉRILLA
et
CONTRE-GUÉRILLA
Théorie et Pratique

Nouvelle édition revue et augmentée

Editions de Chiré
86190 CHIRÉ-EN-MONTREUIL
www.chire.fr

Remerciements

L'auteur remercie de tout cœur ceux qui, ne ménageant pas leur peine, ont permis la réalisation de ce livre. Tout particulièrement :

Hélène Ming Siang, sa loyale épouse qui, inlassablement, avec intelligence, patience et abnégation, a courageusement réussi, page après page, à décrypter et rendre intelligible une écriture déformée par la passion et jetée fébrilement sur le papier,

Son ami de toujours, Guy Gerlier, correcteur, homme épris de culture qui, avec conscience et persévérance, a passé au peigne fin ce texte pour en expurger les maladresses et imprécisions qui s'y étaient glissées dans le feu de la création,

Son ami Michel Feder, véritable puits de science de l'art militaire, encyclopédie vivante des armes en tous genres, maître en histoire, et bien d'autres choses encore...qui fut pour l'auteur un conseiller irremplaçable.

Pour être « fair play », l'auteur ne manquera pas d'évoquer les innombrables « chevaliers de la kalachnikov » qui, faisant fi de leur vie, l'ont combattu, avec leur foi, bonne ou mauvaise, et une détermination totale, la haine au ventre, l'invective à la bouche et le poing tendu. Ce sont eux qui lui ont inspiré ce livre, parfois à ses dépens...

« *Tout acte de guerre est basé sur la tromperie. On doit attaquer l'ennemi là où il n'est pas préparé et apparaître là où il ne nous attend pas. Ces techniques militaires qui assureront la victoire ne doivent jamais être divulguées en avance.* »

SUN TSU : *L'art de la Guerre*
(544-496 av. J.C.), Général et stratège
Etat de Wu, Chine

« *Un général doit chercher par-dessus tout à diviser les forces qu'il a à combattre, soit en rendant suspects au général ennemi les hommes dans lesquels il se fie davantage, soit en lui donnant quelque raison de séparer ses troupes.* »

Nicolas MACHIAVEL : *L'art de la Guerre*
(1469-1527) Historien, philosophe et diplomate.
République de Florence

Avertissement au lecteur

Le lecteur trouvera dans cet ouvrage les modes d'action, de pensée et de vivre de la guérilla, plutôt que des descriptions techniques de matériels. Ces derniers étant en constante évolution, par suite des progrès scientifiques et technologiques, l'auteur prie le lecteur de bien vouloir l'excuser pour les éventuelles insuffisances qu'il pourrait constater dans ce domaine.

Il ne s'agit pas, non plus, de récits d'opérations auxquelles l'auteur a participé, en Indochine ou ailleurs ; nombreux l'ont déjà fait et d'excellente façon. Cependant, il s'est efforcé de respecter la phonétique lorsque des noms viêtnamiens de personnes ou de lieux, etc., sont cités, tout comme l'accentuation très particulière qui caractérise l'écriture viêtnamienne. C'est ainsi qu'apparaît le « Đ » (D barré), lettre de l'alphabet viêtnamien qui se prononce comme le « D » français alors que le « D » non barré se prononce « Z » en viêtnamien (la lettre « Z » n'existant pas). De même, l'absence de genre et de nombre dans la langue viêtnamienne est également respectée.

Ce livre n'exprime que ses réflexions sur un sujet longuement étudié et qui lui tient particulièrement à cœur, depuis les expériences vécues dans sa jeunesse.

L'auteur souhaite souligner avec force que les méthodes de guérilla évoquées dans ce livre ne concernent que les mouvements légitimes, combattant pour la libération nationale contre un occupant étranger, comme ce fut le cas de la résistance française contre l'occupant allemand.

Il exprime son rejet absolu de toute forme de lutte qui, se parant du titre de « guérilla », serait le fait de bandits ou de terroristes souhaitant imposer par une violence aveugle leur vision hallucinée du monde. Ce qu'il condamne avec la dernière énergie.

1. AVANT-PROPOS

L'auteur ne doit ses connaissances de la guérilla ni à des livres savants, écrits par des théoriciens installés confortablement dans leurs bureaux, ni même aux études réalisées par des analystes-rédacteurs dont regorgent les Directions du Renseignement des "Services". Il a acquis son savoir au contact des guérilleros les plus intelligents et les plus déterminés qui n'aient jamais été : les **Việt Minh**.

C'est au cours d'embuscades subies ou tendues, de pièges, de ruses, utilisés par les deux parties au cours de luttes sans fin, dans la jungle des montagnes, ou dans les rizières du Delta (1), que son ennemi intime, le « **Việt** », auquel il se heurta, lui apprit, souvent à ses dépens, le grand art de la guérilla, pratiqué en finesse, avec imagination, « torsion » de l'esprit, faux-semblants…. et vrais massacres !

C'est d'ailleurs ce même **Việt Minh** qui, plus tard, ragaillardi et réarmé, deviendra par un tour de passe-passe le **Việt Công**. Celui-ci étrillera de fort belle manière les G.I. (2) surarmés qui, éberlués, abandonneront en catastrophe, avec leurs illusions, leur matériel splendide, l'héroïne bon marché et leurs si douces « con gái » éplorées.

Cette cuisante défaite calma et assagit un temps l'armée américaine. Mais, ayant perdu la mémoire sinon son outrecuidance, elle plongea à nouveau dans ses travers en Irak. Nos bons G.I. s'y firent « botter le cul » (pour reprendre les déclarations *off* des journalistes américains accrédités, c'est-à-dire totalement instrumentalisés par le Pentagone et la Maison Blanche), traitement humiliant qu'ils préconisaient pour le peuple irakien…au début de la campagne. Mais cela est une autre histoire…

Cet ouvrage est, bien sûr, le résultat de l'expérience antiguérilla de l'auteur, souvent menée avec des moyens appris de *ceux d'en face*, re-

---

(1) Delta du Fleuve Rouge (Tonkin).
(2) G.I. : Soldat de l'armée des Etats-Unis. Sigle traduisant le terme *"Government Issue"* (distribué par le gouvernement).

tournés contre eux, parfois avec amélioration. C'est aussi celui de l'observation intense des *autres* pour s'imprégner complètement de leurs méthodes et de leur psychologie, afin de mieux les détruire. Le proverbe chinois n'exprime-t-il pas clairement cette nécessité lorsqu'il affirme : « *C'est avec le chien afghan que l'on chasse le loup afghan* » ? Et le grand Nietzsche lui-même ne disait-il pas : « *Choisis tes ennemis avec soin, tu finiras par leur ressembler* » ?

Les armées régulières, malgré leurs matériels sophistiqués et leur savoir-faire militaire, empêtrées par leurs règlements toujours rigides, parfois ubuesques, qui les empêchent souvent pour des raisons politiques de frapper fort là où il faut, quand il faut, ont un handicap sérieux face à la guérilla qui, elle, n'a qu'un unique but : vaincre par tous les moyens.

Les partisans, mobiles, indifférents à leurs pertes, soutenus par la population qui les renseigne et les ravitaille, utilisant le terrain qu'ils connaissent à merveille, auront toujours un avantage sur une armée régulière. Mais leur arme décisive reste leur foi ! Elle peut être politique (nationaliste, communiste) ou religieuse (islamiste sunnite ou chiite, chrétienne), voire ethnique (Karens en Birmanie, Kurdes), etc. Le futé Hô Chí Minh l'avait bien compris quand il affirmait, avec raison, que « *l'art militaire sans la politique, c'est un arbre sans racines* ». C'est cette foi, avec tout ce qu'elle implique, qui fait toute la différence, face à une armée qui combat sur un théâtre d'opérations extérieures, par sens du devoir ou, de façon plus diffuse, pour servir une patrie lointaine et indifférente.

Rien n'illustre mieux cette situation que la guerre en Irak. L'armée la plus puissante du monde, après une guerre éclair suivie d'une occupation difficile, se débattait et s'enlisait chaque jour un peu plus et cela pour rien ! Le nombre de djihadistes croissait de jour en jour. Le défilé des cercueils ramenés discrètement aux Etats-Unis continuait (3). Et la guerre civile entre Kurdes, Chiites et Sunnites s'intensifiait. Il était chaque jour plus évident que l'ancien président George W. Bush conduisait son pays vers une autre débâcle, avec en prime la haine tenace du monde islamique. Cette situation désastreuse ne put être redressée in-extremis que par l'intervention intelli-

---

(3) Les morts des guerres d'Irak et d'Afghanistan sont rapatriés sur la base de l'Armée de l'Air de Dover (Delaware), avant que leurs restes soient parfois incinérés comme de vulgaires déchets. A elle seule, la guerre en Irak, déclenchée à la suite de renseignements erronés (ou d'une diabolique désinformation), aura coûté très cher aux Etats-Unis : 4469 morts, 32213 blessés… et 800 milliards au Trésor américain.

gente du très capable général D.H. Petraeus, qui devait rendre possible le retrait des troupes américaines de ce bourbier en décembre 2011.

Tout au contraire, l'astucieux président Vladimir Poutine, aux prises avec une rébellion en Tchétchénie (République Musulmane Autonome du Caucase), réalisa que la guerre classique, menée brutalement et aveuglément par une armée russe avec chars, missiles, hélicoptères et bombes anti bunker de 1000 kg, n'arriverait jamais à vaincre une guérilla mobile et fanatisée, sur un terrain difficile. De façon très adroite, il offrit le poste de Premier ministre puis de président à Ramzan Kadyrov, ex-rebelle lui-même et fils du président Akhmat Kadyrov assassiné peu avant par on ne sait qui. Devenu président, ce jeune chef de guerre efficace, patriote tchétchène et pieux musulman, avec l'aide de ses seuls *Kadyrovtsys* (10 000 hommes) ramena très rapidement la paix en Tchétchénie. Grozny, la capitale qui avait été rasée dans les combats menés par l'armée russe, est en pleine reconstruction. Bien qu'après l'élimination des chefs rebelles, Chamil Bassaev et Salman Radouev, quelques actes de terrorisme subsistent (4), perpétrés par la bande de Dokou Oumarov, alias Abou Oussman (chef autoproclamé du prétendu Emirat du Caucase), auquel s'oppose le très agressif Khusein Gakayev, dit « Emir Mansour », soutenu lui-même par Ahmed Zakaev, président du soi-disant gouvernement tchétchène en exil !

La recette « Kadyrov » ?

- Musulman combattant des musulmans, le facteur religieux n'intervient plus.
- Un réseau d'informateurs très dense lui permet de savoir avec précision où se trouve chaque rebelle et plus important encore, ses parents.
- S'assurer de la famille des insurgés pour obliger ceux-ci à se rendre sans conditions.
- Faire des frappes chirurgicales, c'est-à-dire, lorsqu'un raid a lieu dans un village, n'exécuter que les terroristes et traiter les innocents avec la plus grande correction ; ce qui n'était pas toujours le cas des soldats russes.

---

(4) Ils sont, dans le Nord-Caucase, le fait d'extrémistes salafistes. Une grande partie de la population musulmane, d'obédience soufiste, modérée, paisible, tolérante, s'oppose à eux, parfois violemment.

La « *solution* » *Kadyrov*, partant d'une idée brillante, est excellente à court terme, bonne à moyen terme. Cependant, son goût d'indépendance et de pouvoir absolu, son influence grandissante sur les Républiques musulmanes du Nord-Caucase (5), pourraient à long terme devenir un « *problème* » *Kadyrov*. Qui devrait alors trouver une *solution accidentelle*, pour permettre de repartir sur des bases saines.

L'auteur est certain que la guérilla aura une place prépondérante dans les conflits politico-religieux du type Nord-Sud qu'annonce le choc de valeurs irréconciliables. Il sait aussi que de beaux esprits euphorisés, dépourvus de courage, pensent le contraire. Ce livre a été écrit non pour eux mais pour ceux qui craignent l'avenir et afin de leur laisser le témoignage d'un connaisseur.

---

(5) Tchétchénie, Daghestan, Ingouchie, Kabardino-Balkarie et Karatchaevo-Tcherkessie, dont les habitants sont aimablement qualifiés de « Tchourkis » par les Russes.

2. INTRODUCTION

La guérilla ne constitue pas une armée où des militaires, respectueux de leurs chefs et d'un code suranné, obéissent sans bruit ni murmure, le doigt sur la couture du pantalon, à une stricte discipline, dans le cadre d'une hiérarchie inflexible.

De fait, il existe parfois dans les armées classiques, des chefs dont les principes rigides nuisent au but recherché. C'est ce qui, pour partie, entraîna la perte de notre Indochine, malgré les efforts déterminés des généraux François Gonzalez de Linarès, Raoul Salan et Jean de Lattre de Tassigny. Ce dernier alla jusqu'au bout de ses forces pour maintenir à bout de bras ce joyau de notre Empire ! Honneur et gloire à ces héros de notre jeunesse. Ils ne sont d'ailleurs pas les seuls.

La guérilla ? C'est une toute autre affaire ! C'est une guerre totale, qui privilégie les formes de lutte asymétrique. Elle est composée d'unités mobiles de volontaires armés, dont la foi est inébranlable, la détermination totale, et qui ont une haine farouche de l'ennemi ! La discipline de fer, pendant les opérations ou le service, fait place, au repos, à des relations fraternelles entre les partisans, sans distinction de fonction. Ici, pas d'ordres (souvent imbéciles) reçus et exécutés parfois passivement dans la crainte du supérieur. Ici, ils sont donnés et obéis dans la joie et l'enthousiasme par des combattants dont l'unique but est la destruction totale de l'ennemi. La notion de l'individu s'efface devant les impératifs de la lutte commune qui est leur seule raison de vivre. Ici, la souplesse d'exécution et d'adaptation, face à des circonstances changeantes, l'imagination, les pièges, la ruse (1), arme du faible contre le fort, sont à l'honneur !

L'auteur tient à évoquer son ancien adversaire, le Viêt Minh, surtout les *Du Kích* (2) et les *régionaux*. Les réguliers des divisions 304, 308,

---

(1) Les Viêtnamiens disent : Yếu dùng mưu (Le faible utilise les stratagèmes).
(2) Guérilleros de village.

312, 316, 320 (3) et autres, eux, étaient déjà des soldats, plutôt que des partisans. Cet ennemi intime fut, à son grand dam, un excellent professeur de farces et attrapes.

Depuis des décennies, la situation du monde a radicalement changé. Aujourd'hui, il n'existe qu'une seule hyper-puissance. Sa tactique repose sur un cynisme mensonger, drapé dans le noble étendard de la Liberté, des Droits de l'Homme et de la Démocratie. Elle consiste à déclarer « hors-la-loi » tout pays faible mais riche en pétrole qui aurait l'audace de ne pas vouloir se courber devant ce maître tout puissant. Au nom de beaux principes qu'ils foulent aux pieds, les hégémonistes se sont auto-proclamés gardiens de la démocratie et policiers d'un monde qu'ils veulent dominer. Mao Tsé-toung, fin connaisseur en la matière, n'aurait pas manqué de dire : « *Agiter le Drapeau Rouge pour s'opposer au Drapeau Rouge* ! ». Après une campagne active de préparation, y compris une re-présentation théâtrale savamment orchestrée à l'ONU, ayant intimidé les « Demi-Grands », avec ou sans l'accord de l'ONU, l'Etat proclamé « voyou » est envahi. Sa faible armée, démoralisée en partie par des courriels de menaces (4) adressés directement à ses chefs, n'est pas en mesure de s'opposer à la plus grande armée du monde, financée de sur-croît par les capitaux de ses futures victimes. Dans la foulée, est installé un gouvernement « démocratique », qui donne avec enthousiasme sa bé-nédiction à l'envahisseur, afin de pouvoir piller avec lui les richesses nationales.

Dans ces conditions, il existera toujours, et non seulement au Moyen-Orient, des patriotes pour jouer les David face à Goliath.

Ce livre, qui se veut modeste, n'a pas été écrit dans le but d'inciter quiconque à la violence. Il est seulement le résultat de la réflexion d'un homme sincère, épris de justice, qui désire expliquer le pourquoi, et sur-tout le comment d'une guérilla luttant pour son indépendance nationale.

---

(3) Le gros des Forces (Chủ Lực).
(4) Comme les Etats-Unis l'ont fait juste avant l'invasion de l'Irak.

3. GÉNÉRALITÉS

Les guérillas, passées et présentes, poursuivent des buts différents. On peut, schématiquement, les classer selon les catégories suivantes :

- Celles qui luttent pour la libération du territoire national soumis à un occupant étranger. Il en était ainsi de la Résistance française pendant l'occupation allemande.
- Les autres, se caractérisent par leur combat contre le gouvernement légal de leur pays et revêtent plusieurs aspects :
  - Lutte d'une minorité ethnique opprimée pour obtenir son autonomie : Kurdes, Tamouls, minorités birmanes …
  - Conflit religieux : Sunnites contre Chiites en Irak, IRA catholique contre les Unionistes protestants en Ulster…
  - Combat politique/idéologique : Naxalites (maoïstes) en Inde, F.A.R.C.-EP en Colombie…
  - Véritables bandes, sans idéologie aucune, pillant les richesses naturelles. C'est le cas des Milices opérant dans la province orientale en République Démocratique du Congo et de celles qui commettaient des ravages en Sierra Leone, au Libéria, etc.

Il faut noter que certains groupes de guérilla (et pas seulement ceux décrits au paragraphe précédent) se financent par le trafic de drogues, les extorsions, les enlèvements, etc. De ce fait, ils sont classés à juste titre comme organisations terroristes (F.A.R.C.-EP, E.L.N., A.U.C. de Colombie).

Il n'existe pas une forme de guérilla mais bien deux, qui agissent de concert et se complètent. Ce sont : *la guérilla rurale*, celle à laquelle on pense généralement, et la *guérilla urbaine* qui fait parfois la une des journaux !

Jamais une action de guérilla n'arrivera à vaincre frontalement, par les armes, une force armée moderne, disciplinée, disposant d'armements et de matériels supérieurs. Cela est tout à fait vrai, mais alors pourquoi la guérilla ? Parce qu'une guérilla déterminée, où chaque combattant n'a qu'un seul but : détruire l'ennemi, malgré les coups terribles que celui-ci lui porte, finira à la longue par emporter la lutte. L'usure, la lassitude, le découragement feront que l'envahisseur en viendra à se demander ce qu'il est venu faire dans un tel guêpier, où il voit chaque jour tomber ses soldats. Le rusé Hồ Chí Minh l'avait bien prédit. N'a-t-il pas confié à Marius Moutet (1), après l'échec de la Conférence de Fontainebleau, en août 1946 : « *S'il faut nous battre, nous nous battrons. Vous nous tuerez dix hommes pendant que nous en tuerons un et c'est vous qui finirez par vous lasser* ! ». L'avenir lui donna, hélas, raison !

La guérilla ? C'est la résistance de tout un peuple (à l'exception de traîtres par ambition, intérêt ou vocation) qui, armé ou non, se dresse devant l'envahisseur ! C'est cette forme de lutte (petite guerre) qu'adopta le peuple espagnol en 1808, mettant en échec pour la première fois l'invincible Grande Armée, portant un coup très sérieux à Napoléon. De l'aveu même de l'empereur, ce revers marqua le début de sa chute.

La guérilla ? C'est une nuée de moustiques insaisissables, attaquant de partout qui, malgré les coups de cornes violents du buffle affolé (2) finit par mettre à genoux le puissant animal ! Comment la guérilla, qui ne peut vaincre l'ennemi dans un combat « classique », peut-elle faire pour arriver à ses fins ? Face à un agresseur indifférent à ses pertes en matériels (qu'il n'a aucune difficulté à remplacer) l'organisation clandestine frappe là où cela fait mal, c'est-à-dire cherche à lui causer un maximum de pertes humaines. Pourquoi une telle tactique ? A cela, il y a quatre raisons :

1° Il s'agit de décourager une armée composée de soldats disciplinés, bien entraînés mais pas très enthousiastes pour risquer leur vie, dans un conflit loin de chez eux, dont ils ne perçoivent pas bien l'intérêt. Ils combattent certes de leur mieux, puisque ce sont les ordres donnés par leurs chefs, en qui ils ont confiance…Mais cela s'arrête là. Alors quand la guerre s'enlise, quand leurs coups de boutoir frappent dans le vide, que leurs camarades tombent, viennent le doute et la lassitude. Peu à peu, ils perdent leur mordant, deviennent passifs et parfois s'adonnent à l'alcool et/ou à la drogue.

---

(1) Ministre des Colonies et son ancien camarade de la IIe Internationale.
(2) Les Viêtnamiens disent « Đấm vào chậu nước » (donnant des coups de poing dans l'eau).

2° Une guerre très coûteuse, dont l'issue semble toujours plus lointaine que jamais, une guerre qui provoque des pertes croissantes finit par alerter la classe politique. Cette dernière exerce alors une pression de plus en plus forte sur les dirigeants afin que les troupes soient ramenées au pays.

3° Le peuple qui, lui non plus, ne voit pas du tout l'intérêt d'un conflit *exotique* engloutissant ses enfants mais aussi des sommes de plus en plus importantes, s'oppose à la « sale guerre », forçant le gouvernement agresseur à retirer ses troupes. C'est exactement ce qui arriva aux Américains à l'issue de leur guerre au Việt Nam, puis ce qui vient de se passer en Irak et se reproduira bientôt en Afghanistan !

4° Enfin dernier point : Aux Etats-Unis, pendant la guerre d'Irak, l'armée n'arrivait à recruter généralement que parmi les minorités ethniques et le lumpenprolétariat. Or ces jeunes voyaient revenir au pays un défilé de cercueils et de blessés, parmi lesquels beaucoup de leurs copains. Ils refusaient alors de s'engager, malgré les primes mirobolantes qui leur étaient offertes. Ils auraient bien été volontaires pour jouer au *cowboy* dans un bel uniforme, avec bourse d'études en fin de service. Mais maintenant, voilà qu'on leur proposait d'aller faire une vraie guerre, où on tirait de vraies balles et où ceux qui allaient au tapis ne se relevaient pas. Ce n'était plus du tout le rêve initial fantasmé ! Rien n'y faisait, ils renâclaient ! Et l'armée, bien ennuyée, peinait à combler ses pertes, surtout lorsque fleurirent les démissions des infortunés gardes nationaux, des malheureux réservistes et même des professionnels endurcis. La situation était si sérieuse que l'armée américaine refusa arbitrairement et de façon unilatérale de laisser partir les militaires en fin de contrat. Ce qui provoqua un fort mécontentement.

Pourtant, une guérilla, qui serait coupée de tout appui (ou aide extérieure), ne pourrait survivre longtemps et finirait par disparaître. Plusieurs exemples en attestent.

Ainsi, après l'indépendance de la République d'Indonésie, Joe Westerling, capitaine de l'armée coloniale néerlandaise, organisa une guérilla sécessionniste dans les Célèbes, contre le gouvernement central de Jakarta. Sans appui, il dut abandonner quelques années plus tard, sous la pression des Pays-Bas.

Il en est de même pour la guérilla Karen en Birmanie. En lutte contre le gouvernement de Rangoon depuis des dizaines d'années, elle végète et peine à survivre, étant pratiquement coupée de toute aide extérieure.

En Angola, l'UNITA (I) fut vaincue dès lors que son chef, Jonas Savimbi, malgré ses diamants, ne reçut plus d'aide extérieure (provenant, curieusement, du Bloc de l'Ouest comme de celui de l'Est).

L'importance d'une aide extérieure est capitale afin qu'une guérilla puisse combattre aussi longtemps qu'il le faudra pour démoraliser et contraindre au départ un agresseur, comme cela a été démontré en Afghanistan pendant l'occupation russe. Lors de l'invasion de ce pays par la puissante armée soviétique d'alors, la C.I.A. (3) entreprit de fournir de très importantes quantités d'armes aux moudjahidines, dont des milliers d'AK 47 (surtout d'origine chinoise par raison de discrétion), via le Pakistan. Dès 1979, Oussama Ben Laden était un personnage-clé dans l'organisation Maktab al-Khadamat qui acheminait armes et volontaires, du Pakistan en Afghanistan. En 1984, cette opération avait coûté plusieurs milliards de dollars à la C.I.A. Celle-ci intensifia ses livraisons d'armes : AK 47 et surtout d'excellents missiles sol-air *Stingers* qui, en neutralisant l'arme absolue des Soviétiques, l'hélicoptère MI 24 *Hind* (cockpit blindé au titane, canon bitubes de 23 ou 30 mm, mitrailleuse de portes, roquettes, bombes de 4x250 ou 2x500 kg), devait faire pencher la balance en faveur des moudjahidines.

A l'origine de cette aide un membre du Congrès : Charles Wilson, ancien officier de Marine. Nommé au sous-comité pour le financement de la Défense (Defence Appropriation Sub-Committee), il obtint le doublement des crédits alloués à la C.I.A. pour ses opérations occultes en Afghanistan. En 1982, Howard Phillips Hart, chef d'antenne de la C.I.A. à Islamabad, entretenait des relations étroites avec le général Akhtar Abdul Rahman, chef des Services Secrets pakistanais (Inter-Services Intelligence Directorate), pendant qu'à son insu, Charly Wilson traitait directement

---

(3) La France, en sous-main, soutenait dans son combat contre l'armée soviétique le commandant Ahmed Chah Massoud, dit "le lion du Panshir" (un Tadjik), appartenant au parti islamique modéré « Jamiat-e-Islami » (dont le chef historique Burhanuddin Rabbani deviendra le président de l'Afghanistan de 1992 à1996 avant de se faire assassiner à Kaboul le 20 septembre 2011). Fin 1986, la France envoya clandestinement une cargaison d'armes au commandant, alors que dans le même temps arrivaient secrètement au camp de Cercottes (Tristus City) certains de ses hommes. L'Armée Rouge partie, le commandant Massoud dirigea l'Alliance du Nord qui luttait contre les Taliban et les partisans de Gulbudinn Hekmatyar (un *Pachtoune*), chef du parti intégriste Hezb-e-Islami. De 1995 à 2001, la France continua ses envois d'armes discrets (comprenant des missiles antichars) à son protégé et le fit bénéficier sur le terrain de l'assistance plus discrète encore d'officiers du Service Action.

avec le président Muhammad Zia-Ul-Haq. On estime que, sans l'action de C. Wilson, l'armée soviétique aurait réussi à écraser les moudjahidines afghans. Ce que la crédule C.I.A. devait amèrement regretter bien des années plus tard. Cela arriva lorsque leurs "supplétifs", les braves moudjahidines, chaperonnés par l'ex-protégé de la C.I.A., le sieur Oussama Ben Laden, se retournèrent contre elle avec la férocité que l'on sait et la « mordirent » cruellement. Citons parmi les favoris de la C.I.A. de l'époque « l'ingénieur » Gulbuddin Hekmatyar (chef du Hezb-e-Islami), que la C.I.A. tentera d'assassiner, bien plus tard, en mars 2002, en utilisant un missile *Hellfire* tiré d'un drone *Predator*. Il en est de même de Jalaluddin Haqqani qui se retournera contre ses anciens manipulateurs américains avec une férocité extraordinaire. Dès lors, la toujours naïve fut contrainte d'essayer de racheter à prix d'or ses (chers) *Stingers*, que les loyaux moudjahidines avaient conservés précieusement pour un autre usage bien prévisible. A la fin de la guerre, en 1989, si les Russes étaient partis, les moudjahidines eux, étaient surarmés et bien organisés. La C.I.A. quant à elle, avait dépensé des milliards de dollars pour cette opération, à laquelle contribua généreusement le rusé Fahd Abdelaziz Al Saoud, roi d'Arabie Saoudite, animé d'une peur sainte des Soviétiques …

C'est pourquoi, afin de faciliter cette aide extérieure, la guérilla devra impérativement ouvrir des bureaux de représentation dans des pays favorables à sa cause ou d'une neutralité bienveillante. Par exemple le Katanga (II), le Biafra (III), l'ANC (IV) avaient des représentants actifs en Europe occidentale. L'UNITA, quant à elle, possédait, entre autres, une représentation à Abidjan (Côte d'Ivoire). De même, le FLN (V) algérien était installé au Caire, en Tunisie et au Maroc. Egalement, au Tchad, le FROLINAT (VI) avait une base à Tripoli (Libye).

Ces bureaux ont de multiples fonctions :

- Déployer tous les efforts pour gagner la sympathie active du gouvernement du pays hôte ou tout au moins de certains de ses politiciens influents.
- Mettre en œuvre une propagande tous azimuts en faveur de la guérilla :
  - Articles de presse,
  - Réunions de sympathisants avec discours et projection de films.

■ Témoignages de journalistes amis revenant d'une visite en zone libérée,

■ Expositions de photographies,

■ Défilés et manifestations contre l'ambassade du pays agresseur,

■ Destruction de l'image du pays occupant en portant à la connaissance des populations européennes, démocratiques et libérales, les horreurs commises par l'ennemi (exemples : prisons secrètes de la C.I.A. en Europe, « *rendition* » (4) de suspects kidnappés en Europe vers des pays où la torture est courante (5), traitements inhumains dans les prisons irakiennes contrôlées par les forces américaines ou dans celle de Guantanamo). Ces faits seront portés à la connaissance de l'opinion publique du pays agresseur grâce aux médias, y compris Internet.

• Recueil de fonds auprès des sympathisants, destinés à :

■ Subvenir à l'action de propagande de la guérilla.

■ Acheter des armes et des munitions (VII) sur les marchés libres, ou avec la bénédiction « discrète » du pays-hôte, ainsi que des radios, des médicaments, etc.

■ Financer le transport secret de ce matériel jusqu'aux bases de la guérilla, par des pistes à travers les montagnes ou la jungle, dans le cas où existe un pays frontalier sympathisant ou bien par mer si la côte n'est pas sévèrement gardée, par avion sur une piste discrète en zone bien contrôlée par la guérilla ou sinon par parachutages.

---

(4) Terme anglais désignant dans ce cas le transfert clandestin d'une personne détenue illégalement vers un pays tiers.

(5) En 2006, l'ex-président George W. Bush a reconnu l'existence d'un réseau clandestin servant à transporter illégalement des « suspects » vers des prisons secrètes de la C.I.A. Elles étaient situées à Kaboul, Bangkok, Bucarest ou dans des pays « sous influence » tels que l'Egypte, la Syrie, la Jordanie, le Maroc, la Pologne (base de Kiejkuty). Ces prisonniers y subissaient, entre autre, la torture du « waterboarding » (noyade simulée). Ces vols secrets étaient effectués par des jets privés, bénéficiant de la couverture diplomatique américaine, grâce à des lettres de transit du Département d'Etat, signées par un officiel fictif. Un sous-traitant privé, Dyncorp (New-York), coordonnait ces actions en utilisant la Société Richmor (avions charters) et Sports Flight (courtier d'aviation). Ces pratiques, au dire du directeur de la C.I.A. de l'époque (Léon Panetta), auraient cessé en 2009, Guantanamo prenant le relais…

Enfin, pour survivre et vaincre, une guérilla ne devra jamais oublier la formule de Mao Tsé-toung, énoncée en seize caractères chinois, en mai 1928 : « *L'ennemi avance... nous retraitons ! L'ennemi campe... nous l'harassons ! L'ennemi est fatigué...nous l'attaquons ! L'ennemi bat en retraite... nous le poursuivons !* ». Surtout, les unités de partisans devront toujours choisir le temps et le lieu des engagements. Ils attaqueront, chaque fois que possible, avec un rapport de forces de « dix contre un », écrasant l'adversaire par une attaque brutale et rapide, récupérant armes, munitions et prisonniers s'il y en a, puis se retirant très vite, avant que des renforts ennemis ne puissent arriver sur les lieux.

De plus, afin de pouvoir manœuvrer habilement, la guérilla devra disposer de grands espaces d'accès difficile (forêts, jungles, montagnes) et ne jamais se laisser encercler dans un territoire ne répondant pas à ces critères.

En 1933, Mao Tsé-toung ne dût-il pas évacuer en grande hâte ses bases du Kiangsi et du Foukien pour échapper à l'encerclement des troupes du Kuo Min Tang (VIII), « conseillées » par le général allemand Hans Von Seeckt ? Cette retraite, connue sous le nom de « *La Longue Marche* », imposa à près de cent trente mille personnes (hommes et femmes) de parcourir en un an 12 000 kilomètres, pour arriver (avec 80 % de pertes) à la base de Yanan, dans le Chensi.

Considérations politiques :

Le fait que l'organisation de la guérilla puisse faire penser à un ordre égalitariste et austère n'en fait pas, loin de là, une armée populaire de libération en puissance. Tout au contraire ! La foi patriotique transcende l'idée de lutte des classes, mortelle pour une nation.

C'est la fusion, face à l'épreuve, de toutes les forces de la nation sans aucune exception, qui se cristallisent en un nationalisme pur et dur capable de s'opposer victorieusement, tant aux impérialistes ploutocrates qui pillent les nations les plus faibles pour se gorger de leurs ressources naturelles qu'aux amateurs de la dictature du prolétariat dont le seul but est de faire vivre la nation sous la terreur.

Considérations morales :

Il faut garder à l'esprit que la guérilla n'a qu'un seul objectif : la libération de la patrie ! C'est pourquoi tout combattant doit se situer résolument au-delà des notions conventionnelles du bien et du mal, qui ne veulent plus rien dire dans une situation où la survie de la patrie est en jeu.

La libération du sol national prime alors sur toute autre considération morale. Dans ce cas et dans ce cas seulement, la fin justifie, mais bien plus, sanctifie les moyens ! Pour la Patrie, il n'y a jamais de bons et de mauvais moyens mais seulement ceux qui « marchent » ou pas ! Après tout, la libération nationale ne constitue pas une partie de plaisir, et l'on ne fait pas d'omelette sans casser d'œufs.

Deng Xiao Ping lui-même n'affirmait-il pas : « *Peu importe que le chat soit noir ou blanc, s'il attrape les souris !* » ?

Il y a néanmoins trois exceptions à ce principe patriotique :

- Le trafic de drogues.
- Les enlèvements pour obtenir une rançon.
- Les braquages.

Aucune guérilla ne pourrait s'y livrer sans perdre et son âme et la Patrie qui cesserait alors d'avoir un sens.

Notes du chapitre
Généralités

(I) UNITA : Un des mouvements de libération de l'Angola qui plongèrent le pays dans une guerre civile endémique de 25 années, causant 1 million et demi de morts. Son chef historique, Jonas Savimbi, bien que formé à la guérilla en Chine, deviendra par la suite anticommuniste. Finançant sa lutte par le pillage des ressources diamantifères des zones qu'il contrôlait, il finira sous les balles de l'armée régulière angolaise dirigée par le M.P.L.A., un mouvement adverse issu également de la lutte pour l'indépendance. Ses anciens alliés, américains et sud-africains le lâchèrent, jugeant cet éternel rebelle dangereux pour la stabilité de la région et pour leurs intérêts économiques.

(II) KATANGA : Cette riche province minière, située au sud-est de l'actuelle RDC (République Démocratique du Congo) fut l'objet d'un mouvement sécessionniste avec à sa tête Moïse Tshombe. Ce dernier trouva une aide économique et militaire auprès de pays occidentaux, dont l'ancienne puissance coloniale belge (plus précisément de la Société belge « Union Minière du Haut-Katanga », hostile au gouvernement central marxiste de Patrice Lumumba), mais aussi de la France et de l'Union Sud-Africaine. Sur fond de guerre froide, l'ONU mis fin à la sécession. Cette province demeure encore aujourd'hui instable du fait de la convoitise visant ses grandes richesses minières, des luttes de pouvoir entre hommes politiques congolais ainsi que du contexte politique régional.

(III) BIAFRA : Cet état du sud-est du Nigeria doit son nom au Golfe du Biafra (devenu depuis Golfe de Bonny) sur l'océan Atlantique et qui en constitue la façade océanique. En 1967 il fait sécession d'avec l'état fédéral nigérian et institue la *République du Biafra*. S'ensuit un conflit à la fois politique, économique, religieux et ethnique : au nord le pouvoir majoritaire des *Haoussas* musulmans contre les *Ibos* chrétiens ou animistes au sud-est. Ses richesses pétrolifères en faisaient un enjeu majeur, tant pour les puissances occidentales (concurrentes) que pour le pouvoir central. Pour cette raison, la France alors présidée par le général De Gaulle fournira une aide militaire discrète sous forme d'armement et de mercenaires. Après une guerre dévastatrice et meurtrière (3 millions de morts de part et d'autre sur les 60 millions que comptait alors le Nigeria, une famine sans précédent au Biafra due à un blocus), la République du Biafra est réintégrée au Nigeria en 1970. Ce conflit mettra pour la première fois en évidence le rôle des ONG ainsi que celui des médias.

(IV) ANC : African National Congress. Créé en 1912, il fut l'un des principaux mouvements d'opposition au régime d'Afrique du Sud mis en place par la minorité blanche. En 1960, déclaré parti illégal, il entame une campagne de sabotage industriel et économique. En 1968, l'action politique internationale de ses partisans se concrétise par l'exclusion de l'Afrique du Sud des jeux olympiques de Mexico. Le CIO (Comité International Olympique) stigmatisait ainsi la politique de « développement séparé » (apartheid), menée par ce pays. L'ANC élargit le nombre de ses représentations dans les pays occidentaux, non sans risques. En février 1988, son représentant à Bruxelles, Godfrey Motsepé, échappe de peu à une tentative d'assassinat. Le 29 mars de la même année, Dulcie September, qui opérait à Paris au 28, rue des Petites Ecuries, est abattue de cinq balles en pleine tête, suite à une action impliquant les services secrets sud-africains du bureau de coopération civil. En 1990, l'ANC devient un parti de gouvernement.

(V) FLN : **F**ront de **L**ibération **N**ational. Organisation nationaliste algérienne qui mena la lutte pour l'indépendance de l'ancienne Algérie française. Ce mouvement politico-militaire s'appuya sur des bases arrière implantées dans les pays voisins tels que le Maroc et la Tunisie, inaccessibles à l'armée française. Elle bénéficia de l'aide de pays frères musulmans tels l'Egypte et de la sympathie d'autres pays, pour des raisons multiples (idéologiques, économiques,...) qui voyaient d'un assez bon œil cesser la présence de la France dans cette zone, riche de promesses en pétrole.

(VI) FROLINAT : **Fro**nt de **Li**bération **Nat**ional du Tchad (1966-1993). Mouvement présent au nord du Tchad où les *Toubous* musulmans étaient en rébellion contre le pouvoir en place dans le sud et représenté par les *Saras*, chrétiens ou animistes. Cette lutte ethnico-religieuse obligea la France à intervenir, dans le cadre « d'accords de coopération militaire », afin de préserver l'intégrité du territoire tchadien, menacé par la Libye, alliée (non désintéressée) des *Toubous* et qui revendiquait la zone frontalière appelée *bande d'Aozou*.

(VII) Dans les pays développés, tels la France, les munitions « *Bonnes de Guerre* » ne le sont que pendant trois ans. Puis elles sont utilisées pendant les exercices de tir, avant d'être détruites beaucoup plus tard. Si la guérilla ne peut obtenir des fournitures gratuites de la part de ses amis et qu'elle doit les acheter, il lui faudra alors acquérir des munitions ayant au moins dix ans d'âge pour bénéficier d'une réduction de 85 à 90 % sur le prix du neuf. A de rares exceptions, ces munitions donneront autant satisfaction que des neuves. Pour les mêmes raisons économiques, la guérilla achètera des armes d'occasion, provenant de surplus. Des pays tels que l'Ukraine, la Moldavie, la Transnistrie, la Biélorussie, sont de bonnes sources, comme l'étaient dans le passé la Bulgarie et les Pays de l'Est en général. Dans un tel cas, une inspection très sérieuse, préalable à la transaction, sera indispensable. Elle portera en particulier sur l'usure des rayures des canons, l'état de la culasse et du percuteur, du système de détente et bien sûr, sur l'état général, visible au premier coup d'œil pour un professionnel.

(VIII) KUO MIN TANG (Parti populaire national) : créé en 1912 par le docteur Sun Yat-sen, il passa sous le contrôle de Tchang Kaï-chek. Le parti s'opposa aux communistes chinois de Mao Tsé-toung. Au terme d'une lutte de pouvoir acharnée, son armée et ses dirigeants durent se réfugier dans l'île de Formose (l'actuel Taiwan) pour y fonder la République de Chine, indépendante de facto de la République Populaire de Chine (continentale).

4. RESSOURCES ET FINANCEMENTS

L'assistance financière et matérielle dont peut bénéficier un mouvement de guérilla constitue un aspect essentiel qu'il convient d'évoquer. L'aide financière reçue sera souvent complétée par des livraisons gratuites d'armes et de munitions, parfois même par l'envoi de conseillers militaires discrets ou présentés comme des volontaires d'une O.N.G. humanitaire. Plus rarement, la guérilla recevra une aide militaire directe. Il est donc nécessaire d'étudier les différentes formes et origines que peuvent revêtir ces aides.

1. AIDES EXTÉRIEURES

Elles devront être recherchées et coordonnées par les *bureaux de représentation* que l'organisation aura pu ouvrir dans les pays sympathisants ou neutres. Ces aides auront plusieurs origines :

- Les émigrés nationaux
- Les sympathisants étrangers, motivés par :
    - La solidarité religieuse
    - Les liens ethniques
    - Les affinités politiques
    - Les raisons économiques
    - Les motifs humanitaires

Les émigrés nationaux

Ainsi, pendant la guerre d'Algérie, le F.L.N. frappait d'un impôt *patriotique* les Algériens travaillant en Europe : Allemagne, Belgique, Hollande et bien sûr en France. Afin de conserver la sympathie si possible active des émigrés pour la guérilla, cet impôt sera toujours présenté comme un devoir patriotique pour aider à la libération du pays, comme une contribution *volontaire*. Il ne faudra jamais que les contributeurs aient le sentiment de subir une extorsion de fonds. Ce qui les révolterait et risquerait de les dresser contre la guérilla, avec des conséquences négatives pour elle.

Cet impôt patriotique devra être toujours d'un montant raisonnable. Par exemple, 5 % pour les smicards, 10 % pour les salaires moyens et 25 % au-delà, calculés sur le montant de l'impôt versé à l'Etat. Sans qu'il y ait dans la démarche un caractère obligatoire, les plus riches seront encouragés à faire des contributions volontaires plus importantes, pour lesquelles il leur sera délivré un reçu et une lettre officielle de remerciements.

En revanche, si certains des émigrés soumis à l'impôt se montraient réticents ou intraitables, une échelle graduée de sanctions leur serait appliquée :

1er avertissement : visite amicale et persuasive du *percepteur,* expliquant la nécessité de chacun à verser son obole, même modeste, pour aider à la libération de la Patrie.

2e avertissement : envoi d'une lettre sévère, laissant clairement entendre qu'un refus, déraisonnable, ne saurait être accepté et qu'il entraînerait de lourdes sanctions.

3e avertissement : tabassage léger, n'entraînant pas un arrêt de travail.

4e avertissement : tabassage lourd entraînant un arrêt de travail de 15 à 30 jours.

5e avertissement : destruction totale de tous les meubles du récalcitrant (lits, table, chaises, armoires, tables de nuit, télévision, vidéo, etc.). L'appartement visé doit devenir invivable.

6e avertissement : incendie de la voiture ou du deux roues.

7e et dernière sanction : exécution, pour l'exemple. Dans la plupart des cas, il ne sera pas nécessaire d'en arriver aux mesures extrêmes pour obtenir une contribution satisfaisante.

Il faut, hélas, envisager le cas exceptionnel où l'un des *percepteurs* se montrerait indélicat. Dans ce cas, dès la preuve du vol établie, la faute étant considérée comme un crime, le coupable serait abattu à vue, sans autre forme de procès.

Les sympathisants étrangers

Des sympathisants étrangers peuvent aider la guérilla de manière désintéressée, pour de multiples raisons. L'histoire abonde d'exemples dans ce sens, motivés par :

La solidarité religieuse

• Les Américains d'origine irlandaise à l'I.R.A. Cette guérilla

(Armée Républicaine Irlandaise), composée de catholiques de la province britannique d'Irlande du Nord (Ulster) combattait alors les Anglais et les protestants de cette province pour son rattachement à la République d'Irlande, au sud, en grande majorité catholique.

- La Diaspora israélite aux guérilleros juifs du Groupe Stern, de l'Irgoun et de la Haganah contre les forces britanniques occupant la Palestine, alors sous mandat.
- Les Etats arabes aux Palestiniens lors de la création de l'Etat d'Israël.
- Les pays musulmans et ceux de la Ligue arabe au F.L.N. pendant la guerre d'Algérie.
- Les pays arabes sunnites à leurs coreligionnaires de Bosnie lors du conflit en ex-Yougoslavie.
- L'Iran au Hezbollah, au Liban et à l'armée du Mahdi (milice chiite) en Irak.

Les liens ethniques

- Soutien apporté par le Comité Révolutionnaire Grec au colonel grec chypriote Georges Grivas, chef de l'E.O.K.A, dans sa lutte contre la puissance coloniale anglaise pour l'indépendance de l'île de Chypre et son rattachement à la Grèce (ENOSIS).
- Facilités logistiques données par le Mozambique aux rebelles de Robert Mugabe luttant contre le pouvoir blanc de Ian Smith, dans l'ex-Rhodésie.
- Aide militaire de l'Angola (avec l'appui de Cuba) aux rebelles du S.W.A.P.O. (South-West African People's Organization), dans leur lutte pour l'indépendance, contre l'armée sud-africaine et qui devait aboutir à la création de la Namibie.
- Dans les années 60, appui militaire apporté par l'armée rwandaise, constituée de **Wahutu**, aux guérilleros wahutu (1) du Burundi, combattant l'armée du Mwami (Roi) Mwambutsa IV Bangiricenge, composée de militaires *Watutsi*.

---

(1) Le préfixe « Wa » (Wahutu, Watutsi), indique tout simplement le pluriel.

Les affinités politiques

- L'aide de l'URSS et celle, plus discrète de la France, à la République espagnole pendant la guerre civile

- A l'inverse, pendant ce même conflit, l'appui important fourni par l'Allemagne et l'Italie au général Francisco Franco.

- L'aide des pays communistes au général Markos Vafiadis (I), chef de la guérilla communiste grecque pendant la guerre civile qui déchira ce pays après la Seconde Guerre mondiale.

- En 1944, envoi par nos « très fidèles amis américains » de la Mission *Deer Team* composée de 9 agents de l'O.S.S. (Office of Strategic Service, l'ancêtre de la C.I.A.) qui sont parachutés sur le P.C. d'Hồ Chí Minh, près de Thái Nguyên. Commandés par le major Allison Thomas, ils restèrent deux mois pour organiser des parachutages d'armes et de munitions et entraîner les 300 premiers partisans d'Hồ Chí Minh, officiellement pour combattre les Japonais mais sachant pertinemment que le but du Việt Minh qui était de chasser la France (II)…Le bon « Oncle Hồ », qui bien plus tard fit massacrer quelques dizaines de milliers de G.I. traumatisés, en rit encore dans sa tombe !

- Pendant la guerre froide, soutien des Pays de l'Est aux mouvements de libération des pays colonisés.

- En Amérique Centrale, les Etats-Unis, aidés de leur vassal le Honduras, supportaient les Contras dans leur lutte contre le gouvernement sandiniste du Nicaragua.

- Il a été précédemment évoqué l'aide américaine apportée dès 1979 aux moudjahidines afghans, sous l'impulsion du très actif « Congressman » Charles Wilson, dans leur lutte contre les Soviétiques.

- Celle aussi de la France (via le Gabon) et de la Chine à l'UNITA de Jonas Savimbi dont la guérilla combattait le gouvernement de Luanda, en Angola.

On peut se demander si ces aides étaient vraiment désintéressées ou si, plus probablement, elles ne faisaient pas partie du « jeu d'échecs » auquel se livraient les partenaires opposés pendant la guerre froide.

Les raisons économiques

Si une guérilla opère dans un pays qui possède des ressources naturelles *stratégiques*, que se disputent les grands (Chine, Inde, Etats-Unis, Russie, Brésil), telles que : pétrole, gaz naturel, uranium et même cuivre, etc., elle trouvera toujours une aide extérieure. Il est certain que l'un des grands, misant sur sa victoire probable, lui apportera son aide plus ou moins discrète. On peut citer comme exemples :

- Le soutien très discret de la Belgique et de la France aux forces katangaises, en rébellion contre le gouvernement central de Kinshasa. Le Katanga possédait des richesses minières très importantes : cobalt, uranium, radium, cuivre, diamants, etc.
- L'aide apportée par la Société Nationale Italienne d'Hydrocarbures (E.N.I.) et par son PDG, Enrico Mattei, au F.L.N. pendant la Guerre d'Algérie. Ce « fidèle ami » de la France rêvait de grands contrats pétroliers avec l'Algérie indépendante. Hélas, son rêve ne se réalisa jamais, une « panne » malencontreuse fit entre temps exploser son avion en plein vol…

D'autres richesses naturelles telles que : nickel, zinc, bauxite, bois ou des métaux précieux (or ou platine) présentent un intérêt économique certain. En revanche, si des pierres précieuses comme le diamant ont pu, dans un passé récent, financer des guerres civiles ou des guérillas (Sierra Léone, Libéria, Zaïre, Angola), elles ne constituent probablement pas un intérêt assez puissant pour décider un État à soutenir une guérilla. Comme ce serait le cas pour le pétrole par exemple.

Des exemples récents d'interventions directes nous sont donnés. Le premier par l'aide ouverte de l'Ouganda et du Rwanda aux rebelles congolais de Laurent Désiré Kabila qui, une fois au pouvoir à Kinshasa, se retourna contre ses alliés. Le second concerne l'intervention de l'armée zimbabwéenne, pourtant dans un grand état de délabrement, et celle de la Namibie dans le sud de la République Démocratique du Congo (Katanga), dans le seul but de piller ses énormes richesses naturelles.

Les motifs humanitaires

Parmi les O.N.G. (Organisations non gouvernementales), particulièrement nombreuses dans les pays anglo-saxons et nordiques, se trouvent toujours des *humanistes* éclairés mais naïfs, prêts à se passionner et à aider les groupes révolutionnaires, quitte à s'en mordre les doigts plus tard. Il est bien connu que certaines « O.N.G. » envoient parfois des caisses de « médicaments » étrangement pesantes comme à Anjouan (Comores) dans le passé.

Une guérilla intelligente devra profiter de cet état d'esprit pour obtenir une aide/financement maximum de ces *bien intentionnés*. Pour cela, il est indispensable de diaboliser l'ennemi aux yeux de la communauté internationale en portant à sa connaissance et en les amplifiant les atrocités qu'il aura pu commettre. Le fin du fin sera pour une guérilla d'émouvoir la *conscience universelle* afin de provoquer une intervention armée comme celle au Kosovo (2) par l'OTAN ; à la suite de laquelle le pouvoir lui sera donné *sur un plateau.*

Il y a pourtant des cas où le souci humanitaire demeure étrangement sans réaction :

- Lorsque le « vilain » possède une force atomique puissante (cas de la Russie et du conflit en Tchétchénie).
- Lorsque le tyran possède du pétrole en abondance. Alors que les belles âmes ont mis la Birmanie au ban des nations, il est pour le moins curieux que pas une protestation ne s'élève au sujet de la Guinée Equatoriale (ex-Guinée espagnole), où pourtant règne un mégalomane sanguinaire et kleptomane, Téodoro Obiang Nguema et qui a réduit son peuple en esclavage. La raison en est simple : toutes les démocraties libérales s'y gorgent de pétrole.

2. AIDES INTÉRIEURES

L'impôt patriotique

Il est évident qu'une guérilla, si bien structurée soit-t-elle, n'a pas les moyens de créer de toutes pièces un service fiscal, aussi complet et systématique que celui de l'Etat où elle opère. Il sera donc nécessaire de faire preuve d'imagination et de percevoir un *impôt patriotique* cal-

---

(2) Qui a tout pour devenir un état maffieux. Un rapport du Conseil de l'Europe daté du 14 décembre 2010 implique directement l'ex-protégé des Américains, M. Hashim Thaçi, Premier ministre sortant et ancien chef de l'U.C.K. (armée de libération du Kosovo). Il y est accusé d'avoir participé en 1999-2000 à un trafic d'organes humains. Provenant de prisonniers serbes « abattus à la commande » puis « opérés » dans un centre spécial situé prés de Fushë-Krujë, ces organes étaient ensuite exportés vers des cliniques étrangères.

culé sur la base existante des données dont disposent les services fiscaux officiels. Cela sera relativement facile, évitera un lourd travail et simplifiera la tâche des inspecteurs des impôts de la guérilla.

Plan d'action

Le service fiscal de la guérilla devra se procurer, pour chaque Centre officiel des impôts, le dossier des contribuables. Ces dossiers seront alors entrés dans deux ordinateurs différents par mesure de sécurité, au cas où l'un d'eux tomberait entre les mains de l'ennemi. Toutes les données concernant les impôts sur les salaires, les bénéfices industriels et commerciaux devront être relevées et enregistrées. Pour obtenir ces informations, la guérilla aura recours à plusieurs moyens :

- Informations transmises volontairement par des sympathisants employés dans les centres des impôts.
- En cas de réticence ou de refus de l'employé du centre chargé de ces fichiers, la guérilla exigera la remise de ces documents sous peine de sanctions sévères.
- Raids, nocturnes de préférence, sur les centres d'impôts pour y copier les bases de données.
- En dernier recours, visites aux sociétés pour les persuader de communiquer leurs feuilles d'impôts. Là encore, la demande sera ferme mais courtoise. Il sera fait appel à la fibre patriotique des dirigeants qui devront néanmoins savoir qu'un refus entraînerait pour eux et pour leur entreprise de graves mesures de rétorsion.

La fiscalité imposée par la guérilla sera toujours raisonnable et ne devra jamais être assimilée à une extorsion de fonds mais bien plus à une contribution patriotique à laquelle chacun doit s'enorgueillir de participer. L'impôt patriotique peut prendre plusieurs formes :

- Les contributions directes.
- Les contributions indirectes.
- Les contributions volontaires.

Contributions directes : taux de l'impôt patriotique

L'impôt patriotique aura pour assiette le montant de l'impôt sur le revenu perçu par l'Etat. Les taux suivants seront appliqués :

- Smicards : 5%

• Salaires moyens : 10%
• Hauts salaires : 25%.

Sur les taxes, à l'importation et l'exportation, si elles existent, foncières et d'habitation, le prélèvement de la guérilla sera de 25 % de ce qui est versé à l'Etat.

Contributions indirectes : taux de l'impôt patriotique

Toutes les contributions, redevances, droits, T.V.A., seront taxés à hauteur de 10 % de ce que perçoit l'Etat, en utilisant pour les calculs les bases de données « empruntées » aux différents services des contributions.

Il est certain qu'une telle organisation fiscale parallèle, même si elle est beaucoup plus légère que celle de l'Etat puisqu'elle utilise les dossiers officiels, nécessitera de nombreuses personnes pour fonctionner efficacement. Ce seront, bien sûr, des non-combattants recrutés parmi les fonctionnaires, à la retraite ou en activité, des enseignants, des étudiants et, bien évidemment, des sympathisants travaillant dans l'administration fiscale. Tous ces agents devront être d'une moralité irréprochable ; tout abus ou malhonnêteté de leur part entraînerait leur exécution immédiate.

La mise en place du service fiscal de la guérilla une fois terminée, chaque centre officiel des impôts sera doublé par un centre officieux de la guérilla. Les inspecteurs des impôts de la guérilla, tout en se basant sur les dossiers de l'administration fiscale, devront s'assurer qu'il n'existe pas d'anomalie frappante entre les impôts officiels versés par les sociétés et le train de vie de leurs dirigeants ; ce qui laisserait à penser à l'existence d'une fraude fiscale. Dans ce cas, l'inspecteur de la guérilla devrait convaincre le contribuable de payer l'impôt patriotique sur ses revenus réels, sous peine de sanction gravissime.

Contributions volontaires

Ces dons proviendront principalement de capitaines d'industrie, de banquiers, d'hommes d'affaires qui voudraient, de façon désintéressée, aider la guérilla par pur patriotisme. Ces versements ne seront jamais ni suggérés, ni provoqués. Ils devront toujours conserver un caractère absolument volontaire. Ils n'induiront aucun passe-droit, aucune faveur ou avantage matériel. Les donateurs recevront un reçu et une lettre officielle de remerciements.

Amendes

Si des sociétés commerciales ou industrielles travaillent volontairement pour l'ennemi, elles seront soumises à une très forte amende équivalant aux profits réalisés avec lui. En outre, elles seront mises en demeure de servir de couverture aux activités de la guérilla. Tout refus sera sanctionné par le sabotage de la société et l'exécution de ses dirigeants.

Dans le cas où une usine serait réquisitionnée par l'occupant, outre le sabotage du matériel (sable dans les engrenages des machines, sucre dans le carburant des véhicules), la phase ultime des représailles serait la destruction de l'ensemble à l'explosif, la nuit, après le départ des ouvriers et la mise à l'écart des gardiens sous bonne garde.

Entreprises d'Etat

Elles devront verser l'impôt patriotique comme les autres et dans les mêmes conditions. Si par exception, elles ne payaient pas l'impôt officiel, il serait nécessaire de les taxer sur une autre base. Par exemple, l'impôt patriotique pourrait être calculé sur la base de 5 % de la masse salariale ; ce qui resterait dans le domaine du raisonnable.

Une entreprise étatique (ou paraétatique) qui refuserait de façon obstinée de verser l'impôt dû à la guérilla, subirait alors la destruction progressive de ses moyens de production, d'échanges ou de services.

Exécution des sanctions

Lorsque les services fiscaux de la guérilla rencontreront des difficultés sérieuses pour percevoir l'impôt patriotique, un rapport sera adressé à la direction des brigades urbaines. Cela entraînera un engrenage de sanctions graduées pouvant aller jusqu'à l'exécution des récalcitrants.

Les ambassades

Il existe, dans de nombreuses ambassades, des troisièmes secrétaires, des attachés de presse, des attachés commerciaux, voire des chauffeurs et autres personnages falots qui sont bien autre chose que cela... Une guérilla pourra parfois recevoir, avec les précautions d'usage et de façon détournée, des subsides de ces personnages au-dessus de tout soupçon. A titre d'exemple, pendant la chienlit de 1968 à Paris, l'ambassade à Berne (3) d'un pays grand ami de la France (qui n'appartenait ni au

---

(3) Dont le troisième secrétaire (Mr. L.S.H.) dirigeait l'activité d'une véritable toile d'araignée couvrant l'Europe Occidentale.

Pacte de Varsovie, ni au bloc occidental), faisait parvenir une aide financière discrète à ces chers troublions de la Sorbonne et autres « Katangais ». Inutile de préciser que l'ambassade à Paris de ce grand pays « ignorait » tout, bien entendu, de ce petit coup de pouce à ces « naufrageurs ».

Les ressources naturelles

S'il existe de vastes régions qui échappent à l'occupant et où se situent des champs diamantifères, de l'or ou d'autres métaux rares tel le tantale, la guérilla pourra trouver là un financement intéressant.

Ainsi, au Libéria, en décembre 1989, depuis la Côte d'Ivoire, Charles Ghankay Taylor entreprit une action armée contre son gouvernement. Cette guérilla devait durer jusqu'à son accession à la présidence du pays, en 1996. Ses opérations militaires furent entièrement financées par les richesses naturelles existantes dans les grands territoires sous son contrôle. En particulier, il tira ses ressources des concessions diamantifères accordées au télévangéliste américain Pat Robertson. Il tira, également, d'autres ressources d'affaires avec les « négociants » européens ou libanais dont l'un d'eux expédiait des cargos chargés de bois exotiques vers l'Asie, bateaux qui revenaient ensuite au Libéria transportant armes et munitions.

Autre exemple : la Sierra Leone. En 1991, les guérilleros particulièrement féroces et sanguinaires du R.U.F. (Revolutionnary United Front), commandés par le sinistre Foday Sankoh, lancèrent une action armée contre le gouvernement faible et corrompu de Freetown. Les combats qui devaient durer 10 ans et faire entre cinquante mille et deux cent mille morts, se terminèrent par l'écrasement du R.U.F., par une force anglo-guinéenne. Pendant la période des combats, F. Sankoh contrôlait une grande partie du pays dont le district de Kono, centre important de production de diamants. Il fut en mesure de financer ses approvisionnements en armes et munitions par des ventes de pierres précieuses, facilitées par son « Parrain » et ami Charles Taylor, du Libéria. En outre, grâce à l'aide de ce dernier, F. Sankoh put obtenir le renfort de mercenaires burkinabé, en échange de livraisons de diamants.

Enfin, un dernier exemple : celui de la République Démocratique du Congo (ex-Zaïre). Dans les années 1998-2002, de nombreux mouvements armés opéraient dans le nord-est du pays, la Province Orientale, dont le R.C.D. (Rassemblement congolais pour la Démocratie), le M.L.C.

(Mouvement de Libération du Congo), etc. Ces bandes, plus semblables à des « grandes compagnies » qu'à des guérillas, pillèrent de concert avec les troupes ougandaises et rwandaises venues leur prêter main-forte, les mines d'or du district du Haut-Huélé situées à Gorumba, Durba et Agbarabo. Elles produisirent pendant cette période environ une tonne de ce précieux métal. Ce qui permit aux rebelles de recevoir sans aucun problème des militaires ougandais et rwandais toutes les armes et munitions nécessaires à leurs « opérations ».

Entre 2002 et 2004, en Province Orientale toujours, dans le district de l'Ituri, six guérillas différentes, constituées par les ethnies rivales *Hémas* et *Lundu*, intensifièrent leurs combats pour s'assurer le contrôle lucratif des mines d'or de Kilo-Moto et des postes frontières. On estime que durant cette période, ces mines produisirent environ quatre cents kilogrammes d'or. Ces groupes rebelles purent acheter armes et munitions aux militaires ougandais et rwandais, grâce au précieux métal.

Les financements

1. Drogues/extorsions/enlèvements

Autant d'activités abjectes qui souillent irrémédiablement la cause la plus noble et la plus pure. La situation dans quatre pays en offre l'exemple, avec les spécificités liées à chacun d'eux.

En Colombie

Pour la Colombie, il est nécessaire d'évoquer le cas répugnant des mouvements armés qu'il faut bien qualifier de narco-guérillas. Ces groupes, sous couvert d'une idéologie politique initiale, en sont arrivés avec le temps à se livrer au contrôle de la production et de la vente de drogues (cocaïne). Ils constituent maintenant de véritables groupes criminels et rien d'autre.

Il en est ainsi des F.A.R.C.-EP (Forces Armées Révolutionnaires de Colombie-Armée du Peuple). A l'origine ce mouvement représentait la branche armée du Parti Communiste colombien. A partir des années 80, il contrôla une part très importante du trafic de la cocaïne ; ce qui entraîna sa scission d'avec le P.C. colombien. Elle avait pour dirigeant historique le septuagénaire Pedro Antonio Marín y Marín (alias Manuel Marulanda Vélez) (4), dit « Tirofijo » (Tire-juste, car il ne manquait ja-

(4) Mort le 26 mars 2008.

mais une fille dans sa jeunesse). Figurait également dans le comité directeur Luis Alberto Morantes, nom de guerre Jacobo Arénas, membre co-fondateur et idéologue qui, dès 1982, réorganisa les groupes de guérillas en une véritable armée populaire. Ce dernier est mort, probablement assassiné le 10 août 1990, par suite d'une vengeance. Parmi les autres membres il faut citer : l'idéologue Guillermo León Sáenz Vargas (alias Alfonso Cano) (5), dit « El Ciego » (l'aveugle), devenu chef des F.A.R.C.-EP après la mort de Manuel Marulenda Vélez ; Víctor Julio Suárez Rojas (alias Jorge Briceño), dit « Mono Jojoy », chef militaire (6) ; Milton de Jesús Toncel Redondo (alias Joaquín Gómez, alias Usuriaga, dit « El Negro » ; Luciano Marín Arango (alias Iván Márquez) ; Timoléon Jiménez (alias Rodrigo Londoño Echeverri), dit « Timochenko » (7); Jaime Alberto Parra (alias Mauricio Jaramillo, alias Wilson Valderrama Cano), dit « El Médico » et Jorge Eliécer Torres (alias Pablo Catatumbo). Les F.A.R.C.-EP représentent la rébellion la plus ancienne (créée en 1964), la plus importante (environ 6000 combattants) et la plus riche qui soit. Ses « revenus » annuels, estimés à plusieurs centaines de millions de dollars américains, proviennent non seulement d'un trafic massif de cocaïne mais aussi des importantes rançons perçues à la suite d'enlèvements qu'elles commettent, d'extorsions de fonds et de la « protection » accordée aux fermiers et aux propriétaires terriens…qui s'en passeraient bien ! Cette manne financière permet aux F.A.R.C.-EP d'acheter tout le matériel militaire dont elles ont besoin et même d'assurer une vie « tolérable » à leurs combattants (20 à 30 % d'enfants), de pauvres paysans laissés pour compte, n'ayant ni idéologie, ni d'autres moyens de subsistance. Il faut ajouter que la « richesse » des F.A.R.C.-EP leur permet même de s'assurer les services de « conseillers militaires » étrangers, comme en témoignent les membres de l'I.R.A. arrêtés en Colombie, il y a quelques années de cela.

---

(5) Tué le 5 novembre 2011 dans la région de Cauca, au sud-ouest du pays, au cours d'un raid héliporté, précédé d'un bombardement massif de l'aviation.

(6) Tué au petit matin du 22 septembre 2010 lors de l'attaque de sa base située dans La Macaréna, une chaîne isolée de montagnes, protégée par 700 guérilleros formant plusieurs lignes concentriques défensives. Cette puissante offensive, menée par 30 avions d'attaque au sol « Tucanos », suivie d'un bataillon héliporté des forces spéciales (600 hommes) permit de récupérer 15 ordinateurs contenant un véritable trésor pour le « Renseignement » (activités, structures, etc.), portant ainsi un coup très dur aux FARC.

(7) Assure le commandement des FARC le 15 novembre 2011, après la mort d'Alfonso Cano.

De plus, en novembre 1999, les F.A.R.C.-EP nouent des relations avec l'ETA basque par l'intermédiaire d'un *etarra* important. Celui-ci, établi au Venezuela, possède d'excellentes relations avec les autorités de ce pays. Des membres de l'ETA, avec la neutralité bienveillante du Venezuela, vont alors entraîner les F.A.R.C.-EP dans la jungle vénézuélienne et celle de Colombie. Ils leur enseignent la fabrication d'explosifs et les initient aux tactiques de la guérilla dont ils ont une grande expérience. Ils auraient, semble-t-il, fourni aux F.A.R.C.-EP des missiles SAM et les auraient entraînés à l'utilisation de ces armes (8).

Depuis 2002, le moral des F.A.R.C.-EP n'est pas au plus haut, malgré la « neutralité » bienveillante du Venezuela et de l'Equateur à leur égard. Elles connaissent des désertions et le nombre d'enlèvements et de barrages routiers a tendance à diminuer. En 2007, ses pertes s'élevaient à 6600 guérilleros tués ou déserteurs. Pendant cette période, trois de ses « commandantes » ont été tués au combat et deux autres extradés aux Etats-Unis pour trafic de drogue, dont le trésorier Juvenal Ovidio Ricardo Palmera Pineda (alias Simón Trinidad), dit "Frédérico Bogota", arrêté en 2002. Le 1ᵉʳ mars 2008, Luis Edgar Devia Silva (alias Rául Reyes), le n° 2 du mouvement chargé des relations avec le monde extérieur et adjoint du chef historique Manuel Marulanda Vélez, membre du « Secrétariat » de sept membres dirigeant l'organisation, a été abattu au cours d'un raid effectué par l'armée colombienne sur un camp des F.A.R.C.-EP situé en Equateur, non loin de la frontière avec la Colombie. A la même époque, dans l'ouest montagneux du pays, un autre de ses chefs, Manuel de Jesús Muñoz Ortiz (alias Iván Ríos), connu sous le nom de « José Juvenal Velandia », négociateur des F.A.R.C.-EP en 2002, a été également tué par son propre garde du corps. Ce dernier s'est ensuite rendu à l'armée colombienne en amenant pour preuve de sa bonne foi : passeport, carte d'identité, ordinateur, etc., et la main coupée de sa

---

(8) A la connaissance de l'auteur, à ce jour, les FARC n'ont jamais utilisé contre l'Armée colombienne des SAM-7B, si répandus dans de très nombreux pays du Tiers-Monde. Comme l'ont fait, par exemple les *Tigres* Tamouls au Sri Lanka. Ceci explique en partie leurs revers à partir de 2002 où les FARC n'avaient rien de sérieux à opposer aux nombreux hélicoptères que l'Armée colombienne utilise dans sa lutte antiguérilla. De ce fait, les rebelles ont dû se replier vers les basses terres tropicales qu'ils contrôlent depuis des décennies. Il semblerait que les FARC aient pleinement réalisé le danger mortel que représentent les hélicoptères. D'après les documents appartenant à Iván Márquez, responsable de la liaison des FARC avec le Venezuela, l'armée colombienne vient d'avoir la preuve que ceux-ci cherchent à obtenir des SAM, par l'intermédiaire de leur allié.

victime. Iván Ríos était lui aussi membre du « Secrétariat ». Les dérives « maffieuses » des F.A.R.C.-EP ont fait que cette guérilla est considérée, à juste titre, par de nombreux Etats comme une organisation narcoterroriste, tout comme le sont l'E.L.N. (Ejercito de Libération Nacional) et les A.U.C (paramilitaires).

L'E.L.N. se veut une armée de libération nationale, marxiste elle aussi mais d'inspiration cubaine. Elle est apparue en 1964. Son chef historique, Fabio Vásquez Castaño, formé à Cuba, entouré de son frère et de membres de sa famille, fut rejoint par le professeur d'université, le « père » Camilio Torres Restrepo, tenant de la « théologie de la libération ». Le « bon père », manquant de chance ou tout simplement de science militaire, fut tué dès son premier combat. Il n'en continua pas moins à représenter un symbole important au sein du mouvement.

Au début des années 70, après une crise interne et des défaites militaires, le commandement de l'E.L.N. fut assuré en tandem par Nicolás Rodríguez Bautista (alias Gabino) et le curé espagnol Gregorio Manuel Pérez Martínez (alias Poliarco), dit « El cura Pérez » jusqu'à la mort de ce dernier survenue en février 1998, des suites d'une hépatite. Il faut rappeler qu'en 1973-1974, l'E.L.N., encerclée, n'échappa à sa destruction que grâce à la bonne volonté du gouvernement de l'époque, désireux de négocier la paix avec elle. Par la suite, en 2006, l'E.L.N., frappée durement par les A.U.C. et l'armée colombienne, dut combattre les F.A.R.C.-EP qui cherchaient à la déloger de son territoire, la province d'Aurica, près du Venezuela.

Depuis la mort du « curé » Pérez, l'E.L.N., dirigée par Nicolás Rodríguez Bautista, Eliécer Erlington Chamorro Acosta (alias Antonio Garciá), Pablo Beltrán, Ramiro Vargas et Oscar Santos (9), a connu un déclin continu de ses capacités militaires. Elle ne compte plus aujourd'hui que 3000 combattants au maximum et ne constitue plus une menace très sérieuse pour la Colombie. Malgré cela, dans les années 2005-2006, des négociations sporadiques en vue d'un cessez-le-feu, ont eu lieu à Cuba, entre l'E.L.N. et le gouvernement colombien. En novembre 2009, une tentative d'accord aurait eu lieu entre les F.A.R.C.-EP et L'E.L.N.

L'idéologie de l'E.L.N., qui associe curieusement christianisme et communisme, athée par essence, ne l'empêche pas d'être aussi maffieuse

_____

(9) Oscar Santos est mort le 11 février 2006, des suites d'un cancer.

que les F.A.R.C.-EP. Elle se finance par des actions criminelles diverses telles que :

- Extorsions de fonds frappant les compagnies pétrolières locales et étrangères.
- Enlèvements qui visent non seulement les riches étrangers ou Colombiens mais aussi les classes moyennes.
- A un moindre degré, profits indirects de la drogue, obtenus par la taxation des fermiers producteurs de coca.

La forme très particulière de son christianisme n'interdit pas l'E.L.N. de se livrer à des crimes de guerre et à des massacres de populations réticentes mais aussi à l'utilisation généralisée de mines qui font de nombreuses victimes civiles innocentes. C'est pourquoi l'E.L.N. est classée elle aussi comme organisation terroriste par les Etats-Unis et l'Union Européenne.

Les A.U.C. (Autodéfensas Unidas de Colombia) : elles sont appelées aussi « Paramilitaires ». Il faut citer cette organisation, bien qu'elle devrait être totalement démobilisée depuis décembre 2006, à la suite d'accords passés avec le gouvernement colombien en 2003.

Leur création date de 1997, lorsque leur fondateur, Carlos Castaño (dont le père avait été enlevé par les F.A.R.C.-EP), réussit à fédérer de nombreux groupes d'autodéfense apparus dans les années 90 pour se protéger des exactions et crimes commis par les guérilleros marxistes devant lesquels le gouvernement colombien se montrait totalement impuissant. Les A.U.C. étaient considérées comme un groupe terroriste par les Etats-Unis et l'Union européenne, au même titre que les F.A.R.C.-EP et l'E.L.N., bien que combattant férocement ces dernières. Forces antimarxistes comptant de 20 000 à 30 000 combattants, les A.U.C. n'ont jamais constitué une masse véritablement homogène ; ce qui a généré des conflits internes.

Le chef historique, Carlos Castaño, appuyé par son proche allié Carlos Mauricio García Fernández (alias Rodrigo Franco), dit « Double zéro », acceptait très mal la politique de protection et de coopération avec les narcotrafiquants qui assurait l'essentiel des revenus des A.U.C. Carlos Castaño, opposé à ces relations, reconnaissait lui-même que 70 % du financement des opérations militaires provenaient de la drogue ; les 30 % restants tirés de la contrebande, du trafic d'armes, des extorsions de fonds et des « honoraires de protection » versés par les entreprises. Ainsi, la société bananière américaine Chiquita dut-elle s'acquitter de contributions importantes aux A.U.C. entre les années 2001 et 2004, afin de pouvoir opérer en Colombie en toute tranquillité. Les diverses ressources des A.U.C. leur permettaient d'assurer largement le financement de leurs troupes, les achats d'armes et le coût des opérations militaires.

Pendant très longtemps, les forces de sécurité ont apprécié leur redoutable efficacité et leurs succès indiscutables contre les F.A.R.C.-EP/E.L.N. qui les craignaient bien d'avantage que l'armée nationale, tenue malgré tout au respect de certaines règles dans leurs opérations antiguérilla. C'est ce qui explique la neutralité bienveillante et la tolérance dont les A.U.C. ont bénéficié de la part de beaucoup d'unités de l'armée, de la police et d'un nombre important de politiciens, alliés au gouvernement, dont de nombreux députés (10). Leurs excellents rapports de coopération avec le chef du Service National du Renseignement et le général Mario Montoya, commandant de l'armée colombienne, ne pouvaient que favoriser cette situation.

Si Carlos Castaño (11) et Carlos Mauricio García Fernández refusaient que les A.U.C. soient impliquées dans le trafic immonde de la cocaïne, il n'en était pas de même pour d'autres « chefs », tels que Vicente Castaño, son frère, Diego Fernando Murillo Bejanaro (alias Don Berna), dit « Adolfo Paz » (12) et Salvatore Mancuso Gómez (alias El Mono Mancuso ou Santander Lozada), dit « Triple Zéro » (13). Eux n'avaient aucune objection contre ce commerce maudit. C'est ce désaccord profond qui provoqua, d'abord la mise à l'écart de Carlos Castaño et de son proche allié, Carlos Mauricio Garciá Fernández (celui-ci refusant en outre d'appliquer l'accord de démobilisation signé en 2003), puis leur exécution sur l'ordre d'autres chefs A.U.C., dans des circonstances peu claires ; le premier en avril 2004, le second en mai de la même année. Il est probable que ces liquidations indisposèrent fortement l'armée nationale et la police, ennemis jurés des narcotrafiquants, les amenant à modifier négativement leur attitude vis-à-vis des A.U.C.

---

(10) Parmi lesquels le sénateur Mario Uribe, cousin et allié de l'ex-président colombien Alvaro Uribe.
(11) Mort le 13 juillet 2007, très probablement assassiné.
(12) Extradé aux Etats-Unis le 13 mai 2008.
(13) Extradé aux Etats-Unis le 13 mai 2008.

Malgré cela, la démobilisation se poursuivit. Fin 2004, les A.U.C. de la province d'Antioquia (commandant Salvatore Mancuso Gómez) rendirent leurs armes. Ce processus continua malgré l'opposition de certains chefs A.U.C. qui n'acceptaient ni une extradition vers les Etats-Unis, ni un emprisonnement en Colombie. Depuis, il est ironique d'apprendre que récemment des troupes A.U.C., bêtes noires des Etats-Unis, parties du nord de la Colombie, auraient pénétré au Venezuela voisin, pour tenter d'y rejouer la scène archi-connue des « contras » contre l'infortuné Chavez dont le seul crime est de déplaire au « Grand Libérateur des Peuples »…et de leur pétrole. Sans succès d'ailleurs, comme d'habitude.

Au Pérou

1/ *Le Sentier Lumineux* :

Cette guérilla maoïste a pratiquement cessé d'exister de nos jours. Le Partido Communista Del Péru Sendero Luminoso (Parti Communiste du Pérou Sentier Lumineux) a eu pour fondateur Abimaël Guzman Reynoso dit "Président" Gonzalo, né le 3 décembre 1934 à Mollendo, province d'Islay, région d'Arequipa. Ce professeur de philosophie, marxiste, a été formé politiquement en Chine, où il s'est rendu en 1965 pendant la révolution culturelle. Le *Sentier Lumineux* est né de la scission du Parti communiste péruvien. Abimaël Guzman Reynoso prit la tête de la faction prochinoise. En 1978 il démissionne de l'Université, entre dans la clandestinité et fonde le *Sentier Lumineux* pour commencer la lutte contre le gouvernement péruvien.

Les actions armées ne débuteront qu'en 1980. Le plan d'action, inspiré des idées de Mao Tsé-toung, prévoit l'encerclement des villes par les campagnes en trois phases :

- Action d'agitation et de propagande (Agitprop).
- Offensive générale contre l'Etat et son pouvoir militaire.
- Guerre totale jusqu'à la chute des villes assiégées.

Cette guérilla, comme beaucoup de groupes révolutionnaires d'Amérique Latine, se finançait de façon classique par la taxation des producteurs de coca et des trafiquants de cocaïne. C'est pour contrôler cette source de revenus que le *Sentier Lumineux* prend possession dès 1986 des vallées des rivières Huallaga et Apurimac, où est produit l'essentiel de la coca du Pérou, second plus grand pays producteur en Amérique latine, après la Colombie, (302 tonnes en 2008). Le "Président" Gonzalo aurait, paraît-il, de façon moins orthodoxe, tiré une partie de ses finances de l'exploitation d'un collège pré-universitaire lui assurant par ailleurs une source de recrutement. On estime à 100 millions de dollars améri-cains les rentrées financières annuelles du *Sentier Lumineux*, à l'époque où il comptait 5000 combattants. Ce qui lui permettait de se procurer les armes et les munitions dont il avait besoin pour ses opérations.

Cette guérilla populaire, très secrète et bien organisée reçut tout d'abord un accueil chaleureux des paysans andins à qui elle distribua des terres. Par la suite, devenue dogmatique et totalitaire, elle fit preuve d'une cruauté sans égale envers les populations quechuas qu'elle était sensée protéger. Ayant procédé à des massacres (240 paysans en 1989) et pratiqué une politique de la terre brûlée, elle perdit rapidement le sou-tien des Amérindiens. Ce qui est une faute mortelle pour une guérilla. De plus, le *Sentier Lumineux* qui possédait une structure verticale et ri-gide, rejetait toute unité d'action avec les organisations de masse et au-tres mouvements populaires nationaux. Ce qui l'isola encore d'avantage. Par exemple, non content d'attaquer seulement les militaires, les poli-ciers, les fonctionnaires, il combattait également une autre guérilla pas assez marxiste à son goût, le Mouvement Révolutionnaire Tupac Amaru.

En fin de compte, grâce à l'impulsion résolue du président Alberto Fujimori furent créés une force spéciale antiterroriste (les *Sinchis*) et le Directorat national contre le terrorisme (Dincote), sous les ordres du gé-néral Antonio Kétin Vidal. Sous l'action de ces forces antiterroristes et du chef des services secrets, le puissant et cynique mais ô combien re-doutable Vladimiro Montesinos (qui finira plus tard en prison pour cor-ruption), le *Sentier Lumineux* va connaître de graves revers. En 1989, 15 de ses membres dirigeants sont appréhendés, ce qui est un sévère échec pour l'organisation.En 1991, lassés de ses brutalités, les paysans forment pour se défendre les « Rondas Campésinas », armées de fusils de chasse fournis par les autorités. Officialisés, ces groupes prennent le nom de « Comités d'auto-défense ». Il y en aura 7226 pour l'ensemble du pays, causant des revers très sérieux au *Sentier Lumineux*.

Le 12 septembre 1992, l'organisation est décapitée, les agents de la Dincote arrêtent à Lima le "Président" Gonzalo ainsi que huit autres membres de son état-major, dont sa compagne et fidèle lieutenant, Elena Iparraguirre. Sur l'ordinateur de Gonzalo figurent toutes les unités mi-litaires, les milices, leurs emplacements et leur armement. On y trouve aussi les effectifs des partisans de l'organisation qui a compté à son plus haut niveau jusqu'à 25 000 combattants.

L'arrestation du "Président" Gonzalo porte un coup fatal au *Sentier Lumineux*, construit sur le culte de sa personnalité. Celui-ci n'a pas hésité à s'inspirer du « petit livre rouge » de Mao Tsé-toung en publiant « Les pensées de Gonzalo » et en se faisant appeler « La quatrième épée du communisme » (après Karl Marx, Vladimir Lénine et Mao Tsé-toung). En 1993, déféré devant un tribunal militaire, il est condamné à la prison à perpétuité. Rejugé en 2006, cette fois par un tribunal civil, il est à nouveau condamné à la prison à vie.

L'un de ses lieutenants, Oscar Ramírez , qui a échappé à la capture des dirigeants du mouvement, a remplacé depuis le "Président" Gonzalo. On peut penser que, son chef charismatique n'étant plus là, le *Sentier Lumineux,* bâti sur le culte du "Président" Gonzalo, est définitivement hors d'état de nuire, d'autant que le « successeur », Oscar Ramirez, sera lui aussi arrêté en 1999. Cette guérilla maoïste, d'une férocité extrême, aura causé pendant ses 20 années de combats plus de 69 000 morts, 100 000 orphelins et 600 000 personnes déracinées. 75 % des morts seront des paysans andins qu'elle était pourtant censée protéger !

Malgré cela, d'autres chefs essayeront de continuer la lutte du *Sentier Lumineux*, réduit à l'ombre de lui-même, sans beaucoup de succès. Il faut citer les « commandantes » : José Arcela Chiroque (alias Ormeño), arrêté en avril 2000 ; Florentino Cerrón Cardozo arrêté en juillet 2003 ; Jaime Zuñiga (alias Cirilo), dit « Dalton », arrêté en novembre 2003.

En janvier 2004, le dernier chef, membre de la Direction d'origine encore libre, Florindo Eleuterio Florés Hala, dit « Camarade Artémio » (14), continue la lutte dans la haute vallée de la rivière Huallaga avec quelques centaines d'hommes. Blessé le 23 juillet 2009, il échappe de justesse à la police qui récupère néanmoins tous ses documents. Il demeure fidèle aux idéaux de Gonzalo, qui prêche maintenant la réconciliation…

Un autre chef, Hector Aponte, est abattu en février 2006. Le « Camarade J.L. », adjoint d'Artémio, est tué en novembre 2007. Par la suite, un groupe dissident continue d'opérer dans les vallées de la rivière Apu-

---

(14) Grièvement blessé et capturé près du village de Puerto Pisana, le 9 février 2012.

rimac et du Río Ene (15), commandé par Víctor Quispe Palomino, alias « Camarade José ». Ces rebelles sont d'ailleurs reniés par Gonzalo, qui en retour le détestent. Vrais bandits, n'ayant de maoïstes que le nom, ils sont, en fait, « dans les affaires », tout comme leurs confrères de Colombie. Ils vivent plutôt bien de la « protection » de la cocaïne, des bois tropicaux, des mines. Ils ne combattent les forces de l'ordre que pour protéger leur « turf ». C'est ce qui s'est produit lors de l'offensive lancée contre eux en 2008, où ils infligèrent des pertes sérieuses à leurs adversaires. La capture récente du « camarade » Artémio, dernier chef historique du *Sentier Lumineux* vient de porter un coup décisif à ce mouvement.

2/ *Le Mouvement Révolutionnaire Tupac Amaru (Movimiento Revolucionario Tupac Amaru) ou M.R.T.A. :*

Formé de la fusion du Mouvement de la Gauche Révolutionnaire (M.I.R.) et du Parti Socialiste Révolutionnaire Marxiste-léniniste. L'idéologie du M.R.T.A. repose sur un socialisme embrassant la solidarité et l'autogestion. Cette organisation marxiste mais non maoïste, avec des effectifs plus faibles que son homologue *Sentier Lumineux*, fut créée à Lima en 1984 par Victor Polay Campos. En 1989, ce petit groupe, qui ne compte qu'un millier de partisans, voit son chef V. Polay Campos, appelé "Commandante" Rolando, arrêté par la police.

Depuis 1992, il a été remplacé par Nestor Cerpa Cartolini. En 1996, ce dernier prend en otage 500 personnes à l'ambassade du Japon, à Lima, dans le but de faire libérer 400 de ses camarades emprisonnés. Cette action armée se termine le 22 avril 1997 par un assaut des forces de sécurité contre l'Ambassade et la mort de tous les terroristes du M.R.T.A.

Ce groupe, bien que marxiste, n'est ni totalitaire ni dogmatique mais d'une certaine manière démocratique et relativement ouvert. Le *Sentier Lumineux* l'aura combattu férocement, n'étant pas jugé assez révolutionnaire par le "Président" Gonzalo.

Le M.R.T.A. a une idéologie assez proche de l'E.L.N. colombienne avec qui il entretient de bonnes relations. Il se finance, comme toutes les guérillas d'Amérique Latine, par la taxation des producteurs de coca et des trafiquants de cocaïne.

---

(15) Cette région, appelée « V.R.A.E. », est peuplée d'indiens de la tribu des *Ashaninka*.

Mais, en Amérique Latine, quelle guérilla pourrait se dispenser d'avoir recours à cette source de financement maudite et infâmante ?

En Afghanistan et au Pakistan

La chute du régime des taliban (III), dirigé par le mollah Mohammed Omar qui s'opposait à la production de l'opium, a produit un vide rapidement comblé par de nombreux « Seigneurs de la guerre ».Parmi les acteurs de ce drame, il nous faut citer :

- Ismael Khan (Tadjik), qui sévit dans la province d'Hérat.
- Abdul Rashid Dostum (ouzbek), établi dans le nord du pays.
- Gul Agha Sherzai et Pacha Khan Zadran (*Pachtounes*) qui opèrent dans les provinces du Sud, devenues de véritables zones de « non-droit ».

Ces « gentilshommes », avides de pouvoir et d'argent (l'argent donnant le pouvoir), ont donné une énorme impulsion à la production d'opium/héroïne. Ainsi en 2006, l'Afghanistan, sous le contrôle illusoire du gouvernement d'Hamid Karzaï et des forces de la coalition, a-t-il produit 6 100 tonnes d'opium brut, soit l'équivalent de 610 tonnes d'héroïne…chiffre bien supérieur à la consommation mondiale annuelle. Ces nombreux seigneurs règnent dans les cinq provinces productrices d'opium, Badakshan, Helmand, Kandahar, Nangarhar et Uruzgan. Ils ont amassé une immense fortune qui leur assure un pouvoir quasi absolu dans ce pays misérable, où tout a un prix. Leur richesse leur permet d'obtenir tout l'armement dont ils ont besoin, d'assurer une vie matérielle « enviable » à leurs hommes, dans une région affligée d'une grande pauvreté. Avec cet argent, ils peuvent même acheter leur sécurité, en cas de besoin, dans cette partie déshéritée du monde où le gouvernement « fait semblant » de payer ses fonctionnaires qui, eux-mêmes, donnent l'apparence de faire leur travail mais doivent faire vivre leur famille…

Il paraîtrait qu'en 2002, les Etats-Unis, toujours bien inspirés, auraient essayé de s'attirer les bonnes grâces de trente-cinq « seigneurs » triés sur le volet, dont le sieur Mirza Mohammed Nassery, honorable ex-taliban exerçant ses talents près de Konduz dans le nord du pays. Pour ce faire, ils auraient offert 200 000 dollars américains, plus un téléphone satellitaire à chacun de ces privilégiés…Piège grossier, bien entendu, permettant aux généreux donateurs de suivre les déplacements, de mieux écouter, voire éliminer les heureux bénéficiaires de leurs largesses. En effet, chacun sait qu'un téléphone satellitaire n'a pas son pareil pour guider un missile vers son « bienheureux » utilisateur…Mais qu'en revanche, s'il est bien utilisé, il est parfait pour désinformer l'ennemi sur ses mouvements ou intentions. Il semblerait, hélas, comme cela arrive souvent aux excellentes initiatives américaines, que le résultat fût un fiasco complet. Tout comme c'est d'ailleurs le cas pour la résurgence étonnante, incompréhensible et franchement « inadmissible » mais non moins inquiétante, des attaques des combattants taliban des provinces du sud, commandées par un chef militaire d'une grande valeur, le mollah Dadullah Akhun, mort en mai 2007, aussitôt remplacé par son frère Dadullah Mansour. Il avait pour adjoint le commandant Haji Lalai. Ou bien au Pakistan les combattants du Teherik-e-Taliban Pakistan qui tiennent l'essentiel du Sud-Waziristan (IV), même si l'armée pakistanaise occupe les bourgades, la totalité du Nord-Waziristan ainsi qu'une très grande partie des « agences » constituant la zone tribale du Nord-Ouest.

Pourtant, grâce aux exploits américains tous étaient censés être totalement éradiqués (V).

Au Myanmar (ex-Birmanie)

Dans ce pays opèrent des guérillas que l'on peut qualifier de *narco-ethniques*. La production de l'opium a une longue histoire en Birmanie. En janvier 1950, après la prise du pouvoir par Mao Tsé-toung en Chine, 12 000 soldats nationalistes présents au Yunnan durent se réfugier en Birmanie, dans la région de Mong Hsat (Etat Shan) (16). Regroupés, ils formèrent la 93e division, sous les ordres du général Li Mi, financée par le trafic de l'opium. Ce général fut rapatrié à Taïwan en 1953 avec 7 000 de ses hommes. En 1961, sous la pression de l'armée birmane, une grande partie des autres se fixa au Laos et en Thaïlande. Ils y continuèrent tranquillement leurs activités lucratives et illégales. Les éléments restés sur place, intégrés à la population locale, poursuivirent le commerce de l'opium pour subvenir à leurs besoins et acheter les armes nécessaires à leur sécurité.

La Birmanie constitue maintenant une source très importante d'opium, environ 2 000 tonnes par an, équivalent à 200 tonnes d'héroïne, soit 90 % de la production du Sud-est asiatique. De plus, elle est devenue un très gros producteur d'amphétamines. L'opium provient des zones montagneuses du pays, habitées par des minorités envers qui les Birmans font preuve de

---

(16) Certains s'installèrent en Thaïlande, tout près de la frontière birmane.

condescendance et d'hostilité mal cachée. C'est pourquoi les groupes armés qui vont être évoqués ont été formés sur des bases ethniques. Ces guérillas vivant uniquement de la production d'opium (ou d'héroïne) et d'amphétamines, méritent bien le qualificatif de *narcoethniques*.

Il existe de fait une pléthore de groupes armés appartenant aux diverses minorités : ***Kachin, Kokang, Pa-O, Shan, Wa, Palaung, Karen, Chin, Mon***, etc., parmi lesquels :

(*voir la carte des états et divisions de la Birmanie ainsi que les reproductions en couleurs des drapeaux des différentes guérillas dans le cahier central d'illustrations*)

- U.W.S.A. (Armée Unie de l'Etat de Wa) :

Cette armée formée en 1989, suite à l'effondrement du Parti communiste birman, est implantée dans la partie orientale de l'Etat Wa dont la « capitale » est Panghsang. Elle se compose de cinq « divisions » contrôlant la zone frontière avec la Thaïlande : 248e Div., (cdt. Ta Hsang) ; 518e Div., (cdt. Li Hsarm Nab) ; 772e Div., (cdt. Ta Hsong) ; 775e Div., (cdt. Guojong) ; 778e Div., (cdt. Ta Marn) et trois autres divisions dans la région frontalière avec la Chine, les 318, 418 et 468e Div. Ces forces, totalisant environ 30 000 combattants certains armés de SAM HN-5 chinois, sont commandées par le général Bao You Xiang (dont le beau-fils Ho Chung Ting est dans les « affaires »). Il est assisté par Li Zu Ru et Wei Xue Kang. Les relations avec l'extérieur sont sous la responsabilité du colonel Jiao Wei. Sous la pression, entre autre de la Chine, dont leur « capitale » n'est séparée que par l'étroite rivière Nam Ka, face à la bourgade chinoise de Menglian, au Yunnan, les *Wa* ont beaucoup diminué « leur » production d'opium et d'amphétamine. Jouissant d'une autonomie vis-à-vis du gouvernement birman, l'U.W.S.A. se joint parfois à l'armée nationale pour combattre les *Shan* (17).

- M.N.D.A.A.-Kokang (Armée de l'Alliance Démocratique et Nationale du Myanmar) :

Cette force, composée de *Kokang*, ethniquement chinois, fut formée le 13 mars 1989 par Peng Jia Sheng, un ex-chef communiste, aidé par son frère Peng Jia Fu. Elle compte parmi ses chefs Yang Mao

---

(17) Ainsi, en 2005, les *Wa* attaquèrent le poste de Gong Pa Kha, tenu par les *Shan*. Les combats durèrent un mois, causant de lourdes pertes aux *Wa*.

Liang et Liu Go Shi. Implantée au nord de l'Etat Shan, elle se finance par des maisons de jeux, le trafic de drogues (opium, amphétamine) et la prostitution. Le 24 août 2009 elle subit une violente attaque de l'armée birmane aidée d'une faction fidèle à Bai Suo Qian (l'ex-adjoint de Peng Jia Sheng) à la suite de laquelle elle perdit sa « capitale », Laukkai.

• K.I.A. (Armée pour l'Indépendance Kachin) :

Formée en 1961, elle constitue le bras armé de la K.I.O. (Organisation pour l'Indépendance Kachin) (18) qui la finance par des activités illégales, dont le trafic de drogues. Forte de 4 à 5 000 hommes organisés en six brigades (dont une unité mobile), basées dans la zone frontalière avec la Chine. Son commandement est assuré par le général Gam Shawng Gunhtang et compte parmi ses chefs le général Sumlut Gun Maw. Son Q.G. est situé près de Laisha, au sud de l'Etat Kachin. D'autres groupes de la K.I.A. sont entrés en dissidence et coopèrent avec l'armée birmane.

• K.D.A. (Armée de Défense Kachin) :

Constituée en 1990 par Mahtu Naw, un ex-commandant de la 4ᵉ brigade K.I.A. Cette force se composait de 2 brigades (soit 7 bataillons) totalisant 2 000 hommes, ayant leur Q.G. à Kawnghka. Elle a été dissoute le 19 janvier 2010, sous la pression de l'armée birmane. Une partie de ses hommes a alors formé deux milices, contrôlées par l'armée.

• Lasang Awng Wa Peace Group :

Ce groupe, commandé par le colonel Lasang Awng Wa, dissout le 16 octobre 2009, a donné naissance à deux milices, supervisées par l'armée.

• N.D.A.-K. (Nouvelle Armée Démocratique -KACHIN) :

Créée en avril 1989 (après la disparition du Parti communiste birman) par Zahkung Ting Ying et Layawk Zelum, deux ex-officiers factieux ayant quitté la K.I.A. en 1968. Elle avait son Q.G. à Pang Wa. Cette formation, qui a été dissoute le 8 novembre 2009, a vu ses hommes enrôlés dans trois bataillons de gardes-frontières, soumis à l'autorité militaire birmane.

_____

(18) Ayant à sa tête le Dr La Ja, secrétaire général, basé à Laiza, leur "capitale", près de la frontière chinoise.

● REBELLION RESISTANCE FORCE (Force Rebelle de Résistance) :

Basée à Hkawnglanghpu ; elle a pour chef Tanggu Dang. Cette formation, organisée par l'armée birmane, comprend environ 500 hommes de l'ethnie *Warang* (chrétiens) de la région de Putao. Les *Warang*, qui n'ont jamais toléré la K.I.A., ont basculé du côté de l'armée après une guerre civile avec les *Lisu* qui fit environ 7 000 morts en 1960. Transportés en Birmanie centrale, ils participent aux opérations avec l'armée.

● P.S.L.A. (Armée de Libération de l'Etat Palaung) (19) :

Force armée du P.S.L.O. (Parti de la Libération de l'Etat Palaung), créée en 1976 et ayant pour prédécesseur la P.N.F. (Force Nationale Palaung) elle-même formée en 1963. D'abord intégrée à la S.S.A., puis devenue autonome en 1968, son chef, Kham Thaung sera tué en 1979. La P.S.L.A., forte d'environ 1000 hommes (en 1980), coopérait avec la S.S.A. et la K.I.A.. Depuis, la P.S.L.A., qui combattait dans l'Etat Shan où vit sa population, a signé un cessez-le-feu ave le gouvernement birman le 21 avril 1991. Le 29 avril 2005, le gouvernement a décidé de la démobiliser.

● S.S.A. South (Armée de l'Etat Shan-Sud) :

Constituée en 1964, cette formation, forte de 12 000 hommes, avait pour origine la S.U.R.A. (Armée Révolutionnaire Unie de l'Etat Shan) dont une partie (3 000 combattants) provenait de l'ex-armée Mong Tai, basée à Homong sous les ordres du fameux trafiquant de drogue Chang Chi Fu (dit Khun Sa). Ce dernier, rentrant dans la légalité en 1996, le général Yawd Serk lui succéda. Le 21 octobre 2006, une faction de 840 hommes, commandée par le général Ywet Sitt, a signé un accord de cessez-le-feu avec le gouvernement. En janvier 2012, la S.S.A. (South) vient de signer un cessez-le-feu où elle était représentée par les généraux Yawd Serk, Sai Lu et Paung Khay.

● K.A. (Armée Karen) :

L'ethnie Karen a une longue histoire de résistance à l'armée birmane. Dès juillet 1947, elle forma sa première unité, la K.N.D.O. (Organisation Karen de Défense Nationale) pour assurer sa protection. Richmond (Tawplo) en assumait le commandement militaire et Saw

----

(19) Dont une partie fut démobilisée en 2005.

Shew la direction politique (chef de « l'Etat »). En 1955, le K.N.P.P. (Parti Progressiste National Karen) lui succéda, dirigé par Saw Mah Rew. En 1978, pour des raisons idéologiques, une faction gauchisante s'en détacha pour former le K.N.P.L.F. (Front de Libération Nationale du Peuple de Karen), dirigé par Khu Htae Bu Peh. Après un cessez-le-feu provisoire du K.N.P.L.F. avec l'armée, signé en 1995, la K.N.L.A., affaiblie, continue son combat difficile.

● K.N.P.L.F. (Front de Libération Nationale du Peuple de Karen) :

Né d'une scission avec le K.N.P.P./Armée Karen, le Front, dirigé par Sandar et le major Swe War, disposait de 4 000 combattants. Il maintenait des relations étroites avec le Parti communiste birman qui lui fournissait armes et équipements. Ses unités contrôlaient la plus grande partie de l'Etat du Nord-Kayah, près de la frontière avec l'Etat Shan. Depuis le cessez-le feu signé en 1995, ses hommes ont été enrôlés comme gardes-frontières, sous responsabilité militaire.

● P.N.L.O. (Organisation de Libération Nationale Pa O) :

Ce groupe armé, apparu en 1966, a une histoire complexe. Prenant par la suite l'appellation S.N.P.L.O. (Organisation Populaire de Libération des Nationalités Shan), il est allié au Parti communiste birman. En 1976, une faction anti-communiste, le P.N.O. (Organisation Nationale Pa O), fait sécession. En 1981, il conclut un cessez-le-feu avec l'armée. Certains des combattants continuent la lutte, commandés par Hkun Okker et forment le P.P.L.O. (Organisation Populaire du Peuple Pa O). Lorsqu'en 1994 le S.N.P.L.O. accepte un cessez-le feu avec l'armée, un groupe dirigé par Ti Hsawng et Hkun Thurein continue la lutte et reprend le nom de P.L.N.O. Cette force est maintenant sous les ordres du général de brigade Hpratan Hkun Ti Son et du colonel Hkun Okker par ailleurs Secrétaire général de l'U.N.F.C. (Conseil Fédéral Unifié des Nationalités), organisme qui réunit plusieurs groupes ethniques rebelles. Le 26 novembre 2011, le P.N.L.O. est entré en pourparlers avec le gouvernement birman pour rechercher un accord de cessez-le-feu.

● S.S.A. North (Armée de l'Etat Shan-Nord) :

Cette force est constituée de 3 brigades :

■ 1re brigade (2500 hommes) ; basée à Wanhai, dans le sud de l'Etat ; commandée par le général Pang Fah.

- 3ᵉ brigade (300 hommes) ; basée à Mongkhurh, au sud de l'Etat, sous les ordres du général Loi Mao.
- 7ᵉ brigade (400 hommes), implantée à Kali avec pour chef le général Gaifa. Fin 2009, le général Loi Mao accepte les propositions du gouvernement et en avril 2010, enrôle ses hommes dans la garde territoriale (Hseng Home Guard), alors que la 1ʳᵉ brigade continue le combat. En décembre 2010, cette brigade se transforme en S.S.P.P. (Parti Progressiste de l'Etat Shan) et met sur pieds 5 nouvelles brigades de 3 bataillons chacune. De novembre 2010 et pendant presque toute l'année 2011, l'armée birmane lance plusieurs offensives sans résultat probant. Le 30 janvier 2012 un accord est signé.

● C.N.A. (Armée Nationale Chin) :

Bras armé du C.N.F. (Front National Chin), créé le 28 mars 1988. Ce groupe armé fut mis sur pieds en novembre de la même année. Ses forces, limitées à 500 hommes sous les ordres du colonel Ral Hnin, ne lui permettaient d'effectuer que des actions de guérilla dans la zone frontalière avec l'Inde. Le 6 janvier 2012, un cessez-le-feu est signé à Hakha la « capitale » du C.N.F. par le Dr. Sui Khar.

● M.N.L.A. (Armée Mon de Libération Nationale) :

Ce groupe fut formé le 28 août 1971 par le N.M.S.P. (Nouveau Parti de l'Etat Mon), dirigé par Nai Shwe Kying, successeur d'une longue lignée de résistants, depuis 1948. En 1981, le N.M.S.P. se scinde en deux groupes, puis se reconstitue en 1987. Il a alors comme dirigeant politique Nai Htaw Mon, l'organisation militaire étant assurée par le général Nai Aung Naing. Ce dernier, par la suite, entrera en dissidence pour former le M.P.D.F. (Front pour la Paix et la Défense), qui se ralliera à l'armée birmane. En 1995, la M.N.L.A., forte de 3 500 combattants, bénéficie d'un cessez-le feu. En 2010, après quinze ans de paix, les relations se tendent avec l'armée birmane, alors que la M.N.L.A. ne compte plus que 1 000 hommes dont 200 destinés à la guérilla.

Bien que certaines minorités aient promis de cesser la production d'opium et que le gouvernement de Birmanie fasse des efforts dans ce sens, le problème reste entier pour les raisons suivantes :

● Mise à l'écart par les Birmans de leurs minorités ethniques.

• Refus des autorités d'accorder à ces peuples l'autonomie qui devait leur être octroyée, selon l'accord de Palong, après l'accession à l'indépendance

• Extrême pauvreté de ces régions où la seule production rentable est l'opium.

Les possibles solutions à ce grave problème pourraient être :

• Politique : accorder une certaine autodétermination à ces peuples. Il suffirait pour cela d'appliquer les Accords de Palong signés le 12 février 1947 par le général Aung San (Le père de l'indépendance birmane et créateur de l'armée nationale) et les chefs des minorités ethniques. Ce document reconnaissait les particularismes de ces peuples et leur concédait une très large autonomie interne. Malheureusement, le général Aung San fut assassiné le 19 juillet 1947 et le pacte ne fut jamais appliqué après l'indépendance, survenue en 1948…

• Economique : développer des productions de substitution ou des activités susceptibles de remplacer l'opium, qui enrichit les trafiquants mais rapporte très peu aux cultivateurs.

• Tourisme écologique.

Les récentes mesures d'apaisement, prises par le nouveau gouvernement « civil », laissent à penser qu'une solution même partielle semble se dessiner à terme.

Il existe cependant une guérilla non maffieuse qu'il faut citer, puisque c'est une exception dans ce pays. Il s'agit de la K.N.L.A. (Armée Karen de libération Nationale). C'est l'une des guérillas les plus anciennes car les Karens prirent les armes en 1948, pour obtenir l'autonomie prévue au moment de l'indépendance. Dirigée jusqu'en l'an 2000 par le général Bo Mya, la K.N.L.A., constituée d'une majorité de chrétiens, a toujours refusé d'être impliquée dans la drogue, attitude unique et louable parmi les guérillas opérant en Birmanie. En 1994, grâce à une habile manipulation, l'armée birmane (*Tatmadaw*) réussit à récupérer les bouddhistes (500 hommes) qui combattaient avec la K.N.L.A. (5 000 hommes). Fait plus grave, les bouddhistes ayant créé leur propre groupe, la D.K.B.A. (Armée Démocratique Bouddhiste Karen) passèrent à l'ennemi à qui ils donnèrent le plan des champs de mines et autres défenses de la K.N.L.A. La possession de ces informations permit à l'armée birmane, aidée et guidée par les bouddhistes karens, de s'emparer de Manerplaw, privant la K.N.L.A. de la presque totalité de son financement (revenus douaniers). Malgré ces revers, en 2006 la K.N.L.A. compte encore 7 brigades, plus une force spéciale, totalisant environ 5 000 combattants. En février 2007, un groupe dissident forme le K.P.C. (Assemblée Karen pour la Paix) et cesse les combats contre l'armée birmane. En 2010, l'armée ayant décidé d'intégrer les hommes de la D.K.B.A., de nombreuses mutineries éclatent et les soldats bouddhistes rejoignent en masse la K.N.L.A. Depuis, celle-ci, accrochée à la frontière séparant la Birmanie de la Thaïlande, continuait à résister de son mieux aux attaques des unités de l'armée birmane. Cependant, le remplacement de la junte par un gouvernement civil, le 30 mars 2011, a permis une certaine ouverture. Outre la libération de prisonniers politiques, des contacts ont été pris avec les minorités ethniques rebelles. Le 12 janvier 2012, un cessez-le-feu est entré en vigueur avec l'Union Nationale Karen, dont la K.N.L.A. est la force armée.

2. Les braquages

Pour mémoire, nous évoquerons ce mode de financement immonde qui fait perdre leur âme à ceux qui s'y adonnent, même si l'argent maudit ainsi obtenu est utilisé pour une cause sacrée.

Il vient à l'esprit de l'auteur un cas de ce genre, qui n'est malheureusement pas unique. En Algérie, en 1949, existait dans le cadre du M.T.L.D. (VI) un service « opérations spéciales » (O.S.), dirigé par Ben Bella qui se trouvait à Alger. Une équipe de l'O.S., qui comprenait Hocine Aït, Rabah Bitat, etc., dévalisa la poste d'Oran pour financer les achats d'armes en Libye où se trouvaient des stocks abandonnés par les Italiens (fusils STATTI, etc.) (20). Le butin fut coquet : trois millions de francs, soit environ 1500 mois de salaire moyen de l'époque. L'affaire fit grand bruit et amena le démantèlement de l'O.S. par les R.G. au printemps 1950.

Il ne s'agit pas d'un cas extraordinaire. D'autres groupes armés ont usé de ce procédé pour financer leur cause, réputée juste. L'auteur pense que ce type d'opération, même si elle est destinée à se procurer des armes, est totalement inacceptable, la première victime étant l'image de la guérilla qui est salie malgré tout. Il y a plusieurs raisons à cela :

- L'argent qui se trouve dans les banques et autres établissements financiers est celui du public, non celui de l'ennemi. S'en emparer constitue un vol qui ne peut être justifié en aucun cas.

---

(20) Achats effectués par Ben Boulaïd, qui sera tué le 23 mars 1956 par l'explosion d'un poste de radio piégé, parachuté par le Service Action sur la Willaya I.

● La manipulation de très importantes sommes d'argent finit par avoir un effet corrosif sur l'âme la plus pure et la mieux trempée. Dans ce cas, le damné perd irrémédiablement son âme.

● Lorsque des montants extrêmement importants transitent clandestinement entre les mains de quelques-uns, il s'ensuit toujours des racontars, des bruits ou des rumeurs (vraies ou fausses) qui finissent par porter atteinte à l'image de pureté, vitale à une guérilla. Ainsi pendant l'occupation de la France, les gros parachutages d'argent en provenance de Londres (VII) à certains mouvements de résistance firent « jaser » beaucoup de gens, jaloux comme il se doit et bien des années après la Libération. Il n'y eu bien sûr jamais de preuve quant aux médisances. Pourtant la sagesse populaire affirme « qu'il n'y a pas de fumée sans feu »…

● On pourrait citer aussi le cas, bien étrange, de la cagnotte du F.L.N. algérien, provenant des cotisations des sympathisants d'Europe et mise à l'abri en Suisse par mesure de sécurité. Ce trésor de guerre qui se montait à 43 millions de francs suisses ne représentait hélas plus que deux millions de la même monnaie lorsque le gouvernement algérien parvint à le récupérer : l'argent s'était évaporé entre les mains des responsables !

● Enfin, d'authentiques héros de la guérilla, habitués à effectuer des casses de banques, pourraient fort bien conserver après la victoire un goût prononcé pour ces actions dangereuses mais spectaculaires et rentables. Surtout s'ils s'estimaient injustement récompensés pour leur conduite admirable pendant la guerre. Ce qui serait un vrai désastre.

Bien évidemment, tout ce qui précède ne s'applique ni aux transports de fonds des troupes ennemies, ni à leurs centres de trésorerie. Ils représentent un gibier de choix pour lequel la chasse est non seulement ouverte mais recommandée toute l'année. Il est cependant d'une importance vitale que les fonds récupérés sur l'ennemi restent toujours transparents, afin qu'ils puissent faire l'objet d'un contrôle sans faille. Tout manquement à ce principe, tout prélèvement personnel, entraînerait l'exécution immédiate du coupable, quel que soit son rang, si haut soit-il !

Notes du chapitre
Ressources et Financements

(I) Markos Vafiadis (1906-1992) : Ancien ouvrier des tabacs, l'un des fondateurs du P.C. grec. Chef de la guérilla communiste grecque pendant la guerre civile (1945-1949), qui fit des dizaines de milliers de victimes. Soutenu matériellement par Moscou, il refusa de prendre partie lors de la rupture entre Staline et Tito. S'étant obstiné à conserver ses bases en Yougoslavie et en Bulgarie, il fut accusé de trotskisme. Considéré comme un grand malade, il perdit son commandement et fut dirigé vers la Roumanie, où il fut à la fois soumis à un traitement psychiatrique et emprisonné. Son départ ayant créé une grande confusion parmi les forces communistes, l'armée royale grecque, appuyée par l'Angleterre et les Etats-Unis, conseillée par le général américain James A. Fleet, réussit à chasser les communistes de Grèce. Markos Vafiadis fut cependant, bien plus tard, réhabilité et reprit sa place au Comité central du P.C. grec.

(II) Comme si de chasser la France du Việt Nam ne suffisait pas à nos amis américains : un de leurs généraux, aussitôt après la Seconde Guerre mondiale, fit transporter par avion de sa résidence de Vinh (Centre Annam) à Hà Nội, Chao Souphanouvong, le prince rouge laotien, grand ennemi de la France, un des fondateurs du Pathet Lao et de l'A.L.D.L. (Armée de Libération et de Défense Lao), afin d'y rencontrer Hồ Chí Minh et de coordonner avec lui son action contre la France.

(III) Taliban : pluriel de taleb, qui désigne un étudiant en théologie islamique fréquentant une madrasa (école coranique) et dont beaucoup se trouvent au Pakistan.

(IV) Waziristan : Composé du Nord-Waziristan et du Sud-Waziristan, zone tribale de l'ouest du Pakistan, adossée à la frontière afghane. Peuplée de farouches (et traditionnels) guerriers pachtounes, pieux musulmans, très attachés à leur autonomie. Les *Pachtounes* représentent également une importante partie de la population afghane.

(V) Même s'il est vrai que les trois lieutenants du célèbre mollah Omar (le Borgne) aient connu un triste sort : les mollahs Dadullah Akhun (l'unijambiste) et Osamni sont morts au combat et le mollah Obaidullah se trouvant quant à lui en prison.

(VI) M.T.L.D. : Mouvement pour le triomphe des Libertés Démocratiques en Algérie. Mouvement nationaliste algérien, fondé par Messali Hadj en 1947. Sa structure paramilitaire, l'Organisation Spéciale (O.S.) est considérée généralement comme le creuset du futur FLN. Elle prônait la lutte armée, contrairement au M.T.L.D., englué dans ses rivalités internes et ses ambiguïtés vis-à-vis de la France.

(VII) Par le S.O.E. anglais (Special Operations Executive) c'est-à-dire le Commandement des Opérations Spéciales pour la France, « Section F », du lieutenant-colonel Maurice Buckmaster, chargé d'animer et d'armer certains groupes de résistance, alors que d'autres dépendaient du B.C.R.A. de la France Libre.

5. MISE EN PLACE DES BASES

Préparation

Toute nation menacée par un puissant pays agresseur aura mis en place une défense en profondeur de son territoire, selon la notion du peuple en armes. C'est une nécessité pour répondre à la tactique de « décapitation » (écrasement puis occupation rapide de la capitale et des centres vitaux), chère au prédateur. Ce système de défense permettra au peuple de continuer une guerre totale asymétrique contre l'occupant, aussi longtemps qu'il le faudra. C'est pourquoi, bien avant que le conflit n'éclate, sera créée une *Milice patriotique*, composée de volontaires à temps partiel, citoyens-soldats. L'unité de base de cette milice sera la *vingtaine* dont le chef "militaire" aura pour adjoint un cadre "*Action psychologique*". Sa structure et son armement « standard » auront été conçus pour lui permettre de constituer immédiatement un groupe autonome qui s'intégrera facilement à un commando de partisans en formation. Chaque village, chaque quartier des villes, grande entreprise ou usine, possédera une ou plusieurs unités de la *Milice patriotique*, active, bien entraînée et prête à répondre à l'appel de la patrie en danger, comme le firent à leur époque les « minutemen » américains pour défendre l'indépendance de leur pays…

Dés que l'attaque ennemie sera considérée comme inéluctable, les miliciens (1) seront immédiatement alertés. Ils devront rapidement rejoindre avec armes et équipements la base de guérilla à laquelle ils sont affectés, en emmenant trois jours de vivres. Arrivés sur place, ils poursuivront un entraînement intensif aux actions de guérilla (embuscades, emploi des armes et engins explosifs improvisés, etc.) ; sous le commandement de leurs chefs ou de cadres des forces spéciales destinés à renforcer leur encadrement normal.

---

(1) Cette organisation milicienne, totalement autonome vis-à-vis des structures militaires conventionnelles, répondra aux critères de la clandestinité, même en temps de paix.

Pendant l'invasion, les miliciens, devenus maintenant des « partisans », resteront dans leur zone, sans participer aux actions de guerre menées par l'armée régulière de leur pays. Leur rôle sera exclusivement la guérilla et rien d'autre, si ce n'est de donner refuge par la suite aux militaires ou aux résistants pourchassés par l'occupant.

Implantation

Les zones d'implantation de la guérilla doivent être repérées et préparées bien avant que l'occupation du pays n'ait lieu. En effet, lorsque les forces ennemies contrôlent les villes, il est beaucoup plus difficile et dangereux de mettre en place une telle organisation.

Chaque *Région*, choisie soigneusement, devra représenter un carré d'environ 100 km de côté, avoir de nombreux points d'eau et offrir une protection naturelle (forêts). Une zone adossée à la frontière d'un pays ami (ou neutre) serait d'un grand intérêt puisqu'elle permettrait un ravitaillement régulier de l'extérieur. Une région ayant accès à la mer pourrait jouer le même rôle mais permettrait en revanche des débarquements ennemis sur la côte qu'il faudrait prévoir et surveiller de très près (2). Dès que les zones sont délimitées, elles doivent être découpées en une dizaine de *Districts* représentant chacun un carré d'environ 30 km de côté.

Dans chacun de ces districts, seront entreposés et bien camouflés des armes, des munitions, des équipements, etc., suffisants pour mettre sur pied de guerre un commando (effectifs fixés à 140 combattants). A cela s'ajouteront des réserves de vivres (conserves). Par précaution, les munitions et explosifs de chaque district seront stockés dans différentes caches séparées et bien abritées des éléments naturels.

Les miliciens du détachement précurseur, chargés de surveiller ces stocks, auront en outre les tâches suivantes :

● Construction de la future base du commando, cases légères, bâties avec des matériaux locaux (bambous, etc.), bien cachées sous de grands arbres chaque fois que cela sera possible.

● Plantations vivrières, à l'abri des avions d'observation ou des drones.

---

(2) Tout particulièrement l'infiltration clandestine d'éléments des Forces spéciales ennemies, débarqués d'un sous-marin ou d'hélicoptères à la faveur de la nuit.

● Elevage de cochons, poulets pour donner une certaine autonomie de ravitaillement au commando, puisque dans les « arrivages » venus de l'extérieur, armes, munitions et explosifs auront la priorité absolue.

Les bases devront être complètement terminées avant que n'éclate le conflit, de façon à être prêtes à recevoir les miliciens lorsque la guerre sera considérée comme imminente.

Organisation de la protection

Il ne faudra jamais oublier qu'aucune base importante de partisans, même située dans une zone très éloignée de l'ennemi ou d'un accès extrêmement difficile, n'est jamais absolument sûre. Ainsi, pendant la Seconde Guerre mondiale, Tito (Josip Broz), le chef des partisans yougoslaves communistes, n'échappa-t-il que de justesse à un raid éclair des Allemands sur son poste de commandement (Opération *Rösselsprung,* avril-mai 1944). Il en est de même d'Hô Chí Minh qui, au début du conflit indochinois, fut manqué de très peu par une action-surprise des parachutistes français (opération *Léa* du 7 octobre au 22 décembre 1947, de Băc Cạn à Yên Báy, Tonkin).

Plus récemment, le 22 septembre 2010, en Colombie, l'attaque « chirurgicale » combinée de l'aviation et des forces spéciales héliportées, sur la base des FARC implantée dans la Sierra de La Macarena, entraîna la mort du chef militaire « Mono JoJoy ». Cette opération permit de récupérer les ordinateurs de la rébellion, dévoilant ainsi toute la structure et le mode opérationnel de la guérilla.

Dans un conflit actuel, la base, régionale ou centrale, pourra être confrontée à plusieurs dangers potentiels (3) :

● Drones d'observation ou d'attaque (type *Predator* ou *Reaper*) armés de missiles.

● Missiles de croisière.

● Bombardement aérien massif (y compris napalm (4) et sous-munitions).

---

(3) Une base bien camouflée sous les hautes cimes des arbres n'a rien à craindre des drones armés de missiles, si efficaces en terrain peu couvert, les campements n'étant pas visibles.
(4) Napalm : liquide inflammable collant, utilisé pour les lance-flammes ou plus souvent dans des bombes lancées d'avion ou d'hélicoptère. Constitué à l'origine par de l'essence gélifiée par adjonction de sel d'aluminium coprécipité de naphtalénique de palmitate ou de stéarate. Le nouveau napalm, appelé Napalm-B, est composé en grande partie d'un mélange d'essence, de benzène et de polystyrène.

- Attaque d'un commando héliporté.

- Lâcher de parachutistes.

Contre les bombardements et les missiles, il sera nécessaire de prévoir un réseau complet de tunnels permettant aux partisans de s'y réfugier rapidement et d'encaisser les coups sans ou avec peu de pertes. Ces souterrains devront être profonds, solides, se couper à angle droit et comporter des salles pour le repos des hommes, une infirmerie, une cuisine, etc.

C'est ce système de défense qui permît aux Việt Công de Củ Chi de résister et de continuer à combattre avec acharnement malgré les bombardements répétés d'une intensité extrême et l'action des « *rats des tunnels* », ces soldats courageux qui allaient jouer les « furets » en pénétrant à l'intérieur de ces boyaux pour y affronter les partisans du Việt Công.

La menace provenant de commandos héliportés ou de parachutistes sera contrée de façon différente : la zone s'étendant tout autour de la base sera piégée et minée en profondeur, laissant seulement un passage limité pour le passage des partisans. De jour comme de nuit, des « sonnettes » seront postées à un kilomètre de la base pour surveiller particulièrement les sentiers d'accès et les espaces dégagés, soigneusement minés, où pourraient se poser des hélicoptères afin de mettre à terre des commandos ou sur lesquels pourraient être largués des parachutistes.

Si des ruisseaux ou rivières passent non loin de la base, ils peuvent constituer un chemin d'approche de choix pour les raiders ennemis tentant une attaque surprise. Contre ce danger, plusieurs dispositions seront prises. Dans le cas d'un ruisseau, à un kilomètre devant (et derrière) la base, le cours d'eau sera piégé. Des fils invisibles seront immergés. En cas de tension provoquée par des intrus, ils déclencheront les mines « Claymore » placées sur chaque berge et disposées de façon à balayer le ruisseau à hauteur d'homme. A cent mètres puis à deux cents mètres, en arrière, le même système sera répété. A 200 m du dernier dispositif, une forte « sonnette », bien enterrée, disposant d'un R.P.K., sera placée en permanence mais relevée toutes les vingt-quatre heures.

Dans le cas d'une rivière non navigable et peu profonde, on procédera de la même façon que pour un ruisseau. En revanche, si le cours d'eau est navigable pour de petites embarcations, on établira une défense comme on le ferait pour attaquer un convoi fluvial. Sur chaque berge, on mettra en place, en avant et en arrière de la base, trois lignes de défense, la plus éloignée étant à un kilomètre de la base, la seconde à 800 m, la dernière à 600 m. Les deux premières lignes défensives seront constituées chacune de deux grosses mines flottantes presqu'entièrement immergées, placées près d'une berge et recouvertes de plantes aquatiques. Ces engins seront pourvus de détonateurs à « tétons » et reliés à deux câbles reposant sur le lit du cours d'eau, manipulés par une équipe *Choc* sur chaque rive.

Lorsque le bateau arrivera, ces câbles permettront de positionner les engins face à l'étrave qui, soit les percutera, soit les rabattra violemment sur sa coque en les faisant exploser. Afin de détourner l'attention de l'équipage juste au moment d'amener les mines en bonne position, les partisans ouvriront le feu à la kalachnikov. Si par malheur le choc n'était pas suffisant pour les faire détoner, il sera fait usage d'une télécommande constituant le système de secours. Quel que soit le résultat de l'attaque, les partisans se replieront aussitôt sur la dernière ligne de défense qu'ils viendront renforcer. Cette dernière position est plus solide. Elle comprend bien sûr une équipe *Choc* sur chaque rive. Ces hommes sont chargés de faire exploser deux mines puissantes si un bateau parvenait jusqu'à eux. De plus, sur chaque berge, camouflée dans la végétation mais ayant une vue dégagée sur la rivière, une équipe R.P.G. est en position, abritée derrière un parapet. Cette équipe est appuyée par un R.P.K., l'ensemble étant protégé par les *Choc* repliés des première et deuxième positions défensives.

Ce dispositif sérieux, relevé toutes les 24 heures sera suffisant pour faire perdre le bénéfice de la surprise à l'ennemi et le retarder, donnant ainsi le temps aux *Cdos 11* et *12*, chargés de la défense de la base régionale d'entrer en action.

Si l'attaque ennemie est très importante, le P.C. de région rameutera immédiatement les commandos les plus proches pour attaquer la force adverse sur ses arrières et ses flancs, lui couper toute possibilité de retraite et l'envelopper dans un piège mortel.

Enfin, ne jamais oublier que l'adversaire, s'il est intelligent, essaiera pour s'infiltrer, d'utiliser les passages jugés impraticables, donc peu (ou pas) surveillés : falaises abruptes, ravins recouverts d'une végétation inextricable, etc. C'est pourquoi ces voies d'accès extrêmement difficiles mais tentantes pour des « guerriers » hardis et décidés, devront être soigneusement minées (mines et mines éclairantes) afin d'assurer une sécurité sans faille.

Rôle des zones grises

Les bases de la guérilla sont protégées par les espaces ruraux étendus qui se situent entre elles et les villes occupées par l'ennemi. Les très nombreux villages qui se trouvent dans cette zone grise sont dirigés chacun par un comité politico-militaire occulte. Celui-ci est sous l'autorité du responsable de la région à laquelle il est rattaché. Le comité exécute les ordres reçus de la région et lui transmet les renseignements recueillis sur l'ennemi, en particulier les mouvements de troupes.

Les liaisons entre les villages et la Région sont de deux types :

● Les messages urgents qui sont acheminés par des coureurs, relayés de village en village,

● Le courrier ordinaire qui est transporté par un courant de marchands ambulants qui peuvent passer partout sans attirer l'attention.

Les paysans reçoivent aussi la visite régulière d'équipes de l'*Action psychologique* munies d'un matériel audiovisuel, alors que d'autres vont de village en village en se faisant passer pour une troupe de montreurs de marionnettes, de façon à pouvoir circuler partout sans donner l'éveil. Ces scènes, inspirées du folklore populaire, ridiculisent l'occupant, stigmatisent sa cruauté et glorifient le courage et le patriotisme de la guérilla.

Dans chaque village, existe une milice (Du Kích au Việt Nam) qui comporte d'habitude entre une dizaine et une cinquantaine de paysans (5). Leur chef appartient de droit au comité politico-militaire. Ses hommes possèdent un armement simple : fusils disparates, armes prises à l'ennemi, grenades artisanales (allumeurs à friction). Cette troupe dispose d'explosifs, bombes d'avion, obus de 105 ou 155, obus de mortier de 60 ou 81mm qui, lancés par l'ennemi, sont tombés dans les rizières sans exploser. Ces munitions récupérées sont utilisées pour fabriquer des mines, des pièges, des grenades. Les armes de la milice ne sont jamais dissimulées dans les maisons, susceptibles d'être soigneusement fouillées ou même incendiées au cours d'incursions ennemies. L'armement est stocké généralement dans une cache située à la lisière du village, creusée dans le sol. On y accède par un bouchon de paille tressée et enroulée. Les paysans recouvrent l'entrée ainsi fermée avec de la terre, de façon à rendre cette ouverture totalement invisible. Très souvent, cette cachette se prolonge par un tunnel qui, après le passage d'un siphon, dé-

---

(5) Selon bien sûr l'importance du village.

bouche sous l'eau de la mare du village. Il existe un autre type de cache : l'entrée circulaire, d'assez faible diamètre, se trouve sous l'âtre d'une cheminée, dans une maison située non loin de la bordure du village. Cet accès est recouvert d'une plaque métallique épaisse, encastrée dans le sol et sur laquelle brûlera un feu en cas d'arrivée de soldats ennemis. L'excavation se prolonge par un tunnel qui débouche sur une étroite sortie bien camouflée sous le couvert de bananiers. Ces deux types de cachette permettent, lorsque cela est nécessaire, de s'échapper de nuit, si l'ennemi occupe le village. En temps normal, l'ensemble des paysans (y compris les miliciens) vaque paisiblement à ses occupations habituelles : cultures, pêche, artisanat, élevage.

Ces populations ont ordre de se montrer accueillantes envers les ennemis : boissons, fruits, discours d'amitié, lorsque ces patrouilles sont de faible importance et traversent le village sans intention offensive sérieuse. Il en est tout autrement lorsqu'une importante colonne se dirige en force vers la zone tenue par la guérilla. Dans ce cas-là, les démonstrations d'amitié envers l'ennemi sont les mêmes, dans le seul but de le mettre en confiance et de ralentir sa marche afin de gagner le maximum de temps. Des miliciens sont envoyés de toute urgence pour alerter les villages voisins qui, à leur tour, transmettent l'alerte à la région par le relais de coureurs. L'effectif, l'armement et la direction prise par la colonne figurent en détail sur le message envoyé à la région. La population et le bétail de tous les villages situés sur le chemin de l'ennemi sont évacués. Les voies d'accès et de sortie de chaque village sont minées, les maisons piégées et les miliciens s'éparpillent dans la rizière pour harceler l'ennemi quand il reprendra sa marche. Les miliciens des villages traversés se joignent aux premiers et deviendront de plus en plus nombreux pendant toute la progression de l'ennemi. Si, ce qui est peu probable, celui-ci appelait des hélicoptères à l'aide, les miliciens (qui eux ne possèdent pas de R.P.G.) se coucheraient et resteraient totalement immobiles, à demi recouverts par la boue de la rizière. Dès que l'arrière-garde de la colonne est passée, la nasse se referme sur elle : la route est à nouveau minée, maisons piégées et plusieurs embuscades sont montées pour couper les voies de communication entre l'ennemi et ses arrières. Tout élément qui « descendrait » vers sa base (blessés, etc.) ou qui « monterait » vers la colonne (renforts en hommes, munitions, armement) serait capturé ou détruit.

Dans cette opération, le rôle des nombreux miliciens consiste à ralentir la progression de l'ennemi, le fatiguer, lui causer des pertes et le couper de ses bases. Lorsque la colonne arrête sa progression pour s'installer et passer la nuit dans un village, ils l'empêcheront par des tirs sporadiques, de dormir et le rendront « stressé ». Cette action retardatrice sera capitale pour donner le temps nécessaire aux responsables de la région de rameuter des forces très supérieures en nombre à celles de l'adversaire et de monter, dans un endroit boisé, une énorme embuscade sur le passage obligé de la colonne. Au moment où celle-ci sera à quelques centaines de mètres de l'embuscade, un commando « sacrifié » montera à l'assaut en formation éparpillée, puis se débandera après un combat de quelques minutes, pour fuir en direction du traquenard. L'ennemi, enivré par cette victoire facile, tenant les « bandits » à portée de la main, s'engouffrera dans le piège qui se refermera sur lui. Les tireurs d'élite, les R.P.K., ont l'ordre impératif de neutraliser en priorité les chefs, les radios et les tireurs à la mitrailleuse. L'adversaire ne pouvant ni avancer, ni reculer, arrosé de grenades, haché par les armes automatiques, attaqué de partout par les partisans bien supérieurs en nombre, finira par succomber malgré une défense certes courageuse mais désorganisée.

Les commandos comptent de nombreux morts et blessés mais la victoire est totale. Pendant toute la durée de l'opération, des tireurs au R.P.G. scrutent le ciel, prêts à engager tout renfort éventuel d'hélicoptères. Dès le combat terminé, les miliciens participent à la récupération des armes et des munitions. Puis ils aident à l'enterrement des morts, au brancardage des blessés (amis et ennemis) qui sont dirigés rapidement vers la base des partisans, en zone sûre. Avant de regagner leurs villages respectifs, une partie des armes légères et des munitions récupérées leur est remise pour les récompenser de leur aide. Ils repartent sans perdre de temps sous le couvert de la nuit, restant en éveil, une action de représailles ennemie étant toujours possible. Les commandos décrochent aussitôt les uns après les autres pour échapper à un éventuel bombardement.

Il faut noter que ce genre d'opération au grand jour, tout comme l'attaque (peu fréquente) d'une petite patrouille, doit demeurer exceptionnel pour les miliciens. Même s'il est vrai que lors de l'attaque d'un poste, au petit jour par la guérilla, ceux-ci participent à l'action comme auxiliaires : portage de munitions, brancardage des blessés, récupération d'armes, garde et évacuation des prisonniers, etc. Les missions essentielles de ces soldats-paysans sont presque toujours effectuées sous le couvert de la nuit : destruction d'un pont, d'une voie de chemin de fer, minage d'une route et parfois exécution d'un traître qui renseigne l'ennemi ou d'un notable favorable à l'occupant. Autre tâche des miliciens : chaque nuit, un guetteur posté à 500 m à la lisière du village surveille la diguette. (Une patrouille qui s'approche fera cesser le cri des crapauds-buffles ; ce qui révèlera sa présence immédiatement). Si une telle situation survient, le guetteur revient au village en courant, alerte les miliciens qui mettent les armes dans leurs caches. Puis il allume une lampe à pétrole montée sur un bambou (ou une puissante lampe électrique) pour prévenir le guetteur du village voisin. Celui-ci à son tour allume sa lampe et fait de même, déclenchant l'alarme de village en village dans tout le district, avant même l'arrivée des soldats ennemis. Lorsque ceux-ci arriveront, ils pourront fouiller les villages, ils ne trouveront absolument rien sinon de paisibles paysans endormis. L'occupant rentrera à son poste les mains vides.

Ces soldats-paysans, leur tâche terminée, reprennent le même rituel : le matin, ils partent avec leur buffle labourer la rizière, comme de paisibles paysans.

L'auteur ici n'invente rien : c'était exactement la méthode mise au point par les Du Kích (ces miliciens du Việt Minh) des villages du Delta tonkinois, lorsqu'une patrouille française s'approchait.

6. STRUCTURE DES UNITÉS

I. LA RÉGION

Commandement
Groupe commandement
Equipe tireurs d'élite
Groupe protection
Groupe R.P.G. (lance-grenades) (I)
Groupe mortiers 81
Groupe D.C.A. SA-7B (II)
Groupe santé (hôpital de campagne)
Groupe muletier

Dispose de six Commandos, plus un Commando de protection rapprochée et d'un second à la disposition directe du Responsable de la Région (défense de la base ou force d'intervention).

II. LE COMMANDO *(140 hommes)*

Commandement
Groupe commandement
Groupe protection
Cinq Groupes autonomes
Un Groupe lourd

L'un des groupes autonomes est à la disposition directe du responsable de commando.

III. LE GROUPE AUTONOME *(20 hommes)*

Equipe commandement
Equipe choc
Equipe R.P.K. (III)
Equipe R.P.G.

IV. LE GROUPE LOURD *(20 hommes)*

Equipe commandement
Equipe choc
Equipe R.P.K.
Equipe R.P.G.
Binôme BARRETT (IV)

V. LES UNITÉS SPÉCIALES

Le Commando spécial (100 hommes)
Les 4 Commandos Service Action (140 hommes chacun)

Dépendent directement de la Direction Centrale : **Service Action** et **Service Extractions**

LA RÉGION
ORGANISATION

COMMANDEMENT (et son support)

COMMANDO 11
Protection

– Assure la défense rapprochée de la base régionale

COMMANDO 12

A la disposition directe du responsable de région pour :
- Manœuvrer et défendre la base régionale en cas d'attaque
- Renforcer tout commando de secteur en difficulté.

Les Commandos 11 et 12, forts chacun de 140 hommes, sont identifiés uniquement par leur numéro, suivi de la lettre identifiant la *région*. Ils occupent des positions enterrées autour de la base.

SIX COMMANDOS

COMMANDO 1	COMMANDO 2	COMMANDO 3	COMMANDO 4	COMMANDO 5	COMMANDO 6
Rouge	*Noir*	*Bleu*	*Vert*	*Jaune*	*Blanc*

Ces six Commandos, formés de 140 hommes chacun, sont identifiés par leur couleur, suivie la lettre attribuée à la région. Ils possèdent chacun une base différente, dans le secteur qui leur est attribué. Ces bases sont réparties sur l'ensemble de la région par mesure de sécurité. Ils reçoivent leurs ordres du ***responsable régional*** qui, selon l'importance de l'opération, les emploie seul ou en groupe.

I. LA RÉGION

ORGANISATION (suite 1)

COMMANDEMENT et son Support (suite)

PERSONNEL	ARMES INDIV.	ARMES COLLECTIVES	EQUIPEMENTS	AUTRES
Un responsable Région	PISTOLET (Beretta 92)		Jumelles Télémétriques/vision nocturne	
Deux adjoints opérationnels	PISTOLET (Beretta 92)		Jumelles Télémétriques/vision nocturne	
Deux assistants opérationnels	AKMS (V)		Jumelles Télémétriques/vision nocturne	
Un adjoint Renseignement	PISTOLET (Beretta 92)			
Deux assistants Renseignement	AKMS			
Un adjoint Action psychologique	PISTOLET (Beretta 92)			
Un assistant Action psychologique!	AKMS			
Un adjoint Logistique (Ravitaillement/ Munitions/vivres/Trésorerie)	PISTOLET (Beretta 92)			
Un assistant Ravitaillement	PISTOLET (Beretta 92)			
Un assistant Armes/Munitions	PISTOLET (Beretta 92)			
Un assistant payeur	PISTOLET (Beretta 92)			
Un adjoint Communications	PISTOLET (Beretta 92)			
Un assistant Communications	PISTOLET (Beretta 92)			

GROUPE COMMANDEMENT

PERSONNEL	ARMES INDIV.	ARMES COLLECTIVES	EQUIPEMENTS	AUTRES
Huit Opérateurs Radio	AKMS		Postes Radio	
Huit Agents Transmissions (VI)	AKMS			
Six magasiniers	AK47			
Six Service général	AK47			
Deux Cuisiniers-Commandement	AK47			

EQUIPE TIREURS D'ELITE (DRAGUNOV)

PERSONNEL	ARMES INDIV.	ARMES COLLECTIVES	EQUIPEMENTS	AUTRES
Un Responsable AKMS	AKMS		Jumelles Télémétriques/vision nocturne	
Deux Tireurs	DRAGUNOV SVD (VII)			Lunettes PSO-1

I. LA RÉGION

ORGANISATION (suite 2)

GROUPE PROTECTION

PERSONNEL	ARMES INDIV.	ARMES COLLECTIVES	ÉQUIPEMENTS	AUTRES
Un Responsable du Groupe	AKMS		Jumelles Télémétriques/vision nocturne	
Un Adjoint	AKMS		Jumelles Télémétriques/vision nocturne	
Quatre « Chocs »	AKMS		Jumelles Télémétriques/vision nocturne	
Trois « Chocs »	AK-47 Lance-Grenades (VIII)			
Un Grenadier	Lance-Grenades 6-G30 (IX) + pistolet (Beretta 92)			

GROUPE R.P.G.

PERSONNEL	ARMES INDIV.	ARMES COLLECTIVES	ÉQUIPEMENTS	AUTRES
Un Responsable du Groupe	AKMS	R.P.G.-7V1	Jumelles Télémétriques/vision nocturne	2 Fusées
Deux Tireurs	PISTOLETS (Beretta 92)			2x3= 6 Fusées
Quatre Pourvoyeurs	AKMS			4x4= 16 Fusées

GROUPE MORTIERS

PERSONNEL	ARMES INDIV.	ARMES COLLECTIVES	ÉQUIPEMENTS	AUTRES
Un Responsable du Groupe	AKMS		Jumelles Télémétriques/vision nocturne	
Un Adjoint au Responsable Groupe	AKMS		Jumelles Télémétriques/vision nocturne	
Trois Chefs de Pièces (Pointeurs)	PISTOLETS (Beretta 92) (X)	3 pièces de 81 mm (XI)	Jumelles Télémétriques/vision nocturne	24 obus
Douze Serveurs (Quatre par Pièce)	AKMS + 2 obus/Serv.			108 obus
Dix-huit Miliciens auxiliaires Porteurs (Six par Pièce)	Chacun six obus			
Neuf Miliciens auxiliaires Porteurs (Trois par Pièce)	Porteur du Mortier (constitué de trois éléments)		Coupe-coupe	

I. LA RÉGION

ORGANISATION (suite 3)

GROUPE D.C.A. *MISSILE SA-7B*

PERSONNEL	ARMES INDIV.	ARMES COLLECTIVES	EQUIPEMENTS	AUTRES
Un Responsable du Groupe	AKMS		Jumelles Télémétriques/vision nocturne	
Un Adjoint au Responsable Groupe	AKMS		Jumelles Télémétriques/vision nocturne	} portent le système
Cinq Tireurs	PISTOLETS (Beretta 92)	5 SYSTEMES SA-7B		} à tour de rôle
Cinq Aides-Tireurs			Jumelles Télémétriques/vision nocturne	
Vingt Miliciens Auxiliaires	AKMS			} 20 Missiles
(quatre porteurs pour chacun des cinq			Coupe-coupe	} avec 40 batteries
Binômes «Tireur -Aide Tireur »)				

GROUPE SANTÉ (*Hôpital de Campagne*)

(Assure également les soins au bataillon de para-commandos chargés de la protection de la base)

PERSONNEL	ARMES INDIV.
Un Chirurgien (Responsable)	PISTOLET (Beretta 92)
Un Médecin Généraliste	PISTOLET (Beretta 92)
Un anesthésiste	PISTOLET (Beretta 92)
Un radiologue	PISTOLET (Beretta 92)
Deux Infirmiers (assistants opératoires)	PISTOLET (Beretta 92)
Cinq infirmiers Qualifiés	PISTOLET (Beretta 92)
Deux Aides-infirmiers	PISTOLET (Beretta 92)
Deux Aides-soignants	PISTOLET (Beretta 92)
Un Responsable pharmacie	PISTOLET (Beretta 92)
Un technicien « Labo »	PISTOLET (Beretta 92)
Deux Aides « groupes électrogènes »	PISTOLET (Beretta 92)
Deux Cuisiniers	PISTOLET (Beretta 92)
Deux Aides lavage	PISTOLET (Beretta 92)
Trois Aides service général	PISTOLET (Beretta 92)

GROUPE MULETIER (XII)

PERSONNEL	ARMES INDIV.	ARMES COLLECTIVES	EQUIPEMENTS	AUTRES
Un Chef de groupe	AKMS			4 Grenades défensives
Vingt-cinq muletiers	AKMS	Vingt-cinq mules		4 Grenades déf. chacun

Notes du chapitre
Structure des Unités·

(I) R.P.G. (**R**uchnoy **P**rotivotankovy **G**ranatomyot) : Lance-roquettes, de fabrication soviétique. C'est une arme sans recul, tirée à l'épaulé, précise et efficace. Conçue initialement pour le combat antichar rapproché (300 m maximum), son domaine d'emploi s'est élargi à de multiples cibles (hélicoptères, véhicules faiblement blindés, fantassins) ; ceci en utilisant des munitions adéquates. Le R.P.G.-7V1 tire des munitions à charge creuse propulsées par une fusée, susceptibles de percer des blindages de 320 mm. Dans sa version R.P.G.-7V1, il peut lancer des grenades autopropulsées. Il est servi par un tireur spécialisé porteur de 3 fusées, assisté par deux pourvoyeurs portant chacun 4 fusées. Fabriqué par Bazalt (Russie), il pèse 6,3 kg et mesure 950 mm (sans projectile). Il est efficace à environ deux cents mètres.

(II) SA-7B est l'appellation O.T.A.N. du missile russe Strela 2M (flèche en russe) : Missile sol-air portable du type « fire and forget » (tire et oublie), grâce à son autodirecteur à infrarouges. Conçu pour la défense aérienne contre les aéronefs volant à faible et moyenne altitude (Voir notice détaillée en annexe 1).

(III) R.P.K (**R**uchnoy **P**uleyot **K**alashnikova): Mitrailleuse légère de fabrication soviétique. Version lourde de l'AKM (voir plus loin). Destinée à fournir des tirs d'appui à l'échelon groupe de combat. Cette arme est munie d'un bipied. Elle utilise deux types de chargeur : courbe (30 ou 45 coups), tambour (de 75 ou 100 coups), cartouches de 7,62 x 39 mm. Existe en plusieurs versions dont celle dotée d'un lance-grenades de type 6G15, lançant des grenades de 40 mm. Peut être équipée d'une lunette de vision nocturne.

(IV) BARRETT : Fusil U S semi-automatique de précision, calibre 12,7 (Modèle 82A1 appelé actuellement modèle M-107). Arme contre véhicules et matériels légers. La plupart des grandes (et moyennes) puissances ont conçu ce type d'arme, avec des caractéristiques différentes (calibre, portée, etc.). La Russie pour sa part utilise le STOLVOBOY BRZ-76.

(V) AKMS : Version courte à crosse pliante de l'AKM. L'AKM est lui-même la version moderne et améliorée de l'AK-47, la fameuse kalachnikov (voir plus loin). Les améliorations ont porté essentiellement sur la masse, la portée, la précision et enfin sur le coût de fabrication. La munition restant la même, la cartouche de 7,62 x 39 mm.

(VI) Connaissant très bien la région. Participent à la protection rapprochée du Commandement en cas de nécessité. Effectuent à cheval les liaisons éloignées de leur unité.

(VII) DRAGUNOV SVD : Basé sur le fameux AK-47, c'est un fusil de précision d'une portée efficace de 600 à 1000 m. Il sert d'arme d'appui et de couverture, en portant la distance de feu d'un peloton d'infanterie jusqu'à 600 m, avec la puissante munition de 7,62x54R mm Soviet (chargeur de 10 coups). Outre la lunette de visée PS01 ordinaire, il peut être doté de la lunette de nuit NSPU-3. Peut être remplacé avantageusement, si disponible, par le nouveau fusil russe de tireur d'élite à silencieux incorporé, mis en service en 1993. Il s'agit du VAL SILENT SNIPER. Cette arme tire la cartouche subsonique spéciale (« 9 mm Lourde », 9 x 39 x Spéciale). Capacité du chargeur : 20 coups. Tir semi-automatique. Muni d'une crosse ayant deux positions : crosse sortie (longueur 875 mm) ou crosse pliée (longueur 615 mm). Cette arme performante peut pénétrer les gilets de protection les meilleurs jusqu'à une distance de 400 m. Avantages : grande maniabilité, bien plus court que le DRAGUNOV ; très silencieux, peu détectable. Inconvénients :

sa munition spéciale 9 x 39 mm sera probablement beaucoup plus difficile à obtenir pour une guérilla que celle du DRAGUNOV SVD, largement répandue dans le monde.

(VIII) AK-47 : (Avtomat Kalashnikova) modéle1947, calibre 7,62 x 39 mm ; de fabrication soviétique (usine d'Ijmach à Ijevsk en Oudmourtie) ; le plus efficace et le plus répandu des fusils d'assaut, entre 70 et 110 millions d'exemplaires. Malgré une certaine similitude d'aspect avec le Sturmgewehr 44 allemand, ses principes de fonctionnement en différent (culasse rotative, mode d'action par emprunt de gaz…) et sont plus proches du M1 Garand américain. C'est un fusil semi-automatique/automatique d'une portée maximale de 1500 m (portée pratique 300 m), avec une cadence de tir de 600 coups /mn. Constamment amélioré au fil du temps, il a donné naissance à toute une famille d'armes : AKM, AKMS, RPK, AK-74, RPK-74, AK-100, etc. Le modèle en usage actuellement dans l'armée russe est l'AK-74 avec une munition de 5,45 x 39 mm, proche par ses performances de la munition 5,56 x 45 mm de l'OTAN.

(IX) Lance-grenades russe de modèle 6-G30 : alimenté par un barillet à 6 coups. Il tire une grenade de 40 mm pré-fragmentée, sans douille (autopropulsée), ce qui permet un rechargement très rapide. D'une portée utile de 400 mètres, il est doté d'une crosse rétractable, d'une poignée-pistolet, et d'une poignée simple, fixée à l'avant, et sous le canon. Arme très appréciée par les « Spetsnaz » (Forces Spéciales), et les équipes « Alpha » en Tchétchénie.

(X) Pistolet Automatique BERETTA Modèle 92 : Arme de poing de haute qualité. Adoptée par l'armée américaine. Tire la cartouche 9 x19 parabellum, très répandue. Capacité du chargeur : 18 coups. Poids : 850 gr. Longueur totale : 217 mm.

(XI) Mortier de 81 mm : Ces armes revêtent une importance capitale car ils constituent la seule « artillerie » dont pourra disposer la guérilla, dans presque tous les cas. Tous les efforts devront être entrepris pour acquérir ce type d'armement (particulièrement dans sa version moderne), tant il est parfaitement adapté à la guerre de partisans. Les mortiers de 81 mm utilisés entre les deux guerres et jusqu'à la guerre de Corée, dérivés du mortier BRANDT (France) étaient lourds (60 kg environ) et d'une portée relativement courte (3,2 km maximum). Ce qui les rendait peu adaptés aux besoins d'une guérilla. Transportés en trois éléments de 20 kg chacun, leur faible portée ne les mettait pas à l'abri d'un coup de main de l'ennemi ou de son feu. Les mortiers de nouvelle génération (type U.S.-M253, en service depuis 1987 dans l'armée américaine) sont plus légers, 41 kg environ, dont 16 kg pour le tube (M253), 12 kg pour le bipied (M117) et 13 kg pour la plaque de base (M3A1). Leur portée maximum qui atteint 5650 m les rend beaucoup moins vulnérables.

(XII) Composé de 25 conducteurs et de leurs mules bâtées, il est placé sous la responsabilité d'un chef de groupe qui reçoit ses ordres de l'un des deux adjoints opérationnels du Commandant de Région. En temps normal, sa mission consistera à acheminer, du Commandement central vers la Région, les vivres, munitions, armes et le fioul qui alimente les groupes électrogènes de l'hôpital. C'est aussi lui qui transporte depuis le P.C. de la Région les armes, munitions et vivres destinés aux différents commandos dépendant d'elle. Ces animaux ramènent également les blessés des commandos à l'hôpital de campagne du P.C. Région, couchés sur des bâts (construits spécialement pour cela).

Bien que le P.C. soit toujours installé dans la zone la plus sûre, c'est-à-dire en un lieu boisé d'accès difficile, loin de l'ennemi, ce groupe muletier serait utilisé pour faciliter son déplacement s'il faisait l'objet d'une attaque surprise : lâcher de parachutistes, raid héliporté ou incursion d'une forte colonne se dirigeant à marche forcée sur lui. Dans une telle éventualité, le P.C. ferait mouvement sous la protection des *Cdos 11* et *12*, pendant que les commandos voisins seraient rameutés pour prendre l'ennemi au piège, en le ralentissant et le harcelant. D'autres commandos, placés sur ses arrières, lui interdiraient toute possibilité de repli. Le groupe muletier aurait pour mission d'évacuer en priorité et dans l'ordre suivant :

- Blessés couchés
- Matériel médical
- Matériel de transmission
- Munitions
- Vivres

La partie des munitions et des vivres non périssables dont le P.C. n'aurait pas l'utilisation immédiate devrait être mise en caisses étanches. Celles-ci, enterrées dans des caches préparées par avance seraient recouvertes de végétation, les abords étant alors soigneusement minés pour décourager les curieux.

Remarques :

1) Face à des armées modernes, équipées d'un lourd gilet pare-balles (environ 16 kg), il serait inefficace d'utiliser la cartouche ordinaire de 7,62 x 39 mm pour AK47 et R.P.K. Les partisans devront s'approvisionner en munitions perforantes dont l'ogive contient un noyau très dur qui pénètre cette protection sans aucune difficulté.

2) Considérant le danger, direct ou indirect, que représentent les drones, il est nécessaire de faire face, à chaque fois que cela est possible à cette menace extrême, si la base n'était pas parfaitement cachée par la forêt. Dans ce cas, malgré leur énorme consommation en munitions, il faut envisager la mise en place, dans les bases situées loin de l'ennemi, de mitrailleuses électriques type *Gatling*, telles que la G.E. *Minigun M134* (Etats-Unis), tirant à 6 000 coups/ mn la cartouche 7,62 x 51 mm, ou, mieux encore, la *GAU 19/A* (Etats-Unis) tirant à 1000 (ou 2000) coups/mn la cartouche 0.50 Browning (12,7 mm). Ces armes devraient être montées sur véhicules lourds, dont les batteries fourniraient l'énergie nécessaire à leur fonctionnement. Ces mitrailleuses peuvent effectuer un tir de saturation « épais », capable d'abattre des drones volant à faible ou moyenne altitude. Le problème crucial reste cependant l'approvisionnement en munitions de ces armes voraces.

II. LE COMMANDO

COMMANDEMENT

PERSONNEL	ARMES INDIVIDUELLES	ÉQUIPEMENTS
Un Responsable Commando	AKMS + PISTOLET (Beretta 92)	Jumelles Télémétriques/ vision nocturne
Un Adjoint Opérationnel	AKMS + PISTOLET (Beretta 92)	Jumelles Télémétriques/ vision nocturne
Un Adjoint Renseignement/ Action psychologique	PISTOLET (Beretta 92)	

GROUPE COMMANDEMENT

Deux Radios	AKMS	Postes Radio
Deux Infirmiers (1)	PISTOLET (Beretta 92)	
Deux agents de Transmission (2) (participent à la protection rapprochée du commandement si nécessaire)	AKMS	

GROUPE PROTECTION

Un Responsable Groupe	AKMS
Un Adjoint	AKMS
Cinq *Chocs*	AKMS
Trois *Chocs*	AK-47 (Lance-grenades)
Un Grenadier	Lance-grenades 6-G30 + pistolet (Beretta 92)

5 GROUPES AUTONOMES (chacun 20 hommes)

Groupe n° 1   Groupe n° 2   Groupe n° 3   Groupe n° 4   Groupe n° 5

(Voir fiche détaillée **GROUPE AUTONOME**)

Le groupe autonome n° 1 assure la protection rapprochée du Responsable du Commando. Les groupes autonomes n°s 2 à 5 ainsi que le groupe lourd, qui sont placés sous ses ordres, agissent selon l'importance de l'opération, soit individuellement, soit avec d'autres groupes ou bien encore groupés avec l'ensemble du Commando.

GROUPE LOURD

(Voir fiche détaillée **GROUPE LOURD**)

---

(1) Infirmiers qualifiés, capables de donner les premiers soins et, en cas de choc hémorragique, de stabiliser les blessés avant de les diriger sur l'hôpital de campagne de la Région.
(2) Connaissant très bien la Région. Participent à la protection rapprochée du responsable du groupe en cas de nécessité. Ils peuvent remplacer un radio si celui-ci est neutralisé au combat. Effectuent à cheval les liaisons éloignées.

III. LE GROUPE AUTONOME (20 Hommes)

ÉQUIPE COMMANDEMENT

PERSONNEL	ARMES INDIV.	ARMES COLLECTIVES	EQUIPEMENTS	AUTRES
Un Responsable Groupe	AKMS		Jumelles Télémétriques/vision nocturne	
Un Adjoint / Action psychologique	AKMS			
Un Radio	AKMS	Poste Radio		
Un Agent de Transmission	AKMS			
Un Infirmier	PISTOLET (Beretta 92)			

ÉQUIPE CHOC

PERSONNEL	ARMES INDIV.	ARMES COLLECTIVES	EQUIPEMENTS	AUTRES
Un Responsable Choc	AKM			
Quatre « Chocs »	AKM			
Un « Choc »	AK-47 (Lance-Grenades)			
Un Grenadier	Lance-Grenades 6-G30 + pistolet (Beretta 92)			

ÉQUIPE R.P.K. (APPUI)

PERSONNEL	ARMES INDIV.	ARMES COLLECTIVES	EQUIPEMENTS	AUTRES
Un Responsable	AKMS			
Un Tireur	PISTOLET (Beretta 92)	R.P.K.		porteurs des chargeurs dont est doté le R.P.K.
Deux Pourvoyeurs	AKMS			

ÉQUIPE R.P.G.

PERSONNEL	ARMES INDIV.	ARMES COLLECTIVES	EQUIPEMENTS	AUTRES
Un Responsable	AKMS			2 Fusées
Un Tireur	PISTOLET (Beretta 92)	R.P.G.-7V1		3 Fusées
Deux Pourvoyeurs	AKMS			2x4 = 8 Fusées

IV. LE GROUPE LOURD (20 Hommes)

ÉQUIPE COMMANDEMENT

PERSONNEL	ARMES INDIV.	ARMES COLLECTIVES	EQUIPEMENTS	AUTRES
Un Responsable Groupe	AKMS		Jumelles Télémétriques/vision nocturne	
Un Adjoint / Action psychologique	AKMS			
Un Radio	AKMS		Poste Radio	
Un Agent de Transmission	AKMS			
Un Infirmier	PISTOLET (Beretta 92)			

ÉQUIPE CHOC

PERSONNEL	ARMES INDIV.	ARMES COLLECTIVES	EQUIPEMENTS	AUTRES
Un Responsable Choc	AKM			
Quatre « Chocs »	AKM			
Un « Choc »	AK-47 (Lance-Grenades) Lance-Grenades 6-G30			
Un Grenadier	+ pistolet (Beretta 92)			

ÉQUIPE R.P.K. (APPUI)

PERSONNEL	ARMES INDIV.	ARMES COLLECTIVES	EQUIPEMENTS	AUTRES
Un Responsable	AKMS			
Un Tireur	PISTOLET (Beretta 92)	R.P.K.		
Un Pourvoyeur	AKMS			porteurs des chargeurs dont est doté le R.P.K.

ÉQUIPE R.P.G.

PERSONNEL	ARMES INDIV.	ARMES COLLECTIVES	EQUIPEMENTS	AUTRES
Un Responsable	AKMS			2 Fusées
Un Tireur	PISTOLET (Beretta 92)	R.P.G.-7V1		3 Fusées
Un Pourvoyeur	AKMS			2x4 = 8 Fusées

BINÔME BARRETT

PERSONNEL	ARMES INDIV.	ARMES COLLECTIVES	EQUIPEMENTS	AUTRES
Un Responsable	AKMS		Jumelles Télémétriques/vision nocturne	5 Chargeurs
Un Tireur	PISTOLET (Beretta 92)	Fusil BARRETT		5 Chargeurs

V. LES UNITÉS SPÉCIALES

Le *Commandement central* de la guérilla dispose, hors *Région*, d'unités spéciales, sous le contrôle direct conjoint du **Service du Renseignement** et du **Service Extractions**. Ces derniers les utilisent pour des missions très délicates.

1. Le Commando Spécial

Cette unité, conçue sur le modèle des Commandos S.A.S. (1) britanniques constitue le fer de lance de la guérilla.

Ce Commando a un effectif de 100 hommes. Il comprend quatre groupes spéciaux de 20 hommes chacun, plus un groupe de commandement/protection de 20 hommes également. Leur mission essentielle sera d'effectuer des « coups tordus » (2) en se faisant passer pour une unité ennemie voire d'opérer en civil lorsque les circonstances l'exigent (3). C'est pourquoi ils devront être dotés des mêmes armes que celles de l'adversaire. C'est ce dernier point qui décidera de la nature de leur armement.

Ainsi, si les ennemis sont armés de matériel américain, comme c'est souvent le cas :

Les kalachnikov des unités normales seront remplacées par des fusils d'assaut M16-A2 ou l'U.S. Carbine M4 à canon court ou bien encore le M16 K à canon très court. En ce qui concerne les mitrailleuses, les R.P.K des unités standard seront remplacées par les modèles qu'utilisent les forces ennemies : M60 E1, M60 E2, plus légère et plus courte ou

---

(1) Unité créée à Kabrit (Egypte), en juillet 1941, par David Sterling, alors lieutenant de réserve avec rang de capitaine et le lieutenant John « Jock » Lewes. Ce dernier sera tué au combat la même année. Les S.A.S. vont réaliser des « coups » d'une audace et d'un courage extraordinaires. Ils causeront des pertes très sérieuses aux Allemands (270 avions détruits au sol). Depuis, les S.A.S. n'ont pas cessé leurs exploits, au grand jour ou non…

(2) Par exemple : Attaquer, sous l'uniforme ennemi, la tribune officielle au moment d'un grand défilé militaire (les troupes qui défilent n'ont pour des raisons de sécurité presque jamais leurs armes approvisionnées). C'est d'ailleurs ce qui arriva à l'infortuné président égyptien, Anouar el-Sadate, le 6 octobre 1981 ! Ou mieux encore, en plein jour, prendre d'assaut le Grand Quartier pour le décapiter, le Commando spécial dut-il être anéanti dans l'opération.

(3) Comme le faisaient les S.A.S. britanniques pendant la Seconde Guerre mondiale alors que du côté allemand, les unités « Brandebourg » (Service Action de l'Abwher) et les Commandos « Friedenthal » du commandant (puis colonel) Otto Skorzeny n'hésitaient pas à user des mêmes procédés.

bien la M248 SAW, très légère. Les fusils Barrett devront être du même type que ceux de l'ennemi, probablement de type M82A2 (plus moderne et plus maniable que le M82A1). Les R.P.G. standard seront remplacés par des lance-fusées du type en dotation chez l'ennemi.

Ces armes, comme les équipements, les uniformes, les véhicules du Commando Spécial, proviendront du matériel subtilisé ou récupéré lors d'attaques de convois ainsi, bien sûr, que sur les morts et prisonniers ennemis. Parfois, lorsque ces matériels sont disponibles sur le marché libre, le *Commandement* procédera à des achats pour compléter l'équipement du *Commando Spécial*.

2. Les Commandos Service Action

Quatre commandos d'un effectif normal (140 hommes chacun) constituent le ***Service Action*** du ***S.R.*** Ils ne sont pas armés comme les autres commandos : les kalachnikov sont remplacées par des armes individuelles à silencieux incorporés (la meilleure étant le P.M. H&K MP5 SD6 (4).

De plus, ils sont dotés d'une arme de poing dont les projectiles peuvent pénétrer les gilets pare-balles des ennemis : le pistolet *Gyurza* (Vector SR1) (5). Ces unités ne sont jamais engagées dans des combats

---

(4) Le Pistolet Mitrailleur H & K MP5 SD6 : Excellent PM allemand à silencieux incorporé. Tire la munition standard 9 x19, très répandue. Grâce à sa fabrication ingénieuse (30 petits trous percés dans le canon), la pression des gaz est réduite. De ce fait, la balle sort du canon à une vitesse subsonique ; ce qui évite le claquement caractéristique et révélateur des projectiles supersoniques.

Capacité du chargeur : 30 coups (ou 15 coups).

Sélecteur de tir situé sur le côté gauche de l'arme, un peu au dessus de la détente. Permet de tirer :

- • Coup par coup (**E**)
- • Par courtes rafales de 3 coups (**III**).
- • Par longues rafales (**F**).

La sûreté est mise lorsque le sélecteur est en position haute (**S**).

Vitesse de tir : 800 coups/minute.

Crosse : constituée de deux tubes coulissants. Longueur : sortie : 780 mm ; rentrée : 610 mm. Poids : 3 kg 500.

(5) Pistolet russe, à double action : tire la cartouche de 9 x 21 mm (SP10), dont la balle, contenant un noyau en acier, peut pénétrer les gilets pare-balles de classe 3 (3 couches de kevlar plus 2 plaques de titane de 1,4 mm chacune. Ceci jusqu'à 100 m de distance.

Capacité du chargeur : 18 coups.

Longueur : 19,5 cm. Poids arme chargée : 1180 gr.

Utilisé par le F.S.B.

normaux mais seulement dans des opérations discrètes, nécessitant une audace inouïe et une imagination sans limite, toutes qualités alliées à un mépris total de la mort. Afin de leur permettre, en cas de nécessité, de pouvoir combattre plusieurs jours sans dormir, leur trousse médicale individuelle devra comporter des comprimés (200 mg) de Modafinil (Provigil).

7. RELATIONS ENTRE LES COMBATTANTS

La guérilla est composée de volontaires qui ont fait don de leur vie à la patrie. Ils sont animés d'une détermination farouche, face à un ennemi bien organisé, parfois lent, mais doté d'une supériorité matérielle écrasante : avions, drones, hélicoptères, canons, missiles, matériels électroniques d'écoute et de détection sophistiqués, etc.

Pour compenser cette infériorité aussi efficacement que possible, en opération (ou en service), une discipline de fer de tous les instants est exigée. Les ordres de chaque responsable sont appliqués avec ardeur et enthousiasme, pour le succès de la lutte sans merci contre l'ennemi. Il est essentiel que chaque volontaire conserve un moral d'acier et une foi inébranlable dans le but commun. La notion même du « Moi » doit s'effacer devant celle du « Nous », la seule importante. Bref, l'individu n'existe plus ; seule compte la Cause. De ce fait, il est vital que chaque volontaire, quelle que soit sa fonction, ne se sente jamais ni « inférieur », ni « supérieur », vis-à-vis de ses camarades. Un manquement à ce principe pourrait avoir des répercussions très graves et mettre la survie de l'unité en danger.

Tout sentiment d'infériorité entraîne le non respect de soi-même et celui des autres, une sourde rancœur vis-à-vis du supérieur hiérarchique qui peut générer un désir de vengeance… C'est pourquoi, en dehors des opérations (et du service), une égalité absolue doit être la règle inconditionnelle entre tous les volontaires : l'uniforme, la nourriture (frugale) sont exactement les mêmes pour tous, ainsi que la (maigre) solde. La simplicité, l'humilité, l'esprit d'entraide sont de mise. Les grades, qui séparent, divisent et ne sont parfois pas attribués à ceux qui les méritent vraiment, sont bannis. Ils sont remplacés par des « fonctions » (exemples : chef de groupe, chef de commando, etc.), attribuées à ceux qui ont montré leurs capacités de meneurs d'hommes en opération. Tout « chef » qui faiblit au combat perd son commandement et rentre dans le rang. Il en sera de même pour les responsables des unités ou services non impliqués dans le combat direct contre l'ennemi : logistique, action psychologique, renseignements, etc.

Parmi ces chefs naturels, certains sont doués d'un ascendant extraordinaire sur leurs hommes. A ce propos, on peut citer la figure de l'adjudant-chef Roger Vandenberghe, chef du commando portant son nom, tué en Indochine et bien d'autres…

De plus, que signifient vraiment ces grades ? Combien de généraux sans brigade, de colonels sans régiment, de commandants sans bataillon, de capitaines sans compagnie ? Combien ? Combien ? Combien ?

Néanmoins, comme la guerre sino-viêtnamienne (1) l'a montré clairement, au combat, chacun doit pouvoir reconnaître ses chefs. A l'époque, la Chine, dans un souci d'ultra-égalitarisme, avait proscrit tous galons, épaulettes ou autres signes distinctifs entre officiers et soldats ; à l'exception de la vareuse des officiers qui comportait quatre poches extérieures alors que celle attribuée aux soldats n'avait que deux poches de poitrine. Il s'ensuivit une pagaille monstre chez les « célestes » dont la victoire (?) sanglante ne fut pas du tout convaincante… Après cette malheureuse aventure, l'A.P.L. (2) s'empressa de remettre les épaulettes (de type soviétique) à l'honneur.

Ainsi, malgré la nécessité d'un égalitarisme total, lorsque les guérilleros sont en opération (ou en service) des signes distinctifs s'imposent, pour que chacun puisse immédiatement reconnaître ses chefs et leur obéir, sans hésitation ni murmure. Ces marques auront ce seul et unique but : indiquer des fonctions (non des grades), c'est-à-dire une responsabilité au combat et rien d'autre ! Hors opérations (et service), ils n'impliquent absolument aucun privilège moral ou matériel et ceux qui les portent sont des simples guérilleros comme les autres. Ils ne seront attribués qu'aux cadres des formations engagées directement dans

---

(1) Elle opposa la Chine au Viêt Nam pendant environ 1 mois, en février/mars 1979. Considérée comme une guerre de proximité, de faible intensité, on l'a appelée la Troisième guerre du Viêt Nam ou encore « La guerre pédagogique ». La Chine était inquiète de la progression du régime prosoviétique d'Hà Nội (les Viêtnamiens avaient vaincu les Américains et l'armée régulière était en train de régler leur compte aux Khmers rouges au Cambodge). Elle envoya une armée de 120 000 hommes, mal préparés, franchir la frontière des deux pays, par les routes historiques d'invasion chinoise. Elle se retira assez piteusement, corrigée par les miliciens locaux, après avoir subi 25 000 morts et 37 000 blessés.

(2) A.P.L. : Armée Populaire de Libération, nom donné à l'armée chinoise depuis sa création en 1927.

la lutte armée, à l'exclusion des services où ils ne seront pas nécessaires, chacun connaissant ses chefs.

Afin que ces signes, uniquement fonctionnels, demeurent relativement discrets, ils pourraient consister, par exemple, en un petit rectangle de tissu verdâtre, cousu sur la poche de poitrine droite, portant de (petites) étoiles, avec comme signification :

- Chef Equipe : Une étoile (rouge)
- Adjoint Chef Groupe : Deux étoiles (rouges)
- Chef Groupe : Trois étoiles (rouges)
- Adjoint Chef Commando : Une étoile (argent sur fond rouge)
- Chef Commando : Deux étoiles (argent sur fond rouge)
- Assistant Chef de Région : Une étoile (or sur fond rouge)
- Adjoint Chef Région : Deux étoiles (or sur fond rouge)
- Chef Région : Trois étoiles (or sur fond rouge)

Cette égalité, malgré les indispensables fonctions assumées, est bien réelle. Les volontaires s'appellent camarade et le tutoiement est de rigueur. Dans cet esprit, le salut militaire, donné à répétition et en tous lieux (qui est une marque de respect souvent hypocrite), parfois servilement donné et distraitement rendu, est totalement aboli !

Ce mode de relation n'est pas synonyme de laxisme, bien au contraire. Il exclut toute vulgarité, familiarité déplacée, plaisanteries douteuses, rigolades, « chahut », etc., qui seraient alors très sévèrement sanctionnés (voir chapitre 9 : *Code de justice de la guérilla*). L'attitude du guérillero est amicale, digne, réservée. Chacun doit respecter chez l'autre l'homme quelle que soit sa fonction et ne jamais oublier qu'à tout moment il communie avec son groupe dans un seul but : l'extermination de l'ennemi et que rien d'autre ne compte ! Le guérillero n'est ni un soudard, ni un traîne-rapière, encore moins un mercenaire. Idéalement, il devrait s'identifier à un moine-soldat, d'une moralité et d'un ascétisme qu'eut approuvé G. Savonarole (3).

Cependant, hors opérations/service, les guérilleros qui sont amis peuvent abandonner le « camarade » et s'appeler par leur prénom, sans aucune référence à la fonction occupée.

---

(3) Girolamo Savonarole (1452-1498) : Prédicateur dominicain italien. Génie extraordinaire, ascète, ennemi fanatique du vice et de la corruption, il eut une influence prépondérante à Florence où il fonda une République, mi-théocratique, mi-démocratique (1494-1497). Ses critiques du pape le firent d'abord excommunier puis déclaré hérétique, pendu et brûlé en 1498.

Dans un but de propreté morale :

- Les jeux d'argent et l'alcool sont interdits.
- Les femmes-partisans ne peuvent en aucun cas utiliser de parfums, cosmétiques ou porter des bijoux.
- L'usage du tabac est très fortement déconseillé. Les fumeurs subiront une pression constante de leurs camarades : la cigarette est dangereuse pour la santé et empêche temporairement de se concentrer.

De plus :

- Aucun volontaire, quelle que soit sa fonction, ne peut communiquer directement avec sa famille, si celle-ci se trouve dans une zone non libérée.
- Toute communication sera acheminée via le P.C. de la région où le courrier sera censuré, afin de ne laisser aucune information utile à l'ennemi, si celui-ci s'emparait de la lettre.

Les activités en commun seront privilégiées. En dehors des opérations, après le repas du soir, chaque groupe se réunira (sous la protection de sentinelles). Chacun pourra librement faire, soit sa propre critique afin que ses camarades profitent de l'expérience, soit émettre une critique (toujours constructive) de ce qui a été fait dans la journée. Le groupe discutera de ces problèmes dans un esprit d'équipe amical. Seul le chef, après avis des camarades, prendra alors les décisions qui s'imposent.

Chaque mois, le chef de commando, sous la protection de sentinelles, réunit ses groupes pour une rapide revue d'ensemble de la situation politico-militaire. Il commente avec franchise : succès et échecs militaires, problèmes rencontrés, solutions proposées. Chacun peut exposer librement, mais de façon brève, ses propositions pour régler telle ou telle difficulté.

Le chef de commando, après avoir écouté attentivement chacun des partisans, les informe de ses décisions. Son adjoint prend alors notes des besoins matériels de chaque groupe : munitions, etc. La réunion terminée, les groupes se dispersent rapidement, chacun rejoignant sa base par un chemin différent de celui pris à l'aller. Le soir même, le chef de commando fait parvenir un bref compte-rendu de la réunion et de ses conclusions au responsable régional.

8. RELATIONS AVEC LES POPULATIONS RURALES

Les partisans doivent être capables de se mouvoir au milieu du peuple comme des poissons dans l'eau, pour reprendre l'expression de Mao Tsé-toung.

En conséquence, la population rurale constitue leurs yeux et leurs oreilles. Ce sont les paysans qui préviennent les combattants des mouvements de l'ennemi. Ce sont eux qui dénoncent les « traîtres » implantés par celui-ci. De tout cela, il résulte un impératif dont dépendra la survie des combattants : il est indispensable et même vital de gagner le cœur et la confiance des villageois ! Si ce but n'était pas atteint, la guérilla, comme un arbre sans racines, dépérirait et disparaîtrait. Il en découle les principes suivants :

- Les partisans sont au service de tout le peuple, donc des paysans. De ce fait, ils doivent toujours maintenir une attitude correcte, amicale et même fraternelle envers eux. Par exemple, lorsque les opérations le permettent, ils les aident dans les travaux agricoles, de façon bénévole et de bon cœur (1).
- Le « Médic » (2), à chaque fois que possible, soigne les villageois.
- Aucune tâche ne peut être exigée des paysans (portage de vivres, de munitions, de blessés). Seule l'aide des volontaires peut être acceptée. Dans ce cas elle est payée immédiatement à son juste prix.
- La guérilla n'oblige jamais les paysans à s'engager dans ses rangs. Elle peut seulement les y inciter par une attitude irréprochable et une moralité exemplaire qui force l'admiration du peuple.
- Enfin, et cela est capital, aucun partisan ne peut établir de liaison amoureuse, même consentante, avec une jeune fille ou une jeune femme d'un village. Tout manquement à cette règle serait très sé-

(1) Selon les trois principes (San Tong) de la guérilla chinoise : vivre, manger et travailler avec le peuple.
(2) Médic : Nom donné au Médecin

vèrement puni, après l'avis des responsables du village (voir chapitre 9 : *Code de Justice de la guérilla*). Ce type d'incident pourrait générer un ressentiment violent de la part de la famille (ou d'un *ami*) de la jeune femme ; avec toutes les possibilités de trahison que cela implique.

En règle générale, il est du devoir de la guérilla de protéger les populations rurales des exactions de l'ennemi et surtout, de leur monter l'efficacité de cette protection. Par exemple, si une unité ennemie (ou son chef) traitait les populations avec une férocité particulière, la guérilla devrait envisager une opération spéciale, de façon à montrer à la population qu'elle frappe où elle veut et gagner ainsi son soutien et sa reconnaissance.

Une action psychologique, destinée à maintenir les populations rurales en condition sera exercée par le **Service d'action psychologique** qui dépend de la région et dont la tâche consistera à exacerber les sentiments patriotiques de la population (voir chapitre 16 : *L'Action psychologiqu*e).

Les grands propriétaires terriens représentent une minorité de la population rurale, certains vivant en ville. Dans la mesure où leur attitude patriotique est irréprochable, ils sont protégés et traités amicalement par la guérilla, comme c'est le cas pour le reste de la population. Ils ne subissent aucune « taxe patriotique » (ou autre) (3), sous quelque forme que ce soit. Ils peuvent, comme tous, se joindre librement à la guérilla mais n'y sont en aucun cas forcés.

Certains d'entre eux, qui jouissent d'une bonne réputation auprès des paysans, ont beaucoup d'influence et peuvent devenir des amis très utiles. Lorsqu'un propriétaire important veut de « bon cœur » aider matériellement la guérilla (vivres, etc.), il doit être remercié. Mais le responsable doit insister pour payer, à son prix normal, ce qui est offert. Si le donateur persiste à refuser un paiement, un reçu doit alors lui être délivré par le responsable local afin d'éviter toute tentation de détournement. De plus, une lettre de remerciements, signée du chef de commando, sera remise plus tard au généreux donateur.

C'est seulement lorsque l'un d'eux fait l'objet de plaintes multiples de la part de ses travailleurs (ou métayers) que la guérilla se doit d'in-

---

(3) Comme c'est le cas pour toutes les exploitations agricoles.

tervenir. Dans ce cas, après avoir écouté les deux parties, s'il s'avère que c'est bien le propriétaire qui est dans son tort, il lui sera conseillé d'adopter une attitude conforme à la loi écrite (ou coutumière) de la région. La guérilla doit absolument être toujours impartiale dans ses jugements. Si, malgré ses « conseils fermes » des plaintes (justifiées) persistaient, le coupable aurait le choix suivant :

- Soit appliquer rigoureusement la loi écrite (ou coutumière).
- Soit se voir interdire définitivement l'emploi de travailleurs agricoles… Ce qui reviendrait à une interdiction de fait d'exploiter ses terres…

En aucun cas la guérilla ne peut porter atteinte à la propriété de qui que ce soit, suite à des conflits « sociaux ». La guérilla est une force nationale et non une armée de la lutte des classes. Bien entendu, si un propriétaire pactisait avec l'ennemi, ses terres lui seraient confisquées (mais non distribuées aux paysans) et deviendraient *biens nationaux*. Il en serait de même pour un paysan égaré qui trahirait : son lopin de terre lui serait confisqué et deviendrait *bien national*.

Dans les deux cas, la maison familiale des traîtres resterait la propriété de leur famille, afin que cette dernière puisse continuer à y vivre, pour autant que son attitude demeure irréprochable.

9. CODE DE JUSTICE DE LA GUÉRILLA

La guérilla est l'expression de la lutte du peuple, par le peuple et pour le peuple. C'est pour cela que tout partisan doit être un exemple sans tache d'honnêteté, de discipline et de dévouement au peuple. Malheureusement, l'homme étant ce qu'il est, dans toute organisation même les meilleures, se glissent parfois des « brebis galeuses ». Ce chapitre envisage les désordres que ces éléments nuisibles peuvent causer à la guérilla et la sanction appropriée qu'il convient d'appliquer.

Il est évident qu'une guérilla, mobile par définition, faisant face à des difficultés matérielles de toutes sortes, ne peut se permettre le luxe d'une justice militaire comme il en existe dans les armées régulières. Il convient donc d'instituer un système efficace, juste mais aussi d'une sévérité exemplaire, adapté aux circonstances dans lesquelles opèrent les partisans. Ses composantes sont décrites ci-après.

I CONSTITUTION DU TRIBUNAL

Le Tribunal sera composé de la façon suivante:
- *Président* : Le chef du commando.

Puis tous choisis par tirage au sort :
- *Juges* : 2 chefs de groupes.
- *Jury* : 9 combattants, dont 2 chefs de groupe et 7 partisans.
- *Procureur* : Cette fonction est tenue par le responsable de l'*Action psychologique* (1) du commando. Il se borne à lire l'acte d'accusation et à faire déposer les témoins à charge, avant de requérir la sanction prévue par le code.
- *L'avocat de la défense* : Il est librement choisi par l'accusé parmi les membres du commando non désignés pour faire partie du Tribunal. Le rôle de l'avocat se limite à recueillir et à présenter les dépositions des témoins à décharge qui pourraient prouver que

---

(1) Par suite de son autorité morale et par soucis de solennité.

l'accusé n'a pas commis l'acte qu'on lui reproche. Il faut noter qu'il n'est pas tenu compte de circonstances atténuantes ou aggravantes. Le tribunal statue sur la culpabilité ou l'innocence de l'accusé pour les faits qui lui sont reprochés.

Il y a toutefois deux cas où la notion de circonstance atténuante est admise :

- Si, en usant de son droit reconnu de légitime défense, l'accusé a causé la mort ou de graves blessures à autrui, il sera acquitté.
- Si à la suite d'une provocation manifeste, l'accusé a causé la mort ou de graves blessures à autrui, il ne sera condamné que pour *faute simple*. Le provocateur quant à lui, s'il est encore vivant, sera condamné pour *faute grave*.
- A la fin de l'audience, les membres du tribunal délibèrent et votent pour déclarer l'accusé coupable ou non coupable.

II NATURES DES PEINES ENCOURUES

Les fautes simples :

Sont considérées comme fautes simples : familiarité déplacée ; mauvais esprit ; grossièreté ; attitude incorrecte envers ses camarades ou la population ; brutalités ; usage du tabac ou de l'alcool ; gestes ou paroles à connotations sexuelles ; relations amoureuses, non sexuelles, entre un partisan et une camarade de lutte (le seul devoir d'un partisan, homme ou femme, étant de tuer et non de roucouler) ; vols de petits objets ou de nourriture ; uniformes, équipements, armes mal entretenus ; manque de propreté corporelle (cheveux longs et barbes bannies, écoutez bien le Che et Fidel sur ce chapitre) ; paresse ; mauvaise volonté dans l'exercice du service ; médisances ou racontars ; violences graves résultant d'une provocation ; port de bijoux ou emploi de cosmétiques (de même que de parfums, absolument prohibés pour les camarades de sexe féminin, dont la mission essentielle consiste à tuer et non à plaire).

Les fautes graves :

Sont considérées comme fautes graves : refus d'obéissance dans le service, mais hors des combats ; jeux d'argent ; ivresse ; perte d'une arme ou de munitions ; provocations sérieuses ou menaces envers autrui ; harcèlement sexuel ; relations amoureuses consenties avec des paysannes ; relations sexuelles entre camarades (l'abstinence sexuelle décuplant l'énergie et la haine de l'ennemi).

Les crimes :

Sont considérés comme crimes : trahison ; fuite, lâcheté ou refus d'obéissance devant l'ennemi ; utilisation de drogues ou stupéfiants ; désertion ; abandon de poste ; homicide ou blessures graves causés à un camarade (ou à un civil) ; viol ou tentative de viol ; vol à main armée ; sévices sexuels ; indiscrétions ayant entraîné des conséquences tragiques pour la guérilla ; propos défaitistes et démoralisants ; fuite avec abandon d'armes ou d'un camarade blessé au combat.

III EXÉCUTION DES PEINES

Pour faute simple :

Le coupable d'une *faute simple* est amené face au « champ de la honte », constitué d'un terrain couvert de boue semi-liquide, d'une longueur de 100 m sur une largeur de 10 m. Le commando est aligné de part et d'autre du terrain et lui fait face.

Le condamné est alors dépouillé de son uniforme qui est posé en un tas soigneusement plié à côté de lui et reste en slip. Puis se met au garde à vous sur la ligne de départ. Au commandement, il se couche dans la boue et doit ramper jusqu'au bout du « champ de la honte », sous les huées de ses ex-camarades.

Arrivé à l'extrémité du champ, il se met au garde à vous. Il est informé que toute tentative de sa part de nuire à la guérilla, d'une façon ou d'une autre, entraînera non seulement son élimination immédiate mais aussi celle de toute sa famille. On lui bande les yeux, puis il est amené loin de la base où il est relâché, tel quel, couvert de boue et en slip, près d'un village situé en zone grise. Pour la guérilla, il n'existe plus ! Il devient une véritable « non-personne ».

Pour faute grave :

Comme dans le cas de la *faute simple*, le condamné doit parcourir le « champ de la honte » en rampant, sous les insultes de ses ex-camarades.

Arrivé à l'extrémité du champ, il est attaché à un poteau planté au bout du champ. Selon la gravité de son acte et la décision du tribunal, il recevra alors de cinq à dix coups de fouet, après que son dos ait été recouvert d'une grande serviette de toilette, pour éviter l'éclatement de la peau et des chairs.

Sa punition subie, le condamné doit se plier à un rituel destiné à lui éviter toute tentation d'offrir ses services à l'ennemi, dans un esprit de vengeance. Il doit sous l'œil attentif des caméras, exécuter un prisonnier ennemi, criminel de guerre. Son acte accompli, il lui est fermement signifié que toute action hostile future de sa part aurait pour conséquence immédiate son exécution ainsi que celle de l'ensemble de sa famille.

Devenu un paria, il est emmené les yeux bandés loin de la base et relâché en slip et couvert de boue, de la même manière qu'un condamné pour *faute simple*.

Pour crime :

Le coupable, amené face au « champ de la honte », doit se mettre complètement nu, puis ramper jusqu'au bout du champ, sous les cris hostiles des partisans alignés de part et d'autre.

Arrivé à la fin de son parcours, il ne sera même pas fouetté. Attaché au poteau, couvert de boue, il est exécuté d'une balle dans la tête, tirée à bout portant, suivie aussitôt du coup de grâce traditionnel, donné par le chef du détachement chargé de l'exécution.

10. PRISONNIERS ENNEMIS

Les prisonniers restent sous la responsabilité exclusive du *Service du Renseignement (S.R.)* qui les interroge et, si possible, les manipule, après une action psychologique lourde de la part de ce service spécialisé. A l'issue d'un combat, il ne faut jamais tuer ni les blessés ennemis, ni ceux qui lèvent les bras et jettent leurs armes. Une guérilla intelligente ne maltraite en aucun cas ses prisonniers.

En revanche, tout ce qu'ils possèdent est soigneusement récupéré. Les uniformes, armes, munitions, équipements, sont attribués au commando spécial qui opère toujours sous l'uniforme ennemi. Les papiers et documents en possession des prisonniers sont étudiés par le S.R. pour en exploiter la moindre information et compléter celles dont il dispose déjà.

Il est distingué cinq catégories de prisonniers :
1 Militaires du rang
2 Militaires du rang tueurs pathologiques
3 Officiers
4 Officiers criminels de guerre
5 Prisonniers locaux au service de l'ennemi, eux-mêmes classés en quatre sous-catégories :
    a/ Pauvres types
    b/ Traîtres par conviction
    c/ Criminels sadiques
    d/ Traîtres opportunistes.

1. Les prisonniers militaires du rang

Ils ne doivent jamais être brutalisés et bénéficient des mêmes conditions de vie matérielles que celles des partisans. Après leur capture, la première réaction des prisonniers est la terreur, la quasi certitude d'être torturés à mort.

Quand ils se voient traités avec humanité, ils sont d'abord étonnés, puis soulagés. Ils se détendent et sans trahir de façon consciente, un certain nombre donnera de précieuses informations sur le mode de vie, le moral, la façon d'opérer de leurs camarades, voire sur l'organigramme de leur unité. Le S.R. manifeste une certaine sympathie pour leur sort. Les prisonniers, réalisant que les partisans ne sont pas les terroristes assoiffés de sang qu'on leur avait décrits, sont alors complètement rassurés. Adroitement, le S.R. leur demande d'écrire plusieurs fois l'histoire de leur vie, afin de détecter les mensonges et les faits incorrects éventuels. Puis ils sont interrogés longuement sur les motifs de leur engagement dans l'armée d'occupation.

Il s'avérera que, dans la plupart des cas, il s'agit d'éléments appartenant aux plus basses classes de la société et/ou à des minorités ethniques ; qu'ils ont rejoint l'armée pour fuir une condition médiocre, une existence sans grand espoir, pour jouir du prestige que leur donne le port de l'uniforme auprès de leurs copains. A cela peut s'ajouter l'espoir caché de trouver enfin en face d'eux des individus « inférieurs », dans des contrées sous-développées et envers lesquels ils pourront manifester un mépris et une supériorité qu'ils n'auraient pu montrer dans leur société d'origine.

D'autres, au Q.I. limité, enivrés par la « propagande des drapeaux qui claquent au vent », exaltés par la musique martiale et les mots « menteurs » dont on martèle leurs pauvres cerveaux : Liberté, Démocratie, Droits de l'Homme, mots qui cachent mal l'odeur de pétrole (ce n'est pas l'ex-président américain G. W. Bush qui démentirait s'il était pour une fois sincère). Ceux-là se sentent brusquement une âme de héros, sauveurs du monde occidental…

Ces individus sont des malchanceux, des victimes, qu'il convient de traiter avec une certaine bienveillance. Il s'agit bien sûr de les conditionner, par une action psychologique constante et de leur monter enfin la réalité du monde.

2. Les prisonniers militaires du rang tueurs pathologiques

Dans cette catégorie, on trouve de vrais sadiques, lie de la société, criminels en puissance, qui ont choisi l'armée et les guerres extérieures afin d'assouvir leurs bas instincts avec peu ou pas de risque de se voir punis. Ce sont eux qui pillent, violent, tuent, incendient, lorsqu'ils ratissent les villages. Ils ne présentent qu'un seul intérêt objectif : bourreaux des populations, épouvantails en uniforme, ce sont d'excellents recruteurs pour la guérilla. Pour chaque homme ou femme massacré, torturé, violé par eux, cinq ou dix volontaires rejoindront les rangs de la guérilla, avec la vengeance au cœur !

Pour cette catégorie de prisonnier, nulle action psychologique. On les oblige à creuser un trou, devant lequel ils s'agenouillent. Une balle dans la nuque et la terre comme linceul constituent la seule formalité (Un proverbe argentin ne dit-il pas qu'un chien crevé ne mord plus ?).

3. Les prisonniers officiers

Dans un pays impérialiste et ploutocratique, les officiers proviennent généralement des classes moyennes et non des classes riches. Ces dernières consacrent leurs activités à l'argent, pas à la guerre qui comporte bien trop de risques et n'est pas assez lucrative (1).

Ayant un bon niveau intellectuel, ils choisissent l'armée américaine, soit par tradition familiale, soit, ce qui est le cas le plus fréquent, pour acquérir des honneurs. Cette auréole, propre à éblouir les membres de leur classe sociale, par ailleurs un peu terne et étriquée, leur permet, en dépit d'une timidité inhérente, de briller en société.

Les moins intelligents d'entre eux sont les victimes de la propagande où le Drapeau de la Patrie de la Liberté, de la Démocratie et des Droits de l'Homme recouvre noblement un esprit de rapine et une volonté mégalomaniaque de domination du monde. Tant d'hypocrisie aurait fait pâlir de jalousie le « grand » Staline lui-même et inspiré à Charlie Chaplin un scénario encore plus sublime pour son *"Dictateur"*.

Tous ces héros sont satisfaits de leur sort. Ils jouent les « chevaliers », pendant que le « grand manipulateur » se gorge de pétrole et des richesses naturelles des pays non nucléaires dont les peuples sont libérés de leurs libertés par la plus forte armée du monde. Pour combien de temps encore ?

Ils subiront le même traitement que celui réservé aux hommes du rang. Une action psychologique intelligente et légère leur sera appliquée de façon constante puisque, chez ce genre d'individu, cohabitent un esprit étroit, des certitudes bâties sur une base erronée avec néanmoins un raisonnement cohérent et une intelligence convenable.

---

(1) Ce n'est nullement un hasard si l'ex-président G. W. Bush et son vice-président, Dick Cheney, va-t-en-guerre pour les autres, ont trouvé le moyen d'échapper à la guerre du Việt Nam, l'un en se réfugiant dans la Garde Nationale du Texas (aviation), l'autre en faisant d'interminables études…

Les moins « coincés » (et les plus intelligents) peuvent, s'ils sont amenés de façon objective à comparer leur sort à celui de leurs dirigeants ploutocrates et kleptomanes, prendre conscience de la supercherie dont ils ont été victimes. Rentrés chez eux à la faveur d'un échange de prisonniers et après avoir mesuré le visage réel de la guérilla, ils causeront un tort considérable aux dirigeants maffieux de leur pays car évoluant souvent dans un milieu influent.

4. Les prisonniers officiers criminels de guerre

C'est le modèle de chef qui donne ordre à ses troupes d'exécuter des massacres. Qu'on se rappelle l'affaire de Mỹ Lai (2), pendant la guerre américaine au Việt Nam. Il est peu fréquent de rencontrer ce type de comportement chez les officiers issus de classes sociales éduquées et imprégnées de valeurs humanistes, bien qu'ils puissent avoir d'autres tares... Mais cela est une autre histoire.

Lorsque, tout arrive, un officier coupable de crimes de guerre est capturé, il creuse son trou, s'agenouille et reçoit une (seule) balle dans la nuque qui met fin définitivement à ses pulsions sadomaniaques. C'est ce que l'on pourrait appeler une « réhabilitation instantanée ».

5. Les prisonniers locaux au service de l'ennemi

Ils sont classés, nous l'avons vu, selon quatre sous-catégories :

A/ *Les pauvres types* : Ils se sont engagés pour la soupe, la maigre solde et le plaisir d'un bel uniforme ; de traître il est vrai.

B/ *Les traîtres par conviction* : Ils ont un compte à régler avec la guérilla (fils ou parent de traître exécuté).

C/ *Les criminels sadiques* : Leur seul plaisir consiste à humilier de pauvres paysans, à voler, à brutaliser, à violer les jeunes femmes et les fillettes, voire dans certains cas extrêmes des adolescents.

D/ *Les traîtres opportunistes* : Semblables au type « A », mais ils offrent leurs services à la guérilla.

Les prisonniers de type « A »

Ils sont traités sans aucune brutalité. Ce sont, nous l'avons vu, de pauvres types qui en général n'ont pas fait grand mal. Interrogés longuement, ils doivent donner l'adresse de leur famille. Leur histoire est

---

(2) Survenue le 16 mars 1968 au Sud-Viêtnam.

soigneusement vérifiée auprès de leur voisinage. Si elle correspond à leurs déclarations, il leur est donné un choix :

- Ou bien rester aux mains de la guérilla comme prisonniers (cuisiniers, laveurs, porteurs, etc.) ;
- Ou bien rejoindre leurs unités en expliquant qu'ils ont réussi à s'échapper de nuit et donner à leurs chefs des informations apprises par cœur (beaucoup de petits détails vrais sans importance, noyant un essentiel absolument faux mais non vérifiable). Par la suite, ils devront fournir à la guérilla des informations régulières sur leurs unités (par boîte aux lettres morte). Comme récompense, leur famille recevra une petite aide régulière. En revanche, s'ils trahissent, eux et leurs familles seront exécutés. A l'inverse, s'ils venaient à être suspectés par l'ennemi, la guérilla les récupèrerait, afin qu'ils puissent alors combattre à ses côtés.

Les prisonniers de type « B » et « C »

Ce sont des éléments irrécupérables, nuisibles. A éliminer. S'ils acceptent de parler, de tout raconter dans le vain espoir de sauver leur peau, leur histoire sera minutieusement vérifiée, par recoupement avec celles des autres prisonniers et des victimes de leurs méfaits. Ils échapperont de ce fait au traitement de rigueur. Puis, lorsqu'ils auront fait des aveux complets, ils seront exécutés, sans violence aucune.

Les prisonniers de type « D »

Ces prisonniers sont semblables à ceux du type « A » mais offrent volontairement leurs services à la guérilla pour espionner l'ennemi. Il faut tout d'abord s'assurer que ce ne sont pas de « petits malins » qui cherchent à tirer leur épingle du jeu à bon compte. Ils sont donc longuement interrogés, leur histoire soigneusement vérifiée et recoupée, en vue de déterminer la motivation réelle de leur offre de collaboration.

Considérant qu'ils ont déjà trahi une fois en servant l'ennemi, qu'ils proposent de trahir à nouveau leur employeur, il est fort probable qu'ils soient des traîtres opportunistes à répétition. Malgré cela, il peut être envisagé qu'ils retournent chez l'ennemi pour fournir des renseignements à la guérilla.

Il sera toutefois impossible de leur faire vraiment confiance. C'est pourquoi, avant d'être relâchés, ils seront clairement prévenus que toute trahison de leur part entraînerait des représailles irréversibles contre les membres de leur famille et eux-mêmes. Idem si de concert avec l'ennemi, ils tentaient de désinformer la guérilla. En revanche, s'ils consentent à trahir « loyalement » l'ennemi, eux et leurs familles ne seront pas inquiétés et même récompensés.

Aucune possibilité d'intégration future dans la guérilla n'existe pour les individus du type « D », vu leur profil psychologique.

D'une manière générale, les prisonniers ennemis présentent un très grand intérêt. Cela pour trois raisons :

1/ Ils constituent une monnaie d'échange précieuse.

2/ Ils peuvent devenir un moyen de pression très sérieux.

3/ « Mis en condition », ils témoigneront en faveur de la guérilla.

Selon les normes des pays où une guérilla combat une armée régulière, un militaire « vaut » plusieurs centaines de guérilleros lorsqu'il y a échange. Il en est ainsi dans le conflit israélo-palestinien.

Ils constituent un moyen de pression extraordinaire, qui permet de faire passer le message suivant à l'ennemi : « Pour l'exécution de l'un des nôtres, nous tuerons l'un des vôtres ! » Ce type d'action fut utilisé avec succès par l'Irgoun (3) en Palestine, contre les Anglais qui avaient pendu des combattants israéliens considérés comme terroristes.

Lorsque les prisonniers ennemis, après avoir été soumis à une constante action psychologique, rentreront chez eux à la suite d'un échange, ils diront… la vérité ! C'est-à-dire qu'ils ont été très bien traités pendant leur captivité, que la guérilla est l'amie du peuple et qu'elle ne combat que les gouvernements qui mènent une guerre d'agression injuste et aventureuse.

---

(3) L'IRGOUN (Irgoun Zvaï Leumi) : Organisation militaire nationaliste juive qui opta pour l'action violente et clandestine contre les Anglais, puissance mandataire en Palestine. En 1947, pour répondre à la pendaison de trois de ses hommes, l'Irgoun pend deux sergents britanniques. Une mine, placée sous les pendus, explosera quand un capitaine britannique viendra détacher les corps…

11. ACTION EN ZONE RURALE

Les zones rurales revêtent une importance capitale pour la guérilla. Elles sont contrôlées totalement la nuit par l'organisation parallèle mise en place par celle-ci, qui comprend :

- Le comité politico-militaire qui dirige le village.
- Les cadres chargés de la propagande et du suivi de l'action psychologique (1).
- Les guérilleros du village (2), qui ont plusieurs responsabilités :
    - Faire régner l'ordre dans le village (bras armé du comité politico-militaire).
    - Miner les pistes et harceler les patrouilles ennemies, pour les retarder si elles se dirigeaient vers le village (ceci en cas d'opération offensive de l'ennemi dans la zone).
    - Prévenir les villages voisins de l'arrivée d'une patrouille ennemie. De jour, en tapant sur un gong ou en produisant de la fumée. De nuit, en utilisant une lanterne ou une torche électrique dont le signal est répercuté de village en village.
    - Lorsqu'un groupe de partisans se trouve de passage, pour la nuit ou pour quelques heures le jour, protéger celui-ci d'une attaque surprise en se déployant à quelques centaines de mètres autour du village, dans des positions bien camouflées.

D'une manière générale, l'organisation du village apportera toute l'aide nécessaire aux partisans de passage :

- Ravitaillement.
- Portage (nourriture/munitions/matériels lourds).
- Transmission des messages.

---

(1) Địch Vận au Việt Nam.
(2) Du Kích au Việt Nam.

- Soins aux blessés et aux malades.
- Recherche de renseignements en envoyant des jeunes filles dans les localités où se trouvent des postes militaires.

Pour la guérilla, la règle d'or est la suivante : l'ennemi attaque en force : les partisans se retirent, en laissant derrière eux mines et pièges (voir *chapitre 20, Service Farces et Attrapes*). Il ne trouve rien que le vide devant lui, mais subit des pertes provoquées par les pièges. De temps à autre, un de ses éclaireurs est tué par un tireur isolé qui décroche immédiatement, sans risque. L'adversaire, méfiant, ne progresse que lentement, dans un climat d'insécurité frisant la peur.

Lorsque les agresseurs se replient, leur ratissage terminé, ils doivent être harcelés par les tireurs et les doubles embuscades qui prennent au piège les petits éléments d'arrière-garde, ce qui ajoute encore à leur confusion…

Il en sera tout autrement pour les guérilleros des villages situés près des routes sur lesquelles sont établis des postes ennemis à une dizaine de kilomètres l'un de l'autre. Dans ce cas, ces combattants n'entreprendront jamais une action offensive contre les patrouilles circulant sur la route, se cantonnant à surveiller les passages de l'ennemi.

L'unité de partisans du secteur devra toujours observer minutieusement les horaires et les itinéraires de ces patrouilles, dont la mission consiste généralement à ouvrir la route (déminage) ou à effectuer la liaison entre deux postes ou bases. Le temps d'observation durera au moins un mois, pendant lequel absolument aucune attaque n'aura lieu. Avec deux objectifs :

D'une part donner une impression de sécurité totale à l'ennemi qui, n'étant jamais attaqué, se détend et en vient à considérer son activité comme une promenade sans risque. Alors, il relâche sa vigilance.

D'autre part, connaître les horaires et le trajet aller-retour qu'empruntent les patrouilles. Très souvent, lorsqu'elles se sentent en sécurité, elles deviennent insouciantes et prennent le même chemin à l'aller comme au retour ; et cela aux mêmes heures ! Seuls des chefs « futés » (et c'est rare) utilisent des horaires changeants et des itinéraires différents à chaque fois, à l'aller comme au retour. Ces informations pourront être complétées par des renseignements souvent très utiles, obtenus de sympathisants travaillants dans la base ou le poste ennemi.

Le jour choisi, la patrouille devra être attaquée sur son chemin de retour, au moment où elle est persuadée qu'elle ne risque absolument plus rien et se relâche complètement.

L'attaque est toujours réalisée par des partisans très supérieurs en nombre. Mis en place et bien camouflés, ces derniers attaquent en masse et sont aussitôt sur la patrouille qui, submergée par le nombre, est rapidement anéantie. Comme toujours, une équipe spécialement désignée pour cette tache effectue une rapide récupération de tout ce qui peut être emporté : uniformes, armes, équipements, le reste étant détruit avant le repli. Ce butin sera précieux pour les futures opérations du commando spécial.

Si cela est possible, un ou deux prisonniers seront capturés (jeunes soldats paralysés par la peur). Ils s'avéreront très utiles et de bien des façons, comme il l'a été décrit au chapitre précédent, *Les prisonniers ennemis*.

L'opération terminée, les partisans décrochent le plus vite possible, par crainte d'une réaction possible de l'ennemi. Il est prudent de laisser derrière soi quelques grenades piégées pour freiner d'éventuels poursuivants et assurer la retraite des partisans.

Ce type d'opération est repris en détail dans le chapitre suivant 12.1 : *Objectifs d'actions offensives-La patrouille de routine*.

12. OBJECTIFS D'ACTIONS OFFENSIVES

12.1. PATROUILLE DE ROUTINE

La patrouille est souvent une petite unité, dont l'effectif peut comprendre un groupe de combat renforcé, lors d'une action de routine.

La patrouille de routine

Elle quitte son poste, tôt le matin, en direction du poste voisin situé en général à 10 ou 12 km, avec lequel elle effectue la liaison quotidienne. Composée d'une quinzaine d'hommes environ, elle possède un appareil de radio qui lui permet de contacter l'un ou l'autre poste, pour rendre compte ou demander des secours si cela s'avérait nécessaire. Ce groupe est armé d'une mitrailleuse dotée d'un bipied, chaque soldat portant un fusil automatique standard (dont certains avec lance-grenades).

Leur mission est de s'assurer que la route n'a pas été « coupée » par les partisans, soit en la minant, soit en procédant à des excavations (appelées « touches de piano » lors de la guerre d'Indochine). Lorsque la route est parallèle à une ligne de chemin de fer, la patrouille doit s'assurer en même temps que les rails n'ont pas été sabotés et que le train peut circuler.

Lorsqu'il arrive au poste voisin, son chef fait son rapport : R.A.S. comme d'habitude. Puis il entre en contact avec son unité pour signaler que tout va bien. La patrouille se repose un peu puis reprend la même route pour retourner à son poste… où elle arrivera sans incident.

Préparation de l'opération

L'unité de partisans du secteur observe chaque jour minutieusement la patrouille pendant plusieurs mois et doit noter : nombre d'hommes, armement, moyens radio, etc.

Elle doit interdire absolument toute action militaire contre l'ennemi pendant cette période préparatoire. La population qui se trouve chaque jour au contact de l'ennemi reçoit des conseils fermes et précis :

- L'attitude générale doit être très amicale, voire chaleureuse,
- Sourires et gestes gentils de la part des jeunes filles,
- Les femmes offrent des fruits, etc.
- Les vieux saluent respectueusement…

Ces démonstrations d'amitié ont un seul et unique but : rassurer l'ennemi, le désarmer psychologiquement, lui montrer qu'il est en terrain ami où sa présence est bienvenue et qu'il ne risque rien. D'ailleurs, il n'y a jamais d'attaques dans le coin. Les éléments de la patrouille commencent à se sentir « comme chez eux ». Ils considèrent le va et vient entre les deux postes comme une agréable promenade qui rompt l'ennui et la monotonie des jours, dans un poste où il ne se passe jamais rien et qui fait penser au « *Désert des Tartares* »…

L'observation terminée, la population ayant fait son travail, le jour « J » est fixé et le moment de l'attaque aussi. La patrouille sera attaquée sur le chemin du retour, à mi-chemin entre les deux postes, qui ne pourront entendre la fusillade. Quant au « radio »…

L'action

Jour J, H 06.00 :

Le Cdo 5 se sépare en deux éléments. Les *groupes nos 1, 2, 3*, se placent à 150 m en retrait du bord de la route et à 800 m en arrière du lieu choisi pour l'embuscade. Les *groupes nos 4, 5* et *Lourd* se mettent à 150 m en retrait du bord de la route et à 800 m en avant de la zone d'attaque. Ces deux éléments du *Cdo 5* ne feront absolument rien avant le commencement de l'attaque mais entreront en action dès les premiers coups de feu.

De chaque élément surgiront alors 5 hommes, vêtus et armés comme les soldats ennemis. Ils mettront en place un barrage routier de chaque côté de la zone d'attaque, l'un devant, l'autre derrière. Ils feront calmement stopper et ranger sur le bas côté de la route les véhicules civils qui se présenteraient, ce qui est hautement improbable. Si, contre toute attente, des véhicules militaires arrivaient, ils leur feraient signe de s'arrêter pour que les groupes restés en retrait de la route les neutralisent avec les R.P.G. et les R.P.K. afin d'éviter à tout prix que l'un d'entre eux ne s'échappe pour donner l'alarme prématurément (1).

Cependant, la mission essentielle de ces deux « bouchons » consistera à bloquer tout renfort ennemi qui tenterait de porter secours à la patrouille et de tenir, coûte que coûte, jusqu'à sa destruction complète.

Le **Cdo 6**, chargé de l'attaque, est en place : ses **groupes n°s 2, 3, 4, 5,** sont dissimulés à 150 m du bord de la route. Un peu plus loin derrière eux, le chef de commando se trouve avec le **groupe n° 1, le groupe Lourd** et son **groupe de protection** pour diriger l'attaque.

H 07.40 :

La patrouille, qui a du quitter le poste vers H 06.30, avance tranquillement avec insouciance. Son chef plaisante avec le radio qui marche à côté de lui. De temps à autre, le démineur, qui a son fusil en bandoulière, pose sa « poêle à frire » (détecteur de mines) sur le sol, sans conviction, sachant bien qu'il s'agit d'un geste inutile…Les autres chantonnent ou se lancent de grosses plaisanteries. Certains fument…

H 08.00 :

La patrouille est passée sans encombre. Elle disparaît en direction de son but : le poste voisin. Ordre est donné au **groupe n° 2/Cdo 6,** qui sera face à elle, de concentrer tous ses feux dès le début de l'attaque sur le radio, qui ne doit en aucun cas être en mesure d'alerter les postes voisins ennemis. Simultanément, les **groupes n°s 3 et 4/Cdo 6,** grouperont leurs tirs contre la mitrailleuse, arme redoutable, que l'on doit neutraliser en priorité absolue, pendant que le **groupe 5/Cdo 6** prend à partie les hommes de la patrouille.

H 10.30 :

On voit, assez loin, la patrouille qui revient. Elle marche un peu plus vite, de manière à être de retour à son poste vers midi, probablement.

H 10.50 :

L'objectif, en fait la proie, est en place. Le temps de l'observation est fini ! Le **groupe n° 2/Cdo 6** déclenche son tir sur le radio, un grand gaillard, qui s'effondre. Son chef plonge sur le poste de radio. Il est criblé

---

(1) En Indochine, les véhicules civils et militaires attendaient toujours que l'ouverture de route ait été faite avant de l'emprunter.

de balles par le R.P.K. et les kalachnikovs. Les **groupes n°s 3 et 4/Cdo 6** neutralisent la mitrailleuse. Le **groupe n° 5/ Cdo 6**, comme prévu, ouvre le feu sur les autres éléments. Maintenant, tous les groupes tirent sur la patrouille, qui ne comprend pas ce qui lui arrive et se débande. Plusieurs hommes sont touchés et gisent sur le sol, avant d'avoir pu se défendre. Seuls trois hommes, affolés, se sont jetés derrière un talus d'où ils tirent à l'aveuglette, pour surmonter leur peur et se donner du courage. Les quatre groupes se ruent alors sur eux, tirant et hurlant. Malchance, le **groupe n° 2/ Cdo 6** a un mort et un blessé léger. Assaillis de partout, hagards, couverts de sueur, tremblants de peur, les trois ennemis sont capturés.

H 11.00 :

Sans brutalité, ce qui les étonne et les rassure, ils sont fouillés, délestés de leurs papiers, armes et munitions. Les mains liées derrière le dos, ils sont conduits à la base, sous la garde du **groupe n° 2/Cdo 6.**

H 11.25 :

L'équipe spéciale, composée de miliciens chargés de récupérer armes et matériels et du transport des blessés, entre en action. Les armes, dont la précieuse mitrailleuse, le poste radio, les équipements, munitions, documents sont soigneusement récupérés sur le sol. On fouille les morts ennemis dont les corps, respectés, sont laissés tels quels.

H 11.40 :

Elle se replie avec son butin et rentre à sa base sous la protection du **groupe n° 3/Cdo 6.**

H 11.45 :

Ecoutes radio : les postes ennemis sont muets. L'alarme n'a donc pas encore été donnée. Quelle chance ! Cela laissera du temps aux partisans pour regagner leur base sans craindre une attaque « hélicos », la plus redoutée.

H 11.50 :

Ordre est donné aux deux éléments du **Cdo 5** en « bouchon », qui n'ont pas eu à intervenir, de décrocher immédiatement, groupe par groupe, vers leur base, sous le couvert des arbres et par des chemins différents.

H 12.00 :

Le chef *Cdo 6* donne ordre aux *groupes n°s 4 et 5* et au *groupe Lourd* de se replier sur la base, en prenant les précautions habituelles. Il décroche à son tour et rejoint sa base, entouré du *groupe n° 1* et de son *groupe de protection*, par un itinéraire différent, sous le couvert de la végétation.

Il peut se présenter une configuration différente de celle évoquée précédemment. L'ouverture de la route, éventuellement de la voie ferrée, est réalisée par deux patrouilles qui, partant de postes voisins, se retrouvent à un point de jonction, à mi-chemin, puis s'en reviennent à leur point de départ. Dans cette hypothèse, la tactique changera quelque peu pour s'adapter à cette situation différente. Il faudra mettre en place une double embuscade, toujours protégée par des bouchons extérieurs qui neutraliseront la route.

Chacune des patrouilles sera attaquée simultanément au moment où, leur jonction réalisée, elles ont parcouru un kilomètre sur le chemin du retour. Ce qui les place à deux kilomètres l'une de l'autre.

La force d'attaque devra être renforcée pour faire face à cette situation nouvelle. Elle devra comprendre :

- Le *Cdo 4* qui, scindé en deux éléments égaux, assurera les bouchons extérieurs aux deux embuscades.
- Le *Cdo 5* sera chargé de la destruction de l'une des patrouilles, comme dans le cas précédemment décrit.
- Le *Cdo 6* attaquera la seconde patrouille, au même moment et dans les mêmes conditions.

12.2 PATROUILLE EN PROFONDEUR

Très différente de la patrouille de routine, elle est aussi moins fréquente. Sa mission, toujours précise et ponctuelle, est décidée à la demande du Commandement du secteur. Elle est utilisée pour effectuer une reconnaissance profonde en terrain semi-contrôlé par les partisans (zone grise). Sa composition habituelle : deux sections, l'une commandée par un adjudant, l'autre par un sergent-chef, sous les ordres d'un lieutenant. Dotée de deux radios puissantes, elle est bien armée : 6 mitrailleuses bipieds, fusils automatiques avec lance-grenades.

Exemples de mission

Un premier exemple consiste en la reconnaissance en zone grise, d'un poste, situé à 28 km de là, attaqué et détruit par les partisans il y a cinq ans, abandonné depuis. Le chef de patrouille devra, à son retour, rendre compte de l'état du poste, des moyens nécessaires pour le remettre en état, des forces estimées suffisantes pour occuper solidement l'ouvrage et rayonner autour de lui. Un rapport annexe sera consacré à l'état de la route provinciale inutilisable qui mène à l'ancien poste. Les photos aériennes n'indiquent aucune activité des partisans. Ce qui est confirmé par l'officier de renseignement du secteur.

Autre exemple de mission-type :

- Personnel : un lieutenant, commandant deux sections, chacune sous les ordres d'un sergent-chef.
- Moyens radio : deux postes d'une portée de 50 km.
- Armement : 6 mitrailleuses bipieds plus fusils automatiques avec lance-grenades.

La mission consiste à reconnaître une bourgade située en zone grise, près d'une rivière, à 26 km du poste, en vue de l'éventuelle mise en place d'une base pour bateaux fluviaux (L.S.I.L., L.C.T., L.C.M., L.C.A. et L.C.V.P.) d'une division navale d'assaut (Dinassaut) et de l'implantation d'un poste destiné à son commando supplétif. Pour l'approche, par une marche surprise, la patrouille emprunte la route provinciale qui y mène, bien qu'elle soit abandonnée depuis longtemps. Elle disparaît par endroits sous la végétation, comme le montrent les photos aériennes où aucun signe de partisans n'est visible. Ces données recoupent les informations recueillies par l'officier de renseignement du secteur.

Parvenue à son but, la patrouille doit rechercher un endroit favorable à l'implantation d'une base fluviale, le commandement envisageant d'interdire l'usage de la rivière aux partisans et d'utiliser l'appui de ses bateaux d'assaut pour supporter les forces terrestres opérant dans la zone.

Tôt le matin la patrouille s'engage sur la route provinciale. Lorsqu'elle est détectée par le groupe de partisans du secteur, leur surprise est totale. Jamais, depuis des années, l'ennemi n'avait osé s'aventurer sur cette route. Le chef de groupe informe son chef (***Cdo 5***) et reçoit ses ordres :

- Surtout ne pas tirer.
- Suivre la patrouille, en silence et à distance.
- La laisser s'éloigner le plus possible de sa base.

Pendant ce temps, le chef du ***Cdo 5*** appelle le ***Cdo 6*** en renfort et prépare ses plans.

Après plusieurs heures d'une lente progression, la patrouille fait halte. Le radio rend compte : R.A.S. Puis pause casse-croûte rapide. La colonne reprend sa prudente progression, sans rencontrer aucune opposition. Vers la fin de l'après-midi, elle arrive à son but : le gros village semble abandonné ! Ce n'est pas bon signe. Le lieutenant rend compte par radio : bourgade vide. Il décide d'installer ses hommes en hérisson, sur une petite hauteur bien dégagée. Les sentinelles en place, le repas du soir vite avalé, les hommes très fatigués s'endorment… Pas pour longtemps : toute la nuit, des coups de feu sont tirés sur eux et, par haut-parleur, on leur demande de se rendre, d'arrêter la « sale guerre », etc. Sur ordre du lieutenant, personne ne retourne le feu. Le P.C. est informé par radio. Il semble que les partisans ne cherchent pas à tuer : ils veulent seulement fatiguer un peu plus les ennemis, en les laissant sur le qui-vive toute la nuit. L'officier rend compte par radio : harcèlement sans effet, heureusement.

Le matin, à l'aube, les tirs sporadiques des partisans cessent. Après un rapide café, la patrouille parcourt longuement la berge de la rivière.

Elle finit par trouver un lieu propice, abrité naturellement, où pourrait être implantée une base et son poste. Le lieutenant fait des croquis, prend de nombreuses photos, donne l'ordre de sonder la rivière à plusieurs endroits, notant la profondeur de l'eau et la vitesse du courant. Pendant tout ce temps, aucune réaction des partisans… Ce travail important exécuté, il rend compte au P.C. et donne l'ordre du retour, désirant absolument arriver à sa base avant la nuit.

Cette fois, la marche à peine commencée, il y a un problème. Deux coups de feu éclatent dans les arbres. Deux hommes s'effondrent, touchés aux jambes. Quatre hommes sont désignés pour transporter les blessés, à qui on a dû faire un garrot pour arrêter l'hémorragie. Les mitrailleuses arrosent les arbres. Rien ! Le silence. La patrouille reprend sa marche. Trois kilomètres plus loin, un nouveau coup de feu troue le feuillage. Un homme tombe, blessé au genou qui doit être porté par deux hommes de son groupe. Réponse rageuse des mitrailleuses qui hachent les branches. Rien ! Rien que le silence. Les hommes deviennent très nerveux. Deux autres hommes sont touchés aux jambes, l'un après l'autre. Impossible de marcher ! Rapidement pansés, ils sont brancardés par quatre de leurs camarades. Quinze hommes au total se trouvent maintenant neutralisés. La situation devient inquiétante : la patrouille a encore 18 km à parcourir pour rentrer à sa base.

Le lieutenant demande de l'aide par radio. Réponse : « Vous êtes trop loin pour pouvoir bénéficier d'un appui de la batterie de 105 mm qui se trouve dans le poste. De plus, la météo ne permet pas aux hélicos de sortir pour vous dégager. Faites l'impossible pour tenir ! On vous enverra les « ventilos » dès que le temps le permettra. On ne peut faire mieux puisque monter une colonne de secours prendrait trop de temps ».

A ce moment, à 3 km au devant de la patrouille, le *Cdo 6* est maintenant en place. Les partisans ont miné soigneusement la route sur une profondeur de 100 m. Le *groupe 5/Cdo 6* complète le barrage, en position de part et d'autre de la route à 200 m derrière ce champ de mines, barrant ainsi le chemin de retour à la patrouille qui doit arriver bientôt. Le terrain à droite de la route a été miné sur une longueur de 50 m et une profondeur de 50 m. Sa mission terminée, le *Cdo 6* se place sur le côté gauche, en retrait à 150 m de la route. Le chef du *Cdo 6* donne ses derniers ordres :

● Le *groupe 1* concentrera ses feux sur les deux radios, le lieutenant et les deux chefs de section.

- Les *groupes 2 et 3 /Cdo 6* doivent neutraliser le plus vite possible les mitrailleuses qui sont extrêmement dangereuses.
- Les *groupes 4 et lourd/Cdo 6* prendront à partie les fantassins.

Le décor est en place. On entend le bruit de la patrouille qui arrive : bruits de chaussures, gémissements des blessés.

Soudain, l'éclaireur de pointe saute sur une mine. Le *Cdo 6* tire de toutes ses armes. Le *Cdo 5*, qui a suivi la patrouille à la trace, mitraille l'arrière-garde. Les deux radios, touchés dès les premiers coups de feu, gisent, leurs corps étendus sur la route. Le lieutenant, très calme, tente de regrouper ses hommes, par des ordres brefs. Il est tué d'une rafale de R.P.K. Les deux chefs de section, méprisant le danger, donnent l'ordre de foncer en avant. Ils tirent sur les assaillants mais tombent l'un après l'autre, fauchés par les armes automatiques, arrosés de grenades. La patrouille se débande. Abandonnant les blessés sur la route, les survivants se ruent vers le seul espace libre, le champ de mines, où ils sont déchiquetés. Seuls, deux mitrailleurs, épaulés par un sergent et un caporal, très calmes, comme à l'exercice, tirent bande sur bande contre les assaillants. Pourtant, l'un après l'autre, ils tombent le corps criblé de balles

Le combat cesse. Le silence est total, à peine troublé par les gémissements des blessés. L'affaire a été coûteuse pour les partisans : dix-huit morts, quatorze blessés dont plusieurs dans un état grave. Les morts ennemis sont soigneusement fouillés et délestés de leurs papiers, équipements, munitions, armes puis rapidement mais correctement enterrés, à 50 m en retrait du bord de la route par le *Cdo 6*. L'équipe spéciale de récupération ratisse le terrain avec soins et ramasse tout ce qui peut être utilisé : armes, radios, munitions, équipements divers qu'elle va transporter avec tous les blessés (amis et ennemis) vers la base régionale où ils seront soignés. Le *groupe 1/Cdo 5* assure la protection de l'ensemble qui se replie aussitôt. Sous la protection du *Cdo 6*, les morts amis sont enterrés par le reste du *Cdo 5* qui, après avoir rendu les honneurs en silence, se replie vers sa base. Le *Cdo 6*, après avoir récupéré son *groupe 5* qui barrait la route, repart alors vers sa base, par un chemin différent, sous le couvert de la forêt.

Le champ de mines, dont le plan a été soigneusement relevé, est laissé sur place afin de causer des pertes à toute unité ennemie qui voudrait utiliser la route.

12.3. CONVOI ROUTIER EN PAYS TROPICAL

Considérations

L'affaire est déjà plus sérieuse. L'attaque est impérativement précédée d'une longue période d'observation, durant laquelle aucune action militaire n'a lieu dans le secteur visé, afin de mettre l'ennemi en confiance.

Préparation

Les informations recueillies par une surveillance minutieuse des convois (fréquence, horaires, chargements, garde de protection, etc.), sont utilement complétées par les renseignements fournis par les agents amis travaillant sur leur base de départ.

– Chaque fois que possible, choisir un tronçon de route bordé de gros arbres et loin de tout poste ennemi.

– Viser un objectif transportant une cargaison utile : armes, munitions, équipements, etc.

– Eviter les transports de troupes, ce sont des objectifs « durs » qui sont traités de manière différente : mines anti-véhicule, feu intense de R.P.K. et de R.P.G., puis repli très rapide « en tiroir », pour éviter toute poursuite.

Mise en place

Jour J, H-08.00 : (H étant l'heure à laquelle les camions sont attendus).

Le côté de la route, faisant face à l'emplacement choisi pour la force d'attaque, est soigneusement miné sur toute la longueur du convoi : mines antipersonnel, grenades piégées, afin de neutraliser les ennemis qui voudraient fuir ou combattre depuis cet emplacement.

H-06.00 :

Deux gros arbres, l'un situé un peu en arrière du tronçon de route où le convoi sera attaqué, l'autre en avant, sont préparés : sciés aux trois quarts (en « V » face à la route), puis une petite charge explosive est glissée dans la fente, que l'on fera exploser le moment venu afin de barrer la route devant et derrière la colonne de véhicules.

H-03.00 :

Du côté (montant) du talus, face à la zone minée, les partisans, bien camouflés, l'arme prête, attendent les véhicules. Les camions ayant souvent des blindés de protection, l'un à l'avant, l'autre à l'arrière (et un autre parfois au centre), les R.P.G.-7V1 seront groupés face aux emplacements présumés de ces engins.

H-02.00 :

Deux grosses embuscades sont tendues, à 1 km de part et d'autre du lieu où sera attaqué le convoi. Leur but principal consiste à servir de « bouchon » pour bloquer tout renfort qui tenterait de venir en aide au convoi attaqué. Elles sont armées de R.P.G.-7V1 pour traiter en cas de besoin hélicos et blindés. Leur but secondaire est de neutraliser les ennemis qui chercheraient à fuir par la route, en tête et en queue de convoi…Enfin, chaque bouchon préparera, à environ 200 m devant lui, de gros arbres situés au bord de la route et qui seront abattus dès le début du combat. Ils interdiront la route à l'arrivée d'éventuels renforts, permettant à la force d'attaque d'achever son objectif, sans risque d'intervention extérieure.

L'action

Heure H : Le convoi est en place. Un arbre tombe devant lui, un autre derrière. Pris au piège, il lui est impossible de bouger. Tous les R.P.G.-7V1 concentrent leurs tirs sur les flancs des automitrailleuses. Des volontaires s'approchent par bonds, arrosent copieusement les engins de cocktails molotov, pour les aveugler et faire sortir les membres de l'équipage qui sont aussitôt abattus. Il est vital de neutraliser les blindés dès le début de l'attaque. Armés en général de deux mitrailleuses et d'un canon, ils peuvent causer des pertes amies considérables et faire durer le combat trop longtemps. Ce qui est dangereux car la probabilité d'arrivée de renforts ennemis s'accroît. Lorsqu'un convoi ne comporte pas de blindés, les R.P.G.-7V1 se concentrent sur le capot des camions pour détruire leur moteur. Pendant ce temps, les kalachnikovs et les R.P.K. arrosent l'ennemi d'un feu continu, jusqu'à ce qu'il n'offre plus de résistance.

Alors les équipes de récupération, dont c'est la seule tâche, emportent tout ce que la guérilla peut utiliser (y compris l'essence nécessaire à la confection des cocktails molotov) et laissent la place aux partisans qui détruisent, incendient tout ce qui n'a pu être emporté. Les morts ennemis sont laissés sur place, délestés des documents dont ils sont porteurs, de leurs armes, munitions et équipements. Leurs corps sont toujours respectés. Les blessés ennemis qui ne peuvent pas marcher sont pansés, mis à l'abri et installés le mieux possible. On leur laisse eau, nourriture, cigarettes ; de quoi survivre jusqu'à l'arrivée des secours. Les autres prisonniers sont emmenés, sans brutalité mais les mains attachées, en même temps que les morts et les blessés amis.

L'opération terminée, les deux bouchons décrochent sous le couvert des arbres. Au même moment, la force d'assaut se replie elle aussi, en tiroir, groupe par groupe. Les partisans, en se retirant, laissent par prudence des grenades piégées derrière eux pour décourager les poursuites, bien improbables au demeurant.

12.4. CONVOI ROUTIER EN VILLE OU EN RASE CAMPAGNE

L'attaque classique d'un convoi routier telle que l'on vient de la décrire précédemment, ne peut s'envisager que dans les zones couvertes de forêts, comme c'était le cas dans les pays tropicaux où l'auteur a pu opérer. Il en va tout autrement lorsque les véhicules circulent sur des routes traversant des lieux ayant peu de végétation (comme en Irak) ou bien des agglomérations. La tactique adoptée sera alors très différente.

L'arme de choix, pour attaquer les camions, blindés légers ou moyens, sera le *Projectile à noyau auto-formant* (1), que les Anglo-Saxons appellent *Explosively Formed Penetrator* (*E.F.P.*). Cette arme est plus efficace qu'un projectile à charge creuse puisqu'elle a l'avantage de pouvoir pénétrer un blindage jusqu'à 100 m de distance, pour une charge typique de 150 mm de diamètre. Bien qu'à faible distance sa force de pénétration soit légèrement inférieure à celle d'une charge creuse, sa performance est bien supérieure lorsque la cible est éloignée (jusqu'à 100 m).

Alors que la charge creuse consiste en une masse d'explosif circulaire dont la face avant présente un cône concave garni d'un mince revêtement métallique, le P.A.N.A.F. se présente sous une forme différente. C'est une charge explosive circulaire contenue dans un cylindre dont une extrémité est fermée. L'autre est ouverte, de forme concave comme celle d'un plat de bol, recouverte d'un mince revêtement métallique (cuivre, acier ou autre). L'arme est placée face à l'endroit où passera le véhicule pris pour cible. Au moment de l'explosion, le revêtement métallique, éjecté violemment, prend sa forme définitive : un noyau allongé de métal en semi-fusion est propulsé à une vitesse de 1500 à 2000 m/s et qui peut pénétrer jusqu'à 100 mm de blindage.

Bien que les P.A.N.A.F. aient été utilisés depuis assez longtemps comme projectiles divers, ils viennent de démontrer leur redoutable efficacité en Irak,

---

(1) Projectile à noyau autoformant : que nous appellerons P.A.N.A.F.

où la Résistance les emploie avec un grand succès comme Engins Explosifs Improvisés (E.E.I.) contre les blindés légers de l'occupant américain.

Les partisans utiliseront ces engins contre des véhicules qui roulent, soit en ville, soit sur une route traversant une région dénudée, où il n'y a aucune végétation. La tactique consistera à placer un P.A.N.A.F., soit sur une barrière de sécurité de la route (dans les virages par exemple), soit sur tout autre support se trouvant au bord de la route, de manière à ce qu'il se trouve à hauteur des occupants du véhicule. Outre les virages serrés où les blindés seront obligés de freiner, ils seront placés à des endroits où les conducteurs doivent ralentir : rétrécissements de la route, ponts étroits ou carrefours et feux rouges dans les villes. Lorsque le véhicule ralentira, l'opérateur choisira le moment de déclencher l'explosion de façon à ce que le projectile pénètre la cible dans la cabine où se trouve l'équipage.

Essentiellement, le projectile est un *pénétrateur* qui traverse facilement un blindage léger ou moyen (jusqu'à 100 mm d'épaisseur) et arrose les occupants du véhicule d'un jet de métal en semi-fusion, détruisant l'équipage et le blindé. La détonation du P.A.N.A.F. peut être commandée par câble, par radio ou par un dispositif passif infrarouge. Il est possible de placer un ou deux, voire une rangée de ces engins sur le passage des véhicules. Cependant, dans la pratique, on posera un seul P.A.N.A.F. à chaque endroit, pour réduire le risque de perdre plusieurs engins s'ils venaient à être découverts avant le passage du convoi attendu. D'où la nécessité de placer plusieurs tireurs d'élite sous couvert, à distance, afin de surveiller le P.A.N.A.F. et d'assurer la protection de l'opérateur au cas où surviendraient des fantassins ennemis.

A chaque fois que le terrain et les circonstances le permettront, il faudra essayer de faire coup double après la destruction d'un blindé. Il se créera immédiatement un embouteillage de véhicules et un attroupement d'ennemis, tout à la fois furieux et apeurés qui tenteront de porter secours à leurs camarades (ou ce qu'il en reste). Ce sera une excellente occasion de les attaquer au R.P.K. et au R.P.G. Les tireurs de R.P.G. bien entraînés, en se plaçant à la distance maximale à laquelle a lieu l'autodestruction de la charge (environ 1 km), peuvent provoquer l'explosion de leur projectile juste au dessus des ennemis, provoquant des pertes supplémentaires sérieuses. En cas d'emploi de ces moyens, trois groupes autonomes assureront la protection rapprochée des R.P.K., en position sur un terrain favorable, à 300 ou 400 m de la route. De même, les R.P.G. engagés seront placés à environ

1000 m du convoi sous la protection de deux groupes autonomes et d'un groupe lourd qui utilisera son binôme Barrett contre les véhicules bloqués par l'attaque. Si la guérilla peut disposer d'un mortier de 81 mm pour appuyer cette opération, pour des raisons de sécurité, il faudra le mettre en batterie à une distance proche de sa limite de portée, dans un endroit masqué par un repli de terrain. Placé sous la protection d'un commando bien enterré et en position défensive, le mortier devra être changé d'emplacement après avoir tiré 15/20 coups, pour éviter tout repérage qui entraînerait un tir de contrebatterie. Pour cela, trois emplacements différents, distants de 200 m l'un de l'autre, auront été creusés au préalable pour le mortier et ses servants. Le tube de 81 mm aura une double mission :

- Tirer sur les véhicules du convoi demeurés près du blindé détruit pour lui porter secours.
- Faire barrage devant les R.P.K. si les ennemis progressaient vers leurs positions.

L'utilisation d'un mortier peut entraîner une réaction ennemie violente :

- Entrée en action de drones lance-missiles.
- Intervention d'hélicoptères d'attaque armés de mitrailleuses et de missiles.
- Arrivée d'un commando héliporté ou, beaucoup moins probable, largage de parachutistes.
- Attaque aérienne ennemie.

Aussi, dans cette éventualité, le commandement de la guérilla devra faire le maximum pour déployer deux équipes de SA-7B sur les lieux. Ces équipes seront mises en position, bien camouflées, à 400 m l'une de l'autre et à 800 m derrière le tube de 81 mm. Chaque équipe sera protégée par un groupe autonome enterré en hérisson autour d'elle, les R.P.G. et R.P.K. prêts à appuyer les SA-7B si les hélicoptères se présentaient. Le rôle des SA-7B sera de protéger le tube de 81 mm en neutralisant tout « ventilo » armé ou porteur d'un commando héliporté et qui voudrait s'en prendre à cette pièce. Si des avions ennemis entraient en action, les tireurs de SA-7B devraient les engager, en éloignement , avec pour objectif de les abattre si possible ou, pour le moins, de les obliger à prendre de l'altitude ; ce qui limiterait fortement la menace qu'ils représentent pour les partisans.

---

(1) Ou en rapprochement s'agissant d'avions lents à hélices.

12.5 CONVOI FLUVIAL

Dans de nombreuses régions peu développées qui offrent un excellent terrain à la guérilla, des espaces immenses ne peuvent être atteints par la route, inexistante ou très difficilement praticable. En revanche, ces territoires sont souvent traversés par des fleuves, des rivières ou des arroyos.

Les forces régulières ont compris tout l'intérêt que représentent ces cours d'eau comme moyen de pénétration des zones tenues par les partisans. C'est pourquoi l'armée utilise des bateaux à fond plat pour transporter des troupes dans des endroits autrement inaccessibles, assurer leur débarquement et les appuyer de leurs feux.

Pendant la « guerre d'Indochine », des Divisions Navales d'Assaut (DINASSAUTS) avaient été créées pour opérer sur les cours d'eau. Une Dinassaut (1) pouvait comprendre, bien que cela soit variable, une dizaine de bateaux fluviaux armés : 1 L.S.I.L. (ex-L.C.I.), 1 L.C.T., 5 L.C.M., 2 L.C.V.P. (2), 1 L.C.A., auxquels venaient se joindre des vedettes F.O.M., à tirant d'eau extrêmement faible leur permettant de passer presque partout (3).

---

(1) Au Tonkin, opéraient les dinassauts n° 1 (zone des Sept Pagodes), No 3 (zone de NamĐịnh), No 4 (zone de Ninh Giang/Sơn Tây), No 12 (zone de Hà Nội/Sơn Tây).
(2) En Indochine, les L.C.V.P. étaient modifiés dans les arsenaux : fixation de plaques de blindage sur la coque et pose d'un toit au-dessus de la cuve.
(3) Longtemps réservées aux unités de "cavalerie" (4e dragon, R.I.C.M., Spahis marocains, etc.).

Ces embarcations avaient les caractéristiques suivantes (bien que l'armement puisse varier) (4) :

Type de bateau→ Caractéristiques↓	L.S.I.L. Type 351	L.C.T.	L.C.M.	L.C.V.P.	L.C.A.	Vedette F.O.M.
Longueur	48,31 m	57 m	15 m	11 m	12,6 m	8m/11 m
Largeur	7,21 m	11,75 m	4 m	3,20 m	3 m	2,5 m
Tirant d'eau	0,81/1,47 m	1,45/1,80 m	1,40 m	1,15 m	0,33/0,53 m	0,70 m
Capacité de transport	1 bataillon	1 bataillon	1 compagnie	1 section	1 section	
Radar SL	1					
Armement :						
Canon de 76 mm	1					
Canon de 40 mm (BOFOR)	1	1				
Canon de 20 mm (OERLIKON)	2	4	2 à 3	1		
Mitrailleuses lourdes 12,7 mm	2	plusieurs	2		2	1
Mitrailleuses légères - Mod. Mac 31 (Reibel) (5) - Mod. 1919 (Browning (6)	4	plusieurs	plusieurs	4	2	1
Mortier de 120 mm	0 ou 1					
Mortier de 81 mm	2					
Mortier de 60 mm	2	plusieurs	1 ou 2			

(4) L'armement de ces embarcations était effectué aux arsenaux de Saïgon et de Haïphong, parfois de façon un peu différente pour un même type de bateau.
(5) Mitrailleuse française montée sur affût, alimentée par chargeur tambour de 150 coups, tirant la cartouche de 7,5 mm.
(6) Mitrailleuse américaine, montée sur affût, alimentée par bandes de 250 cartouches de 7,62 mm.

Il faut noter que ces embarcations, d'origine américaine (ou britannique), avaient été conçues initialement pour le transport de matériels ou bien pour des usages mixtes. Ainsi :

- Le L.S.I.L. (ex-L.C.I.) (Landing Ship Infantry Large) : navire de commandement et d'appui feu. Lourdement armé.
- Le L.C.T. (Landing Craft Tanks) : pouvait embarquer 5 chars de 40 t ou divers types de véhicules.
- Le L.C.M. (Landing Craft Mechanized) : 60 hommes ou un char de 30 t.
- Le L.C.V.P. (Landing Craft Vehicle & Personnel) : 12 hommes plus 1 jeep ou 36 hommes.
- Le L.C.A. (Landing Craft Assault) : de conception anglaise. Son utilisation en Indochine permettait le transport d'une section.

Les vedettes F.O.M. (comme France d'Outre Mer) étaient de fabrication française (7).

Sur le théâtre d'opération indochinois, où le réseau fluvial était plus dense que le réseau routier, le transport de véhicules blindés et autres par voie fluviale présentait moins d'intérêt. Ces embarcations ont donc servi majoritairement de transports de troupes.

Bien que ces bâtiments n'existent plus de nos jours, l'auteur les cite à titre d'exemple, certain qu'ils ont été remplacés par des engins plus modernes (porte-hélicoptères amphibies L.H.A. ou LH.D., chalands de débarquement L.P.D., L.S.D., etc.) Les caractéristiques de ces nouveaux matériels navals ne remettent pas en cause fondamentalement le concept opérationnel qui prévalait à l'emploi de matériels similaires en Indochine.

Lors de l'attaque d'un convoi fluvial, quatre phases sont à prendre en compte.

1° L'observation

La base fluviale, d'où partent les bateaux, doit être surveillée en permanence par les partisans. Ceux-ci, dès qu'un convoi est formé, en avertissent immédiatement par radio le responsable chargé de l'attaque afin de lui permettre de bien préparer son action. La mise en place de l'embuscade

---

(7) Plus tard est apparu un modèle plus efficace. D'une longueur de 11 mètres et de 1,10 m de tirant d'eau, son armement comprenait : 2 mitrailleuses de 12,7 mm, 3 mitrailleuses de 7,62 mm et 1 mortier de 60 mm.

sera conditionnée par les informations reçues : composition du convoi, son armement et surtout la distance entre le bâtiment de tête et celui de queue.

La longueur de l'embuscade en dépendra, puisqu'elle devra être placée sur la berge, tout au long et face au convoi. Elle débordera même d'une centaine de mètres en avant et en arrière, pour être en mesure de bloquer toute tentative de fuite de l'ennemi.

L'armement sera aussi fonction des bâtiments attaqués. On n'emploie pas les mêmes armes contre un L.C.T., doté d'un canon de 40 mm et de quatre canons de 20 mm que contre une vedette FOM ou un petit L.C.V.P. légèrement armé.

2° Le choix du lieu de l'attaque

Quel que soit l'objectif, l'embuscade doit être mise en place sur un terrain couvert d'une végétation très épaisse, où la rivière est particulièrement étroite et l'eau relativement peu profonde. Lorsque le cours d'eau fait un coude serré ou mieux encore lorsque ses rives sont dans une position élevée, la situation est encore plus favorable. En effet, il est difficile à un bateau de se défendre quand il se trouve en contrebas par rapport aux assaillants.

L'auteur a d'ailleurs pu assister, en direct, à la « mise à mort » d'un L.C.V.P. sur la Rivière Noire (Hòa Bình) (8). Ce bateau, touché par une batterie ennemie enterrée à flanc de montagne, tira sans discontinuer avec son canon de 20 mm, mais finit par disparaître sous les flots !

3° La mise en place de l'embuscade

Si le cours d'eau est relativement large, de solides câbles d'acier reliés aux deux rives seront immergés, à une centaine de mètres en avant de l'endroit où le bateau de tête sera attaqué et à 100 mètres derrière la position du dernier navire. Ces câbles seront tendus et attachés à de gros arbres, sur chaque rive, dès que le convoi sera dans la nasse, afin de créer une véritable souricière et bloquer tout mouvement des navires (9).

(Dans certains cas, là où la rivière est particulièrement étroite, l'auteur a vu des barrages constitués de gros bambous, destinés à barrer le

---

(8) Venant de Việt Trì.

(9) De façon à immobiliser le convoi, lorsque la rivière est assez étroite, on fera tomber de grands arbres de chaque berge, devant et derrière lui au moment précis où il sera bien en face de l'embuscade.

chemin au convoi. Il pense cependant que c'est une mauvaise méthode, à éviter : dès que le bâtiment de tête aperçoit l'obstacle, il le détruit au canon et l'effet de surprise disparaît).

Deux puissantes mines flottantes mais aux trois-quarts immergées, sont cachées près de la rive où l'embuscade est en place, face aux endroits où le navire de tête et celui de queue seront attaqués. Ces engins explosifs, munis de détonateurs « à tétons », sont reliés chacun à deux câbles totalement sous l'eau. Ces filins vont permettre, le moment venu, aux groupes de partisans qui les manipulent depuis les berges opposées, de placer rapidement chaque mine contre la coque du bateau destiné à la recevoir. Cette manœuvre aura lieu dès le début de l'attaque, puisqu'à ce moment là, les marins, surpris et désorientés par un feu intensif et les explosions des R.P.G., seront trop occupés à se défendre pour détecter l'approche des mines camouflées sous un paquet de plantes aquatiques (lentilles d'eau), dont la présence est naturelle sur la rivière. Par mesure de sécurité, une explosion de secours par télécommande est prévue si, par malchance, le choc de la mine contre le bâtiment n'entraînait pas la mise à feu de l'engin.

L'embuscade nécessitera l'intervention de cinq commandos, dont trois situés le long de la rive, parfaitement enterrés et dissimulés par la végétation.

Le *Cdo 1* sera en place face à l'endroit où le bateau de tête va être attaqué mais débordera vers l'avant, de manière à pouvoir stopper toute tentative de progression du bâtiment ennemi. Les partisans, soigneusement enterrés, auront construit de solides emplacements bien protégés pour les R.P.G. et les R.P.K., avec une vue parfaitement dégagée sur la rivière. Au début de l'attaque, ils concentreront tous leurs feux contre l'embarcation de tête.

Le *Cdo 2* fera de même, face à l'emplacement prévu pour l'attaque du navire de queue, tout en débordant vers l'arrière pour bloquer les rescapés qui essaieraient de s'échapper. Au début de l'attaque, ils dirigeront toutes leurs armes contre le dernier navire du convoi.

Le *Cdo 3* commence par miner soigneusement la rive opposée à celle où il va se mettre en position au cas, prévisible, où des ennemis voudraient y prendre pied pour fuir ou combattre. Puis, retraversant la rivière, il rejoint ses emplacements afin de former une ligne continue, entre les **Cdos 1 et 2**. Il est bien enterré et camouflé. Ses armes lourdes sont en place dans des abris solides, avec un bon champ de tir sur le cours d'eau. Son rôle consistera à attaquer, immobiliser et si possible couler les embarcations placées au milieu du convoi.

En cas de grosse difficulté, les **Cdos 1, 2, 3** pourront demander l'appui du **Cdo 4**, tenu en réserve.

Les **Cdos 4 et 5**, formés en hérisson, sont enterrés et dissimulés à 200 m en arrière de la rive où sont installés les **Cdos 1, 2, 3**. Ces deux commandos assurent un triple rôle :

- De protection des responsables de l'ensemble des opérations.
- De réserve, le **Cdo no 4** se tenant prêt à venir aussitôt en renfort si l'un des **Cdos 1, 2, 3** rencontrait des difficultés sérieuses ou imprévues.
- De protection des commandos en embuscade au cas où l'ennemi tenterait de se porter au secours du convoi en situation périlleuse. Bien que l'endroit soit inaccessible par la route, donc qu'il n'y ait rien à craindre de ce côté-là ; ni non plus d'un renfort fluvial qui serait trop lent pour pouvoir intervenir à temps, sauf si l'ennemi possédait des aéroglisseurs, ce que nous envisagerons plus loin.

Ces commandos doivent être prêts à faire face à une attaque surprise d'hélicoptères (armés de canons, mitrailleuses multi-canons, missiles) qui peuvent être contrés par les R.P.G. et les R.P.K., en tirs groupés.

Si une menace aérienne s'avérait hautement probable, la **Région** adjoindrait à l'opération un détachement de missiles SA-7B. Ces missiles, à guidage infrarouge, sont attirés par toute source de chaleur et en particulier la tuyère des réacteurs d'avions. Le tireur doit être bien entraîné, intelligent et posséder courage, sang-froid et discipline, de façon à pouvoir lancer correctement son missile sous le feu de l'ennemi. Dès qu'il entend le bruit de l'avion, il doit s'enterrer dans un trou profond à ouverture circulaire étroite. Puis il lui faut attendre, bien à l'abri, que le pilote, ayant terminé son piqué et lâché ses bombes/missiles redresse son appareil et amorce sa ressource (10). Le tireur émerge aussitôt de son trou, ôte le cache qui recouvre l'ouverture du tube de lancement, met le contact puis vise la tuyère ou l'arrière d'un moteur, appuie sur la pre-

---

(10) Il est possible de tirer sur un hélicoptère ou un avion lent à hélices en approche.

mière action de la détente. Lorsque la « tête chercheuse » du missile repère la cible, le tireur perçoit un signal sonore. Il pousse alors la détente à fond, jusqu'à la butée. Le missile est éjecté puis, attiré par la chaleur de la tuyère (ou du moteur) de l'avion, propulsé sur sa cible.

Si les partisans ne possèdent pas de D.C.A. type SA-7B, ils sont obligés de recourir à une méthode moins efficace et beaucoup plus dangereuse, bien qu'elle ait été utilisée avec un certain succès dans le passé, en Asie du Sud-Est. Les partisans doivent être entraînés à se coucher sur le dos en masse et à concentrer le tir de toutes leurs armes automatiques (kalachnikov, R.P.K., mitrailleuse) sur un point imaginaire, situé à une bonne centaine de mètres devant le nez de l'appareil hostile. Celui-ci devra alors traverser une véritable nappe continue de projectiles lorsqu'il arrivera au point imaginaire visé. A ce moment les guérilleros cesseront le feu. Avec un peu de chance, l'appareil sera touché en plusieurs endroits, endommagé, et peut-être même abattu.

Il ne s'agit pas ici d'une conception théorique mais bien d'une technique de combat expérimentée. Ainsi, en 1971, pendant la guerre indo-pakistanaise, un soldat indien probablement plus dégourdi que les autres parvint, d'une rafale de son fusil G3 et par une chance extraordinaire, à abattre un appareil *Hawker-Hunter* pakistanais de fabrication britannique. Cette méthode, pourtant très risquée, était régulièrement utilisée avec un certain succès contre les avions américains par les Viêt Công, pendant la guerre du Viêt Nam. Plusieurs avions américains furent ainsi sérieusement endommagés.

Cependant, l'idéal pour la guérilla est de pouvoir traiter les avions ennemis au SA-7B, chaque fois que cela est possible.

4° L'action

Le convoi, qui dans le passé, n'avait jamais volontairement été attaqué par les partisans, effectue une mission d'observation et de liaison pour renforcer et ravitailler des postes lointains et isolés. Les marins sont détendus, même s'ils sont à leurs postes de combat.

Heure H : Le navire de tête, un L.C.M., se trouve maintenant juste en face du *Cdo 1* qui ouvre le feu contre lui. Les gros filins d'acier placés à 100 m en amont et en aval de l'embuscade sont aussitôt tendus à travers la rivière et attachés à de gros arbres, pour bloquer toute tentative de fuite des bateaux. La mine, mise rapidement en place contre le navire explose et détruit la salle des machines. Le navire, immobilisé, commence à prendre eau malgré les efforts de l'équipage qui actionne les pompes frénétiquement. Le L.C.M. est maintenant une cible blessée et immobile qui se défend avec acharnement, tirant sans discontinuer de tout son armement : canons de 20 mm, mortier et mitrailleuses. Les marins parviennent à détruire deux emplacements de R.P.G., causant des pertes sérieuses aux partisans.

Le chef du **Cdo 1** appelle en renfort les **groupes 1 et 2 du Cdo 4** (40 hommes) qui arrivent rapidement sur place. Concentrant les tirs de leurs R.P.G.-7V1, ils parviennent à ouvrir une brèche dans la coque du L.C.M., et détruisent un à un les canons de 20 mm du navire. A bord, seuls tirent encore une mitrailleuse et le mortier. L'eau envahit le navire qui commence à couler. La compagnie de supplétifs embarquée sur le L.C.M. panique et se jette dans la rivière, cherchant à rejoindre la rive opposée. Le **Cdo 1** tire sur les supplétifs qui fuient. Une grande partie d'entre eux est décimée avant de parvenir à la berge, où les survivants finiront déchiquetés par les mines. Les marins, restés à leur poste, continuent courageusement à tirer avec leur unique mitrailleuse et leur mortier, jusqu'à ce que leur bateau disparaisse dans les flots.

Dans le même temps, le **Cdo 2** a procédé de la même manière avec le bateau de queue qui est un L.C.M. cuirassé et transporte du matériel, des munitions et des vivres. Malheureusement la mine, mal placée, n'a que légèrement endommagé sa coque en explosant. Le combat devient extrêmement violent. Le L.C.M. parvient à causer de grosses pertes au **Cdo 2** avec ses canons qui tirent sans relâche. Trois R.P.G. sont mis hors combat. Le **Cdo 2** fait alors appel aux **groupes 3 et 4/Cdo 4** qui arrivent rapidement en renfort et tous groupent le feu de leurs R.P.G.-7V1 sur les canons de 20 mm du bâtiment dont un est détruit. La lutte continuant et semblant incertaine, le **Cdo 2** demande l'aide urgente du **Cdo 1** qui, venant de détruire le L.C.M. de tête, a rempli sa tâche. Celui-ci lui envoie immédiatement les **groupes 1 et 2** du **Cdo 4** dont il n'a plus besoin. Le **Cdo 2**, maintenant renforcé par les **groupes 1, 2, 3 et 4** du **Cdo 4**, dispose de 7 R.P.G. qui se concentrent sur les défenses du navire. L'un après l'autre, les canons du L.C.M., qui commence à prendre sérieusement eau, se taisent.

Le mortier est maintenant muet ; une seule mitrailleuse tire encore, que fait taire une salve de R.P.G.-7V1. Les marins ne se rendront pas.

Ils coulent héroïquement avec leur bateau, en tirant avec leurs armes individuelles jusqu'au bout.

Pendant ce temps, les deux L.C.V.P. placés au centre du convoi, réalisant que leur situation est désespérée, utilisent la maniabilité de leur embarcation pour faire demi-tour sous les feux du *Cdo 3* et cherchent à s'échapper vers l'aval. Hélas, les câbles d'acier qui barrent la rivière en arrière de l'embuscade bloquent leur tentative de retraite. Pris maintenant à partie par le *Cdo 2* renforcé des quatre groupes autonomes du *Cdo 4*, ils subissent un feu nourri de R.P.G.-7V1. La section de supplétifs embarquée sur chaque bateau, voyant la situation perdue, sous la menace de ses armes, force les marins à cesser le feu et à se rendre. Ce qu'ils font eux-mêmes. Les supplétifs faits prisonniers sont désarmés par les partisans qui les regroupent puis les abattent (11), devant les marins terrorisés qui sont emmenés en captivité.

Les équipes de récupération, qui ont accompagné les commandos et qui se tenaient à l'écart du combat, ramassent tout ce qui peut être utilisé : armes, munitions, équipements, etc., puis se dirigent vers la base, sous la protection du *Cdo 2*, en emmenant également les blessés. Les *groupes 1, 2, 3 et 4/Cdo 4* rejoignent les *groupes 5 et Lourd* de leur commando, restés à 200 m en arrière avec le *Cdo 5*.

D'autres équipes spéciales enterrent convenablement tous les morts puis décrochent avec le *Cdo 1*, suivi un peu plus tard par le *Cdo 3* qui regagne sa base par un itinéraire différent. Les *Cdos 4 et 5* restent sur place pour protéger leur repli. Ils ne décrocheront à leur tour qu'à la tombée de la nuit, après avoir laissé des pièges derrière eux.

Le lecteur averti ne manquera pas de remarquer que les navires évoqués dans ce chapitre appartiennent à une autre époque. Cela est tout à fait vrai. Pourtant, aujourd'hui encore, des engins fluviaux d'un type semblable mais plus modernes et mieux armés sont encore en service dans les pays peu développés. Dans ce cas, la méthode d'attaque sera pratiquement la même. Mais la guérilla devra se doter d'armes plus puissantes ; par exemple le R.P.G.-29.

---

(11) L'exécution sur le champ des supplétifs capturés est justifiée par leur appartenance au type « B » des prisonniers locaux au service de l'ennemi (voir chapitre 10 : *Les prisonniers ennemis*). Ce sont des combattants qui, pour des raisons politico-religieuses ou idéologiques, sont des ennemis irréductibles de la guérilla, donc irrécupérables.

Convoi fluvial comprenant des aéroglisseurs

En revanche, les armées modernes sont maintenant dotées d'un engin redoutable qui n'existait pas lorsque l'auteur s'adonnait aux « joies » de la contre-guérilla. Il s'agit de l'aéroglisseur. Ce véhicule qui flotte à une hauteur d'un à deux mètres sur un coussin d'air produit par deux rotors inversés mus par un réacteur ou un turbopropulseur est extrêmement rapide, filant de 80 à 100 km/h. Cet engin peut se déplacer aussi bien sur l'eau, les marécages ou sur la terre s'il n'y a pas d'obstacles majeurs : grands arbres, pieux de défense, etc. Ces véhicules, blindés, surarmés, sont hérissés de mitrailleuses de 20 mm, 12,7 mm, 7,62 mm et sont extrêmement dangereux. Heureusement, ils font un bruit infernal qui permet de les détecter de très loin ; ce qui limite l'effet de surprise. De plus, ils ont un point faible : la jupe en téflon, qui emprisonne l'air comprimé par les rotors, est très vulnérable et devra être la cible de tirs groupés de R.P.G. en priorité absolue.

Lorsque les partisans sauront qu'ils vont attaquer un convoi comprenant ces véhicules redoutables, ils devront obligatoirement modifier complètement quatre points du plan d'attaque contre des navires fluviaux, pour l'adapter au danger particulier que représentent les aéroglisseurs :

1° L'embuscade devra être impérativement située dans un endroit où la forêt épaisse, composée de grands arbres, borde une rivière, comme c'est fréquent dans les pays tropicaux (12).

2° Il est essentiel que les berges soient escarpées et surplombent le cours d'eau de façon abrupte (13).

Ces deux conditions sont absolument indispensables pour empêcher ces véhicules rapides et très maniables de déborder sur la rive pour donner un assaut brutal contre les commandos qui se trouvent en embuscade ; ou pire encore effectuer un mouvement enveloppant pour les prendre à revers.

3° Le type et l'emploi des mines doivent être adaptés à ces engins, puisqu'ils flottent sur un coussin d'air au-dessus de l'eau (ou du sol). C'est pourquoi une dizaine de mines entièrement immergées juste sous

---

(12) La jungle qui enserre le cours d'eau constitue un obstacle absolument infranchissable pour les aéroglisseurs.

(13) Pendant la guerre américaine au Viêt Nam, certains de ces engins ont cependant réussi à franchir une dénivellation de quatre mètres.

la surface de l'eau et camouflées par des plantes aquatiques devront être ancrées dans le lit de la rivière. Elles seront pré-positionnées, en quinconce tous les 25 m sur le passage probable (ou obligé) des aéroglisseurs, sur toute la longueur de l'embuscade. Ce seront de très grosses mines activées par télécommande que l'on fera exploser au moment précis où l'appareil passera juste au-dessus de l'une d'entre elles. La force de l'explosion sera telle que le véhicule, projeté en l'air sera détruit avec ses occupants.

4° Lorsque le convoi étant en place, les partisans ouvrent le feu, on peut tendre plusieurs câbles d'acier pré-positionnés en travers de la rivière à 1,5 m, 3 m et 4,5 m de hauteur. Ces filins seront fixés à de gros arbres de part et d'autre du cours d'eau, à 100 m en avant et en arrière du convoi, pour l'enfermer sur le plan d'eau battu par l'embuscade.

Cependant, pour prendre au piège des aéroglisseurs, il est préférable de procéder un peu comme on le ferait pour un convoi routier : Lorsque les combats commenceront, il faudra immédiatement abattre sur chaque berge plusieurs grands arbres en travers de la rivière. Les troncs entassés et les branchages entremêlés constitueront un obstacle infranchissable pour ces engins, s'ils tentaient d'échapper à l'embuscade.

Ces barrages ont une autre utilité : interdire l'accès à des aéroglisseurs envoyés en renfort pour porter secours au convoi en difficulté. On procède comme on le ferait pour l'attaque d'un convoi routier : les grands arbres choisis sont sciés à leur base pour réaliser une entaille en « V », face au cours d'eau. On y place une petite charge télécommandée qui entraîne leur chute, au moment même où le convoi en place subit le feu intense des commandos en embuscade. Cette mission est tellement importante que, par mesure de sécurité, les équipes qui en sont chargées s'enterrent le plus près possible des arbres, prêtes à intervenir sous la protection d'un R.P.K., si l'explosion ne se produisait pas ou que l'un d'eux restait debout. Dans ce cas-là, elles doivent, coûte que coûte, réussir par tous les moyens à le faire tomber pour barrer la rivière. Il est possible que l'ennemi envoie rapidement un renfort d'aéroglisseurs. Ce qui n'exclut pas une attaque d'hélicoptères, de commandos héliportés, ni même une intervention de drones, de l'aviation ou de parachutistes.

C'est pourquoi la protection est renforcée pour comprendre trois commandos au lieu de deux. Le ***Cdo 4***, bien enterré, est placé en hérisson à 800 m en arrière de la rive, face au centre de l'embuscade. La **Région** lui a envoyé, pour la durée de l'opération et sous le commandement de leur chef de groupe, trois binômes SA-7B accompagnés de leurs douze miliciens, porteurs chacun d'un missile. Les **Cdos 5 et 6** en position à 200 m de la berge constituent la réserve et la défense arrière des **Cdos 1, 2 et 3**, étant prêts à leur envoyer en renfort les **groupes 1, 2, 3 et 4** si l'un des commandos en embuscade se trouvait en difficulté. La protection rapprochée des responsables de l'opération resterait assurée par les 2 **groupes 5** (40 hommes) et les 2 **groupes lourds** (40 hommes) des **Cdos 5 et 6.** Ces quatre groupes demeurent sur place, même si les **groupes 1, 2, 3 et 4** des deux commandos devaient se porter en renfort des **Cdos 1,2 ou 3.** Leur mission secondaire serait d'appuyer le **Cdo 4** si celui-ci était attaqué.

L'ensemble constitue une position défensive très solide, capable de bloquer toute attaque ennemie. Entourée d'une forêt dense, elle ne risque en principe rien de la part des aéroglisseurs. Les partisans devront s'assurer qu'il n'existe pas de trouée dans la forêt par où ces engins (14) pourraient s'approcher et débarquer des troupes. Dans l'affirmative, l'accès de ces clairières devra être interdit en y plantant de solides pieux d'au moins 5 m de hauteur, pour leur empêcher toute possibilité d'incursion.

Bien entendu, les **Cdos 4, 5 et 6** devront être prêts à affronter toute menace : commandos héliportés ou parachutistes, de la même manière et avec les mêmes armes que s'il s'agissait d'une opération classique contre des bateaux fluviaux. Les avions et hélicoptères seront, quant à eux, attaqués par le groupe des trois binômes SA-7B prêté par le commandant de région pour la durée de l'opération.

---

(14) Ou des hélicoptères.

12.6 LE POSTE

Considérations générales

L'attaque d'un Poste ne comporte pas de difficultés particulières sauf lorsqu'il est protégé par une batterie d'artillerie située à quelques kilomètres de là. Ou, bien sûr, s'il abrite des forces mobiles de passage.

Selon les moyens disponibles, la force d'assaut devra toujours attaquer à cinq (si possible dix) contre un. Ceci est indispensable pour effectuer une action rapide et brutale, qui permet un repli accéléré après destruction de l'objectif.

Dans les conflits passés, l'attaque se faisait au début de la nuit ; ce qui laissait aux assaillants tout le temps pour détruire le poste, récupérer le butin de guerre, puis se replier très rapidement vers leur base, sous couvert de l'obscurité. A cette époque-là, les défenseurs avaient peu de moyens de vision nocturne. Ils étaient obligés de tirer des obus de mortier de 60 éclairants (1). Malheureusement, cela était insuffisant : chaque fusée-parachute durait moins d'une minute.

Aujourd'hui, la situation a radicalement changé. Les armées modernes disposent massivement d'appareils de vision nocturne excellents. L'ennemi y voit aussi bien la nuit que le jour… mais demeure toujours plus méfiant la nuit.

C'est pourquoi, de nos jours, l'heure d'attaque doit être fixée à la pointe du jour, au moment où la dernière sentinelle quitte son poste en baillant, où les défenseurs sont au lavabo et pensent au hamburger/café qui les attend. De ce fait, l'ancienne méthode doit être abandonnée au profit d'une tactique adaptée aux réalités actuelles : approche de nuit et assaut au petit jour.

_____

(1) S'ils avaient de la chance, un avion lançait des fusées éclairantes soutenues par un parachute appelées « lucioles ».

Action

Très brutale, violente. Submerger l'ennemi sous le nombre ; récupérer les armes, munitions, médicaments et documents ; détruire et incendier le reste.

Repli

Ultra-rapide vers la base pour éviter l'arrivée possible de renforts. La période de préparation devra durer au minimum plusieurs mois, pendant lesquels il n'y aura aucune action militaire dans le secteur, pour mettre le poste en confiance. Ce temps sera mis à profit pour recueillir un maximum d'informations, par une observation constante des activités et de la vie du poste. Les amis et amies qui y travaillent contribueront à la collecte des renseignements. Pour cela, la « fraternisation » sera encouragée.

Il est impératif de connaître :

- Quel est l'effectif du Poste.
- Son moral ? Le type de militaires : professionnels/conscrits ?
- Valeur/mordant de ses chefs ?
- Où sont disposés les blockhaus ? Quels armements ?
- Où se trouve la soute à munitions ?
- Où est situé le P.C. ?
- Armement lourd : mortiers, canons sans recul ?
- Portée des moyens radio ?
- Peut-il recevoir rapidement des renforts ?
- Si oui lesquels : routiers, aériens (hélicoptères) ?
- Dispose-t-il d'un appui d'artillerie (105 mm, 155 mm) ?
- Si oui, où se trouve la batterie ?
- Ses abords sont-ils minés et protégés par des barbelés ?
- La garnison se rassemble-t-elle pour des séances de cinéma en plein air, des matchs de football ?
- Fait-elle de grandes fêtes de temps à autre (fête nationale, Noël, Nouvel An) ?
- Comment le Poste est-il alimenté en eau et électricité ?

Exemple

Jour J : 25 décembre.

Jour J-30 : Toutes les informations ont été recueillies. On sait que la garnison se compose de 80 hommes. Elle dispose d'un mortier de 60.

Le Poste comporte quatre blockhaus d'angle en béton, armés chacun d'une mitrailleuse. Le P.C., situé au centre, est en dur. Leurs moyens radio pourraient alerter le Poste le plus proche (situé à 15 km) qui heureusement ne possède ni blindés, ni hélicoptères. Ses abords sont protégés par un bon réseau de barbelés, complété par des mines bondissantes. Il est heureux qu'il ne dispose pas d'un appui d'artillerie, ce qui aurait rendu l'opération plus difficile, les tirs préréglés étant dévastateurs. La seule façon de neutraliser une batterie, donc de l'empêcher de faire bénéficier un Poste de ses tirs d'appui préréglés, consiste à interdire aux artilleurs de sortir de leurs abris protégés. Cela nécessite un tir de mortier continu sur la batterie, bien coordonné avec l'attaque du Poste...

A ceux qui pourraient sourire ou hocher la tête, ce n'est, hélas, pas une vue de l'esprit mais le fruit de l'expérience. Il y a bien longtemps de cela, au Tonkin, dans la région de Phú Thọ (2), l'auteur a été victime de ce tour pendable des « Viêts ». Sa position attaquée, en fâcheuse posture, la batterie de 105 mm, qui se trouvait à quelques kilomètres pour offrir la protection de ses barrages préréglés, fut neutralisée par un tir de mortier nourri des « Viêts », empêchant nos bons artilleurs de nous appuyer. Heureusement, les « Viêts » avaient commis une erreur dans leur plan : ils avaient oublié l'existence d'une lointaine batterie de 155 mm, qui les hacha menu, à notre grand soulagement. Curieusement, un peu plus tard, l'auteur revit ses sauveurs. L'un des énormes tubes portait en grandes lettres gothiques blanches l'inscription : « *Rêve d'une vierge* »... Ce détail cocasse est resté gravé pour toujours dans sa mémoire !

Jours J-30 à J-15 : Un plan du Poste détaillé, à grande échelle, est distribué à tous les groupes prenant part à l'attaque. Ce plan précise l'emplacement exact des blockhaus, les armes et les hommes qui s'y trouvent, celui du P.C., de la soute à munitions, du groupe électrogène, etc. Tous les participants à l'opération doivent apprendre par cœur ce plan, savoir exactement quel sera leur objectif individuel et comment y parvenir. Matin et soir, ils étudient ce document jusqu'à pouvoir réciter par cœur la mission qu'ils devront remplir à la perfection, le jour venu. On construit avec les « moyens du bord », une réplique du Poste, grandeur nature.

Jours J-14 à J-2 : Les groupes s'entraînent jour après jour sur cette reconstitution de l'objectif, répétant inlassablement sur le terrain les gestes

(2) Opération « Lorraine »

mécaniques qu'ils feront pendant l'attaque prochaine, sans hésitation et avec détermination, comme des automates. Dans ce genre d'attaque, aucune fantaisie n'est permise. De chacun dépend la survie du groupe.

Jour J-1 : Repos pour les commandos qui attaqueront demain.

H 16.00 : Le chef de *groupe « Mortiers 81 »*, accompagné d'un groupe de protection, sous couvert des arbres, s'approche à environ 1500 m du Poste. Il repère un petit mamelon derrière lequel il mettra demain ses pièces en batterie, puis il calcule la distance exacte et l'angle de tir.

H 18.00 : Retour à la base. Les *Cdos 5 et 6* sont prêts à remplir leur mission demain à H 05.00. Elle consiste à tendre une embuscade sur la route, à 2 km de part et d'autre du Poste. Leur but est de miner la route à 200 m devant leur position et faire bouchon pour interdire le passage à tout renfort qui tenterait de porter secours au poste attaqué.

H 21.00 : C'est l'heure de fêter Noël. Dans le poste c'est la joie ! On mange, on boit, on danse même ! Les sentinelles participent aussi aux réjouissances. Remplacées pour un temps par leurs copains, elles prennent du bon temps.

H 23.00 : Dans le poste, tous rentrent se coucher. Engourdis par le festin et l'alcool, ils sombrent dans un sommeil profond. Quant aux sentinelles, qui ne sont guère en meilleur état, elles somnolent. Pourquoi s'inquiéter ? Ici, le pays est calme, la population souriante, amicale et il ne se passe jamais rien. On s'ennuie presque…

Jour J, H 05.30 : Les commandos sont en place. Les deux embuscades, tendue sur la route signalent qu'elles sont en position et que la route devant elles est minée. Les chefs de pièce de 81 font creuser l'emplacement pour la plaque de base de leur tube. Le chef de groupe donne ses instructions pour le tir. Le *Cdo 4* est installé en position défensive tout autour du *groupe mortiers* dont il assure la protection rapprochée.

H 05.50 : Les deux tubes de 81 sont prêts à tirer.

H 06.00 : Le chef de l'opération lance une fusée verte. Les deux mortiers de 81, après avoir calé leur plaque de base et encadré le Poste, le matraquent d'un tir nourri et précis. Le P.C., les blockhaus sont touchés. A l'intérieur c'est la pagaille totale. Seuls, quelques coups de feu éclatent, tirés sur on ne sait qui. Simultanément, le *Cdo 1*, chargé de détruire les barbelés et de faire une brèche dans le mur d'enceinte, rampe en direction du Poste avec les bangalores, gros bambous creux dont la tête est bourrée d'explosif. A 50 m en arrière, le *Cdo 2* suit en rampant. Le *Cdo 3* a ordre de le suivre à 100 m.

Les mortiers de 81 cessent le feu. Le *groupe de* 81 se replie vers sa base, sous la protection *du groupe 5/Cdo 4*. Le *Cdo 1* est arrivé en position et fait glisser ses bangalores sous le réseau de barbelés. Ils explosent en détruisant les mines et les barbelés. Un passage de 10 m de large est ainsi ouvert dans lequel se ruent les partisans. Deux coups de R.P.G. font une brèche dans le mur d'enceinte construit en briques.

H 06.40 : Les assaillants s'engouffrent à l'intérieur du poste. Leurs R.P.G. se concentrent alors sur les blockhaus déjà bien « sonnés » par les obus de 81. Le P.C., d'où proviennent des tirs sporadiques subit le même sort. A ce moment, la mitrailleuse d'un blockhaus prend le commando à partie, lui causant pas mal de « casse ».

H 07.00 : Le *Cdo 2* déboule alors, concentrant ses tirs de R.P.G. sur cette mitrailleuse. Un partisan s'approche du blockhaus en rampant. Arrivé près du but, il lance deux grenades dont l'une explose à l'intérieur. La mitrailleuse se tait !

H 07.20 : La résistance a cessé partout, sauf dans le P.C. qui « tient » encore. Pendant que les R.P.K. arrosent les petites ouvertures d'où partent les coups de feu, un partisan, muni d'une charge explosive parvient à la déposer contre la porte d'acier du P.C.

H 07.30 : Explosion. La porte est arrachée. Des hommes en sortent, hébétés, les mains en l'air, couverts de poussières. Quelle chance ! Neuf prisonniers dont le capitaine, chef du Poste et son adjoint, un jeune lieutenant.

H 07.45 : Les prisonniers sont traités sans brutalité. Délestés de leurs munitions et des documents qu'ils portent sur eux, on leur attache les mains. Les blessés amis sont pansés et avec les prisonniers, sont dirigés immédiatement sur la base, sous la protection du *Cdo 1,* qui a été très éprouvé. Le *Cdo 3*, tenu en réserve, arrive et se met en protection dans le Poste, prêt à faire face, à une attaque bien improbable d'hélicoptères grâce à ses R.P.G. Le *Cdo 2* et les *groupes 1, 2, 3, 4 et lourd/Cdo4* se replient, l'un après l'autre sur leurs bases, par des chemins couverts et différents.

Protégés par les groupes du **Cdo 3**, les équipes de récupération entrent en action. Elles fouillent le poste avec soin, et ramassent armes, munitions, explosifs, documents, postes de radio, uniformes, vivres et tout ce qui peut être utile. Elles sont chargées de ramener à la base les morts et les blessés amis qui ne peuvent pas marcher.

H 08.30 : Le butin de guerre part aussitôt vers la base, sous la protection des **groupes 5 et lourd/Cdo 3**. Les blessés ennemis hors d'état de marcher, délestés de leurs armes, documents, munitions, équipements, sont soigneusement mis à l'abri hors du Poste où ils sont pansés. On leur laisse eau, nourriture, cigarettes, pour leur permettre de tenir jusqu'à l'arrivée des secours. Les corps des morts ennemis sont fouillés avec soin mais absolument respectés.

H 08.40 : Les **groupes 1, 2, 3 et 4/ Cdo 3** incendient le Poste, après avoir détruit à l'explosif tout ce qui n'a pu être emporté. Des pièges sont habilement laissés sur place.

H 08.50 : Le chef de l'opération décroche alors avec les **groupes 1, 2, 3 et 4/Cdo 3** et son **groupe de Protection**, par un itinéraire différent et à couvert des arbres.

Pendant l'attaque du Poste, le **Cdo 5** en « bouchon » a eu quelques problèmes.

H 07.30 : Le groupe en place sur la route qui mène au poste voisin voit apparaître, à 200 m devant lui, un petit élément de secours, qui arrive pour aider la garnison attaquée : quatre camions, précédés d'un véhicule de liaison.

H 07.40 : Le véhicule de tête saute sur une mine. Les hommes du **Cdo 5** ouvrent le feu avec leurs R.P.K. et R.P.G.-7V1.

H 07.50 : Les ennemis descendent de leurs véhicules et engagent le combat.

H 08.00 : En manœuvrant, l'un des camions saute sur une mine.

H 08.10 : Le désordre semble se répandre chez les assaillants, qui ont déjà perdu une jeep et un camion et ont de la « casse ». Ils rembarquent tout en continuant à tirer. N'étant pas sûrs de leur force, ils s'éloignent rapidement, laissant leurs deux véhicules endommagés sur place.

H 08.50 : Les **Cdos 5 et 6** en « bouchon » reçoivent l'ordre de se replier sur leurs bases, chacun par un chemin différent, sous couvert des arbres, en laissant quelques pièges derrière eux.

Voici une attaque de Poste typique, comme il y en a eu, hélas, beaucoup lors du conflit indochinois. Avec deux différences majeures cependant : l'assaut « Viêt » avait lieu au début de la nuit et non à la pointe du jour, pour les raisons techniques qui ont été dites précédemment et les canons sans recul de l'époque (3) ont été remplacés par les R.P.G.

_____

(3) Appelés S.K.Z. (Súng Không Dựt, qui se prononce « Soung Kom Zut »).

12.7 BASE AÉRIENNE

Le but essentiel de l'opération sera la destruction des avions AC-130 H.P. *Spectre*, qui représentent un danger mortel pour une unité de partisans surprise à découvert. Il faudra bien sûr, si les circonstances le permettent, s'attaquer aux autres appareils se trouvant sur les pistes : avions, hélicoptères ou drones. Mais cela devra être un objectif secondaire.

Cette action ponctuelle sera précédée d'une longue surveillance de la base. On devra y introduire des travailleurs civils pour observer ce qui s'y passe et étudier son fonctionnement. Il sera nécessaire, en particulier, de déterminer :

a/ Quelles sont ses défenses actives : nombre d'hommes affectés à sa garde et où ils se trouvent (postes de combat, cantonnements), leurs moyens (peloton blindé, chiens de garde…).

b/ Quelles sont ses défenses passives : enceinte électrifiée, moyens sophistiqués de détection…

c/ Les appuis extérieurs dont la base dispose en cas d'attaque : artillerie, blindés, commando héliporté…

On s'assurera que les *Spectre* sont bien posés sur la base pendant la nuit, c'est-à-dire que leurs vols n'ont lieu que pendant la journée. Pour ne pas commettre d'erreur, une reconnaissance discrète aura lieu une heure avant le début de l'attaque afin de vérifier que ces appareils sont bien à leurs places habituelles. Leur absence entraînerait l'annulation immédiate et le report de l'opération.

Pendant une assez longue période avant que l'attaque n'ait lieu, les partisans s'abstiendront rigoureusement de toute action non seulement contre la base mais dans toute la province, où l'occupant devra se sentir totalement en sécurité. Les sympathisants de la guérilla auront pour consigne de se monter amicaux envers l'ennemi, afin de gagner sa confiance, dans le seul but de provoquer le relâchement de la vigilance des unités de protection de la base.

A l'issue de cette longue observation, effectuée à la fois de l'intérieur et de l'extérieur, le commandement de la guérilla se trouvera devant plusieurs options parmi lesquelles il portera son choix sur celle qui lui paraîtra la plus appropriée à la situation.

Il faut noter qu'à chaque fois que des mortiers de 81 mm seront utilisés dans les opérations décrites plus loin, ils constitueront l'arme de dernier recours, si les choses se passaient mal et si l'attaque risquait d'échouer par suite de difficultés imprévues. Dans ce cas, le commando en contact avec l'ennemi et se trouvant le plus près des avions devrait tenir coûte que coûte ses positions. Sa mission primordiale serait alors de régler les tirs de mortiers jusqu'à la destruction des appareils. Sa mission secondaire serait de bloquer les forces ennemies qui tenteraient de parvenir jusqu'au groupe mortiers. Le commando devrait remplir ses objectifs sans tenir compte de ses propres pertes.

Dans cette éventualité, toutes les autres forces engagées dans l'attaque devraient quitter leurs emplacements et se mettre en position défensive devant les mortiers pour renforcer leur protection. L'équipe SA7B, installée en position protégée, à 800 m en arrière des tubes, aurait pour mission d'engager tout hélicoptère qui chercherait à les détruire ou à attaquer les commandos en position défensive devant eux. Egalement, les avions qui interviendraient subiraient des tirs de missile dès qu'ils seraient en situation d'être techniquement engagés, les endommageant ou les obligeant à conserver une altitude de vol diminuant grandement leur efficacité.

Les mortiers deviendraient alors la pièce maîtresse de l'opération et le seul moyen d'en assurer le succès. Si, pour permettre la destruction des *Spectre* par les mortiers, le commando chargé de régler les tirs devait être anéanti, l'attaque serait quand même un succès, l'objectif essentiel étant la destruction de ces avions.

1° Opération coup de poing

C'est l'option la plus audacieuse et la plus risquée aussi. Nous sommes un dimanche en fin d'après-midi. Les éléments de support sont en place. L'heure « H » a été fixée à **H 18.00**.

Heure H 17.30 : Les guetteurs, camouflés dans la végétation non loin de la base, informent par radio le chef du **Cdo Spécial** que trois *Spectre* sont immobilisés sur leur parking et que le calme régnant indique que ces appareils ne vont effectuer aucune mission ce jour-là. Le **Cdo Spécial**, portant armes et uniformes ennemis s'engage sur la route qui mène à la base, utilisant des véhicules 4x4 récupérés sur l'adversaire. *Le **Cdo 3*** suit avec ses véhicules 4x4, à 300 m derrière lui. A 1 km de la base, le **Cdo 5**, renforcé par les **groupes 1, 5 et lourd/ Cdo 4**, pose des mines antichars sur la route ; puis se met en embuscade, enterré et dissimulé. A 200 m en retrait de la route, les **groupes 2, 3 et 4/Cdo 4**, formés en hérisson et dans leurs trous assurent chacun la protection de l'un des trois mortiers de 81 mm, mis en batterie à 200 m l'un de l'autre pour réduire leur vulnérabilité. Ces pièces, masquées par un mouvement de terrain, ont une triple mission :

- Matraquage de la batterie de 105 mm située à 3,5 km de là, si celle-ci cherchait à intervenir.
- Bombardement des bâtiments qui abritent la compagnie de protection de la base, dès que l'ordre en sera donné par le chef du **Cdo Spécial** chargé de l'attaque.
- Appui du **Cdo 2** en bouchon sur la route à 1 km au-delà de la base s'il rencontrait des difficultés sérieuses avec un élément ennemi important qui chercherait à forcer le passage pour porter secours aux aviateurs.

Simultanément en mouvement, le **Cdo 2**, renforcé spécialement par 4 équipes R.P.G., parvient de façon autonome sur la route, à 1 km de l'autre côté de la base qu'il a contournée. Il creuse ses tranchées de façon à former un solide bouchon qui interdit tout passage sur la route, tant aux éléments qui voudraient s'approcher de la base pour lui venir en aide qu'à ceux qui voudraient s'en éloigner pour donner l'alerte. Ses **groupes 1, 2 et 3** (plus deux R.P.G. en renfort) s'enterrent un peu en retrait de la voie menant à la base, sur le côté droit. Ses **groupes 4, 5 et lourd** (plus deux R.P.G. en renfort) s'installent dans leurs trous individuels, à 150 m de là, en retrait du côté gauche de la route. Les deux éléments posent immédiatement des mines devant eux, pour bloquer tout mouvement venant ou allant à la base. La mission principale du **Cdo 2** est simple : interdire coûte que coûte l'arrivée de renforts éventuels vers la base. En cas de grosses difficultés, le chef du **Cdo 2** sait qu'il peut compter sur l'appui du **groupe mortiers**. Sa mission secondaire serait de neutraliser tout véhicule ennemi qui tenterait de quitter la base.

---

(1) Les équipes R.P.G. creusent des tranchées mais au moment du tir, l'arrière de l'arme doit être dégagé.

Heure H : Le véhicule de tête du *Cdo Spécial* s'arrête en face du poste de garde. Ses hommes sautent à terre et s'approchent des sentinelles qui sont sans méfiance, bien qu'un peu étonnées. Elles sont neutralisées au P.M. silencieux, pendant que la salle radio, localisée depuis longtemps, est détruite au lance-roquettes. Les hommes du *Cdo Spécial* s'engouffrent alors dans les bâtiments, tirant sur tout ce qui bouge. Au même moment, les baraquements qui abritent la compagnie de protection, sont pilonnés sans relâche au mortier de 81 mm. Soudain, les pièces cessent le feu sur ordre radio du chef du *Cdo Spécial*, dont les hommes finissent le travail des obus de 81 mm, puis occupent les bâtiments de la base, isolée par les *Cdos 2, 4 et 5* qui bloquent ses accès.

Le *Cdo 3* arrive et dirige deux groupes sur chacun des trois *Spectre* qui stationnent sur les pistes. Les hommes se mettent en protection pendant que les équipes chargées de la destruction placent leurs charges réglées pour exploser après 3 minutes, ce qui exige une action parfaitement chronométrée.

Repli rapide. A 200 m, tout le monde s'aplatit. Explosion ! Pour finir la destruction, les R.P.G. arrosent la carcasse des avions. Puis décrochage immédiat vers le point de recueil situé derrière le barrage de barbelés, à l'autre extrémité de la base, là où une brèche a été ouverte par l'élément de recueil fourni par le *Cdo 1*.

Le *Cdo 3*, suivi du *Cdo Spécial*, se replie aussitôt par un itinéraire protégé, préparé à l'avance, qu'empruntent leurs véhicules 4X4. La nuit commence à tomber. Un quart d'heure plus tard, le *Cdo 1* se replie en tiroir, en laissant par prudence des pièges derrière lui.

Dès qu'il s'est replié, le chef du *Cdo Spécial*, qui dirige l'opération, a donné l'ordre par radio au *groupe mortiers* de décrocher sous la protection des *groupes 2, 3 et 4/Cdo 4*. Le *Cdo 5*, appuyé par les *groupes 1, 5 et lourd/Cdo 4,* doit tenir la route pendant encore une heure, pour permettre au *groupe mortiers* et à son escorte de s'éloigner suffisamment du lieu de l'attaque afin d'être à l'abri d'une intervention ennemie, toujours possible malgré la nuit qui approche. Le *Cdo 2*, qui tient toujours sa portion de route de l'autre côté de la base, a reçu les mêmes ordres : interdire la route pendant une heure encore, pour éviter au *Cdo 5*, appuyé par trois groupes du *Cdo 4,* qui tient l'autre barrage, de se voir attaquer de deux côtés à la fois. Ce qui le mettrait en fâcheuse posture. Les *Cdos 2 et 5,* ce dernier accompagné des *groupes 1, 5 et lourd/Cdo 4*, décrocheront en même temps, en laissant des pièges derrière eux.

Les opérations de type 2 et 3 qui seront décrites à la suite ne deviendront réalisables qu'après s'être assuré, par des approches de la base, que celle-ci n'est pas protégée par des moyens de détection sophistiqués. Il s'agit, entre autres, des appareils de détection suivants :

- Radars d'écoute, qui permet de détecter les vibrations et dont les opérateurs bien entraînés peuvent faire la différence entre une approche d'hommes ou celle d'animaux.
- Appareils de détection thermiques.
- Infrarouge.

Il sera envisagé plus loin les mesures à adopter pour réaliser l'attaque d'une base protégée par ces moyens.

2° Opération de sabotage

Lorsque les pistes de la base aérienne ne sont pas très loin d'une région boisée, on peut envisager une action « jouable » mais moins spectaculaire. L'opération aura lieu un dimanche, au début d'une nuit sans lune, puisqu'une longue observation de la base a montré que les *Spectre* n'effectuent pas de sortie la nuit. De plus, les guetteurs qui observent la base ce jour-là confirment que ces appareils sont bien parqués et immobiles. Cette opération va nécessiter la mise en place des *Cdos 1, 2, 3, 4 et 5*, appuyés par un groupe de deux pièces de mortier de 81 mm. Le plan d'exécution est le suivant :

Le *Cdo 2* marche en tête. Arrivé à 100 m des barbelés, il s'établit en position défensive, bien enterré, champ de tir dégagé face aux pistes. Il devra renforcer le *Cdo 1* en cas de difficulté.

Le *Cdo 3* arrive peu après et se place à 100 m en arrière. Son rôle sera d'appuyer les *Cdo 1 et 2* chargés du sabotage, si les choses tournaient mal ou le nécessitaient.

Le *Cdo 4* s'installe en position de recueil, à 300 m derrière le *Cdo 3*.

Le *Cdo 5,* qui suit, s'arrête à 300 m de lui et se met en place pour constituer une deuxième ligne de défense.

Les deux mortiers de 81 mm sont mis en batterie à 200 m derrière le *Cdo 5* et placés à 150 m l'un de l'autre. Le *Cdo 5* détache ses *groupes 2 et 3* qui, formés en hérisson autour de chaque pièce, vont assurer leur protection.

Le *Cdo 1*, qui fermait la marche, continue son trajet jusqu'à la ligne tenue par le *Cdo 2,* le dépasse et s'approche des barbelés.

Si la reconnaissance effectuée la semaine précédente a montré que le barrage qui protège les pistes n'était pas électrifié, les hommes du *Cdo 1* ouvrent rapidement une brèche dans les barbelés avec les cisailles amenées à cet effet. Ils s'engouffrent dans le passage et foncent vers les *Spectre* avec leurs charges explosives.

En revanche, si la reconnaissance a permis de constater que le barrage était électrifié (comme l'était la Ligne Morice, censée interdire le passage des rebelles à travers la frontière algéro-tunisienne, pendant la guerre d'Algérie), toute intrusion déclencherait l'alarme et, de ce fait, ferait perdre tout effet de surprise. Le mode opératoire est alors différent. Dans ce cas là, les hommes du *Cdo 1,* pour agir rapidement, placent les bangalores sous le barrage en évitant de le toucher. En détonant, ces charges vont ouvrir une large brèche où le *Cdo 1* va pouvoir s'engouffrer et foncer sur les *Spectre.*

L'alerte étant donnée, les mortiers de 81 mm dont les tirs sont réglés par le chef du *Cdo 1*, ouvrent le feu sur les bâtiments de la base et les baraquements de la compagnie de protection qu'ils matraquent sans discontinuer pour créer la panique.

Malgré cela, les commandos essuient des tirs d'armes automatiques provenant des postes de garde. Profitant du désordre, les partisans du *Cdo 1*, renforcés par le *Cdo 2*, tout en tirant partout devant eux pour impressionner les ennemis, foncent vers les *Spectre*. Protégés par leurs camarades, les équipes chargées de la destruction des appareils, placent leurs charges explosives dotées d'un retard de trois minutes. Les *Cdos 1 et 2* se replient rapidement puis, au bout de 200 m, se jettent au sol. Explosion ! Pour parfaire la destruction des avions, tous les R.P.G.-7V1 arrosent ce qui reste des appareils.

Il était temps : une compagnie ennemie, précédée de trois automitrailleuses, fait mouvement vers les deux commandos. Le chef du *Cdo 1* faisant office de D.L.O., règle le tir des 81 mm, pendant que les partisans tirent au R.P.G.-7V1 et arrosent les ennemis avec leurs R.P.K. Ceux-ci hésitent, s'arrêtent et se mettent en position de combat. Les tirs de 81 mm redoublent d'intensité. Ce qui a pour effet de clouer l'ennemi au sol.

Le responsable de l'opération, qui se trouve avec le *Cdo 3*, observe aux jumelles télémétriques à vision nocturne puis lance une fusée rouge. Le *Cdo 1* décroche, sa tâche est terminée. Il regagne sa base, par un itinéraire préparé à l'avance. Il est aussitôt suivi par le *Cdo 2*. Pendant ce temps, les mortiers continuent à matraquer les pistes en utilisant maintenant des obus incendiaires au phosphore blanc dont les explosions sont très impressionnantes la nuit, surtout lorsqu'un obus éclate au milieu d'un groupe d'ennemis, les transformant en torches vivantes.

Le *Cdo 3* dégage à son tour et récupère au passage le groupe de mortiers dont il va assurer la protection jusqu'à sa base arrière. Les *groupes 2 et 3/Cdo 5*, leur mission de couverture des mortiers terminée, rejoignent les autres groupes du *Commando 5* en position à 200 m devant eux.

Le *Cdo 4* quitte les lieux une heure plus tard et se place en recueil quelques kilomètres plus loin, pour assurer la sécurité du *Cdo 5* qui se replie à sa suite, complétant ainsi le repli du dispositif d'attaque.

Le *Cdo 4* tiendra ses nouvelles positions, protégées par des mines, pendant deux heures, permettant ainsi aux *Cdos 1,2 et 5* de se mettre hors de portée de l'ennemi pendant leur repli.

3° Attaque de proximité

Si la protection de la base est sophistiquée (réseau électrifié, senseurs électroniques, caméras de télésurveillance, peloton blindé en alerte permanente), il faudra alors effectuer une attaque de proximité ; c'est-à-dire sans s'en prendre au réseau de barbelés. Cette action audacieuse risquant de provoquer une réaction violente de l'ennemi, il conviendra de pouvoir faire face à toute éventualité. Ce qui impose la nécessité d'une parfaite organisation.

A/ Les Spectre sont stationnés à une distance de 200 à 300 mètres de la clôture :

L'action se déroulera comme suit. Nous sommes en fin de soirée. Le *Cdo 5* chargé de l'attaque, vu l'importance de l'opération, a reçu en renfort les dix meilleurs tireurs au R.P.G. de la *Région*, auxquels s'ajoutent quatre binômes "Barrett" supplémentaires. Ces hommes sont enterrés non loin des barbelés, face aux flancs des avions dont les silhouettes se découpent clairement.

A 800 m derrière le *Cdo 5*, les *Cdos 3 et 4* sont enterrés en solide position défensive, en arc de cercle ouvert vers l'avant. Leur mission est d'assurer le recueil du *Cdo 5*, de lui prêter main forte en cas de problème et surtout de protéger l'équipe de SA-7B que la *Région* a consenti à engager pour assurer toutes ses chances à l'opération.

Le binôme SA-7B, bien à l'abri, est prêt à engager tout hélicoptère *Gunship* ou avion qui voudrait intervenir contre le **Cdo 5** chargé de la destruction des *Spectre*.

Le **Cdo 2** est en position défensive à 200 m derrière les **Cdos 3** et **4,** prêt à entrer en action si la situation l'exigeait.

Le **Cdo 1**, en position à 300 m derrière le **Cdo 2** a pour mission essentielle la protection des trois tubes de 81 mm (2) qui vont appuyer l'opération. Ces mortiers, dont les tirs seront déclenchés à la demande du chef du **Cdo 5** (qui servira de D.L.O.) auront une triple mission :

- Faire une diversion dès le début de l'attaque des R.P.G.et des "Barrett" en matraquant les bâtiments de la base par des tirs mixtes (obus explosifs et incendiaires au phosphore blanc).
- Bombarder simultanément les baraques de la compagnie de protection.
- Si besoin est, tirer sur le peloton blindé si ce dernier cherchait à s'approcher du **Cdo 5**, chargé de l'attaque, en position derrière les barbelés.

Heure H : Le **Cdo 5**, enterré face aux flancs des avions, ouvre le feu avec ses R.P.G. qui arrosent littéralement ces appareils. De leur côté, les binômes "Barrett" tirent à balles blindées sur les cockpits, de manière à détruire les instruments de pilotage et de contrôle (avionique). Aussitôt, les mortiers de 81 mm commencent le bombardement de la base pour jeter la confusion et faire diversion. Puis les tirs, réglés par le chef du **Cdo 5,** s'abattent sur le bâtiment abritant la compagnie de garde. Le **Cdo 5** tire sur ces bâtiments pour empêcher toute approche de l'ennemi.

Malgré cela, un groupe de trois automitrailleuses tente de s'approcher du **Cdo 5** en tirant de toutes leurs armes. Leur avance est bloquée rapidement par les R.P.G. qui concentrent leurs tirs sur elles. Suite à cette action, le **Cdo 5** subit des pertes. Morts et blessés sont évacués immédiatement. Deux automitrailleuses brûlent et la troisième, touchée, parvient à s'éloigner. Les trois *Spectre,* qui ont reçu de nombreux projectiles des R.P.G., sont en feu.

---

(2) Espacés de 200 m l'un de l'autre pour réduire les risques d'un éventuel tir de contre-batterie.

Venu on ne sait d'où, un hélicoptère d'attaque ennemi surgit et attaque le *Cdo 5* avec ses rockets et sa mitrailleuse *Gatling*. Les partisans du *Cdo 5* subissent à nouveau des pertes. Ils se terrent dans leurs trous. Le tireur SA-7B réagit à cette intrusion avec un certain retard mais parvient à abattre l'appareil après avoir lancé deux missiles.

L'opération étant terminée, le chef du *Cdo 3*, responsable de l'opération, lance une fusée rouge. Le *Cdo 5* évacue d'abord ses morts et ses blessés, puis se retire aussitôt sous la protection des tirs de mortiers qui empêchent l'ennemi de progresser. Les pièces effectuent un tir de barrage sur les positions abandonnées par le *Cdo 5* pour protéger son repli. Cette unité poursuit son chemin, arrive à l'emplacement des *Cdos 3 et 4* et continue son retrait en emmenant avec elle les précieux SA-7B dont elle assure la protection jusqu'à la base.

Trente minutes plus tard, le *Cdo 1* qui se trouve à l'arrière du dispositif décroche à son tour et escorte le *groupe mortiers 81 mm* jusqu'à sa base.

Le *Cdo 3* se replie sur les positions du *Cdo 2*. Celui-ci décroche aussitôt, pendant que les hommes du *Cdo 3* s'installent sur leurs emplacements.

Le *Cdo 4*, demeuré seul après le départ du *Cdo 3*, mine soigneusement la piste et ses abords. Sa tâche terminée, il quitte ses positions, se dirige sur les abris abandonnés par le *Cdo 1* et s'y installe. Dès que le *Cdo 4* l'a dépassé, le *Cdo 3* pose un champ de mines antipersonnel, se replie à son tour, traverse les positions du *Cdo 4* et prend le chemin de sa base par un itinéraire différent préparé à l'avance.

Le *Cdo 4* place alors de nombreuses mines antipersonnel devant ses nouveaux emplacements, décroche, progresse pendant 1 km, s'arrête et pose d'autres mines antipersonnel sur la piste et ses abords. N'entendant aucune explosion venant des champs de mines laissés derrière lui, le chef du *Cdo 4*, rassuré, prend le chemin de sa base en formation de marche classique :

- Deux groupes autonomes « en éventail » éclairent le terrain, l'un à droite, l'autre à gauche de la piste.
- A 50 m derrière eux, un groupe autonome progresse sur la piste.
- Un peu en arrière, viennent les groupes de commandement/protection et le groupe autonome 1, suivis en retrait par le groupe lourd.

- A 100 m derrière la colonne, un groupe autonome constitue l'arrière-garde.

Cette formation de marche, adoptée par tous les commandos qui se replient vers leurs bases, est dictée par la prudence. Il se pourrait qu'un commando héliporté se mette rapidement en embuscade sur l'un des itinéraires de repli des partisans même assez loin du lieu de l'attaque, pour monter une grosse embuscade et attaquer par surprise un commando qui rejoint sa base au moment même où ses hommes pensent que tout danger est écarté.

B/ Les Spectre sont stationnés dans un endroit trop éloigné de l'enceinte :

Il peut arriver que les *Spectre* soient parqués dans un endroit trop éloigné pour être tirés au R.P.G. ; ou qu'ils soient protégés par une murette de sacs de sable, comme c'était le cas des avions américains posés sur le terrain de Saïgon (3), pendant la guerre du Việt Nam. Devant une telle situation, le plan d'opération sera à reconsidérer complètement : il conviendra d'attaquer l'avion au moment de son décollage.

Avant toute action, il faudra envoyer un éclaireur pour mesurer avec exactitude la distance entre les futurs emplacements de R.P.G. et le point où se trouvera l'avion au moment des tirs. Si l'on sait qu'un *Spectre* roule à environ 250 km/h (soit 70 m/s) au moment du décollage, on sait aussi que la fusée du R.P.G.-7V1 (avec une tête de 85 mm) a une vitesse de 300 m/s. Pour parcourir les 300 m qui la sépareront de l'avion, elle mettra exactement une seconde pendant laquelle l'avion aura parcouru 70 m.

Il aura donc fallu viser un point imaginaire à 60 m devant le nez de l'appareil (qui mesure environ 30 m de longueur) pour provoquer un impact dans sa partie avant, là où se trouve l'équipage. C'est d'ailleurs ce type de calcul qu'effectuent les chasseurs quand ils tirent un oiseau en vol.

Lorsqu'on a déterminé le trajet qu'effectuent les *Spectre* sur la piste au moment du décollage, les hommes chargés de l'attaque se mettront en place pendant la nuit, enterrés et parfaitement camouflés. Trois équipes R.P.G. se positionneront à 300 m du point de décollage, à 200 m à droite du parcours de l'avion pendant son roulage et trois autres à 200 m à gauche, de telle sorte d'être en mesure d'effectuer leurs tirs en position de trois-quarts.

---

(3) Tân Sơn Nhứt.

Les deux binômes SA-7B se placeront sous le passage de l'avion, à 200 m l'un de l'autre, c'est-à-dire entre les positions des R.P.G. L'ensemble se trouvera sous la protection des **groupes 4 et 5** du **Cdo 1**, camouflés dans leurs trous individuels, autour des R.P.G. et des SA-7B.

Le responsable de l'opération a choisi d'attaquer les *Spectre* aux R.P.G.-7V1 peu après avoir quitté la piste, plutôt qu'au moment de l'atterrissage, pour deux raisons :

- Si les R.P.G.-7V1 n'arrivent pas à détruire le *Spectre* au moment de son décollage, les binômes SA-7B lanceront leurs missiles dès que l'avion se trouvera à 800 m et présentera l'arrière de ses moteurs. Afin de déséquilibrer l'appareil, l'un des tireurs SA-7B visera le moteur gauche extérieur tandis que l'autre tireur prendra pour cible le moteur gauche intérieur.
- Un *Spectre* à l'envol transporte une énorme quantité de carburant (environ 18 tonnes). S'il est abattu, l'avion sera transformé en une énorme fournaise, dont l'équipage sera la première victime.

Il est certain que les partisans chargés de l'attaque, tous volontaires, prennent un risque énorme. Ils n'ont aucune certitude de revenir vivants de cette opération extrêmement périlleuse. Aussi, pour ne pas perdre ces hommes courageux et pour des raisons psychologiques, le Commandement a prévu d'assurer une protection maximale à ces héros. La mise en place est la suivante :

Le **Cdo 1**, sans ses **groupes 4 et 5** qui assurent la protection des équipes R.P.G. et SA-7B chargées de l'attaque, est installé en position de recueil à la lisière d'un bois situé à 900 m du lieu de l'attaque.

Le **Cdo 2** est en position défensive à 300 m plus en arrière, prêt à soutenir le **Cdo 1** en cas de difficulté. Il assure également la protection d'une troisième équipe SA-7B dont la mission est d'abattre tout hélicoptère qui attaquerait les équipes chargées de détruire le *Spectre* ou qui menacerait les positions amies. Si des avions intervenaient, les tirs de SA7B les obligeraient à voler assez haut, réduisant le danger qu'ils représentent.

Le **Cdo 3** a creusé ses emplacements à 300 m derrière ceux du **Cdo 2**. Il a pour mission essentielle de protéger les moyens lourds de l'opération : 3 mortiers de 81 mm, en batterie à 100 m l'un de l'autre par mesure de sécurité. Ces tubes sont destinés à :

- Arroser les bâtiments de la base pour y jeter la confusion et créer la panique dès que le *Spectre* aura été abattu.

- Couvrir les partisans chargés de l'attaque s'ils étaient découverts.
- Faire un tir de barrage derrière eux dès qu'ils se replieront sur le *Cdo 1,* après avoir accompli leur mission.
- Les dissimuler à la vue de l'ennemi par un tir d'obus incendiaires au moment du décrochage.

La suite de l'opération se déroule ainsi : Un *Spectre* a été abattu par les tirs conjoints des R.P.G.-7V1 et des SA-7B. Les mortiers tirent sur les bâtiments de la base, provoquant une énorme pagaille. Malgré cela, les défenseurs ripostent avec plusieurs mitrailleuses lourdes. Sous la protection des *groupes 4 et 5* du *Cdo 1* qui restent sur place et arrosent l'ennemi, les équipes R.P.G. et SA-7B décrochent rapidement sur les positions du *Cdo 1.* Dès leur arrivée, ce dernier les dirige vers l'arrière sous la protection de son *groupe 3.* Cet élément atteint les emplacements du *Cdo 2,* récupère l'équipe SA-7B à laquelle se joint le *groupe 5/Cdo 2.* L'ensemble se dirige aussitôt vers sa base en évitant les pistes.

Dès que les équipes R.P.G. et SA-7B ont rejoint le *Cdo 1,* le responsable de l'opération a fait exécuter un tir de barrage par les mortiers de 81 mm, à 100 m devant les positions tenues par les *groupes 4 et 5/Cdo 1.* Ceux-ci décrochent rapidement vers la lisière du bois où ils vont rejoindre leurs camarades du *Cdo 1.* Aussitôt que ces deux groupes ont parcouru 150 m, deux tubes de 81 mm matraquent les positions qu'ils viennent de quitter pour bloquer toute poursuite, pendant que le troisième mortier envoie des obus incendiaires dont la fumée blanche les rendra invisibles à l'ennemi.

Le *Cdo 1* récupère ses *groupes 4 et 5* qui viennent d'arriver, traverse les positions des *Cdos 2 et 3.* Les mortiers tirent maintenant sur les positions que vient de quitter le *Cdo 1.* Celui-ci poursuit son retrait (4) et s'installe en position défensive à 1 km derrière le *Cdo 3.*

Le *Cdo 2* se trouve maintenant en première ligne et pose des mines antipersonnel devant lui.

Le *Cdo 3* décroche à son tour, dépasse les nouvelles lignes du *Cdo 1,* prend position à 500 m derrière lui et installe les mortiers en batterie.

Le *Cdo 2* (5) se replie, sous la protection des mortiers qui ont repris leur tir et pilonnent les positions qu'il vient d'abandonner. Il rejoint le

---

(4) Sans son *groupe 3* qui, en compagnie du *groupe 5/Cdo 2,* escorte les équipes R.P.G. et SA-7B dans leur repli vers la base, après avoir effectué l'attaque des "Spectre".
(5) Sans son *groupe 5,* parti escorter les équipes R.P.G. et SA-7B vers la base, avec le *groupe 3/Cdo 1.*

Cdo 1 en position défensive, traverse les lignes du *Cdo 3* et prend le chemin du retour vers sa base en formation de marche, sous le couvert de la forêt.

Le *Cdo 1* place des mines devant ses positions puis décroche sous la protection des mortiers de 81 mm qui tirent à 150 m devant les emplacements qu'il vient de quitter, pour ne pas faire exploser les mines qui bloquent la piste. Arrivé sur les lignes du *Cdo 3*, le *Cdo 1* s'enterre, en position défensive, permettant au *Cdo 3* de se replier avec les précieux mortiers dont il va assurer la protection jusqu'à leur base. Le *Cdo 1* met en place des « sonnettes » à 300 m devant lui, pose des mines devant ses positions, en laissant un petit passage libre par lequel les guetteurs pourront se replier après avoir donné l'alerte en cas de poursuite par l'ennemi. La mission du *Cdo 1* va consister à tenir ses positions coûte que coûte pendant au moins deux heures pour arrêter toute poursuite de l'ennemi donnant ainsi aux *Cdos 2 et 3* le temps de se retirer sans danger. Si, à l'heure prévue du décrochage, le *Cdo 1* est en contact avec l'ennemi, le repli s'effectuera groupe par groupe, de façon à lui permettre de se retirer sans casse. Seul le *groupe 1/Cdo 1* sera sacrifié : il restera sur place pour couvrir le repli de ses camarades en concentrant ses tirs sur les attaquants. Après que les autres groupes auront pu s'éloigner suffisamment pour échapper à l'ennemi, les hommes du *groupe 1/Cdo 1* s'éparpilleront chacun de leur côté, en jetant des grenades derrière eux pour couvrir leur fuite. Ils devront essayer de regagner leur base, par leurs propres moyens, en n'empruntant surtout pas les pistes pour éviter les embuscades de l'ennemi. En revanche, si après avoir attendu deux heures, l'ennemi ne s'est toujours pas manifesté, le *Cdo 1* abandonnera ses positions, groupe par groupe, tout en laissant des pièges derrière lui. Puis, afin d'éviter d'être surpris par une embuscade ennemie sur le chemin du retour, le *Cdo 1* rejoindra sa base en formation de marche, sous le couvert des arbres.

4° Présence de moyens de protection sophistiqués

Si les tentatives d'approche de la base aérienne ont révélé que cette dernière disposait de moyens de détection sophistiqués, la tactique devra être reconsidérée. Lorsque cette base se trouve sur le territoire national, où la guérilla dispose de moyens importants, il sera nécessaire de monter une lourde opération.

Avant cette action, il faudra pendant au moins un mois, habituer les « oreilles » qui surveillent les alentours de la base à la présence d'un gros troupeau de vaches qui paîtra dans les prairies avoisinantes. Le secteur étant très calme, l'ennemi n'aura aucune raison de réagir et n'y verra aucune menace potentielle. Le lieu de pâturage sera choisi à l'endroit le plus près de la piste où sont parqués les *Spectre*. Lorsque le personnel de surveillance de la base aura été habitué à la présence inoffensive de ces animaux, le jour de l'attaque sera alors décidé. Il aura lieu au petit matin, après le relâchement qui suit toujours la tension de la nuit chez les hommes de garde.

Cette action, très audacieuse et brutale, comportera des forces importantes :

- 5 commandos
- 3 équipes mortiers de 81 mm
- 1 équipe SA-7B

L'opération sera planifiée de la manière suivante :

H 05.00 : A cette heure, comme il le fait tous les jours, le vacher sort son troupeau pour créer un rideau maximum, face à l'enceinte de la base et non loin d'elle. Le *Cdo 1* arrive à 900 m de la base par un itinéraire protégé (bois, mamelons, vallées). Il s'enterre face à l'objectif, à la lisière d'un petit bois. Son objectif primordial est d'assurer la protection de l'équipe SA-7B qu'il escorte.

Le *Cdo 2* le suit. Sa mission principale consiste à assurer la protection des trois tubes de mortiers de 81 mm qu'il accompagne. Il se met en position derrière une petite colline, à 300 m derrière le *Cdo 1*. Les mortiers sont mis en batterie à 200 m l'un de l'autre, pour les rendre moins vulnérables à des tirs de contrebatterie. Chaque pièce est protégée par deux groupes du *Cdo 2*, enterrés en hérisson autour d'elle.

H 05.15 : Le *Cdo 3* dépasse les positions des *Cdos 2 et 1* et s'installe à 300 m devant les emplacements du *Cdo 1*, derrière un mamelon.

H 05.30 : Le *Cdo 4* contourne les emplacements des *Cdos 2, 1, 3*, fait une progression de 300 m et se met en position derrière un mouvement de terrain. Sa mission sera de prêter main forte en cas de nécessité au *Cdo 5* chargé de l'attaque des avions.

H 05.45 : Le *Cdo 5*, entouré par le troupeau de vaches qui fait écran et brouille les ondes radars, arrive en rampant jusqu'à l'enceinte de la base.

Les partisans demeurent absolument immobiles, pendant que le vacher quitte les lieux avec son troupeau et se dirige rapidement vers le petit bois. Dès que les animaux sont suffisamment éloignés l'action commence. Une dizaine de partisans rampent jusqu'aux barbelés, sous lesquels ils posent des bangalores, munis d'un retard de trois minutes et se replient rapidement.

H 06.00 : Explosion ! Une énorme brèche est faite dans la clôture. Le chef du **Cdo 5**, responsable de l'opération, donne l'ordre par radio au groupe mortiers de 81 mm de commencer le tir de diversion et surtout d'empêcher les équipages de s'approcher de leurs appareils pour les faire décoller. Une reconnaissance faite la veille ayant montré que les *Spectre* sont parqués pendant la nuit à 1000 m des barbelés, six « volontaires de la mort » sont chargés de les détruire, avant que les défenseurs ne puissent réagir efficacement. Dans ce but, des hommes du **Cdo 5** traversent aussitôt la brèche en portant trois scooters (6). Chaque véhicule est enfourché par deux volontaires : un conducteur qui porte un R.P.K. en bandoulière, les sacoches du scooter bourrées de chargeurs pour le R.P.K. et le passager portant un R.P.G.-7V1 et cinq missiles dans le dos. Ces engins foncent aussitôt sur les trois *Spectre* qui se trouvent à 1000 m de là, séparés par une distance de 200 m les uns des autres.

Pendant que les défenseurs de la base subissent un tir continu de mortiers de 81 mm (obus explosifs et incendiaires au phosphore blanc), le Barrett du **Cdo 5** prend à partie un véhicule léger qui se dirige vers les avions et parvient heureusement à l'immobiliser.

Les **groupes 2, 3, 4/Cdo 5** s'élancent derrière les six volontaires. Le **Cdo 4**, appelé à la rescousse, arrive rapidement sur les emplacements du **Cdo 5** et renforce sa ligne de défense, occupée par les **groupes 1, 5** et **lourd/Cdo 5**.

Les binômes « scooter », protégés par un barrage d'obus de 81 mm, arrivent sans casse à 200 m des *Spectre* et se mettent en position de tir, plaqués dans l'herbe. Les R.P.K. tirent de façon soutenue sur une section ennemie qui, malgré les tirs de mortiers, progresse vers eux en rampant. Calmement, les tireurs au R.P.G. envoient leurs fusées sur les avions illuminés par les explosions et dont la masse semble toute proche. L'un d'eux prend feu tandis qu'un projectile mal ajusté passe au-dessus d'un autre appareil et s'autodétruit quelques secondes plus tard.

---

(6) Electriques si disponibles.

Soudain, à 200 m, apparaît une autre section ennemie, appuyée par une automitrailleuse. L'un des R.P.G. délaisse son *Spectre* et, d'un coup au but, immobilise le blindé qui s'enflamme. Trahi par le flash de son arme son tireur est tué d'une balle en pleine tête. Son équipier, gardant son sang-froid, vide son dernier chargeur de R.P.K. puis jette des grenades devant lui.

Il était temps ! Les **groupes 2, 3 et 4/Cdo 5** surviennent opportunément. Les R.P.K. et les armes des trois groupes tirent pendant que les R.P.G. se concentrent à nouveau sur les avions qui sont maintenant en flamme ! Les deux sections ennemies, bombardées au mortier, sont stoppées par la puissance de feu des partisans. Elles hésitent puis se replient en bon ordre sur les bâtiments de la base, ramenant leurs morts et leurs blessés. Il reste seulement trois survivants parmi les volontaires arrivés en scooter : deux tireurs de R.P.G., facilement repérables par le flash de leur arme et un tireur de R.P.K. ont été tués.

Après avoir demandé un tir de mortier à 100 m devant leurs positions, les **groupes 2 et 3/ Cdo 5** décrochent l'un après l'autre, sous la protection du **groupe 4/Cdo 5** et alors que les volontaires ramènent les corps de leurs camarades vers l'arrière. Le **groupe 3/Cdo 5** recule de 200 m et se plaque au sol en position défensive. Le **groupe 2/ Cdo 5** le suit, le dépasse et se place à 200 m derrière lui dans la même posture. Couvert par les tirs de mortiers, le **groupe 4/ Cdo 5** décroche et se positionne à 200 m derrière le **groupe 2/ Cdo 5**. Les obus de 81 mm arrivent maintenant à 100 m devant le **groupe 3/Cdo 5** qui rejoint ses lignes, suivi par le **groupe 2/Cdo 5.** Les tubes raccourcissent leurs tirs. Les obus tombent à 100 m devant le **groupe 4/Cdo 5** qui rejoint rapidement ses camarades. Les salves des mortiers arrivent à 100 m devant les **Cdos 4 et 5** et ces derniers effectuent leur repli en bon ordre, groupe par groupe sur le **Cdo 3**.

A cet instant, un hélicoptère "AH-64 Apache Longbow" apparaît et engage au missile et à la mitrailleuse les **Cdos 4 et 5** en train de se replier, faisant une dizaine de morts et de blessés parme eux. Rapidement, le SA7B, à 900 m de là expédie deux missiles qui manquent l'hélicoptère. Un troisième tir fait mouche. L' "AH-64 Apache" s'écrase en flammes. Un deuxième hélicoptère apparaît puis s'éloigne aussitôt.

Le **Cdo 5** arrive sur les positions *du Cdo 3* qui décroche avec lui. Ces deux commandos traversent les lignes des **Cdos 1 et 2**, puis empruntant un itinéraire protégé par une épaisse végétation, en dehors des pistes, prennent le chemin de leur base. Pendant que les mortiers tirent sur les positions qu'ils viennent de quitter, les hommes de l'équipe SA-7B ne cesseront de scruter le ciel, prêts à engager tout appareil susceptible d'attaquer les éléments en retraite.

Le Cdo 4, poursuivant son repli groupe par groupe, arrive sur les positions que vient de quitter le *Cdo 3* et s'y installe, pendant que les mortiers tirent à 200 m devant ses positions.

Soudain, le tir cesse. Le *Cdo 2,* escortant les mortiers, se replie à son tour. Le *Cdo 4* a ordre de « tenir » au moins deux heures, coûte que coûte, pour bloquer toute poursuite possible par l'ennemi et assurer la sécurité des commandos qui rentrent à leurs bases. Ce commando pose aussitôt des mines devant ses emplacements de combat, en laissant un chemin étroit par lequel les « sonnettes » postées à 300 m en avant pourront se replier rapidement en cas d'arrivée d'ennemis.

Le *Cdo 2*, sur le chemin de sa base (itinéraire protégé, hors des pistes), marche devant le groupe de mortiers, lui-même suivi par le *Cdo 1* qui assure ainsi la protection arrière des tubes et de l'équipe SA-7B.

Le *Cdo 4*, sur ses positions depuis deux heures, n'a détecté aucune présence ennemie. En « tiroir », groupe par groupe, il se replie et marche vers sa base par la forêt, en évitant les pistes où il pourrait tomber dans une embuscade tendue par un commando héliporté ennemi.

5° La base aérienne est située dans un pays voisin

Il arrive parfois que les agresseurs, ayant subi de cuisants revers de la part de la guérilla, décident pour des raisons de sécurité de baser leurs appareils sur un terrain situé dans un pays voisin, plus sûr. Dans ces conditions, le commandement de la guérilla se trouvera face à un tout autre problème. Il lui faudra trouver dans ce pays des amis, prêts à aider les partisans, pour des raisons ethniques, religieuses ou politiques. Ces amis devront fournir des moyens de transport, des lieux sûrs pour abriter les partisans et faciliter l'acheminement clandestin des armes et des munitions (AKMS, kalachnikov, lance-grenade, R.P.G., SA-7B), ainsi que deux postes de radio (7) à travers la frontière ; soit en achetant les gardes, soit en utilisant des « passeurs » professionnels.

---

(7) Dont l'un est destiné au responsable de l'opération afin de lui permettre d'être en liaison permanente avec ses hommes.

Si cela est possible, dans certains pays du Tiers-Monde, il est plus simple d'acheter armes et munitions à un responsable militaire corrompu, bien qu'il y ait le risque de voir ce dernier prendre l'argent et ne rien livrer ; ou pire encore, prendre l'argent et faire arrêter les acheteurs. Dans ce cas-là, le militaire cupide et traître ne jouirait pas longtemps de son pactole mal acquis…

Quand le groupement chargé de l'opération est en possession de ses armes, une véritable action-suicide est montée, l'attaque ayant lieu très loin de toute base arrière et sans aucun appui possible des forces de la guérilla.

Les 20 partisans qui vont réaliser l'opération sont infiltrés individuellement en autobus, ce qui n'attire pas l'attention parmi les nombreux ouvriers agricoles frontaliers qui arrivent chaque jour. Ces partisans seront pris en charge discrètement à leur arrivée par des volontaires locaux qui les amèneront en lieu sûr, où ils vont attendre tranquillement le déclenchement de l'opération.

Dans une phase préparatoire, la base aérienne aura fait l'objet d'une longue et discrète observation pour découvrir ses défenses, déterminer quand et où les *Spectre* stationnent sur les parkings, à quelles heures ils commencent leurs missions et, surtout, quelle est la piste qu'ils utilisent pour décoller. On sait maintenant que les *Spectre* quittent leur base dès H 06.00.

On devra également mesurer (jumelles télémétriques) la distance exacte entre les emplacements où se trouveront les tireurs au R.P.G. et la position de l'avion lorsqu'il sera sur le point de quitter le sol, moment où les tirs auront lieu. Connaissant la durée de la trajectoire de la fusée pour frapper l'avion, on anticipera le mouvement qu'aura fait l'appareil dans le même temps. C'est l'ensemble de ces paramètres qui déterminera le point imaginaire visé devant le nez de l'appareil pour obtenir un impact dans sa partie avant (en général 60 m devant le nez de l'avion).

Jour J, H 00.00 :

Cette nuit encore, comme cela a été le cas pendant toute la semaine précédente, des « civils » locaux patrouillent discrètement sur la route qui mène à la base afin de s'assurer que cette voie ne constitue aucun danger pour les partisans. Ce jour-là, leur mission consiste à donner l'alerte (en se servant de leur téléphone portable) s'ils détectaient un barrage routier ou une patrouille militaire. Dans ce cas, bien improbable vu le calme qui règne dans le pays, l'opération serait reportée à plus tard.

Jour J, H 03.00 :

Le groupe qui va mener l'attaque se prépare. Il est composé des éléments suivants :

> 1 Responsable (AKMS + Jumelles télémétriques)
> 1 Radio (Poste + AKMS) (8)
> 4 Tireurs R.P.G. (Pistolets + 3 fusées)
> 4 Aides-tireurs R.P.G. (AKMS + 3 fusées)
> 2 Tireurs SA-7B (chacun 1 système et son missile)
> 2 Aides-tireurs SA-7B (AKMS + 1 missile) (9)
> 6 ***Chocs*** (kalachnikov lance-grenades).

H 03.30 : Ayant revêtu des uniformes de la police, les vingt partisans s'entassent dans un véhicule de « la police » (en fait un camion maquillé (10)). Le véhicule démarre aussitôt, précédé par une voiture (11) qui roule en éclaireur à 1 km devant lui, pour prévenir par téléphone portable de tout danger imprévu.

H 04.30 : Les partisans arrivent sans encombre au point convenu, situé à 3 km de la base aérienne. Le véhicule stoppe, les attaquants descendent et suivent leur guide « local » qui les attend en face du petit bois pour les conduire sur leurs positions. Le « véhicule de police » repart aussitôt rejoindre un garage « ami », où il va reprendre son apparence normale.

H 05.00 : Après une marche à travers bois, le groupe atteint ses positions qui ont été creusées et parfaitement camouflées par des « volontaires locaux » pendant la soirée et le début de la nuit.

L'équipe ***Choc*** de protection s'installe dans ses trous situés à 50 m des barbelés, bien en face du bout de la piste que prendra l'avion pour décoller.

Les équipes R.P.G. et SA-7B sont en retrait à 50 m derrière les ***Chocs***. Deux binômes R.P.G. sont à 200 m à droite et deux autres sont

---

(8) Maintenant le contact avec le Responsable de l'opération, posté à quelques kilomètres dans une ferme.
(9) Vu le caractère très spécial de la mission, 4 missiles suffiront.
(10) Fourni par les volontaires locaux.
(11) Appartenant à des volontaires locaux.

à 200 m à gauche de l'axe d'envol du *Spectre* lorsqu'il s'envolera, en fin de roulage. Ces positions vont rendre possible un tir de trois-quarts ; cela permet de bien se rendre compte de la vitesse de l'avion qui présente une excellente cible sous cet angle. De façon à ne pas manquer leur objectif, les tireurs au R.P.G. lanceront leur fusée de leur propre initiative, quand ils jugeront qu'ils peuvent tirer à coup sûr.

Les binômes SA-7B s'installent à 200 m l'un de l'autre, en face du bout de piste d'où le *Spectre* quittera le sol, si les R.P.G. n'ont pu le détruire avant. Leur mission consistera à lancer leurs missiles dès que l'appareil, ayant parcouru 800 m, présentera l'arrière de ses moteurs. L'avion, tiré à cette distance, n'aura aucune chance d'éviter ces tirs.

H 05.30 : Les volontaires locaux améliorent encore le camouflage avec des mottes de terre, des arbustes, des broussailles. Les emplacements, confondus dans la nature, sont absolument indétectables. Puis, leur tâche terminée, ils rejoignent le bois qui se trouve à 800 m de là. Arrivés sur place, cachés par les fourrés, ils creusent une tranchée étroite et profonde. Les partisans, qui auront réussi à fuir après avoir abattu le *Spectre*, y jetteront leurs armes et leurs uniformes. Les « volontaires » leur remettront alors vêtements civils et papiers d'identité afin de pouvoir s'échapper et se mettre en lieu sûr.

H 05.50 : Tout le groupe est en position. C'est l'attente.

H 05.55 : Un véhicule militaire roule sur la piste et s'arrête près d'un *Spectre*. L'équipage en descend et grimpe dans l'appareil.

H 06.00 : Les moteurs démarrent, l'un après l'autre. L'avion ronronne mais reste immobile. Puis le *Spectre* commence lentement son roulage, prend de la vitesse, ses moteurs rugissent…il va quitter le sol. La cible est en bonne position. Deux flashs, une courte traînée de fumée. Manqué ! Les deux projectiles de R.P.G. passent juste derrière l'appareil et vont s'autodétruire plus loin. A nouveau deux flashs à quelques secondes d'intervalle. Touché par deux fois dans la partie arrière du fuselage, l'avion laisse une traînée de fumée épaisse derrière lui et peine à s'élever.

Les tireurs des SA-7B le laissent passer au dessus d'eux. Lorsque l'appareil se trouve à 800 m, présentant son arrière, l'un envoie son missile dans le moteur gauche extérieur tandis que l'autre vise le moteur gauche intérieur. Les missiles percutent les moteurs presque en même temps. L'avion tremble, hésite, puis bascule sur sa gauche et s'écrase dans une montagne de feu et de fumée noire.

L'équipe *Choc*, sacrifiée, va rester sur place pour protéger le repli de ses camarades qui décrochent en catastrophe vers le bois où les « volontaires » locaux les attendent. Les défenseurs de la base se déchaînent, font pleuvoir un feu d'enfer sur l'équipe *Choc* restée sur ses emplacements.

Alors que les équipes R.P.G. et SA-7B atteignent à la lisière du bois, un hélicoptère "AH-64 Apache Longbow" attaque leurs camarades restés sur place, tirant avec sa mitrailleuse *Gatling* et lançant ses missiles. Les partisans, écrasés par un déluge de feu, se terrent dans leur trou. Voyant cela, un tireur de SA-7B, au mépris du danger, réapprovisionne son système d'arme, met le contact, vise l'hélicoptère et presse la détente jusqu'au premier cran. Le signal sonore retentit, indiquant que la cible est accrochée ; le tireur appuie à fond sur la détente et le missile part touchant l'appareil qui s'éloigne en laissant derrière lui une traînée de fumée noire.

Les équipes R.P.G. et SA-7B pénètrent rapidement dans le bois où ils rejoignent les volontaires qui les attendent. Ces derniers enterrent rapidement les deux morts et pansent le blessé, heureusement légèrement touché. Les partisans se dépouillent de leurs uniformes de la police et s'habillent rapidement en civil. Ils jettent leurs uniformes avec leurs armes dans la tranchée que les volontaires referment puis recouvrent de végétation. Munis de papiers d'identité, ils s'éparpillent chacun de leur côté, accompagnés d'un guide local qui, en évitant les routes, va les conduire vers des maisons sûres, où ils devront se cacher jusqu'à ce que le danger soit passé.

Tragiquement, l'équipe *Choc*, clouée sur ses positions, matraquée au mortier, subit bientôt l'assaut de la compagnie de garde qui fonce sur elle, sans se préoccuper de ses pertes. Les *Chocs* se battront héroïquement jusqu'au bout mais finiront par succomber sous le nombre et la puissance de feu de l'ennemi.

Le bilan, côté ennemi est lourd : un *Spectre* détruit avec ses treize hommes d'équipage, dont cinq officiers ; de nombreux morts dans la compagnie de garde au moment de l'assaut donné à l'équipe *Choc*. Côté partisans : deux tireurs au R.P.G. tués et un blessé pendant le repli vers le bois ; l'équipe *Choc* anéantie (six partisans).

L'ennemi se tiendra maintenant sur ses gardes et une telle opération ne pourra être rééditée avant longtemps.

6° La base aérienne est située dans un pays voisin et dotée d'un système de détection sophistiquée

Parfois, les reconnaissances effectuées près d'un terrain situé dans un pays voisin où sont basés les *Spectre* permettent de s'apercevoir qu'il est protégé par un système de détection sophistiqué.

Fort de ce constat, le responsable de l'opération prendra les mesures préalables indispensables à sa réalisation. Avant toute chose, il sera nécessaire de pouvoir disposer de l'armement, en le faisant pénétrer dans le pays par des passeurs dans le pays, calme et où la surveillance est très relâchée. Une autre solution consiste à acheter l'armement sur place (12), ce qui comporte le risque d'être repéré. Ce choix sera fait par le responsable en fonction des circonstances et des possibilités.

Pour limiter les risques, plus grands par rapport au cas précédemment étudié, le groupe des 20 partisans engagés dans l'opération sera scindé en deux *équipes* A et B :

Equipes :	A	B
Chef de groupe (AKMS+ jumelles télémétriques)	1	
Radio (Poste + AKMS)	1	
Tireurs R.P.G. (Pistolets + 3 fusées)	2	2
Aides-tireurs R.P.G. (AKMS + 3 fusées)	2	2
Tireurs SA-7B (chacun 1 système +1missile)	1	1
Aides-tireurs SA-7B (AKMS+1 missile) (13)	1	1
Chocs (kalachnikov lance-grenades)	2	4
Total :	10	10

Ces armes seront discrètement acheminées et soigneusement cachées dans deux fermes appartenant à des sympathisants locaux. Pour des raisons de sécurité, elles seront choisies éloignées de plusieurs kilomètres l'une de l'autre et leurs occupants n'auront pas connaissance de l'existence de l'autre dépôt d'armes, encore moins du plan d'opération, que seul le responsable connaîtra. La situation de ces bâtiments aura été choisie de telle sorte d'être à une heure de marche au maximum de la base, en empruntant un itinéraire protégé de l'écoute radar, par des bois et des mouvements de terrain.

---

(12) Souvent possible dans certains pays du Tiers-Monde où règne une corruption de haut niveau, qui s'explique par les salaires de misère, y compris ceux des officiers de haut grade.
(13) Vu le caractère très spécial de la mission, 4 missiles seront suffisants.

Dès que le matériel sera en place, le responsable passera à la phase suivante, qui débutera au moins deux à trois mois avant le jour prévu pour l'attaque. Des « amis locaux » se transformeront en vachers et amèneront paître chaque matin leurs troupeaux dans les environs de la base, en s'en approchant un peu plus chaque jour. Leur rôle sera d'habituer le personnel chargé de la surveillance radar à leur présence inoffensive, dans un pays où il ne se passe jamais rien mais aussi de noter soigneusement l'heure à laquelle les *Spectre* s'envolent habituellement pour leur première mission de la journée.

A l'issue de la minutieuse phase d'observation, le responsable sait que les avions commencent à décoller chaque matin à six heures. Les volontaires chargés de l'attaque, choisis parmi les meilleurs tireurs au SA-7B et au R.P.G. mais aussi les plus courageux, arriveront par camion ou autobus dans le pays voisin, afin d'éviter les contrôles aux aéroports, beaucoup plus stricts qu'aux postes frontières. Les 20 hommes chargés de l'attaque viennent par des autobus différents dans l'agglomération située à 25 km de la base aérienne. Ils se dirigent vers les différents hôtels qui leur ont été indiqués et où une chambre leur a été réservée. Ils doivent y attendre les ordres.

Jour J-1, H 06.00 : Le téléphone sonne. Chaque volontaire de l'équipe A reçoit ses instructions. Les 10 hommes, porteurs d'un signe de reconnaissance distinctif mais discret, se retrouvent dans un café situé à l'entrée du marché. Il est sept heures du matin. Un camion stoppe devant eux. Le chauffeur d'un geste les fait monter à l'arrière où se trouvent des outils agricoles. C'est maintenant un groupe d'ouvriers saisonniers qui se dirige vers son lieu de travail, dans les champs, comme beaucoup d'autres.

Jour J-1, H 07.30 : L'autre équipe de 10 hommes a reçu, elle aussi, ses ordres par téléphone à H 06.15 et les hommes ont rejoint individuellement le lieu de rendez-vous, porteurs d'un signe distinctif différent du premier groupe, tout aussi discret. Ces hommes attendent devant un restaurant populaire, face à l'entrée de la gare routière. Un camion arrive et s'arrête. Le conducteur fait signe aux hommes de grimper à l'arrière. Le véhicule démarre et emmène ce qui semble être un groupe d'ouvriers agricoles, partis travailler comme le font chaque jour de nombreux travailleurs saisonniers venus des pays frontaliers.

La première équipe parvient sans encombre devant la ferme où elle est attendue. Son grand portail s'ouvre, laisse entrer le camion qui s'arrête dans la cour puis se referme. Ses occupants sautent à terre et sont conduits sans un mot vers leur cachette : un espace aménagé derrière un gros tas de fourrage, au premier étage de la grange. Ne pouvant sortir, l'endroit contient tout ce dont les hommes auront besoin durant la journée.

Le second groupe arrive quelque temps après à l'autre ferme isolée où il doit rester caché tout le jour. Le véhicule s'engage dans la cour puis entre dans la grange dont la porte est aussitôt rabattue. Les partisans descendent et gagnent leur cache.

Dans les fermes, d'où par mesure de sécurité, aucun des occupants habituels n'a pu sortir (et où le téléphone n'est pas installé), la journée s'écoule normalement.

Jour J-1, H 22.00 : Les partisans sortent de leurs cachettes et prennent possession de leurs armes qu'ils vérifient et chargent. Toutes les heures, deux *Chocs* armés de leur kalachnikov, cachés par des broussailles de part et d'autre des bâtiments, vont se relayer pour en surveiller les approches. Après un repas rapide, le reste de l'équipe s'endort sous la protection des sentinelles.

Jour J, H 03.15 : Les deux équipes, chacune de leur côté, sont dirigées par un guide local vers un grand bois situé à 3 km de la base. Ils y parviennent en utilisant le terrain : bois, vallées, mamelons, qui les rendent indétectables par le radar. Ils se rejoignent au point de rendez-vous, un abri de bûcheron abandonné.

H 04.00 : Les partisans se regroupent et, utilisant le terrain, reprennent leur marche d'approche vers un petit bois situé à 2 km du lieu choisi pour l'attaque.

H 04.30 : Les hommes parviennent à l'orée et pénètrent dans le bosquet en suivant leur guide. Surprise, un homme, entouré de quatre « locaux » armés de grenades et de pistolets les attend. Il se présente : « X, responsable de l'opération ! ». Caché sous les arbres, il place un plan détaillé devant lui puis, utilisant une torche électrique munie d'un cache rouge, explique à chaque équipe, SA-7B, R.P.G., *Chocs* quel sera son rôle précis pendant l'attaque. Au même moment, des bruits de bétail se précisent à l'autre bout du bois qui indiquent le départ d'un troupeau de vaches s'éloignant lentement en direction de la base… comme il l'a fait chaque jour pendant les mois précédents.

H 05.00 : La première des équipes (10 hommes), suivant son guide, passe parmi les arbres et rejoint la lisière face à la base où un second troupeau s'apprête à se diriger vers la base aérienne. Les partisans se dispersent au milieu des animaux et commencent avec eux leur progression vers leur objectif. Les ***Chocs*** aident à porter les SA-7B en position basse, imitant en cela les tireurs au R.P.G., de manière à confondre ces armes dans la masse des animaux.

H 05.05 : La deuxième équipe se dirige vers la lisière du bois où elle se mêle à un dernier groupe de bestiaux qui suit le premier, un peu en arrière. Les mêmes dispositions sont prises pour le port des armes longues (SA-7B et R.P.G.-7V1).

H 05.15 : Les ruminants sont arrivés à 100 m des barbelés qui protègent les pistes. Cachés derrière les animaux, les partisans se mettent en position et creusent des trous assez peu profonds mais suffisamment pour pouvoir s'y aplatir au moment de l'action.

H 06.00 : Les vachers s'éloignent rapidement avec leurs bêtes. Les partisans sont en place :

- Quatre ***Chocs*** sont aplatis à 100 m de l'enceinte, face au bout de la piste qu'utilisent les *Spectre* pour décoller. Ils assurent la protection des binômes SA-7B et R.P.G.-7V1 C'est leur unique mission.
- Deux autres ***Chocs*** sont placés à 50 m derrière les SA-7B et les R.P.G. Ils les couvrent, assurant la protection de leurs arrières afin de leur éviter toute surprise.
- Les deux binômes R.P.G., placés à 200 m de part et d'autre de l'axe de décollage de l'avion, se trouveront en position de trois-quarts pour tirer sur lui au moment où il s'apprête à quitter la piste, ayant terminé son roulage. Les positions des R.P.G. leur permettront d'évaluer sa vitesse pour viser à une distance correcte devant son nez et d'effectuer un bon tir. La mission secondaire des R.P.G. sera de détruire ou tout au moins d'immobiliser tout véhicule blindé ennemi qui, utilisant les pistes, chercherait à s'approcher des partisans pour les neutraliser.
- Les deux binômes SA-7B sont placés à 150 m derrière et entre les R.P.G. et à 200 m l'un de l'autre. Leur objectif est simple : si les R.P.G. ne réussissent pas à détruire l'appareil au moment du

décollage, ils le laisseront quitter le sol et, dès qu'il s'élèvera lentement en présentant son arrière, à 800 m de distance environ, l'un
des tireurs SA-7B enverra son missile dans le moteur extérieur
droit pendant que de manière concertée, l'autre visera le moteur
intérieur droit. Même s'il n'est pas détruit par les SA-7B, ses deux
moteurs droits étant hors d'usage, l'avion lourdement chargé de
carburant sera déséquilibré, basculera et s'écrasera au sol.

H 06.10 : Un véhicule s'approche de l'un des *Spectre*. L'équipage en
descend et grimpe dans l'appareil.

H 06.20 : Les moteurs de l'avion démarrent l'un après l'autre et ronronnent.

H 06.30 : Le *Spectre* commence son roulage.

H 06.45 : L'appareil ayant pris de la vitesse arrive en bout de piste et
s'élève. Deux éclairs suivis d'une traînée de fumée. Un R.P.G. a manqué
sa cible. Le projectile continue sa trajectoire et va s'autodétruire
quelques secondes plus tard. L'autre fusée frappe l'avion en plein centre.
De la fumée noire s'échappe. L'appareil tremble mais réussit à décoller.

H 06.50 : Continuant sa lente ascension, l'avion passe au-dessus des
SA-7B, présente son arrière et continue son vol encore sur 800 m. Les
deux missiles partent presque en même temps. Les moteurs, atteints,
sont en feu. Des flammes s'échappent du *Spectre*.

Le responsable de l'opération, demeuré à la lisière du petit bois, a
observé l'attaque à la jumelle. Satisfait, il s'éclipse aussitôt. Guidé par
deux de ses volontaires locaux, il rejoint rapidement, en passant à travers
champs, une ferme isolée où un véhicule l'attend. Une heure plus tard,
vêtu d'un complet élégant, muni de papiers en règle et d'un solide alibi
(chef des ventes export d'une usine de chaussures connue), il roule dans
l'autobus qui traversera la frontière en fin de soirée. Rentré finalement
à sa base, son rôle sera de faire au commandement un compte-rendu détaillé de l'attaque.

H 07.00 : Quatre *Chocs* et un binôme R.P.G. sont volontaires pour tenir
leurs positions afin de donner une chance de s'échapper à leurs camarades. Le reste du groupe, emmené par son chef, suivi du radio, des 3
binômes R.P.G., des deux binômes SA-7B et des deux *Chocs* s'enfuit
en direction du petit bois. Tous parviennent à destination mais deux ont
été blessés pendant le repli.

H 07.15 : Deux automitrailleuses, suivies de deux sections ennemies apparaissent sur le terrain. Elles se dirigent vers les partisans restés sur place en tirant sans discontinuer.

H 07.20 : Le R.P.G. tire par deux fois, changeant immédiatement d'emplacement après chaque départ (flash/traînée de fumée). Le premier projectile passe au-dessus de l'un des blindés et va s'autodétruire. Le deuxième tir touche de plein fouet l'autre véhicule qui s'immobilise et prend feu. L'ennemi marque un temps d'arrêt puis l'automitrailleuse indemne poursuit son avance, suivie par les deux sections d'accompagnement.

H 07.30 : Le blindé se jette contre la clôture du terrain, écrasant les barbelés au passage et fonce sur le petit groupe qu'il arrose du tir continu de sa mitrailleuse. Les fantassins, de leur côté, soumettent les partisans à un feu d'enfer.

H 07.40 : Le R.P.G. lâche une nouvelle fusée qui malheureusement passe au-dessus du blindé et va s'autodétruire plus loin. Nerveux, on le serait à moins, le tireur a mal visé. Il change de place et envoie un nouveau projectile. Coup au but ! Il était temps. L'automitrailleuse, qui se trouve maintenant à 100 m seulement des partisans, stoppe net et prend feu. Son équipage saute à terre et se joint aux fantassins ennemis qui lancent un assaut furieux.

H 07.45 : Les partisans, submergés, tirent leurs dernières cartouches et jettent les grenades qui leur restent. Les ennemis sont sur eux et les massacrent à bout portant.

H 07.50 : Au moment où les rescapés arrivent au bois, un hélicoptère survient à 1200 m et se dirige vers eux. Immédiatement, un tireur au SA7B lui décoche un missile. Légèrement touché, l'appareil s'éloigne et retourne sur sa base, laissant derrière lui une traînée de fumée noire.

H 07.55 : Les deux sections ennemies qui ont subi des pertes importantes, sont maintenant autour de l'avion qui brûle, attendant probablement l'ordre d'opérer une poursuite. Ce qui tarde à venir, vu la pagaille monstre créée par cette attaque surprise.

Du côté des partisans, les quatorze survivants forment deux nouveaux groupes de sept hommes et se séparent. Chacun est pris en charge par l'un des guides restés pour faciliter leur fuite et les emmener vers un endroit sûr. Les partisans, avant de se séparer, pansent les blessés, puis jettent leurs armes dans un trou creusé par les volontaires locaux durant l'attaque, ne conservant que leurs grenades. Un groupe rebouche rapidement le trou et le recouvre soigneusement de broussailles pour le dissimuler parfaitement. Dans le même temps, l'autre groupe pose des pièges pour décourager ou tout au moins freiner toute tentative de poursuite par l'ennemi. Chaque groupe (sept hommes) suit son guide, en utilisant un itinéraire couvert de végétation, pour arriver à une ferme isolée où une cachette bien équipée leur a été préparée à l'avance.

Pour des raisons évidentes de sécurité, ces hommes ainsi que leur guide, ne pourront pas quitter leur cachette avant longtemps, aussi longtemps que dureront les recherches que l'ennemi ne va pas manquer d'entreprendre avec détermination.

7° Destruction d'avions par projectiles à noyau auto-formant

Si la base aérienne n'est pas sous haute protection et que la guérilla ne dispose pas de moyens importants, il sera possible d'envisager une opération contre les *Spectre* en utilisant des projectiles à noyau auto-formant (P.A.N.A.F.). Comme d'habitude, une longue observation préalable de la base aura lieu avant l'action pour déterminer quelle est la piste empruntée par ces appareils et quelle sera la meilleure heure pour opérer.

Les P.A.N.A.F. pourront être déclenchés par l'un des trois types de mise à feu suivants :

A/ Appareil électronique télécommandé : On l'actionne au moment où le nez de l'avion est à la hauteur d'un P.A.N.A.F. placé non loin de la piste. Ce système a l'inconvénient de pouvoir être neutralisé par des contre-mesures électroniques qui brouillent les ondes émises par la télécommande. Dans ce cas, l'explosion n'a lieu qu'après le passage de la cible.

B/ Mise à feu télécommandée par un exploseur relié à l'engin par un fil : Ce système filaire, de type ancien, a l'intérêt de ne pas pouvoir être bloqué par des contre-mesures électroniques. Si le fil a été bien camouflé ou si l'opération se passe la nuit, les risques de détection sont négligeables.

Les systèmes, que nous venons de décrire précédemment, ont l'avantage de permettre au partisan chargé de l'engin de bien choisir sa cible. C'est-à-dire qu'il pourra laisser passer les avions de second choix, présentant un danger moindre et attendre patiemment le passage d'un *Spectre*, pour faire exploser le P.A.N.A.F.

En revanche, ces méthodes présentent un risque : dans les deux cas l'explosion étant télécommandée par un partisan, cela implique que l'équipe de sabotage reste sur place aussi longtemps qu'il le faudra, dans l'attente du premier *Spectre*, avec les dangers que cela comporte pour elle. Les saboteurs devront se mettre en position dans des emplacements creusés dans le sol, extrêmement bien camouflés, recouverts par la végétation ambiante, tout en s'assurant un bon champ de vision. Chaque position sera occupée par une équipe de quatre partisans qui scruteront la piste à tour de rôle, pendant deux heures chacun. L'homme de garde sera doté de jumelles de vision nocturne. Chaque équipe contrôlera l'explosion de deux engins télécommandés de part et d'autre de la piste d'envol, qu'elle actionnera au moment précis où le nez du *Spectre* sera en face du projectile.

C/ Système passif infrarouge : Il détecte le mouvement de l'avion et déclenche l'explosion automatiquement au moment où l'appareil se trouve en face de lui. Cette technique de mise à feu est très sûre car aucune contre-mesure ne peut interférer sur son fonctionnement. De plus elle ne nécessite pas la présence continue et proche d'un opérateur. En revanche, du fait de son fonctionnement autonome, elle constitue un piège aveugle qui frappera sans discernement le premier avion qui se présentera ; alors que le but véritablement recherché est la destruction d'un *Spectre*.

L'heure choisie pour l'opération sera située en début d'une nuit, sans lune. Deux groupes autonomes suffisent pour la réaliser. Le **groupe 2**, renforcé par l'**équipe Choc** (six hommes) du **groupe 1**, se met en place à 50 m derrière les barbelés qui protègent les pistes. Le **groupe 1** (moins son **équipe Choc** s'installe en position défensive à 200 m derrière le **groupe 2**. Les deux **équipes Choc** cisaillent la clôture et vont placer les projectiles à 30 m de la piste empruntée par le *Spectre*. Ces engins seront disposés avec une inclinaison telle que le noyau puisse frapper l'avion au niveau où se trouve l'équipage ou tout au moins en plein milieu du fuselage. Ils seront camouflés dans l'herbe qui borde la piste et placés chaque fois que possible sur un support un peu surélevé. Ils seront mis en place par couples, c'est-à-dire un de chaque côté de la piste et se faisant face, pour doubler les chances de succès. Trois couples seront placés à 100 m de distance l'un de l'autre sur les trois cents premiers mètres du décollage ou les trois cents derniers mètres de l'atterrissage, au moment où l'avion roule encore à une vitesse réduite. Lorsque le choix existe il est préférable d'attaquer un avion au décollage, l'incendie de l'énorme quantité de carburant qu'il recèle dans ses réservoirs sera, psychologiquement, payante et digne d'être prise en vidéo par le *Service d'action psychologique*, invité au préalable à participer à la « fête ».

Dès que les engins auront été mis en place, les 2 *équipes Choc* des *groupes 1 et 2* retraverseront les barbelés et remettront la clôture en place aussi bien que possible, afin d'éviter d'attirer l'attention d'une patrouille de surveillance susceptible de passer à proximité. Cette tâche terminée, les *Chocs* se replieront et regagneront les positions du *groupe 2*. Si ces projectiles sont télécommandés, ces deux équipes (12 partisans) vont par groupe de 4 hommes occuper les trois emplacements préparés afin de surveiller la piste et de déclencher la mise à feu du couple dont ils sont responsables, si un *Spectre* se présente.

Afin de protéger ces 12 hommes, le reste des *groupes 1 et 2* se rejoignent et se mettent en demi-cercle ouvert vers l'avant, en position défensive à 100 m derrière eux. Ceci pour appuyer en cas de besoin les trois équipes de saboteurs et assurer leur recueil si les événements l'imposaient. Ces partisans resteront sur place aussi longtemps qu'il le faudra, c'est-à-dire jusqu'à la destruction totale ou partielle d'un *Spectre*.

Plusieurs situations peuvent se présenter :

Si l'appareil est détruit par le premier *couple* d'engins, avant de quitter leurs positions, les saboteurs feront exploser les deux autres *couples* pour éviter que les projectiles intacts ne tombent entre les mains de l'ennemi.

Si, par malheur, le premier *couple* de P.A.N.A.F. manquait l'avion ou ne l'endommageait pas sérieusement et qu'il continuait de rouler sur la piste, l'équipe responsable du deuxième *couple* de projectiles le fera exploser au moment du passage de l'appareil. Si ce dernier est détruit, l'équipe contrôlant le troisième *couple* de P.A.N.A.F. le fera détoner, pour la même raison que celle évoquée dans le premier cas.

Si enfin, et bien que cela soit hautement improbable, le deuxième *couple* de projectiles ratait sa cible et que l'avion continuait sa course sur la piste, il appartiendrait alors à l'équipe responsable du troisième (et dernier) *couple* d'engins de les faire exploser quand l'objectif serait en face d'eux.

Dans tous les cas envisagés, dès qu'un avion est touché, mais également si la cible n'a pu être atteinte après l'explosion du troisième *couple* de P.A.N.A.F., les trois équipes de saboteurs doivent se replier immédiatement, après avoir fait exploser, le cas échéant, les projectiles inutilisés. Les 12 saboteurs rejoignent les lignes, chaque équipe retrouvant son groupe d'origine. Le *groupe 2* décroche et se met en position à 300 m derrière le *groupe 1*. Celui-ci pose rapidement des mines devant ses emplacements qu'il quitte aussitôt. Dépassant les nouvelles positions du *groupe 2*, il s'installe en position défensive à 300 m derrière ce dernier. Le *groupe 2*, après avoir posé des mines devant ses positions, se dirige vers les lignes du *groupe 1*, les dépasse et rejoint sa base en évitant les pistes et les sentiers. Dès que le *groupe 2* est passé, le *groupe 1* pose des mines devant ses emplacements et retourne à sa base par un itinéraire hors pistes et sentiers, toujours par prudence.

Si, pour des raisons de sécurité, le responsable de l'opération décide d'utiliser un système passif de mise à feu par infrarouge, donc à déclenchement automatique au passage de l'avion, il ne sera pas nécessaire de laisser les saboteurs près des pistes pour surveiller et faire exploser les engins au moment opportun. Cependant, après avoir traversé les barbelés, les partisans doivent s'efforcer de les remettre en place aussi bien que possible afin d'éviter d'attirer inutilement l'attention d'une éventuelle patrouille de surveillance de routine. Ce travail accompli, les équipes regagnent leur groupe respectif. Par précaution, et bien qu'aucun avion n'ait encore été détruit, le *groupe 2* place des mines devant ses emplacements puis se met en position défensive à 300 m derrière le *groupe 1*. Ce dernier décroche à son tour, dépasse les positions du *groupe 2* et rejoint sa base en évitant les sentiers et les pistes. Après le départ du *groupe 1*, le *groupe 2* pose des mines devant lui puis regagne sa base, par un chemin différent du *groupe 1* et avec les mêmes précautions.

Après s'être éloignés de 1 kilomètre de la base aérienne, 4 volontaires du *groupe 1* vont rester pour observer ce qui va se passer et en rendre compte au responsable de l'opération. Pour cela, ils se placent sur une hauteur. Cette petite équipe comprend :

● Un responsable R.P.K., faisant fonction de tireur pour l'occasion.

- Un pourvoyeur (avec deux unités de feu) plus AK 47.
- Un radio (+AK 47).
- Un observateur (+AK 47).

Ces hommes doivent rester sur place jusqu'à ce qu'un avion soit détruit ou endommagé. Ils se relaieront toutes les deux heures pour surveiller la piste, le guetteur étant muni de jumelles de vision nocturne. Les hommes qui ne sont pas de garde resteront dans leur trou individuel. Auparavant, ils auront placé des grenades et des mines en trois-quarts de cercle pour se protéger de toute mauvaise surprise. Le chef d'équipe (le responsable R.P.K.) rendra compte au responsable de l'opération que tout va bien et que l'équipe est en place par trois coups de pédale du « bigophone ». Mais, à part cela, il conservera le silence radio complet jusqu'à ce qu'un avion soit détruit. Si, par malheur, une force ennemie s'approchait d'eux, ils devraient décrocher en silence, tout en informant le responsable de la mission par deux coups de pédale du « bigophone ». Dans ce cas, ils devront se diriger vers une hauteur plus éloignée d'où ils pourront continuer leur observation.

Quand un avion aura été touché, rompant le silence radio, un message codé, très court pour ne pas permettre la localisation du poste radio, sera envoyé. L'opérateur indiquera seulement le type de l'avion (*Spectre*, etc.) et le résultat obtenu (avion endommagé ou détruit). Les quatre partisans rejoindront leur base avec précaution, tout en laissant derrière eux les mines et pièges qu'ils ont posés, pour causer des pertes aux ennemis trop curieux.

Certains lecteurs pourraient penser que les opérations décrites dans ce chapitre sont d'une telle audace qu'elles manquent de réalisme. Les exploits des S.A.S. britanniques pendant la Seconde Guerre mondiale qui détruisirent de très nombreux avions allemands au sol, sur des bases de l'Axe en Libye, sont pourtant historiquement bien réels.

De même, il peut être évoqué les raids malheureusement couronnés de succès des « Viêts » sur nos bases aériennes du Tonkin, destinés à réduire l'appui vital de notre aviation à la garnison de Điện Biên Phủ :

- Dans la nuit du 4 mars 1954, les « Viêts » attaquent l'aérodrome militaire de Gia Lâm (Hà Nội), bien connu de l'auteur. Résultat : trois Dakota (C 47) (14) détruits ; cinq endommagés et deux Morane (15) démolis.

---

(14) Appareil de transport (parachutage américain). Charge utile : 4 500 kg ou 28 hommes.
(15) Morane-Saulnier M-500 "Criquet" (français). Avion de liaison et d'observation.

● Dans la nuit du 6 mars 1954, deux commandos « Viêts » (40 hommes) se glissent sur le terrain de Cát Bi (Hải Phòng) : un bombardier B-26 (16) est détruit, deux subissent des dégâts considérables et un autre a un moteur hors d'usage. De plus six Morane, très endommagés, sont irrécupérables.

Ces faits parlent d'eux-mêmes ! Une action hardie et bien montée contre une base aérienne sera toujours possible… à condition d'y mettre le prix !

_____

(16) *"Invader"*, bombardier moyen (américain). Emporte un total de 2 700 Kg de bombes (1 800 kg dans la soute, plus 900 sous les ailes). Armé de 12 mitrailleuses de 12,7 mm.

13. BRIGADES URBAINES

Elles sont constituées d'*équipes* triangulaires (trois hommes), qui pour des raisons de sécurité ne connaissent que leur responsable. Ce dernier dépend d'un *chef de groupe* qui lui, ne connaît que les *chefs d'équipe* de son groupe comprenant neuf combattants. Le chef de groupe ne connaît pas les autres chefs de groupe et se trouve sous les ordres directs de son *chef de secteur* qui, lui, ne connaît que ses chefs de groupe.

Chaque ville d'importance moyenne est divisée en six secteurs, sans aucun rapport entre eux et ne se connaissant pas. Les chefs de secteur reçoivent leurs ordres de la *Direction des Brigades Urbaines*, par boîtes à lettres mortes ou par agent de transmission en cas d'urgence. C'est elle qui les ravitaille en armes et en munitions, par courriers sûrs. Cette structure est adoptée de façon à éviter que la capture de l'un des membres d'une brigade, à n'importe quel niveau, ne puisse entraîner d'arrestations massives. Tout membre de l'organisation qui serait arrêté doit tenir au moins 24 heures pour donner le temps à ses camarades de se volatiliser. Un refus pur et simple de parler l'exposerait à une torture certaine, avec l'effroyable possibilité d'aveux lourds de conséquences pour ses compagnons de lutte. L'homme arrêté devra, après un silence raisonnable, jouer la personne terrorisée et se montrer coopératif, comme à regret. Il racontera des histoires plausibles et acceptera d'amener ses interrogateurs à quelques adresses « vides » mais bien préparées par avance. La présence de tracts, de quelques armes et munitions, de documents destinés à désinformer l'ennemi, prouvera la véracité de ses aveux. Passé un délai de 24 heures, afin de montrer sa sincérité, il proposera de travailler pour ses geôliers et d'infiltrer la guérilla. Dans le but d'être plus crédible, il demandera en contrepartie une grosse somme d'argent. Si l'adversaire est assez naïf pour accepter le marché, dès qu'il le pourra, il disparaîtra complètement de la scène pour être mis définitivement « au vert », dans une zone rurale éloignée, sous une nouvelle identité. La guérilla ne prendra aucune sanction à son encontre. Cependant, elle devra cesser tout contact avec lui pour des raisons évidentes de sécurité, le retournement de l'agent par l'ennemi étant toujours possible. Ce qui ferait courir un risque mortel à la guérilla.

Lorsque, par exception, une opération importante doit être réalisée dans une ville, le chef de secteur concerné regroupera ses hommes pour cette mission ponctuelle. Mais ils devront s'éparpiller dès que l'opération aura été réalisée.

Les combattants possèdent les moyens « légers » nécessaires à leurs actions ordinaires (pistolets, grenades, Scorpion VZ61 ou kalachnikov à crosse pliante), qu'ils planquent dans des cachettes hors de chez eux (caves, souterrains, etc.) ou mieux encore, chez des amis policiers (donc insoupçonnables), acquis à la guérilla. Les armes nécessaires aux missions plus importantes (R.P.K. et R.P.G.) sont dissimulées dans des entrepôts situés dans les faubourgs industriels, dans lesquels existe un va-et-vient incessant de camions ; ce qui constitue une bonne couverture. Avec la discrétion d'usage qui s'impose, les cimetières offrent d'excellentes cachettes pour les armes. Des cortèges funéraires fictifs serviront au transport des armes et des munitions.

En cas d'opération d'envergure, la Direction des Brigades Urbaines peut demander au *Service du Renseignement (S.R.)* de lui « prêter » le *Cdo Spécial* qui, vêtu d'uniformes ennemis, facilitera l'occupation d'une station T.V. par exemple ou tout autre « coup spectaculaire » (1).

Cependant, les brigades urbaines doivent opérer une distinction très nette entre les « villes utiles », où elles sont fortement implantées et bien organisées et les villes où, volontairement, elles ne sont pas présentes.

Dans les agglomérations où la guérilla est très présente, où sont cachées ses armes, où l'action psychologique urbaine a ses imprimeries et ses bureaux de « création », les brigades ne se livreront jamais à des actions contre l'ennemi. Celui-ci doit considérer la ville comme un lieu paisible, sans aucun danger, où la vie est agréable, la guérilla y étant totalement absente (2). Ce sentiment de sécurité évitera les rafles et les

_____

(1) Tel que l'attaque en plein jour et à l'heure du déjeuner du mess des officiers de la garnison, au moment de l'apéritif…

(2) Ainsi, pendant la guerre d'Indochine, Hà Nội était-il un « havre de paix ». L'auteur a toujours été convaincu qu'il s'agissait là d'une tactique « Việt », afin de pouvoir y « opérer » en toute tranquillité.

fouilles ennemies qui pourraient porter des coups terribles à la guérilla urbaine et à son infrastructure.

En revanche, dans les villes d'où elle est volontairement absente, des équipes venues du dehors, vêtues d'uniformes de pompiers, d'employés des postes ou des chemins de fer, de policiers, etc., frappent et disparaissent aussitôt. C'est dans ces villes-cibles, où l'*Action psychologique* devra agir vigoureusement (collage d'affiches, distribution de tracts, etc.) que les brigades mèneront des actions ponctuelles contre des militaires isolés ou des patrouilles. De bons objectifs seront constitués par les stades, les cinémas, les autobus réservés à l'ennemi ainsi, bien sûr, que le mess des officiers. Par ailleurs, le *Service farces et attrapes* fournira régulièrement aux brigades de nouvelles recettes pour « divertir » l'ennemi (voir le chapitre 20). Il est impératif d'éviter tous dégâts collatéraux sur les populations civiles.

Le genre d'actions décrites précédemment n'est pas limitatif, l'imagination des combattants est sans borne. Mais la règle d'or reste la suivante : ne jamais frapper là où la guérilla est fortement implantée. Il faut laisser « dormir » l'ennemi tranquillement pour ne le frapper que dans les villes où la guérilla n'a aucune infrastructure et où les coups adverses tomberont dans le vide.

Dans un autre domaine, la recherche du renseignement amènera les brigades urbaines à noyauter les services de télécommunications pour intercepter le maximum de conversations téléphoniques, de fax ou de courriels entre les forces ennemies d'une part et entre ces dernières, leurs amis et supporters locaux, d'autre part. Le fin du fin sera d'infiltrer les Services de Sécurité locaux collaborant avec l'ennemi pour parer leur action et savoir ce qui s'y passe. Ces informations seront adressées au *Service du Renseignement*, via la Direction des Brigades Urbaines, par le chef du secteur urbain impliqué.

14. COMBATS DE RUE

Considérations générales

Bien que ce type d'opérations soient parfois menées par des troupes régulières, comme cela a été le cas à Stalingrad (1942/1943) ou à Berlin (1945), il est fréquent que les partisans livrent des combats de rue contre un occupant : Dublin (1916), Varsovie (1944), libération de Paris (1944), soulèvement de Budapest (1956)…

Une action plus récente encore a eu lieu en 1968, au Việt Nam, lors de l'offensive du « Tết » (1). Les Việt Công, qui s'étaient infiltrés insidieusement dans les villes, déclenchèrent une attaque brutale et massive qui fut sur le point de réussir et les conduisit jusqu'à l'ambassade américaine de Saïgon.

En Irak, il y a encore peu de temps, avant l'action intelligente du général D.H. Petraeus, les combats journaliers entre la guérilla et les forces américaines faisaient rage, malgré les énormes moyens des Américains (2).

Tout cela justifie pourquoi les combats de rue doivent figurer dans les réflexions sur la guérilla, dont ils constituent l'un des aspects non négligeable.

Conditions préalables à l'attaque d'une ville

Mao Tsé-toung disait, et l'auteur partage ce précepte, que la guérilla doit d'abord contrôler les campagnes et qu'ensuite les villes « tomberaient » comme des fruits mûrs. C'est exactement ce qui s'est produit en Chine et quelques dizaines d'années plus tard au Việt Nam.

Pour s'emparer et surtout tenir une ville, il est indispensable de contrôler les zones rurales et les voies d'accès qui mènent à la cité. Sur

---

(1) Tết de l'année du singe (Tết Mậu Thân).
(2) En particulier à "Badr City" (Bagdad), entre l'Armée du Mahdi et les Américains aidés de « l'Armée irakienne », et dans le sud du pays, à Basra.

le terrain, les forces de la guérilla se trouvant à l'extérieur de la ville doivent être en mesure d'immobiliser les mouvements de troupes qui essaieraient de porter secours à la garnison menacée. Cette action périphérique devra être entreprise en coordination étroite avec le P.C. qui va déclencher l'attaque urbaine.

La mission des guérilleros extérieurs sera de couper les routes, saboter les lignes de chemins de fer, détruire les ponts, rendre les fleuves impraticables (bateaux coulés, péniches sabordées, mines à demi immergées). Il faudra aussi couper les lignes téléphoniques, endommager les centrales électriques. Les partisans devront également détruire les dépôts de carburant pour les rendre inutilisables par l'ennemi. Et bien évidemment, tous les panneaux indiquant les directions le long des routes seront arrachés. Lorsque ces conditions ne sont pas remplies, l'insurrection risque d'être écrasée dans le sang.

C'est ce qui est survenu pendant la Commune de Paris en 1871 où la province était contre Paris. De même à Dublin, en 1916, où le soulèvement ne fut pas suivi dans le reste du pays. Egalement à Varsovie en 1944 où les partisans, leurs munitions épuisées, furent massacrés par les Allemands, sous l'œil attentif des Soviétiques qui ne voulaient surtout pas trouver un pouvoir polonais en place, la paix revenue.

Ce dénouement a été évité de justesse à Paris, en 1944. Les partisans F.T.P. (I) des colonels Henri Rol-Tanguy (II) et Fabien (III) voulurent prendre la ville avant l'arrivée du général Charles De Gaulle et furent rapidement à court de munitions. Ils ne durent leur salut qu'aux chars du général Leclerc qui foncèrent sur la capitale in extremis.

Il existe un deuxième danger extérieur très important, auquel il faut absolument faire face. Les garnisons sont, en général, appuyées par des moyens lourds basés à la périphérie des villes. Ce peut être un groupement de blindés, des batteries d'artillerie, une base de missiles, d'avions ou d'hélicoptères d'attaque armés de mitrailleuses de type *Gatling*, de canons et de roquettes Au moment précis où débute l'attaque de la garnison, les partisans se trouvant aux abords de la ville devront engager immédiatement une action de neutralisation contre ces objectifs.

Les chars représentent un danger si important qu'il faudra impérativement être en mesure de bloquer leurs mouvements s'ils se portaient au secours de la garnison attaquée. Cela nécessitera une préparation minutieuse. Trois bouchons successifs seront situés de manière à réaliser une solide défense en profondeur. Ils seront mis en place dans des endroits faciles à défendre, sur le passage obligé des blindés. Il est possible, par exemple, d'établir un barrage à 200 m derrière un pont dont les piliers auront été minés par de grosses charges télécommandées, non visibles de la route.

Quand des éclaireurs déboucheront, précédant un ou deux chars de reconnaissance, les partisans n'ouvriront surtout pas le feu. Il leur faudra attendre que, croyant la voie libre, le gros de la colonne blindée soit totalement engagé dans ce passage obligé pour le faire sauter. Les quelques éléments que l'on aura volontairement laissé passer, leur retraite coupée, seront pris à partie et détruits.

En revanche, si les éclaireurs, méfiants, se glissaient sous le pont pour l'inspecter, la destruction immédiate de l'ouvrage s'imposerait. L'essentiel de la mission serait néanmoins réalisé puisque les blindés seraient bloqués et ne pourraient donc pas poursuivre leur progression.

La première de ces défenses sera établie à quelques kilomètres de la base des blindés ennemis ; la deuxième à mi-chemin de la ville et la dernière non loin des limites urbaines. Ce dernier bouchon sera fortement renforcé car son rôle sera double : verrouiller complètement l'accès de la ville et interdire toute sortie aux éléments adverses qui tenteraient de s'en échapper.

Chaque barrage aura une forme semi-circulaire, dont la partie ouverte fera face à la direction d'où viendront les blindés. Il s'étendra sur 150 m de part et d'autre de la route et sera protégé par une ceinture de mines antichars sur une profondeur d'environ 50 m, auxquelles on pourra ajouter de grosses charges et des obus de 105/155 enterrés, activés par télécommande. Les partisans seront postés à 150 m en arrière, en position semi-circulaire, parallèle au champ de mines. Installés dans des trous individuels profonds, à l'orifice circulaire étroit (3), leur mission sera d'attaquer à l'arme automatique et à la grenade les troupes d'accompagnement et de concentrer les feux de leurs R.P.G. sur les véhicules qui auraient réussi à échapper aux mines.

Si certains chars possédaient un surblindage (plaques de céramique très dure) (IV) ou un blindage réactif (couche d'explosif qui, en détonant,

_____

(3) Comme les trous individuels « bouteilles » utilisés par les « Viêts ».

annule l'effet des charges creuses) (V), il faudrait viser les chenilles pour stopper ces engins car un tank immobilisé est un tank mort. Une fois immobile, ses chenilles endommagées, il faut aussitôt le bombarder de cocktails molotov qui affolent l'équipage, terrifié à l'idée de mourir grillé dans sa cage. Les tankistes sortent alors et sont aussitôt abattus au R.P.K., à la kalachnikov et à la grenade. Les blindés non pourvus de blindages spéciaux seront attaqués sur leurs flancs ou sur leur arrière, endroits très exposés.

Il se peut que des blindés parviennent à franchir le barrage. Les partisans devront alors se cacher dans leur trou, les laisser passer au-dessus d'eux puis se relever et concentrer les tirs de leurs R.P.G. sur l'arrière extrêmement vulnérable de ces engins : un coup de R.P.G. tiré sur l'arrière d'un tank le détruit à coup sûr. Les engins chenillés qui réussiront malgré tout à percer seront attaqués à nouveau au second barrage, selon les mêmes procédés.

Dès que les combats cesseront, les partisans rendront compte à leur chef de secteur à qui ils demanderont un réapprovisionnement en munitions, vivres et l'envoi de renforts pour combler leurs pertes. Puis ils informeront de la situation le responsable des opérations à l'intérieur de la ville. Profitant de l'accalmie, ils renforceront leurs défenses, récupéreront les armes et les munitions restées sur le terrain. Ils procéderont en même temps à l'évacuation de leurs blessés.

Leur mission demeurera la même : continuer à tenir leurs positions face à de nouvelles attaques probables et bloquer tout élément adverse qui, après s'être heurté au barrage suivant, chercherait à rebrousser chemin pour s'échapper. Bien évidemment, tous les dépôts de carburant entre la base des blindés et la ville seront détruits pour empêcher ces véhicules de s'y ravitailler.

Les batteries d'artillerie, dont les servants opèrent pratiquement à ciel ouvert, devront subir un tir de mortiers de 81 mm, pour leur interdire tout appui à la garnison (recette viêt minh). La première pièce, après avoir envoyé quatre obus pour encadrer les batteries ennemies, tirera une douzaine de coups au but ; puis changera aussitôt d'emplacement afin d'éviter d'être repérée et soumise à un tir de contrebatterie. La seconde, en place à 150 m de la première, répètera alors l'opération et changera aussitôt de place, pendant que la troisième, éloignée elle aussi de 150 m, prendra alors le relais. Il va de soi que chaque pièce de 81 mm bénéficiera de la protection d'un groupe autonome (20 hommes). Ces hommes, installés en demi-cercle, face à l'ennemi, à 150 m devant le tube, seront enterrés dans leur trou individuel, à l'orifice circulaire étroit. Ils suivront les déplacements des tubes de mortiers dans des emplacements creusés au préalable. En cas de menace rapprochée leur mission sera de tenir la position pour permettre à l'équipe mortier d'évacuer le matériel sans « casse » et ensuite seulement de se replier.

Quand il s'agit d'avions, d'hélicoptères au sol, de missiles sur rampe, les mortiers de 81 mm, s'ils sont disponibles, sont tout à fait indiqués pour traiter ces objectifs. Cependant, ces cibles devront, à chaque fois que cela sera possible, être attaquées par des équipes de tireurs lourds. Ces hommes peuvent utiliser le fusil de 12,7 mm à lunette, type Gepard M1 (Hongrie), dont les projectiles perforants peuvent traverser 15 mm de blindage homogène à 600 m. Cette arme tire des balles incendiaires, perforantes ou traceuses. Mieux encore, mais un peu moins précis, est le fusil à lunette de 14,5 mm, type Gepard M3 (Hongrie), dont les projectiles perforants traversent un blindage homogène de 25 mm à 600 m. Enfin un autre type d'arme encore plus performant est le fusil Steyr de 15,2 mm, modèle IWS2000 (Autriche), tirant une fléchette en tungstène de 20grammes qui peut traverser 40 mm de blindage homogène à 1000 m. Il est transporté par deux hommes.

Là aussi, chaque équipe de tireurs devra être couverte par un groupe autonome, en position enterrée devant elle pour assurer sa protection rapprochée et éviter toute surprise. En cas de danger, ce groupe de protection devra rester sur ses positions pour permettre aux tireurs de se replier sans risque. Il ne décrochera qu'après avoir assuré le repli de ces tireurs d'élite.

En cas de nécessité absolue, on pourra effectuer des raids kamikazes, où les partisans s'approcheront en rampant le plus près possible des objectifs pour les attaquer au R.P.G. Il peut y avoir une faible chance de réussite mais peu en reviendront pour rendre compte.

Préparation avant l'offensive urbaine :

Avant de pouvoir commencer l'attaque dans la ville, il faut s'assurer que tout ce qui va être nécessaire aux combats est déjà en place.

1 - *Armes et équipements*

Les unités infiltrées seront équipées de leur dotation normale (R.P.K., kalachnikov, Dragunov, R.P.G., lance-grenades). Il ne faudra surtout pas oublier « l'artillerie du pauvre », c'est-à-dire plusieurs pièces de mortier de 81 mm, qui auront été soigneusement camouflées dans des souterrains, caves, etc., dont l'accès aura été miné.

Lorsque les combats auront commencé, les mortiers seront installés, soit dans des secteurs solidement tenus par les partisans, soit dans des endroits moins sûrs, où l'on réclame leur appui d'urgence. Dans ce dernier cas, après avoir tiré quinze ou vingt coups, ils seront déplacés aussitôt et mis en batterie dans une zone contrôlée par la guérilla. Il est impératif qu'une pièce soit déplacée dès qu'elle a tiré 15 à 20 coups pour éviter d'être repérée et détruite (VI). Alternativement, en cas de menace rapprochée, les tubes doivent être démontés et camouflés dans des caches sûres, dont l'accès restera sous la surveillance des partisans, prêts à ouvrir le feu sur les ennemis qui s'en approcheraient. Chaque chef de pièce de 81 mm devra être muni de jumelles télémétriques, assurant la vision nocturne. Cet appareil est indispensable pour connaître la distance exacte de l'objectif, ce qui détermine l'angle de tir du tube. La vision nocturne présente un avantage certain sur les combats passés dans lesquels l'éclairage était assuré, soit par des obus de mortiers éclairants, soit beaucoup plus rarement par des fusées parachutes « lucioles », lancées d'avion. Les groupes de mortiers seront sous le contrôle direct du P.C., qui décidera quand et où les utiliser ; par exemple pour un tir d'arrêt destiné à bloquer une avance de l'adversaire, ou bien pour un tir de préparation pour « ramollir » une position ennemie avant l'assaut, etc.

2 - *Munitions*

La guérilla devra disposer de stocks importants de munitions lui permettant de combattre de façon autonome, le temps qu'il faudra, sans aucun souci d'approvisionnement. Ces stocks seront disséminés dans chaque secteur, pour des raisons de sécurité et bien cachés (anciennes carrières, tunnels, caves, etc.). Ils seront surveillés discrètement en permanence et tant que l'action n'aura pas débuté, leur accès sera miné pour décourager les intrus.

Il faut savoir que les combats de rue nécessitent une très grosse consommation de munitions, non seulement celles destinées aux armes légères (R.P.K., kalachnikov, Dragunov) mais aussi celles pour les R.P.G., si utiles contre les hélicoptères et les blindés et, bien sûr, des grenades. Les mortiers de 81 mm devront être largement approvisionnés : obus H.E. (high explosive) (4), éclairants (combats de nuits) et incen-

---

(4) Lorsqu'ils sont disponibles, utiliser des obus à « grande capacité » (dont les ailettes sont pliantes) qui possèdent un pouvoir de destruction égal à celui des obus de 105 mm.

diaires qui, aveuglant l'ennemi par un nuage de fumée blanche, sont utiles pour couvrir un décrochage sous le feu ennemi.

Il sera capital que la guérilla dispose de grosses quantités d'explosifs et de bouteilles de butane, qui feront un si bel effet lorsqu'une charge, à laquelle elles sont liées, les fait exploser. Un très grand nombre de bouteilles incendiaires (et cocktails molotov) dont sont si « friands » les blindés et autres véhicules devra être disponible. Pendant toute la durée des opérations, un atelier sera chargé de leur production. Un second atelier aura pour mission de fabriquer des projectiles à noyau auto-formant, très efficaces pour détruire ou endommager les véhicules ennemis.

3 - *Les vivres*

Même s'il s'agit d'un besoin moins vital que celui des munitions, il ne faudra pas négliger le ravitaillement des combattants. Il est primordial que ceux-ci puissent recevoir le strict nécessaire pendant la durée des combats et en particulier du café chaud qui redonne énergie et vigueur (nous n'évoquerons pas ici l'infâme « Vinogel », si cher aux combattants d'Indochine…). Des réserves de nourriture devront être prévues. De plus, la guérilla s'efforcera de mettre la main sur les stocks de l'ennemi et de réquisitionner au besoin une partie du ravitaillement destiné aux civils. A chaque fois que cela sera possible, les boulangeries situées dans des secteurs calmes seront encouragées à reprendre leur travail au profit de la guérilla.

4 - *Service de santé*

Dès le début des combats, les partisans devront investir un hôpital disposant de blocs opératoires, pour soigner les blessés graves. Il sera choisi à la fois pour ses équipements et pour sa situation, dans une partie de la ville dépourvue de troupes ennemies. Par précaution, un **commando** s'établira en position défensive tout autour de l'hôpital. En outre, dans chaque secteur, sera mis en place un poste de secours bien abrité et équipé correctement. Sa mission sera de donner les premiers soins aux blessés puis de diriger sur l'hôpital « libéré » ceux qui sont sérieusement atteints. Chaque poste de secours disposera de médecins et d'infirmières volontaires (ou si nécessaire réquisitionnés) ainsi que de brancardiers chargés du transport et de l'évacuation.

5 - *Plan opérationnel*

Il est de la plus haute importance que les unités de la guérilla puissent désigner clairement les objectifs dans leurs communications avec le P.C.

ou entre elles. C'est pourquoi un plan quadrillé de la ville sera établi. Les lignes horizontales seront numérotées et les lignes verticale identifiées par des lettres. Chaque carré ainsi délimité constituera un secteur ayant 200 m de côté. Sur ce document seront portés les emplacements occupés par l'ennemi, avec l'indication du nom des unités, leur importance, les moyens à leur disposition en véhicules et en armes lourdes.

A chaque secteur sera attribué un groupe d'observation composé de neuf hommes (trois observateurs armés d'AKMS, accompagnés d'une équipe de protection de six hommes). Ces observateurs, suivis de deux snipers armés de fusils "Dragunov", s'installeront au dernier étage d'un édifice ayant une vue plongeante sur leur zone. Le bâtiment choisi par l'élément d'observation devra être contigu aux immeubles voisins et des trous faits dans les murs séparatifs, pour permettre de s'échapper par les étages du haut, si la situation l'exigeait, évitant ainsi d'être bloqué. Les orifices creusés doivent avoir environ 90 cm de hauteur et 60 cm de largeur pour obliger d'éventuels poursuivants à s'agenouiller au moment de leur passage, facilitant par là même leur élimination par les défenseurs embusqués et qui guettent leur arrivée. Les deux snipers ne devront pas tirer, ce qui ferait repérer le groupe ; sauf bien sûr en cas de menace imminente. Comme par exemple le surgissement d'une patrouille qui emprunterait la rue menant à l'immeuble.

Les observateurs, munis de jumelles télémétriques de vision nocturne et d'une radio, surveilleront en permanence et à tour de rôle la zone. Ils informeront le P.C. et leur unité de ce qui s'y déroule : attaques ennemies, arrivée de blindés, retraits, bombardements, etc. Les quatre hommes constituant le reste de l'équipe demeureront au rez-de-chaussée pour verrouiller l'accès de l'immeuble afin d'éviter toute surprise au cas où un élément adverse parviendrait à se glisser jusque là. Si la pression devenait trop forte, la protection ordonnerait aux observateurs de se replier par les étages supérieurs, vers les bâtiments voisins. Ils les y rejoindraient à leur tour, après avoir couvert leur repli à coup de grenades à main, tout en mettant le feu à l'immeuble par des jets de bouteilles incendiaires.

Le P.C., les observateurs et les responsables de chaque secteur doivent également posséder un plan quadrillé indiquant les caves communicantes, les anciennes carrières, le réseau des égouts et les tunnels du métro. Ces indications sont précieuses parce qu'il faudra, chaque fois que nécessaire, soit utiliser ces voies pour passer sous l'ennemi et l'attaquer par surprise sur ses arrières alors qu'il est engagé contre une unité de partisans qui lui fait face, soit tout simplement pour effectuer des mouvements en toute sécurité.

En cas d'attaque imprévue et importante, le P.C. pourra diriger rapidement les renforts demandés, prélevés sur sa force de réserves (5 à 6 **commandos** de 140 hommes chacun), bien à l'abri dans un tunnel, une ancienne carrière, etc. Si cela est possible, ces hommes emprunteront des voies souterraines pour rejoindre la zone de combat. Dans l'urgence, le P.C. bloquera la percée adverse par un tir rapide de mortiers de 81 mm, afin d'épauler l'unité de partisans en difficulté. Dans ce dernier cas, les observateurs feront office de D.L.O. (VII) et régleront le tir des pièces.

6 - *Mesures de sécurité*

Si les voies souterraines constituent un excellent réseau de communications à travers la ville, elles peuvent représenter en revanche une arme à double tranchant. Des commandos adverses, futés ou bien renseignés, pourraient les utiliser pour monter des attaques par surprise au milieu des secteurs contrôlés par la guérilla ; ce qui serait dévastateur. Il sera donc capital que toutes les issues soient étroitement bloquées pour écarter ce grave danger potentiel.

La nuit précédant le déclenchement de l'action offensive, non loin de chaque emplacement ennemi, mais hors de sa vue, les partisans aidés par la population construiront de solides barricades pour interdire les mouvements adverses. Ces ouvrages seront fortement défendus. Les immeubles bordant les rues barrées, que l'on aura fait communiquer entre eux en ouvrant des brèches, seront occupés de façon à pouvoir attaquer sur ses flancs tout élément adverse qui s'approcherait d'une barricade. La rue elle-même aura été minée (mines antichars, grosses charges télécommandées), en prévision d'une attaque de la barricade par des blindés. La zone minée commencera assez loin de la barricade afin que ceux-ci ne puissent pas utiliser leur canon pour la détruire. Si de tels engins se présentent, certains seront mis hors service par l'explosion des mines à leur passage. D'autres seront engagés au R.P.G. qui viseront leurs flancs, les chenilles ou mieux encore l'arrière lorsque cela sera possible.

Il faudra aussi utiliser des « Roadside bombs » (5) qui ont fait preuve de leur excellente efficacité contre les camions et blindés améri-

---

(5) Ces engins présentent un tel danger qu'afin d'y faire face, l'armée américaine créa en 2006 en Irak la « Joint Improvised Explosive Device Defeat Organisation ». En Afghanistan,

cains en Irak. Ces projectiles à noyau auto-formant seront disposés le long des rues susceptibles d'être empruntées par les véhicules ennemis, camouflés sur tout support disponible. Afin de frapper l'équipage, ils seront télécommandés de façon à exploser au moment précis où ils se trouvent en face de la cible.

Du haut des étages, les partisans bombarderont les chars de nombreux cocktails molotov.

Il faut noter cependant qu'il y a une limitation à l'emploi des R.P.G. : la masse de gaz dégagée par l'arrière du tube est telle que l'on ne peut pas employer cette arme dans une pièce fermée, une cave, etc. C'est là un désavantage certain par rapport au « Panzerfaust » (VIII) allemand ou au P.I.A.T. (IX) anglais de la Seconde Guerre mondiale qui permettaient de détruire les blindés progressant dans une rue en les tirant de près par le soupirail d'une cave (combats de Berlin, 1945). Il est vrai que de nouveaux lance-roquettes dont le projectile est propulsé par un piston, lui-même actionné par une charge pyrotechnique, devraient régler ce problème.

Afin de protéger les barricades des attaques de fantassins, il faudra préparer des charges télécommandées composées d'un noyau d'explosif entouré de gros boulons, de billes d'acier, etc. On pourra renforcer ces bombes par des bouteilles de butane. Ces engins devront couvrir la rue sur une profondeur de 150 m, commençant à 50 m devant les barricades. Ils seront placés dans des poubelles, sur le trottoir, dans des voitures en stationnement ou juste derrière les portes d'immeubles pour atteindre les assaillants qui progresseraient le long des murs.

7 - *Situation au moment où commence l'attaque*

- La garnison est isolée. Elle ne peut recevoir aucun renfort de l'extérieur : ni en hommes, ni en munitions ou vivres.

- Ses appuis lourds, basés aux alentours de l'agglomération subissent un harcèlement constant qui les empêche de lui apporter une aide efficace.

---

où les « Roadside Bombs » de 100, 200 et même 500 livres d'explosifs font de gros dégâts, les Américains ont mis en place une unité spécialisée pour lutter contre ces engins, la *Joint Task Force Paladin*. De plus, ils viennent de mettre en service des véhicules spéciaux résistants aux explosions (Mine-Resistant Ambushed Protected All Terrain Vehicle). Un engin récent, l'*Ocelot*, plus résistant et plus léger, fabriqué par *Force Protection* (Caroline du Sud) vient également d'entrer en service.

- Tout autour de chaque point d'appui adverse, mais hors de sa vue, de solides barricades interdisent tout mouvement ennemi. De ce fait, ses unités se trouvent cernées et dans l'incapacité de s'épauler les unes aux autres.

- Devant chaque ligne de défense, la partie rectiligne de la rue est protégée par des mines antichars et de grosses charges télécommandées, de manière à interdire aux blindés un tir direct au canon sur les barricades.

- A 150 m devant chaque ouvrage défensif, des mines antipersonnel et des « roadside bombs » sont prêtes à exploser sur le passage des fantassins adverses qui subiront le feu violent, non seulement des défenseurs de la barricade, mais aussi des partisans postés dans les immeubles de chaque côté de la rue.

- Les quelques SA-7B disponibles ont été mis en place aux endroits stratégiques pour attaquer les avions et les hélicoptères ennemis (6).

- Le P.C., entouré d'un commando de protection de 140 hommes, est installé dans un abri souterrain d'où une évacuation rapide est possible en cas de danger rapproché. Un P.C. de secours, que l'on peut rejoindre par des tunnels, a été aménagé, par prudence. Il est gardé en permanence et prêt à entrer en fonction si le P.C. initial devait être abandonné.

- Les adjoints opérationnels, informés à chaque minute de la situation des combats par le réseau des observateurs, orchestrent les actions des unités de partisans. Ils décident de l'envoi des renforts en fonction des pertes amies, font acheminer les munitions demandées et coordonnent l'évacuation des blessés vers les postes de secours.

- Près du P.C., la réserve composée de quatre ou cinq commandos de 140 hommes chacun, est en attente dans un abri souterrain.

- Les communications téléphoniques ennemies n'ont pas été coupées, volontairement. Elles sont, tout comme les émissions radio, sur écoute permanente. Enregistrés et aussitôt traduits, les messages interceptés sont transmis immédiatement au responsable S.R. du P.C. qui les fait suivre pour information et action aux adjoints opérationnels.

---

(6) En éloignement pour les avions rapides ou mieux, en approche pour les avions lents ou les hélicoptères.

8 - *Tactiques à adopter*

Il va falloir alors réaliser une opération méthodique, mais simple si elle est parfaitement coordonnée :

- Entourer chaque emplacement ennemi d'un « cordon sanitaire » étanche.

- Ne pas l'attaquer de front.

- Lui interdire toute sortie et le maintenir sur la défensive ; le fatiguer et lui faire consommer ses munitions.

- Malgré tout, si celui-ci tente une sortie, le bloquer par un feu violent et faire intervenir les mortiers de 81 mm.

- Si les partisans, sous la poussée de l'ennemi, devaient évacuer un immeuble, la porte d'entrée serait soigneusement verrouillée avant leur départ. Une mine antipersonnel, de type Claymore, déclenchée par l'ouverture de cette porte, serait placée en face d'elle à 30 m environ, de façon à cribler les attaquants de billes d'acier.

- Bien que cela soit contraire à l'éthique, les cadavres ennemis seront alors piégés si les partisans étaient contraints d'abandonner un quartier de la ville.

- Si des pâtés de maisons ont été écrasés par l'artillerie adverse, il faudra y ménager des « terriers » qui déboucheront, soit sur des caves communicantes, soit à l'air libre dans des immeubles voisins non endommagés. Ces ruines deviendront de véritables « nids » de snipers (ou de snipers lourds) et de tireurs au R.P.G. installés en surface derrière un pan de mur protecteur par exemple. Agissant comme des taupes, les partisans feront surface pour ouvrir le feu sur l'ennemi, puis replongeront dans les ruines pour s'esquiver et laisser passer l'orage, qui ne manquera pas de s'abattre peu après.

- Les stocks de carburant dont dispose l'ennemi devront être attaqués en priorité par les R.P.G. et si nécessaire à coups d'obus de 81 mm incendiaires (phosphore blanc).

- Enfin, s'inspirant de la méthode des « Việts » à Điện Biên Phủ, les partisans qui encerclent les positions adverses doivent resserrer l'étau, puis creuser plusieurs tranchées parallèles protégées qui, inlassablement, progresseront vers les lignes ennemies. Cette action sera entreprise tout d'abord contre les points d'appui les plus faibles et s'étendra ensuite aux plus importants.

Si des prisonniers tombent entre les mains des partisans, ils seront traités avec bienveillance, soignés s'ils sont blessés, nourris s'ils ont faim. Puis ils seront renvoyés sur leur position, porteurs d'un drapeau blanc, pour remettre à leur commandant une lettre du chef des partisans du secteur. Il sera offert à l'officier ennemi une reddition avec les honneurs militaires, sans la possibilité pour les vaincus de conserver leurs armes.

Si la proposition est acceptée, cette promesse formelle sera rigoureusement tenue. Par sa décision, le commandant ennemi évitera un bain de sang et le massacre certain de ses hommes. Considérant l'attachement tout particulier des professionnels de la guerre aux honneurs militaires (et accessoirement au tableau d'avancement) on peut espérer qu'une offre de reddition honorable sera acceptée, surtout si l'ennemi n'a aucune raison de considérer les partisans comme des voyous sanguinaires et indisciplinés ; image que ceux-ci devront éviter de donner d'eux-mêmes en toute circonstance.

Si l'adversaire refuse malgré tout de se rendre, les partisans du secteur seront massivement renforcés. Des tranchées profondes en zigzag seront alors continuées jusqu'aux défenses ennemies qui subiront un tir constant d'armes automatiques, de lance-grenades et de R.P.G. A l'heure "H", tous les mortiers de 81 mm concentreront leurs tirs sur les barbelés, de façon à créer un passage et faire exploser les mines antipersonnel. Dès que cet objectif aura été atteint, les tubes allongeront les tirs et pilonneront les emplacements de combat de l'adversaire et surtout les nids de mitrailleuses tout particulièrement meurtriers. Après une solide préparation destinée à ramollir les positions ennemies, le tir s'arrêtera brusquement. Les vagues d'assaut successives tirant de toutes leurs armes déboucheront des tranchées, se jetteront sur l'ennemi déjà bien sonné qui, submergé, succombera sous le nombre.

Cependant, il y aura des cas où de très solides blockhaus, en béton armé, résisteront aux tirs de mortiers. Afin d'éviter des pertes trop importantes aux groupes d'assaut, il conviendra d'amener les tranchées (protégées) le plus près possible de l'objectif. Un souterrain sera alors creusé, aboutissant sous le blockhaus lui-même. La mise à feu d'une très forte charge d'explosif provoquera sa destruction. Ce sera le signal donné aux vagues d'assaut pour bondir hors des tranchées et se jeter sur l'objectif en tirant sans discontinuer.

Il est regrettable que ces types d'assaut interdisent toute possibilité de faire des prisonniers.

Lorsqu'une position ennemie sera tombée, on procédera de la même manière avec la suivante. Ce qui débouchera, soit sur une reddition dans l'honneur, soit sur une annihilation pure et simple de l'ennemi. Et ceci, jusqu'à la victoire finale !

Notes du chapitre
Combats de Rue

(I) F.T.P. : Francs Tireurs et Partisans. Mouvement de résistance armée, créé en France à la fin de 1941, par le Parti Communiste français, suite à la rupture du Pacte germano-soviétique.

(II) Colonel Tanguy (dit Rol-Tanguy) : ex-commissaire politique de la 14e Brigade Internationale (La Marseillaise), puis combattant pendant la Guerre d'Espagne (1937-1938). Colonel F.T.P., a pris part à la libération de la capitale. Militaire d'active de l'armée française, a participé à la campagne d'Alsace-Lorraine avec le grade de lieutenant-colonel.

(III) Colonel Fabien : ex-combattant des Brigades Internationales pendant la Guerre d'Espagne. A participé à la libération de Paris comme colonel F.T.P. Intégré à la 1re Armée du général de Lattre de Tassigny, puis prit part à la campagne d'Alsace-Lorraine à la tête de son régiment où il fut tué.

(IV) Quand les blindés sont équipés d'un surblindage, l'emploi de fusées antichars russes du type AT5 (*Spandrel*), très puissantes, d'environ 1,80 m, filoguidées, est particulièrement adapté. Cependant ces missiles, fort coûteux, sont moins accessibles à la guérilla, par comparaison aux R.P.G.

(V) Les chars modernes, dotés d'un blindage "réactif", ne sont pas pour autant indestructibles. Contre eux, on peut utiliser le R.P.G.-29, disponible depuis la fin des années 80. Plus gros et plus lourd que le R.P.G.-7V1, il pèse 11,5 kg, pour une longueur de 1800 mm prêt à tirer. Il est efficace jusqu'à 500 mètres et pénètre 750 mm de blindage réactif, ou 1500 mm de béton. Il existe aussi depuis 1994 des fusées antichars à guidage laser, d'une portée d'environ trois miles (4500-5000 m), qui possèdent une tête explosive à double charge, neutralisant d'abord le blindage réactif puis pénétrant à l'intérieur du blindé et le détruisant. Il s'agit des excellents missiles « *Kornet* », fabriqués à Tula en Russie par K.B.P. Leur emploi peut être étendu à la destruction de bâtiments abritant des combattants ennemis. Ces armes, beaucoup moins accessibles du fait de leur coût que les omniprésents R.P.G., ont l'inconvénient de nécessiter un entraînement spécifique sérieux pour être utilisées efficacement.

(VI) Lorsque la guérilla fait face à une armée disposant de matériels modernes, elle doit impérativement tenir compte des radars de détection spéciaux qui saisissent la trajectoire des obus ennemis et calculent très rapidement leur point de départ. Cette donnée est alors transmise automatiquement à une batterie à laquelle ils sont reliés. Cette dernière déclenche immédiatement un tir précis et dévastateur sur le mortier adverse ainsi repéré. C'est pourquoi, dans une telle situation, le chef de pièce doit faire tirer un maximum de coups pendant un minute au plus, puis faire déplacer aussitôt le tube avant que n'arrive la riposte.

(VII) D.L.O. : Détachement de Liaison et d'Observation chargé de fournir aux chefs de pièce les coordonnées de tir sur un objectif et d'en corriger les paramètres au vu des résultats.

(VIII) Panzerfaust (poing blindé) : Ce lance-roquettes allemand à charge creuse, d'une portée utile de 60 ou 100 m, pouvait percer des blindages de 200 mm. ; ce qui en faisait une arme redoutée des blindés alliés. Son emploi était néanmoins malaisé et dangereux : organes de visée très réduits et production de gaz brûlants lors du tir, le tireur étant obligé de se maintenir à portée immédiate des armes ennemies, non dissimulé ni protégé. Le mode de tir était au coup par coup, à usage unique.

(IX) P.I.A.T. (Projector Infantry Antitank) : arme antichar d'infanterie d'origine anglaise. Sa charge creuse lui permettait de percer des blindages de 100 mm à 90/100 m de distance. Son originalité résidait dans le système de propulsion initial, constitué d'un puissant ressort à boudin qui amenait une broche à frapper la charge propulsive de la grenade. Idéale dans les combats de rue : aucune flamme et fumée indicatrices, tirs avec sites élevés grâce à sa béquille, dans des emplacements exigus. Inconvénients : son poids, la difficulté d'armement du ressort à boudin et l'obligation d'avoir deux servants.

15. COMMUNICATIONS

Les unités pourront, bien sûr, avoir des communications radio entre elles, tout en prenant des précautions très strictes. Les messages seront toujours en code. Celui-ci sera changé fréquemment puisque les moyens électroniques de décryptage modernes permettent de le casser rapidement (1). De plus, il y a toujours le risque qu'au cours d'une opération offensive de l'ennemi, le code tombe entre ses mains ; sans omettre d'évoquer une trahison toujours possible.

Chaque *Région*, pour renforcer la sécurité de l'ensemble, devra posséder un code différent des autres *Régions* et en changer souvent. Dans cette optique, il est souhaitable que les postes radio à fréquence variable utilisés dans une *Région* n'aient pas une puissance excédant les limites de son territoire : 100 x 100 km. L'indicatif radio du chef de *Région* est *galaxie*, suivi de la lettre indiquant la *Région*.

Les chefs de *Commando* ont pour indicatif *soleil*, suivi de la couleur qui leur est attribuée et de la lettre de la *Région*. Par exemple, l'indicatif du chef de **Cdo No 1** de la *Région 3* sera « *soleil rouge. C* ».(2)

Enfin, ne point oublier que c'est par les émissions radio (ou par les téléphones satellitaires) que l'ennemi peut situer une unité de guérilleros. Le 21 avril 1996, un chef tchétchène, l'ex-général soviétique Djokhar Doudaïev, en fit la mortelle expérience à ses dépens. Toute localisation par triangulation d'une émission radio par l'ennemi serait probablement suivie, au mieux d'un tir d'artillerie ou de missiles, au pire d'une opération coup de poing par hélicoptères. C'est pourquoi les messages radio doivent être brefs : une minute au maximum. Ce qui est possible en émettant des messages *compressés*.

---

(1) Déjà, durant la Seconde Guerre mondiale, les Anglais réussirent à s'emparer de l'excellente machine « *Enigma* », que les Allemands utilisaient pour coder leurs messages. Mieux encore, ils construisirent « *Colossus* » (le premier des ordinateurs) avec lequel ils parvinrent à casser le code « *Lorenz* » bien plus complexe encore !
(2) Pour les *Commandos* 11 et 12, à qui il n'a pas été attribué de couleur, l'indicatif sera « *soleil 11* » et « *soleil 12* », suivi de la lettre de la *Région*.

Bien entendu, tout inconvénient comporte un avantage. Un groupe futé pourrait intoxiquer l'ennemi en émettant avec un poste de radio installé dans un bateau descendant une rivière. D'où l'impossibilité de *loger* exactement la source d'émission. Cette radio donnerait des ordres fictifs à de très nombreuses unités toutes aussi fictives, en vue de la très fictive attaque d'une importante base ennemie, bien réelle celle-là…Cette action mettrait l'ennemi en alerte, lui ferait perdre du temps en préparatifs bien inutiles, suivis d'une attaque massive de sa part sur le lieu (très fictif) du grand rassemblement de partisans, pour frapper dans le vide… Sauf, bien sûr, à souffrir de quelques mines et pièges oubliés par ci par là, pour corser l'affaire.

Pour des raisons de sécurité, lorsque le message codé est long, important mais non urgent, il est préférable d'utiliser des *coureurs* ou des agents de transmission à cheval, si les circonstances le permettent. Bien que cela semble archaïque à notre époque, l'auteur pense que la transmission de messages codés par pigeons voyageurs pourrait être utilisée. La méthode est indétectable par les moyens modernes et a fait ses preuves dans les guerres passées. D'ailleurs, de nos jours, l'Armée Populaire de Libération chinoise dispose astucieusement de dizaines de milliers de pigeons voyageurs, entraînés à assurer les liaisons régionales dans les zones montagneuses (Yunnan, Sichuan, Guizhou, Sinkiang, Tibet). Ils sont destinés à suppléer ou à remplacer les liaisons radio, en cas de guerre, si cela devenait nécessaire.

Il n'y a rien d'exhaustif dans les procédés de communication envisagés plus haut. Ce sont les conditions locales et du moment qui dictent le choix des moyens. Pourtant ne jamais perdre de vue que, lorsque l'on peut faire autrement, tout est préférable aux échanges radio, dont sont si friandes les écoutes automatiques permanentes de l'ennemi, que l'on peut cependant toujours essayer de désinformer habilement…

Les postes de radio

Une dotation suffisante en postes radio est pourtant indispensable (3) afin de pouvoir établir un contact immédiat (en phonie) entre les unités de la guérilla si cela s'avère nécessaire. Ces liaisons permettent de monter rapidement une attaque, dès qu'une cible facile se présente,

---

(3) Le manque de liaisons radio entre ses unités (surtout régionales) causa longtemps des difficultés à la guérilla viêtminh.

ou de coordonner une action offensive, contre un poste par exemple. Elles donnent aussi la possibilité aux unités menacées de s'esquiver avant l'arrivée d'une force ennemie puissante, tout en minant le terrain derrière elles.

Afin de faire face à cet impératif, la région devra posséder :

- Deux postes de radio d'une portée suffisante pour communiquer avec le commandement central et toutes les autres régions du territoire.
- Six postes d'une puissance capable de maintenir le contact avec ses *Commandos* répartis dans toute la *Région*.

Chaque *Commando* est doté de deux postes qui lui permettent d'assurer les vacations avec la *Région* dont il dépend et de maintenir la liaison avec ses six groupes (cinq autonomes plus le groupe lourd).

Le groupe (autonome ou lourd) dispose d'un poste grâce auquel il reste en contact avec son chef ou avec les autres groupes du *Commando*, en cas de nécessité.

Il va de soi que l'ennemi restant probablement en écoute, il faudra, durant les opérations où l'on n'a pas le temps de crypter les messages, choisir un code simple pour éviter de communiquer en clair. Ce code reposera sur un ou plusieurs petits coups donnés sur la pédale du micro de l'appareil. Ce signal sera bien perçu par le poste ami mais restera incompréhensible aux ennemis à l'écoute. Par exemple :

- Un coup : Je suis en place.
- Deux coups : R.A.S.
- Trois coups : Ennemis en vue, demande appui mortier sur village « X » (nom de village, convenu à l'avance).

Bien entendu, chaque unité adoptera le code qui lui convient, adapté à chacune de ses missions.

16. ACTION PSYCHOLOGIQUE

Le *Service d'action psychologique* constitue une branche totalement autonome dont le responsable ne dépend que du *Commandement central* de la guérilla. Sa seule mission est l'*action psychologique*, à l'exclusion de toute autre.

Cet organisme possède une antenne dans chaque *Région* et un responsable dans chaque commando (1). C'est l'une des armes décisives dont dispose la guérilla ; en particulier lorsque la population du pays agresseur est déstabilisée et hostile à une guerre impopulaire. En effet et de manière constante, quand l'opinion publique du pays occupant est gagnée par la lassitude, son opposition aux pertes humaines et aux dépenses énormes qu'entraîne un conflit injustifié se traduit par un rejet catégorique de la politique de son gouvernement. A ce stade là, la guerre est déjà perdue pour l'occupant. La guérilla triomphe. Il serait cruel, mais non inutile, de citer en exemple la guerre du Viêt Nam, où l'armée la plus puissante du monde (si découragée qu'elle marchait à « l'herbe » ou à la « poudre blanche »), désavouée par son peuple, dût évacuer le pays en catastrophe et rentrer chez elle…

Ou bien encore la guerre d'Algérie, dont les pertes inévitables chez les appelés du contingent et certains réservistes (les rappelés) entraînèrent une sérieuse opposition à ce conflit, contre lequel se dressait l'opinion de gauche. De ce fait, l'armée française, qui avait pourtant gagné militairement la guerre sur le terrain, ayant perdu le soutien de sa lâche opinion publique et subi la condamnation de l'opinion internationale, fut forcée par son gouvernement d'abandonner ce qui était pourtant trois départements français.

---

(1) Il s'agit de l'adjoint au responsable commando, chargé de l'action psychologique et du renseignement. Il anime les adjoints des chefs de groupes qui assument les fonctions de cadres « action psychologique » à l'échelon du groupe.

Les deux composantes de l'action psychologique

L'*action psychologique* comporte deux volets, qui se complètent et forment un tout :

- *Le volet positif*, qui couvre tout ce que la guérilla accomplit en faveur de la population, en particulier :
  - Assistance aux paysans (travaux agricoles, reconstruction d'habitations ou d'écoles, de ponts détruits par l'ennemi, etc.).
  - Soins médicaux aux villageois en l'absence de médecin.
  - Aide à la population en cas de catastrophe naturelle (incendies, inondations, tempêtes…).
  - Lutte contre l'analphabétisme (cours dispensés par des volontaires féminins).

On peut aussi y ajouter les actions humanitaires et le bon traitement réservés aux prisonniers, y compris aux blessés, toutes ces actions faisant l'objet de vidéos.

- *Le volet négatif* lui, comprend tous les méfaits commis par l'occupant durant ses incursions sauvages en zone libérée :
  - Incendies de villages, d'écoles, d'infirmeries, de lieux de culte, etc.
  - Massacres de femmes, d'enfants, de vieillards sans défense et d'une manière générale de civils.
  - Viols collectifs sur des enfants ou des jeunes filles.
  - Civils brûlés vifs dans leur maison.
  - Tortures infligées aux villageois.
  - Vols de bétail, cochons, etc.

Bien entendu, tous ces crimes et exactions sont soigneusement filmés (ou photographiés) pendant ou en tout cas aussitôt que possible après les faits. Les dépositions précises des victimes ou de leurs proches doivent être recueillies pour utilisation ultérieure. Les témoignages de prisonniers qui, après avoir été traités humainement par les partisans, sont révoltés par la brutalité de leurs chefs ou de leurs camarades, sont minutieusement enregistrés.

L'utilisation du volet positif suivi aussitôt après du volet négatif, pendant des séances d'*action psychologique*, aura immanquablement un double effet, c'est-à-dire une combinaison *attraction/répulsion*. L'auditoire accordera sa sympathie à la juste guerre de libération menée par les partisans et sera en revanche révulsé par la guerre criminelle et injuste de l'agresseur.

Les cibles de l'action psychologique

En fait, l'*action psychologique* s'adresse à cinq cibles et non pas seulement à la population rurale à laquelle on pense en premier lieu. Ce qui est bien naturel puisque les partisans vivent au milieu d'elle, comme des poissons dans l'eau. Ces cinq objectifs sont les suivants :

- Les paysans,
- La population urbaine,
- L'opinion publique internationale et celle du pays agresseur,
- Les forces ennemies,
- Les partisans.

1° Les paysans

Ils constituent la cible privilégiée. Pour ce faire, chaque responsable d'un groupe d'*action psychologique* (appelé groupe A.P.) dispose de matériel audiovisuel : appareil de projection, magnétophone, microphone, films, photos et de tous les documents nécessaires à son action. Allant de village en village, il organise chaque soir une réunion de toute la population, préparée à l'avance par le réseau civil de support à la guérilla (l'équivalent du *Ðịch Vận* viêt minh). Au cours de cette réunion, il dénonce devant les villageois les derniers méfaits commis par l'occupant ; dont les habitants ont souvent déjà entendu parler. Cette harangue est suivie d'une projection de films où l'on voit, d'une part les crimes bestiaux perpétrés par l'agresseur et d'autre part toute l'aide et la sécurité qu'apporte la guérilla aux paysans.

La séance terminée, devant un auditoire bouleversé, la parole est donnée à ceux qui ont eu à souffrir des exactions de l'ennemi, directement ou indirectement. Ils seront discrètement encouragés dans leur penchant naturel à enjoliver les faits, pour se donner de l'importance…

Ensuite, le micro sera tendu à ceux qui voudront glorifier la guérilla et la remercier publiquement pour son aide, le dernier à parler étant le chef du village dont l'intervention sera suivie d'un torrent d'applaudissements bien orchestrés. A cet instant, entraînée par le magnétophone, l'assemblée entonnera d'un seul chœur un chant patriotique vibrant.

Le meeting terminé, le groupe distribue de menus cadeaux aux villageois, en témoignage de son passage : petites serviettes de toilette, savonnettes, etc., portant un slogan de la guérilla ; ou bien des affichettes patriotiques destinées à embellir la maison des paysans et à entretenir leur ferveur.

Le lendemain matin, le groupe se dirigera vers le village suivant. Parallèlement, une troupe de marionnettistes parcourt les villages, pour ridiculiser l'ennemi et glorifier les partisans.

2° La population urbaine

Le *Service d'action psychologique* en zone urbaine, bien qu'autonome, dépend du responsable de l'*A.P.*, dont le P.C. est établi en territoire contrôlé par la guérilla, pour des raisons de sécurité. Dans les villes, il se consacre exclusivement à ce type d'action. Il est évident que dans les centres occupés par l'ennemi, l'*A.P.* ne peut être menée de façon ouverte, comme c'est le cas dans les zones du pays sous contrôle des partisans. Il en découle que ses agissements devront être totalement clandestins de manière à pouvoir échapper à la répression. L'essentiel des opérations reposera sur la distribution de tracts et le collage d'affiches, après la tombée des la nuit.

L'organisation du *Service d'A.P.* devra se doter de tous les moyens nécessaires à l'accomplissement de sa mission :

- Equipes *création*.
- Imprimeries.
- Equipes distribution de tracts/collage d'affiches.

L'équipe création

L'équipe *création* reçoit les photos que lui envoie le responsable de l'*A.P.*, par boîtes aux lettres mortes. Il lui appartient de créer, en se servant de ces documents, des maquettes qui seront envoyées aux imprimeries, toujours avec les mêmes précautions de sécurité et de cloisonnement. Grâce aux photos reçues, elle sort quatre types de tracts et affiches :

- Revers ennemis.
- Photos des traîtres (vivants et exécutés).
- Atrocités commises par l'ennemi.
- Villageois applaudissant l'arrivée des partisans.

Le premier type montrera des soldats ennemis capturés par les partisans, les bras levés et la mine piteuse, des morts ennemis après l'attaque d'un convoi, des blindés détruits au R.P.G. ou incendiés au cocktail molotov, un hélico ennemi abattu au R.P.G. ou au SA-7B. Ces tracts affichés frapperont l'imagination des passants et montreront que l'invincibilité de l'ennemi est un mythe.

Le deuxième type utilisera les photos de traîtres vivants, indiquant leurs noms et adresses avec la mention « Abattre en priorité ! » ; ou celles de ceux qui ont déjà été exécutés, barrées d'une grande croix noire avec le slogan « Ce salaud ne trahira plus ! ». Le but de ces affiches/tracts est de terroriser les agents de l'ennemi et surtout les pauvres hères qui pourraient être tentés par de l'argent. Elles montrent que la guérilla sait tout et qu'elle frappe où elle veut et quand elle veut.

Le troisième type montrera des églises, des écoles, des fermes incendiées, avec leurs occupants, des meurtres de civils.

Le quatrième type utilisera des photos où l'on voit les partisans acclamés par la population lors de leur entrée dans un village.

Les imprimeries

Les imprimeries sûres, travaillant pour la guérilla, doivent avoir une couverture sans faille. Ainsi, par exemple, pendant les heures normales de travail, elles produisent des journaux favorables à l'ennemi ou effectuent du travail à façon pour l'adversaire. Ces entreprises doivent afficher ouvertement une solide attitude de collaboration et cultiver soigneusement cette réputation. Ce sera leur meilleure protection.

Les impressions de tracts et d'affiches seront réalisées en dehors des horaires de travail normaux, par des ouvriers imprimeurs sûrs, mais pas de nuit, ce qui attirerait inutilement l'attention. Pour cela, ces ouvriers utiliseront les maquettes reçues de l'équipe *création*, avec qui ils n'ont aucun contact direct et qu'ils ne connaissent pas, pour des raisons de sécurité.

Les équipes de distribution de tracts/collage d'affiches

Ces équipes opèrent dans les villes où la guérilla n'a pas d'infrastructures. Chargées de diffuser les tracts et de coller les affiches elles ont une structure triangulaire comprenant un responsable qui fournit le matériel, désigne les objectifs à ses deux équipiers et assure leur protection. Aucune équipe ne connaît les autres équipes. Seul le responsable connaît son chef direct. L'action se déroulant en zone occupée, bien que les actions armées ne concernent pas le **Service d'A.P.**, chaque responsable est armé d'un pistolet et de deux grenades dans un but purement défensif. S'il est surpris par une patrouille, il doit se servir de ses armes pour couvrir ses deux équipiers et dégager au plus vite avec eux.

Ces groupes travaillent pendant les nuits noires pour éviter d'être repérés. Cependant, s'il est nécessaire d'opérer dans des endroits bien éclairés et très passants, offrant de ce fait d'excellents emplacements pour les affiches, le responsable du groupe demande à son chef de secteur l'intervention des brigades urbaines. Ces dernières occasionnent alors de façon ponctuelle une « panne d'électricité » qui permet aux colleurs d'affiches de travailler en toute sécurité dans l'obscurité totale.

Les tracts peuvent être mis dans la boîte aux lettres de personnalités, devant les facultés, les lycées, les gares de chemin de fer et jusque dans les wagons vides des trains en attente, devant les principaux journaux, etc. Les abords des casernes ennemies, non loin des sentinelles, sont aussi de bons endroits pour répandre des tracts. Ce geste audacieux inquiète et démoralise l'ennemi qui se voit ainsi nargué.

Lorsque les affiches manquent, on trace à la peinture et en très grandes lettres des slogans hostiles à l'ennemi, jusque sur les murs des casernes s'il est possible d'opérer sans risque sous le couvert de la nuit. C'est dangereux mais tellement tentant…Bien entendu, les murs bordant les rues passantes sont des cibles de choix pour y inscrire des slogans contre l'ennemi. De nuit, on projettera sur la façade des grands immeubles des slogans incendiaires en énormes lettres rouges. L'appareil utilisé, avant d'être abandonné, sera doublement piégé : système extérieur pour tromper l'ennemi, doublé d'un dispositif intérieur qui le fera exploser lorsqu'on le manipulera.

Afin de s'assurer une bonne couverture, les membres des groupes chargés de la distribution des tracts et du collage des affiches doivent acquérir une solide réputation de collaborateurs. Pour cela, ils adhèrent aux mouvements politiques qui travaillent étroitement avec l'ennemi. En cas de rafle impromptue effectuée par la police ou les militaires ennemis, la carte du parti est alors très utile. Si par malheur des membres d'une équipe sont arrêtés, alors qu'ils collent des affiches, ils peuvent toujours arguer qu'ils sont en train d'infiltrer la guérilla.

Tout ce qui précède relève du **Service d'A.P.** de la zone urbaine. Cependant, si l'on veut frapper un grand coup, il est indispensable de planifier une opération combinée complexe, qui exige l'intervention des brigades urbaines, contrôlées par le **Service du Renseignement.** L'objectif est, ni plus ni moins, de prendre possession de la station de T.V., le temps nécessaire pour remplacer le journal télévisé du soir (20 h 00), que tout le monde regarde, par une émission T.V. de la guérilla. Cette opération ponctuelle (trente minutes d'émission) exige une longue surveillance de la station, de son organisation et de son fonctionnement, pour détecter les agents de l'ennemi et identifier les membres du personnel favorables à la guérilla, susceptibles d'aider à la réalisation de l'émission. C'est seulement quand les complicités indispensables sont assurées que le jour de l'action est fixé. Le scénario est le suivant :

Jour J, H 19.45 : Dans chacune des rues donnant accès à la station de T.V., un groupe des brigades urbaines (10 hommes) (2) est en place, dissimulé dans une camionnette. Les hommes doivent sauter de leur véhicule si une patrouille ennemie se dirigeait vers l'immeuble de la T.V. Armés de kalachnikovs à crosse pliante, de R.P.G. et de grenades, ils ont ordre de tenir coûte que coûte jusqu'à 08h35, puis de se disperser dans toutes les directions.

H 19.50 : Un groupe pénètre dans la station T.V., coupe les communications, neutralise les collaborateurs au silencieux et réunit le personnel sous la garde de quelques hommes. Les amis dans la place guident jusqu'au studio l'équipe qui va présenter le journal télévisé. Au même moment, deux groupes se mettent en place aux abords immédiats de la station de T.V., interdisant à quiconque d'entrer ou de sortir de l'immeuble.

H 19.52 : Non loin d'une caserne, une énorme explosion suivie d'une grosse fumée noire se produit. Cette explosion, calculée pour ne causer aucune perte humaine, va se répéter toutes les cinq minutes, jusqu'à 20h47, à des endroits très différents de la ville, aucune caserne ou immeuble ennemi n'étant oublié. Cette diversion majeure est destinée à affoler l'ennemi en lui laissant croire à une attaque généralisée de la ville.

---

(2) Soit 3 équipes de 3 hommes, réunies exceptionnellement pour cette mission ponctuelle, sous les ordres de leur chef de groupe ; les membres du commando ayant adopté des noms de code pour préserver leur anonymat.

Le seul but de cette action est de détourner son attention afin que l'émission T.V. sauvage puisse se dérouler sans incident jusqu'à son terme.

H 20.00 : Le journal T.V. de la guérilla commence. La présentatrice, une jeune femme en uniforme, commente les images montrant la faiblesse de l'ennemi : soldats capturés, les mains levées, cadavres gisant dans un poste attaqué et pris par la guérilla, blindés détruits au R.P.G. ou brûlant sous les jets de cocktail molotov, hélico abattu par les R.P.G.-7V1 ou les SA-7B, etc. Puis viennent les images de prisonniers ennemis, les bras levés, l'air pitoyable, les atrocités commises par l'ennemi : villages incendiés, habitants égorgés, bétail massacré. Ces images font place à des photos de traîtres, avec noms et adresses, suivis du commentaire de la présentatrice : « Seront abattus très prochainement ». Viennent ensuite les photos des traîtres exécutés, barrées d'une croix noire. « Ces agents de l'ennemi ne trahiront plus », annonce la présentatrice d'une voix suave. Puis elle appelle le peuple à résister.

H 20.28 : L'émission se termine par un chant patriotique.

H 20.30 : Repli des *urbains* tenant la station T.V.

H 20.32 : Décrochage des groupes gardant les abords de l'immeuble.

H 20.35 : Les partisans qui bloquent les routes d'accès dégagent et rejoignent leurs planques, profitant du désordre ambiant.

Bilan

Cette opération combinée, d'une audace inouïe, va frapper très fortement les esprits de la population mais aussi ceux de l'ennemi qu'elle démoralise. Elle démontre la force de la guérilla, la faiblesse de l'occupant et l'ignominie de ses crimes. Quant aux traîtres, identifiés au grand jour, ils vont être, sans nul doute, terrorisés et peu enclins à poursuivre leur carrière…Un énorme choc psychologique en résultera. Il fera basculer les timides et les hésitants en faveur de la guérilla, ce qui est le but recherché. Enfin, de la zone « libérée » viendra une aide sérieuse pour la mise en condition des citadins. La radio de la guérilla, par des émissions courtes, facilement captées en ville, reprendra les mêmes thèmes :

- Succès de la guérilla
- Identification des traîtres
- Crimes commis par l'ennemi

- Chant patriotique émouvant, comme l'était le *Chant des Partisans*, connu de tous pendant l'occupation de la France.

Ces émissions régulières, basées sur des faits authentiques, entretiendront parmi la population des villes la haine de l'ennemi, une intense ferveur patriotique et une forte admiration pour la guérilla. Ce qui est finalement le but de toute **action psychologique** bien menée.

3° L'opinion publique internationale et celle du pays agresseur

Pour frapper au cœur, ce sont prioritairement les médias américains qu'il faut viser. Leur action sur la population peut être déterminante. La guérilla devra étudier la ligne politique des différents organes de presse et s'intéresser particulièrement aux journaux et stations de T.V. supportés par la « gauche caviar », c'est-à-dire ceux qu'aux Etats-Unis on appelle les libéraux. (Les Français, quant à eux les nomment progressistes pour réserver le terme de libéraux aux partisans du libéralisme économique). Ces gens sont, par tradition ou couardise, opposés au « cow-boyisme » des gouvernements va-t-en guerre. Ils sont puissants, ont l'appui de milliardaires ou de stars d'Hollywood aux idées avancées, zozos par ailleurs. C'est là qu'il faut frapper !

Cependant, avant de décider qui sera invité à une « visite » des zones libérées par la guérilla, il faut étudier minutieusement ce qu'ont écrit dans le passé les journalistes choisis et savoir depuis combien d'années ils travaillent dans un sens amical aux mouvements de libération. Surtout, il faut être absolument certain qu'aucune taupe ne parvienne à se glisser dans le groupe, afin d'éviter à tout prix que l'ennemi ne soit renseigné sur l'organisation, l'implantation, les forces et les moyens de la guérilla. Ne pas oublier que beaucoup de barbouzes adorent jouer au journaliste. Si, malgré toutes les précautions prises, avant et pendant la visite, un agent arrivait à infiltrer le groupe des journalistes, il pourrait s'ensuivre des frappes chirurgicales ayant un effet dévastateur pour l'organisation.

Une enquête très fouillée doit être réalisée sur les journalistes, en particulier pour connaître leur faiblesse cachée. Ce type d'homme qui, en France serait apparenté à la « gauche champagne » ou, pourquoi pas, à la « gauche saumon », cultive parfois des « penchants » que la morale des gens du commun condamne sans équivoque. Ces déviances doivent être découvertes et favorisées pendant la visite (sous l'œil discret des caméras, bien entendu). Cette « satisfaction » ne manquera pas d'influencer fortement l'impartialité bien connue de ces intellectuels de gauche. Elle leur permettra, en toute bonne conscience de faire l'éloge de la guérilla, non seulement dans les journaux influents mais aussi dans les nombreux cocktails du tout Washington branché.

La visite de ces hôtes de marque devra être savamment orchestrée et donner lieu à des rencontres "fortuites". Les lieux dévastés par l'ennemi, particulièrement les écoles et les lieux de culte, les entretiens avec des victimes devenues infirmes à la suite d'actes sadiques de l'ennemi, sont autant de thèmes de visite imposés. Ils pourront s'entretenir avec des prisonniers rééduqués qui, devant les caméras, condamneront les criminels de guerre auxquels ils doivent leur triste sort : celui de pratiquer une guerre injuste à des gens pacifiques, qui les traitent avec tant d'humanité. En visitant une infirmerie, ils découvriront, « par hasard », une adolescente abandonnée à demi-morte, après un viol collectif commis par les agresseurs, en présence de sa famille horrifiée et impuissante…

Puis on procédera à une visite des camps de la guérilla. Les journalistes pourront dialoguer en toute liberté avec des hommes disciplinés, frugaux, à l'esprit sain dans un corps sain ; dont la vie est consacrée au combat pour la liberté et la démocratie.

Les journalistes de la presse écrite ou télévisée assisteront à des opérations spectaculaires, observées d'un lieu assez éloigné et sans danger pour eux, telles que la destruction d'un blindé ou l'anéantissement d'une patrouille. A l'issue du combat, ils seront conviés à interroger des prisonniers et à apprécier le traitement humain que la guérilla leur réserve. Ce qui, bien sûr, figurera dans leur reportage. Il ne faut jamais oublier qu'un documentaire télévisé, favorable à la guérilla, peut influencer considérablement l'opinion publique, surtout aux Etats-Unis. En effet, qui se souvient qu'à ses tout débuts Fidel Castro se procura ses premières armes aux Etats-Unis (3) pour commencer ses faibles actions de guérilla contre

---

(3) Armes importées des Etats-Unis (et du Mexique) par l'Américain Franck Angelo Fiorini (devenu Franck Anthony Sturgis) pour être livrées aux guérillas de la Sierra Maestra. Plus tard, le même Fiorini se retournera contre Castro. Curieusement, F. Castro reçut aussi des armes et de l'aide du maffioso Santo Trafficante, qui espérait ainsi, bien à tort, pouvoir mettre la main sur les hôtels et les casinos de son maffieux rival, le très Américain Meyer Lansky (Meyer Suchowljansky).

Fulgencio Batista, le puissant dictateur cubain d'alors ? De plus, en regard des faits historiques ultérieurs, qui pourrait croire qu'en janvier 1949, la déjà très naïve et dysfonctionnelle C.I.A. voulait armer et financer le même Fidel Castro ? Pourtant Al Cox, chef de la Division paramilitaire, alcoolique de surcroît, proposa à ses chefs d'établir un contact secret avec F. Castro afin de lui livrer les armes et les munitions nécessaires pour établir un « gouvernement démocratique » (comprendre inféodé à Washington). Al Cox n'était pas le seul à supporter ce projet : Robert Reynolds, chef d'antenne de la C.I.A. pour les Caraïbes et toute son équipe soutenaient ce piteux projet qui fut finalement bloqué de justesse.

Bien évidemment, imitant en cela n'importe quelle grande puissance, la guérilla doit planter des informations crédibles dans la presse internationale, dans le seul but de désinformer et de déstabiliser l'ennemi.

4° Les forces ennemies

Comme toute armée régulière, l'ennemi tout à la fois déteste et craint les partisans. Il est persuadé que, s'il tombe entre leurs mains, il sera torturé puis exécuté. C'est pourquoi il se bat si farouchement, jusqu'à ses dernières cartouches, non par conviction mais tout simplement pour sauver sa peau. Là aussi, l'*action psychologique* a un rôle important à jouer, avec un seul objectif : démotiver et désarmer l'adversaire. Il doit lui être répété inlassablement que les partisans ne lui veulent pas de mal, que la guérilla lutte seulement pour la liberté, non contre lui et les siens mais seulement contre les dirigeants criminels de son pays.

La guérilla diffusera à leur intention, à partir d'une petite station radio mobile, des interrogatoires de prisonniers repentis qui déclineront leur nom, leur unité et les conditions de leur capture. Surtout, ils raconteront (ce qui est vrai) comment ils ont été bien traités par les partisans. Le but de l'opération : décrisper les combattants ennemis afin qu'ils ne voient plus la guérilla sous un angle épouvantable mais comme un adversaire humain, qui les considère comme des victimes de leur gouvernement criminel et leur réserve un traitement correct en cas de capture. Ces émissions seront entrecoupées par la voix douce de jeunes filles qui, entre deux chansons sentimentales, inciteront les soldats ennemis à refuser cette guerre immorale, à cesser le combat et à rejoindre la guérilla d'où ils pourront retrouver leur famille.

Deux types de tracts seront déposés la nuit, devant les bases ennemies. Le premier montrant des prisonniers ennemis, en compagnie de
leurs gardiens, tous souriant dans une attitude fraternelle. Ces tracts indiquent les noms et unités des prisonniers qui appellent leurs camarades
à refuser de continuer la sale guerre et à exiger leur retour au pays. Le
second est un sauf-conduit qui offre, à tout combattant ennemi qui rejoint
la guérilla avec armes et équipements, un accueil chaleureux et une exfiltration rapide vers un pays neutre.

Si ces actions sont destinées à faire perdre sa combativité à l'adversaire, l'*action psychologique* aura un second objectif, celui d'ôter toute
envie aux militaires ennemis de jouer au héros. Dans ce but, des tracts
seront lâchés et des affiches collées près de leurs casernes, leurs bases
et leurs camps, partout où cela sera possible. On y verra des photos,
prises sur le vif à travers la lunette grossissante d'un tireur et montrant
la tête d'un soldat ennemi au moment même où pénètre le projectile…
Ou mieux encore, des militaires en train de brûler dans leur véhicule in-
cendié. Il en résultera une double réaction : une perte totale de toute motivation au combat doublée d'une terreur pure de mourir inutilement de
façon atroce.

La mission de l'*action psychologique* aura alors été remplie !

5° Les partisans

Eux aussi constituent une cible pour l'*action psychologique*. Ils ont
la foi, certes, mais les épreuves qu'ils supportent sont telles qu'il faut
maintenir et renforcer cette ferveur. C'est pourquoi chaque mois, lorsque
les opérations le permettent, doit être organisée en zone sécurisée une
réunion à laquelle assistent tous les commandos, chacun à leur tour. A
cette occasion, des films sont projetés montrant les atrocités perpétrées
par l'ennemi : viols collectifs, vols, massacres de civils innocents (enfants, femmes et vieillards compris), incendies de villages, destructions
de toutes sortes…Cette projection n'aura qu'un but : renforcer la haine
portée à l'agresseur.

Un dialogue s'instaurera ensuite pour bien convaincre les partisans
qu'ils sont les héros de la nation et que le sort de la patrie est entre leurs
mains. Tout facteur ethnique, religieux ou politique sera exploité au
maximum pour attiser la haine de l'agresseur et pardessus tout la volonté
de vaincre. Cet entretien sera suivi d'une projection de films réels, mon-

trant les succès de la guérilla en action : prise d'un poste, où l'on voit des prisonniers hagards et défaits, anéantissement d'une patrouille ou mieux, destructions de blindés ; ces faits d'armes produisant chez les partisans un effet puissant frisant le sentiment d'invulnérabilité.

La séance terminée, les partisans, « gonflés à bloc », tous ensemble entonneront un chant patriotique poignant. Puis la dislocation sera ordonnée. Chaque groupe rejoindra sa base, précédé d'un éclaireur marchant à 50 m en avant.

Le **Service d'A.P.** est en outre chargé de la rédaction du *Guide du combattant* que chaque partisan doit porter dans la poche de poitrine gauche de son uniforme. Ce livret explique en termes généraux quels sont les buts de la guérilla, les moyens d'y parvenir, et dicte le comportement à adopter en toute circonstance. Chaque soir, après le repas, le responsable **A.P.** de groupe fait une courte lecture d'un passage. Puis, prenant un exemple concret, amène par la dialectique les partisans à déterminer eux-mêmes l'attitude correcte à adopter.

Tout ce qui précède montre l'importance vitale de la guerre psychologique pour la guérilla. Pourtant, cette action vis-à-vis des partisans a pratiquement toujours eu dans le passé un défaut majeur. Jamais ou presque une organisation n'a pensé à mettre sur pied un service bien structuré, puissant, disposant de gros moyens, dont la seule et unique mission consisterait à soustraire les partisans tombés aux mains de l'ennemi. C'est malheureux et regrettable pour le moral des combattants, qui s'interrogent alors avec angoisse sur le sort réservé à leurs camarades, après leur capture. D'où l'utilité d'un **Service Extractions (Service E)**, que nous aborderons plus loin, au chapitre 18.

Liaison avec le Service du Renseignement :

Le but primordial du **Service d'action psychologique** est de gagner les populations à la cause de la guérilla. Cependant, ses contacts étroits avec une multitude de sympathisants en font, par voie de conséquence, les yeux et les oreilles du **S.R.** Le **Service d'A.P.** dirige immédiatement toute information fiable vers le **S.R.** Ce dernier la répercute aussitôt pour exploitation vers le bureau concerné : **Service Sécurité**, intérieure ou extérieure, avec copie au Service d'Informations générales.

17. SERVICE DE SANTÉ

Ce service présente un intérêt primordial puisqu'il répond à deux besoins précis. En premier lieu, il permet de maintenir le moral des partisans à un niveau très élevé. Ils sont convaincus que, s'ils sont blessés, un système de soins est en place pour leur assurer une bonne chance de survie.

En second lieu, il assure les soins des blessés ennemis faits prisonniers. Ce qui est important pour plusieurs raisons :

- Souci humanitaire vrai.
- Action psychologique.

Des blessés ennemis soignés par les partisans ne pourront pas s'empêcher de leur témoigner de la reconnaissance. L'adversaire, réalisant que ses blessés sont bien traités, se sentira moralement obligé de se comporter de même vis-à-vis des partisans blessés, tombés entre ses mains.

Organisation

Malgré toute son importance, il devra conserver une structure légère, afin de pouvoir demeurer mobile. C'est pourquoi le *Service de Santé* aura deux composantes bien distinctes : la première intégrée aux forces elles-mêmes, la seconde constituée d'une partie du système de soins civil, mobilisée à cet effet.

1. Composante intégrée aux forces :

Présente au sein des unités, elle devra être efficace mais légère, telle qu'elle a été décrite dans le chapitre « Structure des Unités ».

a/ A l'échelon de groupe (autonome/lourd) : Un infirmier qualifié, capable de donner les premiers soins, d'arrêter les gros saignements et de stabiliser les partisans victimes d'un choc hémorragique. Cette intervention permet leur extraction vers l'hôpital de campagne (P.C. de la région) ou vers le centre de soins civil le plus proche, si la sécurité le permet.

b/ *A l'échelon commando* : Deux infirmiers ayant la même tâche que l'infirmier du groupe.

c/ *Au niveau commandement région :* Groupe Santé (hôpital de campagne), léger et transportable en cas de nécessité de déplacer le P.C. de la région. Il comprend le personnel suivant :

- Chirurgien (responsable de l'hôpital).
- Médecin anesthésiste-réanimateur.
- Médecin radiologue.
- Pharmacien.
- Deux infirmiers qualifiés (bloc opératoire).
- Un infirmier « anesthésiste ».
- Cinq infirmiers qualifiés, dont :

  - Un manipulateur d'appareils de radioscopie et ultrasons.
  - Un chargé de la stérilisation des instruments (à temps partiel).
  - Un ayant la capacité d'extraire des dents malades (à temps partiel).
  - Deux aides-infirmiers.
  - Deux aides-soignants chargés de maintenir une propreté parfaite dans l'hôpital et d'assurer une désinfection journalière.
  - Un responsable de la pharmacie, y compris produits sanguins.
  - Un technicien « labo » : Détermination des groupes sanguins, hémocultures, antibiogrammes, analyses sanguines, d'urines, de selles, etc.
  - Deux aides chargés du fonctionnement et de l'entretien des groupes électrogènes légers de l'hôpital.
  - Deux cuisiniers. Attribués à l'hôpital à titre exceptionnel ; dans toutes les autres unités ou services les partisans s'arrangent entre eux pour faire leur popote.
  - Deux aides chargés du lavage des linges de l'hôpital (draps, serviettes, etc.)
  - Trois aides chargés du service

L'hôpital devra être équipé d'un matériel léger mais suffisant pour assurer un fonctionnement satisfaisant :

- Appareil ultrasons.
- Appareil de radioscopie (doté d'un amplificateur de brillance).
- Table opératoire.
- Lampe scialytique.

- Masques à oxygène (avec bouteilles)
- Réfrigérateurs/congélateurs pour conserver les produits périssables dans de bonnes conditions.
- Autoclave (stérilisation).
- Oxymétres pour le contrôle de la quantité d'oxygène du sang pendant l'opération.
- Matériel de chirurgie et d'anesthésie.
- Groupes électrogènes assurant le fonctionnement des appareils de la salle opératoire et sa climatisation.
- Ventilation des différentes pièces de l'hôpital.

Tout ce matériel devra pouvoir être mis en caisses et transporté par le groupe muletier, si l'hôpital doit être évacué.

2 Composante civile :

Les cliniques et les hôpitaux civils constituent le deuxième volet du *Service de Santé* : la *Réserve*. Tous les établissements de soins se trouvant dans le ressort de la région, où la présence de l'ennemi est faible ou inexistante, seront répertoriés systématiquement. Il leur sera notifié qu'ils sont mobilisés sur place et affectés à la *Réserve* du *Service de Santé*. Ce qui entraîne l'obligation patriotique de soigner les partisans blessés (ou malades), dans des conditions satisfaisantes. La guérilla, luttant pour la libération du sol national, représente toutes classes confondues l'armée du peuple, pour le peuple, par le peuple. Nul ne pourra se soustraire à ce devoir patriotique sans encourir une sanction radicale. Toute trahison ou refus de soins entraînerait l'exécution immédiate et publique du traître à la patrie, devant la population réunie pour l'exemple, si la sécurité le permettait. Si ce n'était pas le cas l'exécution aurait lieu de nuit, discrètement.

En outre, la liste complète des chirurgiens, médecins et pharmaciens, établis dans les villes situées non loin de la zone contrôlée par la guérilla, sera tenue à jour et il leur sera notifié leur mobilisation sur place dans la *Réserve* du *Service de Santé* de la guérilla.

En revanche, si par suite de sa coopération avec la guérilla, un membre du personnel médical était menacé d'arrestation, il serait immédiatement exfiltré par un groupe autonome opérant la nuit. Amené au P.C. région, il y serait affecté à l'hôpital de campagne. Si, par malchance, un praticien était arrêté avant qu'il ne soit possible de le récupérer, tout serait entrepris pour le sortir des mains de l'ennemi, y compris une opération spéciale montée par le *Service Extractions*

Pendant son séjour à l'hôpital « civil », le blessé sera discrètement protégé par une équipe *Choc* de son unité, en civil, dotée seulement d'AKMS et de grenades. Par mesure de sécurité, dès que le blessé sera hors de danger et transportable, il regagnera son unité, escorté par l'équipe *Choc*, si possible en 4x4, sinon couché sur le bât spécial d'un mulet voire même, si cela s'avère absolument crucial, porté sur un brancard par ses camarades ou des volontaires civils, qui se relaieront à tour de rôle.

Lorsqu'il sera impossible, pour des raisons de sécurité (ou autres), d'hospitaliser les blessés, le praticien le plus proche sera « invité » à suivre les partisans pour se rendre immédiatement avec son matériel à leur chevet. Arrivé près d'eux, il devra aussitôt pratiquer une chirurgie d'urgence afin de les stabiliser et de permettre leur évacuation par mule bâtée vers l'hôpital de campagne du P.C. de la région. Selon le cas, pendant l'opération, le chirurgien sera assisté par l'infirmier du groupe ou ceux du commando.

18. SERVICE "E" (EXTRACTIONS)

Dans le passé, la plupart des organisations de guérilla n'ont pas réalisé, en dehors d'actions très sporadiques, d'efforts sérieux et soutenus pour extraire un maximum de prisonniers des mains de l'ennemi. Pourtant un passage du *"Chant des Partisans"* ne proclame-t-il pas : « *C'est nous qui brisons les barreaux des prisons pour nos frères* » ? L'auteur pense que cela a été une grave omission : la récupération des prisonniers amis a presque autant d'importance que les actions militaires entreprises contre l'ennemi. A cela, il y a plusieurs raisons.

La première concerne le moral des partisans et de leur famille. Alors que ces combattants ne craignent pas la mort, dans le fond de leur cœur demeure la crainte de leur capture avec comme conséquence la torture et des souffrances effroyables avant la mort. Ils craignent surtout de parler et de trahir bien involontairement leurs camarades. Cette pensée est un véritable cauchemar.

La seconde raison est que toute opération d'extraction réussie donne à la guérilla une auréole de prestige qui renforce l'admiration et la confiance que lui porte la population. D'où un afflux de volontaires.

Enfin, et c'est très important, la guérilla a le devoir moral de sortir ses membres des cachots de l'ennemi. C'est aussi un devoir

envers leurs familles qui éprouvent alors un sentiment de reconnaissance et de fierté vis-à-vis de l'organisation.

Nous avons vu le pourquoi, voyons le comment.

Le **Service "E"** (ou S.E.) est totalement indépendant et relève seulement du commandement central. Il est implanté en zone sûre, tout comme son voisin, le **Service du Renseignement** (S.R.), hors d'atteinte des incursions de l'ennemi. Sa seule et unique tâche consiste à libérer, d'une façon ou d'une autre, les prisonniers tombés entre les mains de l'ennemi. C'est le S.E. et lui seul qui prépare et fait exécuter, par les moyens qui sont à sa disposition, les extractions des prisonniers amis.

Bien qu'il soit indépendant, le S.E. reste en liaison étroite avec le S.R. qui l'informe des lieux et des moments favorables à une extraction. Le S.E. dispose de moyens armés très sérieux, qu'il partage avec le S.R. :

- Un **Cdo spécial**, composé de cinq groupes de 20 hommes chacun, soit 100 hommes habillés, équipés et armés comme les soldats ennemis,
- Quatre **cdos** standard de 140 hommes chacun.

Ces forces, attribuées au S.E., constituent également le bras armé du S.R. pour effectuer des opérations spéciales. Si par exemple des véhicules, des armes, des munitions, des équipements ennemis sont capturés en bon état, ils sont alloués au **Cdo spécial** pour réaliser soit des opérations S.E., soit des opérations spéciales montées par la branche "Action" du S.R.

Les extractions sont de deux types : en douceur ou en force.

Une extraction en douceur est un simple échange de prisonniers. Les échanges ont lieu sur la base d'un nombre maximum de prisonniers amis rendus pour chaque prisonnier ennemi libéré. A titre d'exemple, c'est ce qui se produit dans le conflit israélopalestinien où chaque prisonnier israélien est échangé contre quelques centaines de palestiniens. Il faut voir dans la cause de ce déséquilibre l'influence de la sacro-sainte opinion publique du pays agresseur. Le commandement ennemi ferait n'importe quoi (ou presque) pour faire libérer ses hommes. Leur emprisonnement lui fait perdre la face vis-à-vis de son opinion publique bien sûr mais aussi vis-à-vis de l'opinion internationale, de la population du pays envahi et enfin de ses propres militaires. Pour ce type d'opération, il est nécessaire d'utiliser un intermédiaire, acceptable par les deux parties, au-dessus de tout soupçon : Croix-Rouge Internationale, dignitaire religieux, diplomate d'un pays neutre, etc.

L'avantage d'un échange est évident. D'une part, il permet de faire libérer de nombreux amis ; d'autre part, lorsque les prisonniers ennemis rejoindront leurs camarades et plus tard leur famille, ils ne manqueront pas de faire état du bon traitement dont ils auront été l'objet durant leur captivité. Ce fait constituera une excellente **action psychologique** dirigée contre l'ennemi (le Viêt Minh, aveuglé par le fanatisme qui libérait des « morts-vivants » n'eût pas, hélas, cette intelligence).

Quand un échange de prisonniers n'est pas possible, une extraction en force s'impose. Plusieurs cas de figure sont envisageables.

1. Prise en otage d'un officier

Si un membre très important de la guérilla est fait prisonnier par l'ennemi, il est fort improbable que celui-ci accepte de l'échanger, même contre un officier de terrain (lieutenant, capitaine). Il faudra alors monter une opération spéciale, qui n'a de chance de réussir que si l'on y a recours que très rarement.

Le **S.R.** devra choisir un général très important, qui seul peut constituer une monnaie d'échange acceptable dans un tel cas. Lorsque la cible aura été désignée, elle fera l'objet d'une longue et discrète surveillance. Dès ce moment-là, les brigades urbaines recevront l'ordre impératif de cesser toute action contre l'ennemi. La ville restera calme, paisible, comme n'importe quelle ville ordinaire. L'ennemi devra s'y sentir en totale sécurité, comme chez lui. Pendant une période d'un mois (plus si cela était nécessaire), les allées et venues en semaine de la cible seront notées, avec les heures précises de départ et de retour à son domicile. L'objectif étant un militaire, tant mieux : ceux-ci sont d'habitude très ponctuels. Il sera important de savoir si, chaque dimanche, il se rend en automobile en dehors de la ville pour s'y adonner à un sport (habitude très fréquente chez les militaires, même de haut rang). Fréquente-t-il un club hippique, de tir, de golf, etc. ? Il est beaucoup moins délicat de récupérer une cible sur une route, hors agglomération, qu'en plein centre ville (1). Il se peut aussi qu'il fréquente en semaine un club de sports situé intra-muros ou bien qu'il assiste régulièrement à la messe le dimanche. Auquel cas l'interception serait plus difficile, bien que la protection soit toujours plus faible en ville : au plus un garde armé, en dehors du chauffeur (armé). Ce sera le résultat de cette longue et minutieuse observation qui décidera de la procédure à adopter. Si la cible s'aventure chaque dimanche hors de la ville, elle devra être « prélevée » sur la route, à quelques kilomètres du but de la visite ou de la promenade.

L'extraction en rase campagne

L'opération sera menée par le **Cdo spécial**, vêtu d'uniformes ennemis, composé de cinq groupes de vingt hommes chacun et amenés par camions tout-terrain. Le **groupe 1** établira un barrage routier, après avoir dissimulé son véhicule, non loin du bord de la route mais hors de la vue

---

(1) Comme en témoigne l'attentat réalisé contre Reinhard Heydrich, « protecteur de Bohème-Moravie », le 27 mai 1942 au matin, près de Prague (Tchécoslovaquie) par des parachutistes tchèques, alors qu'il se rendait à son bureau (*opération Anthropoïde*).

des voitures qui l'empruntent. Les **groupes 2 et 3** seront placés 200 m avant le barrage, de part et d'autre de la route, avec leurs camions bien cachés dans la verdure. Au cas où le chauffeur, flairant un danger à la vue du barrage, voudrait faire marche arrière, ces deux groupes auront pour mission de barrer aussitôt la route derrière lui avec leurs deux véhicules. Ils devront stopper la voiture coûte que coûte, y compris en dernier recours par un tir de lance-roquettes dans le capot.

Les hommes des **groupes 4 et 5**, en position camouflée de chaque côté de la route à environ 300 m après le barrage, ont les mêmes ordres que leurs camarades : si le chauffeur, parvenait à contourner l'obstacle et fonçait droit devant lui, ils devraient mettre leurs véhicules en travers de la route pour arrêter la voiture par tous les moyens, y compris par un tir de lance-roquettes.

En revanche, si la voiture-cible s'arrête sans méfiance devant le barrage : neutralisation au Skorpion VZ61 silencieux (ou équivalent) du chauffeur et de l'aide. Si par malheur une voiture de protection précédait ou suivait celle du général, aucune hésitation : neutralisation des occupants à l'arme automatique pour leur interdire de sortir et de retourner le feu. Dès que le général, dont le chauffeur et le garde du corps ont été abattus, est extrait de sa voiture, il est conduit dans le « tout-terrain » du **groupe 1**, qui l'entoure sans aucune violence. Les camions des **groupes 2 et 3**, qui ont chargé leurs hommes, encadrent celui du général, l'un devant, l'autre derrière. Le général, solidement entouré, reçoit une injection sédative pour calmer son appréhension bien naturelle. Le convoi file aussitôt par des routes secondaires vers son rendez-vous avec l'élément de recueil, composé de deux **Cdos S.R. /S.E.**, à une heure de route environ. Pendant ce temps, la voiture du général et de ses infortunés occupants sont cachés dans un sous-bois par les **groupes 4 et 5**. Ceux-ci, invisibles depuis la route principale, se mettent en position à 500 m de celle-ci, bloquant l'accès à la route secondaire utilisée pour l'extraction du général. Ils ont ordre de tenir coûte que coûte si nécessaire pendant une heure au moins, pour couvrir la fuite du convoi qui emmène l'hôte si précieux. Ces deux groupes ont aussi pour mission secondaire de retenir, mais de traiter avec courtoisie, tout membre de la famille du général arrêté en même temps que lui.

Afin de faciliter l'opération, au moment même de la « cueillette » du général, une diversion majeure a lieu en ville. Des combattants urbains (dépendant du **S.R.**), déjà sur place, reçoivent l'ordre de faire exploser leurs charges à plusieurs endroits de la ville, éloignés les uns des autres, mais soigneusement choisis pour ne faire aucune victime. Seul but de la diversion : affoler l'ennemi qui éparpille ses forces « aux quatre coins » de la ville, un dimanche ! Pendant que les ennemis affluent sur les lieux des explosions, personne ne songe au général qui part en vacances....

Lorsque les trois tous-terrains, dont celui qui amène le général, parviennent à l'élément de recueil, l'un des deux **Cdos S.E./S.R.** sur place encadre le petit convoi : deux véhicules devant, trois autres derrière, en liaison radio permanente. L'ensemble roule aussitôt vers la zone sûre. Ordre est alors donné aux **groupes 4 et 5**, restés en position sur la route secondaire, de libérer l'épouse (traumatisée) du général et de foncer vers le commando de recueil qui les attend, après avoir miné la route pour stopper toute poursuite.

Pendant ce temps, le convoi du général parvient à la zone contrôlée par la guérilla. Les camions sont camouflés dans leurs caches et tous les éléments regagnent leurs bases, sauf le **groupe 1** qui conduit sous bonne escorte l'hôte de marque au P.C. du **S.R.** Au même moment, les **groupes 4 et 5** font leur jonction avec le **Cdo** resté en recueil. Tous décrochent immédiatement et se replient. Les véhicules regagnent leurs caches. Puis les **Cdos** rejoignent leurs bases.

Le général est reçu avec tous les égards dus à son rang. Tout a été prévu : case confortable, nourriture agréable et tout ce qu'il peut désirer raisonnablement : journaux, fruits, boissons fraîches, cigarettes et même deux serviteurs, membres du **S.R.** Cependant, un **Cdo S.E./S.R.** est chargé de sa garde, avec instruction de l'exécuter sans hésiter si une tentative (bien improbable) d'extraction héliportée ou autre était tentée.

Le chef du **S.R.** fera l'impossible pour établir des rapports courtois avec le militaire. Il l'invitera même parfois, si ce dernier y consent, à partager un déjeuner ou un dîner, pour rompre son isolement. Le chef du **S.R.** essayera de soumettre le prisonnier à un interrogatoire en douceur, noyé dans une conversation entre gens de bonne compagnie, sur fond de considérations humanistes. Il exprimera, par exemple, son opposition à la guerre, qu'il n'aime pas, son désir de voir la paix revenir, la liberté, les droits de l'homme, la démocratie...

Le chef du **S.R**. essayera de découvrir les centres d'intérêt de son « hôte » (sports, chevaux, pêche, chasse, chiens, horticulture, etc.), afin de discuter longuement avec lui de ces sujets « passionnants », de façon à gagner sa sympathie. Ces échanges de bons sentiments, lesquels seront sous-tendus d'une habile recherche de l'information, feront que, si tout se passe bien et que l'échange ait lieu, pour peu que joue le « syndrome de Stockholm », le général emportera peut-être des regrets de cette rencontre et malgré-lui, une certaine sympathie pour cette guérilla diabolisée, sait-on jamais ?

Ce qui serait un exemple d'*action psychologique* réussie de main de maître !

L'extraction en ville

L'opération est beaucoup plus délicate et nécessite, outre une observation minutieuse, une solide préparation matérielle. Elle doit être menée dans le plus grand secret. Seuls les acteurs doivent être au courant.

Trois à quatre mois avant le jour « J », il faut trouver une villa de luxe, située au fond d'un grand parc, dans un quartier résidentiel de la ville, très calme. Détail particulier : la villa devra posséder une cave spacieuse. Les locataires : un « homme d'affaires prospère », qui y vit avec sa « femme » et « quatre employés de maison » (cuisinier, jardinier, serveur, chauffeur). Pendant la période précédent le jour « J », les « employés de maisons » aménageront, derrière la paroi de la cave, une petite pièce (possédant un tuyau d'aération camouflé), dont l'étroite porte d'entrée peut être complètement cachée par des casiers de bouteilles de vin.

Il a été décidé qu'après la « cueillette », il serait trop dangereux d'exfiltrer directement le général vers la zone tenue par la guérilla, le risque des barrages routiers ne laissant que trop peu de chance de succès à l'opération.

Le jour « J » arrivé, l'observation a révélé que le général rentre chez lui en début de soirée, au moment où le jour tombe. Il a donc été décidé de le capturer à l'occasion de son retour, à 200 m de sa résidence.

Dispositif

Un groupe de protection (quatre équipes de cinq hommes chacune) se met en position de façon discrète tout autour du lieu choisi. Il va surveiller l'opération, prêt à intervenir si nécessaire. Pour ne pas attirer l'attention, les hommes portent leurs armes sur eux : pistolets Beretta 92 et Stun grenades.

Une « voiture de police » avec gyrophare (amovible) est en position à cet endroit. Ce véhicule a été loué sous un faux nom pour un mois.

Des "*urbains*" suivent le général depuis qu'il a quitté son bureau, mais assez loin derrière. A 1 km avant que le militaire ne parvienne chez lui, ils informent par radio les « policiers », leur annonçant l'arrivée prochaine de la cible. Les "*urbains*" ont été désinformés. Ils ignorent tout de la mission réelle et sont persuadés que le général va être aussitôt emmené directement vers la zone tenue par la guérilla. Donc, aucun risque, s'ils étaient arrêtés ils ne pourraient qu'intoxiquer l'ennemi sans le savoir…

Les « policiers » sortent de leur véhicule. Lorsqu'ils voient l'automobile du général arriver, ils lui font signe de ralentir. Celle-ci s'arrête. L'un d'eux se baisse pour parler au conducteur et le « traite » au Skorpion VZ61 silencieux. Le même sort est réservé à l'aide, s'il se trouve dans la voiture.

Le général, toujours dans son véhicule, reçoit l'injection d'un sédatif puissant. Il est transféré rapidement dans la « voiture de police » qui démarre. Ses gardiens encadrent solidement la victime à moitié endormie. Le « policier » sur le siège avant enlève le gyrophare et tous ôtent leur veste d'uniforme et leur casquette. Les hommes du groupe de protection s'éparpillent et disparaissent, chacun de leur côté.

Le cinquième « policier » s'éloigne très vite avec la voiture du général (l'infortuné conducteur recroquevillé sur le siège avant, invisible aux occupants des voitures qui passent dans la nuit tombante) vers l'autre bout de la ville où il parque le véhicule dans un endroit désert. Il quitte rapidement les lieux, marche environ 1 kilomètre, puis prend le bus vers le centre ville. Il entre et ressort de plusieurs immeubles à double entrée et se glisse dans un café où il y a beaucoup de monde. Il se rend alors dans les toilettes et en ressort un autre homme, portant chapeau, lunettes et cravate voyante, après avoir retourné sa veste bicolore. Il effectue une marche dans la ville, en s'assurant qu'il n'est pas filé, puis prend un taxi pour se rendre à une villa quelconque située à 300 m de la villa P.C. Il attend devant cette villa, après avoir fait semblant de sonner, jusqu'à ce que le taxi se soit éloigné, par mesure de prudence supplémentaire. Il marche ensuite en direction de la villa P.C., la dépasse, s'assure qu'il n'est pas suivi, revient sur ses pas et s'introduit dans le parc, puis rejoint ses camarades.

Dans le même temps, les quatre « policiers » (en fait « l'homme d'affaire » et trois de ses « employés de maison », ont pénétré dans le parc, mis la « voiture de police » dans le garage où l'un des hommes a remis les vraie plaques minéralogiques en place et enterré au fond du parc les fausses plaques utilisées pendant l'opération.

Le général est emmené à son appartement où il sera bien traité, mais restera sous surveillance constante dans une pièce bien verrouillée, sans téléphone et où les fenêtres qui donnent sur l'arrière de la villa ont leurs volets fermés de l'extérieur. Deux chiens bergers allemands assurent la sécurité du parc. Personne, hormis les participants n'étant au courant de l'affaire et l'alerte n'ayant été donnée que plusieurs heures après la disparition du général, le risque d'échec est minimum. L'équipe ne quittera pas la villa, où tout ce qui est nécessaire à sa subsistance a été stocké. Seuls, de temps à autre, « l'homme d'affaires » et « son épouse » sortiront avec leur véritable voiture. Quant à la « voiture de police », elle sera abandonnée en dehors de la ville quelques semaines plus tard.

Il faut absolument convaincre l'ennemi que le général se trouve déjà en zone rurale contrôlée par la guérilla. Pour cela, il devra faire une déclaration expliquant qu'il est prisonnier, très bien traité, en bonne santé et qu'il espère être libéré très prochainement. Ce message, enregistré sur un fond sonore de bruits d'oiseaux et autres animaux, laissera penser que le général se trouve en zone rurale. L'enregistrement, acheminé par le S.R. en zone sûre, sera diffusé sur les ondes de la guérilla, de façon à intoxiquer l'ennemi au maximum.

On pourra également photographier le captif sur un fond de décor rural (bananiers, palmiers…), composé d'une très grande photo. L'ensemble donnera des clichés crédibles et très réalistes susceptibles de renforcer la certitude que le prisonnier "séjourne" bien en zone rurale contrôlée par les partisans. Ces photos pourraient être adressées à la presse étrangère, pour médiatiser encore plus l'événement.

Cette opération terminée, l'équipe devra se terrer, seuls, « l'homme d'affaire » et son « épouse », allant et venant, comme tout couple normal.

En cas d'alerte, le , sous sédatif, sera caché dans la petite pièce située dans la cave et dissimulée par les casiers de vin. Cette période d'attente sera la plus dure à supporter, avec la crainte permanente d'être découverts à tout moment. Durant tout ce temps, la radio de la guérilla continuera de transmettre les appels du général.

Il faudra attendre plusieurs mois pour que la situation se calme et redevienne normale pour enfin exfiltrer l'invité vers la zone sûre. Selon les circonstances et les possibilités, il y aura trois possibilités. Le choix final sera déterminé par la sécurité offerte par le moyen de transport.

La voie terrestre

L'hôte, ayant reçu l'injection d'un sédatif puissant, pourrait voyager dans un carton (aéré) très solide, parmi d'autres cartons. Le véhicule qui transporterait ces cartons devrait être « rassurant », d'un genre connu de tous : camionnette des Postes, Service des Eaux, Pompiers, Compagnie d'Electricité, du Gaz, du Téléphone, etc. Par précaution, le véhicule dans lequel aura pris place l'hôte, que nous appellerons « N° 3 » sera précédé à un kilomètre de distance par une voiture en règle appelée « N° 1 », et par une deuxième voiture tout aussi irréprochable appelée « N°2 », roulant à 500 m devant la « N°3 ».

La mission de ces véhicules sera la suivante : Si la « N°1 » rencontre un barrage routier (ou un contrôle de police) elle prévient aussitôt les « N°2 » et « N°3 » par radio. Ces deux derniers étant éloignés, donc invisibles du barrage routier, font alors demi-tour pour continuer par une route secondaire ; la « N° 2 » roulant alors un kilomètre devant la « N°3 ». Elle y restera jusqu'au retour de la « N° 1 ». Le convoi reprendra alors sa configuration initiale.

Bien évidemment, le **Service « E »** envoie trois **Cdos S.E. /S.R.** à la rencontre du petit convoi. Le **Cdo 1** s'enfonce en zone à demi contrôlée par l'ennemi, le plus loin possible, sans attirer l'attention puis se camoufle en position de recueil. Le **Cdo 2** se place en deuxième position de recueil à 500 m derrière les **Cdos 1 et 3** à 1000 m du **Cdo 2**, formant ainsi une échelle d'éléments de recueil et de bouchons successifs si des éléments ennemis s'aventuraient dans le secteur, hypothèse peu probable. Après le passage des trois voitures filant vers la base, un retrait en tiroir est effectué par les commandos, le **Cdo 1** décrochant en premier, suivi du **Cdo 2** et enfin du **Cdo 3** en dernier.

Lorsque le général arrivera à la base, il sera très bien traité, comme dans l'hypothèse d'exfiltration précédente. Cependant, ayant subi une longue séquestration et quelques injections de sédatif, il aura probablement une attitude encore plus crispée. L'*action psychologique* dont il sera l'objet sera plus délicate, la cible ayant après ses tribulations vraisemblablement formé une attitude intérieure franchement hostile. Il faudra beaucoup d'efforts d'amabilité et de doigté au chef du S.R. pour « retourner » ou tout au moins « ébranler » psychologiquement l'hôte de marque. Syndrome de Stockholm ou pas, à ce stade de sa détention ce dernier pense probablement qu'il est entre les mains de bandits, influencé en cela par le mépris (ouvert) et la crainte (cachée) que professent les militaires qui exercent une science (la guerre) envers les hommes de la guérilla qui eux s'adonnent à un art difficile, dominé par l'imagination, l'intuition et la ruse ; où l'*action psychologique* joue un rôle majeur.

La voie aérienne

C'est la méthode la plus simple, la plus osée, voire risquée mais la plus rapide. Le scénario est le suivant. « L'homme d'affaires » et son « épouse », pour leur « anniversaire de mariage », désirent faire une longue promenade en hélicoptère. Ils louent un appareil de tourisme (sous de faux noms) pour aller jusqu'à une montagne très pittoresque. Ils souhaitent se poser au sommet avant de revenir. Ils sont armés chacun d'un Beretta 92. L'appareil décolle. Le pilote, braqué au Beretta 92, est contraint de se poser dans le parc de la villa-P.C. où les « employés de maison » amènent l'hôte, à moitié endormi (sédatif), qui est hissé à bord de l'appareil. On indique au pilote la direction à prendre. Il s'envole.

L'appareil à peine décollé, les « employés de maison » évacuent la villa en toute hâte, en utilisant la puissante voiture de « l'homme d'affaires » (dont le plein a été fait la veille). Ils roulent vers le lieu de rendez-vous et sont en contact radio avec le groupe qui les attend. Cela prendra quelques heures mais c'est sans importance. « L'homme d'affaires » n'est (pas encore) soupçonné de rien et l'utilisation de sa voiture est sans aucun risque. L'automobile atteindra l'élément de recueil, sans incident.

Toujours sous la menace de l'arme, le pilote doit voler bas : un hélicoptère volant près du sol est peu visible et échappe à la détection des radars de surveillance. « L'épouse » sort son G.P.S. et sa carte, s'assurant que la direction prise par le pilote est bien celle qui lui a été ordonnée. Son « mari », assis derrière le pilote, lui colle son pistolet derrière la tête, prêt à faire feu. A une heure de vol, un élément de recueil constitué des *Cdos S.E./S.R. 1, 2 et 3,* déjà en place, les attend au lieu prévu à quelques kilomètres de la zone contrôlée par la guérilla. Arrivé au but, le pilote est forcé de se poser. On le fait descendre. « L'homme d'affaires » détruit alors la radio de l'appareil. Le *Cdo S.E./S.R. 1* repart immédiatement vers la base, escortant le général vers le P.C. du S.R. Deux heures plus tard, le *Cdo S.E./S.R. 2* est informé que l'hôte est bien arrivé à destination. Ordre lui est donné de décrocher. Le *Cdo S.E./S.R .3* devra se replier une heure plus tard.

Dès ce moment, une bonne récompense est remise au pilote, en lui demandant d'être très discret sur l'affaire. S'il parle, il sera soupçonné de complicité par l'armée, qui ne fait pas dans le détail. Si malgré tout il se tirait d'affaire avec l'armée (ce qui est hautement improbable), les « urbains » se chargeraient alors de lui et de sa famille, dont on lui montre les photos prises au téléobjectif.

L'heure passée, le *Cdo S.E./S.R. 3* détache un groupe qui se rend à l'endroit convenu pour y retrouver la voiture amenant les quatre « employés de maison », avec qui il maintient une liaison radio. Ce groupe emmène avec lui l'infortuné pilote, que l'on relâche au bout d'une heure de marche pour gagner tout le temps nécessaire et assurer la sécurité de l'opération.

Le général se trouve maintenant en zone sûre, hors de portée de l'ennemi. Il sera traité avec les mêmes égards que dans l'hypothèse « Exfiltration terrestre ». Eprouvé par sa longue captivité en chambre, ayant reçu plusieurs fois des sédatifs, il est là aussi crispé et hostile. Une longue et patiente *action psychologique* de la part du chef du *S.R.* sera nécessaire pour qu'il s'ouvre un peu. L'espoir d'une libération prochaine l'amènera, peut-être, à une attitude plus coopérative... Cela demandera de la patience et le résultat n'est pas garanti.

La voie maritime ou fluviale

Cette solution peut être envisagée si :

- La mer, un fleuve ou une grande rivière, permet d'accéder à une zone sûre, tenue solidement par les partisans.

- Cette voie n'est pas utilisée par des narcotrafiquants, des contrebandiers et surtout par la guérilla.
- Elle n'abrite pas des pirates ou brigands de rivière qui attaquent les bateaux.
- Elle n'est pas sévèrement surveillée et contrôlée par les autorités (douanes, police, armée).
- De plus, cette méthode ne pourra être utilisée que si la pêche artisanale, le transport de fruits, de bois de chauffage, etc., sont les seules activités existantes sur ce cours d'eau, donc sans grand intérêt pour personne.

L'équipage sera armé d'AKMS et de grenades, dissimulés dans la cale, pour faire face à toute situation imprévue. Dans ces conditions, l'utilisation de bateaux pour l'exfiltration n'attirera pas l'attention. Par prudence, il faudra quand même utiliser deux embarcations : la première filera comme éclaireur, à un kilomètre devant celle qui transporte le prisonnier. Ce dernier y sera soigneusement à l'abri dans une très bonne cachette aménagée à cet effet, soit dans la salle des machines, soit sous un gros tas de bois. Tout comme pour l'exfiltration terrestre, les deux embarcations seront en liaison radio pour prévenir tout incident ou contrôle, etc. Dans un tel cas, le bateau transporteur s'arrêtera près de la berge (ou de la côte), en attendant le feu vert du bateau éclaireur. Celui-ci aura aussi comme mission secondaire de transporter l'hôte, si par malheur le bateau transporteur venait à tomber en panne.

Si le voyage s'effectue sans incident, l'hôte sera débarqué en un point convenu, où trois **Cdos S.E. /S.R.** seront en recueil. A son débarquement, il sera dirigé au plus vite sur la base du **S.R.**, précédé d'un commando et suivi des deux autres en protection. Arrivé au P.C. du S.R., il sera traité avec beaucoup d'égards, comme dans les cas d'exfiltrations déjà décrits. A ce stade, le commandement ennemi sera contacté par une personnalité neutre, en vue d'un échange. Les négociations sérieuses pourront commencer.

2. Libération des prisonniers d'un camp

Attaque d'un camp par ruse

Les prisonniers ordinaires sont souvent gardés dans des camps, situés en périphérie des villes. Ces lieux de détention sont, comme dans le cas d'un poste, entourés de barbelés et parfois leurs abords sont minés. Généralement, leur conception est identique : quatre blockhaus d'angle armés chacun d'une mitrailleuse, un mirador lui aussi armé d'une mitrailleuse et muni d'un puissant projecteur et permettant de surveiller le camp et ses abords de jour comme de nuit.

Avant tout projet d'attaque, le *S.R.* devra communiquer les informations suivantes au S.E., qui organisera l'opération en fonction des renseignements recueillis :

- Nombre de prisonniers dans le camp (en prévision du nombre de camions nécessaires pour les évacuer) ?
- Combien de gardes ?
- Sont-ils du genre débonnaire ou fanatique ?
- A quel moment se relâchent-ils ? Repas de midi, du soir ?
- Ont-ils des relations amicales avec les civils (positif pour obtenir des informations sur l'intérieur du camp) ?
- Les gardes acceptent-il des cadeaux de leurs amis civils (bière, alcool, etc.) ?
- Où se trouve l'emplacement du poste radio (à neutraliser en priorité absolue au moment de l'attaque pour qu'il ne puisse pas donner l'alerte) ?

Les points les plus intéressants à connaître sont :

- Y a-t-il des convois de quelques camions qui pénètrent dans le camp de façon régulière chaque semaine ? Par exemple pour y amener ou emmener des prisonniers, ou du matériel, etc.
- Si oui, quel jour de la semaine ?
- Quelle heure ?
- Les gardes, et cela est capital, ouvrent-ils la porte du camp automatiquement, à la vue du convoi qui arrive ?
- Ou bien le chef de la voiture de tête doit-il présenter d'abord un ordre de mission au factionnaire, pour que celui-ci ouvre la porte ?

Scénario envisagé

- Le camp abrite environ 120 prisonniers.
- Chaque jeudi, un convoi de 3 à 4 camions parvient au poste, soit pour y amener des prisonniers et du ravitaillement, soit pour emmener les récalcitrants à la prison centrale située en ville.
- Ces camions arrivent habituellement entre 11 h 00 et 12 h 00 et repartent environ une heure après.

- Par chance, habitués à ces arrivées hebdomadaires, les gardes ouvrent le portail à la vue du camion de tête pour laisser entrer le convoi.
- Ce n'est qu'une fois à l'intérieur du camp que le chef de voiture remet son ordre de mission au sous-officier de permanence.

Lorsque toutes les informations nécessaires sont réunies, le responsable du S.E. fait surveiller la route qui dessert le camp pendant plusieurs semaines. Il s'aperçoit que cet axe routier, n'ayant jamais subi d'attaques ou d'embuscades de la part des partisans, ne fait l'objet d'aucune surveillance particulière. Ni les militaires, ni la police n'établissent de barrages routiers pour y contrôler les véhicules. Cependant, assez rarement, une paire de policiers motocyclistes le parcourt mais le risque qu'ils constituent n'est pas grand. Malgré tout, le jour « **J** », depuis le matin des partisans en civil et sans armes vont surveiller la route, prêts à avertir le convoi qui amène les commandos si une menace sérieuse mettait l'opération en danger. En ce cas, elle serait annulée et reportée à un jour plus favorable.

Jour J, H-1 : Le chef de l'opération et son convoi roulent sur une route secondaire peu fréquentée. Ils reçoivent le feu vert des éclaireurs en civil qui patrouillent la route menant au camp. La voie est libre !

Heure H : Les camions accélèrent et foncent sur l'objectif. Ils se déploient et se mettent en place.

Dispositif

Elément « A » : Une zone boisée (ou couverte par la végétation) est choisie à environ trois kilomètres avant le camp, sur le trajet des camions ennemis. Sont planqués dans la végétation qui borde la route les éléments suivants :

- *Groupes 1, 2, 3/ Cdo Spécial*, en uniformes ennemis.
- *Cdos 1 et 2/ S.E. /S.R.* et les huit véhicules avec lesquels sont arrivés ces partisans. Les camions, parqués dans un petit chemin sous bois, hors de vue de la route, sont gardés chacun par son conducteur et un homme de protection du *Cdo Spécial*, armés de fusils M-16 et de grenades.

A un kilomètre de là, un guetteur (habillé en civil) préviendra par radio l'élément « A » dès que le convoi ennemi sera en vue.

Elément « B » : Une zone couverte, située approximativement à trois kilomètres sur la route, après le camp, est choisie. Sont camouflés dans la végétation qui borde la route, les *groupes 4 et 5/ Cdo Spécial* (vêtus de l'uniforme ennemi), épaulés par le *Cdo 3/S.E. /S.R.* Les cinq camions avec lesquels ils sont arrivés sont soigneusement cachés dans un petit bois près d'eux, gardés par une dizaine d'hommes du *Cdo Spécial*, armés de fusils M-16 et de grenades.

Action

Le guetteur signale l'arrivée du convoi aux éléments « A » et « B » puis rejoint aussitôt l'élément « A », en se dissimulant dans la végétation.

Elément « A » : Les *groupes 1, 2 et 3/Cdo Spécial* établissent un barrage. Vêtus d'uniformes ennemis leur présence semble normale. Ils sont sensés bloquer la route « minée par les partisans ».

Elément « B » : Les *groupes 4 et 5/Cdo Spécial* font de même et bloqueront l'axe routier pendant toute la durée de l'opération. Même prétexte : « la route a été minée par les partisans » ! En cas de problème, le *Cdo 3/S.E. /S.R.* est en réserve, planqué parmi les arbres. Deux partisans coupent la ligne téléphonique reliant le camp à la prochaine bourgade.

Elément « A » : Le convoi comprenant huit véhicules militaires arrive et stoppe devant le barrage routier. Outre les conducteurs et les chefs de voiture, assis dans la cabine des camions, se trouve un petit groupe de 24 militaires bien tranquilles. Sous la menace des armes des groupes du *Cdo Spécial*, les ennemis se laissent désarmer, ce qui leur évite une rapide neutralisation. Ils sont amenés sous les arbres et interrogés. Sans difficulté, ils révèlent leur mission qui est d'apporter au camp quelques sacs de riz et des couvertures mais surtout de ramener des prisonniers difficiles à la prison centrale, pour y être interrogés. Le chef de convoi, un adjudant, remet alors son ordre de mission, portant les noms des prisonniers à transférer. Ce qui confirme ses dires. Il indique aussi que la porte du camp sera ouverte dès que le camion de tête se présentera. Dès ce moment, deux partisans coupent la ligne téléphonique qui relie le camp de prisonniers à la ville.

Après cet interrogatoire, les prisonniers doivent se déshabiller et leurs uniformes endossés par le *groupe 1/Cdo 1*. On remet à chaque prisonnier une couverture. L'un des camions des commandos est avancé.

Les prisonniers, sous la garde du **groupe 1/Cdo Spécial,** sont embarqués dans le véhicule qui prend aussitôt la direction de la zone de guérilla où le **Cdo 4** vient à sa rencontre pour se mettre en position de recueil le plus près possible, sans attirer l'attention de l'ennemi. Les **groupes 2 et 3/Cdo Spécial** restent en position et maintiennent le barrage routier pour bloquer la circulation, sous le même prétexte.

Le **groupe 1/Cdo 1**, revêtus d'uniformes ennemis, s'installe dans les cabines des camions militaires, jouant le rôle de conducteur et de chef de voiture. Leurs camarades des **Cdos 1 et 2** se répartissent dans les huit camions ennemis. Le convoi « militaire » démarre et arrive devant le camp sans problème. Le conducteur du camion de tête fait un signe amical au garde qui lui répond et ouvre le portail. Les véhicules pénètrent dans l'enceinte et s'immobilisent sur la place centrale du camp. Les hommes bondissent des camions. Les tireurs R.P.G. ont reçu chacun leur objectif : la radio, le mirador et les blockhaus d'angle. Les autres, appuyés par les R.P.K., attaquent de partout, à la « kalash » et à la grenade. Un groupe du **Cdo 2** désigné à l'avance, ayant en main un plan de la prison fourni par le S.R., fait le tour du camp. Leur mission : libérer les prisonniers de leurs cellules et des baraquements où ils sont enfermés. Ces derniers sont conduits aux camions militaires où on leur tend une arme récupérée, puis ils embarquent immédiatement. Dès qu'un véhicule est rempli de libérés, il fonce vers son rendez-vous avec le **Cdo 4**, resté en recueil après avoir récupéré le groupe du **Cdo Spécial** déjà arrivé en camion avec les prisonniers ennemis faits sur le convoi. Tous les prisonniers amis libérés et armés sont évacués par quatre des camions militaires capturés et roulent vers l'élément de recueil.

Ordre est donné au reste de l'élément « A » (**groupes 2 et 3/Cdo Spécial**) de lever le barrage et de foncer jusqu'au camp avec les sept camions restants. Dès l'arrivée de ces véhicules, une partie des **Cdos 1 et 2** embarque, l'autre monte dans trois camions militaires puis ils foncent vers le **Cdo 4** qui les attend.

Le temps presse. Un groupe du **Cdo 1** monte dans le camion militaire restant avec les morts et les blessés amis et suit le convoi qui emmène les **Cdos 1 et 2** ainsi que les **groupes 2 et 3/Cdo Spécial**.

Au même moment, ordre est donné à l'élément « B » de se replier rapidement sur l'élément de recueil *(Cdo 4)*. Les partisans du **Cdo 3** avec les **groupes 4 et 5/Cdo Spécial** sautent dans leurs camions, démarrent en catastrophe et foncent vers le **Cdo 4** qui les attend.

Le problème des prisonniers ennemis ne se pose pas : devant la résistance acharnée des gardiens, il n'en a pas été fait. L'opération a été très rapide et aucune réaction venant de l'extérieur n'a été possible. Malheureusement, le manque de temps n'a pas permis une fouille sérieuse du camp pour récupérer toutes les armes. L'essentiel de la mission étant de libérer les prisonniers, ce qui a été fait.

Bilan de l'opération : 118 prisonniers libérés
22 blessés
8 morts

Attaque brutale d'un camp

Lorsqu'il n'y a aucune allée et venue de camions entre le camp de prisonniers et la ville, une attaque par la ruse, de l'intérieur, comme celle qui vient d'être décrite, n'est pas possible. Il faudra là aussi étudier soigneusement le plan du camp, connaître ses défenses et le nombre de gardes.

Mais la seule option sera l'assaut brutal, presque identique à l'« Attaque de Poste » (voir le chapitre 12.5).

Cependant, pour ne pas risquer de tuer les prisonniers qui sont à l'intérieur du camp, on ne pourra pas faire une préparation au mortier de 81 avant l'attaque. Outre les huit camions destinés à transporter les **Cdos 1 et 2**, il sera nécessaire d'amener cinq véhicules qui transporteront les amis libérés, les armes récupérées et les prisonniers ennemis, s'il y en a. Le reste de l'opération sera identique :

- Bouchons sur la route à 3 km de part et d'autre du camp.
- Elément « **A** », comprenant les **groupes 1**, **2** et **3** du **Cdo Spécial**, épaulés par les **Cdos SE/SR 1 et 2.**
- Elément « **B** », composé des groupes 4 et 5 du **Cdo Spécial**, appuyés par le **Cdo 3 SE/SR.**

Ces deux éléments ont été renforcés en R.P.G. pour le cas où des hélicoptères essaieraient d'intervenir.

Approche silencieuse à l'aube. Toutes les lignes téléphoniques sont coupées.

Destruction des barbelés aux bangalores, synchronisée avec tirs concentrés des R.P.G. sur la salle radio, les blockhaus et le mirador.

Destruction du portail d'entrée à l'explosif, suivie d'un assaut massif des *Cdos 1 et 2* groupés pour submerger sous le nombre les gardiens du camp relativement peu nombreux.

L'opération terminée, les équipes R.P.G. 7 des deux commandos surveillent le ciel, pour contrer toute arrivée d'hélicoptères d'intervention.

Récupération des prisonniers par un groupe qui opère muni d'un plan de la prison fourni par le S.R.

Fouille du camp par l'équipe de récupération qui ramasse les armes, munitions et équipements utiles.

Repli rapide par camions des camarades libérés, des *Cdos 1 et 2*, des morts et des blessés ainsi que des prisonniers ennemis qui se sont rendus sans résistance.

Peu après, les bouchons reçoivent l'ordre de décrocher eux aussi et foncent vers le *Cdo 4* qui les attend, en position de recueil, à mi-chemin entre le lieu de l'opération et la zone sûre, pour protéger leur retour et s'avancer au devant d'eux, au cas où ils rencontreraient des difficultés.

Autres moyens

Lorsque la majorité de la population est favorable à la guérilla, et qu'il a été possible d'infiltrer des agents parmi les gardiens de la prison (ou du camp), il est envisageable de tenter une action différente. Partant d'une maison sûre, située à plusieurs centaines de mètres de la prison, on creusera un long tunnel, qui finira par déboucher, de nuit, dans le quartier des internés. Ceux-ci seront alors libérés en silence par des partisans armés, qui les dirigeront aussitôt par camions, sur la zone tenue par les partisans. Cette évasion aura lieu sous la protection de groupes armés, camouflés dans les alentours. Ces hommes auront pour mission secondaire d'attaquer la prison pour faire diversion, en cas de réaction imprévue des gardiens ou de bloquer l'intervention éventuelle d'éléments extérieurs.

Ce type d'opération a d'ailleurs été réalisé avec succès par les Taliban, le 24 avril 2011, sur la prison « Sarposa » de haute sécurité à Kandahar (Afghanistan), libérant 486 prisonniers politiques dont 106 « commandants » taliban.

19. SERVICE DU RENSEIGNEMENT (S.R.)

Ce service, d'une importance vitale, est basé dans une zone absolument sûre, contrôlée par la guérilla. Il dispose, pour sa protection rapprochée, du *Service Action*, composé de plus de six cents hommes très bien armés. Il est totalement indépendant et placé directement sous l'autorité du *Commandement central*. Sa mission est essentielle dans la lutte menée par les partisans, qui est en fait un combat de David contre Goliath. Seules, des informations précises sur l'organisation, les intentions et les points faibles de l'ennemi permettront de lui causer des pertes sévères et d'esquiver ses coups, qui frapperont alors dans le vide.

Bien qu'il soit évident que le *S.R.* d'une guérilla ne puisse être aussi étoffé que celui d'une grande puissance ou plus simplement d'un Etat souverain, il doit être parfaitement opérationnel, malgré sa structure relativement simple. Le *Service du Renseignement* comprend cinq services distincts :

- Sécurité extérieure
- Sécurité intérieure
- Informations générales
- Direction des Brigades urbaines
- Service action

19.1. SERVICE DE SÉCURITÉ EXTÉRIEURE

Ce service a une large responsabilité, qui couvre de nombreux objectifs bien distincts, qui sont confiés chacun à un bureau spécialisé. Ce sont :

● Recherche et exploitation du renseignement en milieu extérieur.
● Implantation d'agents chez l'ennemi et leur « traitement ».
● Retournement des agents ennemis et leur « traitement » (1).
● « Montages » destinés à faire exécuter par l'ennemi ses officiers supérieurs ou généraux les plus capables.
● Ecoutes permanentes et décodage des messages radio ennemis.
● Surveillance et « intervention discrète » sur les sites Internet de l'adversaire.
● Manipulation et utilisation des prisonniers ennemis, en coopération avec le *Service d'action psychologique* pour leur mise en condition.

La recherche du renseignement en milieu extérieur

Elle est réalisée par des agents ayant des profils très divers, possédant une couverture efficace mais paradoxale. Ils devront être connus comme des *« collaborateurs notoires »*, afin d'infiltrer la police, les unités locales auxiliaires de l'armée (milices) et les rangs des gardiens de prison et interprètes. Il pourra s'agir de journalistes ou d'écrivains connus pour êtres favorables à l'ennemi, de responsables de mouvements inféodés à l'occupant, d'employés de maison, chauffeurs, plantons, secrétaires travaillant pour l'administration ennemie, professeurs, étudiants prêchant la collaboration. Leur meilleure couverture sera leur attitude amicale vis-à-vis de l'ennemi, pour mieux le tromper.

D'autres agents seront eux, des anonymes « gris et sans visage », qui passent partout sans attirer l'attention : préposés des postes, pompiers, gardiens de la paix, employés de la compagnie du Gaz, de l'Electricité, des Services des Eaux, personnel des Hôpitaux utilisés par

---

(1) Les agents sont suivis et dirigés par un responsable « traitant ».

l'ennemi (les blessés parlent…). Bien entendu, les membres des brigades urbaines dont la direction fait partie du S.R, auront infiltré ces différents milieux socioprofessionnels.

Il faut aussi citer les agents de l'*Action psychologique* urbaine qui, en contact avec de nombreuses personnes hostiles à l'occupant, collectent toutes les informations disponibles et les répercutent sur le S.R., via leur responsable.

L'implantation d'agents chez l'ennemi

Elle se fait par le recrutement de sympathisants « cachés » qui travaillent dans des Services ennemis (bureaux, administration, etc.), tout en étant d'ardents patriotes. Ils viennent compléter le réseau existant. D'une manière générale, les agents dont l'emploi permet d'obtenir des renseignements sur l'adversaire sont cooptés sur la recommandation (secrète) d'éléments absolument sûrs. Par raison de sécurité, les nouveaux venus ne devront jamais connaître d'autres membres de la guérilla que leur « traitant », qu'ils ne verront qu'une seule fois, au moment de leur intégration. Par la suite, les échanges se feront toujours par boîte aux lettres mortes.

Les retournements

Lorsque la *Sécurité intérieure* démasque un agent, infiltré (ou pas) dans la guérilla, celui-ci est aussitôt remis à la *Sécurité extérieure*. C'est ce service qui est chargé de le retourner, puis de le manipuler.

Contrairement à une opinion communément répandue, un espion détecté n'est que très rarement exécuté. Il est trop précieux pour cela. Il ne sera ni torturé ni frappé, ni malmené ou même insulté. De fait, le chef de la *Sécurité extérieure* l'invitera à participer à un dîner auquel rien ne manquera : plats fins, bons vins et même cigares s'ils sont appréciés des convives. Naturellement, seront dissimulés dans la verdure tout autour du bâtiment les hommes du *Cdo spécial*. Ils auront pour ordre d'abattre l'invité s'il lui venait à l'esprit de tenter une évasion. Au cours du repas, entre gens de bonne compagnie, on évoquera obliquement les peccadilles de l'infortuné, comme s'il s'agissait d'un simple manquement aux règles de savoir-vivre, une faute de mauvais goût, tout au plus. Au dessert, avec un sourire entendu, on lui proposera avec délicatesse de dissiper le malentendu. Puis on passera au salon pour les choses sérieuses.

L'hôte devra d'abord dire tout, absolument tout ce qu'il sait sur son « traitant », ses autres chefs, ses collègues, ses moyens de contact, ainsi que le but de sa mission et de celles qui l'ont précédée. Ensuite il sera mis dans l'obligation de révéler les noms de ses complices au sein de la guérilla (et en dehors) et de fournir des renseignements complets sur les membres de sa famille. Pour terminer, il devra écrire de façon détaillée l'histoire de sa vie et expliquer ce qui l'a décidé à travailler pour l'ennemi.

Il sera informé que le moindre mensonge, la plus petite omission aurait pour lui et sa famille, des suites extrêmement fâcheuses. Une enquête très poussée sera aussitôt entreprise pour vérifier et recouper les informations données par l'agent. Pendant ce temps-là, il sera « retenu » sous bonne garde dans le camp, où il bénéficiera de bonnes conditions de vie matérielle. Dès que les informations fournies auront été authentifiées, il pourra alors reprendre ses activités d'agent, modifiées toutefois par l'intervention de la *Sécurité extérieure*.

Auparavant, l'agent sera mis dans l'obligation de donner un gage sérieux de sa fidélité à la Cause de la guérilla. Devant une caméra (couleur/ son), il lui faudra exécuter un prisonnier ennemi en uniforme, choisi parmi les criminels de guerre. Cette formalité accomplie, il continuera à adresser au S.R. ennemi de nombreux renseignements, vérifiables et vrais…mais sans grande importance. Ces documents lui seront remis par la *Sécurité extérieure* qui glissera parmi eux de temps en temps, sans excès, des informations capitales, non vérifiables…mais fausses. En contrepartie, l'agent maintenant « retourné » fera régulièrement parvenir à la *Sécurité extérieure* des renseignements sérieux et vérifiables sur l'ennemi.

Pour la forme, l'agent retourné devra être prévenu que toute inconduite de sa part entraînerait non seulement son élimination immédiate mais aussi celle de sa famille. En dernier recours, l'envoi au S.R. ennemi du film de ses exploits lui causerait certainement des ennuis encore plus sérieux, si cela était possible, de ce côté-là. Toutes ces considérations feront que le nouveau collaborateur de la *Sécurité extérieure* n'aura jamais la tentation de travailler comme agent « triple » en faveur de l'ennemi et au détriment de la guérilla.

Dans certains cas, rares il est vrai, l'agent ennemi capturé refuse toute collaboration, soit par orgueil inapproprié, stupidité ou même par peur. Il ne faudra pas s'en offusquer. Ne sommes-nous pas entre gentilshommes ? Chacun n'a-t-il pas le droit de se déterminer librement ? Ce cas, malheureux, réduit à deux les options de la **Sécurité extérieure**.

Si l'individu a une quelconque importance, on pourra très probablement l'échanger contre un agent ami d'envergure, tombé entre les griffes de l'ennemi. En attendant qu'un échange puisse avoir lieu, le prisonnier sera mis dans une cellule isolée et soumis à un régime très déplaisant mais humain, destiné à lui laisser un très mauvais souvenir de l'aventure puisque l'*action psychologique* ne servirait à rien sur ce type d'homme.

Si au contraire l'agent ennemi n'a que peu d'importance, sa valeur d'échange sera pratiquement nulle. Dans ce cas regrettable, on lui laissera savourer un café et même allumer un cigare... avant de l'exécuter d'une balle tirée derrière la tête, au silencieux, lui assurant finalement une mort sans aucune violence préalable ; ce qui n'est, hélas, pas le cas de tous les combattants.

La **Sécurité extérieure** s'occupe aussi d'autres agents ennemis qui, bien que non « candidats » au retournement, lui sont envoyés par la **Sécurité intérieure**. Si cette dernière détecte un agent de grande importance, elle évitera surtout de le neutraliser. Elle le surveillera de très près pour l'empêcher d'obtenir des renseignements importants (et vrais). Puis elle passera le relais à la **Sécurité extérieure**. Ce service manœuvrera alors pour que des renseignements très importants, non vérifiables mais faux, tombent entre les mains de l'agent. Ces informations « authentifiées » par l'agent parviendront au S.R. ennemi qui y attachera la plus grande importance, lui occasionnant alors une sérieuse « intoxication ».

Il faut noter au passage qu'une « intox » de qualité peut entraîner des effets dévastateurs chez l'adversaire. Ainsi, pendant la guerre d'Algérie, l'extraordinaire capitaine Paul-Alain Léger (2), patron des « Bleus de chauffe », parvint habilement à convaincre Amirouche, le chef de la Willaya III (Kabylie) que son organisation était complètement gangrenée. Ayant acquis la certitude d'avoir été « trahi » par les « intellectuels » (3), Amirouche, qui n'avait nul besoin d'être poussé pour soupçonner tout le monde et voir des complots partout, prit des mesures

---

(2) Capitaine Paul-Alain Léger : ancien chef du commando G.C.M.A. (G.C. 308) basé sur l'île de Cû Lao Ré (face à la province de Quảng Ngãi, Annam). A Alger, chef du Groupe de Renseignements et d'Exploitation, agissant sous l'autorité du colonel Yves Godard, ancien du 11e Choc.

(3) C'est-à-dire possédant le Certificat d'études primaires, voire plus.

extrêmes. Donnant carte blanche au « semi-dérangé » mais totalement sanguinaire "capitaine" Hacène Mahiouze (4), dit « Hacène la Torture », il fit « interroger » quelque trois mille braves djounouds, parfaitement innocents, qui sous la torture dénoncèrent tout le monde et n'importe qui. Ce qui entraîna des exécutions massives et en chaîne.

Résultat appréciable de cette hécatombe : une autodestruction de la Willaya III qui la fit cesser complètement ses opérations militaires pendant toute la durée de cette épuration frénétique.

La paranoïa dévastatrice d'Amirouche était telle que la « bleuïte » se propagea dans la Willaya IV (commandée par Si M'Hamed), puis dans une partie de la Willaya V (sous les ordres de Ben Ali Deghine, alias Lofti), avant de s'étendre à la Willaya I.

Bien que le chef de la Willaya IV fût Si M'Hamed, de son vrai nom Ahmed Bougara, la cible du *S.R.* était Omar Oussedik, homme énergique, qui maintenait la cohésion de sa Willaya. Le S.R. fit habilement répandre un « faux » dans le réseau F.L.N. qui « prouvait » la trahison de Khaled, chef de la Mintaka 43 (5) et … fidèle d'Omar Oussedik. Le résultat fut immédiat : terreur généralisée, aveux arrachés par la torture, exécutions massives. Malheureusement, Omar Oussedik s'en tira in-extremis par son rappel à Tunis où le G.P.R.A. le nomma Secrétaire d'Etat.

Inquiets de ces massacres, Tunis convoqua les responsables de l'intérieur pour remettre de l'ordre. Répondant à l'appel, Amirouche et Si El-Haouès (6) prirent le chemin de Tunis. Malheureusement pour eux, l'armée française connaissait leur itinéraire. Ils tombèrent dans une embuscade le 29 mars 1959 dans le Djebel Thameur, près de Bou Saâda. Si M'Hamed sera tué le 5 mai 1959, ainsi que Lofti, le 29 mars 1960. Après la mort de Si M'Hamed, aussitôt remplacé par Si Salah (7), celui-ci, au vu de l'état pitoyable de son organisation, demanda un cessez-le feu séparé.

---

(4) Ancien collaborateur de la Gestapo pendant la Seconde Guerre mondiale. Adjoint d'Amirouche et chef de la Mintaka 1 de la Willaya 3. Il avait lui-même pour adjoint Ajaoud Rachid.

(5) Mintaka : Zone. Subdivision de la Willaya qui en comportait trois ou plus. C'est l'équivalent d'un département sur un plan administratif.

(6) De son vrai nom Ahmed Ben Abderrazak Hamouda. Ex-chef de la Willaya I, commandant la Willaya VI après la mort d'Ali Mellah (Si Chérif), assassiné le 31 mars 1957).

(7) De son vrai nom Ben Rabeh Mohamed Zamoun.

Le bilan de l'opération était le suivant :
    Willaya I (Aurès-Némentchas): 2000 morts
    Willaya II (Nord Constantinois): 500 morts.
    Willaya III (Kabylie): ……….. 3000 morts.
    Willaya IV (Algérois): ………. 1500 morts.
    Willaya V (Oranie): ………….... 500 morts.
    Willaya VI (Sud et Sahara): …..4000 morts.

Elle eut des effets au-delà de l'Algérie, dans les unités de l'A.L.N. basées au Maroc et en Tunisie avec des pertes voisinant 1500 hommes.

La « bleuîte », magnifique opération d'intoxication, peut être considérée comme un modèle du genre.

En revanche, il est très important que toute opération de « manipulation » soit surveillée de très près afin d'éviter que le « manipulé » ne devienne le « manipulateur ». C'est hélas ce qui survint pendant la guerre d'Algérie lorsque le gouverneur général, Jacques Soustelle, influencé par l'ethnologue Jean Servier, lança l'opération « *Oiseau Bleu* », en janvier 1956. Partant du fait que le M.N.A. était populaire en Kabylie, les *Ifflissen Lebhar* (8) sont contactés. Ils acceptent de mettre sur pieds un contre-maquis pour lutter contre les fellaghas de Krim Belkacem. Ce sera la Force « K » (9). Le responsable de cette force ayant toute la confiance du chef du Secteur (10), des centaines d'armes et leurs munitions sont livrées (11). Les opérations commencent en janvier 1956. Rapidement, des faits troublants apparaissent :

- Ses combattants ne portent pas de noms kabyles.
- Le contre-maquis n'a jamais de morts au combat.
- Les fellaghas tués sont en fait des M.N.A. ou des pro-français vêtus d'un uniforme « fell ».
- Les renseignements fournis sont toujours anciens.
- la Force « K » réclame toujours plus d'armes et de munitions.

La vérité éclate lorsque l'on réalise que des armes prises aux « fells » proviennent du stock livré à la Force « K ». L'opération est brutalement arrêtée en octobre 1956. Peu après, a lieu l'opération « Dje-

---

(8) Confédération comprenant cinq tribus de Grande Kabylie.
(9) « K » comme Kabyle.
(10) Le capitaine commandant la 2e compagnie du 15e Bataillon de chasseurs alpins.
(11) Ainsi que des versements mensuels de 9 millions de francs !

nad » où 10 000 hommes (12) encercleront la Région (13) et feront payer très cher leur double-jeu aux *Ifflisen Lebhar*.

Un autre exemple d'intoxication réussie nous est donné durant de la guerre froide. Allen W. Dulles, le maître espion américain, manipulant le trop confiant communiste américain Noël Field et le déserteur polonais Josef Swiato, réussit à discréditer de nombreux dirigeants des Démocraties populaires, déstabilisant et augmentant si possible encore la paranoïa et la suspicion pathologique de Joseph Staline. Ainsi, Andreï Vychinski, procureur des grands procès de Moscou de 1937, fût lui-même victime des purges qui s'ensuivirent… Et bien d'autres encore qui payèrent de leur vie leur parfaite loyauté au « petit père des peuples ».

Cependant, si la *Sécurité extérieure* veut continuer de s'assurer les services (bien involontaires) de cet agent, elle devra agir avec prudence et ne pas abuser du procédé. Dans le cas contraire, son « traitant » chez l'adversaire en viendrait à le soupçonner d'avoir été « retourné » ; ce qui risquerait d'entraîner son exécution. La *Sécurité extérieure* perdrait un canal de choix pour ses opérations de désinformation et de « montage » (voir plus loin).

Les montages

Ce sont des opérations délicates qui nécessitent une véritable « *touche artistique* ». Il s'agit, sur une base vraie (ou tout simplement imaginée) de soigneusement « monter », pièce par pièce, un dossier solide tendant à prouver la trahison d'un militaire de haut rang. Le S.R. s'arrangera ensuite pour que ces documents « irréfutables » soient subtilisés par un agent adverse connu. Ce dernier fera parvenir ces « preuves » au S.R. ennemi ; ce qui entraînera l'exécution rapide du « traître » par les siens. Dans la pratique, il s'agit d'une entreprise difficile, longue et minutieuse dont on peut donner l'exemple suivant :

Les « monteurs » devront d'abord se procurer une lettre manuscrite quelconque portant la signature du « traître », sur son papier à lettres. Tous les cachets nécessaires pour authentifier les documents devront être identifiés et reproduits à la perfection, ainsi que le papier à lettres. Un spécialiste en graphologie sera chargé de réaliser la lettre d'un militaire de haut

---

(12) Comprenant la 27e Division Alpine, les 1er et 3e RCP (du colonel Marcel Bigeard), ainsi que des éléments du 11e Choc.

(13) En particulier la forêt de l'Adrar.

rang offrant de vendre un stock d'armes (bien réel), contre de l'or ou des dollars. La guérilla lui « répondra » pour donner son accord. Le militaire réécrira alors pour fixer les conditions de la vente. Bien entendu, tous les cachets habituels seront apposés sur ces « pièces à conviction ». Même l'encre utilisée devra être identique à celle utilisée habituellement.

Ce dossier parviendra au S.R. adverse par l'intermédiaire d'un agent double, c'est-à-dire qui, prétendant travailler pour la guérilla, est en fait un agent de l'ennemi. Ce type d'agent découvert, mais non démasqué à dessein, sera habilement utilisé pour faire parvenir à l'ennemi des « documents » fabriqués mais convaincants, comme dans le cas de ce montage. A réception de ces « preuves », le militaire ciblé n'aura bien sûr aucune chance d'échapper à la peine capitale.

Au cas où cet exemple prêterait à sourire pour certains, qui le considéreraient fantaisiste, invraisemblable, deux cas, survenus avant la Deuxième Guerre mondiale, illustrent parfaitement cette opération.

L'un, basé sur une sombre histoire d'homonymie, concerne le chef de l'armée allemande, le général Werner Freiherr von Fritsch, dont le pouvoir politique du moment voulait se débarrasser. Un savant montage reposant sur une vieille fiche de police le fit confondre avec un obscur capitaine von Fritsch. Ce dernier, bien des années plus tôt, avait été surpris en flagrant délit d'homosexualité, dans les abords d'une gare. Soumis à une énorme pression, le général von Fritsch, qui avait beaucoup de chance, fut acquitté par un tribunal militaire d'honneur, mais vit sa carrière brisée. Réintégré dans l'armée, et affecté en Pologne, au début de la guerre, il fut tué très rapidement.

L'autre cas, infiniment plus sérieux mais plus savoureux encore se situe avant le début de la Seconde Guerre mondiale. Il concerne un brillant général soviétique que l'Allemagne voulait mettre hors-jeu. Le général « écrivit » donc une lettre offrant ses services à l'Ambassade d'Allemagne à Moscou. Ce courrier fut « visé » et « transmis » (cachet à l'appui) au Ministère des Affaires Etrangères à Berlin, qui le « visa » et « l'adressa » à son tour au G.Q.G. allemand, où il fut « approuvé » par le Chancelier, ce dernier étant dans le coup. Les Services allemands firent en sorte que ce document tombe dans les mains d'un agent soviétique (repéré mais intentionnellement non démasqué). Staline, qui avait une propension à voir des complots partout et surtout parmi ses amis, fit fusiller illico le traître infâme.

Opérations de désinformation

Il sera nécessaire d'utiliser toutes les astuces possibles pour tromper l'adversaire. Par exemple, à l'issue d'un combat, les partisans se replieront en « abandonnant » le cadavre d'un « chef de commando », son arme à côté de lui pour faire plus vrai. L'ennemi trouvera sur lui des documents « authentiques » et crédibles (plans d'attaque, localisation de camps de partisans, etc.) qui l'intoxiqueront et le conduiront à prendre des décisions désastreuses.

A titre d'exemple, citons, parmi d'autres, une délectable opération « *Mincemeat* » (14) qui eut lieu pendant la Seconde Guerre mondiale. Nous sommes en avril 1943.Les Alliés préparent un débarquement en Sicile. Il faut à tout prix amener les Allemands à dégarnir les défenses de l'île. Le S.R. britannique entre alors en action. Partant d'un cadavre convenable, un certain « major William Bill Martin », des Royal Marines, plus vrai que nature, est créé de toute pièce. L'infortuné major commence alors sa mission, vêtu d'un battledress, porteur de tous ses papiers personnels et d'un porte-documents attaché à son poignet par une chaînette métallique. Parmi ses papiers se trouve une lettre personnelle du chef d'Etat-major britannique adressée au général Alexander, commandant les troupes de Tunisie. Elle l'informe du prochain débarquement des Alliés en Sardaigne, en Corse et en Grèce. Le corps du major, protégé au moyen de « dry ice » (15), est embarqué sur le sous-marin « *Seraph* ». Arrivé non loin de Huelva (Espagne) il est secrètement mis à l'eau, soutenu par une bouée de sauvetage, faisant de lui un passager victime d'un accident d'avion…

Récupéré par les Espagnols, ceux-ci en informent immédiatement l'Abwehr, à qui ils « prêtent le héros ». Le corps sera rendu peu après au Consul britannique… intouché en apparence. L'Abwehr, convaincu de l'authenticité du document providentiel, fera prendre des décisions catastrophiques au Commandement allemand :

- Retrait de Sicile d'un groupe de « R-Boots » (16).
- Transfert en Grèce de trois divisions blindées, l'une provenant de

(14) « *Mincemeat* » signifie « viande hachée » en anglais.
(15) Dry ice : glace carbonique ou glace sèche
(16) R-Boot : (Raumboot) « Bonne à tout faire » de la Kriegsmarine ; petit navire équipé de propulseurs Voith-Scheider qui pouvait être utilisé comme dragueur de mines, navire de protection et de sauvetage.

France, deux autres de Russie. Inutiles arrivées sur place, ces deux dernières manqueront cruellement dans la bataille de Mourmansk.

Le véritable objectif des Alliés sera atteint : La Sicile, faiblement défendue, tombera facilement lors du débarquement.

Le service d'écoutes permanentes et de décodage des liaisons radio

Il intercepte les transmissions entre le Q.G., les unités et les agents ennemis. Les messages déchiffrés sont immédiatement dirigés sur le responsable intéressé. Par exemple, tout ce qui concerne les agents ennemis est remis à la *Sécurité intérieure*. Cependant, ces informations interceptées restent soumises à un filtrage rigoureux qui en valide la crédibilité et la cohérence ; pour repérer les tentatives d'intoxication de l'ennemi.

Enfin, tout opérateur radio capturé doit être « sévèrement » interrogé en vue d'obtenir ses codes mais surtout pour savoir quel est le signal d'alarme caché qu'il doit envoyer pour prévenir ses correspondants qu'il n'est plus libre et celui qui figure obligatoirement dans ses messages pour confirmer que tout va bien. Ce peut être une lettre redoublée au début ou à la fin de chaque phrase ou tout autre signe convenu dont l'absence donnera l'alerte. Ou bien encore une courte phrase anodine telle que « tout va bien », qui fera savoir à son correspondant que l'opérateur a été capturé ; ce qui permettra alors à son service de déclencher une opération d'intoxication contre ses geôliers.

Il existe un perfectionnement à ce procédé. Chaque radio dispose d'un faux code « tout va bien », destiné en fait, en cas de capture, à en informer ses correspondants. Afin de mieux convaincre ses gardiens et d'authentifier le « faux code », l'opérateur ne le livrera que sous la torture, en le donnant bien sûr pour le vrai code « tout va bien ». De cette manière, dès que le radio enverra, sous contrôle ennemi, son premier message, ses interlocuteurs sauront qu'il est capturé et pourront procéder à une désinformation sérieuse de l'adversaire. Nous citerons un autre cas, tout aussi astucieux, mais plus délectable encore (17).

---

(17) En 1978, en Centre-Afrique, l'empereur Jean-Bedel Bokassa, ayant cessé de plaire à ses maîtres parisiens, l'infortunée majesté se retrouva fortuitement avec des corps de femmes et d'enfants dans les immenses réfrigérateurs de son palais de Berengo (opération Caban). Devenu bien malgré lui « anthropophage », sa chute programmée eut lieu en septembre 1974 (opération Barracuda).

Il faut aussi savoir que la façon d'envoyer un message (en morse) est particulière à chaque opérateur et constitue, pour une oreille exercée, une véritable signature (18). De ce fait, même en possession des codes, il n'est pas facile de remplacer un radio récupéré pour tenter une opération d'intox. Il est de loin préférable d'utiliser le captif, en le prévenant toutefois que sa survie dépendra de la réussite ou non de l'opération de désinformation menée contre son camp.

Ce type d'opération est parfaitement réalisable. Ainsi, aux Pays-Bas durant la Seconde Guerre mondiale, le major allemand Otto Skorzeny réussit, en utilisant un radio « retourné » (Treasure), à commander à Londres et à se faire livrer un spécimen de pistolet silencieux (19) et plus tard, un silencieux pour pistolet-mitrailleur STEN (20).

On pourrait, grâce à ce stratagème, envisager de « commander » des armes et des munitions, etc., pour armer des « maquis » totalement inexistants et demander le parachutage d'officiers des forces spéciales (genre Jedburgh ou S.O.E.) pour les encadrer. Pour ces officiers là, la guerre serait finie…

Mise en condition et utilisation des prisonniers ennemis

Comme cela a déjà été décrit dans le chapitre 10 (*Les prisonniers ennemis*), c'est le S.R. qui est responsable des prisonniers et de tout ce qui a trait aux questions d'échanges et de moyens de pression. En revanche, leur mise en condition destinée à leur faire prendre conscience de leurs erreurs passées et d'en faire des « hommes nouveaux » est réalisée en coopération avec l'*Action psychologique.*

La rééducation sera menée en petits groupes et basée sur des causeries auxquelles succéderont questions et réponses, pour amener progressivement les prisonniers à se rendre compte qu'ils ont été manipulés et à réaliser leur fourvoiement, par une prise de conscience de la vérité objective.

---

(18) Il existe même des machines capables de déterminer si la « frappe » de l'opérateur correspond bien à sa façon de taper ses messages.

(19 Pistolet « Welrod ».

(20) Il s'agit d'un silencieux incorporé au canon et recouvert de cuir, de façon à éviter au tireur de se brûler les mains. Cette pièce (tout comme les canons « normaux ») se visse sur la boîte de culasse du pistolet-mitrailleur STEN, admiré par cet officier ennemi pour sa robustesse et sa simplicité d'utilisation. Il jugeait cette arme supérieure aux MP40 et MP41 allemands, plus fragiles (l'excellent Sturmgewehr 44 (7,92 mm Kurz) n'existant pas encore).

A l'issue de chaque discussion, le groupe, inspiré par son moniteur, devra voter une résolution sur proposition de celui-ci. Tout groupe qui progressera se verra récompensé par de légères améliorations matérielles. En revanche, tout « mauvais esprit » ferait punir l'ensemble du groupe qui exercerait alors une forte pression sur le coupable pour le remettre dans le droit chemin.

Filière papier

Le Service de la ***Sécurité extérieure*** aura à sa disposition une équipe de techniciens hautement qualifiés et parfaitement équipés. Ces artistes qui, en d'autres temps, seraient d'excellents faussaires, devront être capables de reproduire tous les documents nécessaires aux opérations des agents. Cette production de haute qualité, plus authentique que de nature, permettra à ses utilisateurs de se déplacer en toute sécurité, dans leurs missions les plus diverses.

19.2. SERVICE DE SÉCURITÉ INTÉRIEURE

Le *Service de Sécurité intérieure* a pour mission essentielle de détecter les agents ennemis partout où ils se trouvent et particulièrement ceux qui parviennent à s'infiltrer dans l'organisation de la guérila : brigades urbaines, unités de partisans, *Action psychologique*…ou même le *S.R.*

Il existe plusieurs manières de découvrir les agents de l'ennemi. Beaucoup sont tout simplement dénoncés par leur supérieur (1), agent double, qui tout en prétendant travailler pour l'ennemi, est en fait un agent de la guérilla. Certains sont démasqués grâce à un proche voisin, collègue, rival, ayant un compte personnel à régler avec eux : mari trompé, femme abandonnée, conflit d'intérêt, etc.

D'autres se trahissent par un comportement insolite : curiosité déplacée, absence régulières pour des raisons familiales, qui aura intrigué un camarade ou un supérieur psychologue ou fin observateur (c'est une qualité inhérente dans ce métier). Parfois la malchance jouera : l'agent ennemi qui a réussi à infiltrer la guérilla sous un faux nom sera démasqué et sa véritable identité dévoilée par un membre de la guérilla,

---

(1) Ainsi, de 1949 à 1962, l'agent double britannique Kim Philby, qui travaillait pour les Soviétiques, avait d'étroits contacts avec James J. Angleton, responsable de la C.I.A. pour les opérations secrètes. Philby en informait régulièrement les Russes. Toutes les équipes de la C.I.A. parachutées dans les Pays de l'Est furent capturées et anéanties.
De même, de 1985 à 1993, l'alcoolique et incapable Aldrich Hazen Ames, chef du contre-espionnage de la C.I.A. pour l'URSS, livra aux Soviétiques les noms des agents russes travaillant pour la C.I.A. et ceux de centaines de ses collègues américains. Sa trahison dura neuf années, jusqu'à son arrestation le 21 février 1994.
Nous n'évoquerons qu'en passant la brillante affaire « Farewell », réalisée, entre 1981 et 1983 sur un coup de chance, par la D.S.T., avec l'aimable coopération du colonel K.G.B. Vladimir Ippolitovich Vetrov, qui y perdit la vie. Elle permit d'expulser plusieurs dizaines d'agents du K.G.B. et du G.R.U. opérant en France.
Enfin, le colonel Shcherbakov, chef du directorat « S » du S.V.R. à Moscou (et agent double) livre ses subordonnés aux Américains ! Résultat : le 28 juin 2010, dix agents « dormants » établis de longue date aux Etats-Unis sous une identité d'emprunt, sont arrêtés par le F.B.I.

connaissance de longue date. Enfin tout simplement, des agents seront détectés et dénoncés par des sympathisants, qui auront repéré ces membres de la guérilla, entrant et sortant de bâtiments ennemis ou encore en conversation avec des membres de ses forces de sécurité.

Lorsque la **Sécurité extérieure** constate que l'un de ses agents lui fait parvenir des informations importantes mais non vérifiables, qui ne correspondent pas du tout avec le recoupement de l'ensemble des renseignements en sa possession, il devient dès lors suspect. Cet agent douteux sera surveillé étroitement par d'autres agents sûrs, infiltrés chez l'ennemi, pendant que d'autres surveilleront ses déplacements, ses rencontres et tous ses faits et gestes. Dès que l'enquête, longue et minutieuse, sera terminée, on se trouvera devant trois situations possibles :

- Les renseignements « bizarres » fournis par l'agent sont reconnus « vrais ». L'agent est félicité. Il poursuit son travail normalement.

- L'agent est reconnu loyal, de bonne foi. Détecté mais non démasqué par l'ennemi, à dessein, celui-ci l'utilise à son insu pour intoxiquer la guérilla. Dans l'intérêt général (et du sien), il est franchement mis au courant de sa situation précaire. Il lui est ordonné de se mettre au vert définitivement, mais sans punition aucune.

- L'agent est un traître. Probablement démasqué et retourné par l'ennemi, il cherche à désinformer la guérilla. Il serait trop hasardeux de l'utiliser comme agent « triple », qui finirait par ne plus savoir pour qui il travaille…sinon pour lui-même. Il est inutile de lui demander des comptes. Cela ne servirait à rien. La trahison ne peut avoir aucune justification : il sera exécuté en douceur, d'une balle dans la tête lors du prochain rendez-vous, sans explication préalable.

Les agents ennemis « simples » (mais non infiltrés dans la guérilla), qui seront démasqués, seront remis à la **Sécurité extérieure**, qui les prendra en charge en vue d'un retournement (voir paragraphe « Sécurité extérieure »).

D'autres agents, bien que détectés, ne seront pas démasqués, volontairement. Ils seront « passés » à la **Sécurité intérieure** qui s'en servira pour transmettre à l'ennemi les fausses informations qu'ils « recueilleront » sur la guérilla.

Enfin, il y aura le cas de partisans qui, arrêtés, réussissent à s'évader ou sont libérés par l'ennemi. Qu'ils soient coupables ou innocents, ils seront immédiatement exclus de la guérilla qui coupera toute relation avec eux et les considérera comme contaminés. Ces éléments pourraient représenter un risque mortel d'infiltration par l'ennemi si l'on n'établissait pas un « cordon sanitaire » étanche autour d'eux.

Il en sera de même lorsqu'au cours de l'arrestation d'un groupe, l'un des membres aura la chance de s'échapper, même s'il est blessé au cours de l'opération. Là aussi, le risque de conserver un tel élément serait inacceptable et tout contact doit être coupé avec lui.

En règle générale, la *Sécurité intérieure* travaille en étroite coopération avec la *Sécurité extérieure* afin de renforcer mutuellement leur efficacité.

19.3. SERVICE D'INFORMATIONS GÉNÉRALES

Il constitue un service « passif » qui se contente d'être les grandes oreilles du commandement, qu'il informe régulièrement. Sa mission est très large. Il recueille toutes les informations possibles sur l'opinion et le moral des différentes composantes de la société : populations urbaines et rurales, unités de partisans. Cela inclut même l'ennemi dans la mesure du possible.

Ce service ratisse large, accumule tous les renseignements possibles dont il fait l'analyse, puis la synthèse. Bien évidemment, il travaille en liaison constante avec l'*Action psychologique* dont les rapports étroits avec le peuple lui permettent de savoir ce que pense réellement le public, sur les sujets véritablement importants.

Chaque semaine, le *Service d'informations générales* remet un compte-rendu au responsable du S.R. qui le transmet au commandement. Ce dernier, après l'avoir étudié, en adresse copie aux services concernés.

19.4. DIRECTION DES BRIGADES URBAINES

Cette direction possède une structure particulière. Pour des raisons de sécurité évidentes, elle est basée, non pas en ville auprès des brigades, mais dans une zone sûre, contrôlée totalement par la guérilla, hors de portée des attaques ennemies. Son organisation est la suivante :

- *Renseignement* :
  Elle reçoit les informations transmises par les brigades opérant dans les villes occupées et les remet, selon le cas, à la Sécurité extérieure, pour exploitation.

- *Brigades urbaines* :
  Elle télécommande l'action des brigades, par l'intermédiaire des responsables de « secteurs » basés en ville, qui ne se connaissent pas entre eux pour des raisons de sécurité et coordonne les grandes opérations urbaines.

- *Logistique* :
  Elle alimente les brigades en armes, munitions, explosifs, qu'elle leur fait parvenir par des moyens sûrs.

19.5 SERVICE ACTION

C'est le « bras armé et le bouclier » du *S.R*. Basé en zone sûre, tout près du S.R., il en assure la protection rapprochée. Il est constitué de quatre commandos standard (140 hommes chacun), renforcés en R.P.G. et dotés d'armes à silencieux incorporé. Un ***commando spécial*** (100 hommes), pourvus d'armes et d'uniformes récupérés sur l'ennemi, destiné à le tromper dans les « coups tordus », complète le ***Service action***. Il s'inspire des méthodes des commandos S.A.S. britanniques.

Ces ***commandos*** exécutent exclusivement les missions spéciales que lui confie, soit le *S.R.*, soit le *S.E.* (dont ils dépendent également). Ils ne participent jamais aux combats « normaux » contre l'ennemi. Au sein du ***Service action***, choisies parmi les éléments déterminés et les plus solides psychologiquement, sont formées quelques équipes de deux hommes, spécialisées dans les « Wet Jobs » (Termination with extreme prejudice), plus communément appelées « missions homos ». Au préalable à toute mission, une longue surveillance sera exercée sur la cible de manière à bâtir un dossier solide. Cette documentation devra indiquer entre autres : noms, prénoms, photos, nationalité, lieu d'habitation de la cible, ses habitudes. Des informations sur les personnes de son entourage, les mesures de sécurités dont il bénéficie, ses relations, ses distractions et autres activités seront soigneusement notées (achat de journal le matin, une courte visite au café l'après-midi, promenade avec le chien, etc.). Il s'agit de déterminer avec précision quels sont les éléments constants, en temps et en lieu, parmi toutes les activités quotidiennes du « candidats ». Ce travail requiert un grand soin puisque ce type d'homme, méfiant, s'interdit toute routine dans ses activités, ses itinéraires et évite tout contact avec des inconnu(e)s. Cela constitue le « montage » de l'opération.

Le dossier qui indique le lieu et l'heure de l'action sera étudié attentivement par l'exécutant avant son départ en mission. Ce dernier opérera juste le temps nécessaire pour « neutraliser » l'objectif, après l'avoir identifié (1), puis s'éclipsera. Pendant toute la durée de sa courte mission, le tireur aura une « couverture (2) » discrète, susceptible d'effacer toute trace ou récupérer tout objet compromettant. Elle ne se manifestera surtout pas, sauf au cas où les choses se dérouleraient vraiment mal. Ceci afin de lui permettre de disparaître sans problème (manœuvre de diversion ou de protection directe). L'affaire devra se passer sans témoins. Si cela n'était pas le cas, et qu'au dernier moment, la situation n'était pas « conforme », le tir n'aurait pas lieu.

Les « outils » du tireur

Le revolver (à silencieux) est préférable. Il ne laisse pas de douilles (qui parlent) sur les lieux de travail. Il est en outre plus fiable qu'un pistolet automatique, qui s'enraye parfois. Les munitions, quant à elles, seront du type subsonique, adapté au silencieux et permettant d'éviter le « bang » propre aux projectiles supersoniques. Chaque service opérateur utilise les calibres de son choix, selon la mission :

- Le 22 LR à silencieux pour les opérations « crâniennes », chères au Mossad.
- Les 4,5 ou 6 mm spéciaux et les 5.45 x 39 prisés par les Soviétiques, en fonction de l'opération à réaliser. Ces derniers possédaient d'ailleurs toute une panoplie d'accessoires sur mesure : fléchettes pouvant être tirées sous la mer (3), pistolet à ressort dont

---

(1) Dans certains cas, un « pointeur » (appelé « Judas » par les gens du métier), connaissant la cible, se trouvera discrètement sur place. Son rôle se limitera à la désigner puis à disparaître aussitôt, avant l'exécution de la mission.

(2) Bien que l'un des meilleurs services du monde opère souvent avec des équipes de quatre agents (3 hommes et une femme).

(3) Les nageurs de combat russes et les Spetznatz sont équipés de deux types d'armes sous-marines :

- Le fusil A.P.S., à canon lisse, tirant (coup par coup ou par rafale) une fléchette d'acier de 5,66 x 120 mm. Capacité du chargeur 26 coups ; poids chargé 3,4 kg ; longueur crosse déployée 823 mm ; portée utile 30 m à 5 m de profondeur, 20 m à 20 m de profondeur. Fabriqué par l'usine d'armement de Tula. Ce fusil présentant des inconvénients pour le tir hors de l'eau, une nouvelle arme a été mise en service en 2000 : le fusil amphibie ASM-DT qui tire aussi bien une cartouche « terrestre » (5,45 x 39 mm) qu'une « sous-marine » (5,45 x 39 mm-7N6).
- Le pistolet S.P.P.-1, mis en service en 1971. Arme dotée de quatre canons lisses. Détente double action. Tire au coup par coup une fléchette d'acier de 4,5 x 115 mm d'un poids de 12,8 gr. Alimentée par « clips » de 4 cartouches, que l'on introduit dans la culasse. Poids chargé 1030 gr ; longueur 244 cm ; portée utile 17 m (à 5 m de profondeur), ou 11 m (à 20 m de profondeur).

le piston écrase une ampoule de gaz cyanhydrique, les éclats de verre étant filtrés par un fin grillage. Ce dernier type de projectile, tiré en plein visage, provoquait d'authentiques infarctus du myocarde, fatals aux bénéficiaires (4).

On ne citera les « parapluies bulgares » que pour mémoire, puisque n'étant plus en service ; tout comme la « pompe à bicyclette » (voir au chapitre *Farces et Attrapes*).

Par ailleurs, toutes sortes d'accidents apparemment anodins mais très fâcheux peuvent être provoqués :

- Voiture explosant au moment du démarrage.
- Appartement détruit par une fuite de gaz accidentelle, pendant le sommeil de « l'heureux élu ».
- Téléphone qui explose lorsque la cible décroche et répond.
- Electrocution accidentelle mais en fait finement préparée, pour éviter tout soupçon.
- « Cambriolage » ou « crime crapuleux » plus vrai que nature.
- Repas fin, « arrosé » au thallium ou à la dioxine ; ou tout simplement une bonne toxine biologique très active (5).
- Accident de voiture provoqué par des freins et une direction défaillants, au moment opportun.
- Suicide par pendaison, défenestration ou overdose d'héroïne « accidentelle ».
- Lorsque la cible se trouve dans la foule, injection létale de ricine, une toxine naturelle très puissante.
- Parfois, le « sujet », méfiant, ne circule qu'en voiture spécialement blindée. Dans ce cas, il sera suivi discrètement depuis son domicile par un motocycliste ayant un passager sur le siège arrière. Ce dernier, profitant d'un arrêt à un feu rouge (ou d'un encombrement), plaquera sur le véhicule une mine magnétique explosant 20 secondes plus tard, avant de s'esquiver aussitôt en n'hésitant pas à emprunter les trottoirs.
- En revanche, lorsque la personne visée utilise un véhicule « ordinaire », la méthode des « sicarios » colombiens est utilisée : pro-

---

(4) Très utilisé contre les gêneurs en Allemagne et particulièrement à Berlin, à l'époque de la Guerre froide.

(5) C'est ce qui arriva à Genève en octobre 1960 au très remuant Félix-Roland Moumié, président de l'U.P.C.qui, à l'issue d'un bon déjeuner au restaurant *Le Plat d'argent*, ayant bu pastis et bons vins corsés au thallium passa, sans faire de manières, de vie à trépas.

fitant de la grosse circulation, la moto vient se placer à son côté. Le passager, armé d'une mini Uzi (chargée à balles perforantes), mitraille l'objectif à travers la vitre, presqu'à bout portant, puis jette une grenade au phosphore dans la voiture. La moto bondit et disparaît en se faufilant ou en empruntant les trottoirs. En cas de poursuite le complice du motard couvre leur fuite en utilisant son arme et en lâchant des grenades explosant dans les 5 secondes.

La guérilla n'a souvent ni le temps, ni la délicatesse d'employer ces moyens « raffinés ». Un « wet job » au révolver 22 LR à silencieux, favori entre autres des *Kidonim* (6), est tout à fait acceptable. En revanche, si la discrétion n'est pas importante, le Skorpion VZ61 (7,65mm) à silencieux fait parfaitement l'affaire. Inconvénients : il présente une très petite probabilité de s'enrayer. De plus, il laisse des douilles qui « parlent » (7).

Bien entendu, d'autres équipes spécialisées dans la démolition et les sabotages, exécuterons les missions dites « Arma », c'est-à-dire contre tout objectif matériel : avions au sol, navires, ponts, chemins de fer, centrales nucléaires, gazomètres, véhicules, usines, réservoirs à essence, etc.

Pour ces opérations également, une longue et minutieuse période d'observation sera nécessaire pour constituer un solide dossier. C'est ce document qui permettra à l'équipe exécutante de s'entraîner afin de mettre au point une opération « ponctuelle », parfaitement chronométrée.

Pièges à l'appeau

La *Sécurité extérieure*, utilisant le *Service Action*, organise des opérations spéciales où seront engagés un ou plusieurs commandos. Examinons l'exemple de l'embuscade à l'appeau fictif.

Un « agent double », travaillant pour la guérilla, remet à l'ennemi des photos montrant un petit groupe de prisonniers, réels et identifiables

---

(6) Qui constituent les très efficaces équipes action du Mossad. Ces dernières, fait unique, disposent du *Sayanim*, un réseau global de volontaires qui les aide en toute occasion, bien que les autres services disposent à l'étranger d'*agents logistiques d'infrastructure* pour faciliter l'action de leurs *opérateurs*.

(7) Tout comme les projectiles eux-mêmes. On peut d'ailleurs éviter de laisser des douilles (étuis en langage militaire) en plaçant le pistolet dans une serviette en plastique avant de tirer, bien que dans ce cas, il existe un risque d'incident de tir après le départ du premier coup.

par ce dernier, dans un « camp » défendu seulement par une vingtaine de partisans armés de kalachnikovs. Cet endroit isolé, situé dans une clairière au milieu de la forêt, offre à l'ennemi une possibilité tentante de récupération par hélicos. Bien évidemment, aussitôt après la prise de photos, les prisonniers ont été transférés dans un vrai camp, difficile à détecter, et remplacés par des figurants habillés comme eux. Ceci au cas (probable) où l'ennemi prendrait des photos aériennes du « camp » pour s'assurer de leur présence effective.

Peu de temps après, pour hâter l'affaire, l'agent double informe l'ennemi que les prisonniers vont être dispersés parmi d'autres camps, dans un futur assez proche. L'adversaire décide alors de monter une opération héliportée « coup de poing » sur le camp pour libérer ses prisonniers.

Pendant ce temps, les partisans ont massé des forces importantes (quatre *Cdos S.E./S.R.*, renforcés en R.P.G.) (8) dans la lisière de la forêt tout autour du camp. Par précaution, ils ont aussi creusé chacun un trou individuel spacieux mais à orifice étroit, pour échapper aux dévastatrices mitrailleuses type *Gatling* des « ventilos ». De nombreux R.P.K., bien camouflés, sont prêts à accueillir les ennemis qui parviendraient à sauter des appareils. Le scénario suivant peut être envisagé :

Les hélicos arrivent, amenant les forces ennemies qui viennent libérer les prisonniers. Ils se mettent en position stationnaire près du sol pendant que les premiers soldats sautent à terre. Un seul reste à 200 m d'altitude pour surveiller la situation. Deux possibilités sont à considérer :

1. Les R.P.G., appuyés par tous les R.P.K., tirent tous ensemble sur les appareils, plus particulièrement sur celui situé à 200 m du sol. La totalité des hélicos est touchée et s'écrase. L'ennemi a des morts mais quelques hommes, qui sont parvenus à sortir des appareils, sont fait prisonniers après un bref combat. « L'équipe spéciale » ramasse tout ce qui peut être utile (armes, etc.) puis sous la protection de deux groupes autonomes, R.P.G. prêts à tirer, rejoint aussitôt la base avec les prisonniers. Peu après, les autres commandos regagnent leur base, chacun par un chemin séparé, sous couvert des arbres.

---

(8) L'ensemble sera appuyé, si possible, par une équipe de SA-7B en position à 800 mètres du « piège », protégée par un groupe autonome en hérisson dans un cercle de 50 mètres de diamètre.

2. Les hélicos arrivent, comme dans le cas précédent. Les R.P.G., épaulés par les R.P.K., tirent tous ensemble. Tous les « ventilos », touchés, s'écrasent au sol, sauf celui de surveillance qui se trouvait à 200 m du sol et qui, légèrement atteint, parvient à s'enfuir. L'équipe spéciale de ramassage récupère très vite les armes, munitions et équipements les plus importants. Elle dégage aussitôt avec les prisonniers qui ont pu sauter des appareils, sous la protection de deux groupes autonomes et rentre à sa base sous le couvert de la forêt. Le reste des commandos, craignant une frappe d'artillerie ou de missiles, voire l'arrivée de nouveaux hélicos, se planque au fond des trous individuels.

Si d'autres appareils arrivent avant la nuit, il faudra attendre qu'ils soient très près et les engager à nouveau au R.P.G. et au R.P.K. Sinon, la nuit venue, chaque unité décrochera et rejoindra sa base.

Embuscade à l'appel réel

Ce type d'embuscade peut être tenté « à chaud », lorsqu'après un combat, on fait des prisonniers dont l'un est muni d'une radio. On les emmène à la lisière d'un petit bois et, sous la menace des armes, on force le radio à appeler au secours ses camarades. Ce dernier explique qu'avec un petit groupe, ils ont réussi à échapper aux recherches des partisans. Il donne sa position et indique qu'il n'y a pas d'ennemis en vue.

Pendant ce temps ont été rameutés le maximum de R.P.G. et de R.P.K., qui attendent l'hélico de sauvetage, planqués sous les arbres.

Les prisonniers à qui on a rendu leurs armes (sans munitions), pour faire plus vrai, se trouvent juste en lisière du bois. A la vue de l'appareil, ils agitent mouchoirs et chapeaux pour indiquer leur présence. A ce moment, les armes des partisans sont braquées sur le « ventilo », qui en toute confiance approche et se pose. Les R.P.G. et les R.P.K. ouvrent le feu brutalement. Il s'enflamme. Ses occupants, tous blessés, sortent de l'appareil et, à la vue des partisans, lèvent les bras sauf un qui sort son pistolet. Il est abattu sur le champ.

Aussitôt, les prisonniers de l'hélico sont emmenés vers la base, en même temps que les prisonniers « appel », sous la garde de deux groupes autonomes. L'équipe spéciale récupère ce qui peut l'être et dégage sous la protection d'un groupe. Toutes les unités regagnent très vite leurs bases, sous le couvert des arbres et par des chemins différents.

Il se peut qu'au dernier moment, le radio « trahisse » et demande à l'hélico sauveteur de s'éloigner, en prévenant que c'est un piège. Dans ce cas, si l'appareil est suffisamment près, tous les R.P.G./R.P.K. concentrent leurs tirs sur lui. S'il s'écrase, c'est le scénario habituel. S'il parvient à s'enfuir, les commandos décrochent en catastrophe vers leurs bases, avec les précautions d'usage. Le radio, qui a fait échouer l'opération, et son groupe sont traités à l'AK 47 sur le champ.

A l'inverse, si le radio « joue le jeu » et que l'embuscade est un succès, lui et son groupe auront mérité une récompense, c'est-à-dire une exfiltration rapide vers un pays neutre. Toute trahison contre l'ennemi mérite salaire !

Embuscade « véhicule ennemi »

Elle se monte près d'une base. Pendant la nuit, une petite charge d'explosif capable d'immobiliser un véhicule est enterrée sur le côté de la route, non loin de la sortie d'une base ennemie. A quelques mètres de là on enterre une seconde charge très puissante, enveloppée de débris de ferrailles (ou mieux encore un obus de 105 ou de 155 récupéré).

Il y a quand même des précautions à prendre. Si la patrouille ouvrant la route est munie de détecteurs de mines l'explosif devra être contenu dans des caisses en bois. En revanche, si elle utilise des chiens, les partisans devront uriner sur la mine afin d'empêcher ces animaux de sentir l'odeur de l'explosif.

Le scénario escompté est le suivant :

Un véhicule léger (ou une voiture blindée) passe près de la première charge qui explose. La voiture est endommagée. L'ennemi accourt en nombre à la rescousse, arme à la main (curiosité, désir d'aider ?). Un grand nombre de soldats entoure le véhicule victime de l'explosion. C'est alors que la seconde et énorme explosion se produit et fait des ravages terribles parmi les ennemis rassemblés.

Il faut noter que l'utilisation d'ondes électromagnétiques pour faire détoner une charge d'explosif, tellement à la mode actuellement, semble avoir rencontré une parade : certaines cibles fixent sur leur véhicule un gadget qui brouille les ondes et retarde l'explosion, qui n'a lieu qu'après le passage du véhicule. Il paraît qu'un certain ex-président et général asiatique doive beaucoup à ce gadget, la charge ayant explosé quelques secondes après son passage sur un pont…Enfin, il semblerait bien qu'il y ait eu dans le passé des cas où le simple passage d'une motocyclette ait fait exploser des charges qui avaient des détonateurs de ce type. Dans ce cas, la « vieille méthode » du fil enterré aboutissant 200 m plus loin à un exploseur, si possible dissimulé dans un boqueteau, semble plus sûre.

20. SERVICE FARCES ET ATTRAPES

Il s'agit d'un tout petit service d'une trentaine d'hommes à l'imagination débordante ayant des tendances « artistiques ». Il jouit d'une grande autonomie et travaille en liaison étroite avec le **Service Action**, dont il dépend. C'est de ce service non conventionnel que sortent les « nouveautés » en matériels dont l'ennemi aura vraiment à se plaindre.

Ce type d'activité n'est pas particulier à la guérilla. Les grandes puissances : Etats-Unis, Angleterre, etc., ont chacune leur laboratoire et atelier de « bricolage » pour fabriquer de « drôles d'engins ».

Le K.G.B., de son côté, disposait au moins jusque dans les années soixante (et probablement encore s'agissant du F.S.B.) (1) (d'un « Service 13 » qui possédait deux installations secrètes, l'une produisant des armes très spéciales, l'autre créant des drogues non moins spéciales et des poisons sophistiqués ne laissant pratiquement aucune trace.

L'inévitable C.I.A. n'était pas en reste avec son Office of Technical Services (OTS). Y officiait le célèbre Art Alper, grand inventeur de gadgets en tous genres, pendant la guerre du Việt Nam et celle d'Afghanistan.

La France, quant à elle, n'était pas non plus démunie avec sa « Salle 10 », d'où sortit « la pompe à bicyclette » (2).

---

(1) *Service de Sécurité intérieure de la Fédération de Russie* (*Federalnaïa Sluzhba Veneshney*). A ne pas confondre avec le **Service de la Sécurité intérieure** : le **S.V.R.** (*Sluzhba Vneshney Razvedki Rossiyskoi*).

(2) La « pompe à bicyclette » doit son nom à une anecdote savoureuse qui se situe en 1959, en pleine guerre d'Algérie : Marcel Léopold, un honorable négociant en armes et explosifs, établi à Genève, était un fournisseur très apprécié du F.L.N. Un jour, un monsieur bien sous tous rapports nommé Charlie, accompagné d'un ami, se présente à sa porte et s'assure de son identité avec courtoisie. Puis, sans un mot, lui tire en plein ventre un projectile tiré par un système à ressort, qui avait auparavant été testé par un adjudant sur un cochon dans une maison discrète du service, située en banlieue nord parisienne. Bien entendu, ce commerce florissant dut fermer pour cause de décès. La presse s'empara de l'affaire qui, pour le public

Matériels/Munitions « oubliées »

Grenades bricolées à explosion instantanée

Quelques-uns de ces engins sont « oubliés » lorsque les partisans se retirent d'un poste conquis ou d'une zone dans laquelle l'ennemi va faire une incursion. Ces grenades « surprendront » les ennemis assez stupides pour les utiliser.

Obus de 81

La cartouche de propulsion a été trafiquée (poudre remplacée par du plastic avec détonateur placé face à l'amorce) : Si l'ennemi l'utilise, l'explosion et la destruction du tube sont garanties. Ne parlons pas des servants…

Postes-radio (hors d'usage)

Bourrés de plastic et oubliés lorsqu'une unité de partisans se retire devant l'avance ennemie. L'infortuné qui en mettra un « en marche » ne sera plus là pour écouter la musique après l'explosion.

Motocyclette

Piégée et abandonnée sur un chemin. Empruntée par l'ennemi, le réservoir bourré de plastic, avec détonateur électrique éclate lorsqu'on la met en marche (impulsion électrique). L'engin mène directement au Paradis.

Réveil

Abandonné dans une maison où va bientôt arriver l'ennemi. Avec 50 grammes de plastic à l'intérieur. Pas à l'heure, l'imprudent qui veut y remédier y laisse les mains et peut-être plus !

Pièges

Pièges à pointes

Ce piège artisanal est composé de deux parties. L'élément supérieur est constitué d'une planchette carrée de 35 cm de côté environ, sur laquelle des rangées de grosses et longues pointes sont fixées (pointes dirigées vers le haut) (3). Ces pièges sont posés sur les chemins ruraux

---

de l'époque, devint celle de la pompe à bicyclette. Pour la même raison, Georg Puchert, patron d'Astramar Import-export de Hambourg, fut victime d'un accident pyrotechnique de voiture, en mars de la même année, à Francfort dont il ne s'est pas remis.

(3) L'extrémité de ces pointes est semblable à celle d'un hameçon, ce qui rend très difficile de s'en dégager.

qu'utilise l'ennemi pendant ses incursions. Ils sont indétectables, étant légèrement enterrés et recouverts de terre légère ou de feuilles si cela correspond avec le décor. La deuxième partie du piège, située sous l'élément supérieur, est constituée d'un obus de 81 (ou d'une charge explosive) où a été placé un détonateur/allumeur à traction relié à la plaquette par un petit fil très solide en nylon transparent.

Fonctionnement : lorsque l'ennemi marche sur le piège, son pied est transpercé. Par réflexe, il le retire vivement. Son cri alerte ses camarades qui accourent… pour bénéficier alors de l'explosion…qui se produit. Ceci est une recette viêt minh (note de l'auteur).

Pièges simples

Des aliments « oubliés » lors d'une « retraite » devant une incursion ennemie ainsi que les puits qui devront être abandonnés à cette occasion, devront être « traités » avec un produit incolore, inodore et sans saveur. Ce produit n'agira que longtemps après l'ingestion, par « hémophilie » (comme c'est le cas avec les raticides modernes) (4). Certes, ce n'est pas tout le monde qui oserait manger ces victuailles appétissantes mais dans toute armée, il existe des êtres simples, affamés ou des crâneurs. Ces produits spéciaux leur sont destinés.

Pièges à voiture

A utiliser par les « urbains ». Une grosse charge « magnétique » est placée sous la voiture, de préférence à l'emplacement habituel qu'occupe la cible ennemie. Le principe de fonctionnement en est le suivant : la charge « magnétique », qui assure l'adhérence sous la voiture, comporte un détonateur/ « allumeur à traction ». Cet allumeur est relié au pneu de la voiture par un fil très solide en nylon transparent terminé par un gros hameçon, bien enfoncé dans le pneu. Lorsque le véhicule avance, la roue tend le fil qui actionne l'allumeur à traction, provoquant l'explosion de la charge.

Accessoires (improvisés)

L'allumeur retard

Lorsqu'il est nécessaire de réaliser une « explosion à retard », et que l'on ne dispose pas de l'allumeur nécessaire, il est possible d'improviser.

---

(4) Le thallium est tout particulièrement indiqué.

L'extrémité de la mèche (5) lente reliée par un détonateur est coupée en biseau pour bien dégager la poudre noire intérieure puis fixée sur un carnet d'allumettes, près des têtes. Le bout d'une cigarette, dont l'extrémité est allumée, est fixé également sur les têtes d'allumettes. La distance entre la partie allumée de la cigarette et les têtes d'allumettes est calculée de telle sorte que la cigarette enflamme les allumettes avec le retard voulu. Lorsque le feu arrive aux allumettes, celles-ci s'enflamment, allument la mèche qui, via le détonateur, déclenche l'explosion.

Bouteille incendiaire

Cette bouteille est remplie d'un mélange composé d'un tiers d'essence pour deux tiers d'huile. Un bout de chiffon imbibé de ce liquide sort du goulot, alors que l'autre est plongé dans la bouteille. Le lanceur allume le chiffon puis cherche à atteindre un orifice du véhicule blindé, de manière à ce que le liquide pénètre à l'intérieur et y provoque un incendie.

Cocktail Molotov

Dans ce cas la bouteille est remplie d'un mélange composé d'un tiers d'essence pour deux tiers d'huile, auquel est ajouté une cuillérée à soupe d'acide sulfurique. Puis elle est fermée hermétiquement. Sur l'extérieur de la bouteille, un mélange contenant 50% de chlorate de potasse et 50% de sucre glace (poudre très fine utilisée pour glacer les gâteaux) est maintenu en place par une « chaussette » en gaze. Le lanceur doit aussi essayer d'atteindre les ouvertures du blindé. Lorsque la bouteille se brise contre l'acier, une réaction chimique se produit, enflammant le liquide qui incendie alors le véhicule. On peut, si l'on en dispose, utiliser du phosphore blanc avec l'essence, qu'il enflammera lorsque la bouteille se brisera.

Les explosifs

Les explosifs dont peut disposer la guérilla, si l'on fait abstraction d'approvisionnements extérieurs, sont de plusieurs origines :

- TNT (pains de 454 gr). Seule source possible : la récupération sur l'ennemi.
- C4, Semtex, tolite, pentrite : même source
- Explosifs contenus dans des bombes d'avions, obus de 105 ou de 155, obus de mortier de 81 ou de 60 ; soit tombés sans exploser,

(5) Cordon dit « Bickford »

soit récupérés lors de l'attaque d'une base ou d'un poste ennemi. Ces projectiles peuvent être utilisés tels quels pour en faire des mines antivéhicules ou bien l'explosif qui en est extrait (avec les plus grandes précautions) peut servir à faire des grenades ou des mines antipersonnel. Les explosifs précédents sont dits « brisants ». Ce sont les meilleurs. Ils produisent une détonation créant une onde de choc d'une vitesse de 9000 m/s.

● Les carrières et les mines sont une autre source d'explosifs. On y trouve :

■ Explosifs (dynamite, cheddite),
■ Crayons détonateurs appropriés,
■ Mèche lente.

C'est-à-dire tout ce qui est nécessaire. Ces explosifs dits « progressifs » produisent une déflagration qui crée une onde de choc dont la vitesse est de 2000 m/s environ. Ils ne serviraient pas à grand-chose si la déflagration avait lieu à l'air libre. Pour donner leur maximum d'efficacité, ils doivent être « bourrés ». Par exemple compressés dans un tuyau de chauffage fermé aux deux bouts, avec toutefois un très petit orifice suffisant pour laisser passer la mèche lente qui déclenchera le détonateur.

Les explosifs improvisés

Le peroxyde d'acétone (T.A.T.P.)

Cet explosif occupe une place de choix dans l'arsenal de la guérilla, bien qu'il soit dangereux à fabriquer et à manipuler. Plusieurs raisons militent en faveur de son utilisation par des organisations armées dépourvues de moyens techniques et financiers.

En premier lieu, cet explosif primaire est très difficilement détectable par les chiens dressés pour renifler les explosifs ainsi que par les systèmes sophistiqués de détection (6).

En second lieu et principalement parce que sa fabrication est relativement simple et ne nécessite que des ingrédients que l'on trouve facilement dans le commerce. Ce sont :

---

(6) Bien qu'une société américaine, ACRO, vienne de mettre au point un testeur. C'est un objet en forme de crayon que l'on plonge (ou insère) dans la substance suspectée d'être du peroxyde d'acétone. On injecte alors un produit (secret) contenu dans le testeur. Si la matière suspecte devient vert-bleu : sauve qui peut !

1/ L'eau oxygénée (peroxyde d'hydrogène) : S'il est idéal de se servir d'une solution à 27% (ou 30%), on peut se satisfaire d'eau oxygénée à 3% vendue en pharmacie comme désinfectant, bien que cela entraînera une forte augmentation de la proportion d'eau oxygénée du mélange.

2/ L'acétone (propanone) : Il est nécessaire de disposer d'un produit de « droguerie » absolument pur, sous peine de problèmes sérieux. C'est pourquoi on écartera le solvant de vernis à ongles qui contient des impuretés le rendant impropre à cette fabrication.

3/ L'acide sulfurique : Il joue seulement un rôle de catalyseur. Il devra cependant titrer au moins 85 %. Ce qui interdit d'utiliser l'acide sulfurique pour batterie de voiture qui n'est qu'à 40% et contient des impuretés (plomb, etc.). En revanche, certains des produits courants servant à déboucher les tuyauteries et ayant un très fort pourcentage d'acide sulfurique sont acceptables.

S'il est souhaitable de s'abstenir d'indiquer les proportions de cette « cuisine du diable » (7), on peut cependant dévoiler que le mélange, placé dans un récipient en verre, entouré par de l'eau salée et des glaçons, doit être amené progressivement à une température de 5°C. Le liquide sera alors remué doucement avec un objet en verre pendant une dizaine de minutes, puis placé pendant 48 heures dans un réfrigérateur qui le maintiendra à une température inférieure à 10°C. Au bout de ce temps, le mélange prendra une apparence laiteuse avec quelques cristaux brillants sur le dessus. A ce stade, le contenu sera passé dans un filtre très fin (8) qui retiendra le précipité, des cristaux blancs. Le liquide quant à lui sera jeté. Les cristaux recueillis seront soigneusement lavés avec de l'eau distillée pour supprimer le reste d'acide. Puis on les laissera sécher à l'air libre pendant la nuit. Le lendemain, on se trouvera en présence de cristaux de peroxyde d'acétone.

Il faut rappeler qu'il est capital de respecter une température inférieure à 10° C pendant toute la durée de la réaction chimique. Le produit obtenu, bien que peu stable et relativement dangereux, demeurant d'une utilisation acceptable pour une guérilla qui n'a souvent pas le choix des moyens.

---

(7) Pour éviter de donner de mauvaises idées à qui il ne le faut pas.

(8) On pourra simplement utiliser un filtre à café en papier, plié et replié pour lui donner la forme d'un cône réceptif.

En revanche, si pendant la fabrication la température s'élevait au dessus de 10°C, les cristaux obtenus seraient du peroxyde de dicycloa-cétone, explosif hyper-dangereux dont on doit se débarrasser au plus vite en prenant les plus grandes précautions.

Afin d'éviter tout danger, le peroxyde d'acétone doit être d'abord humidifié puis placé dans un container absolument hermétique, si l'on veut le stocker en toute sécurité.

Emplois

En « sandwich »

Placé entre deux parties métalliques, il explosera suite à un choc, une pression égale au poids d'un homme ou sous l'effet d'un détonateur.

En « pâte plastique »

Pour obtenir cette pâte, on réalisera un mélange d'acétone et de pou-dre sans fumée, qui deviendra visqueux. On ajoutera progressivement à cette masse un volume égal de peroxyde d'acétone ; puis l'ensemble sera placé dans un récipient. On placera aussitôt un détonateur dans la pâte qui séchera alors assez rapidement. Le résultat obtenu constituera un explosif « brisant » très puissant, capable de produire une détonation lorsqu'il sera utilisé. L'exemple le plus emblématique d'utilisation de cette catégorie d'explosif est fourni par le projectile à noyau auto-for-mant, actuellement utilisé dans les attaques routières des guerres d'Irak et d'Afghanistan par la guérilla. On bourre avec la pâte plastique de T.A.T.P. un cylindre métallique dont l'une des extrémités est fermée. Une forme légèrement concave est donnée à la pâte côté ouvert du cy-lindre, afin de recevoir exactement le cône aplati en cuivre qui en consti-tuera le revêtement. C'est cette partie qui au moment de l'explosion se transformera en un noyau de métal en semi-fusion transperçant le blindé visé. Un détonateur est enfiché dans la pâte tant qu'elle est molle. L'en-semble durcit. La surface ouverte du tube est dirigée vers la route em-pruntée par les véhicules ennemis. Le système est mis à feu selon différents procédés, filaire ou autre.

Peroxyde d'acétone associé à du nitrate d'ammonium

Le peroxyde d'acétone, associé à raison de 3 parties pour une de ni-trate d'ammonium, peut servir d'explosif primaire à la place du TNT ou de la dynamite utilisés habituellement.

En conclusion, on peut dire que le peroxyde d'acétone est un explosif instable, sensible aux chocs ou à la friction, ce qui le rend dangereux. Il est cependant facile à fabriquer et peu détectable. C'est pourquoi il a été largement utilisé par les djihadistes (Londres), les Palestiniens et le Hamas ; même si cela a coûté les doigts, la main ou même la vie à de nombreux chimistes « de cuisine ».

Le nitrate d'ammonium

C'est un engrais très répandu, disponible sur le marché et stable. Mélangé à du fioul, il devient un explosif puissant qui doit être utilisé rapidement après mélange ; faute de quoi il devient instable. C'est en effet un mélange très sensible à l'humidité. Si l'on veut le conserver pour une courte durée, il est indispensable de le placer dans des containers absolument étanches (9).

Le chlorate de potasse/fioul

Ce mélange est composé de chlorate de potasse (50 % du poids) et de fioul (50 % du poids). Ce produit doit être préparé peu de temps avant son utilisation du fait de sa sensibilité à l'humidité (qui est moindre que celle du mélange nitrate d'ammonium/fioul) (10).

Vieux stocks de dynamite

La dynamite est constituée par la nitroglycérine (explosif liquide hyper sensible au choc ou à la chaleur), stabilisée par du sable fin. Lorsqu'un stock de dynamite devient trop vieux, la nitroglycérine exsude. Il devient alors trop dangereux de l'utiliser et il doit être détruit.

Grenades thermiques

Permet de fondre l'acier des canons, par exemple. Les engins classiques sont composés de magnésium et d'oxyde d'aluminium. On peut cependant construire des engins « thermiques » en mélangeant du nitrate d'ammonium, de l'oxyde d'aluminium et du sucre glace.

Les produits toxiques

On peut considérer que les « produits toxiques » ont eux aussi leur place dans le **Service Farces et Attrapes**. Ils ont d'ailleurs une longue histoire.

---

(9) Cet explosif est dit « secondaire » car il est nécessaire de lui adjoindre un explosif « primaire » (TNT, dynamite ou peroxyde d'acétone) pour lui permettre d'exploser.
(10) Explosif secondaire. Nécessite l'adjonction d'un explosif primaire (TNT et autre).

A titre d'exemple « amusant », on citera la Russie où Lénine créa dès 1921 le *Cabinet des Poisons*. Sous Staline, ce cabinet devint le *Laboratoire de Recherches Toxicologiques*, opérant sous l'autorité du Commissariat du Peuple à la Sécurité de l'Etat (N.K.V.D.) et dont le « Commissaire » n'était autre que le sinistre Lavrenti Beria. Situé dans l'immeuble de la Loubianka à Moscou, siège du N.K.V.D., cette officine était dirigé par le docteur Grigory Moïssevitch Mairanovsky, officier du N.K.V.D. Ce laboratoire axait, entre autres, ses recherches sur la découverte de produits toxiques ne laissant absolument aucune trace et provoquant une mort « naturelle », du type insuffisance cardiaque. Dans ce but, plusieurs substances étaient testées (thallium, curare, colchicine, ricine et digitaline) sur des « ennemis du peuple » qui en mouraient. Il travaillait également à la mise au point d'un « sérum de vérité ».

En 1946, ce service, dit aussi « X » passe sous l'autorité du ministère des Affaires intérieures (M.V.D.), qui succède au N.K.V.D. Le bon docteur Mairanovsky fait alors équipe avec le général Pavel Anatolyevich Soudoplatov (chef des Services Secrets) et son adjoint, le général Nahoum Eitingon (11). Le trio réalise des opérations spéciales visant à éliminer des « traîtres », réels, en puissance ou supposés, selon une doctrine de l'action préventive similaire à celle du très démocrate ex-président G.W. Bush et reprise allègrement par l'ex-candidat à la Maison Blanche, l'honorable Mc Cain.

Bien que les deux premiers directeurs du laboratoire « X » soient morts, suite aux purges à répétition, le cher docteur Mairanovsky se croyait intouchable, connaissant trop de choses. Hélas, hélas, il est lui aussi arrêté en 1951 et condamné sans procès, pour détention illégale de poison ! Par une chance inouïe, il n'est condamné qu'à 10 ans de prison, qu'il fera, bien qu'il ait accepté de témoigner contre Beria lors du « procès » de ce dernier. A sa sortie de prison, il aura l'audace insensée d'écrire au camarade Nikita Khrouchtchev, pour se plaindre du sort injuste qui lui était fait, tout en lui rappelant des « opérations » qu'il aurait du taire, par soucis de prudence. La réponse ne tarda pas : par un juste retour des choses, l'infortuné docteur succomba, lui aussi, à une mort plus que naturelle due à une insuffisance cardiaque...

Dans les années 50, la « *Technical Service Division* » de la C.I.A., sous les ordres d'Archibald Roosevelt, possédait un éminent chimiste,

---

(11) Λ tort ou à raison il fut, par un juste retour des choses, l'un des accusés du « complot des blouses blanches ».

le Dr. Sidney Gottelieb, de son vrai nom Joseph Scheider. Ce scientifique distingué était spécialisé dans la recherche sur les psychotropes (L.S.D., Penthotal, Nembutal), destinés au lavage de cerveau ainsi que sur les poisons exotiques indétectables. Sa division montera de nombreuses opérations dont l'une visant à empoisonner Chou En Lai, à Bandoeng (Indonésie), annulée in extremis. Une autre eut lieu à Léopoldville (Kinshasa), en R.D.C. durant l'été 1960 et qui visait l'ex-Premier ministre Patrice Lumumba. Ce dernier devait bénéficier d'une substance toxique, l'« *african special,* » produisant les symptômes indiscutables d'une fièvre africaine mortelle. La mission dut être abandonnée au dernier moment, la cible ayant eu la chance de mourir avant ! L'honorable Dr. Gottelieb, surnommé « Dr. La Mort », sera promu chef de la Division en 1967, pour ses bons et loyaux services. Il continuera d'exercer ses « talents de société », au service de la « Grande Démocratie des Droits de l'Homme » jusqu'en 1972, date à laquelle il prendra sa retraite au soulagement général.

C'est pourquoi, toute guérilla sérieuse devra disposer, au sein du **Service Farces et Attrapes**, de quelques toxicologues capables de causer des morts discrètes, naturelles et instantanées. Ne serait-ce que pour éliminer les traîtres mais aussi les ennemis dont l'action répressive contre la guérilla est particulièrement féroce.

21. GUERRE CYBERNÉTIQUE

La guérilla, arme du faible contre le fort, est une forme classique de la guerre asymétrique. C'est pourquoi il est capital d'évoquer la guerre cybernétique, l'une des composantes les plus intelligentes de cette forme de guerre.

Bien que n'étant pas un spécialiste en informatique, l'auteur pense que, dès maintenant et plus encore dans le futur, cette action revêtira une importance décisive. Bien entendu, elle ne sera pas le seul fait de la guérilla. Elle existe déjà et pourra s'intensifier d'Etat à Etat également, comme le démontrent les « petits ennuis cybernétiques » qu'a connus l'Estonie au printemps 2007 (1), après le déplacement du monument au soldat soviétique, à Tallin…

Les Etats-Unis se préparent à se type de guerre (2) en créant, dès 2003, un « *Cyber Command* » (3). D'autres pays possèdent une capacité d'action cyber-défensive et surtout offensive.

La Grande-Bretagne a créé le « *Government Communications HeadQuarters* » *(G.C.H.Q.),* situé à Cheltenham (Gloucestershire) et dirigé par Iain Lobban.

En Israël, *l'Unité 8200* a pour mission d'intercepter 24 h sur 24 les communications, de les enregistrer et de les décrypter. Une division est

---

(1) Les sites internet du gouvernement, des médias et des institutions financières subirent un « DDOS » (Distributed Denial of Service) par un « Botnet » groupant la puissance de dizaines de milliers d'ordinateurs.

(2) N'hésitant pas à avoir recours à des « hackers » privés pour pénétrer illégalement les sites qui leur sont hostiles. C'est ainsi que celui des « *Anonymous* », créé par les supporters de *Wikileaks*, a été infiltré par l'un de leurs « sous-traitants », la société californienne H.B. Gary Federal, dirigée par M. Aaron Barr. Laquelle en représailles a vu son propre site pénétré et tous ses e-mails dévoilés sur le Net.

(3) Au Pentagone, le « *U.S. Cyber Command* », situé à Fort Meade (Maryland), est dirigé par le général Keith Alexander qui dispose de 15 000 computers formant l'ossature des 4 000 installations militaires réparties à travers le monde. Il a été complété en 2007 par la « *National Cyber Investigative Joint Task Force* ». L'OTAN, quant à lui, avait créé, dès 2005, le « *Cooperative Cyber Defence of Excellence* », à Tallin.

spécialement chargée de protéger les systèmes sensibles du pays. Cette formation importante, dont le Q.G. se trouve au Camp Glilot, au nord de Tel-Aviv, est composée de plusieurs milliers de militaires triés sur le volet commandés par un général de brigade. Elle possède deux stations d'écoute, l'une sur la base d'Urim dans le Negev, l'autre sur les hauteurs du Golan, dans le cratère du Mont Avital (volcan éteint), non loin du kibboutz « touristique » de Merom Golan. Cette station disposant elle-même de deux antennes discrètes située l'une sur le Mont Hermon, l'autre sur le Mont Bental.

En France, a été mis en place *l'Agence Nationale de la Sécurité des Systèmes (A.N.S.S.I.)*. Située à l'Ecole Militaire (Paris), elle emploie 150 personnes. La Chine qui, de son côté, n'est pas en retard, a mis sur pieds le « *National Computer Network Emergency Response Technical Team and Coordination Center* » *(C.N.C.E.R.T.)*.

L'auteur a toutes les raisons de croire que la Chine, qui possède les cerveaux, les moyens et la volonté de se préparer à ces opérations très spéciales, risque de causer de douloureuses surprises chez certains « va-t-en-guerre », trop sûrs de leur supériorité militaire et technologique. Dés la fin des années 90, ce pays possédait des groupes de « hackers » de très haut niveau (*Honker Union of China, China Eagle, Aurora*, etc.). Il s'est vu attribuer l'opération « *Titan Rain* » (2003-2005) durant laquelle des cyber-attaques extrêmement graves ont eu lieu contre de très nombreuses cibles américaines de l'espace et de la Défense (4).

Sans vouloir traiter du sujet de manière exhaustive, réservant cela à de brillants informaticiens capables d'écrire des livres pertinents, on peut néanmoins imaginer plusieurs actions possibles de la part d'une guérilla. Pour ce faire, celle-ci s'assurera d'abord la collaboration d'informaticiens de haut niveau et de « hackers » passionnés par leur art.

---

(4) Dont la pénétration du plus important programme américain d'armement, celui du chasseur-bombardier multirôles F-35, le plus avancé des avions américains.
Aux Etats-Unis (et ailleurs), ce sont les ordinateurs personnels des militaires, hauts fonctionnaires journalistes, politiciens, activistes, etc., qui sont visés en priorité. Les raisons ? D'abord ces ordinateurs sont moins protégés, donc plus accessibles que les « officiels ». Ensuite, ces personnalités sont plus « libres » pour échanger des courriels délicats ou confidentiels. Ces messages ne seront ni conservés, ni archivés. Donc non consultables, comme le seraient ceux émanant d'un ordinateur de service.

L'ACTION OFFENSIVE

1. LES « HACKERS »

Ce sont des « pirates informatiques » qui, « craquant » toutes les sécurités mises en place, pénètrent sur des sites de l'internet pour y dérober des informations confidentielles, voire ultrasecrètes. Il en est parmi eux qui atteignent le sommet de leur art ! Selon toute vraisemblance, certains d'entre eux auraient réussi à pénétrer les ordinateurs du Pentagone, pourtant bien protégés.

La guérilla devra localiser ces « artistes » qui pour certains ont élu domicile en prison… Le but de l'opération consistera à s'introduire dans les ordinateurs militaires pour prendre connaissance de leurs contenus, de les télécharger puis de les détruire. La finalité de l'action sera d'interdire à l'ennemi l'accès aux informations nécessaires à la conduite de ses opérations militaires. En ce qui concerne les ordinateurs civils ennemis, les « hackers » devront les pénétrer et les rendre inopérants, de façon à paralyser les secteurs essentiels : banques, hôpitaux, services publics, chemins de fer, ports et aéroports, etc.

Afin de pénétrer dans l'ordinateur « cible », le « hacker » envoie un courriel piège qui semble provenir d'une source connue ou amie de la victime. Celle-ci, mise en confiance, clique et ouvre le message : le loup est entré dans la bergerie ! L'intrus introduit son « malware » qui, non seulement lui permet de découvrir le mot de passe mais va aussi lui donner accès aux fichiers et à la liste de tous ses contacts.

Les « hackers » auront à leur disposition de nombreux moyens pour réaliser leurs exploits. Ce sont les différents logiciels malveillants (*malware*) :

• *Les vers (worms) :*

Ils s'infiltrent par un mécanisme de propagation, infectent un réseau informatique en exploitant une faille. Ils s'envoient ensuite aux adresses contenues dans les carnets d'adresses qui le reçoivent sans méfiance, puisque provenant d'une personne connue. Un nouveau ver vient d'apparaître, le *stuxnet,* qui constitue l'arme décisive de la guerre cybernétique. Spécifiquement dirigé contre le système de contrôle d'une cible automatisée (station nucléaire, raffinerie de pétrole, etc., il le fait s'autodétruire. Le fait que l'Iran en soit la cible principale permet d'en supposer la source…

● *Les chevaux de Troie (trojan horses) :*

D'apparence légitime, ils exécutent sans être détectés des actions néfastes à l'utilisateur. Leur but est de détourner, diffuser ou détruire des informations.

● *Les portes dérobées (backdoors) :*

Il s'agit de l'une des catégories des « chevaux de Troie ». Ce logiciel permet la prise de contrôle de l'ordinateur pour le manipuler de l'extérieur via l'Internet. Les « *Backdoors* », à l'insu de leurs utilisateurs, prennent le contrôle de milliers d'ordinateurs qui deviennent alors des « esclaves » (zombies), obéissant à leur *ordinateur-maître*. Certains groupes de « crackers » en télécommandent des milliers, formant des réseaux appelés « *Botnets* ». Cette opération permet d'inonder la cible de milliers de messages (SPAM), réalisant un déni de service. Bien évidemment, utilisant des techniques appropriées de pointe, l'informaticien contrôlant *l'ordinateur-maître* fera en sorte que l'ennemi ne puisse remonter jusqu'à lui et que toute recherche aboutisse à un ordinateur (innocent), situé dans un pays tiers ou mieux encore dans le pays visé.

● *Les logiciels espions (Spyware) :*

Ce logiciel malveillant s'installe subrepticement sur l'ordinateur sans donner l'alerte à l'utilisateur. Il s'empare des informations qu'il recherche et les envoie à des tiers.

● *Les virus :*

Des virus de haute technicité, particulièrement nocifs, devront être créés. Programmés de manière subtile, ils ne se manifesteront que quelques jours après avoir infecté un ordinateur. Ceci afin que l'appareil contaminé puisse à son tour propager le virus aux autres ordinateurs avec lequel il est constitué en réseau. Le virus, élaboré pour n'agir qu'après un certain délai, deviendra alors actif, détruisant les logiciels « hôtes » de ces ordinateurs. Il sera nécessaire de bombarder les systèmes informatiques ennemis régulièrement, avec de nouveaux virus toujours plus performants, pour ne pas leur laisser le temps de se protéger efficacement.

2. LA DESINFORMATION (INTOX)

La guérilla créera des « sites pièges » ultra-protégés dans le seul but que, de ce fait, l'ennemi leur attribue une grande valeur. Ces sites, bien entendu, contiendront beaucoup d'informations vraies, vérifiables par l'adversaire mais sans importance ou déjà connues par lui. On y ajoutera des informations capitales, plausibles mais fausses et non vérifiables. Des « hackers » ennemis de haut niveau finiront par pénétrer ces sites qui les « intoxiqueront ». Agissant sur la base de ces fausses informations, ils seront amenés à commettre des erreurs majeures.

Par exemple, ayant réussi à « craquer » les codes de sécurité du réseau de la guérilla, les informations que l'ennemi y trouvera pourront le convaincre de la trahison d'un général pourtant très efficace. Il sera alors passé par les armes pour son « ignominie ».

3. L'ACTION PSYCHOLOGIQUE

La guérilla devra générer également des sites au contraire très accessibles, connus, sur lesquels l'ennemi pourra avoir la « joie » de voir, en direct sur vidéo des scènes qui le feront réfléchir et modéreront ses ardeurs guerrières :

- Exécutions de traîtres, miliciens locaux à son service, d'éléments des forces spéciales antiguérilla criminels de guerre.
- Vidéos montrant la destruction d'un blindé et de son équipage par un projectile à noyau auto-formant.
- Hélicoptère plongeant vers le sol, en flammes, après avoir été touché par un SA-7B.
- Prisonniers les bras levés, soumis et apeurés, entourés de partisans triomphants.
- Nombreux morts ennemis jonchant le sol, camions brûlés après une embuscade.

Toutes ces vidéos auront un excellent effet démoralisateur sur l'ennemi, l'amenant à une très grande prudence, mêlée d'une forte crainte lors de ses opérations contre la guérilla.

L'ACTION DEFENSIVE

Aucune ! La guérilla n'utilisera jamais le Web comme vecteur de communication, malgré ses avantages certains ; sauf pour les « sites piégés » destinés à désinformer l'ennemi.

Un site peut toujours être « pénétré » et ne sera jamais absolument sûr, malgré les sécurités susceptibles d'être prises. Donc, la guérilla devra être organisée de manière efficace certes mais simple.

A cet égard, l'exemple viêtnamien est éloquent. Le Việt Minh, manquant même de moyens radio, a néanmoins réussi à battre le Corps Expéditionnaire Français, malgré son mordant et sa détermination. Plus tard, le Việt Công étrilla l'armée américaine, suréquipée dans toutes ses composantes. Mais il faut convenir que les soldats américains, pour la plupart issus de la conscription, manquaient grandement de foi en leur mission « salvatrice ».

22. AVENIR DE LA GUÉRILLA

Les chapitres précédents ont été écrits sur la base de l'expérience de la guérilla qu'a vécue l'auteur, telle qu'elle se pratiquait jusqu'à un passé assez récent. Depuis, la situation a évolué considérablement. De nouvelles armes antiguérilla, apparues au Việt Nam d'abord et plus tard en Bosnie, au Kosovo, en Irak et maintenant en Afghanistan, ont rendu les opérations de partisans plus difficiles. Leurs caractéristiques principales ainsi que les parades à leur opposer sont décrites ci-après.

1. Les hélicoptères

Ils sont armés des nombreuses mitrailleuses électriques à six canons type *Gatling*, modèle G.E. *Minigun* M134 utilisant des munitions de 7,62 mm, de 12,7 mm ou de canons-mitrailleurs de 20 mm et de roquettes. L'effet de ces armes est dévastateur sur toute troupe qui n'aurait pas la possibilité de se camoufler, soit dans des trous déjà préparés ou tout au moins sous une végétation touffue.

La parade consiste en des tirs groupés de mitrailleuses et de R.P.G.-7V1 et bien sûr de SAM-7B si les partisans ont la chance d'en posséder.

2. L'avion US AC-130 HP SPECTRE

Il est équipé de quatre moteurs turbopropulseurs. Il résulte de l'évolution technologique (plus puissant) que l'AC-47 *Gunship* (1), utilisé par les Américains lors de la guerre du Việt Nam où des avions AC-130 ont été également engagés. Cet aéronef représente un danger mortel pour une unité de guérilla surprise à découvert. Ses caractéristiques sont les suivantes :

- Autonomie de vol de 8 à 12 heures.
- Emport de 10 tonnes de munitions et d'équipements.

---

(1) Appelé par les soldats américains « Puff the Magic Dragon ».

- Capacité de tirs précis de jour comme de nuit (2).
- Senseurs (capteurs) qui détectent les tirs de missiles hostiles, provoquant la libération de « leurres » et l'émission de contre-mesures électroniques afin de détourner les missiles.
- Radar de navigation et indicateur de cible en mouvement.
- Radar de vision nocturne.
- Tourelle infrarouge tournée vers l'avant.
- Radar de détection de balise.

Armement :

- Seul type d'avion à être doté d'un canon de 105 mm.
- Canons-mitrailleurs jumelés 20 mm (Type *Vulcain*), 7200 coups/mn.
- Canons « *Bofors* » 40 mm (100 coups/mn).
- Mitrailleuses électriques « *Minigun* », 7,62 mm, 6000 coups/mn. Quand cet appareil, véritablement terrifiant, ouvre le feu de toutes ses armes, il couvre une surface égale à celle d'un terrain de football, assurant un impact tous les trois centimètres !

Les parades :

Lorsqu'il survole à moyenne altitude une région montagneuse offrant la protection de grottes, il est possible de l'attaquer en utilisant plusieurs batteries de canon-mitrailleurs de 23 mm (mod. ZSU), des canons de D.C.A. de 37 mm (M-1939), alimentés par lames-chargeurs de 5 coups (8 servants) ou encore de canons de 57 mm S-60 (M-1955) utilisant des lames-chargeurs de 4 coups (7 servants) (3).

On peut également tirer sur lui une salve de plusieurs missiles SA-7B pour tenter de saturer ses « leurres » et son système de brouillage électronique.

Cependant, à chaque fois que cela sera possible, la meilleure façon d'échapper à ce danger extrême consistera à préparer à l'avance des abris solides et bien enterrés, soigneusement camouflés, dans lesquels les partisans se précipiteront dès que l'alerte sera donnée.

Il faut néanmoins noter que les avions *Gunship* (canonnière) AC-130 ne sont pas indestructibles. Si pendant, la guerre du Việt Nam, ils réussirent à anéantir 10 000 camions, dans les années 1970, six appareils

---

(2) Tirant par ses sabords, ce qui lui permet de continuer à matraquer son objectif en tournant autour de lui.

(3) Armes de fabrication soviétique.

Région de Hưng-Yên (Tonkin). Opération **Brochet**.
L'auteur en opération contre le Trung Đoàn 42.
Armes : Carabine US M1 (cal. 7,62 mm) ; grenades OF 37 (France) et MK 2 (Etats-Unis)

Région de Thái- Bình.

Opération **Mercure**.

Arrivée d'un L.C.V.P.

sur le Sông Thái- Bình.

*Région de Ninh-Bình. Opération **Mouette**.*
L.C.I. sur le Sông Đáy, amenant un bataillon en renfort.
On aperçoit nettement devant la passerelle de navigation
le canon de 76 mm.
Arme principale du bateau, ce canon était très précis et très
efficace, même s'il n'avait pas la puissance des 105mm ha-
bituellement utilisés dans nos opérations.

*Région de Thái-Bình. Opération **Mercure** :*
Après neutralisation d'un village viêt minh,
l'auteur en écoute radio (poste S.R.C. 300).
Arme : pistolet Walther P38 (cal. 9 mm).

*Centre-Annam. Opération **Camargue** :*
L'auteur au repos, entre deux combats
contre le régiment Viêt 95

Région de Hải-Dương
Rembarquement sur L.C.V.P., après la fouille de villages viêt minh

Région de Hải-Dương. La population du village investi est rassemblée. Debout au centre, le chef de village (Xã Trưởng), l'air dur, ne semble pas apprécier la situation...

*Région de Nam-Định. Opération **Brochet** :
Fouille d'un village việt minh
Arme : Pistolet-mitrailleur MAT 49 (calibre 9 mm).*

DELTA TONKINOIS ET AUTRES LIEUX… (suite)

*Région de Nam-Định. Opération **Brochet** : Le butin est maigre : Un Du Kích, deux fusils, deux grenades à manche, fabrication việt minh.*

*Région de Ninh-Bình. Opération **Mouette**: Progression de l'auteur dans les « Calcaires ». Arme : carabine US M1 (calibre 7,62 mm)*

Région d'Hải-Dương : Nous croisons le Bataillon de Marche Indochinois (le BMI). Arme : au premier plan le FM 24/29 (cal. 7,5 mm).

DELTA TONKINOIS ET AUTRES LIEUX… (suite)

*Centre-Annam : Opération **Camargue***
Dans la Région traversée par la Route mandarine (R.C.1), appelée « Rue sans Joie »
par les combattants du C.E.F.E.O, combats contre le Trung Đoàn (Régiment) 95

Parachutage de munitions

Récupération du parachutage

*Région de Ninh-Bình. Opération **Mouette** :*
Propagande murale du Địch Vận

Région de Phát-Diệm : Drapeau « Việt » pris à l'ennemi, brandi par l'auteur
Arme : Fusil MAS 36 (calibre 7,5 mm)

DELTA TONKINOIS ET AUTRES LIEUX… (suite)

Région de Hải-Dương : Horreur, les Marsouins ont mobilisé Bouddha… !
Arme : pistolet-mitrailleur MAT 49 (cal. 9 mm)

Aérodrome de Gia-Lâm (Hà-Nội) : L'auteur au repos, en compagnie d'un camarade blessé, devant un chasseur F8F Bearcat.

Ci-dessus : Opération dans la Région de Phủ Lý (Delta Tonkinois). Après de violents combats, à cours de munitions, le DC3 sauveur nous parachute une « unité de feu » : cartouches de 7,5 mm pour MAS. 36 et FM 24/29), de 9 mm pour MAT 49 et de 7,62 mm pour nos mitrailleuses US 1919

L'un des parachutes tombe aux pieds de la Section… Il est le bienvenu….

DELTA TONKINOIS ET AUTRES LIEUX… (suite)

*Région de Hòa-Bình, en Pays Mường. Opération **Lotus** : Supplétifs portant le « seau d'eau » de la jungle (gros bambou rempli d'eau).*

MONNAIE

Billets de la République « Démocratique » du Việt Nam (Việt-Nam-Dân-Chủ-Cộng-Hòa), récupérés au cours d'un raid en profondeur, dans la région de Thanh Hóa (Tonkin). Ils avaient « cours forcé » ; la population et même le Việt Minh préférant la « bonne piastre » indochinoise.

ANNEXES (voir chap. 24)

Missile Strela 2M et son système de lancement

Mine

Boîtier télécommande

Fil électrique reliant boîtier et mine

Mine « Claymore » posée sur site.

ARMES

Implantation de la guérilla naxalite dans l'Union Indienne
(Voir chap. 23.2 : Contre-guérilla dans la jungle)

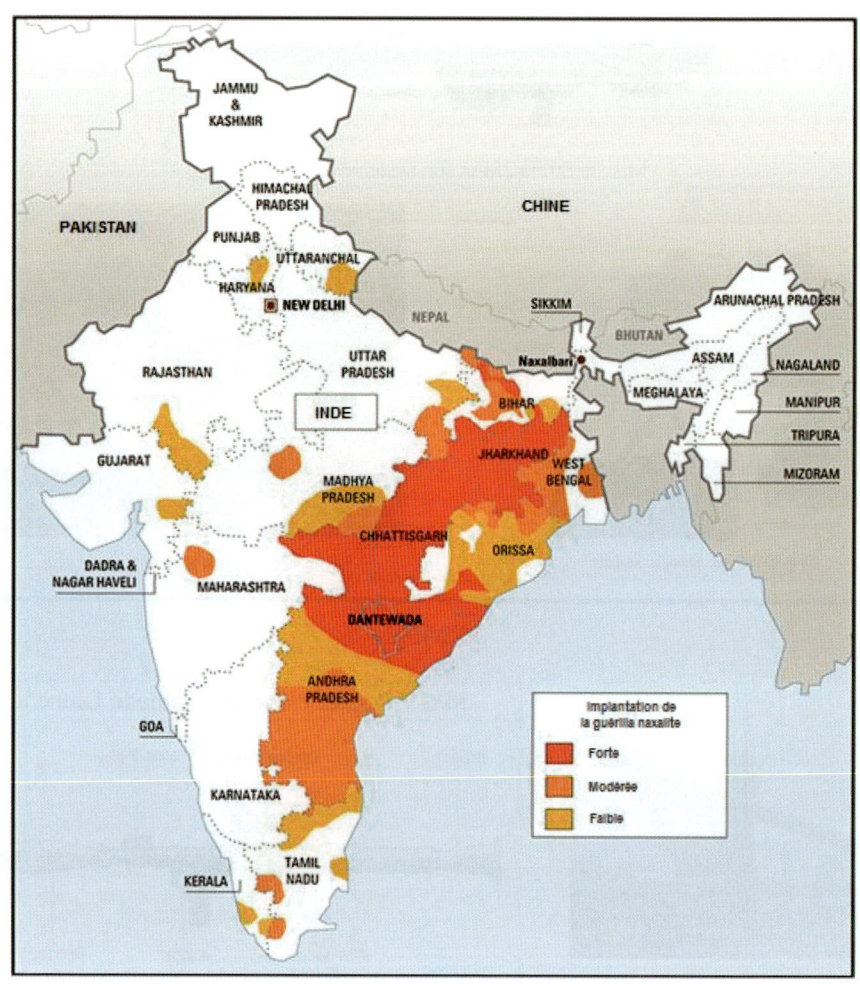

DRAPEAUX DE GUÉRILLAS BIRMANES (voir chap. 4)

Organisation de Libération
Nationale PaO

Armée Nationale Chin

Armée Unie de l'Etat Wa

Armée de Libération
Nationale Karen

Armée de l'Alliance Démocratique et Nationale du Myanmar

Armée de l'Etat Shan-Sud

Armée Révolutionnaire
Shan Unie

Armée de l'Etat Shan-Nord

Birmanie (Myanmar)
Etats et divisions

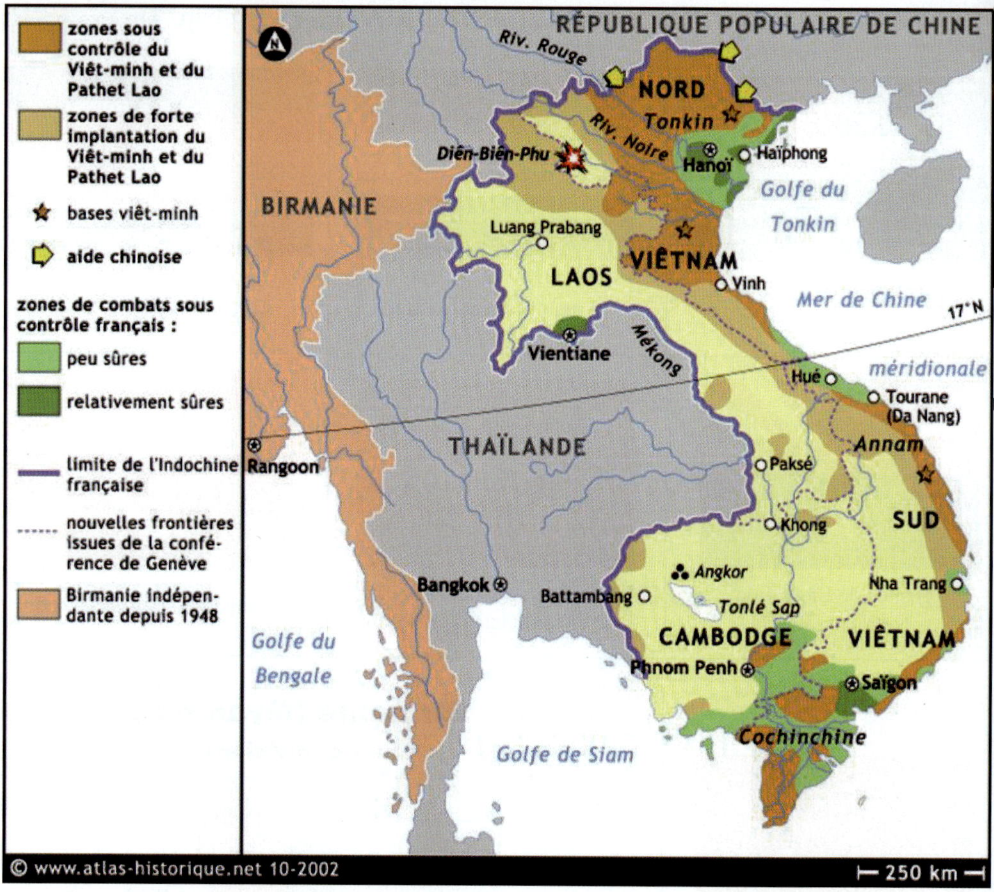

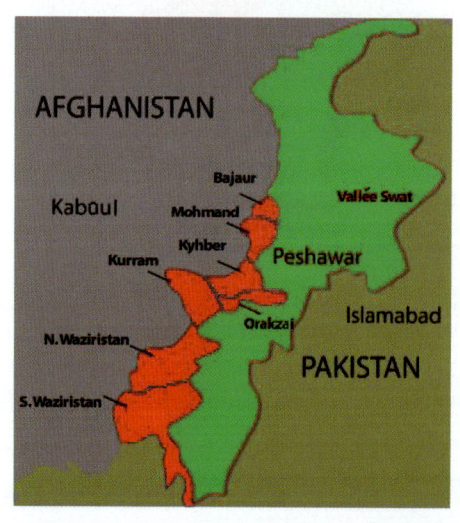

Légende de la carte du haut :

zones sous contrôle du Viêt-minh et du Pathet Lao

zones de forte implantation du Viêt-minh et du Pathet Lao

★ bases viêt-minh

➤ aide chinoise

zones de combats sous contrôle français :

peu sûres

relativement sûres

limite de l'Indochine française

nouvelles frontières issues de la conférence de Genève

Birmanie indépendante depuis 1948

RÉPUBLIQUE POPULAIRE DE CHINE

Riv. Rouge

NORD

Tonkin

Riv. Noire

Diên-Biên-Phu

Haïphong

Hanoï

BIRMANIE

Golfe du Tonkin

Luang Prabang

VIÊTNAM

LAOS

Vinh

Mer de Chine

17° N

Vientiane

Mékong

méridionale

Hué

Tourane (Da Nang)

Annam

THAÏLANDE

Paksé

Rangoon

Khong

SUD

Angkor

Nha Trang

Golfe du Bengale

Battambang

Tonlé Sap

Bangkok

CAMBODGE

VIÊTNAM

Phnom Penh

Saïgon

Golfe de Siam

Cochinchine

© www.atlas-historique.net 10-2002

├─ 250 km ─┤

(voir chap. 23.5 : *Limites de la contre-guérilla*)

ZONES TRIBALES DU PAKISTAN

AFGHANISTAN

Kaboul

Bajaur

Vallée Swat

Mohmand

Kyhber

Peshawar

Kurram

Orakzai

Islamabad

N.Waziristan

PAKISTAN

S.Waziristan

(voir chap. 23.1 : *Guérilla en zone tribale*)

furent détruits au-dessus du Laos et du Viêt Nam, entraînant la perte de 75 navigants. Par la suite, deux autres furent encore perdus : l'un au Koweït (1991) et l'autre en Somalie (1994).

Ces systèmes d'arme représentent un tel danger pour la guérilla qu'une opération lourde et très risquée doit absolument être envisagée pour les détruire. Il va falloir frapper là où ils sont le plus vulnérables : au sol ! (Voir chapitre 12.7 : Objectifs d'actions offensives-La base aérienne).

3. Appareils de détection thermique

Ils sont installés dans des avions survolant la zone suspecte. La parade consiste en des feuilles d'aluminium souples qui empêchent de déceler la signature thermique humaine. Plus simplement, on peut se cacher dans des abris souterrains préparés à l'avance dès que le bruit d'un avion se fait entendre.

4. Détecteurs vibrations/magnétiques/sons

Pendant leur guerre du Viêt Nam, les Américains lâchaient par avion, au-dessus de la piste *Hô Chí Minh*, des senseurs électroniques ressemblant à des tiges de bambou. Ceci dans le but de repérer et de détruire les convois ennemis. Ces instruments, une fois plantés dans le sol, entraient en fonction. Toute troupe ou véhicule passant à proximité était détecté. L'information était alors transmise automatiquement à des ordinateurs situés en Thaïlande qui déclenchaient un bombardement quasi-immédiat de l'objectif.

La parade est très difficile, nécessitant un ratissage serré de la zone pour essayer de repérer ces senseurs, puis de les détruire.

5. Jumelles modernes de vision nocturne

Elles avaient été précédées par des appareils de vision infrarouge. Une parade consiste à éviter d'attaquer dans l'obscurité mais plutôt de le faire à la pointe du jour, lorsque les sentinelles sont relevées. Ce moment, faisant suite à une nuit tranquille apporte toujours une détente et un relâchement dans la vigilance des militaires qui attendent l'heure du café.

6. Mortiers tirant des obus guidés par satellite

En Afghanistan, les moudjahidines en lutte contre les Soviétiques avaient reçu de la C.I.A. des mortiers dits « espagnols » (en fait israéliens), tirant à longue portée des obus guidés par satellite, donc d'une précision extrême. Il est à craindre que les guérilleros aient à faire face à une telle arme dans le futur.

7. Bombes à sous-munitions

Ces engins, en éclatant, relâchent des centaines de petites bombes de formes diverses : cylindres, sphères (et même « papillons » pour les modèles russes). En tombant, elles tapissent le sol sur une grande surface. A son arrivée sur le sol, le choc arme l'engin explosif, avec retard pour éviter qu'un rebond ne le fasse éclater. Devenu immobile, le moindre choc le fera alors exploser.

8. Drones

Ces avions télécommandés, d'une efficacité redoutable, constituent maintenant un danger mortel pour les guérillas opérant en terrain découvert (Afghanistan-Pakistan), plus encore peut-être que celui représenté par les *Spectre*. Ils devront être attaqués et détruits sur leurs bases de lancement par tous les moyens, sans aucune considération des pertes encourues. Ces appareils, apparus il y a une quinzaine d'années, ont réduit le délai entre la détection d'un objectif et le tir de destruction de deux jours à quelques minutes. Ils ont aussi d'autres fonctions :

- « Voir » sans risque où se trouve l'ennemi.
- Interception de ses communications dans la zone survolée.
- L'attaquer après l'avoir identifié, avec des missiles embarqués. Deux exemples prouvent leur efficacité. En novembre 2001 à Kaboul, un drone américain « *Predator* » tira ses deux missiles « *Hellfire* » sur la voiture de Mohammad Atef, chef des opérations militaires et l'un des adjoints les plus importants d'Oussama Ben Laden. Le véhicule fut complètement détruit et ses occupants tués. Plus tard, en 2005, Haitham-Al Yemeni, autre chef important d'Al-Qaïda fut tué par un missile lancé de ce même type de drone.
- Désigner et guider avec précision par leur illuminateur laser les missiles puissants tirés loin de là, jusqu'à leur cible.

Il existe différents types de drones, certains de taille importante (4), volant vite, à une altitude élevée. D'autres, de petite taille, beaucoup

---

(4) Comme le *Predator* RQ1qui peut opérer dans un rayon de 400 miles nautiques pendant 14 heures avant de retourner à sa base. Ou le plus puissant des drones américains, le *Reaper* MQ 9, entré en service en septembre 2007, en Afghanistan, équipé.du *video sensor system*,

plus lents, évoluant à une altitude faible ou moyenne sont utilisés pour l'observation et la désignation d'objectifs. Ils se lancent à bout de bras (5).

La parade contre ce dernier type de drone peut consister en un tir de saturation de la part d'une unité de guérilleros faisant feu de toutes ses armes (kalachnikov et R.P.K.).

En revanche, pour interdire le survol des bases « sûres » de la guérilla par des drones volant à moyenne altitude, une solution possible peut être trouvée dans l'utilisation de mitrailleuses GE *Mini-gun* M134 de 7,62 mm, à fonctionnement électrique et dotées de six tubes, installées sur véhicules. Ces armes tirant 6000 coups par minute sont idéales pour abattre, par un tir de saturation, les drones volant à faible ou moyenne altitude.

Enfin, des drones volant plus haut pourraient être traités à la mitrailleuse électrique de 12,7 mm type *Gatling,* à 3 canons, modèle *GAU 19/A* et tirant de1000 à 2000 coups par minute.

Il faut cependant réaliser que ces armes électriques, d'une efficacité extrême, dévorent les munitions. Elles doivent donc être montées sur des véhicules lourds transportant ces dernières. Ce problème des muni-

---

de haute technologie « *Gordon Stare* ». Il emporte une charge létale presque équivalente à celle d'un avion F-16 : 2 bombes de 500 livres guidées par laser et 4 missiles « *Hellfire* ». A cette date, 38 *Predator* et *Reaper*, fabriqués par General Atomics (à San Diego, Etats-Unis), ont été détruits au cours de missions en Irak et en Afghanistan. De plus, 9 accidents à l'entraînement sont survenus sur des bases américaines. A la même époque est apparu sur le théâtre des opérations le nouveau drone furtif d'observation à haute altitude R.Q. 170 *Sentinel*, un appareil furtif surnommé « La Bête de Kandahar ».

(5) Par exemple le R.Q11B « *Raven* » (corbeau) fabriqué par AeroVironment (Monrovia, Etats-Unis). D'une envergure de 130 cm et d'une longueur de 110 cm, il possède une autonomie de vol de 80 mn. Volant à une vitesse de croisière de 56 km/h, il plafonne à 4500 m d'altitude.

Ou le *Skylark 1* (Alouette) fabriqué par Elbit Systems Ltd (Haïfa-Israël). D'une envergure de 2,40 m, pesant 5 kg, il possède une autonomie de vol de 1 heure 30 et un rayon d'action de 10km. D'autres drones, limités à l'observation, sont de toute petite taille. On peut citer le « *Remanta* », créé par l'*ONERA* (France). Cet engin, mesurant seulement 15 cm d'envergure, ressemble à un gros insecte et se déplace par battements d'ailes. Capable de s'élever jusqu'au sommet d'un immeuble, il peut se mettre en vol stationnaire devant ses fenêtres pour « voir » ce qui se passe dans les différentes pièces. Mieux encore, il lui est possible de s'infiltrer par la moindre ouverture puis de se glisser à la découverte de l'intérieur de l'immeuble. Tout cela en fait une arme excellente pour des forces luttant contre la guérilla, tout particulièrement en milieu urbain.

tions demeure crucial tant leur acheminement est difficile, des sources d'approvisionnement aux bases éloignées.

Pour se protéger des drones, la bonne tactique consistera à évoluer le jour sous le couvert des arbres et, en terrain découvert, de se déplacer en mouvement dispersé. La nuit, toujours dormir à l'abri des arbres, jamais dans un village ami, probablement repéré et surveillé par les drones ennemis, qui le frapperaient dès l'arrivée des partisans. Lorsque ces derniers opèrent dans l'obscurité (pose de mines, embuscade), ils doivent toujours poster plusieurs guetteurs qui vont scruter attentivement le ciel. Lorsqu'un drone lance un « *Hellfire* », au moment de l'ignition, une flamme apparaît à l'arrière de l'engin. L'alarme est alors donnée. Ce missile, une fois lancé, ne pouvant pas modifier sa trajectoire, les combattants ont alors 15 à 45 secondes pour se jeter à l'abri et éviter leur destruction.

Les drones, armés de missiles, constituent une menace mortelle pour une unité de partisans surprise à découvert. Ces engins ont cependant un point faible : s'ils sont souvent téléguidés par des équipes situées parfois à des milliers de kilomètres, ils doivent être régulièrement approvisionnés en missiles et en carburant, puis être relancés non loin de la région où ils opèrent. Le SR de la guérilla devra concentrer tous ses efforts pour découvrir ces bases. Elles devront être attaquées et détruites, quelles que soient les pertes encourues.

Il faut noter que des programmes, type « *Skygrabber* » permettent déjà de visionner sur Internet la vidéo émanant des drones ; ce qui permet à l'observateur de localiser la zone surveillée par l'appareil et de prendre les précautions nécessaires. Lorsque la guérilla dispose d'experts en guerre cybernétique, ceux-ci devront effectuer un « cyberjack » sur le drone ennemi. En coupant d'abord ses communications satellitaires pour l'aveugler et le forcer à se mettre en « autopilote », puis en modifiant les coordonnées de son système de guidage G.P.S. afin de le faire atterrir intact, sur un lieu qu'ils auront choisi. Pendant toute l'opération, le nécessaire devra être fait pour que l'opérateur ennemi ne se rende compte de rien afin d'éviter qu'il ne donne l'ordre d'autodestruction à l'appareil. Cet exploit est devenu réalité le 4 décembre 2012, lorsque les « gardiens de la révolution » iraniens réussirent à capturer intact un drone furtif d'observation à haute altitude « *RQ 170-Sentinel* » de la C.I.A. Celui-ci opérait discrètement au-dessus des sites nucléaires de leur territoire.

9. Drones hélicoptères

Du type « *Coptervision* » (Etats-Unis). Utilisés en masse, rien ne pourra se soustraire à leur vision panoramique. Associés à « Bill », un robot de petite taille, armé de la mitrailleuse M249, ce binôme détruira tout élément ennemi.

Actuellement, les responsables militaires américains portent leurs espoirs sur de petits drones hélicoptères pouvant se maintenir en vol stationnaire, même par grand vent. Ce projet présente des difficultés de réalisation car il devra posséder une vision complète et une parfaite notion d'équilibre. La marine américaine utilise maintenant un drone hélicoptère, le MQ8B *Firescout*, fabriqué par Northrop Grumman. D'une longueur de 7 mètres pour 3 mètres de hauteur, il peut voler à une altitude maximale de 6 000 mètres, à une vitesse de 200 km/heure. Il possède une autonomie de vol de 8 heures. Il va être bientôt armé de « racks » contenant 8 à 14 missiles de 70 mm guidés par laser.

10. Robots terrestres

PACKBOT SCOUT (6) :

Depuis 2003, les forces américaines en Irak et en Afghanistan utilisent des engins de reconnaissance de ce modèle, qui leur permettent d'explorer sans aucun risque le terrain devant elles. Des armes nouvelles sont testées par les forces américaines sur ce théâtre d'opérations, sans beaucoup changer le sort des armes, semble-t-il...

TALON (griffe) (7) :

C'est un petit robot démineur. Utilisé auparavant en Bosnie, aujourd'hui en Afghanistan et en Irak, il permet d'identifier les objets suspects se trouvant sur le côté des routes empruntées par les véhicules américains. Ce petit engin télécommandé, d'un poids d'environ 40 kg, d'une longueur de 86 cm pour une largeur de 57 cm, portable à dos d'homme, peut-être utilisé n'importe où. Doté d'un bras articulé se terminant par une pince et de quatre caméras il peut désamorcer une charge explosive sans aucun risque pour l'opérateur, situé à plus de 500 m de distance.

---

(6) Ce robot, fabriqué par la société *IBOT* (Bedford, Massachusetts), a été livré à plus de 4 000 exemplaires à l'armée américaine.

(7) Fabriqué par *QineliQ*, société britannique qui vient de sortir le « *Dragon Runner* », plus léger et très facilement transportable.

Ce type d'engin n'est pas nouveau, les Allemands en ont été les précurseurs. Dès 1944, les forces du Reich avaient mis au point le mini char « *Goliath* ». Ce petit robot chenillé, peu visible, relié à son opérateur par un câble, transportant une charge explosive de 60 kg, se glissait rapidement près des blindés ennemis pour les détruire.

SWORD (épée) :

Depuis 2005, les forces américaines en Irak testent ce véhicule armé de deux mitrailleuses M-240. Il est télécommandé par un opérateur placé à plusieurs centaines de mètres en arrière, hors de tout danger (8).

BIG-DOG (9) (gros chien) :

Ce robot possède quatre pattes indépendantes articulées. Il est doté d'un scanner double à laser et d'une caméra. Il « voit » le sol en trois dimensions, ce qui lui rend le pied très sûr. Il est prévu de lui faire porter les sacs à dos de 8 parachutistes ou une caisse de munitions. Il pourra également servir de brancardier pour ramener les blessés vers l'hôpital de campagne.

RISE (Ascension) (10) :

Il s'agit d'un robot muni de six pattes indépendantes et articulées, capables de gravir la façade des bâtiments.

CHASSEUR de CHAR :

D'un poids d'environ 8 tonnes, ce robot possède quatre roues motrices. Armé de quatre canons (2 canons jumelés), il dispose d'un stock important de munitions. Prévu pour une utilisation autonome, son guidage peut être assuré par radio ou par satellite. De nombreuses études sur des projets à moyen ou long terme sont actuellement très poussées.

BILL :

Ce robot, pré-positionné sur des terrains difficiles ou montagneux, pourra demeurer tapi dans l'attente du signal de passer à l'action.

---

(8) L'armée américaine aurait commandé 80 de ces engins dont 3 seraient utilisés par la 3e Division d'Infanterie, basée au sud de Bagdad.

(9) Fabriqué par *Boston Dynamics*, société située à Waltham, Massachusetts.

(10) Egalement fabriqué par *Boston Dynamics.*

ENGIN MITRAILLEUR TOUS TERRAINS :

Légèrement blindé, doté de plusieurs mitrailleuses et doué d'une intelligence artificielle, il choisit ses objectifs de façon autonome. Possédant six pattes articulées et indépendantes, ses pieds « sûrs » devraient lui permettre de se déplacer rapidement en terrain difficile.

THROW-BOTS :

Conçus pour être lancés dans les fenêtres des immeubles occupés par l'ennemi. Ces petits robots auront la capacité de grimper des escaliers et de dresser le plan du bâtiment à investir. Ceci grâce à leur télémètre-laser. Ils seront contrôlés par un opérateur qui suivra leur progression sur son écran et décidera s'il faut ou non ouvrir le feu sur les individus qui s'y trouvent.

11. Système d'arme nouveau

REDBACK :

C'est la dernière création de Metal Storm Ltd (Australie). Ce système est capable de tirer plusieurs milliers de projectiles de 40 mm par minute. Cette arme expérimentale, qui est destinée à la défense des convois et des véhicules isolés, couvrira littéralement les assaillants d'un véritable déluge de feu.

Problématique liée à l'utilisation des robots

Les armes robotiques font partie des programmes de l'armée américaine. Celle-ci estime, à tort ou à raison, que les guerres du futur se dérouleront dans les villes. Ce type de conflit entraînerait logiquement de lourdes pertes, surtout si l'on pense à certaines mégapoles de plus de dix millions d'habitants. Face à cette hypothèse, les responsables américains, plus pour des raisons politiques qu'humanitaires et craignant par-dessus tout de voir (comme en Irak) leur armée subir des pertes humaines importantes, ont choisi pour le futur la solution robotique.

L'expert militaire John Pike (*Globalsecurity.org*) reflète leur position quand il déclare qu'avec l'utilisation massive de robots, les Etats-Unis pourront lâcher leurs chiens de guerre sans aucun risque. Ce concept ne pourra qu'encourager des leaders, affligés d'une mégalomanie pathologique, à concrétiser leur obsession. Elle consiste à attaquer un Etat « dangereux pour la paix ». Le pays en question, bien évidemment non-nucléaire, plus faible et surtout bourré de pétrole, est rapidement « libéré »…de sa liberté et dans le même temps du contrôle de ses ressources naturelles. On offre généreusement à son peuple la « Démocratie à la sauce made in USA », c'est-à-dire subjugation, impérialisme et ploutocratie. On lui apporte aussi les bénéfices obligés de la haute civilisation américaine : coca-cola, fastfoods, jeans, rap. Et pour les intellectuels privilégiés : bottes de cow-boy, à l'exception toutefois des « *Gréciens* ».

L'utilisation de robots par les militaires américains leur permettra d'épargner à leurs G.I. le syndrome si particulier aux anciens combattants américains des guerres du Viêt Nam, d'Irak et d'ailleurs (11), comme en témoignent les « vétérans peaceniks » et autres hippies malodorants aux longs cheveux, adeptes des pèlerinages au Viêt Nam pour y faire, paraît-il, amende honorable…A ce sujet, l'auteur, qui a participé dans le passé avec détermination à deux « guerres perdues », n'a jamais rencontré ce syndrome bien américain chez aucun de ses camarades de combat !

Autre conséquence envisageable de cette robotisation : elle aura l'avantage d'éviter au gouvernement américain, dont la dette auprès de la Chine, du Japon et des chers pays arabes pétroliers, devient terrifiante, le paiement de pensions à ses anciens combattants. En ce moment même, les Etats-Unis continuent de tester de nouveaux robots sophistiqués :

Lorsque les armées régulières seront en possession de ces robots (c'est déjà pour certains, le cas de l'armée américaine en Afghanistan et en Irak), il en résultera de grandes difficultés pour la guérilla. Celle-ci devra s'adapter de manière intelligente à ces nouvelles menaces. Les « hackers », qui ont déjà réussi à pénétrer les ordinateurs du Pentagone, devront s'efforcer de prendre le contrôle de robots ennemis « intelligents » pour les « retourner ». Il s'agira d'une tâche difficile puisque les communications entre les opérateurs et les robots s'effectueront au moyen de réseaux locaux cryptés, plus sécurisés qu'une liaison par satellite.

---

(11) Chaque année, on enregistre 6 500 suicides aux Etats-Unis parmi les vétérans (anciens combattants), totalement ou presque abandonnés par leur gouvernement ; au point de provoquer un scandale dans ce pays. Il n'y a rien d'étonnant à cela lorsque l'on considère le nombre de vétérans du Viêt Nam vivant dans la rue (homeless), plus important que celui des morts causées par ce conflit (*The Economist*, 26 Juin 2010).

Ainsi, pour l'engin mitrailleur monté sur six pattes, dont le logiciel lui interdit de tirer sur des cibles de moins de 130 cm de hauteur (pour éviter de tirer sur des enfants), deux solutions seront possibles :

- Approcher l'engin en rampant et le détruire au R.P.G.-7V1
- Utiliser un chien dressé spécialement et porteur d'une charge explosive. L'animal court vers le robot, se glisse sous lui et le détruit par l'explosion télécommandée de sa charge.

Il est fort probable que dans le futur, les armes robotiques soient surtout utilisées dans les combats urbains ou tout au moins dans des terrains dégagés. On conçoit mal l'utilisation de robots armés, même montés sur six pattes indépendantes et articulées, dans des forêts de palétuviers ou même les aéroglisseurs ne peuvent se risquer. Les drones eux-mêmes ne verraient pas grand-chose dans ce fouillis. Dans une jungle épaisse, il serait facile de détruire ceux qui s'engageraient sur les sentiers, en abattant des arbres pour bloquer leur progression puis en les attaquant au R.P.G. depuis les hautes branches touffues.

Dans les villes, les tireurs au R.P.G., bien camouflés pour éviter d'être repérés par ces robots, devront utiliser des systèmes de visée « à prisme » afin de leur permettre de tirer avec leur arme sans se découvrir.

Dans les immeubles, il sera nécessaire de détruire une partie des escaliers pour cantonner les robots armés au rez-de-chaussée, puis de les détruire par des charges télécommandées, ou des grenades.

Dans les souterrains et tunnels, il faudra creuser des tranchées abruptes d'une largeur de 1,50 m, que même ces engins à pattes articulées ne pourront franchir. Ces engins, bloqués, seront alors attaqués à la grenade depuis un coin de mur, sans se découvrir.

Le ministère américain de la Défense (D.O.D.) envisage de remplacer un tiers des armements et véhicules actuels par des robots dès 2015. Il souhaite que ces engins possèdent une entière autonomie leur permettant de décider seuls sur quoi et quand ils devront ouvrir le feu. Ces robots, devenus autonomes, seront programmés pour ne tirer que sur les ennemis, c'est-à-dire ceux qui seront démunis du système I.F.F. (Identification Friend or Foe), probablement fixé sur leur casque. Il y aura alors plusieurs parades envisageables :

- Les partisans devront par tous les moyens (ruse, force, vol, argent, agents féminins) s'emparer de l'un ou mieux de plusieurs systèmes

I.F.F. A ce stade, la meilleure solution consistera à reproduire en quantité ces systèmes d'identification pour neutraliser massivement les robots. Si la duplication d'I.F.F. s'avérait irréalisable, les partisans se serviront de ceux qu'ils ont récupérés pour s'approcher sans risque de ceux-ci. La neutralisation de ces engins pourra se faire de deux façons :

- La plus souhaitable consisterait à modifier leur intelligence artificielle pour la retourner contre leurs créateurs.
- S'il est impossible de réaliser cette modification, il faudra purement et simplement détruire le robot après avoir récupéré ses armes.
- Enfin, si la production et l'utilisation généralisée d'armes robotiques est prévue dans un futur assez proche, une parade est en cours de réalisation, capable de paralyser leurs « entrailles » électroniques : la bombe à impulsion électromagnétique (I.E.M.).

Compte tenu de la discrétion qui entoure le sujet, une précision est ici nécessaire. Dès les années 50, les effets de l'I.E.M. ont été mis en évidence et étudiés lors de l'explosion de bombes nucléaires et thermonucléaires de forte puissance (1 mégatonne et plus), en altitude (400 km à 500 km) : l'apparition au sol de voltages de l'ordre de 50 000 volts/mètre sur de grandes surfaces, d'environ 1500 km de rayon selon la hauteur de l'explosion, à une vitesse 50 fois supérieure à celle de l'éclair, pouvait entraîner l'arrêt de toute activité électrique et électronique. Ce phénomène était dû au rayonnement gamma libéré au moment de l'explosion et qui ionisait les molécules de l'air, provoquant une « onde de choc magnétique ». Une telle utilisation de la bombe nucléaire (explosion à haute altitude) en faisait une arme de destruction massive non létale, sans effets dévastateurs sur les populations et les infrastructures.

Les seules parades, limitées, consisteraient à protéger les équipements vulnérables par des enceintes métalliques étanches (cages de Faraday), difficilement réalisables et à utiliser des fibres optiques, par nature immunisées, pour les circuits de communications. Ce qui laisserait exposés les réseaux nationaux de distribution d'énergie, les centres financiers, etc.

Destinée dans une première phase du conflit à neutraliser les porte-avions qui sont des systèmes d'armes hypercomplexes, à haute intégration en matériels électroniques (12), cette e-bombe n'est cependant accessible qu'aux seuls pays détenteurs de l'arme atomique.

Depuis, il a été mis au point d'autres types de e-bombes, d'un rayon d'action de quelques centaines de mètres et qui ne nécessitent pas de maîtriser la technologie nucléaire. Ils entrent, de ce fait, dans le cadre de notre propos. Ce sont :

- Les armes utilisant des explosifs conventionnels pour produire des I.E.M. (à largeur de bande ultra-large).
- Les armes constituées d'un générateur de micro-ondes à forte puissance (M.F.P.), émettant des I.E.M. Les avantages de telles armes résident dans le fait qu'elles possèdent un effet directionnel et que la fréquence des radiations qu'elles génèrent peut être déterminée lors de leur conception, afin de les adapter au mieux à l'usage qui en sera fait.
- Les armes utilisant le système à compression de flux (Flux Compression Generator). Surnommée la « e-bombe du pauvre », moins puissante mais très dangereuse parce que pouvant être réalisée et utilisée par des terroristes (ou des guérillas…).

Ces armes présentent l'avantage de pouvoir être utilisées par tous les temps et d'être d'un coût de fabrication relativement peu élevé. On peut engager plusieurs cibles simultanément par une action discrète qui n'est pas nécessairement détectée.

A noter que la Russie a déjà mis au point des e-bombes appelées « cannettes de bière » à cause de leur faible taille, pouvant être transportées dans une mallette ou délivrées par drones. A ce sujet, on suspecte que ce n'est pas le gaz incapacitant qui a empêché les 18 terroristes tchétchènes, preneurs d'otages au Théâtre de Moscou, de faire détoner leur ceinture d'explosif. Selon les déclarations de certains otages, ceux-ci, avant de s'endormir ont eu le temps de se protéger avec des mouchoirs. Les terroristes ayant la tête protégée par un tchador, il aurait fallu plus de 10 secondes pour que le gaz agisse, ce qui leur aurait laissé largement le temps d'activer leur détonateur électrique. Il y a donc de fortes raisons de croire que les forces spéciales ont utilisé, outre le gaz, une

(12) Si des porte-avions ou autres systèmes d'armes sophistiqués seraient les premières cibles d'un conflit, au second stade on peut penser que la paralysie électrique/électronique totale du pays adverse serait recherchée.

« bombe à hyperfréquence » portable du type « cannette de bière » qui a rendu inopérant le détonateur électrique des kamikazes tchétchènes.

Les Etats-Unis, qui disposent d'un fabuleux budget militaire, ne sont pas à la traîne dans le domaine de ces armes nouvelles. Le « *Joint non lethal directorate* », basé à Quantico (Virginie), procède à la mise au point d'un canon électromagnétique constitué d'un émetteur micro-ondes en forme de coupole, qui pivote sur le toit d'une voiture blindée. Cette arme sera en mesure de stopper les moteurs des véhicules adverses. Cet organisme, en collaboration avec Raytheon Company (Waltham, Massachusetts) a mis au point une arme non létale à énergie dirigée : L' « Active Denial System ».

Il s'agit d'un « canon » à ondes millimètriques pulsées de basse puissance, monté sur un véhicule.

Le rayon qu'il émet sur une fréquence de 95-100 MGz réagit avec les terminations nerveuses du derme, chauffe les molécules d'eau des couches sous-cultanées, et provoque très rapidement une sensation de brûlure intolérable qui met en fuite les individus visés. Cette « arme » pourrait devenir létale si l'on accroissait la pulsation du rayon.

Mission Research Corporation, appartenant à *Alliant Technosystems Inc.* (Arlington, Virginie) a réalisé le *Pulsed Energy Projectile*, qui a une portée de 2.000 mètres. Ce système utilise un laser au fluorure de deutérium à impulsion qui produit un plasma ionisé à la surface de la cible. Cela déclenche une onde de pression ultrasonique qui stimule les nerfs cultanés. La victime ressent alors une douleur intense et subit une paralysie momentanée qui la fait tomber.

La *L.R.A.D. Corporation* (San Diego, Californie) fabrique un « canon sonique », *Long Range Acoustic Device*, qui est un système d'hyperfréquence. Cette « arme » émet deux ultrasons de fréquences différentes.

La haute fréquence se disperse rapidement alors que le signal basse fréquence conserve sa puissance et atteint les individus visés. Ceux ci souffrent alors de nausées, de malaises intestinaux, de troubles de l'ouïe et de la vision qui les met hors de combat.

Il faut noter qu'une arme dérivée est à l'étude, conçue pour tirer des balles sonores de forte puissance.

En Grande Bretagne, la Société B.A.E. Systems construit un canon de marine électromagnétique (*High-Powered Microwave Gun*) qui, d'un seul coup pourra mettre hors d'usage les moteurs d'une meute de 30 bateaux rapides attaquant le navire.

Dans un second temps, lorsque les robots seront massivement en service dans les unités, il est possible que des grenades à impulsions électromagnétiques (13) soient un jour réalisées ; ce qui fera échec à ces engins nouveaux. Cette éventualité relève bien sûr du futur mais le futur n'est jamais bien loin...

Enfin, lorsque des partisans, bloqués par des robots, se trouveront dans une situation critique, la seule action réaliste, faute d'autre solution plus élaborée, sera d'utiliser massivement des fumigènes et de percer en balançant des grenades dans le « brouillard », à gauche et à droite tout en fonçant droit devant eux. En toute logique, la généralisation des armes robotiques conduira les armées à concevoir des systèmes de neutralisation de ces engins. A la guérilla de s'approprier ces nouveaux matériels, sur les théâtres d'opérations ou de quelconque manière, et de les retourner contre ses adversaires.

---

(13) Il est probable que dans le futur ces grenades seront réalisées selon la même technologie que les « cannettes de bière » russes mais miniaturisées et d'un coût beaucoup plus faible, en rapport avec leur cible relativement modeste (robots, centraux de communications, etc.) ou plus vraisemblablement dérivant du système à compression de flux, de taille réduite.

23. CONTRE-GUÉRILLA

Principe

Il s'applique aux théâtres d'opérations d'antiguérilla, partout où cela est nécessaire.

Considérant qu'une guérilla ne pourrait survivre longtemps sans le support volontaire (ou pas) de la population, on devra prendre des mesures draconiennes pour isoler les partisans. A savoir :

- Procéder au regroupement des populations rurales dans des villages contrôlés et défendus par leur milice civile d'autodéfense (1). Ce transfert massif de populations devra être organisé de façon humaine et présenté aux « regroupés » comme une mesure de protection. Il faudra éviter à tout prix de générer une hostilité qui les ferait basculer du côté de la guérilla (2).
- Déclarer « zone interdite » les territoires vidés de leur population et les soumettre à la surveillance, de jour comme de nuit, des drones armés de missiles.

---

(1) C'est ce qui a été fait en Algérie, avec succès de 1957 à 1961. Ces villages regroupaient 2 millions de personnes à la fin de la guerre.

En Malaisie (Malaya), où les Britanniques se trouvèrent confrontés à une guérilla communiste de 1948 à 1960, dirigée par Ching Peng et largement supportée par la communauté chinoise. Sir Harold Briggs regroupa 500 000 personnes dans des « villages nouveaux », protégés pour les isoler de la guérilla. Réalisée de façon persuasive, cette opération fut finalement bien accueillie par la population dont les conditions de vie devinrent meilleures.

Au Kenya, les Anglais, durant l'insurrection Mau-Mau (1952-1955), se virent contraints de regrouper les *Kikuyus* suspects dans des villages « surveillés », afin de les empêcher de se joindre aux rebelles.

(2) Au Sud-Viêtnam, entre 1961 et 1964, l'implantation de « hameaux stratégiques » sous l'impulsion des Américains fut un échec cuisant dont les causes furent :

Regroupements effectués brutalement, sans aucune compensation et sans aucune considération pour l'attachement viscéral des villageois à l'autel des ancêtres ;

Emplacement des hameaux mal choisis, difficilement défendables.

Passivité des soldats vietnamiens qui ne répondaient pas aux appels à l'aide des hameaux attaqués, démoralisant les miliciens qui se rendaient alors aux Viêt Cong sans combattre.

- Tirer sur tout ce qui bouge dans cette zone lorsque les patrouilles de pénétration n'y opèrent pas.
- Surveiller de très près dans les villes les flux financiers et les mouvements importants de produits pouvant être utilisés par la guérilla (3).
- Effectuer des contrôles surprises chez les importateurs et les commerçants pour empêcher que des ventes suspectes n'aient lieu. Ces actions seront complétées par un interrogatoire musclé des partisans capturés pour découvrir leurs fournisseurs qui, dès lors, n'auront plus jamais l'occasion de poursuivre leur très dangereuse carrière.

Les éléments, chargés d'appliquer ces mesures avec doigté et intelligence, devront au préalable acquérir une solide formation à la lutte antiguérilla : guerre psychologique, propagande, désinformation ainsi que la recherche et l'exploitation du renseignement.

C'est ce qu'avait réalisé en Algérie le colonel Marcel Bigeard, aidé en cela par le lieutenant-colonel Charles Lacheroy, en créant dés 1957 deux « Centres d'instruction à la pacification et à la contre-guérilla » ; l'un situé à Philippeville (Constantinois), l'autre à Arzew (Oranais). Ce dernier était commandé par le lieutenant-colonel André Bruge. Cet officier, ancien prisonnier du Viêt-Minh, était parfaitement rompu aux techniques de la mise en condition, indispensables au succès de toute action contre-révolutionnaire. Ces deux centres formèrent 8 000 cadres, jusqu'à leur fermeture en 1960. Ce sont ces hommes qui parvinrent à détruire l'Organisation Politico-Administrative (O.P.A.) du F.L.N., gagnant la guerre « sur le terrain ».

---

(3) Par exemple : engrais (utilisés comme explosifs) ; téléphones portables ; jumelles ; couvertures, vêtements (genre treillis) ; chaussures de marche, moustiquaires ; toile de tente ; torches et piles électriques ; nourritures ; médicaments.

23.1. CONTRE-GUÉRILLA EN ZONE TRIBALE

Si l'action toujours brutale, souvent aveugle de l'armée constitue le danger habituel auquel fait face une guérilla, cette menace est parable. Nous avons vu comment. D'ailleurs, les exactions de l'occupant présentent un avantage pour elle : les populations, victimes d'humiliations, de tortures, d'exécutions, de rapines, de viols, finissent par détester en bloc les militaires et, dans un esprit de vengeance, à faire cause commune avec les partisans. A titre d'exemple, les documents récemment déclassifiés provenant des agences de renseignement américaines lancent un cri d'alarme : la guerre d'Irak qui vient de se terminer et celle d'Afghanistan sont de véritables fabriques de djihadistes…Elles attisent la haine du monde musulman tout entier contre les Etats-Unis, qui en ressortiront affaiblis, démoralisés, incapables de s'opposer au « Panda » (1) au moment décisif, qui se produira dans quelques décennies, lorsque la Chine aura la certitude de gagner ce conflit (2).

Pourtant, si une armée régulière ne peut espérer vaincre une guérilla de façon définitive, celle-ci doit parfois affronter un danger mortel. Il s'agit d'une action intelligente de contre-guérilla, utilisant contre elle les forces du pays qui lui sont naturellement opposées. A l'origine, se trouve un officier ouvert, passionné par le pays, sa culture, sa langue, son histoire, son peuple. Souvent marginalisé par sa hiérarchie, qui le considère, au mieux comme un « artiste », au pire comme un illuminé, il convaincra malgré cela un général éclairé (3) (ou un homme d'Etat hors du commun comme l'était Winston Churchill) qui, moitié par curiosité vaguement amusée, moitié par lucidité clairvoyante, lui laissera mettre ses idées en pratique. C'est ce type d'officier hors norme qui, ré-

_____

(1) Panda : Nom poétique donné à la Chine.
(2) Les Africains disent qu'il n'y a pas de place pour deux crocodiles dans un marigot. Alors que les Asiatiques estiment qu'il n'est pas possible à deux tigres de vivre sur la même montagne.
(3) Comme l'était l'incomparable maréchal J. de Lattre de Tassigny.

pugnant à la violence pour la violence, témoignant une empathie et un respect sincère pour le peuple, peut devenir une menace mortelle pour la guérilla, si celle-ci n'arrive pas à écraser l'expérience dans l'œuf. C'est pourquoi l'élimination rapide par tous les moyens de ce type d'homme devra être une priorité absolue pour les partisans.

A/ Structure optimale

Pour organiser la contre-guérilla, plusieurs phases sont à distinguer :

1. Création d'une organisation non-gouvernementale (O.N.G.).

2. Constitution d'une équipe structurée.

3. Mise en place de la base opérationnelle.

4. Etude approfondie de l'histoire du pays, de ses conflits anciens et actuels, de l'hostilité existante entre ses différentes composantes ethniques, religieuses, sociales, politiques et des querelles entre chefs traditionnels.

5. Détermination des groupes qui constituent l'ossature de la guérilla d'une part et de ceux qui en sont les ennemis naturels d'autre part.

6. Mise en place de *bureaux spécialisés*. Chaque bureau, composé d'un *conseiller*, de ses adjoints et secrétaires, s'occupera uniquement de « son » groupe qui sera alors sous sa seule et entière responsabilité.

7. Prise de contact initiale du *conseiller* avec le chef traditionnel de « son » groupe (Cheikh, chef religieux, etc.)

8. Entretiens : Dans le but de déterminer quelles sont les doléances du chef local contre l'armée ou les partisans, d'évaluer ses besoins matériels, de lui donner l'assurance qu'une autonomie absolument totale lui est acquise sur l'ensemble de son territoire.

9. Etablissement de contacts réguliers, fourniture d'une assistance limitée en matériels.

10. A la requête du chef local, envoi de *coopérants* qui seront sous sa complète autorité : experts militaires (en civil), médecins, enseignants. Le chef doit s'engager à interdire l'accès de son territoire à la guérilla. Il reçoit pour cela l'aide nécessaire pour renforcer et organiser sa force d'autodéfense, de façon à la rendre opérationnelle.

11. Mise sur pied d'une force spéciale antiguérilla.

Envisageons l'étude détaillée des différentes phases d'organisation.

1. Création d'une O.N.G.

Pour des raisons évidentes de discrétion, de psychologie et de flexibilité, l'organisation antiguérilla devra présenter un visage civil, mieux, humanitaire. De plus, des militaires classiques, même d'élite (paras, commandos), trop rigides, ayant un système de valeurs trop ancré, ne pourraient que difficilement s'adapter à leurs hôtes pour nouer avec eux les chaleureuses relations personnelles indispensables (4). La sélection devra donc être rigoureuse.

L'O.N.G. devra donc posséder une appellation de bon ton et anodine telle que : « *Groupement d'Assistance Rurale* » ou « *Groupement d'Entre-aide pour l'Elevage et l'Agriculture* ». Les véhicules, hélicoptères, avions légers, peints en blanc, porteront le nom de l'O.N.G. en grandes lettres rouges et son sigle, une poignée de mains, symbole de l'esprit d'entre-aide et de coopération, de même couleur

2. Constitution d'une équipe structurée

Tous les membres choisis pour appartenir à l'O.N.G. cesseront de porter l'uniforme militaire, ce qui attirerait inutilement l'attention sur eux. Cependant, comme dans toute organisation civile, chacun connaîtra son ou ses chefs. Tous les membres de l'O.N.G. seront vêtus de façon sobre et décente, type ingénieur agricole ou forestier pour les cadres et gardes ruraux pour les autres.

Le responsable de l'O.N.G. sera seul à choisir ses équipiers. Ce ne seront pas tous des militaires de formation. Pourront venir du civil : médecins, enseignants, infirmiers…Mais tous devront être volontaires et avoir la passion du pays et de son peuple. Les personnes nées ou résidant depuis longtemps dans le pays ou mariés localement, ethnologues, etc. constitueront des candidats de choix. Tous, cependant devront avoir la détermination de casser la guérilla par tous les moyens. Si la connaissance de la science militaire ne sera pas une condition indispensable pour tous, en revanche, l'attitude psychologique, leur sympathie pour le pays et pour ses hommes seront déterminantes dans la décision de les recruter ou pas.

---

(4) Il existe des exceptions : les cadres du G.C.M.A. Créés le 17 avril 1951, sur les propositions du capitaine Déodat du Puy-Montbrun, alors en service à l'Etat-Major du Commandant en chef, le général de Lattre de Tassigny. Ils firent merveille car ayant une longue expérience du pays.

A quoi servirait-il d'envoyer auprès d'un chef traditionnel puissant des experts militaires trop sûrs d'eux, dont le comportement condescendant et les manières choquantes pour « leur » hôte les feraient rejeter ? L'objectif des *conseillers* auprès des groupements opposés à la guérilla sera d'abord de gagner l'amitié et la confiance de leurs chefs en s'adaptant à leurs coutumes et en acceptant leurs « valeurs ». Si pour cela, il est nécessaire de faire abstraction de ses propres valeurs, il ne faudra pas hésiter puisque ce sera à le prix à payer (jugé trop important pour certains) pour gagner « les cœurs et les esprits » des populations, véritable enjeu de toute guerre révolutionnaire. Ceux qui ne seront pas capables de réaliser cet effort n'auront pas leur place dans une organisation de contre-guérilla !

3. Mise en place de la base opérationnelle

L'organisation établira sa base loin des villes, dans une région très faiblement peuplée et qui n'est pas favorable à la guérilla. Afin d'échapper à la curiosité des journalistes ou du public, le territoire s'étendant dans un rayon de 100 km autour de la base sera déclaré « zone interdite ». Seuls les rares habitants, munis d'un laissez-passer délivré par le responsable de la sécurité de l'O.N.G, qu'ils devront conserver sur eux en permanence, pourront circuler. Le survol de la zone sera formellement interdit. Tout aéronef qui s'y risquerait serait pris à partie par des SAM, sans sommations.

Le choix se portera sur une très vaste propriété agricole, située dans une zone isolée. Cette grande exploitation sera achetée pour que l'O.N.G. puisse procéder à « des cultures expérimentales » qui seront d'ailleurs réellement réalisées, sous la responsabilité d'un service spécialisé, assurant ainsi une couverture honorable et solide à l'O.N.G. Ces activités justifieront la présence d'une piste pour avions légers et d'une aire d'atterrissage pour hélicoptères, destinés à transporter les « experts agricoles » dans les différentes régions du pays. La base elle-même, comme cela est bien normal dans une région où la sécurité n'est pas absolument totale, sera entourée d'une double haie, l'espace entre chaque rangée d'arbustes étant soigneusement miné. Reliés à une centrale de surveillance électronique installée à côté de la section d'intervention, plusieurs éléments de sécurité seront mis en place :

● De très nombreuses caméras automatiques à vision nocturne, balayant la base en permanence.

- Des senseurs placés dans le sol tout autour des bâtiments, prêts à détecter tout passage suspect.

- Le « château d'eau » très spécial, dont une partie permettra de surveiller discrètement jour et nuit la base sur laquelle il a une vue plongeante, disposera d'un groupe de tireurs d'élite équipés de fusils à silencieux et lunettes de vision nocturne, permettant d'éliminer en douceur tout intrus trop curieux ou malfaisant, qui sera retrouvé au petit matin, loin de la base, « assassiné par les terroristes »…La protection de la base sera assurée par des « gardes ruraux » en civil, encadrés par des « ingénieurs forestiers ». Toutes les armes apparaissant au grand jour seront des fusils semi-automatiques civils, de calibre 12, tirant des chevrotines, alimentés par des chargeurs amovibles à sept coups. Aucun militaire ne sera visible dans la base qui devra, par-dessus tout, conserver l'apparence d'une O.N.G. humanitaire. En dehors du système de détection passive, une protection active sera mise en place :

- de jour : postes fixes aux endroits stratégiques ; patrouilles accompagnées de chiens sillonnant la base.

- de nuit : le système de protection diurne est renforcé par des patrouilles équipées d'AK 47 et de RPK, de grenades et de jumelles de vision nocturne, qui monteront des embuscades tournantes sur les points de passage menant à la base. Toutes les portes extérieures et intérieures des bâtiments seront en acier, dotées d'une fermeture électronique et sous la surveillance constante d'une caméra.

Les bâtiments constituant la base comprendront :

- Le P.C. : dont les murs seront renforcés par des blindages intérieurs en acier. Il sera occupé par le chef de l'O.N.G., ses adjoints, les codeurs-décodeurs et ses secrétaires. Il disposera de six radios chargés des écoutes (5) et d'une équipe d'internautes pour surveiller tous les sites de la guérilla, y apporter d'habiles mais crédibles modifications pour semer le doute et jeter la confusion chez l'ennemi afin de le désinformer et le déstabiliser. Un escalier mènera directement du bureau au toit du P.C., de façon à permettre au chef de l'organisation d'utiliser directement son hélicoptère

---

(5) Le réseau de communications radio des groupes de guérilleros sera sur écoute permanente.

pour effectuer ses missions. Toutes les portes extérieures et inté-rieures seront en acier, dotées d'une fermeture électronique sé-curisée (application du pouce), surveillées en permanence chacune par une caméra reliée à la centrale. En cas de problème grave, les portes pourront être verrouillées depuis la centrale, ren-dant chaque local « étanche ». Cela permettra de circonscrire toute infiltration et de la neutraliser par un envoi de gaz, depuis la centrale, grâce à des tuyaux incorporés dans le système de cli-matisation. La protection du P.C. sera assurée par trois compa-gnies de gardes ruraux

- Les logements du personnel : conseillers, adjoints, secrétaires, médecins, infirmiers, conseillers pédagogiques, conducteurs, pi-lotes, mécaniciens, équipe d'entretien et agricole, ainsi que des « ingénieurs » et des gardes ruraux.

- Les bâtiments et l'infrastructure :
  - Bureaux des « conseillers de zone ».
  - Administration-finances.
  - Logistique : contrôle des stocks de ravitaillement, armes, munitions, matériels divers, pièces détachées, vêtements, équipements, médicaments, carburants.
  - Transport : gestion des camions « neutres » assurant l'ap-provisionnement de la base, organisée par le Q.G. ; surveil-lance des livraisons normales aux « zones amies » par avions de type « caravane » (une tonne de fret).
  - Stockage : armes, médicaments, matériels, etc.
  - Munitions : placées dans plusieurs casemates enterrées, si-tuées à l'écart des autres bâtiments pour des raisons de sé-curités.
  - Salle de radio : équipée d'une dizaine de postes de radio à longue portée, assurant à la fois les liaisons avec les « zones lointaines amies » et avec le Q.G.
  - Hôpital de campagne : bien équipé (chirurgie, médecine), capable de faire face de façon autonome à tous les accidents du travail (blessures par balle, éclats, etc.).
  - Cimetière : un lieu décent et approprié sera mis à la dispo-sition de chaque culte, puisqu'il est primordial que, sur la base, Dieu ne soit pas une cause de division mais de rap-

prochement et d'amitié entre ceux qui croient en lui, même si c'est de façon différente. Dieu est le même pour tous !

■ Mess libre-service, ouvert à tous, adapté au personnel (en pays musulman, pas de porc, viande « halal »). Partout ni alcool, ni tabac. Le pain frais est fourni par la boulangerie.

■ Hangars pour avions légers, hélicoptères et véhicules 4X4.

■ Ateliers de réparation et d'entretien pour tous les moyens de transport.

■ Salle de conférence/cinéma : permet de passer des diapositives ou des vidéos « d'instruction », prises dans les zones amies.

■ Bibliothèque : concentrera tous les ouvrages disponibles sur le pays, son histoire, ses conflits, ses différences ethniques, groupes religieux, politiques, etc., indispensables à la formation permanente des « conseillers ».

● Les équipements sportifs :

■ Salle de sports.

■ Piscine couverte.

■ Court de tennis.

■ Stand de tir sportif.

4. Etude préliminaire

L'ensemble des *conseillers* (et leurs adjoints), sous l'impulsion du chef de l'O.N.G., va se livrer à une étude approfondie du pays, sous tous ses aspects. A chaque *conseiller* sera attribué un objectif particulier : ethnie, tribu, groupe religieux. Il va devoir s'en imprégner totalement. Il lui faudra dresser le profil psychologique de « son » chef et savoir ce qu'il aime, ce qu'il déteste, ses rancunes, ses espoirs, ses faiblesses, ses manies, voire ses passions. Il devra aussi déterminer avec précision quels sont ses ennemis naturels et ses alliés potentiels et pardessus tout s'il est hostile ou favorable à la guérilla. Cette tâche est capitale puisque dans le futur, le *conseiller* devra coûte que coûte établir avec lui des relations confiantes grâce à une action psychologique habile, facilitée par le fait qu'il connaît intimement le chef avant même de l'avoir rencontré.

5. Détermination des forces en présence

Lorsque l'étude préalable sera terminée, il sera nécessaire d'établir avec soin quelle est l'importance des forces sur le terrain. Il faudra déterminer celles qui constituent l'ossature de la guérilla et celles qui sont ses ennemis « héréditaires » ou tout au moins dont l'hostilité est connue.

Dans de nombreux pays où l'auteur a séjourné, cette recherche était en fait facile pour celui qui s'en donnait la moindre peine. A titre d'exemples, en Afrique occidentale il existe en général une forte opposition entre le Sud chrétien et progressiste et le Nord musulman et traditionnel. Dans la région des Grands Lacs (Afrique), l'inimitié extrême entre *Watutsi* et *Wahutu*, leurs anciens vassaux, a provoqué de véritables massacres au Rwanda. Au Katanga, province de l'ex-Congo belge, l'hostilité ouverte entre *Baluba* (6) du Nord et *Balunda* du Sud (Moïse Tshombe était un *Mulunda*), alimenta les péripéties de la sécession katangaise. Au Kenya, les *Kikuyus*, très agressifs, sont hostiles aux *Luos* et aux *Kalenjins*.

L'exemple indochinois

Lors de la guerre d'Indochine, ce pays présentait une véritable mosaïque de « minorités », éparses dans les montagnes du Nord-Viêtnam (*Thái, Thô, Nùng, Man, Méo, Mường*), du Nord-Est du Laos (*Méo*) et sur les hauts plateaux du Sud-Centre Viêtnam (les « *Moi* », englobant les *Djarai, Rhade, Bahnar, Sedang, M'Nong*, etc.).

Ces minorités combattirent farouchement aux côtés de la France, contre le Viêt Minh composé essentiellement de *Kinh* (7), auxquels ils vouaient une haine héréditaire, les considérants comme des envahisseurs.

Par ailleurs, bien qu'ethniquement *Kinh*, les catholiques du delta tonkinois et du delta du Mékong luttèrent avec détermination contre le Viêt Minh, ennemi de leur religion. Il en fut de même des sectes politico-militaires du Sud-Viêtnam, alliées douteuses de la France qui s'opposèrent farouchement au Viêt Minh. Cette situation sera évoquée en détail dans le paragraphe consacré aux *Limites de la contre-guérilla*.

6. Mise en place des Bureaux spécialisés

Lorsque la liste complète des « amis » potentiels, ennemis des ennemis, aura été établie, un bureau spécialisé pour chaque ethnie, groupe

---

(6) Dans cette partie de l'Afrique, le préfixe « Ba » indique le pluriel et le préfixe « Mu » le singulier. Exemples : un Mulunda, des Balunda.

(7) *Kinh* : Viêtnamiens des plaines, venus de Chine il y a plus de deux mille ans. Ils constituent la majorité de la population du Viêt Nam.

religieux, etc., sera mis en place sous les ordres d'un *conseiller* qui doit avoir assimilé complètement l'histoire, l'organisation, les ressources et les problèmes de « son » groupe et s'en imprégner totalement.

Chaque *conseiller* suivra au jour le jour l'évolution du groupement dont il est responsable. Prioritairement, il tracera le portrait psychologique détaillé du chef local qui deviendra son interlocuteur privilégié. Dans cette tâche, le *conseiller* sera absolument autonome et le seul habilité à la mettre en œuvre avec l'assistance de son équipe : adjoints, secrétaires, interprètes et traducteurs. Il aura carte blanche pour décider de l'aide à fournir à ses amis, qu'il visitera quand il voudra, en empruntant un hélicoptère de l'O.N.G.

7. Prise de contact initiale

Le *conseiller* attendra une occasion propice pour envoyer un très beau cadeau au chef local, son futur interlocuteur. Ce présent aura été soigneusement choisi en fonction des goûts connus du destinataire : cheval, arme ciselée, voiture de luxe, montre en or ou tout autre objet dont on est sûr qu'il lui plaira. Le prétexte pourra être son anniversaire, une fête locale ou religieuse importante, etc. Cela ne sera bien sûr qu'une entrée en matière, accompagnée d'une invitation formelle et respectueuse à se rendre à la base de l'assistance rurale, par hélicoptère mis gracieusement à la disposition de la personnalité honorée. Si la réponse du chef était négative, il faudra essayer de déterminer discrètement les raisons du refus et renouveler avec tact plus tard l'invitation, assortie cette fois d'un appât qui ne se refuse pas. En revanche, si la personnalité accepte de venir à la base il faudra passer à l'étape suivante.

8. Entretiens avec le chef local (cheikh, etc.)

Dès son arrivée sur place, très probablement par hélicoptère, l'invité sera accueilli avec le plus grand respect et tous les égards dus à son rang :

- Gardes ruraux formant une haie d'honneur, autour du tapis rouge.
- Musique militaire, au goût local.
- Bienvenue du chef de la base et du *conseiller* traitant.
- Installation dans un appartement luxueux (équipé bien entendu de caméras et de micros-écouteurs), où sont placés TV, fruits, boissons glacées. Un serviteur empressé se tiendra à sa disposition pour répondre à tous ses besoins.

- Le soir, banquet auquel assisteront le chef de l'O.N.G., le *conseiller* de zone et ses adjoints. Les mets préférés de l'hôte, si exotiques soient-ils, figureront au menu. On tiendra compte avec le plus grand soin de ses interdits religieux en matière alimentaire : s'il est musulman, pas de porc mais de la viande halal. En aucun cas de l'alcool, sauf si l'on sait que l'invité en est consommateur. Le moindre faux-pas dans ce domaine risquerait d'être mal interprété et de jeter un froid qui serait néfaste sur les bonnes relations futures.

- Le lendemain matin, auront lieu des échanges de vue détendus. Le *conseiller* écoutera beaucoup et parlera peu, juste pour répondre avec franchise aux questions de son interlocuteur. Il cherchera avec tact à savoir si l'hôte rencontre des problèmes particuliers avec l'armée ou si la guérilla lui crée des ennuis. Le *conseiller* prêtera une oreille attentive à son invité et ne l'interrompra pas pour lui permettre d'exprimer librement ses sentiments profonds. Si le chef se plaint des incursions de l'armée, on lui fera la promesse, qui devra être rigoureusement tenue, que les militaires n'interviendront plus sur son territoire…qui sera néanmoins toujours surveillé discrètement par satellite ou par drone. Si sa région faisait l'objet d'une attaque importante d'unités de la guérilla, à sa demande expresse, des frappes chirurgicales par bombardements aériens massifs, par drones ou par missiles seraient effectuées en sa faveur.

- En gage de bonne volonté, il lui sera offert une quantité limitée d'armes légères (8), de munitions et de médicaments. Si le chef le souhaite, malgré les risques, un médecin sera mis à sa disposition pour organiser son **Service de Santé**. Cela justifiera la raison officielle de la présence du docteur dans la zone. Son rôle officieux sera en outre de s'assurer que le chef joue le jeu et que les premières armes envoyées ont bien été distribuées aux forces d'auto-défense pour protéger le territoire contre la guérilla. Pour remplir cette délicate mission, le médecin emmènera avec lui un matériel de première urgence, des médicaments… et un poste de radio destiné au chef. Il restera en contact avec la base pour « ren-

---

(8) Du même type que celles utilisées par la guérilla, pour « brouiller les cartes » ou tout au moins rendues anonymes par des techniciens spécialisés ("Chambre 20" en France).

dre compte », indiquer les besoins urgents des nouveaux alliés et organiser bien sûr les évacuations sanitaires des miliciens blessés au cours des combats contre la guérilla. Pour cette première mission, la désignation d'un médecin, sans arme, peut paraître surprenante. Pourtant, ce choix risqué est beaucoup plus indiqué que celui d'un « militaire » par exemple. Un médecin peut rendre des services inestimables à la population démunie et se faire aimer d'elle…ce qui est le but initial recherché.

9. Etablissement de contacts réguliers

Au bout de quelques mois, lorsque le docteur sera bien installé, s'il a bien fait son travail, la bataille pour gagner « l'esprit et le cœur » du peuple et de son chef aura été gagnée. Le groupe allié sera alors prêt à s'engager à fond dans la lutte antiguérilla avec bien sûr l'appui total de l'O.N.G. Le médecin, qui aura dû faire d'énormes efforts pour s'exprimer dans la langue locale et se faire accepter par le chef comme un ami, informera le *conseiller* des bonnes dispositions de ses hôtes. Il arrangera avec le chef local sa visite, accompagné d'un « ingénieur » (militaire très flexible). Les entretiens auront lieu dans une atmosphère d'amitié et de confiance réciproque. Le *conseiller* proposera une aide accrue, mais ne cherchera jamais à imposer ses idées ou son point de vue. Par-dessus tout, il acceptera sans réserve et comme allant de soi les coutumes, le mode de vie et les obligations du groupement. Il devra faire totalement abstraction de ses propres valeurs et de sa culture pour adopter complètement celles de ses hôtes. C'est cette attitude qui finalement entraînera la loyauté et la confiance amicale du chef. C'est seulement si ce dernier le demande que l'on envisagera de lui apporter une aide substantielle et cela ne lui sera jamais imposé. Le chef local doit être convaincu que l'action antiguérilla nécessaire à la défense de *son* territoire doit devenir SA guerre personnelle, le *conseiller* n'étant qu'un ami qui lui offre une aide matérielle.

10. Envoi de Conseillers

Si le chef le désire, on lui proposera la venue d'une équipe polyvalente :

- Infirmiers pour renforcer l'action du médecin, procéder aux vaccinations et aider à la formation accélérée du personnel sanitaire local.

- Conseiller pédagogique pour aider à l'ouverture d'écoles et à la formation de maîtres, tous les programmes devant être soumis à l'approbation préalable du chef local.
- Ingénieurs (militaires) : ils devront avoir l'esprit ouvert, être très adaptables aux coutumes locales, respectueux des croyances religieuses et se montrer amicaux. Leur rôle consistera à aider à l'organisation des forces locales, pour assurer de façon systématique la défense du territoire sous l'entière autorité du chef local.

11. Mise sur pieds de la force spéciale antiguérilla

Ses différentes composantes seront les suivantes :

- Création de groupes d'auto-défense dans chaque village, munis d'une radio pour assurer la liaison avec le P.C. et le poste le plus proche.
- Implantation de postes fixes dans chaque bourgade, disposant de R.P.K., R.P.G., mortiers de 81 mm et radio pour liaison avec le P.C. et les groupes villageois d'autodéfense. De ces fortins partiront de jour comme de nuit des patrouilles qui visiteront régulièrement les villages pour y recueillir des informations sur des passages éventuels de la guérilla. Si nécessaire, elles en profiteront pour donner des médicaments et des munitions aux groupes villageois d'auto-défense.
- La constitution de compagnies franches mobiles, montées ou dotées de véhicules 4X4 fortement armées, capables d'effectuer des raids à longue distance pour réaliser des opérations « coup de poing » ou intervenir rapidement en cas d'attaque sérieuse de la guérilla. Ces unités seront basées dans la ville principale de la zone et à la disposition directe du chef militaire local, « secondé » par son conseiller.
- Opérateurs radio : destinés à la formation rapide de radios locaux pour permettre aux forces amies de communiquer entre elles.

Les *coopérants* sur place ne devront jamais avoir une attitude condescendante ou prendre des décisions seuls. Ils rempliront leur tâche avec doigté et tact et travailleront en étroite coopération, sur un pied d'égalité avec leurs homologues locaux. Ils devront être conscients qu'ils sont en mission à la demande du chef local et que ce dernier a le pouvoir d'obtenir leur retrait immédiat si leur comportement ne donnait pas satisfaction. La « pilule » sera probablement « dure à avaler » pour certains (les militaires en particulier) mais ce sera le seul moyen susceptible de s'assurer la loyauté totale d'alliés qui ne trouveront que des avantages à cette forme intelligente de coopération.

Pendant ses entretiens avec le chef local, le *conseiller* de zone lui fera comprendre de façon délicate et indirecte que, si son autonomie est totale et si son territoire est interdit à l'armée, on attend de lui en retour qu'il verrouille totalement l'accès de sa zone aux forces de la guérilla. Toute action agressive de sa part contre les partisans entraînera une augmentation de l'aide qu'il reçoit.

Le chef et son entourage seront honorés par tous les moyens propres à renforcer son amicale coopération : grades fictifs (9), admission de ses fils, neveux ou jeunes cousins méritants à l'école d'officiers…afin de préparer l'avenir. Cette opération séduction-amitié sera menée dans toutes les régions contrôlées par des ennemis naturels de la guérilla, de façon à « vider complètement l'eau dans laquelle évoluent les poissons-guérilleros ».

Dans le passé, des expériences de ce type ont été tentées, en particulier pendant la guerre d'Indochine où le G.C.M.A. du lieutenant-colonel Edmond Grall, devenu plus tard le G.M.I. sous les ordres du commandant puis lieutenant-colonel Roger Trinquier, réussit à organiser des contre-guérillas locales anti- Việt Minh assistées par une poignée de cadres. La fin de cette guerre ne permit pas de poursuivre plus loin cette tentative originale mais très prometteuse, bien que prise un peu tard.

Malheureusement, il y aura parfois des cas où le chef local, jouant sur les deux tableaux, tout en recevant l'aide de l'O.N.G. pactisera en secret avec la guérilla, par peur, par intérêt ou tout simplement pour vivre en paix. Si une telle trahison se produisait, sous un prétexte quelconque, les *conseiller*s sur place reviendront à la base pour une visite (sans retour). Aussitôt après, des frappes aériennes massives, suivies d'un matraquage précis par missiles et d'un tapissage systématique du terrain par lâcher de sous-munitions (petites bombes sphériques à retardement) auront lieu afin d'éradiquer le « serpent à deux têtes ».Cette action très brutale sera nécessaire pour servir d'exemple, afin d'ôter l'envie à quiconque de s'engager dans cette voie par trop périlleuse (10).

---

(9) Appelés communément par dérision « galons en zinc ».
(10) Le proverbe arabe ne dit-il pas : « La main que tu ne peux pas couper, baise-la ! ».

Si la mise en place de forces antiguérilla locales se réalise avec succès dans de nombreuses zones, les partisans finiront par se sentir à l'étroit et asphyxiés, étant confinés dans les quelques régions où la population leur est favorable. Il en résultera de fortes tensions internes qui exacerberont les rivalités latentes entre chefs : pragmatiques et dogmatiques ou procommunistes et nationalistes par exemple. Ceux-ci en viendront à se blâmer mutuellement pour la situation difficile dans laquelle se trouve leur mouvement.

Il faudra alors déterminer avec précision où se trouve la faille qu'il sera nécessaire d'agrandir pour introduire la « lame » qui fera éclater l'unité de la guérilla. A ce stade, le coup de grâce sera donné par une action très habile de désinformation qui prouvera à l'un des chefs, « paranoïaque », que l'un de ses rivaux, un peu parano également, est en train de trahir la cause…et vice-versa. Si les opérations d'intoxication ont été bien menées, il s'ensuivra une méfiance réciproque et des combats éclateront entre les différents groupes constituant la guérilla.

Ce n'est pas une vue de l'esprit. On l'a vu pendant la guerre d'Algérie, lorsque le capitaine P-A Léger, maestro de la « bleuîte » fit s'entre-massacrer la Willaya 3 du fameux Amirouche, allègrement assisté par Hacène Mahiouze, dit « la torture ». Nous ne parlerons pas de l'affaire du « général » Bellounis (11) qui, bien que se terminant par un échec, fit cependant une heureuse diversion.

On doit aussi citer la magnifique opération de désinformation contre l'organisation terroriste d'Abou Nidal, qui eut lieu dans les années 1987/88. La C.I.A. (pour une rare fois efficace), avec la coopération des « services » de l'O.L.P., de la Jordanie et d'Israël, créa un flot continu de désinformation visant ce groupe. Abou Nidal eut ainsi « la preuve » de la trahison de ses principaux lieutenants. Dès l'année suivante, il fit exécuter sept d'entre eux et des douzaines de sous-ordres. Le but recherché était atteint : son organisation fut complètement désorganisée. L'apogée fut atteinte lorsque deux de ses hommes firent défection et montèrent une attaque sur son Q.G. au Liban qui tua 80 de ses hommes et anéantit totalement son groupe.

Il n'y a pas dans ce domaine de recette magique, la seule façon intelligente de lutter contre une guérilla consiste à utiliser contre elle

---

(11) Opération « Ollivier ».

TOUS ses ennemis naturels locaux : ethnies, clans, tribus, groupes sociaux, religieux ou politiques. Quels qu'ils soient, quoi qu'ils fassent,
sans absolument aucune autre considération que leur efficacité contre la
guérilla.

Cette politique est nécessaire mais pas suffisante. Elle doit être complétée par un développement économique, une réforme agraire là où cela
est possible, toutes ces actions soutenues par une vigoureuse action sociale auprès des populations démunies. Toujours dans un seul but : « gagner les cœurs et les esprits ».

La force brutale et aveugle d'une armée étrangère, qui frappe indis-
tinctement coupables et innocents, engendrant un désir croissant de vengeance, ne parviendra jamais à vaincre durablement une guérilla. C'est
pourquoi les responsables d'une lutte antiguérilla devront s'imprégner
du pays dans lequel ils vivent. Il leur faudra apprendre, si cela n'est pas
une inclinaison naturelle, à aimer son peuple et par-dessus tout à montrer
compréhension, sympathie ainsi que le plus grand respect envers son
mode de vie, ses coutumes et sa religion. Ils ne devront jamais chercher
à imposer leurs idées et leurs valeurs qui ne sont, quoiqu'ils en pensent,
« universelles » que pour eux-mêmes. Ils ne devront jamais oublier que
l'étranger, dans une situation de guerre et jusqu'à preuve du contraire,
est souvent assimilé par tous, y compris les amis potentiels, comme
« l'ennemi ».

Cependant, une telle opération ne sera possible que si elle a l'appui
total du G.Q.G. de l'armée, en particulier pour :

- Interdire rigoureusement aux forces régulières qui en principe sont
  opposées aux actions paramilitaires, de s'immiscer dans les affaires de l'O.N.G.
- Fournir à l'O.N.G. et à ses alliés tout appui matériel nécessaire
  (finances, armes, munitions, médicaments, etc.).
- Effectuer les frappes aériennes demandées par l'O.N.G. pour elle-
  même et pour ses alliés.

Certains lecteurs ne manqueront pas de faire remarquer que la mise
en place d'une telle organisation nécessitera un effort logistique très important, donc coûteux ainsi que des frais courants opérationnels élevés.
Ils auront entièrement raison, cela est tout à fait vrai. La réponse à cette
objection est pourtant simple : il suffit de comparer le budget, élevé

certes, d'une opération paramilitaire de ce type aux coûts faramineux entraînés par la mise en œuvre d'une armée classique face à la guérilla, comme ce fut le cas pour les guerres d'Indochine, d'Algérie, du Việt Nam, d'Irak et maintenant d'Afghanistan... avec les résultats que l'on sait. L'Irak, dont G.W. Bush en mai 2003, alors à bord de l'USS *Abraham Lincoln*, se tenant sous une bannière proclamant « Mission accomplie », déclarait triomphalement : « Les opérations majeures en Irak sont terminées ! ». Quelle naïveté ! Quelle arrogance injustifiée ! Cette comparaison mettra en lumière le fait qu'une action de contre-guérilla souple et agressive, attaquant l'adversaire de l'intérieur, à sa manière, sur son propre terrain, sera en mesure d'atteindre un niveau d'efficacité qu'aucune armée régulière ne pourrait jamais espérer égaler.

C'est ce qu'avait bien compris le général de Lattre de Tassigny en créant le GCMA et ses « maquis » pro-français, dans les régions montagneuses du Việt Nam et du Nord-Laos. Il réussit à peu de frais à fixer de gros effectifs việt minh. Ces forces finirent froidement abandonnées, hélas tout comme nos partisans catholiques, par une France ingrate et sans honneur.

C'est ce qui fut tenté avec succès en Algérie, avec la création des harkis et autres groupes d'auto-défense qui servirent la France avec courage et valeur…pour finir lâchement désarmés, trahis et livrés à la vindicte du FLN. Ce dernier les massacra, avant même que la France, ayant perdu une fois de plus l'honneur et la guerre ne quitte piteusement l'Algérie.

A notre époque, face à la guérilla, le problème demeure entier. Combien d'hommes comparables au général de Lattre de Tassigny parmi les têtes étoilées ? Et surtout, combien parmi leurs maîtres tout-puissants, les politiciens démagogues de tous bords sans scrupules, dont la seule préoccupation n'est certainement pas l'intérêt national mais bien plutôt les prochaines élections qu'il faut gagner à tout prix, le pays dût-il en crever !

Nous avons vu comment mener une action de contre-guérilla souple, intelligente et efficace. A l'inverse, voici un rapide exemple de ce qu'il ne faut absolument pas faire. Il s'agit d'un cafouillage savoureux, typiquement américain, qui a eu lieu en Afghanistan : dès l'année 2002, Jalaluddin Haqqani (12), déjà évoqué, puissant chef de guerre pachtoune,

---

(12) Voir, en fin de chapitre, une biographie de Jalaluddin Haqqani, chef de guerre remarquable.

prend contact avec ses anciens amis de la CIA du temps de sa guerre contre l'armée soviétique, dans les années 80. Il désire négocier son ralliement au président Hamid Karzaï, « protégé » des Américains. Malheureusement, au moment même où les pourparlers avec la CIA commencent, son frère Ibrahim, faussement dénoncé comme terroriste par un chef de clan rival, est arrêté. Immédiatement J. Haqqani rompt brutalement les discutions. Malgré la libération d'Ibrahim reconnu innocent, neuf mois plus tard, J. Haqqani intensifie sa lutte. Inspiré par les méthodes d'Al-Qaïda en Irak, il utilise des bombes humaines (attentats suicide) et des projectiles à noyau auto-formant contre les forces américaines et afghanes, avec un grand succès.

L'histoire récente nous offre bien des exemples illustrant notre propos.

L'exemple irakien

En Irak, contrastant avec les innombrables fiascos de l'armée américaine, il faut citer l'action intelligente du général David Howell Petraeus. Celui-ci, au lieu de matraquer aveuglément tous les rebelles sunnites, avec, bien sûr, la bénédiction du gouvernement irakien dominé par les Chiites, prit une décision hardie : « Retournant » certains de ces groupes rebelles, s'assurant du concours des cheikhs et de leurs tribus lassés des excès d'Al-Qaida-Irak, il créa des groupes d'autodéfense : l'Eveil (Al Shawa) totalisant 80 000 volontaires. Cette politique adroite porta ses fruits : la violence baissa à Bagdad et dans la province d'Anbar.

Il est vrai que les deux parties bénéficiaient de cet arrangement : les Américains subirent moins de pertes et les groupes sunnites purent assurer leur sécurité face à de possibles incursions des milices chiites ou d'Al-Qaïda.

Chaque « volontaire » percevait une solde mensuelle de 300 dollars, versée par les Américains ; ce qui était appréciable pour de jeunes tribaux. Quant à leurs cheikhs, les retombées devaient être coquettes… même si certains d'entre eux y perdaient la vie. Bien entendu, tout n'est pas parfait, le gouvernement irakien ne voyait pas d'un très bon œil cette politique de pacification. Que vont devenir ces milices sunnites, bien armées, alors que les Américains viennent de partir et que les Chiites vont probablement vouloir renforcer leur suprématie ? Il est clair que le Premier ministre irakien Nuri-Al-Maliki n'est pas disposé à intégrer ces milices sunnites dans les forces de sécurité de l'Etat, comme le demandent leurs chefs, désireux d'assurer l'ordre sur leurs territoires par leurs propres milices et non pas par une police dominée par les Chiites.

Cependant, en terme de lutte antiguérilla, l'initiative du général D.H. Petraeus fut très positive. En outre, décidément très astucieux, ce général américain renforça l'action des milices par l'intervention de 70 000 participants civils, chargés de servir la communauté sunnite. Il y a là une parfaite complémentarité : après avoir rassuré des populations abandonnées à elles-mêmes par la protection d'une milice locale, on gagne leur cœur grâce à une action civique qui, du même coup donne un emploi donc des moyens de vivre presque normalement à 135 000 « sans emplois », dans un pays où le chômage est un véritable fléau.

Enfin, dans le but de neutraliser sans violence un nombre important de guérilleros, une loi, promulguée sous la pression des Américains, entra en vigueur. Elle permit à environ 30 000 ex-baasistes du « rang » (en majorité Sunnites) de bénéficier d'une pension ou, mieux encore, de retrouver un emploi dans toutes les branches ne concernant pas les services de sécurité.

D'autres mesures d'*action psychologique*, prises par le général D.H. Petraeus, ont participé à la réduction du niveau de violence :

- Libération de 25 000 suspects.
- Trêve obtenue en août 2007 avec les milices chiites de l'armée du Mahdi (Jaish-Al-Mahdi) de Moktada-Al-Sadr (13), qui fut mise en sommeil en 2008.

Ces développements, résultant de l'attitude du général D.H. Petraeus contrastent heureusement avec les anciennes méthodes brutales et contreproductives de répression massive et aveugle qui étaient celles de ses prédécesseurs. Il n'en demeure pas moins que le très habile général D.H. Petraeus, initiateur d'une action antiguérilla intelligente, fait assez rare chez un militaire américain, était au service d'une politique cynique et immorale, menée par G.W. Bush, incompétent, mégalomane, dangereux pour son propre pays et le reste du monde. Par sa faute, les Etats-Unis n'ont jamais été autant détestés, voire haïs. Aussi, il est à

---

(13) Probablement « calmé » par ses supporters iraniens, à la demande du grand Ayatollah Ali Al-Sistani, exaspéré des conflits parfois armés entre Chiites comme ceux de l'armée du Mahdi de Mr Al-Sadr contre les miliciens de la « Brigade Badr » de son ennemi juré, Mr. Abdul Aziz Al-Hakim, dépendant du Conseil Suprême islamique iranien (Supreme Islamic Iraqi Council) et, à un moindre degré contre le petit parti « Fadhila ».

craindre que l'œuvre de cet excellent général soit aussi durable que les châteaux de sable des enfants. Car, après cette aventure calamiteuse, l'Amérique laisse derrière elle un Irak « libre et démocratique » mais au combien fracturé et instable, où l'Iran étend déjà son influence…

L'exemple afghan-pakistanais

La situation générale afghane paraît offrir un terrain propice au type de contreguérilla proposé et décrit précédemment. Les Taliban représentent un problème épineux pour la coalition dirigée par les Etats-Unis (14). Une analyse sérieuse et sans a priori révèlerait que, d'une certaine façon, c'est la présence massive et durable de forces occidentales qui est maintenant l'une des causes majeures du problème et certainement pas sa solution. Pourquoi ? Parce que les rebelles appelés communément « Taliban » sont loin de constituer un bloc monolithique. Donc la véritable cause est ailleurs. Elle réside dans l'intrusion de nombreux « infidèles » dans un pays certes divisé mais néanmoins profondément musulman. Ce qui entraîne un réflexe d'hostilité de la majorité de la population contre les « incroyants » en terre d'Islam. Ce sentiment violent de rejet est aggravé par l'action des 40 000 hommes armés des sociétés de sécurité privées (15) qui, opérant en toute impunité, se comportent en terrain conquis, sans respect de la vie des personnes et souvent de façon abominable (16). Cette présence est perçue par beaucoup comme une menace envers l'Islam. Ce sentiment relègue en second plan les rivalités intertribales ayant cours depuis des siècles et qui faisaient s'entretuer ces vaillants guerriers. Pourtant, ces oppositions ancestrales existent toujours !

C'est pourquoi, la première mesure d'une organisation antiguérilla intelligente serait de rechercher méticuleusement les failles, ô combien nombreuses, existant chez un adversaire que seul unit la haine et le rejet de « l'infidèle ». Mais quelles sont ces lignes de fractures ?

Tout d'abord les divisions ethniques. En Afghanistan, les deux groupes les plus importants sont les *Pachtounes* (45 %) et les *Tadjik* (23 %). Le reste de la population est composé de *Turkmènes*, d'*Ouzbeks*,

---

(14) Malgré les rodomontades de Donald Rumsfeld, ancien secrétaire (ministre) américain à la Défense, qui proclamait la victoire et la guerre finie en 2003, le nombre d'attaques contre les forces américaines et « afghanes » est passé de 491 en 2005 à 1127 en 2007.
(15) La société américaine *Blackwater*, qui a du changer de nom et devenir *Xe Services* pour continuer à sévir, en est une figure emblématique.
(16) Par exemple en ouvrant le feu sur des civils désarmés, sous le moindre prétexte.

d'*Hazaras* et autres petites minorités. Pour les spécialistes de l'antigué-rilla, les *Pachtounes* devraient constituer une cible prioritaire. Pourquoi cela ? Tout d'abord cette ethnie est la plus nombreuse et, dans sa grande majorité, supporte les djihadistes d'Al-Qaïda. En outre, les *Pachtounes* sont de redoutables guerriers, dont l'occupation favorite est la guerre, contre leurs voisins ou contre les « infidèles » s'il s'en trouve sur leur territoire : troupes anglaises écrasées au XIXᵉ siècle, humiliante défaite de l'armée soviétique dans les années 80.

Les *Pachtounes* sont présents dans de nombreuses régions de l'Af-ghanistan, dominent les provinces orientales de Khost, Paktia, Paktika, s'étendent jusqu'au Pakistan dans les zones tribales sous administration fédérale, ainsi que dans la province de Khyber Pakhtunkhwa (ancien-nement appelée « Province de la Frontière du Nord-Ouest »). C'est pré-cisément ces régions qui constituent un véritable casse-tête pour les forces de l'OTAN. La « souveraineté » du Pakistan y interdit toute in-cursion (17) ouverte. Cette notion de souveraineté n'exclut pas, bien sûr, les très nombreuses et « discrètes » frappes des drones (18) ainsi que les raids plus ou moins furtifs, plus ou moins chanceux des forces spéciales américaines (19), visant les chefs taliban. Ces territoires constituent une base pour les opérations des Taliban afghans et leurs alliés locaux.

Zones tribales sous administration fédérale pakistanaise :
(*voir la carte des zones tribales du Pakistan dans le cahier central*)

- « L'agence de Bajaur », où opèrent les chefs Maulvi Faqir Mo-hammed, Qari Zia Ur-Rehman et Maulana Fazlullah (ex-Vallée de Swat), qui maintiennent des liens étroits avec les Taliban af-

---

(17) Même si la CIA n'hésite pas à utiliser « discrètement » la base aérienne pakistanaise de Shamsi (Baloutchistan) pour lancer ses drones sur les cibles que lui indiquent les Services secrets pakistanais (I.S.I.). De 2007 à 2011, il y a eu 164 attaques de drones qui ont fait 964 morts.

(18) Leurs missiles tuent des chefs taliban mais aussi beaucoup de civils innocents. Ces engins sont d'excellents « recruteurs » pour les Taliban. Et la vengeance (*badal*) est l'un des principes sacrés du Pachtounwali, avec l'honneur (*izzat*), tout comme l'est d'ailleurs le courage (*tora*), l'hospitalité (*mailmastia*) et la protection dues à l'invité ou au voyageur (*pannah*).

(19) Lorsque l'armée américaine ne peut opérer ouvertement dans un pays, des unités du « *Joint Special Operation Command* » sont utilisées. Ces forces spéciales, basées à Fort Bragg (Nord-Californie) comprennent 31500 hommes, sous le commandement du vice-ami-ral William McRaven, un ancien "Seal" lui-même. Pour réaliser les opérations clandestines, des équipes sont temporairement transférées à la C.I.A. Les Etats-Unis peuvent alors nier leur intervention militaire…En toute mauvaise foi.

ghans de la province de Kunar. Cette agence est depuis le début de 2010 plus ou moins contrôlée par l'armée pakistanaise.

- « L'agence de Khyber », où le chef taliban Mangal Bagh Afridi et ses hommes sont implantés.

- « L'agence » d'Orakzai est contrôlée par Hakimullah Mehsud (20), chef du Teherik-e-Taliban Pakistan qui attaque de nombreux convois de l'OTAN, jusque dans le secteur de Khyber.

- Au Nord-Waziristan, fief de Hafiz Gul Bahadur (2 000 combattants), hôte et féal du chef taliban Jaladuddin Haqqani (21) et de son fils Khalifa Sirajuddin qui disposent de forces très nombreuses. Ces combattants, solidement implantés au Nord-Waziristan, n'ont, malgré les exhortations véhémentes des Américains, jamais été l'objet d'attaques de l'armée pakistanaise (22). Il y a à cela deux raisons. L'une est stratégique.

Le Pakistan, la paix revenue en Afghanistan, compte sur le réseau Haqqani pour s'assurer une influence prépondérante dans ce pays qu'il considère comme sa base arrière en cas de conflit avec l'Inde. L'autre, tactique, résulte du fait que les combattants d'Haqqani n'ont jamais attaqué les forces pakistanaises. L'I.S.I., pour assurer la liaison avec le réseau Haqqani, maintient plusieurs antennes dont celles de Miram Shah et de Banu.

- Au Sud-Waziristan (23), depuis la mort de Baitullah Mehsud (24), chef puissant du Teherik-e-Taliban Pakistan (T.T.P.), tué par un

---

(20) A survécu à l'attaque d'un drone de la C.I.A., ayant eu lieu le 16 janvier 2010, à Shaktoi, à la limite entre le Sud et le Nord Waziristan. Considéré comme émir, il jouit d'une grande autorité sur les groupes de Taliban opérant dans les zones tribales. Il aurait été blessé à nouveau le 12 janvier 2012, par un missile lancé d'un drone, dans la région de Dattakhel (Nord-Waziristan).

(21) Chef du *Amaraat-E-Islami Afghanistan*.

(22) Comprenant environ 700 000 hommes recrutés principalement au Punjab, elle s'appuie dans les zones tribales sur deux formations, constituées majoritairement de *Pachtounes* :

- *frontier corps* : unités paramilitaires (70 000 hommes). Commandé par le Major-général Tarik Khan, le « *frontier corps* » est constitué de trois subdivisions basées dans la province de Khyber Pakhtunkhwa, la zone tribale sous administration fédérale et dans la province du Baloutchistan.

- *frontier constaburary* : force de police paramilitaire (25 000 hommes), basée à Shabqadar, dans la province de KhyberPakhtunkwa.

(23) Miram Shah, leur base principale étant menacée par les drones, ces combattants ont élargi leur zone jusqu'à l'Agence de Khurram.

(24) Tué le 5 août 2009, à Zangara (Sud-Waziristan), par un drone de la C.I.A.

drone lance-missiles, règne Wali-Ur-Rehman. Il tient une partie du terrain avec ses 25 000 Taliban, même s'il a perdu sa « capitale » (Makeen), investie par l'armée pakistanaise, elle-même aiguillonnée par ses « bienfaiteurs » américains, résolus à se battre… jusqu'au dernier soldat pakistanais (pour la plus grande joie de l'Inde). Sur ce territoire se trouve aussi le mollah Maulvi Nazir, dont les hommes n'opèrent qu'en Afghanistan. En 2007, appuyé par son allié, le chef Qari Zainuddin (25), aidé discrètement par l'armée pakistanaise, il chasse de son territoire les djihadistes ouzbeks (26). Il les force à se replier, d'abord sur le territoire tenu à l'époque par Baitullah Mehsud, puis finalement au Nord-Waziristan sous la protection du réseau Haqqani. Suspect aux yeux des autres "Taliban", ceux-ci tenteront par deux fois de le faire assassiner. Sans succès.

Province de Khyber Pakhtunkhwa (ex-« Province de la Frontière du Nord-Ouest ») :

- Régions de la Vallée de Swat (ancien fief de Maulana Fazullah), de Dir, de Makaland, Buner, Mardan, Charsadda où le Teherik Nifaz-E-Shariat-Muhammadi est actif.
- Districts de Karak, Bandu, Lakki Marwat, Tank, Dera Ismail Khan, où opère le groupe d'Abdullah Mehsud.

L'ensemble des opérations militaires des Taliban est coordonnée par la « *Choura* » (27) de Quetta (plus précisément de Chaman, au sud), implantée dans la province du Baloutchistan qui jouxte l'Afghanistan et l'Iran. Cet organe de commandement est relié au réseau téléphonique afghan et a pour chef suprême le mollah Omar et entretiendrait très probablement des relations secrètes avec certains membres de l'I.S.I. (Inter-Services Intelligence), le Service du Renseignement pakistanais, qui lui fourniraient téléphones satellitaires, appuis financiers et autres. En retour, ce dernier exercerait une influence sur la rébellion.

Les *Pachtounes* se divisent en soixante tribus environ, représentant quatre cents clans, la plupart en mauvaises relations avec leurs voisins.

---

(25) Qari Zainuddin (un Mehsud) sera, par vengeance, assassiné le 23 juin 2009, à Dera Ismail Khan.
(26) Militants de l'I.M.U. (Islamic Movement of Uzbekistan), ayant pour chef Tahir Muldashev.
(27) Choura : assemblée.

Ils ont, au cours des siècles, élaboré un ensemble de coutumes tribales régissant strictement les aspects importants de leur existence et portant sur des concepts tels que l'honneur, la vengeance, l'hospitalité.... Il s'agit du *Pachtounwali*. Ce code, qui définit leur comportement à la fois social et éthique, est partie intégrante de leur identité. C'est pourquoi le *Pachtounwali* a sagement prévu un moyen de régler les interminables disputes tribales en instituant *la Jirga*, un conseil des anciens dont le jugement, basé sur la loi coutumière (riwaj) est toujours accepté, même si elle implique parfois un échange de femmes... Pour les *Pachtounes*, qui sont par ailleurs de pieux musulmans, le *Pachtounwali* définit l'essence même de leur ethnie et rien ne saurait y porter atteinte. De plus, ces rudes guerriers ne font pas confiance à leurs voisins (28), ont une profonde méfiance envers le gouvernement de Kaboul (29), des « étrangers » (*Tadjiks, Ouzbeks, Hazaras, Arabes*, même s'ils sont musulmans) et, comble d'abomination, abhorrent les « infidèles » et leurs valeurs.

En revanche, les djihadistes d'Al-Qaïda, musulmans intégristes d'obédience salafiste, ne reconnaissant que le Coran et la Sounna (30), tenants d'une Charia (31) intransigeante, considèrent le *Pachtounwali* comme une déviation de cette même Charia. Les djihadistes constituent un mouvement théocentrique et se sont toujours tenus au dessus des divisions ethniques (ou tribales) auxquelles ils n'attachent aucune importance. Pour eux, seule compte la soumission à l'Islam et rien d'autre.

Cette situation a eu dans le passé des conséquences non négligeables. Ainsi, dans le cœur du « Talibanstan », constitué par les provinces méridionales de Kandahar et d'Helmand, l'influence des djihadistes a affaibli les structures tribales anciennes, même si les seigneurs de la guerre, trafiquants d'opium, sont encore ancrés dans la réalité tribale.

---

(28) Ainsi, au Sud-Waziristan, règnent la méfiance et la mésentente entre la puissante et féroce tribu des *Mehsuds* et celle des *Wazirs* qui l'est un peu moins.

(29) Même si le président de l'Afghanistan, H. Karzai, est un *Pachtoune* de la tribu des *Popalzai*, l'une des composantes du groupe *Durrani*, rivale de la Confédération Ghilzai à laquelle appartient le mollah Mohammed Omar, un Hotaki Ghilzai.

(30) La Sounna : dires, actes, approbations et désapprobations du Prophète (Que la paix soit sur Lui). Explique le Coran et les Hadiths (propos).

(31) Charia : Loi islamique basée sur le Saint Livre, la Sounna et les travaux des Oulémas (docteurs de la Foi). Le magistrat (cadi) juge selon la jurisprudence (fiqh) et son application par analogie (qiyâs). En cas de crime grave (hudûd), un châtiment corporel (ou la peine capitale) est prévu. Il faut cependant noter qu'en cas de meurtre, le coupable peut obtenir le pardon de la famille de la victime si elle accepte qu'il lui paie le prix du sang (diyat).

C'est pourquoi, dans les provinces orientales de Khost, Paktika et Paktya, qui constituent un solide fief tribal pachtoune, la suspicion envers tous les étrangers, fussent-ils alliés djihadistes, a fait que l'influence de ces derniers est restée limitée. Il existe, de surcroît, d'autres facteurs de division exploitables entre tribus pachtounes rivales.

Si l'on considère les provinces de Kandahar et d'Helmand (hauts lieux de la production d'opium), pendant trois siècles l'alliance tribale des *Durrani* a joué un rôle prépondérant en Afghanistan. Ce groupe comprend trois tribus principales :

- Les *Barakzai*.
- Les *Alikozai* (chef Dad Mohammed Khan).
- Les *Popalzai* (auxquels appartient le président Hamid Karzai).

Sous le régime des Taliban, la tribu des *Itzharkzai* fut largement favorisée, reléguant les *Durrani* au second plan. Bien entendu, en 2001, la chute des Taliban entraîna le retour aux affaires des tribus *Durrani* et la mise à l'écart des *Itzharkzai*, qui en conçurent un vif ressentiment. En 2006, à Sangin, la famille du chef Dad Mohammed Khan, un *Alikozai*, fut massacrée par des *Itzharkzai*, ce qui permit aux Taliban de prendre le contrôle de ce district. Dans ces provinces, trois factions luttent pour prendre le contrôle de l'opium. Or, depuis la chute des Taliban en 2001, un groupe appartenant à la tribu des *Alizai* (les *Akhundzada*) domine la situation ; ceci malgré la destitution de son chef Sher Mohammed Akhundzada qui était gouverneur de la province d'Helmand (32), ce qui a permis le retour en force des Taliban, sous les ordres du mollah Mansour Dadullah, chef des opérations.

Ces rivalités, avivées par la « course à l'opium », présentent une large gamme de possibilités pour des « *conseillers* ». Placés sous commandement unique, ayant en charge chacun leur clan, ils joueraient leur « partition », poussant leurs pions avec comme but unique la destruction du seul ennemi qui compte : l'extrémisme. Il y aurait beaucoup à faire dans ce pays pour des « *conseillers* » intelligents, sincères et déterminés. Ceux-ci, vêtus comme des *Pachtounes* (Shalwar/Kameez), portant la barbe et parlant leur langue, devraient avoir absorbé leurs coutumes locales et pénétré la psychologie tribale (33). Cela nécessiterait un gros

---

(32) Destitué sous la pression des Anglais pour son implication ouverte dans le trafic d'opium.
(33) Comme avaient réussi à le faire, à l'époque de l'Empire britannique (XIXᵉ siècle), certains excellents « politicals agents », en poste dans la zone tribale de ce qui est devenu le Pakistan.

effort et une longue préparation mais les chances de succès seraient très fortes.

La tâche de ces conseillers serait d'abord de gagner la confiance et l'amitié des chefs pachtounes, pour se faire accepter comme l'étranger qui est un ami véritable. Il pourra alors se montrer généreux et combler de cadeaux les chefs influents qui en sont très friands. Cependant, il y a une erreur à ne pas commettre : sans amitié ni confiance préalable, les cadeaux ne serviraient strictement à rien, sinon à ridiculiser le donateur. Aux yeux de ces hommes frustres mais perspicaces, il apparaitrait comme un naïf (34).

Le conseiller va se trouver en présence de plusieurs faits bien établis :

- Les *Pachtounes*, dans leur majorité, adhérent strictement au *Pachtounwali*, un code ancestral qui existait bien avant l'islamisation.

- Ce sont cependant de pieux musulmans sunnites (35), soumis aux règles de l'école coranique de la loi coranique « *hanafite* » (36).

- Ils considèrent l'Islam comme un code moral, résultant de la volonté d'Allah, qu'ils vénèrent, parfaitement compatible avec le *Pachtounwali*.

- A l'inverse, les Oulémas jugent qu'il y a des contradictions entre le *Pachtounwali* et la *Charia*. Ce que les *Pachtounes* ne semblent pas réaliser.

---

(34) C'est ce qui arrivera probablement aux Américains dont la généreuse distribution de Corans et la contribution à la réfection des mosquées ne trompera pas ces guerriers avides mais rusés. En revanche, il est décevant de la part des Britanniques (qui au cours de leur longue histoire impériale se sont toujours révélés d'adroits manipulateurs, experts en montages et maîtres en retournements), qu'ils n'aient pas encore réussi à offrir une « surprise-party » aux Taliban de ce cher mollah Omar ! Les jeunes générations de Britanniques, comblées de plaisirs immédiats, protégées par un Etat providence, auraient-elles perdu le savoir-faire ancestral dans ce domaine si particulier ? Cela est à craindre.

(35) Ce qui ne les empêche pas de se livrer au « jeu » du « *bacha-bazi* » (garçon-jouet) avec de jeunes adolescents ; pratique pourtant punie de la peine capitale par la Loi islamique.

(36) Hanafite: la principale des quatre écoles sunnites de loi coranique. Fondée à Bagdad (Irak) au VIIe siècle par Abou Hanifa, elle régit les musulmans sunnites d'Afghanistan, ce qui n'est pas le cas des « Salafistes » d'Al-Qaïda ! Ceux-ci sont soumis à l'école de Loi « Hanbalite », la plus conservatrice et rigoureuse des lois coraniques. Datant du VIIe siècle, elle exige le respect de la tradition et de la « lettre » du Coran. Elle s'oppose à l'école « Hanafite» qu'elle considère comme trop libérale. Elle a inspiré le mouvement intégriste salafiste parti d'Arabie Saoudite.

Partant de ces constatations, pour diviser ces deux groupes, le conseiller devra effectuer une manœuvre délicate, portant sur les quatre points suivants :

- D'abord, louer Allah qu'ils adorent auprès des *Pachtounes*, en évoquant l'école de pensée « *Barelvite* (37) » (le contraire serait une faute capitale).

- Ensuite, faire connaître les jugements des Oulémas sur les contradictions existant entre le *Pachtounwali* et la Loi coranique.

- Puis, attribuer ces jugements critiques, non pas à l'Islam mais plutôt à l'influence de l'intolérance des écoles de pensée intégristes supportant les djihadistes d'Al-Qaïda : Salafistes (38), Wahhâbistes (39) et Deobandistes (40), dont le dénominateur commun est le retour à la pureté des sources de l'Islam et le recours à la force pour l'imposer aux non croyants.

- Enfin, souligner que les djihadistes sont avant tout des « étrangers » (Arabes, Ouzbeks, Tchétchènes, etc.), pour qui la première motivation n'est pas de remédier au triste sort du peuple pach-

---

(37) Barelvisme : mouvement religieux sunnite fondé par Fazal-El-Barelvi en 1880, à Bareilly (Inde). Ayant une conception assez libérale de l'Islam, il prêche la paix, la tolérance, l'harmonie et l'acceptation des autres croyances. Il s'oppose en cela aux intégristes.

(38) Salafiste : Adepte du Salafisme. Vient de « salaf » signifiant prédécesseurs (doctrine sunnite intégriste prônant le retour aux sources de l'Islam, tel qu'il était durant les trois premières générations de croyants). Cette école de pensée a été marquée par trois théologiens (les trois Sheikh-ul-Islam) dont Mohammed Ibn Abd-El-Wahhâb fut le dernier.

(39) Wahhâbiste : fidèle du wahhâbisme, mouvement sunnite intégriste, fondé en 1885 par Mohammed Ibn Abd-El-Wahhâb dans la Péninsule arabique et s'inspirant du courant salafiste auquel il avait participé. C'est l'un des piliers de la monarchie des Saoud (Arabie Saoudite), avec laquelle il est très lié. Ayant une vision manichéenne du monde, il oppose « Dar-Al-Islam » (le territoire de la Paix où règne la loi d'Allah) à « Dar-Al-Harb » (le pays de la guerre ou du chaos), non soumis à la Charia. Il considère comme un devoir d'apporter la lumière de Dieu (nour Allah) aux « kafirs » (incroyants en arabe) et d'instaurer la *Charia*, sans cependant aucune idée de domination ethnique ou nationale mais au besoin par la contrainte (*tharib*). Cette doctrine soumet l'homme à la volonté d'Allah, rejette la démocratie et les libertés, jugeant que le gouvernement doit être assuré par le Conseil des Oulémas appliquant la Charia. Son but final est l'instauration d'un Califat mondial. Au Pakistan, le groupe Lashkar-E-Taiba est d'obédience Wahhâbite.

(40) Deobandisme : école de pensée sunnite intégriste. Apparue à Deoband (Inde), au XIXᵉ siècle. Elle justifie l'usage de la force à des fins religieuses. Au Pakistan, les groupes Lashkar-I-Jhangvi, Sepah-I-Saheba et Jaish-I-Mohammad, d'inspiration deobandite, soutiennent les Taliban.

toune. En effet, ces derniers ont vu leur territoire coupé en deux par une frontière artificielle imposée, qui plus est, par un « infidèle » !

Chaque fois que cela sera nécessaire, le conseiller devra étayer son argumentation par la citation de la Sourate appropriée.

Ces actions intelligentes devraient amplifier la méfiance « naturelle », puis l'animosité entre les deux groupes. Cela déboucherait sur un violent affrontement armé dont les djihadistes feraient les frais !

C'est d'ailleurs ce qui s'est produit, pour d'autres raisons, au Sud-Waziristan, lorsqu'en 2007 les Taliban du mollah Maulvi Nazir chassèrent les djihadistes ouzbeks de leur territoire.

Pour propager la bonne parole, le conseiller devra convaincre les notables pachtounes, les « barbes grises » (*mischertob*), dotés d'une influence sur les populations.

Malgré cela d'autres problèmes demeureraient.

L'auteur a cependant la certitude que jamais le conflit contre les Taliban (afghans et pakistanais) ne pourra se régler par les armes. La cause véritable qui a jeté les Taliban pachtounes dans les bras des djihadistes d'Al-Qaïda est la profonde frustration de ce peuple.

Il y a au moins quatre raisons à cela :

- En Afghanistan, cette ethnie, qui est la plus nombreuse, a été reléguée en second plan depuis la chute du régime des Taliban.

- Une très grande partie de l'armée et de la police est composée de Tadjiks du Nord du pays, parlant « *Dari* » (41). Ceux-ci se comportent en terrain conquis en pays pachtoune où, bien sûr, la population parle « *Pachtou* » et les considèrent comme des occupants étrangers, auxiliaires des Américains détestés de surcroît.

- La division des *Pachtounes* par une frontière artificielle entre l'Afghanistan et le Pakistan (la Ligne Durand) (42).

---

(41) Pour pallier en partie ce problème, l'Armée pakistanaise a levé des milices locales tribales, les « *Lashkars* ».

(42) Tracée par Sir Henry Mortimer Durand. Cette frontière, de plus de 2600 km, assez mal délimitée, coupe en deux parties le territoire pachtoune. Elle résulte d'un traité, signé en 1893 sous la contrainte, entre le gouvernement colonial de l'Inde britannique et celui de l'Afghanistan, sous le règne de l'émir Abdur Rahman Khan, pour une durée de 100 ans. Depuis 1993 l'Afghanistan refuse de reconnaître ce traité avec ce qui est devenu le Pakistan.

• Enfin, au Pakistan, dans les zones tribales sous administration fédérale (*Federally Administered Tribal Areas*), adossées à la frontière afghane, existe une situation anachronique à laquelle sont violemment opposées les 60 tribus pachtounes peuplant ces territoires (Agencies). Il s'agit du « *Frontier Crime Regulation* ». Ce système complexe de « lois » iniques, mis en place par les Anglais au tout début du XXᵉ siècle est l'une des causes (et non des moindres) de l'appui qu'apportent ces *Pachtounes* aux Taliban. Violant les Droits de l'Homme les plus élémentaires et la Constitution pakistanaise (43), ces lois médiévales appliquées par les « Politicals Agents » (administrateurs) sont sans appel. Elles prévoient : responsabilité et amendes collectives (négociables), emprisonnement (sans jugement) jusqu'à 3 ans (renouvelables). Et même la destruction de la maison du « coupable » (44).

C'est une dictature absolue, exercée sans contrôle sérieux et sans appel par le « Political Agent », dont la trésorerie n'est pratiquement jamais vérifiée (45). Il existe bien, parfois, une possibilité de pardon (le *nanewati*) si le « criminel », appuyé par son « Malik » (notable) fait « amende honorable » (on se doute comment !). Il n'est pas étonnant, dans ces conditions, que les *Pachtounes* accueillent en général les Taliban à bras ouverts. Ces derniers leur apportent la « *Charia* », une loi religieuse largement comprise et reconnue comme « juste » par eux.

Même si elle est considérée comme brutale et expéditive aux yeux des Occidentaux…

Ils en ont conçu un violent ressentiment et c'est cela qui les a poussé à s'allier avec les djihadistes. Bien qu'une action intelligente de contre-guérilla comme celle que nous venons d'évoquer précédemment pourrait améliorer la situation sur le terrain, la seule solution à ce problème complexe est politique. Ces hommes sont avant tout des *Pachtounes*, mu-

---

(43) Article 8-28 de la Constitution.
(44) Le silence du Secrétaire d'Etat américain, H. Clinton, devant ces violations des Droits de l'Homme, sans précédent, est assourdissant. Il semblerait que les sacrosaints « Droits de l'Homme » ne s'appliquent pas aux *Pachtounes* lorsque cela convient aux Américains…
(45) Suivant en cela la vieille tradition coloniale, le « political agent » utilise une partie de ses « rentrées » pour verser des prébendes à ses « malik » afin de s'assurer de leur soutien. A l'échelon inférieur, se trouvent les titulaires du « lungi » qui reçoivent aussi une allocation. De leur côté, les tribus perçoivent le « nikat », alors que le « moajib » est versé aux privilégiés influents. Ces sommes, d'une importance variable, sont parfois symboliques.

sulmans certes, mais profondément attachés au *Pachtounwali*. Lorsqu'ils auront retrouvé leur unité et leur dignité, leur alliance de circonstance avec les djihadistes n'aura plus de raison d'être puisque ces derniers, dont le seul but est la soumission à l'Islam, ont une vision globale du monde. Ils rêvent d'un califat couvrant l'ensemble des pays musulmans, où le *Pachtounwali* tiendrait bien peu de place...

B/ Structure alternative

Lorsqu'un pays ne peut pas ou ne veut pas (pour des raisons politiques ou autres) mettre sur pieds une force antiguérilla sophistiquée, comme celle que nous venons de décrire, il devra adopter une structure plus simple mais cependant efficace. Il lui faudra alors créer des ***groupements mixtes*** « ***renseignement/action*** » pour la recherche et l'exploitation immédiate du renseignement.

L'information sera obtenue par les moyens classiques habituels :

- Satellites
- Ecoutes radio
- Drones
- Survols de la zone par avion
- Agents infiltrés, munis de « gadgets » guidant avec précision les missiles vers leur cible.

En cas d'urgence (localisation d'un chef important, par exemple), la cible pourra être traitée immédiatement par un drone d'attaque ou par l'aviation. Dans les autres cas, selon l'importance de l'objectif, un commando parachuté ou héliporté de nuit, non loin de l'objectif à atteindre, procédera à sa liquidation, appuyé par l'aviation si nécessaire.

C'est d'ailleurs ce qu'ont réalisé les Américains en Afghanistan avec la mise sur pieds de la Force Spéciale secrète « *Task Force 373* », basée à Mazar-e-Charif, Kaboul, Khost et Kandahar. Opérant de nuit, ses équipes (*teams*) ont pour mission d'éliminer les chefs taliban (46). Malgré certains succès, leur façon d'opérer a entraîné des dommages collatéraux importants parmi les civils, dont des enfants. Ce qui a dressé les populations contre eux.

---

(46) S'inspirant sans doute de l'opération « *Phoenix* » (Chiến Dịch Phụng Hoàng), qui eut lieu au Sud-Vietnam de 1967 à 1972, pilotée par la C.I.A. Utilisant l'unité B57 des Forces Spéciales et les « *Seals* » (Phoques) de la Marine américaine, elle porta un coup très dur à l'infrastructure du Front National (support du Việt Cong). Elle entraîna la « neutralisation » de 82 000 suspects dont 26 000 furent « éliminés » alors que les autres, plus chanceux, ne subirent que la captivité ou acceptèrent « d'être retournés ».

Il ne faut jamais oublier que, dans le contexte d'une guerre révolutionnaire, s'il est possible de gagner des batailles par l'usage massif des armes, c'est la conquête « des cœurs et des esprits » qui déterminera finalement l'issue du conflit. C'est pourquoi il sera capital :

- D'éviter toute « bavure », même si pour cela une opportunité de frappe devrait être perdue.
- De respecter, la religion, les croyances, les coutumes et les valeurs de la population, même si elles diffèrent de celles de l'Occident, réputées « universelles ».
- Enfin et surtout de mettre en œuvre une vigoureuse action sociale.

Malgré leur naïveté (relative) et leur maladresse habituelle, les Etats-Unis ont finalement compris qu'aucune solution au problème afghan ne pourrait advenir sans la participation des Taliban et la bénédiction du Pakistan. C'est pourquoi, bien à contre-cœur, après avoir établi des contacts discrets avec eux, ils les ont incité à ouvrir un bureau diplomatique au Qatar dans le but de négocier la fin de la guerre. Leur but est clair : quitter l'Afghanistan en 2014.

Une biographie de Jalaluddin Haqqani (J.H.) :

Né aux environs de 1930, il appartient à un clan influent de l'est de l'Afghanistan, non loin de la frontière pakistanaise.

Le 24.12.79 : Invasion de l'Afghanistan par l'armée soviétique. J.H. se réfugie au Pakistan ainsi que près de 5 millions de ses compatriotes.

1980-1989 : Il devient l'un des plus efficaces (et féroces) chefs des moudjahidines combattant l'Armée Rouge. Ayant une vision rigide et conservatrice de l'Islam, il se lie d'amitié avec Oussama Ben Laden qui, lui aussi, participe aux combats. Opérant à partir de sa base du Nord-Waziristan (zone tribale située au Nord-Ouest du Pakistan), il est membre du parti Hezb-e-Islami de Gulbudinn Hekmatyar, ce dernier étant lié à l'Iran. C'est à cette époque, un grand favori de la C.I.A. et du puissant Service du Renseignement pakistanais, l'I.S.I.Il reçoit, via le Pakistan, un financement et une aide matérielle très importante de la C.I.A. : munitions, AK47, mitrailleuses, mortiers, radios, R.P.G.-7V1 et surtout les « chers » *Stingers*. Ces missiles, tirés à l'épaule, en surclassant l'arme absolue des Soviétiques, l'hélicoptère MI 24 *Hind*, vont permettre aux moudjahidines de chasser l'Armée Rouge. J.H. obtient aussi l'aide des Pays Arabes qui lui envoient volontaires et financement, acheminés via le Pakistan par l'organisation Maktab al-Khadamat. Implanté dans les provinces de Paktya et Paktika, il déploie une énergie considérable, montant des embuscades contre les convois ennemis et kidnappant des soldats russes. Ce qui lui vaut une réputation de héros féroce (exécutions massives de prisonniers).

Eté 1988 : Al-Qaïda installe ses premiers camps sur le territoire contrôlé par J.H. qui les supervise étroitement.

1989 : L'Armée Rouge évacue l'Afghanistan. Elle laisse derrière elle le régime communiste du président Najibullah, que l'URSS soutiendra matériellement jusqu'en 1992.

Avril 1991 : J.H. parvient, après un siège de deux ans, à capturer sa première ville importante, Khost, infligeant ainsi une défaite sérieuse à Najibullah.

1992-1995 : Lorsque les moudjahidines prennent le pouvoir, J.H. est nommé ministre de la Justice. Il demande alors l'aide des Etats-Unis pour reconstruire le pays, dévasté par la guerre. Malgré ses appels pressants, ceux-ci cessent brutalement tout soutien. J.H., déçu, se rapproche alors de son compagnon d'armes dans la lutte contre les Soviétiques, Oussama Ben Laden.

1996 : Les différentes factions des moudjahidines s'affrontent dans le pays libéré du régime communiste. Lassés des désordres grandissants et de l'anarchie, les Taliban, dirigés par le mollah Mohammed Omar (un héros borgne de la lutte antisoviétique), entreprennent la conquête du pouvoir par les armes et s'emparent de Kaboul.

1996-1997 : J.H. est nommé commandant des forces taliban pour le Nord de Kaboul. On l'accuse de nettoyage ethnique à l'encontre des populations locales tadjiks.

2000 : A la fin de l'année, les Taliban contrôlent 95 % de l'Afghanistan. J.H. est nommé ministre des Frontières et des Affaires tribales, gouverneur de la province de Paktya.

2001 : Après les attentats du 11 septembre, le mollah Mohammed Omar refusant de livrer Oussama Ben Laden, l'armée américaine attaque l'Afghanistan. Pour faire face à cette invasion, J.H. est nommé chef militaire des Taliban. Ceux-ci cherchent l'appui des clans pachtounes du Sud. J.H. protège la retraite d'Oussama Ben Laden vers le Nord-Waziristan, tout en ralentissant l'avance des troupes américaines. Sa base de Khost faisant l'objet de bombardements répétés de l'aviation américaine, il passe au Nord-Waziristan. On pense néanmoins qu'il aurait pu être blessé lors d'une frappe aérienne sur une mosquée de Khost.

2002 : Depuis deux mois, l'aviation américaine multiplie ses bombardements afin d'éliminer J.H. Celui-ci fait alors parvenir à l'armée américaine une offre secrète de ralliement, par l'intermédiaire d'agents de la C.I.A. avec qui il avait collaboré lors de la lutte contre l'Armée Rouge. Le Service de Renseignement pakistanais, où il compte de nombreux sympathisants « cachés », confirme cette proposition à la C.I.A.. Son frère Ibrahim entre en pourparlers avec la C.I.A. afin d'arranger une entrevue avec J.H. lui-même. On lui laisse entrevoir que J.H. pourrait obtenir le poste de Premier ministre d'Afghanistan. Peu après la prise des contacts, les discutions cessent brutalement lorsqu'Ibrahim est arrêté comme « terroriste » par l'armée américaine, sur dénonciation fallacieuse d'un chef de clan rival (Pacha Khan Zadran). Ibrahim, reconnu innocent, sera libéré au bout de neuf mois. Mais son frère Ishaq, appréhendé au Nord-Waziristan, demeure en prison au Pakistan. Faut-il voir dans tout cela un moyen de pression ? Probablement mais dans ce cas, le résultat aura été désastreux pour la C.I.A.

2003 : J.H. continue le combat contre les forces américaines et celles du président Hamid Kharzai, l'homme des Américains.

2004 : J.H. est très sérieusement blessé lors d'un bombardement de l'aviation américaine.

2006 : J.H. et le mollah Dadullah Akhun (47), sont chargés de la stratégie militaire par le mollah Omar, chef des Taliban. De sa base située dans la zone de Miram Shah, au Nord-Waziristan (48), J.H. com-

---

(47) Tué le 12 mai 2007 par les Forces de l'O.T.A.N., dans la province d'Helmand.
(48) Où sont basées les forces du chef taliban Hafiz Gul Bahadur

mande des milliers de volontaires, implantés dans les provinces de Nangarthar, Paktya, Paktika et Khost où il est considéré comme un héros de la guerre de libération contre les Soviétiques. On le dit cependant âgé (75 ans ?) et malade.

Efficacement secondé par son fils aîné, Khalifa Sirajuddin, aidé par un autre fils, Nasiruddin, ses troupes pachtounes intensifient leurs actions contre les forces américaines et afghanes, composées majoritairement de Tadjiks et d'Ouzbeks. S'inspirant des méthodes d'Al-Qaïda en Irak, J.H. utilise avec succès les « bombes humaines » (attentats suicides) et projectiles à noyau auto-formant.

13 mai 2007 : Le chef militaire taliban, le mollah Dadullah Akhun trouve la mort au combat.

14 juin 2007 : Des bruits, non confirmés, circulent annonçant la mort de J.H., dans une clinique d'Abou Dhabi (E.A.U.), des suites d'une hépatite C. Cette maladie aurait été contractée à la suite d'une transfusion de sang de « fortune », nécessitée par ses très graves blessures. Information vraie ou fausse ? On n'en sait rien, même s'il pourrait s'agir d'une désinformation américaine, destinée à déstabiliser l'ennemi. L'armée américaine, par la voix du lieutenant-colonel David Acetta, commandant régional de l'Est-Afghanistan, reconnaît que J.H. continue d'assurer la sécurité et le support de ceux qui commettent des actes de terrorisme contre les troupes afghanes et les « intérêts occidentaux ». L'organisation dirigée par J.H., qui fait face à la Dixième Division de montagne américaine, au-delà de la frontière afghane, constitue l'une des plus puissantes forces de guérilleros qui luttent contre le régime de Kaboul et son protecteur américain. Les deux autres groupes sont : l'armée du mollah Mohammed Omar qui combat dans le sud de l'Afghanistan et celle de Gulbudinn Hekmatyar dans le nord du pays.

2009 : Son fils, Khalifa Sirajuddin, prend le commandement des forces, aidé en cela par son frère Badruddin et son beau-frère Sangin Zadran.

23.2 CONTRE-GUÉRILLA DANS LA JUNGLE

Il existe, dans certains pays, des groupes de guérilla composés d'éléments ethniquement homogènes ou « soudés » par une très forte idéologie politique, qui opèrent depuis des bases situées dans des zones d'accès difficile. C'était le cas des *Tigres* tamouls (1), minorité ethnique du Sri Lanka, qui tenaient le nord et une partie de la côte est du pays, définitivement éliminés depuis.

En Inde, les groupes maoïstes *Naxalites,* grands admirateurs de Mao Tsé-toung (bien que rejetés par Pékin) contrôlent de grandes étendues du territoire. Connus officiellement comme étant le Parti communiste indien (maoïste). Ce mouvement est appelé *Naxalite* par référence au village Naxalbari d'où est partie l'insurrection en 1967, dans la région de Calcutta (Bengale occidental). Cette guérilla s'est étendue dans les nombreuses régions laissées pour compte. Elle couvre maintenant en partie 16 des 28 Etats indiens, soit plus de la moitié du territoire national. En 2008, elle comptait environ 40 000 cadres permanents et 100 000 miliciens, répartis dans de nombreuses « poches ». Malgré les taxes qu'ils prélèvent chaque mois sur les villageois, ces rebelles sont parvenus à mettre en place de nombreux *Sanghams*, groupes de paysans qui sont leurs yeux et leurs oreilles. L'action des *Naxalites* s'étend de façon profonde depuis l'Inde du Sud jusqu'à la frontière du Népal où l'on estime qu'ils ont des contacts avec les maoïstes népalais, eux-mêmes devenus parti de gouvernement. Elle est particulièrement puissante dans les Etats comportant des forêts très denses et de pauvres villages isolés : Etats de Jharkhand, Bihar, Maharashtra, Orissa, Bengale occidental, et surtout Chhattisgarh, situé à plusieurs centaines de km de Calcutta. Dans ces Etats déshérités dont les populations tribales sont abandonnées par le gouvernement central, les *Naxalites* font des ravages. Par exemple, dans l'Etat de Chhattisgarh, où se trouve l'épaisse forêt de Dhauli, les *Naxalites* sont confortablement installés et contrôlent la zone environ-

---

(1) Les Tigres Tamouls : Tigres de libération de l'Eelam Tamoul (LTTE).

nante. Le 15 mars 2007, une bande de 500 rebelles a réussi à prendre le poste du village de Radi Bodli, tenu par la police spéciale (Central Reserve Police Force), épaulée par des miliciens locaux (*Salwa Judum*). Résultats : 55 morts (paramilitaires, membres de la police spéciale, miliciens) et toutes les armes, munitions et uniformes récupérés. La police de cet Etat avoue son impuissance et reconnaît qu'elle ne contrôle que les grandes routes, les routes secondaires et les collines restant aux *Naxalites*. Ces rebelles détruisent régulièrement les rails à l'explosif. Bloquant les trains, ils décapitent les agents du Chemin de Fer et les policiers.

Voir la carte de l'implantation de la guérilla naxalite dans l'Union Indienne dans le cahier central d'illustrations.

En outre, les rebelles ethniquement Tibéto-birmans du Nord-est (Etats de Mizoram, Manipur, Nagaland), opérant à l'abri de la jungle qui couvre ces régions près de la frontière birmane, posent un problème sérieux au gouvernement indien (2). Ils constituent pour lui une menace grandissante qui, pour des raisons politiques, n'ose pas utiliser les moyens nécessaires. Les seules actions entreprises contre les *Naxalites* sont effectuées par des forces de police ou des « paramilitaires » (sans comparaison avec ceux de Colombie), mal équipés, mal formés et probablement mal encadrés. Ils se font régulièrement étriller ou massacrer par leurs adversaires qui récupèrent armes, munitions et uniformes. Dans ces combats, on comptabilise un rapport de deux tués chez les policiers pour chaque Naxalite abattu. Ce qui prouve l'inefficacité des forces de police engagées.

Il existe pourtant depuis 2005 à Kanker (Etat de Chhattisgarh) une excellente école antiguérilla destinée à la police, commandée par un expert reconnu dans ce domaine, le général de brigade (C.R.) Basant Kumar Ponwar. Elle forme de très bons spécialistes du combat de jungle. Malheureusement, leur nombre est insuffisant, si l'on sait qu'il faut un rapport de vingt contre un pour stabiliser une guérilla et de trente contre un pour l'éradiquer. Aussi, est-il prévu de créer d'autres écoles semblables dans les Etats suivants : Assam, Bihar, Chhattisgarh, Jharkhand et Orissa, où la guérilla devient très menaçante. Cependant, la police souffre d'un lourd handicap structurel : la majorité de ses unités dépend non

---

(2) Ce gouvernement de coalition a besoin des voix des députés communistes pour atteindre l'indispensable majorité parlementaire.

pas du gouvernement fédéral mais des Etats, ces derniers ne lui accordant pas de budgets suffisants pour agir avec efficacité.

Malgré cela, il est possible de vaincre les *Naxalites* par des mesures intelligentes et appropriées. Ainsi, dans l'Etat d'Andhra Pradesh, les rebelles ont été anéantis par l'action conjuguée du Service du Renseignement, de la police du district et des forces spéciales antiguérilla « Grey-Hounds » (Lévriers).

Devant une situation de cette nature, la formule classique d'antiguérilla, décrite au chapitre précédent, ne servirait à rien puisqu'il n'est pas possible de faire éclater une telle organisation en groupes hostiles qui s'entre-détruiraient. De même, une action psychologique classique visant à gagner les « cœurs et les esprits » ne peut s'appliquer à ces insurgés dont l'objectif, non négociable, est le contrôle total du pays ou la sécession pure et simple.

Le gouvernement indien pourrait, bien sûr, lancer son armée régulière, formée selon les traditions militaires anglaises, dans de grandes opérations dans la jungle ou les zones peu développées et fortement boisées, là où opèrent les rebelles. Ces militaires ne trouveraient probablement devant eux que le vide, à part quelques mines bien placées, qui leur causeraient des morts ou quelque tireur d'élite qui, après avoir abattu un officier disparaîtrait dans la forêt épaisse.

Un début de solution consisterait à fédéraliser toutes les unités de police et à leur faire effectuer un stage dans les écoles antiguérilla, en n'hésitant pas à « adopter les méthodes de la guérilla pour combattre la guérilla ». Enfin, surmontant ses réticences aberrantes lorsque la survie de la nation est en jeu, le gouvernement fédéral devrait jeter dans la lutte contre la « peste rouge » ses excellents para-commandos et forces spéciales. Ceux-ci, sont entraînés au combat de jungle antiguérilla dans plusieurs écoles spéciales, dont la très connue « *Counter Insurgency and Jungle Warfare School* ». Située à Vairengte (Mizoram) et créée en mai 1970, elle jouit d'une réputation internationale, accueillant de nombreux stagiaires étrangers. Il existe aussi depuis 2007 dans l'Etat d'Assam, une autre école de ce type : « *Kaziranga Special Jungle Warfare School* » qui forme d'excellents commandos, adaptés au combat de jungle. Il faut aussi citer le « Junior Leaders Commando Training Camp », implanté à Belgaum (Karnataka).

Hélas, il arrive que des gouvernements capitulent complètement, comme celui du Népal. Boycotté par ses fournisseurs d'armes (Etats-Unis, Grande Bretagne, Inde), terrorisé par les partisans « maoïstes » (vomis par la Chine), il vient de laisser ceux-ci prendre pratiquement le pouvoir.

Aussi, la réponse idéale est ailleurs. Pour lutter contre de telles guérillas, il faudra s'inspirer des S.A.S. britanniques, mais surtout pas des Forces Spéciales américaines (3), fortes en muscles et en arrogance mais au cerveau calcifié sous le béret vert (4) arboré. Il faudra donc créer de toutes pièces une force antiguérilla complètement autonome, qui dépendra directement du Grand Quartier Général. Cela ne plaira pas forcément au reste de l'armée. Cette unité très spéciale devra être commandée par des hommes exceptionnels, de la trempe du général britannique Orde Charles Wingate. Celui-ci, à la tête de ses « raiders » (Chindits) disposant d'un solide appui aérien, opérant derrière les lignes japonaises en Birmanie (1942-1944), réussit à déstabiliser et à immobiliser les troupes du très tenace et déterminé général Masakazu Kawabe.

Les responsables de cette force devront surtout revisiter les méthodes du « capitaine » David Sterling qui créa le Spécial Air Service (S.A.S.) au début de la Deuxième Guerre mondiale. Cette unité insurpassée (dont la devise est : « *Qui ose gagne* ») parvint en Afrique du Nord à détruire par surprise un total d'environs 272 avions, sur de nombreux aérodromes. Depuis, ces hommes d'exception n'ont jamais cessé d'exercer leurs talents particuliers partout où il y a des problèmes insolubles ou des « terroristes » résolus ; même si pour cela certaines limites ont dû être franchies. Ce qui les a mis parfois dans des situations très délicates vis-à-vis de la justice britannique...

Cette force spéciale devra comprendre un état-major totalement autonome pour la diriger, des services pour la supporter et disposer d'une unité d'aviation qui lui soit propre, capable de répondre à ses besoins en permanence.

---

(3) Pendant la guerre « secrète » que menaient les Etats-Unis au Nord-Laos dans les années 60, ces grands gaillards, forts comme des buffles, repérables à 1 km, avaient eu l'idée géniale de revêtir la tenue noire des frêles Việt Công, afin de passer inaperçus... Heureusement pour les Etats-Unis, ces matamores furent remplacés en 1962 par des paramilitaires de la C.I.A., beaucoup mieux adaptés au milieu et plus efficaces.

(4) A l'exception notoire des héroïques guerriers du « Team 6 », des « Navy Seals », familiers des coups osés brillants : opération *Geronimo*, libération d'otages en milieu hostile (Somalie, etc.).

Au travers du cas indien, l'auteur pense que, devant l'ampleur du problème, ni la police spéciale, ni la milice *Salwa Judum* (5), ni même l'armée régulière ne pourront éradiquer les *Naxalites*. Il est inacceptable pour un gouvernement de se résoudre à ne contrôler que les grandes routes. C'est accepter une défaite à terme contre un ennemi dont l'objectif final est la prise de contrôle totale du pays par la force.

En revanche, des unités spéciales de contre-guérilla, vivant dans les forêts infestées de guérilleros, poursuivant les rebelles la nuit et se camouflant le jour, pourraient les traquer là où ils se croient en sécurité, chez eux. Cette action pourra être réalisée par des équipes de 12 hommes dont la seule tâche sera de localiser avec précision les camps ennemis et de les faire détruire par des hélicoptères MI 24 *Hind* ou par des bombardiers légers (Napalm, bombes au phosphore, sous-munitions). Des guérillas telles que les *Naxalites*, bénéficiant peu ou pas du tout d'appuis extérieurs (bien que le Pakistan et surtout les maoïstes népalais soient suspectés d'entretenir des contacts avec eux), ne sont invincibles que si le gouvernement hésite à employer les moyens nécessaires pour terroriser les terroristes, avant de les exterminer.

Si un Etat est décidé à écraser une rébellion, il devra créer une force indépendante, spéciale, spécifiquement destinée à l'action antiguérilla. C'est ce que nous allons évoquer dans ce qui suit.

La Force Spéciale antiguérilla

Elle sera composée de 30 équipes « action », d'un effectif de 12 hommes chacune, dont leur chef, un lieutenant ou un jeune capitaine. Tous ces hommes, ayant déjà une excellente formation militaire, auront été soigneusement sélectionnés. Capables de remplacer leur chef et de se tirer d'affaire dans les situations les plus critiques, ils sont choisis parmi les volontaires appartenant à l'armée régulière, en particulier les para-commandos.

Afin d'éviter le barrage de la « voie hiérarchique », qui empêcherait les meilleurs éléments de rejoindre la Force Spéciale, les candidats au-

---

(5) *Salwa Judum* : Force d'auto-défense, composée des volontaires qui protègent les villageois des exactions Naxalites. Les milices *Salwa Judum* sont puissantes et nombreuses dans les Etats tels que le Chhattisgarh (où les faibles forces de police sont dans l'impossibilité d'affronter efficacement les guérilleros) mais pas suffisamment fortes pour « régler » la rébellion naxalite.

ront la possibilité d'adresser leur demande directement au Commandement des Forces Spéciales, sans utiliser la procédure classique.

La mission des « équipes action » sera très différente de celles des SAS, qui eux, frappent l'ennemi. Elle s'apparentera d'avantage à la manière d'opérer des C.R.A.P.s français (6). Ces équipes poursuivront les groupes repérés par les moyens de détection thermiques ou autres de l'aviation. Après avoir localisé les camps rebelles avec précision, elles en communiqueront les coordonnées à leur base qui déclenchera aussitôt une action aérienne massive sur l'objectif. Si les appareils disposent de bombes ou de missiles « intelligents », elles marqueront la cible avec un illuminateur laser.

Après la destruction du camp rebelle, l'équipe « action » surveillera attentivement l'objectif traité, sans bouger, pendant une heure au moins. S'il ne reste que quelques survivants bien « sonnés » et ne présentant aucun danger sérieux, ils seront abattus au P.M. silencieux, les tireurs restant protégés par l'obscurité. Sans surtout se découvrir, ils continueront leur observation. Lorsqu'ils seront certains qu'il n'y a plus aucun signe de vie dans le camp, deux hommes se porteront sur la piste à 300 m au devant du camp. Ils y placeront plusieurs rangées des grenades piégées puis se posteront en bouchon à 100 m en arrière, pour éviter toute surprise. Alors seulement, trois hommes iront fouiller les décombres, dans le but de récupérer des documents (ou des armes pour en déterminer la provenance). Pendant tout ce temps, trois de leurs camarades, tapis dans la pénombre, les couvriront de leur P.M. S'il se trouvait des blessés dans le camp détruit, les partisans n'étant protégés par aucune convention internationale, les plus gravement atteints seront « traités » au P.M. silencieux. L'équipe n'a d'ailleurs pas le choix : sa manière d'opérer doit demeurer absolument secrète, faute de quoi toute la sécurité de l'organisation serait mise en danger, le chasseur devenant alors le gibier. Le bouchon rappelé, les prisonniers seront conduits près d'un terrain dégagé distant d'une dizaine de kilomètres, puis exfiltrés la nuit suivante par hélicoptère, vers la base. Là, ils seront sévèrement interrogés par l'officier de Renseignement qui recevra également les documents récupérés.

Les opérations de la force antiguérilla vont reposer sur ce mode d'opération, dont l'organisation est résumée ci-après.

_____

(6) C.R.A.P.s : Commandos de Recherche et d'Action dans la Profondeur.

1 La base
    Situation
    Description
    Sécurité
    Etat-major
    Les services

2 Les appuis
    Terrestres
    Aériens
    Aéroportés

3 L'équipe action
    Sélection
    Personnel
    Armement
    Equipements collectifs
    Equipements individuels
    Tenue de jungle
    Paquetage de jungle

4 Entraînement
    Tir
    Stage jungle
    Stage chuteur opérationnel

5 Opération-type
    Examinons en détail chacun des points précédents.

1. La base

La situation

Elle est implantée dans une grande zone isolée et boisée, disposant d'un accès routier direct à l'unité d'aviation mise à sa disposition, située à quelques kilomètres de là. Un bataillon de para-commandos, chargé de sa protection, occupe le bois qui entoure la base.

Description

Outre les bâtiments de l'état-major et des services, une grande maison confortable est attribuée à chacune des « équipes action ». Elle est conçue pour que ses membres puissent y vivre ensemble lorsqu'ils ne sont pas en mission. Elle leur permet de se retrouver dans une ambiance semblable à celle d'une équipe de football ou de rugby, totalement éloignée de celle d'une caserne. Tous les bâtiments seront disséminés d'agréable façon parmi les arbres et reliés entre eux par des routes intérieures.

La base comprendra tout ce qui est nécessaire pour assurer à ses occupants une autonomie complète. On y trouvera :

Libre service (sans alcool : jus de fruits, café, thé, lait de soja)
Foyer (unique et commun) : tabac et cigarettes rigoureusement interdits
Economat
Salle de cinéma/conférence
Bibliothèque
Cuisines
Piscine (type olympique, nécessaire à un entraînement intensif)
Terrains de sport
Stand de tir
Salle de pliage des parachutes
Hôpital de campagne

La sécurité

Le périmètre de la base est protégé par une double barrière électrifiée, séparées entre elles par une bande minée de 50 m de largeur (mines bondissantes et éclairantes). Toute intrusion déclencherait l'alarme au poste de garde central, qui dispose d'une section de para-commandos et de deux automitrailleuses. La route menant à l'entrée de la base est barrée à 50 m devant le poste de garde par trois chicanes en béton armé. Ces ouvrages sont destinés à obliger tous les véhicules voulant entrer dans la base à rouler lentement. Cette précaution est indispensable pour permettre aux hommes de garde de détruire au R.P.G. tout véhicule piégé tentant de s'approcher du poste de garde. Celui-ci est constitué de deux blockhaus en béton, situés à l'entrée de la base de part et d'autre de la route. Dans chaque ouvrage, six hommes, dotés de R.P.G. (7), servent deux mitrailleuses. Les hommes de garde, comme tous ceux qui assurent la sécurité de la base à l'intérieur comme à l'extérieur, appartiennent au bataillon de para-commandos occupant l'espace boisé autour de la base.

Des caméras (vision diurne/nocturne), réparties dans tous les points stratégiques, permettent à tout moment au poste de garde central de vi-

---

(7) Le R.P.G. devra toujours être utilisé à l'extérieur du blockhaus.

sionner ce qui s'y passe ; en particulier de s'assurer du passage régulier, 24 h sur 24 h, des patrouilles de para-commandos accompagnées de maîtres-chiens.

Les chefs de patrouille ont autorité pour s'assurer de l'identité de n'importe quelle personne se trouvant sur la base, quelque soit son grade. Cette précaution est rendue nécessaire pour empêcher que des partisans, ayant revêtu l'uniforme de l'unité antiguérilla, puissent s'infiltrer sur la base pour y accomplir des actes terroristes.

Pour renforcer la sécurité, les portes en acier de tous les bâtiments devront toujours demeurer fermées. Chaque membre de l'unité antiguérilla sera muni d'une carte magnétique donnant accès aux lieux où sa présence est justifiée.

Dernière précaution et non la moindre : tout le personnel, depuis le conducteur de jeep jusqu'au commandant de la base, sera dans l'obligation d'être continuellement armé ou d'avoir une arme à portée de la main, de jour comme de nuit ; au minimum un pistolet Beretta 92, cartouche engagée dans la chambre. Il ne faut jamais oublier qu'un ennemi intelligent, donc audacieux, frappe toujours là et quand on ne s'y attend le moins.

A titre d'exemple, l'auteur citera ce poste du Delta tonkinois qui lui servait de base arrière et qui fut détruit, ses occupants massacrés... quelques jours après son départ. Les cadres français avaient la très fâcheuse habitude de venir déjeuner sans armes. Le contraire aurait constitué un manquement aux règles de savoir-vivre. Généreusement, ils invitaient souvent à leur table un grand ami de la France, le lieutenant viêtnamien qui commandait le poste des Bảo Chính Đoàn (8), adossé au leur. Cette aimable personne ne venait jamais déjeuner quant à lui, sans se séparer de son fidèle colt 45. Les Français en souriaient, disant avec gentillesse qu'il jouait au cow-boy. Mais si cela lui faisait plaisir...Hélas, hélas, un beau jour, à midi trente précise, au moment où nos braves supplétifs attaquaient gaillardement leur riz à la baguette tout en plaisantant, alors que de leur côté les Français s'adonnaient à « l'apéro », les « Viêts » attaquèrent en masse, silencieusement et par surprise. Nos hommes furent abattus sans coup férir, alors que les Français, « braqués » par l'honorable invité, tétanisés, furent criblés de balles par les

---

(8) Garde nationale, assurant en principe la sécurité d'un « Groupement Administratif Mobile Opérationnel » (G.A.M.O.) à l'échelon du Secteur.

assaillants avant même de pouvoir réaliser l'ampleur de la tragédie. Le déroulement de cette triste affaire fut néanmoins connue grâce aux témoignages de quelques cadres qui, bien que grièvement blessés et laissés pour mort, en réchappèrent par miracle.

L'auteur, quant à lui, ne lâchait jamais son fidèle ami, un solide pistolet P38, détente double action, cartouche engagée dans la chambre. Il ne le quittait ni pour dormir, ni pour manger, ni aux toilettes, ni même sous la douche où « l'ami », à l'abri d'une poche plastique, reposait fidèlement sur le porte-savonnette. Ce manquement flagrant aux usages, sérieusement aggravé par son refus catégorique d'alcool et de cigarettes (9), faisait sourire et hocher la tête d'un air entendu aux futurs trépassés. Cela valut à l'auteur une solide réputation « d'original » (le climat, n'est-ce pas…). Qu'importe ! Un « original » bien vivant et mal élevé ne vaut-il pas mieux qu'un cadavre bon vivant et de bonne compagnie ? Surtout lorsque l'on combat une guérilla féroce et intelligente !

L'Etat-major

Nombre	Fonction	Grades
1	Chef de l'unité antiguérilla	Colonel
1	Secrétaire	
1	Conducteur V.L.	
1	Adjoint chef unité (recrutement)	Lt.-colonel
2	Psychologues (sélection)	Capitaine
2	Secrétaires	
2	Conducteurs V.L.	
1	Officier de liaison avec G.Q.G.	
1	Adjoint	
1	Secrétaire	
1	Secrétaire	
1	Conducteur V.L.	
1	Officier de liaison aviation	Lt.-colonel
1	Adjoint	Capitaine
1	Secrétaire	
1	Conducteur V.L.	

---

(9) Doublé d'un goût prononcé pour la musique chinoise et d'un intérêt suspect pour la pensée de F. Nietzsche…

1	Officier traitant « équipes action »	Commandant
1	Adjoint	Capitaine
2	Secrétaires	
1	Conducteur V.L.	

Les Services :

1	Chef du renseignement	Commandant
1	Adjoint	Capitaine
2	Secrétaires	
3	Interrogateurs	
2	Conducteurs V.L.	
1	Chef service transmissions	Capitaine
1	Adjoint	Lieutenant
1	Secrétaire	
6	Radios	
1	Conducteur V.L.	
1	Chef service tir/armement (TAM)	Capitaine
1	Adjoint (tir)	Lieutenant
1	Adjoint (munitions)	Lieutenant
2	Armuriers	
6	Manutentionnaires	
1	Chef service auto/essences	Lieutenant
1	Adjoint	
4	Mécaniciens	
2	Aides-mécano	
6	Conducteurs V.L. (pool auto)	
1	Responsable parachutes	Capitaine
1	Adjoint	Lieutenant
6	Plieuses	
1	Chef « sports »	Lieutenant
4	Moniteurs	
1	Responsable bibliothèque/salle cinéma	
1	Adjoint	
1	Responsable salle cinéma	
1	Projectionniste	
4	Assistants	

Nombre	Fonction	Grades
1	Responsable cuisines/libre service Foyer (commun)/économat	Lieutenant
1	Adjoint	
2	Cuisiniers	
8	Aides/serveurs	
1	Responsable foyer	
2	Aides	
1	Responsable économat	
2	Aides	
1	Chef service santé (hôpital de campagne) et Chirurgien	Commandant
2	Médecins	Lieutenant
1	Anesthésiste	Lieutenant
1	Radiologue	Lieutenant
1	Pharmacien	Lieutenant
2	Laborantins	
6	Infirmiers	
6	Aides-soignants	
2	Ambulanciers	
1	Chef service intendance	Capitaine
1	Adjoint (équipements/uniformes)	Lieutenant
1	Adjoint (rations/ordinaire)	Lieutenant
3	Secrétaires	
6	Manutentionnaires	
1	Conducteur V.L.	
1	Chef service trésorier-payeur	Commandant
1	Adjoint	Capitaine
2	Comptables	
2	Secrétaires	
1	Conducteur V.L.	
1	Chef service « stage jungle »	Capitaine
1	Adjoint	Lieutenant
6	Moniteurs (civils aborigènes)	
1	Coiffeur	
1	Vaguemestre	
1	Assistant	

2. Les appuis

Terrestres

Nous avons vu que la base est entourée par une zone boisée, occupée par un bataillon de para-commandos. Cette unité est chargée de la protection intérieure et extérieure par des patrouilles régulières, accompagnées de maîtres-chiens. Elle s'assure qu'aucun élément étranger ne puisse s'approcher et réagirait immédiatement à une attaque par mortiers. Ce bataillon sert aussi de « vivier » (non exclusif) à la force antiguérilla, beaucoup de ses membres faisant acte de candidature.

Aériens

La force antiguérilla, tout comme les « raiders » du général Wingate (Birmanie) (10), mais à une échelle plus modeste, devra disposer de son propre support aérien, lui permettant d'agir de façon absolument autonome et immédiate lorsque la situation l'exigera. Cette unité d'aviation sera composée des appareils suivants :

- 3 hélicoptères légers (évacuations)
- 4 hélicoptères lourds (transports/exfiltrations)
- 4 hélicoptères MI 24 *Hind* (bombes, missiles)
- 8 drones d'observation/détection thermique, armés de missiles.
- 3 appareils légers (liaison/observation) (11)
- 4 bombardiers moyens (bombes/sous-munitions/napalm) (11)
- 4 avions de transport (parachutages H.A.H.O. ou H.A.L.O.)

Aéroportés

Si une équipe se trouvait dans une situation critique ou désespérée, que ni les bombardiers, ni les hélicoptères MI 24 *Hind* ne pourraient

---

(10) Le Wingate disposait, pour supporter ses « raiders », d'une véritable flotte aérienne comprenant : 24 avions *Dakota* C47, 225 planeurs, 32 chasseurs et 12 bombardiers B-25

(11) Appareil monomoteur semblable à *l'Helio Courrier* (utilisé par *Air America*, la compagnie aérienne de la C.I.A. pour ses actions au Laos dans les années 60/70, auxquelles participait également la « compagnie » aérienne Bird & Sons). Cet avion dit « S.T.O.L. » permet un atterrissage ou un décollage sur une faible distance, de la taille d'un terrain de football. Doté d'ailes d'une grande portance, il peut voler si nécessaire à une vitesse très réduite (60 km/h soit 40 MPH). Léger, si l'on coupe son moteur en vol, il flotte dans l'air comme une plume et peut se poser en douceur presque partout. Ce type d'appareil est idéal pour appuyer des forces irrégulières antiguérilla, perdues dans la jungle des pays tropicaux. Des appareils de transport légers semblables au *DCH-3 Otters* ou au *DCH-4 Caribou* peuvent être également très utiles pour ce type de mission.

tirer d'affaire, elle devrait être secourue. Dans ce cas, une section de para-commandos, chuteurs opérationnels, serait lâchée, sur le terrain propice le plus proche de l'équipe en détresse. Une autre solution consisterait à amener ces secours par hélicoptères lourds qui seraient ensuite chargés de l'exfiltration de tous, après avoir « réglé le problème ».

Même en cas de succès tactique, cette mesure extrême constituerait un échec puisqu'elle révélerait à l'ennemi l'ampleur des moyens déployés contre lui en même temps que l'existence de ces « Equipes action », dont la présence ne devrait jamais être dévoilée.

3. L'équipe « action »

Sélection :

Les volontaires ayant fait acte de candidature et présentant un intérêt seront convoqués pour un premier entretien avec l'un des psychologues de l'unité. Cet officier fera une première sélection rapide pour écarter les éléments visiblement indésirables (12) :

- Fiers à bras.
- Brutes.
- Tueurs pathologiques.
- Personnages bornés.
- Moralité douteuse, de même que les fumeurs, amateurs d'alcool, de vie galante, les joueurs.
- Personnalités passives, manquant visiblement d'entrain et de volonté.

Les candidats ayant passé ce premier barrage seront soumis à une batterie de tests d'aptitude rigoureux, qui porteront sur les points suivants :

- Intelligence
- Courage (physique et moral)
- Robustesse
- Autodiscipline
- Esprit d'équipe
- Initiative, débrouillardise

---

(12) Afin d'éviter des problèmes semblables à ceux qui résultèrent d'une sélection initiale hâtive des « *Malayan Scouts* », lors de leur création en Malaya (1949) par le général Mike Calvert, un ex-chindit commandant de la Brigade *SAS* dissoute en 1945.

- Enthousiasme
- Détermination
- Endurance (physique et morale)
- Sang-froid
- Capacité d'adaptation

Ces tests seront administrés par les deux psychologues qui prendront la décision d'admettre ou non les candidats, après concertation avec le lieutenant-colonel responsable du recrutement. Dès leur admission, après avoir accompli les formalités administratives, les recrues toucheront leur paquetage et rejoindront l'une des équipes devant partir prochainement en stage de jungle.

Personnel

Constitué de 12 hommes :

- 1   Chef (lieutenant ou jeune capitaine)
- 2   Opérateurs radio
- 1   Médecin
- 8   Equipiers

Il peut paraître excessif qu'une petite équipe de 12 hommes dispose de deux radios. C'est cependant une nécessité absolue pour la raison suivante : ces hommes vont devoir vivre dans la jungle (ou en forêt), coupés du monde pendant plusieurs mois, dans un milieu supposé hostile. Leur seul lien avec la base se fera par liaisons radio, dont le maintien à tout prix sera vital. Dans une telle mission, il faut envisager la mise hors d'usage d'un appareil radio par un choc, suite à une chute de l'opérateur, pendant la traversée d'un cours d'eau ou même par un tir ennemi. C'est pourquoi l'équipe devra toujours posséder deux appareils en état de fonctionner. Si l'un des postes s'avérait hors d'usage en cours de mission, malgré les risques de repérage par l'ennemi, l'équipe devrait s'en faire rapidement parachuter un nouveau, par avion léger, dans un lieu dégagé et où aucune présence humaine n'aurait été détectée.
L'appareil inutilisable sera alors soigneusement enterré, de manière à ne laisser aucune trace du passage de l'équipe.

Si, par une malchance extraordinaire, l'équipe perdait l'usage de ses deux radios, la mission devrait être provisoirement interrompue. Dans ce cas, les hommes rejoindraient rapidement une clairière convenue. Ils y attendraient l'arrivée nocturne d'un hélicoptère qui serait automatiquement envoyé sur les lieux après trois jours de silence radio de l'équipe. Cette opération de sauvetage sera renouvelée trois fois, à deux jours d'intervalle, si l'équipe n'était pas au rendez-vous. En cas d'échec, les hommes devraient rejoindre leur base par leurs propres moyens, leur entraînement leur permettant de faire face à une telle situation.

De même la présence d'un médecin dans un petit groupe de combat peut apparaître comme exagérée. Dans une armée classique, le médecin se trouve à l'échelon du bataillon. Dans le cas qui nous intéresse, elle se justifie par le fait que cette équipe va vivre en totale immersion dans la jungle (ou la forêt) pendant de longs mois. Ces hommes vont devoir affronter chaque jour des problèmes de santé multiples, inhabituels, mais bien réels : morsures de serpents, piqûres d'insectes, dermatoses, dartres annamites, bourbouille, paludisme, dengue, encéphalite « japonaise », amibiase, parasitoses, typhus, choléra, fièvres hémorragiques, blessures « naturelles » (chutes, éraflures) qui s'infectent dangereusement et facilement, sans parler des blessures par balles ou par pièges, toujours possibles. C'est pourquoi chaque équipe doit compter parmi elle un médecin. Familier des pathologies tropicales, il est capable de pratiquer de la petite chirurgie et de stabiliser le blessé ou le malade avant son évacuation (si celle-ci est absolument nécessaire), de nuit par hélicoptère léger. Ceci malgré les risques d'indiscrétion que cela comporte.

Armement

L'arme de base sera le pistolet mitrailleur allemand à silencieux incorporé, Modèle H&K MP5SD6, doté d'un pointeur laser infrarouge. Cette arme est parfaite pour le combat de jungle, où les tirs ont lieu à distance rapprochée. Silencieux, grâce à sa fabrication spéciale, alimenté par chargeurs de trente coups, il peut tirer soit en automatique, soit par petites rafales de trois coups ou au coup par coup. Toute l'équipe, à l'exception des deux radios et du médecin, sera dotée de cette arme avec neuf chargeurs (un chargeur dans l'arme et deux porte-chargeurs contenant quatre chargeurs chacun).

En outre, pour la protection rapprochée, tous les équipiers seront munis des armes suivantes :

- Pistolet automatique Beretta 92 (tirant la même cartouche 9x19 mm que le PM), avec trois chargeurs de dix-huit coups.
- Dague : type commandos britanniques.

- Coupe-coupe avec gaine accrochée au ceinturon.
- Grenades : chaque équipier sera armé de 5 grenades défensives (retard 4 secondes), plus une au phosphore blanc et une fumigène. Avec chaque grenade défensive ou incendiaire, est livré un allumeur supplémentaire instantané, déclenché par traction ou pression. D'un type équivalent au Mod. 58 français, il comporte trois antennes sur lesquelles sont fixés des fils-pièges de couleur verdâtre provenant des trois petites bobines de 10 m chacune accompagnant chaque allumeur. En effet, si ces grenades peuvent être utilisées normalement, elles sont surtout destinées à assurer un périmètre de sécurité pendant le sommeil (diurne) de l'équipe, veillée par deux sentinelles relevées toutes les deux heures. On les utilisera attachées à des arbustes et camouflées dans la verdure, reliées entre elles par du fil piège qui les fera détoner lorsqu'un intrus exercera une traction sur le fil en s'approchant.

Pour ce qui est des unités de feu, chaque équipier portera en plus des chargeurs dont il est pourvu une unité de feu supplémentaire, soit 324 cartouches 9 x 19 mm.

Equipements collectifs

- Deux téléphones portables satellitaires iridium, dotés d'un module sécurisé (13). Ces appareils d'une très grande portée, sont logés dans une gaine matelassée étanche et alimentés par une batterie rechargeable grâce à un panneau solaire.
- Un illuminateur laser (pour désigner les cibles aux bombes intelligentes).
- Une balise flash infrarouge (pour se faire repérer par les pilotes d'avions ou d'hélicoptères).
- Une paire de jumelles télémétrique à vision nocturne.
- Trousse médicale complète : Le médecin devra disposer d'une trousse médicale complète, lui permettant de faire face aux maladies et blessures fréquentes lors d'un long séjour dans la jungle, en forêt, en particulier :

    - Médicaments contre le paludisme (lariam, coartem, etc.)
    - Médicaments contre l'amibiase (flagyl 250 mg)

(13) Des appareils radio, tels que le « TRC-350 » français ou le « PRC-319 » britannique conviendraient également à ce type de mission.

■ Désinfectants (bétadine/alcool)

■ Antibiotiques (par ex. : ciprofloxacine – diarrhées abondantes/sanglantes).

■ Solution de remplissage vasculaire (perte de sang/choc hypovolémique) par ex. : deux sacs de colloïde, canules intraveineuses de gros calibre 14 g ou 16 g.

■ Nécessaire pour perfusion (emballages individuels stériles)

■ Soluté de réhydratation (par ex. : dioralyte [diarrhée, dysenterie]).

■ Garrot, pansements compressifs d'urgence, produit hémostatique, bandages, sparadrap, petits ciseaux.

■ Morphine (tubes individuels auto-injectables).

■ Produits pour éloigner les moustiques

■ Comprimés antiallergiques/antifébriles/aspirine

■ Analgésiques (paracétamol, morphine)

■ Collyres

■ Gouttes pour traiter les otites

■ Comprimés contre le mal de gorge

■ Sirop antitussif (par ex. : codéine, pholcodine) (14)

■ Matériel de petite chirurgie

■ Comprimés antidiarrhée (nifuroxazide 200mg)

■ Comprimés purificateurs d'eau (goût de chlore)

■ Nécessaire contre morsures de serpents (*Voir à la fin du chapitre, la note 1 sur les morsures de serpents*) :

  – Antivenins spécifiques (espèces présentes dans les lieux des opérations).

  – Ampoules d'antivenin polyvalent.

  – Solution saline (Deux unités)

  – Adrénaline auto-injecteur (choc anaphylactique) par exemple « Epipen »

  – Antihistaminique.

  – Acétylcholinestérase.

  – Atropine.

  – Edrophonium.

■ Gants en latex (pour manipuler la viande de brousse).

---

(14) Un homme qui tousse risquerait fortement de faire repérer toute l'équipe.

■ Le médecin, chargé de la chasse, disposera d'une carabine à silencieux incorporé 22 LR avec lunette de visée. Cette arme est munie en outre d'un récupérateur de douilles, afin de ne laisser aucune trace du passage de l'équipe dans la jungle. Démontable en deux parties et transportée sous gaine matelassée étanche avec 300 cartouches 22 LR (subsonique), elle est confiée au médecin parce qu'il ne porte pas de pistolet mitrailleur. Cette arme est destinée à tuer les petits animaux : singes, oiseaux, serpents, antilopes, rongeurs, pour assurer la subsistance de l'équipe. Les gros animaux, cochons sauvages, crocodiles, grandes antilopes, seront capturées au piège, selon la méthode aborigène, puis, si nécessaire, abattus à bout portant d'une seule balle de PM silencieux tirée dans l'oreille.

La chasse des buffles, éléphants, etc., est à proscrire. Les buffles en particulier, sont des animaux très coriaces, déjà difficiles à tuer avec un fusil de guerre (15). Une fois pris au piège ils causeraient de grosses difficultés et feraient un bruit infernal si l'on essayait de les abattre d'une balle de PM à bout portant dans l'oreille.

Il faudra toujours se rappeler que certains animaux sauvages, en particulier les singes, les roussettes, les rongeurs, etc., peuvent parfois être les vecteurs de fièvres virales hémorragiques, contre lesquelles il n'existe aucun remède (16). En conséquence, il faudra toujours éviter de toucher à mains nues le sang et les viscères, ainsi que la viande crue des animaux abattus. En revanche, la chair de ces animaux, une fois bien cuite, est sans danger, la chaleur ayant tué et le virus et les parasites s'il y en avait.

Equipements individuels

Ces hommes devant opérer dans la jungle, en milieu hostile, devront être capables de communiquer discrètement entre eux à chaque instant. Ils seront donc munis d'une « oreillette » et d'un mini-microcombiné, portés sur le chapeau de brousse grâce à une lanière. La progression ayant toujours lieu la nuit, chaque équipier sera porteur d'un casque muni d'un appareil de

(15) L'auteur, malgré plusieurs coups de MAS 36 (7,5 mm), tirés près de l'oreille d'un buffle sauvage, n'a pu réussir à le mettre à genou.
(16) A l'exception de sérums contenant des anticorps obtenus de malades convalescents

vision nocturne détectant les spectres thermiques (goggles), comportant une diode laser infrarouge. Cet équipement leur permettra de voir clairement la nuit tout en conservant les mains libres. Ils seront équipés d'un GPS de poignet, grâce auquel ils connaîtront (et pourront transmettre) leur position exacte à tout moment ainsi qu'une boussole à cadran phosphorescent.

Ils seront porteurs d'une pelle-bêche pliante, avec gaine, accrochée à leur ceinturon de toile.

Tenue de jungle

Tous les vêtements destinés à être portés dans la jungle auront été imprégnés d'un produit antimoustiques de longue durée, résistant même au lavage. Les hommes devant opérer la nuit, parmi la végétation et dormir le jour sous les arbres, la couleur des uniformes et des pièces d'équipement sera vert-sombre, rayée de gros traits marron pour estomper les silhouettes. Le tissu devra être léger, solide mais souple. Par-dessus tout, il devra être imperméable mais permettre l'évaporation de la transpiration (17) et ne pas retenir la chaleur du corps ; faute de quoi la tenue serait étouffante dans un climat chaud et très humide.

Pantalon : renforcé aux genoux. Serré aux chevilles sur les demi-bottes de jungle, pour assurer une protection contre les insectes. Deux poches plaquées (fermeture par gros boutons pression). Deux poches intérieures. Fermeture à glissière (devant du pantalon).

Poncho : avec capuchon et cordon. A utiliser pendant les pluies torrentielles et orages fréquents dans la jungle.

Veste : renforcée aux coudes. Avec capuchon et cordon pour protéger le visage. Manches serrées aux poignets (protection contre les insectes). Quatre poches plaquées (fermeture par gros boutons pression et à glissière). Veste fermée sur le devant par fermeture à glissière et boutons pression.

Chapeau : type chapeau de brousse, en toile imperméabilisée, à bords étroits (portant de chaque côté deux trous circulaires d'un centimètre de diamètre, fermés par un fin tamis en plastique pour protéger des insectes).

Chaussures : demi-bottes de jungle. Montant jusqu'à mi-mollets, protection contre les morsures de serpents. Très confortables, semelles en

---

(17) Type *Aquatex* ou *Goretex*, par exemple.

caoutchouc épais et souple, antidérapant, afin d'assurer une progression silencieuse. Tiges et dessus en toile verte sombre, souples mais solides. Conçues pour empêcher les sangsues d'atteindre les jambes en passant par les œillets de lacets. De chaque côté des chaussures se trouvent deux petits trous circulaires, situés juste au dessus de la semelle, protégés par un fin tamis en cuivre. Ces orifices permettent à l'eau de s'écouler, après la traversée d'un cours d'eau tout en interdisant le passage aux sangsues grâce à son tamis. A ce sujet, il est recommandé de placer un produit repoussant les sangsues dans le bas des jambes du pantalon (serrées sur les bottes). Après la traversée d'un ruisseau, l'infect jus répulsif suffira à les éloigner. Ces parasites secrétant un produit anticoagulant, il ne faut jamais arracher une sangsue fixée sur la peau : la blessure n'arrêterait pas de saigner. Il faut tout simplement la brûler à l'aide du « chalumeau » d'un briquet (18) : elle lâche aussitôt prise en douceur.

La tenue de jungle sera complétée par les pièces d'équipement suivantes, de couleur vert sombre :

- Sangles et ceinturon de toile à trous, de type armée américaine.
- Deux porte-chargeurs pour PM (4 chargeurs chacun) en toile.
- Un porte-chargeurs pour pistolet (2 chargeurs) en toile.
- Un étui à pistolet, de type armée américaine en toile.
- Deux bidons (avec quart emboîté) et porte-bidon toile de type armée américaine.
- Un sac à dos, avec armature et poches extérieures, étanche.
- Filet de camouflage individuel.

Paquetage de jungle

Il sera plus léger que celui des unités régulières qui constitue parfois une énorme charge éprouvante à porter sur des parcours importants. Ce paquetage devra inclure les éléments indispensables à un long séjour dans la jungle :

- Nourriture : toujours enveloppée dans des emballages individuels imperméables et biodégradables. Soit :
    - 4 jours de rations concentrées type survie.

---

(18) Les anciens du C.E.F.E.O. utilisaient une recette toute simple pour éloigner les sangsues : du tabac répandu dans le bas des pantalons. De même, pour décoller les sangsues, le bout incandescent d'une cigarette « Cotab » faisait merveille. Mais l'auteur pense que des équipes antiguérilla doivent absolument s'abstenir de fumer.

- ■ 60 sachets individuels (café/lait/sucre en poudre soluble). 60 sachets poudre vitaminée goût orange (à dissoudre dans l'eau pour boisson).
- ■ 20 biscuits vitaminés.
- ■ 20 barres de chocolat vitaminé.
- ■ 20 barres de pâte de datte.

- • Mini réchaud (avec tablettes alcool solidifié).
- • Couteau multi-usages, type armée suisse.
- • Sous-vêtements : 3 jeux de rechange (maillots, slips, chaussettes).
- • Trousse de toilette : savon sans odeur, nécessaire de toilette, serviette.
- • Trousse médicale individuelle : garrot individuel, produit hémostatique, pansement compressif d'urgence, désinfectant, sparadrap, comprimés pour purifier l'eau, anti-palustre, pastilles de sel, pommade anti-moustiques, morphine (tube individuel auto-injectable), comprimés de 200 mg de Modafinil (Provigil) leur permettant, si nécessaire, de se déplacer (ou de combattre) plusieurs jours sans dormir, petits ciseaux.
- • Un briquet (tempête).
- • Hameçons et lignes (pour pêcher les poissons).
- • 4 paquets de 25 feuilles de papier hygiénique.
- • Couchette de jungle de couleur vert-sombre, imprégnée d'un produit antimoustiques longue durée, comprenant les éléments suivants :
    - ■ Hamac léger tressé, à tendre entre deux arbres. Protection contre les insectes et animaux rampants.
    - ■ Sac de couchage, toile très légère, imperméable mais permettant l'évaporation de la transpiration. Longueur 180 cm par 120 cm de largeur. Fermeture à glissière sur tout le côté, permettant une extraction ultra rapide si nécessaire.
    - ■ Toit : en toile légère imperméable à placer sur une corde tendue au-dessus du hamac pour former un toit protecteur à deux pentes. Dimensions : 200 x 250 cm. Avec moustiquaire incorporée pour assurer la protection contre les insectes volants (moustiques, etc.). Ce type de couchette permet de dormir à l'abri des éléments et des insectes.
- • Rouleau de câble de nylon tressé (d'une longueur de 25 m avec un diamètre d'1 cm). Peut, si nécessaire, être utilisé mis bout à

bout avec ceux des co-équipiers, pour le passage des rivières et autres obstacles.

- 4 charges d'explosif (100 gr chacune), avec détonateurs et cordon Bickford.

Afin de parer à toute éventualité, le paquetage devra inclure de menus cadeaux destinés aux aborigènes, si par malchance et malgré tous ses efforts, l'équipe ne pouvait éviter d'en rencontrer pendant sa mission : sel, allumettes, bonbons, perles en verre de couleurs, etc. Le but serait alors de gagner au moins leur neutralité bienveillante et peut-être d'obtenir des renseignements sur les guérilleros. Mais impérativement, l'équipe devra toujours faire l'impossible pour éviter ce genre de rencontre (19), sa mission devant demeurer rigoureusement secrète. Pour des raisons de sécurité, l'équipe ne devra absolument rien laisser derrière elle : les emballages ou les restes de tout ce qui aura été utilisé seront soigneusement enfouis dans le sol et recouverts par la végétation ambiante, de façon à ne laisser aucun indice de son passage qui pourrait alors informer l'ennemi de sa présence.

4. Entraînement

Tir

Les exercices de tir au pistolet-mitrailleur et au pistolet auront lieu de nuit, chaque tireur étant muni de goggles (avec diode laser infra rouge), lui permettant de tirer sans se faire repérer. Les stagiaires pratiqueront le tir instinctif au pistolet automatique et celui à la hanche et à l'épaule avec le pistolet-mitrailleur. Avec cette dernière arme, ils devront s'habituer à tirer des rafales de 3 coups, les munitions étant limitées dans la jungle. Les tirs seront effectués sur des cibles fixes ou mobiles alors

---

(19) Cela ne s'applique qu'aux situations où les aborigènes sont très clairsemés. Lorsqu'ils sont assez nombreux, comme cela fut le cas des « Orang Asli » de Malaisie pendant l'insurrection communiste, il faudra employer la méthode des « *Malayan Scouts* » :
- Gagner l'amitié et l'appui de ces populations marginalisées par une attitude bienveillante : soins médicaux, dons d'objets convoités (étoffes colorées, tabac, machettes, pièces d'argent, sel, etc.).
- Obtenir leur collaboration active : mise en auto-défense de leurs hameaux (livraisons de grenades et de fusils de chasse, pistes piégées aux alentours) ; surveillance des mouvements ou des campements de la guérilla dans leur zone ; fourniture de pisteurs pour les traquer et les détruire.

que les stagiaires sont soumis à un tir à balles réelles « très réaliste » et que des grenades « OF » éclatent non loin d'eux. Chaque équipier possédant déjà une excellente formation militaire, les exercices de tir se borneront à cela.

Natation : de jour comme de nuit, les stagiaires devront effectuer sans bruit un long parcours à la nage, en poussant devant eux une charge de 25 kg posée sur un radeau. Cet entraînement leur servira lorsqu'en opération, ils seront obligés de franchir de larges cours d'eau.

Stage de jungle

Ce sera la pièce maîtresse de la formation des équipes. Il existe bien sûr de bons centres d'instruction à la guerre de jungle tel que, celui de Laeticia en Colombie, tenu par les « Lanceros » mais surtout le réputé « Centro de Instracao Générale Gerra Na Selva », en Amazonie brésilienne, près de Manaus. Ces écoles, excellentes pour former des combattants de la jungle, le font dans une atmosphère brutale qui n'est pas sans rappeler celle régnant dans les « Boot Camps » des marines américains. Cela ne conviendrait pas à la formation d'équipes qui vont devoir vivre longtemps dans la jungle, d'où elles devront tirer l'essentiel de leur subsistance. La future mission de ces hommes sera de localiser les camps de guérilleros, sans jamais se faire voir, et de ne combattre qu'en cas de nécessité absolue, pour se dégager et disparaître.

C'est pourquoi le stage sera conçu de façon très différente de ceux déjà existants : aucun membre de l'équipe ne devra devenir un « robot » surhumain, destiné à jouer les « Rambo », mais une tête pensante, bien adaptée à ce milieu, capable d'y vivre comme un aborigène. Le but de cet entraînement sera donc la familiarisation avec l'environnement de la jungle, permettant d'y séjourner de longues périodes, sans recevoir d'approvisionnement de sa base. On ne recherchera nullement la réalisation d'exploits physiques à la limite du possible, qui videraient les hommes de leur équilibre mental et de leur résistance naturelle. On travaillera sur la durée.

L'infiltration dans la jungle aura lieu dans la nuit, l'équipe sautant de véhicules roulant à vitesse très réduite, en lisière de forêt. L'épreuve en elle-même comportera un parcours de 300 km, clairement indiqué sur la carte qui sera remise au départ au chef de l'équipe. Le trajet sera réalisé par des étapes nocturnes, ne présentant pas de difficultés particulières mais que l'équipe devra absolument respecter pour bivouaquer à l'aube.

Les stagiaires seront accompagnés de quatre moniteurs « civils » aborigènes (20), qui leur enseigneront toutes les finesses pratiques de la vie dans la jungle durant les après-midi, la matinée étant réservée au sommeil.

Progression : les hommes apprendront à marcher en silence en utilisant les ruisseaux à chaque fois que cela est possible.

Bruits de la forêt : les oiseaux, les singes, créent une cacophonie qui, lorsqu'elle cesse, indique un danger, soit une présence humaine, soit la proximité d'un grand prédateur (jaguar ou autre). Quand l'équipe pénètre dans un secteur silencieux de la forêt c'est le signe infaillible d'un danger proche...

Traversée des cours d'eau :

- Arbres abattus au-dessus des petites rivières pour servir de passerelle. Choisir des arbres moyens, suffisants pour l'usage qui en est fait.
- Pont de singes : deux grands « X » en gros bambous croisés, plantés de chaque côté d'un petit cours d'eau et reliés entre eux par de bambous sur lesquels on peut marcher. (Démanteler puis cacher les bambous après usage pour éviter toute trace de passage).
- Radeaux : Constitués de troncs de bananiers embrochés et tenus ensemble par de minces bambous. Tirés par un câble tenu par un homme situé sur chaque berge, ils font des va-etvient pour transporter les équipements et les hommes accrochés à eux.

D'une manière générale, tous les ouvrages de franchissement devront être réalisés rigoureusement selon les techniques des aborigènes, afin que les guérilleros leur en attribuent la paternité.

Nourritures :

- Les racines : les équipiers devront apprendre à reconnaître celles qui sont comestibles et celles qui sont vénéneuses. Ils devront faire attention aux racines de manioc sauvage qui contiennent un poison violent. Elles doivent toujours être soigneusement épluchées, la-

---

(20) Comme ceux qui vivent dans la jungle malaise par exemple, que l'on appelle « Orang Asli » ou bien les « Iban » de Bornéo.

vées et bien cuites sur la braise : la chaleur détruit ce poison très volatile (*voir note 2 à la fin du chapitre*).

■ Les bananes sauvages même vertes peuvent être mangées une fois grillées.

■ Les pousses de bambous constituent une nourriture excellente.

■ Miel sauvage : la ruche est située en général dans un creux d'arbre, à son sommet. L'inconvénient est qu'il faut abattre l'arbre pour récupérer ce miel et faire attention aux piqûres des abeilles que l'on ne peut enfumer au risque de faire repérer l'équipe.

Pêche :

Les stagiaires ne chercheront pas à imiter les aborigènes qui tirent à l'arc les gros poissons qui nagent à la surface de l'eau. En revanche, ils pourront s'inspirer des Amérindiens d'Amazonie qui pêchent les poissons de taille ordinaire d'une façon plus originale (21). Ils « battent » les branches d'un arbre particulier, ou des tronçons d'une grosse liane dépouillés de leur écorce, contre un tronc d'arbre pour les faire éclater. Ce qui met les fibres à nu, d'où suinte la sève vénéneuse. Les paquets de fibres obtenus sont alors plongés dans un endroit de la rivière où l'eau est presque dormante. La sève se répand, forçant les poissons à remonter en surface pour respirer. Ils seront alors capturés par l'équipe qui utilisera ses filets de camouflage, tendus sur un cadre en bambou.

Pour pêcher, les hommes de l'équipe devront aussi utiliser leurs lignes munies d'hameçons ou bien encore des pièges en bambou, comme ceux fabriqués par les aborigènes. Les moniteurs leur apprendront à rejeter les poissons non comestibles et à faire attention à ceux dont la morsure est sérieuse (piranhas en Amazonie).

En dernière extrémité, et bien que cela ne puisse constituer une pratique souhaitable, si l'on est en présence d'une grande rivière calme et profonde, où les poissons ne « mordent » pas, il est toujours possible d'utiliser un explosif : une charge de 100 gr, projetée dans l'eau et explosant au fond n'émettra qu'un bruit très atténué, faisant remonter à la surface de gros poissons « sonnés » qu'il sera facile d'attraper en utili-

---

(21) En Equateur, les Indiens Huorani pratiquent une pêche un peu différente : ils transforment les feuilles d'une plante spéciale en une pâte épaisse qu'ils mélangent ensuite avec de la terre pour en faire une boule. Celle-ci, après avoir été enveloppée dans de grandes feuilles, est jetée dans une rivière calme, où elle produit un manque d'oxygène dans l'eau. Asphyxiés, les poissons remontent en surface où ils sont alors pêchés avec une « épuisette » artisanale.

sant son filet de camouflage individuel (l'auteur a, dans le passé, utilisé ce mode de pêche, dans des endroits très isolés où la Volta était profonde, réalisant ainsi des pêches miraculeuses… sinon écologiques).

Chasse :

Les aborigènes chassent de deux manières :

- Petits animaux (singes, oiseaux, etc.) : Avec une longue sarbacane, tirant des fléchettes dont l'extrémité est enduite d'un produit noirâtre paralysant, semblable au curare (22). Ce nom est un terme générique, originaire d'Amérique du Sud, qui désigne plusieurs poisons utilisés pour la chasse par les Sud-Amérindiens. Ces derniers en enduisent les fléchettes de leurs sarbacanes (ou de leurs arcs) pour tuer le gibier. Le curare ne tue pas immédiatement. Il provoque une paralysie progressive résultant dans un premier temps du relâchement des muscles, puis dans un second temps d'un arrêt respiratoire entraînant la mort. Sa composition varie d'un pays à l'autre mais, en général, il est constitué d'un mélange d'écorce de la plante strychnos toxifera associée à la tige de la liane chondodendron tomentosum, que l'on fait bouillir lentement et longtemps pour le concentrer, après y avoir ajouté du venin de serpent, de grenouille et des fourmis venimeuses. D'un aspect pâteux et de couleur noirâtre ou brunâtre, il est mortel quand il pénètre dans le système sanguin. En revanche, il est inoffensif s'il est ingéré.

- Gros animaux (porcs sauvages, grandes antilopes, etc.) : Capturés grâce à deux types de pièges. Le premier est creusé en forme de fosse, recouverte habilement par des branchages sur lesquels est posé un appât. Le second est constitué d'une grosse cage en bambous très solides contenant un appât. La porte se referme solidement lorsque l'animal est entré dedans.

Le chasseur chargé de fournir l'équipe en « viande de brousse » sera le médecin. S'il apprend à construire et à utiliser les pièges nécessaires

---

(22) En Afrique, les flèches des arcs sont trempées dans un poison à base de plantes telles que le Nerium ou l'Acokantera, qui provoquent la mort par arrêt cardiaque.

L'auteur a pu constater que les Aborigènes de Bornéo ou les Orang Asli de la Péninsule malaise mettent sur les flèches de leurs sarbacanes un poison pâteux, de couleur brunâtre, sans toutefois avoir pu en identifier la composition, peut-être s'agissait-il de la sève du Mancenillier (l'arbre de Mort), une euphorbiacée.

pour attraper le gros gibier, il est évident qu'il n'utilisera pas la sarbacane pour tuer le petit gibier. L'utilisation de cette arme est trop délicate (fabrication du poison complexe et durée de son efficacité courte). De plus, elle n'est pas assez maniable en forêt. Comme prévu, le petit gibier sera chassé à l'aide de la carabine à silencieux incorporé 22LR subsonique, munie d'une lunette de visée. Cette arme, démontable, est d'un usage aisé ; elle est précise et ne fait aucun bruit. Le gibier abattu sera toujours manipulé avec des gants en latex, protection indispensable contre les virus mortels dont sont souvent porteurs les animaux sauvages en Afrique : fièvre d'Ebola, de Marburg et en Asie : virus de Nippah, de Hanta (fièvre dite de Corée). La viande de brousse, une fois cuite, sera sans danger, la chaleur ayant anéanti et les virus et les parasites probables.

A l'école de jungle de Manaus, les élèves apprennent à se servir d'une arbalète. Cette arme, impressionnante à priori, est bien connue de l'auteur, pour l'avoir vue utilisée par les montagnards en Indochine (où l'on était obligé de faire avec peu). Il n'y est pas favorable car trop encombrante et d'une puissance d'impact limitée. De plus, elle émet un claquement caractéristique lorsque la corde se détend.

En ce qui concerne la chasse aux cochons sauvages, l'auteur citera pour mémoire la méthode originale des montagnards du Nord-Viêtnam : nos partisans, connaissant l'attrait immodéré de ces animaux pour de grosses racines ressemblant à des betteraves, en fourraient d'un ou deux détonateurs, avec la plus grande précaution. Le soir, ils déposaient l'appât dans un lieu fréquenté la nuit par les porcs sauvages. L'animal, en savourant sa « betterave », finissait par broyer le détonateur qui explosait dans sa gueule, le tuant instantanément.

Eau :

En l'absence de cours d'eau, ce qui est rare dans la jungle, il y a plusieurs moyens d'obtenir de l'eau, buvable sans danger :

- Les lianes : une variété de liane, lorsqu'elle est tranchée, donne de l'eau pure. Il faudra se méfier des autres qui produisent un suc contenant du poison.
- Les bananiers : le soir couper le tronc d'un gros bananier à sa base ; que l'on creuse en forme de cuvette et que l'on recouvre de feuilles. Au matin on découvre le « récipient » empli d'une « eau » d'aspect légèrement laiteux et au goût vaguement sucré.

■ Les bambous géants : faire avec précaution une petite entaille dans le bas des segments. Une eau pure en jaillit que l'on recueille avec soin.

Même celle des ruisseaux clairs et limpides n'est pas sans dangers potentiels. L'eau doit toujours être traitée avec des pastilles de purification (malgré leur goût de chlore) avant d'être consommée. Mieux encore, lorsqu'il sera possible d'allumer un feu (sans fumée), il faudra la faire bouillir avant de la boire.

Transport de l'eau :

quand il sera nécessaire de transporter de l'eau, depuis le ruisseau jusqu'au bivouac, il faudra utiliser la méthode des aborigènes : un gros bambou femelle (diamètre 20 cm x 170 cm), sera employé, après avoir supprimé les cloisons intérieures, sauf, bien sûr, celle du bas constituant le fond du seau improvisé. Un tel bambou évidé peut contenir plus de dix litres d'eau (*voir la photo dans le cahier central*).

Journée type – Emploi du temps :

La matinée est consacrée au sommeil. Les hamacs sont placés dans un endroit où la végétation est épaisse, assurant un bon camouflage naturel. Un périmètre de sécurité autour du bivouac est constitué de grenades piégées. Deux sentinelles, relevées toutes les deux heures, veillent sur leurs camarades, dissimulées dans la végétation tout en conservant un bon champ de vision.

En fin de matinée, les hamacs sont décrochés, pliés et mis dans les paquetages. Une pause café/biscuits est observée. Le médecin inspecte les hommes et leur donne des soins si nécessaire.

En début d'après-midi, les paquetages sont regroupés, dissimulés dans la verdure et laissés sous la garde de deux camarades. Le reste de l'équipe se rend au cours d'eau voisin pour laver les sous-vêtements et les laisser à sécher au grand soleil. Ces articles, de couleur vert-sombre, se confondent avec la végétation ambiante. Par demi-groupe, les hommes en profitent pour se baigner et faire leur toilette, l'autre demi-groupe assurant leur protection.

L'après-midi, ces tâches terminées, le groupe part prospecter avec prudence les alentours afin de se livrer à la recherche de nourriture : cueillette (fruits, racines), pêche ou chasse.

En début de soirée a lieu la préparation du repas, sur feu sans fumée et si la récolte a été bonne. Sinon, le menu est composé de biscuits et de barres au chocolat. Le repas rapidement expédié, chaque homme doit inscrire quelques lignes sur un carnet individuel, pour noter ce qu'il a pu apprendre ce jour-là de la jungle et aussi ses impressions. A la fin du stage, l'ensemble de ces carnets sera analysé par les responsables qui en feront une synthèse. Le résultat de ce travail permettra de réaliser un livret qui sera utilisé pour la formation des futurs stagiaires.

Toute trace du passage de l'équipe sera soigneusement effacée. Les emballages, les restes du repas, etc., seront enfouis dans le sol et recouverts de mousse ou de végétation. Les hommes devront laisser derrière eux la forêt exactement dans l'état où elle était à leur arrivée. Les grenades piégées seront récupérées et remises en condition d'utilisation normale (détonateurs à 4 secondes). Les fils seront rembobinés avec soin pour être utilisés à nouveau à l'étape suivante.

A la tombée de la nuit, munie de goggles, l'équipe reprend la progression planifiée, marchant à la boussole. Sans que cela ne constitue une marche forcée (à la manière des *marines* américains), forcément exténuante pour les hommes, l'équipe doit absolument arriver au point fixé pour la prochaine étape, au plus tard à la pointe du jour. Dans le cas contraire, malgré les risques d'être repérée, elle devrait continuer son avance dans la matinée jusqu'à l'arrivée au but. Elle en informera sa base immédiatement par message compressé/codé, en indiquant tout fait marquant ou inhabituel qui se serait produit pendant la marche nocturne. Les hommes installent à nouveau leur hamac, mettent en place le périmètre de sécurité autour du bivouac et les deux premières sentinelles gagnent leurs positions. Le cycle journalier recommence.

Quand l'équipe n'aura plus qu'une étape à parcourir avant d'émerger de la jungle, elle en informera sa base par message compressé/codé et conviendra d'un rendez-vous où elle sera récupérée, sur la route au débouché de la forêt, la nuit. Le responsable du stage de jungle enverra alors au lieu de rendez-vous trois camions, tous feux éteints, dont les conducteurs portent des goggles. Deux véhicules transporteront chacun une section de para-commandos, assis dos à dos, face à la route, chaque homme portant ses goggles, prêt à sauter du véhicule arme à la main en cas de problème. Lorsque les trois camions arriveront au rendez-vous, les deux sections de recueil sauteront à terre, se mettant en position défensive autour des camions, en attendant l'équipe qui va sortir de la forêt. Dès que ces hommes arriveront, ils s'installeront de la même façon que leurs camarades dans le camion du milieu encadré par les deux autres et prendront la route de la base par un itinéraire différent. Arrivés à destination, chaque homme remettra son « carnet de notes » qui sera aussitôt examiné par le chef du service « stage jungle ».

Après un repos de 48 heures, l'équipe qui vient de revenir à la base voit ses membres interrogés de manière amicale un à un par le responsable du stage. Ils vont pouvoir exprimer leurs critiques (toujours constructives) sur la qualité du matériel, suggérer des améliorations souhaitables et donner leur point de vue sur une meilleure façon d'opérer dans la jungle. Les remarques et suggestions de ces hommes seront soigneusement notées, analysées puis utilisées par le chef de stage pour en faire une synthèse. Enfin, ils subissent un examen médical approfondi.

Après cette formalité, chaque membre de l'équipe va bénéficier d'un congé de fin de stage d'une durée d'un mois afin de se détendre et de se reposer. Au terme de cette permission, les hommes regagneront la base d'où ils partiront immédiatement effectuer un stage parachutiste de « chuteur opérationnel » qui se déroulera au centre de formation des parachutistes, extérieur à la force antiguérilla.

Stage parachutiste/chuteur opérationnel

Les hommes de cette équipe, arrivés au centre de formation de parachutistes devront tout d'abord passer le Brevet de parachutiste militaire ordinaire (23), soit sept sauts à ouverture automatique dont un de nuit, effectués à 400 m d'altitude. Puis ils passeront au stage suivant, celui de chuteur opérationnel. Ce sera un tout autre programme. Ces hommes apprendront deux types de sauts, tous les deux à « ouverture commandée », en utilisant des parachutes spéciaux (24).

Ils devront être capables de sauter en H.A.L.O. (High Altitude Low Opening), c'est-à-dire d'une altitude de 10 000 m, qui est celle des avions de ligne, pour n'ouvrir leur parachute qu'à une altitude de 700 à 800 m. Bien entendu, pour chuter d'une telle hauteur, ils seront équipés

---

(23) S'ils ne l'ont pas déjà obtenu.
(24) Parachutes possédant une voile « aile » à grande manœuvrabilité de type « tandem ». Sa surface accrue permet l'emport d'une charge d'environ 200 kg (parachutiste compris) et de se poser à vitesse nulle.

d'une chaude combinaison de saut, de goggles de vision nocturne et d'un masque à oxygène. Ce type de saut ne sera concevable que lorsqu'il y aura un terrain bien dégagé au milieu de la forêt ou de la jungle.

Ils devront également effectuer des sauts H.A.H.O (25)., équipés comme dans le cas précédent, mais en ouvrant rapidement leur parachute. Cette technique permet d'exécuter la manœuvre H.A.P.P.S. (High Altitude Parachute Penetration System) pour réaliser une insertion non détectable en territoire ennemi. Suivant leur leader, utilisant leur toile, ils glisseront dans la nuit en silence jusqu'à un petit terrain déterminé où ils se poseront (26). Ce type de saut, (pratiqué par les C.R.A.P.s français), consiste en une glissade dans l'air d'au moins 50 km, en sautant de 10 000 m d'altitude, avec ouverture rapide. Il permet de se poser avec précision la nuit et dans un silence complet, sans éveiller l'attention des guérilleros qui pourraient se trouver seulement à quelques kilomètres de là.

Au terme de leur formation de chuteurs opérationnels, les stagiaires regagneront leur base et bénéficieront d'un nouveau congé d'une semaine afin de récupérer. Cette période de repos terminée, ils seront « adoubés » de façon solennelle dans la Force antiguérilla, devant le front des unités :

- Le lieutenant chef d'équipe sera promu capitaine.
- Le Médecin-lieutenant sera nommé Médecin-capitaine.
- Tous les autres membres de l'équipe, quelque soit leur grade, seront nommés adjudants-chefs (27).

Un grand repas en commun aura lieu après la cérémonie, sans alcool, selon la tradition. Dès le lendemain, par roulement, ils prendront avec les autres leur tour « d'alerte à une heure ». C'est-à-dire qu'ils de-

---

(25) H.A.H.O. : High Altitude, High Opening.

(26) Equipés d'un système G.P.S. de poitrine pour les guider avec précision, jusqu'à leur point d'atterrissage.

(27) Ceux qui se distingueront de façon toute particulière dans les futures opérations seront promus sous-lieutenants, devenant ainsi adjoints au chef d'équipe, avant d'accéder au grade de lieutenant deux ans après et de prendre le commandement d'une équipe. En outre, tout membre d'une équipe de contre-guérilla qui se marie ou qui atteint l'âge de 35 ans cesse d'en faire partie. En considération des services exceptionnels rendus par l'intéressé, plusieurs choix lui sont offerts : Affectation à l'encadrement de la base antiguérilla, si l'organigramme le permet. Mutation au bataillon de para-commandos assurant la sécurité. Mutation (assurée) à tout corps choisi par l'intéressé.

vront être prêts sous préavis d'une heure, à partir en mission tout équipés. Deux types de missions sont envisageables :

Si les guérilleros détectés par l'aviation ne sont pas à une distance excessive de la route bordant la forêt, l'équipe partira de nuit dans un camion. Elle sera encadrée par deux véhicules transportant les deux sections de para-commandos constituant la protection de l'équipe antiguérilla. Ces camions, dont les conducteurs portent des goggles rouleront tous feux éteints.

Si les rebelles repérés se trouvent en forêt très loin de toute route, l'équipe rejoindra de nuit, tous feux éteints, son terrain d'aviation. Un avion de transport la larguera à une distance raisonnable de son objectif de façon à y parvenir sans être détecté, avec deux variantes possibles, selon la configuration du terrain :

- Saut en haute altitude et ouverture basse si un grand terrain existe pas trop loin des guérilleros.
- Saut en haute altitude et ouverture haute si la « drop zone » présente un espace réduit. Cette technique a l'avantage de permettre une arrivée au sol totalement indétectable à quelques kilomètres seulement d'un camp de la guérilla.

L'héliportage sur une clairière située à 8-10 km de l'objectif constitue une autre possibilité. Ce sont les circonstances et les possibilités qui dicteront le choix du transport.

5. Opération type

17H45 : L'officier de liaison reçoit un message urgent de l'aviation : « Un groupe important de rebelles vient d'être repéré en pleine jungle, à 18 km de la route qui la borde ». Ces partisans constituent une menace sérieuse pour le petit poste de la milice locale qui assure la protection d'un pont à cet endroit-là. L'aviation communique l'emplacement du groupe armé, transmet les images provenant du drone et suggère une action rapide.

Jour J.

18H00 : L'équipe d'intervention est mise en alerte. Les hommes s'équipent, perçoivent leurs munitions et vérifient leurs paquetages.

18H05 : L'officier « opérationnel » et son adjoint réunissent toute l'équipe pour un « briefing » détaillé sur la situation. Les photos aériennes et la carte sont étudiées. Le plan d'action est adopté : Les rebelles étant accessibles depuis la route, il est inutile d'envisager un saut « H.A.L.O. », toujours délicat dans ce genre de terrain. L'équipe sera larguée par camion, au bord de la route, puis effectuera sa progression de nuit à travers la jungle.

18H30 : Deux sections de para-commandos d'intervention sont alertées. Montées dans deux camions qui encadreront celui de « l'équipe action », elles devront assurer sa protection entre la base et le lieu de largage, non loin du poste, mais surtout sans attirer son attention.

18H35 : L'équipe file au libre-service prendre un dernier repas chaud avant le départ en opération. Ses hommes remplissent leurs bidons de café sucré.

18H55: Le groupe est prêt au départ et procède aux dernières vérifications des équipements, matériels, munitions.

19H00 : Les hommes prennent place dans le camion situé au milieu du petit convoi.

19H30 : La nuit tombe. Les conducteurs mettent leurs goggles et vont rouler tous feux éteints jusqu'à leur destination. L'équipe « action », tout comme les hommes de protection, assis dos à dos dans les véhicules, ont mis leurs goggles et se tiennent prêts à « gicler » le P.M. à la main, pour manœuvrer à la moindre alerte.

23H45 : Le convoi arrive dans un lieu désert, à environ 1 km du poste qui protège le pont, en bordure de la route longeant la forêt et roule tout doucement, sans s'arrêter. L'équipe prend ses équipements et saute à terre. Puis, sous la direction de son chef, elle se dirige aussitôt vers la jungle, commençant boussole en main sa marche silencieuse. Les para-commandos quant à eux, leur mission accomplie, reprennent aussitôt le chemin de la base, par un chemin détourné, différent de celui de l'aller.

24H00 : Le groupe poursuit sa progression sans difficulté. Il doit s'approcher de son objectif assez rapidement, de façon à pouvoir bivouaquer au petit jour, caché dans la végétation, à une heure de marche du camp ennemi.

Jour J+1

06H00 : Les hommes installent leurs couchettes de jungle dans un endroit protégé, non loin d'un ruisseau, où la végétation est très épaisse. Aussitôt deux d'entre-deux installent le périmètre de sécurité (grenades piégées). Deux sentinelles, relevées toutes les deux heures, vont protéger le sommeil de leurs camarades.

12H30 : Réveil et ablutions au ruisseau par demi-équipe, l'une restant au bivouac pendant que l'autre se baigne sous la garde de deux de leurs camarades qui se laveront par la suite.

13H30 : Petit-déjeuner avec café (préparé sur mini réchaud), biscuit et chocolat. Vu la proximité relative de l'ennemi, il n'existe aucune possibilité de faire du feu, même sans fumée. Donc pas de chasse ni de pêche pour les repas suivants. L'équipe devra rester immobilisée et planquée jusqu'à la tombée de la nuit, sous la protection de deux sentinelles et du périmètre de sécurité.

19H00 : Le chef donne sa position à la base (message compressé/codé). Il demande à ce que trois bombardiers légers soient mis en alerte afin de pouvoir décoller dès leur arrivée en vue du camp rebelle, puis leur intervention. Le camp sera alors marqué à l'illuminateur laser.

19H30 : Repas, comportant café, biscuits, chocolat.

20H00 : Les hommes effacent soigneusement toutes traces de leur passage. Rien n'est laissé derrière eux : tous les emballages et autres déchets sont enfouis dans le sol, recouverts de terre puis de mousse. Les branches tordues sont redressées, les marques sur le sol supprimées.

21H00 : Inspection avant le départ. Les grenades piégées sont démontées et récupérées.

21H30 : L'équipe reprend son avance silencieuse vers l'objectif. Elle se dirige à la boussole tout en vérifiant sa position au G.P.S. de temps à autre. Elle va éviter toute piste ou sentier. Elle coupe à travers la jungle, comme le faisaient les S.A.S. britanniques luttant contre les guérilleros communistes du célèbre Cheng Peng, dans la péninsule malaise pendant les années qui ont suivi la Deuxième Guerre mondiale. En revanche, à chaque fois que possible, elle empruntera les petits cours d'eau, si ceux-ci la mènent dans la bonne direction.

23H30 : La marche d'approche a été plus lente que prévue. Le groupe arrive en vue du camp rebelle. Il s'installe sur une petite colline qui le domine, pour faciliter ses observations.

23H45 : Le campement apparaît nettement. Comprenant de nombreuses paillotes montées sur pilotis, il est gardé par des sentinelles qui vont et viennent sans méfiance : l'une fume, deux autres bavardent et rient. Au bas du camp coule une petite rivière.

24H00 : Le chef d'équipe envoie un message à la base pour

– Confirmer l'existence de l'objectif et la présence des rebelles.

– Demander à ce qu'un bombardement lourd soit effectué à 04H00, donnant les coordonnées très précises du camp. Les avions ne devront utiliser ni napalm ni sous-munitions (bombinettes) pour lui permettre de fouiller soigneusement les décombres.

Jour J+2

04H00 : Un bruit à peine audible annonce l'arrivée des avions. Un équipier marque le camp à l'illuminateur laser.

04H05 : Quatre bombardiers se découpent maintenant dans le ciel. Avant que les sentinelles n'aient eu le temps de donner l'alerte, les premières bombes tombent, détruisant la plupart des paillotes et leurs occupants.

04H15 : Le chef entre en contact radio avec les pilotes et les guide pour un second passage qui va permettre la destruction de la partie du camp encore intacte.

04H30 : Les appareils s'éloignent et retournent à leur base. L'équipe reste immobile, cachée dans la végétation et l'obscurité. Elle observe les survivants désorientés qui tentent de sortir les blessés et les morts des ruines, tout en essayant de se réorganiser. Mais la plus grande pagaille continue de régner. A ce stade, lorsque les rescapés auront réussi à se regrouper, le groupe antiguérilla va se trouver devant trois hypothèses envisageables :

Première hypothèse :

Seuls dix à quinze rebelles ont survécu au bombardement. Le chef de l'équipe rend compte du résultat à la base.

05H30 : Profitant du désordre qui règne dans chez l'ennemi, les hommes s'approchent en silence, à l'abri de l'obscurité, sans se dévoiler. Les rescapés, complètement sonnés, incapables de réagir sont abattus au P.M. silencieux avant de réaliser ce qui leur arrive. Rien ne bouge dans le camp détruit. Les antiguérillas restent aux aguets, tapis dans la pénombre, sans révéler leur présence.

06H30 : Aucun mouvement ne se manifeste dans les cases écrasées. Deux équipiers courent se placer sur l'unique piste qui mène au camp, à 300 m de celui-ci. Ils défendent l'accès de la piste avec quatre rangées de grenades piégées (fils tendus au travers de la piste), espacées de 25 m en profondeur, afin de bloquer et ralentir une arrivée possible de l'ennemi. Puis ils effectuent un retrait de 100 m d'où ils vont surveiller la piste afin d'éviter toute surprise.

07H00 : Le responsable du blocage de la piste informe le chef d'équipe qu'il contrôle l'accès du camp. Immédiatement, sous la protection rapprochée de trois de leurs camarades, trois hommes procèdent à une fouille méticuleuse des décombres pour essayer de récupérer documents, armes intéressantes et, si possible, des blessés, source précieuse de renseignements.

07H35 : L'équipe a de la chance. Elle parvient à mettre la main sur des documents qui se trouvent dans ce qui semblait être la case de commandement. De plus, elle capture deux blessés qui n'offrent aucune résistance et ramasse trois P.M. portant encore leurs numéros de série.

07H55 : La fouille est terminée. Le chef rappelle le « bouchon » qui bloquait la piste.

08H05 : Les hommes sont rassemblés avec leur butin, prisonniers compris. Ils quittent aussitôt les lieux et se dirigent en direction d'une clairière repérée par avance, près de laquelle ils vont passer la journée, immobiles, cachés dans la végétation.

09H35 : L'équipe a rejoint son objectif. Malgré les risques de détection inhérents, le chef envoie un message à la base pour demander la venue d'un hélicoptère pour 22H00 qui viendra récupérer les deux prisonniers blessés. (Ceux-ci, après avoir été durement interrogés par le S.R., seront « rendus » plus tard à la jungle. Les documents et les armes seront remis à l'O.R).

10H00 : Un repas est pris à base de café, biscuits, chocolat, qui est distribué aussi aux prisonniers.

10H30 : Les hommes vont se reposer pendant la journée, cachés dans l'épaisse végétation et sous la protection de deux sentinelles qui surveilleront les prisonniers attachés très solidement à des arbres. Le dispositif de protection sera complété par des grenades piégées. Le groupe va attendre l'arrivée de l'hélicoptère.

14H00 : Repas : café et rations de survie, pour tous, y compris les prisonniers.

22H00 : Arrivée de l'hélicoptère, guidé par l'équipe qui, par ailleurs, assure un périmètre de sécurité autour de la clairière. L'officier de renseignement est présent dans l'appareil. Les prisonniers, les documents et les armes sont embarqués. L'O.R. remet au chef d'équipe son nouvel ordre de mission : » Ne pas bouger du secteur en attendant de nouvelles instructions. Changer de bivouac chaque jour par mesure de sécurité (déplacement toujours de nuit mais jamais plus de trois heures de marche). Chaque matin à 07 H 00, le chef devra donner ses coordonnées exactes à la base. Profitant de sa venue, l'O.R. apporte à l'équipe un complément de cartouches de 9 mm et 36 rations de survie. Pour récompenser l'équipe du bon résultat obtenu, l'O.R., sachant qu'elle va rester dans le secteur les jours qui viennent, remet à chacun deux jours de rations de combat « normales », pour améliorer l'ordinaire plus que spartiate…

22H30 : L'appareil est reparti. L'équipe récupère les grenades piégées. La mission ayant pu attirer l'attention, elle se dirige aussitôt vers sa nouvelle destination : une colline boisée, aux pieds de laquelle coule une rivière et où aucune présence humaine n'a été détectée par les senseurs thermiques de l'aviation et l'observation directe.

Jour J+3

01H15 : Le groupe parvient à destination. Il installe son bivouac, met en place le périmètre de sécurité habituel et s'endort sous la garde des sentinelles.

07H00 : Le chef rend compte à la base, donne ses coordonnées précises. Il devra reprendre le contact radio à 19h00 pour recevoir ses nouvelles instructions. Dans cette attente, la journée permettra de vaquer aux occupations normales : ablutions, pêche dans la rivière qui coule en bas du bivouac, toujours sous la protection vigilante et rapprochée d'autres camarades. Les hommes vont pouvoir « festoyer » avec leurs rations de combat.

Ici s'arrête l'étude du premier cas.

Deuxième hypothèse :

C'est une variante du premier cas. Dans cette configuration, quelques dizaines de rebelles ont survécu au bombardement qui a détruit une grande partie du camp.

Jour J+2

04H30 : Les rescapés s'activent fébrilement et dégagent les morts et les blessés des décombres.

04H40 : Le chef rend compte à la base et demande l'intervention urgente d'hélicoptères MI 24 *Hind*, les survivants devant être traités à la mitrailleuse et aux roquettes.

04H45 : Les hommes continuent leur observation : une grande confusion continue de régner parmi les rebelles, qui essayent de porter secours à leurs nombreux blessés.

06H30 : Les rebelles valides commencent à enterrer leurs nombreux morts. D'autres procèdent au ramassage des armes et des munitions qui se trouvent sous les paillotes écrasées par les bombes.

07H15 : Les guérilleros se forment en colonne, chargés des armes de leurs camarades tués. Les blessés placés dans des hamacs sont portés par deux hommes.

07H20 : Les hélicos fondent du ciel. Une fois encore surpris, les rebelles sont hachés à la mitrailleuse et écrasés par les roquettes.

07H35 : Les appareils s'éloignent.

07H40 : Le chef rend compte du résultat à la base. Les antiguérillas restent cachés dans la végétation, ne bougent pas et continuent d'observer ce qui reste du campement.

08H00 : Prise de nourriture : café, biscuits, chocolat pour toute l'équipe.

08H30 : Rien ne bouge dans les ruines. Comme dans le cas précédent, deux hommes courent bloquer l'unique piste à 300 m devant le camp. Ils posent quatre rangées de grenades piégées (fils tendus au travers de la piste), espacées de 25 m l'une de l'autre en profondeur, pour freiner toute arrivée inopinée d'éléments ennemis. Les deux hommes, formant un bouchon, se mettent en position de part et d'autre de la piste, à 100 m derrière ce dispositif. Cette action a pour but d'éviter que le reste de l'équipe ne soit surpris pendant la fouille du camp.

09H00 : Le responsable du bouchon informe son chef que les recherches peuvent commencer. Trois hommes, sous la protection rapprochée de trois de leurs camarades cherchent partout dans les décombres tout ce qui est susceptible de procurer des informations sur l'ennemi : documents, armes, blessés.

09H50 : Tout est terminé. Des documents, des armes portant leurs numéros de série sont récupérés alors que trois blessés, complètement groggy, se laissent capturer sans réagir. Les hommes du bouchon sont rappelés. Ils récupèrent les grenades et rejoignent leurs camarades.

10H00 : Le chef rend compte à la base, puis entraîne ses hommes et les prisonniers vers son objectif, une clairière repérée par avance, à environ 3 heures de marche.

14H30 : L'équipe parvient à son but avec un peu de retard. Cachés dans la végétation, non loin de la clairière, les hommes, après avoir attaché très solidement chaque prisonnier à un arbre, avalent une ration de survie arrosée de café. Après avoir été pansé, chaque prisonnier se voit offrir un « quart » de café et une barre de chocolat. Ils vont dormir jusqu'au soir, sous la protection de deux sentinelles, relevées toutes les deux heures, chargées également de la surveillance des prisonniers restés solidement attachés. Un périmètre de sécurité constitué de grenades piégées (fils à traction) sera mis en place. Le chef donne ses coordonnées à la base et demande le concours d'un hélicoptère pour 22 heures, afin de récupérer le butin et les prisonniers.

21H30 : Toute l'équipe est debout et prend un repas (café, ration de survie, chocolat) que les prisonniers reçoivent également. Les équipiers se mettent en protection tout autour de la clairière.

22H00 : L'hélico arrive, guidé par le chef. La suite de cette première phase de l'opération se déroule exactement comme pour le cas envisagé précédemment.

Pour la seconde phase, deux hypothèses sont envisageables. Si dans les quinze jours qui suivent, l'officier traitant n'assigne pas une nouvelle mission à l'équipe, celle-ci recevra l'ordre de rejoindre la route à un point précis qui lui sera communiqué et où elle sera récupérée de nuit par deux sections de para-commandos, selon le mode opératoire habituel.

En revanche, si après avoir « grenouillé » quelques jours dans sa zone, changeant de bivouac chaque nuit, un nouveau camp ennemi était repéré par l'aviation (grâce aux détecteurs thermiques ou par photos), le groupe devra immédiatement se diriger vers sa cible, progressant de nuit et dormant le jour, pour remplir la même mission sur ce nouvel objectif.

Lorsqu'une équipe, sa mission terminée et après avoir été récupérée de nuit au bord de la forêt par les para-commandos, parviendra à sa base, son premier soin sera de passer au libre-service pour se restaurer copieusement avant de regagner sa « maison » où elle trouvera un sommeil réparateur. Dès le lendemain après-midi, le « débriefing » (28) aura lieu, en présence de l'officier traitant, de l'O.R. et de tous les chefs d'équipe antiguérilla présents sur la base.

Par la suite, les hommes auront 48 heures pour nettoyer leurs équipements, toucher un complément de munitions et de rations. L'équipe disposera ensuite de cinq jours de repos absolu, pendant lesquels chaque homme subira un examen médical complet. Après cela, elle sera prête à reprendre un service normal et à participer au « tour d'alerte ».

Troisième hypothèse :

Cette fois, l'équipe « action » découvre un camp abritant plusieurs centaines d'hommes bien armés. L'affaire est trop importante pour pouvoir être traitée à son échelon. Son chef prend la décision de demander un bombardement lourd de l'aviation pour 05H50, suivi par l'arrivée d'une compagnie de para-commandos, héliportés dans une clairière (ou le terrain dégagé) le plus proche. En zone boisée, les hommes utiliseront des câbles accrochés à l'hélico pour atteindre le sol.

Le bombardement terminé, en prenant les précautions habituelles (barrages sur la route d'accès au camp), sous la protection du reste de la compagnie, deux sections devront pénétrer dans le camp détruit. Elles feront cesser toute résistance des survivants, procédant à une fouille minutieuse des décombres pour récupérer armes, munitions et surtout documents et prisonniers, si utiles pour obtenir des renseignements. Tout ce qui ne pourra pas être emporté sera détruit.

Dès que l'opération sera achevée et les bouchons en place sur la piste d'accès rappelés, toute la compagnie rejoindra à 12H30 les hélicos de transport revenus sur le lieu dégagé le plus proche, pour être ramenée

---

(28) En français, nous préférerions le « rapport de mission » (note de l'éditeur).

à la base avec son butin. L'équipe « action », quant à elle, va demeurer dans la jungle et se mettre en position d'attente à 3 heures de marche, en prévision de nouvelles instructions.

Rôle des para-commandos :

Si l'objectif premier de ce bataillon consiste à assurer la protection immédiate de l'unité antiguérilla, il aura en outre deux autres tâches à assumer :

1. Embuscades

Monter des embuscades en lisière de jungle, là où le terrain se prête à une infiltration de l'ennemi : lits des cours d'eau, végétation moins dense, relief escarpé, traces de passages, etc. Leur mise en place sera précédée, bien à l'avance, par des mesures de sécurité indispensables, pour le cas où la section à l'affût trouverait en face d'elle une force rebelle très importante qui menacerait de la déborder, puis de l'envelopper afin de l'annihiler.

La première mesure consistera en une reconnaissance discrète des emplacements. Toutes les coordonnées précises concernant ces embuscades auront été transmises à la batterie (105 ou 155 mm) la plus proche. Celle-ci devra préparer des tirs préréglés sur des objectifs codés, désignés à l'avance. Chaque embuscade aura un code, comprenant un prénom pour l'identifier, suivi d'un chiffre (I, II, III, etc.) pour indiquer le tir d'appui demandé. Par exemple, « Jeannine I » signifiera « Tir en faveur de la section 3 (Jeannine), le « I » indiquant un impact à 100 m au nord de la position. Ces tirs permettront d'écraser toute menace proche sous un orage d'acier et d'attendre du renfort.

La seconde mesure consistera à maintenir en alerte « à quinze minutes » une compagnie de para-commandos pendant toute la durée de l'embuscade. Elle devra être prête à s'engouffrer dans les hélicoptères de transport, en attente sur la base même. En cas de « pépin », les paras seraient rapidement héliportés à un kilomètre des lieux afin de manœuvrer et de renforcer la section en difficulté. Aussitôt les hommes à terre, les hélicoptères repartiraient sur la base pour y embarquer une autre compagnie de para-commandos, rameutée dès que l'alerte a eu lieu. Bien évidemment, ces deux actions seraient complétées par l'envoi d'hélicoptères d'attaque MI 24 *Hind*.

La manœuvre générale sera la suivante :

A la tombée de la nuit, cinq camions quittent la base, tous feux éteints. Les véhicules n°1 et 5 transporteront chacun une section de

para-commandos assis dos à dos (portant leurs goggles, pistolets mitrailleurs avec neuf chargeurs et grenades défensives), prêts à sauter,
jusqu'aux lieux des embuscades près de la route bordant la forêt. Arrivé
au premier emplacement, le convoi ralentit, sans s'arrêter. Les hommes
du camion n° 4 sautent à terre et se mettent en place, en silence. Les
camions continuent de rouler à petite vitesse pour permettre aux véhicules n°s 3 et 2 de larguer les autres sections aux endroits choisis, toujours sans stopper. Le convoi poursuit ensuite sa route jusqu'à la base
en faisant un détour, encadré par les hommes des camions n°s 1 et 5.
Les trois embuscades sont maintenant en place. Dans chacune, un
groupe de combat va rester en alerte à tour de rôle pendant deux heures.
Les radios, qui se relaient également toutes les deux heures, restent en
écoute permanente mais vont observer un silence total sauf en cas d'incident grave. Par exemple, si une section se trouvait dans une situation
imprévue et critique, son chef demanderait à la batterie d'artillerie d'effectuer les tirs préréglés nécessaires pour clouer l'ennemi au sol. Un
second message radio serait envoyé aussitôt au commandant de la compagnie de para-commandos d'alerte demandant son intervention immédiate. En revanche, les autres sections en embuscade ont l'ordre de
rester immobiles et de ne pas intervenir. Cependant, si la situation est
normale, toutes les heures chaque radio en informera les autres sections
et sa base en appuyant silencieusement sur le combiné un nombre de
fois correspondant au numéro attribué à sa section pour l'opération :
une fois, deux fois ou trois fois.

Ces hommes vont devoir rester dissimulés, indétectables, cachés par
la végétation, pendant quatre jours. Ils sont dotés d'un sac de couchage
imperméable à ouverture rapide, de rations de combat (avec réchaud à
alcool solidifié), de jerrycans d'eau (29) et de deux unités de feu. Si
l'une des sections accroche, elle sera ramenée à la base, de nuit, par un
chemin détourné, dans un camion encadré de deux véhicules de protection. Les autres sections feront « le mort » et resteront en place.

Au bout de quatre jours, les hommes des embuscades seront récupérés de nuit, par un convoi encadré de deux camions transportant chacun
une section de protection, en utilisant un itinéraire différent. Avant leur
départ, les para-commandos ne laisseront absolument rien derrière eux
pour ne pas alerter l'ennemi s'il venait à passer par ces lieux à l'avenir.

---

(29) Si un ruisseau ne passe pas à proximité.

2. Actions offensives

a/ Si un groupe de guérilleros parvient à sortir de la jungle et attaque un poste ou une petite localité, une contre-attaque immédiate aura lieu. Une compagnie de para-commandos sera héliportée à un kilomètre des lieux et donnera l'assaut, après plusieurs passages d'hélicoptères MI 24 *Hind* intervenant au canon de 30 mm et à la roquette, puis de bombardiers qui « napalmeront » les guérilleros. Dès que les hélicos de transport auront déposé la force d'assaut, ils reviendront à la base pour récupérer une autre compagnie qui sera déposée par sections derrière et sur les flancs des rebelles ayant pu échapper à la destruction, afin de leur interdire toute possibilité de repli vers la jungle.

b/ Lorsqu'un camp de guérilleros très important est découvert dans la jungle par une équipe « action », une compagnie de para-commandos doit intervenir à la demande de celle-ci. Comme il a été vu précédemment, guidée par l'équipe, cette unité effectue alors un raid rapide héliporté sur le camp, aussitôt après son bombardement massif par l'aviation. Elle est exfiltrée quelques heures après.

Note 1 : les morsures de serpents

Il existe environ 2500 espèces de serpents, dont 300 peuvent entraîner la mort. C'est pourquoi la trousse médicale devra contenir :

- Des ampoules d'antivenins spécifiques aux reptiles communs dans la jungle où opère l'équipe et qui seront utilisés lorsque le serpent auteur de la morsure aura été identifié (1).
- Des ampoules d'antivenin polyvalent, au cas où son espèce n'aurait pu être déterminée. Dans la jungle, on identifiera le serpent par examen du corps de l'animal lorsqu'on aura pu le tuer ou le voir très clairement. Le médecin de l'équipe aura été familiarisé à ce travail. Il existe bien des tests ELISA qui permettent l'identification du venin mais ils sont difficilement utilisables dans ces conditions. En forêt ou dans la jungle, on se trouvera le plus souvent en présence de vipéridés. Entre autres, en Asie : « Carpet Vipers » (Echis Carinatus) « Malayan Pit Vipers » (Calloselasma Rhodostoma), « Russell Vipers » (Daboia Russeii) ; en Afrique « Puff Adders » (Bitis Arietans).

Curieusement, les Elapidae : King Cobras (Ophiophagus Hannah), Kraits (Bungarus Caeruleus), en Asie et Black Mambas (Dendroaspis Polylepis), en Afrique, sont surtout attirés par les lieux habités, où ils chassent les rats dont ils sont friands. De ce fait, il est peu probable de les rencontrer en forêt ou dans la jungle.

Traitement des morsures :

- Nettoyer la plaie
- Appliquer sur le membre mordu un bandage bien serré, situé au dessus de la plaie pour ne pas l'aggraver.
- Immobiliser le membre.

Si des signes cliniques inquiétants apparaissent : état de choc, lésions locales importantes, gonflement excessif, nécrose des tissus, saignement des gencives, toux sanglante, saignements systématiques, sang ne coagulant pas dans les vingt minutes (1 ml de sang est placé dans un tube ou dans un verre), il sera nécessaire d'administrer un antivenin à la victime, par perfusion lente qui durera de 30 à 60 minutes dilué dans 2 à 3 fois son volume d'une solution saline.

_____

(1) Après avoir mordu, le serpent demeure en général dans un rayon de 10 mètres. Ce qui permet de déterminer son espèce.

En cas de réaction allergique, injecter 0,5 ml d'adrénaline (1 :1000) en sous-cutanée. Puis, chaque fois que cela est possible, évacuer la victime par hélicoptère léger, malgré les risques de détection que cela comporte.

Si, par une malchance extraordinaire, un membre de l'équipe était mordu par un cobra (ou un serpent de la même espèce), on se trouverait en face d'une urgence très grave. Il faudrait alors demander immédiatement l'évacuation par hélicoptère léger, puis donner les premiers soins comme pour une morsure de vipéridé. Le venin du cobra produit une forte sensation de brûlure, puis un effet semblable à celui du curare (empoisonnement neurotoxique), c'est-à-dire une paralysie progressive avec risque d'arrêt respiratoire, une confusion mentale, double vision, difficulté pour avaler et hyper salivation, suivie d'une envie de dormir incontrôlable.

Le traitement là aussi consiste en une lente perfusion (30 à 60 minutes d'antivenin spécifique dilué dans 2 à 3 fois son volume d'une solution saline). En absence d'antivenin, on donnera à la victime une perfusion d'acétylcholinestérase. Les symptômes neurotoxiques graves pourront être traités provisoirement par une intraveineuse d'atropine, suivie d'une injection d'édrophonium. Si ce dernier produit n'était pas disponible, il faudrait pratiquer la respiration artificielle sur le malade en attendant l'arrivée de l'hélicoptère. Il faut noter que certains cobras attaquent en se dressant et crachent un jet de venin jusqu'à trois mètres. Si l'œil d'un homme est atteint par ce venin, il faudrait immédiatement l'irriguer avec une solution saline ou même de l'eau. Faute de quoi, la victime souffrirait de douleurs violentes, de troubles dans la vision et parfois d'œdème.

NOTE 2 : Le manioc

En fait, il existe deux variétés de cette euphorbiacée dont les racines, riches en amidon, constituent un apport alimentaire précieux dans les pays tropicaux où l'on consomme parfois aussi ses feuilles.

1/ Le manioc amer :

Très dangereux sans traitement préalable. Cette plante, pour se défendre des insectes, contient une quantité importante de cyanure. Il est donc de la plus grande importance de bien préparer ses racines avant son utilisation.

Un premier procédé consiste à les faire bouillir longuement, puis à les nettoyer à l'eau avec soin afin d'enlever toute trace de cyanure qui pourrait subsister ; enfin à les faire sécher plusieurs heures au soleil.

Un second procédé, plus simple, consiste à ajouter de l'eau à la farine de manioc, puis à étendre le mélange sur une natte propre (ou un grand panier) pendant plusieurs heures, permettant au gaz cyanhydrique de s'échapper, réduisant le cyanure contenu dans le mélange à un niveau tolérable pour l'homme.

2/ Le manioc doux :

Ses racines sont consommables, bien qu'il soit prudent de les traiter comme celles du manioc amer puisque cette plante contient également du cyanure, en quantité beaucoup plus faible il est vrai.

Il faut souligner que, malgré leur valeur alimentaire indéniable, les racines de manioc doivent être toujours traitées pour éliminer le poison qu'elles contiennent. Faute de quoi, elles peuvent entraîner, soit la mort, soit une paralysie appelée konzo en Afrique subtropicale. Il en est de même pour les feuilles qui, mal cuites et mal lavées, peuvent avoir les mêmes effets sur leurs consommateurs.

23.3 CONTRE-GUÉRILLA EN AFRIQUE SUBSAHARIENNE

Il existe deux autres aspects moins spectaculaires, mais ô combien plus pittoresques, de cette lutte que l'auteur souhaite évoquer brièvement.

Dans cette partie du monde, la motivation des guérilleros résulte le plus souvent de haines ethniques ancestrales (par exemple le conflit *Wahutu/Watutsi* au Rwanda) (1) ou découle tout simplement d'une vocation à l'anarchie et au pillage : diamants de Sierra Leone, or de l'Ituri en République Démocratique du Congo, bois du Libéria…

Ces rebelles atteignent un niveau de sauvagerie jamais égalé (Sierra Leone, Rwanda, Libéria, Ouganda, RDC), où le tragique le dispute à la bouffonnerie (2). Puisant leur courage dans la drogue et l'alcool, ils ont cependant un point faible : indisciplinés, insouciants, ils ne peuvent s'empêcher, entre deux massacres, de venir la nuit dans les villages pour s'y adonner à leurs « plaisirs » favoris : chanvre indien, très jeunes filles (ou vieilles femmes) consentantes ou non (mêmes les jeunes garçons ne sont pas à l'abri), bière, vin de palme, cigarettes de la « Tabacongo ». Tout y passe !

Une contre-guérilla intelligente utilisera leur point faible. Des barrages indétectables seront mis discrètement en position la nuit, un peu avant l'entrée des villages (ou des petites villes). Les hommes, munis de goggles et armés de P.M. silencieux, laisseront s'approcher les rebelles sans se dévoiler et les abattrons à bout portant dans la nuit, sans sommations. Cette action pourra, si le groupe est important, être précédée de jets de grenades avec retard de trois secondes.

---

(1) Pour les *Wahutu* de la milice interahamwe, les *Watutsi* n'étaient que des « Inyenzi », c'est-à-dire des cancrelats, insectes nuisibles à écraser.
(2) Comme l'auteur a pu le vivre en novembre 1964, à Stanleyville, quand les « Simba » furent chassés de la ville.

Il existe une deuxième possibilité de piéger les rebelles lorsque, dans les zones infestées, ils rançonnent les passagers des « bus de brousse ». La force antiguérilla devra modifier des véhicules pour que leur apparence extérieure soit en tout point semblable à celle de ceux qui parcourent les pistes chaque jour : même modèle, même couleur et jusqu'au nom de la compagnie de transport connue devra y figurer. Ces autobus spéciaux seront blindés de l'intérieur, dotés de pneus increvables et munis de panneaux latéraux qui, en s'abaissant rapidement permettront à ses occupants de « gicler » sur la route au contact des rebelles. Les passagers, tous des paramilitaires antiguérilla africains, prendront place dans le bus, grenades, P.M. à crosse pliante et pistolet sous le « boubou ». Equipés d'une radio, ils demanderont l'intervention d'un hélicoptère d'attaque en alerte, dès qu'ils apercevront un barrage sur la route. Continuant leur trajet en roulant à petite vitesse, quand ils arriveront non loin de l'obstacle, le conducteur freinera doucement et s'arrêtera. Les rebelles, sans méfiance, viendront comme à l'habitude, percevoir leur « droit de passage », quand ce n'est que cela…Les panneaux tomberont, les « antiguérilla » sauteront à terre tout en ouvrant le feu. Les rebelles, totalement pris par surprise, seront abattus sans réagir. Si quelques-uns arrivent à s'échapper l'hélicoptère *Gunship*, arrivé rapidement les poursuivra en les mitraillant et en les bombardant à la roquette.

Enfin, lorsqu'un camp important de rebelles est repéré, il faut s'arranger pour qu'au cours d'un après-midi, un camion chargé de caisses de bière (« Simba » (3) au Katanga, « Tembo » (4) dans l'est de la R.D.C, « Primus » dans le reste du Congo) et transportant quelques « filles » tombe entre les mains de ces « saigneurs de la guerre ». Le résultat est garánti ! Le soir, ivresse générale, ébats de groupe avec ces demoiselles, nuage de chanvre indien. Même les supposées sentinelles sont de la fête…Une attaque de nuit (goggles/P.M. silencieux, grenades) pourra avec peu de casse transformer la « place forte » de ces gentilshommes en un abattoir de qualité.

Il existe d'autres types de guérilleros africains qui nécessitent un traitement spécifique, adapté aux circonstances.

En Ouganda

Le premier exemple nous est fourni par l'Ouganda où sévissait l'Armée de Résistance du Seigneur (*Lord's Resistance Army*). L'action de

---

(3) Simba : Lion en Kiswahili.
(4) Tembo : Eléphant en Kiswahili.

ce mouvement, basée sur une idéologie loufoque et macabre, a compté dans ses rangs plus de 3000 combattants de l'ethnie *Acholi*. Créée en 1989, elle succéda au mouvement du *Saint Esprit* dirigé par Alice Auma. L'A.R.S. a pour chef le sinistre Joseph Kony qui fit ses débuts comme médium et se croit investi d'une mission divine, s'inspirant de l'Ancien Testament.

Conseillé par Odong Latek, ancien commandant de l'Armée Populaire Démocratique de l'Ouganda (*Uganda People's Democratric Army*), J. Kony adopta pour sa lutte antigouvernementale des tactiques de guérilla. Il se livra alors à des attaques surprise d'envergure contre les villages, afin de démontrer aux populations l'impuissance du gouvernement à assurer leur protection. Cette armée sévissait dans le nord de l'Ouganda où elle violait, torturait et mutilait les paysans. Lors de ses début de chef de guerre, le très mal inspiré J. Kony, plus féru en science divinatoire qu'en art militaire, faisait adopter à ses troupes une formation d'attaque en forme de crucifix. Celles-ci donnaient l'assaut de nuit, l'arme d'une main et de l'autre brandissant une torche allumée. Ses hommes subirent de telles pertes qu'il fut contraint d'enlever systématiquement des milliers de civils, en majorité des enfants, forçant les garçons à devenir des combattants, les fillettes étant utilisées comme esclaves sexuelles par les soldats du « Saigneur ».

L'A.R.S., très active dans le nord de l'Ouganda, disposait de bases clandestines au Sud-Soudan. Cette protection lui était accordée par le gouvernement de Khartoum qui se vengeait ainsi de l'Ouganda pour son soutien à l'Armée de Libération du Peuple Soudanais (*Sudan Liberation Army*) dirigée par John Garang, en lutte contre le gouvernement de Khartoum. L'Armée de Résistance du Seigneur visait le renversement du gouvernement de Kampala afin d'imposer au pays un régime fondé sur sa vision hallucinée d'un christianisme comportant l'obéissance aux Dix Commandements et la prière cinq fois par jour en direction de La Mecque…

Pour combattre l'A.R.S., le gouvernement tenta de lui opposer les groupes « *Flèches* », des villageois armés d'arcs et de flèches. Ces armes s'avérèrent, bien sûr, impuissantes, face à des bandits armés d'AK 47. Il s'ensuivit plusieurs années de combats, entrecoupés de négociations infructueuses entre l'A.R.S. et le gouvernement en place.

Face à une telle crise humanitaire, la Cour pénale internationale délivra des mandats d'arrêt pour crimes contre l'humanité et crimes de guerre visant ses dirigeants :

- Joseph Kony, chef de « l'Armée »,
- Vincent Otti, commandant-adjoint, ainsi que les commandants Dominic Ongwen, Okot Odiambo et Raska Lukiya, ce dernier tué au combat le 12 août 2006.

Après des années de négociations, entrecoupées de reprises des hostilités, en août 2006 ; à Juba (capitale de la zone autonome du Sud-Soudan), le gouvernement ougandais du président Yoweri Museveni (soutenu par les Américains) et l'A.R.S. parvinrent à un accord de paix sur les bases suivantes :

- A.R.S. devait évacuer le Nord-Ouganda et se rassembler dans deux régions situées au Sud-Soudan.
- Le gouvernement de l'Ouganda s'abstiendrait de toute attaque de ses zones.
- En outre, le gouvernement s'engageait à demander à la Cour pénale internationale de suspendre les mandats d'arrêt délivrés contre les chefs de l'A.R.S.
- Le gouvernement (autonome) du Sud-Soudan, quant à lui, garantissait la sécurité de l'A.R.S. dans les secteurs qui lui étaient attribués.

Il est vraisemblable que, si les mandats d'arrêt ne sont pas suspendus par la C.P.I., ce qui très probable, la paix sera de courte durée, les chefs de l'A.R.S. n'ayant pas grand-chose à perdre en continuant la lutte. L'A.R.S., faut-il le rappeler, sévit depuis 2005 en République Démocratique du Congo (Haut et Bas Uélé) et dans toute la partie orientale de la République Centrafricaine jouxtant le Soudan.

L'auteur pense que les opérations classiques de contre-guérilla, menées par le président Museveni, n'ont pas été efficaces. Qu'il s'agisse d'actions militaires ou du regroupement des populations dans des villages stratégiques, le résultat n'a pas été probant. Une vigoureuse action de contre-guérilla aurait dû comporter plusieurs dimensions simultanées, où l'audace, l'imagination et la technologie modernes avaient leur rôle à jouer. Il aurait fallu :

1 - Repérer les zones de passages des terroristes qui, venant du Sud-Soudan, se dirigent vers le Nord-Ouganda. Cela peut être réalisé, soit par des agents locaux, soit par détection thermique embarquée (avions).

2 - Décréter « zones interdites » les régions par lesquelles s'infiltrent les rebelles et les surveiller par drones. Tout passage important sera traité par un bombardement utilisant les bombes à dispersion contenant des centaines de bombinettes qui éclatent à leur arrivée au sol (5).

3 - Lâcher des senseurs électroniques acoustiques sur les zones suspectes. Ces appareils reliés à un ordinateur entraînent une action quasi immédiate de l'aviation ou de l'artillerie lorsqu'un fort mouvement de rebelles est repéré.

4 - Implanter des « agents » dans les villages « visités » régulièrement par l'A.R.S. Recrutés idéalement parmi des prisonniers de l'A.R.S., « retournés » grâce à une forte somme d'argent ou un grade dans l'armée et une protection assurée pour leur famille. Ces hommes, de l'ethnie *Acholi,* devront avoir une bonne couverture : infirmiers, instituteurs ou prêtres, pour ne pas éveiller les soupçons des villageois. Ils s'arrangeront pour habiter dans une case située en bordure du village, afin de s'échapper facilement en cas de raid nocturne de l'A.R.S. Disposant d'un pistolet, de grenades, de jumelles de vision nocturne et d'une radio, enterrés dans un sac étanche à proximité immédiate, leur rôle consistera à déclencher le plus vite possible l'intervention d'un commando héliporté, en alerte permanente sur une base proche.

Sous la responsabilité du chef de village, qui, bien sûr, ignorera le rôle de « l'agent », un stock de quelques dizaines de caisses de bière sera mis en place par l'armée (6). Il est en fait destiné aux combattants de l'A.R.S. s'ils venaient à envahir le village. L'amour immodéré de la bière caractérisant les guérilleros (et les militaires) africains, leur vigilance en sera diminuée d'autant, donnant un maximum de chances au commando héliporté qui arrivera rapidement sur les lieux.

5 - Parachuter de nuit, assez loin en arrière des régions où se situent les bases clandestines de l'A.R.S., de petits groupes de trois ou

---

(5) On estime que 30 % de ces engins n'explosent pas à ce moment et restent dormant tant qu'on ne les touche pas. Cela aura pour avantage d'interdire tout passage ultérieur aux rebelles.
(6) Officiellement pour être utilisé à l'occasion d'une future visite du gouverneur militaire de la province.

quatre hommes parlant la langue locale, d'aspect assez misérable pour se fondre dans le milieu ambiant, disposant d'assez d'argent pour acheter les complicités nécessaires en cas de problème imprévisible. Ils seront dotés d'une musette très solide mais en mauvais état apparent contenant :

- P.M. Skorpion VZ61 (ou H & K PM5K) (7), avec 9 chargeurs.
- Six grenades défensives (retard 4 secondes).
- G.P.S. de poignet, jumelles de vision nocturne.
- Poste de radio de petite taille.
- Portant un pistolet Beretta 92 avec 3 chargeurs à la ceinture (cartouche engagée dans la chambre), dissimulé par l'ample vêtement africain.

Ces hommes devront se muer en chevriers ou en bergers, pour recueillir des informations et découvrir l'emplacement des bases des guérilleros. Pour remplir ce rôle, soit ils achèteront localement des chèvres ou des moutons si cela est possible sans attirer la curiosité ou la suspicion, soit ils devront se faire parachuter ces animaux la nuit suivante. Le choix se portera sur la variété animale la plus commune dans la région, pour ne pas attirer l'attention.

Lorsque l'un de ces groupes aura réussi à localiser une base ennemie, il communiquera à son officier traitant les coordonnées de l'objectif afin que l'aviation puisse le détruire au napalm, peu avant la nuit. Le bombardement terminé, l'équipe s'approchera à bonne distance, sans prendre de risque, pour observer puis rendre compte des résultats. Si des rebelles parvenaient à s'échapper, ce qui est improbable, elle les suivrait et rameuterait l'aviation dès qu'ils installeraient un nouveau campement, caché par les arbres de la forêt.

Le groupe continuera sa mission de recueil d'informations sur l'ennemi. Dès qu'un nouveau rassemblement de rebelles aura été repéré, il le désignera soit à l'aviation soit à un commando héliporté.

Maintenant, l'A.R.S. opère au nord-est de la République Démocratique du Congo, dans la zone frontalière du Sud-Soudan et en République Centrafricaine où elle sévit plus que jamais et participe à l'anarchie générale. Cela ne change rien aux moyens déjà évoqués pour éradiquer ce fléau, véritable calamité pour les populations.

---

(7) Facile à dissimuler : Longueur 32,5 cm

Au Kenya

Il nous faut évoquer un type très curieux de « guérilla » africaine, peu connue. Au Kenya, le groupe *Mungiki* (8) se proclame une milice alors qu'il n'est en fait qu'une organisation maffieuse à grande échelle. A ses débuts dans les années 80, il s'agissait d'un mouvement rural de renouveau africain, inspiré par la rébellion anticoloniale *Mau Mau* qui s'opposait à l'influence occidentale. Il avait pour vocation de promouvoir les valeurs et les croyances traditionnelles de l'ethnie *Kikuyu,* qui occupe les hauteurs centrales du pays et constitue le groupe humain le plus nombreux. Durant les premières années de son existence, ses activités, pacifiques, se limitaient à la création de fermes collectives. Devant prêter serment à leur groupe, ils adoraient un Dieu du Mont Kenya.

L'avènement de la politique du multipartisme en 1990 radicalisa le groupe *Mungiki* qui fut alors constitué de faux miliciens et de vrais bandits, louant leurs gros-bras aux politiciens les plus offrants. Bien que mis hors la loi en 1992, ce groupe n'a cessé de semer la terreur dans la partie centrale du Kenya et les bidonvilles de Nairobi. Protégé de façon occulte par des politiciens puissants, la police ignora ses activités, à l'exception d'un raid qu'elle monta contre lui en juin 2007 à la suite du meurtre de deux policiers (9).

Le groupe *Mungiki*, fort de plusieurs milliers d'hommes, dont certains armés d'AK 47, tire ses revenus :

- Des « taxes » extorquées aux malheureux opérateurs des nombreux « matatus » (minibus) qui doivent chaque jour leur verser une contribution de 200 shillings kényans (3 dollars américains), sous peine de décapitation.
- De la « protection » offerte aux misérables habitants du bidonville de Matharé (Nairobi) qui doivent eux aussi s'acquitter d'une « taxe », sous peine de mort.

---

(8) Composé de *Kikuyu*, l'ethnie la plus importante du Kenya (21 %), opposée aux *Kalenjins* et aux *Luos*.

(9) Pendant l'année 2007, le *Mungiki* a franchi la ligne rouge en exécutant un total de 15 policiers, dont certains décapités. Ces crimes violents ont quand même fini par déclencher une réaction brutale des agents de la Sécurité d'Etat (State Security Agents). Durant le second semestre de la même année, 454 membres de ce groupe terroriste, tués pour la plupart d'une balle dans la nuque, se sont retrouvés à la morgue.

Ce type de guérilla, mi-rurale, mi-urbaine, pourrait être éradiqué rapidement si le pouvoir politique le voulait vraiment (10). Pour cela, une action sérieuse de contre-guérilla devrait être menée sur deux fronts bien distincts :

La protection des minibus :

Très tôt chaque matin, dès l'ouverture de la gare routière, un « agent » antiguérilla prendra place comme simple passager dans chaque véhicule en partance vers l'intérieur du pays. Sans arme, humble, d'aspect misérable, cet homme devra se fondre parmi les passagers, pour ne pas attirer l'attention sur lui. Lorsque les « bandits » se présenteront pour percevoir leur dû avant le départ, il se montrera soumis, respectueux voire servile... Ces agents devront changer de véhicule chaque jour pour ne pas se faire repérer. Ils apprendront à reconnaître les « percepteurs » et à découvrir leur mode d'opération. Au bout d'une quinzaine de jours, la période d'observation sera terminée. Ils auront alors une parfaite connaissance de la situation.

Le chef de l'opération antiguérilla réunira ses hommes, qui lui rendront compte de ce qu'ils auront vu et appris, chacun complétant les connaissances de l'autre. Un plan d'action sera établi.

Jour J : Au petit matin, dès que les minibus se mettent en place, trois agents, habillés comme de pauvres paysans, prennent place séparément à l'avant de chaque véhicule, mélangés aux autres voyageurs. Mais cette fois, chacun des trois hommes porte, glissé dans la ceinture, un pistolet Beretta 92 (cartouche dans la chambre), dissimulé sous un ample boubou. Un peu avant le départ, dès que les miliciens apparaissent pour prendre l'argent du chauffeur, les trois hommes qui « somnolaient » se dressent, sortent leurs armes et ouvrent le feu presqu'à bout portant. Ils sautent à terre, ramassent les armes des bandits, puis avec leur radio individuelle appellent l'une des ambulances en état d'alerte, mises à leur disposition. Ce véhicule arrive rapidement sur les lieux. Les cadavres sont immédiatement chargés et dirigés sur le camp de la force antiguérilla où ils disparaissent sans laisser aucune trace.

En revanche, si l'on sait que les « miliciens » arrêtent les minibus sur les routes de brousse pour les rançonner, il faudra, là encore, opérer

---

(10) Ce qui n'est pas le cas car l'actuel président, Mwai Kibaki est un *Kikuyu* et le *Mungiki*, tout comme les paramilitaires du « Service Unit » (*Kikuyu*) est bien utile pour s'opposer aux tribus ennemies soutenant l'opposition : les *Kalenjins* et les *Luos* !

avec de faux minibus, blindés de l'intérieur et transportant une vingtaine d'hommes antiguérilla, habillés comme des paysans mais armés de P.M. AKSU-74 et de grenades, comme nous l'avons vu précédemment dans la lutte contre l'Armée de Résistance du Seigneur, en Ouganda.

Lorsque le minibus rencontrera un barrage tenu par les miliciens, ces paramilitaires feront tomber les panneaux latéraux spéciaux. Ils bondiront du véhicule l'arme à la main, se rueront en tirant sur les bandits et en leur jetant des grenades. Si le groupe ennemi était trop important, les hommes fixeront les miliciens par un feu nourri et demanderont par radio l'intervention urgente du commando héliporté d'alerte, appuyé par deux hélicoptères MI 24 *Hind*.

Il est probable qu'à la suite de ces actions, ces guérilleros s'enfoncent en forêt, pour n'en sortir que de temps à autre et « couper » les routes. Dans ce cas, pour les repérer, des petits groupes de la force antiguérilla seront lancés à leur poursuite, comme des « têtes chercheuses », ainsi que cela a été évoqué au sujet de l'Armée de Résistance du Seigneur d'Ouganda. Là encore, dès qu'un groupe sera parvenu à localiser un camp ennemi, ses coordonnées exactes seront transmises au Commandement qui ordonnera de « napalmer » les rebelles par l'aviation, de nuit.

Second objectif : Le bidonville :

Examinons maintenant un type d'objectif très particulier : la neutralisation d'un bidonville contrôlé par ces gangsters. Deux membres d'un groupe antiguérilla, d'aspect sale et misérable, semblables aux malheureux habitants de cette zone déshéritée, s'installeront, chacun dans l'un de ces quartiers. Ils ne porteront sur eux aucune arme, à l'exception peut-être d'un solide couteau. Ils vont devenir des « taupes » dont la couverture, banale, sera le sort commun de tous ceux qui les entourent : venus de leur village pour échapper à la famine, ils sont à la recherche de « petits boulots » pour survivre (porteur, aide-maçon, aide-cuisinier dans une immonde gargote, etc.). Ils devront se comporter humblement et se faire accepter par leurs voisins, avec qui ils essayeront de se lier d'amitié en étant particulièrement serviables. Ils paieront, bien sûr, l'impôt dérisoire exigé par les *Mungiki*, en se montrant respectueux et soumis, en gardant la tête basse, selon l'usage en Afrique. En cas de rencontre fortuite avec ces « messieurs », leur attitude sera empressée et obéissante comme il se doit en face de gens très importants.

Après une période d'observation d'un mois, les deux agents devront être très familiers avec « leur » quartier, bien connaître où se situent les habitations des miliciens et de leurs chefs. Il leur faudra aussi savoir si les bandits postent des guetteurs la nuit, devenir « amis » avec les chiens du quartier pour ne plus provoquer leurs aboiements sur leur passage.

Un matin, très tôt, à la date fixée à l'avance par leur chef, toutes les « taupes » quitteront leur quartier pour aller à leur « travail » en ville : lavage de voitures, nettoyage de vitres, balayage. Dans la matinée, leur chef les réunira devant une carte très détaillée du bidonville. Un plan d'action sera dressé. Les agents indiqueront quels sont les bâtiments abritant les bandits, leur nombre, leur armement.

Il sera convenu d'opérer de la façon suivante : l'action dans chaque quartier aura lieu la nuit même, choisie sans lune, par les groupes anti-guérilla de 12 hommes, guidés par les « taupes » connaissant parfaitement les lieux. Si les miliciens qui se trouvent dans le bidonville n'ont jamais été inquiétés, ils n'auront pas placé de guetteurs. En revanche, si les agents ont révélé que des sentinelles sont en faction la nuit, il conviendra d'agir avec précaution. L'une des « taupes », titubant et simulant un état d'ébriété avancé s'approchera d'eux en chantant pour détourner leur attention. Cela permettra aux deux camarades qui le suivent en retrait dans l'obscurité d'abattre les guetteurs avec leur P.M. silencieux. Pour les chiens, l'un des agents, bien connu de ces animaux, précédera le groupe et les neutralisera en leur distribuant des morceaux de viande empoisonnée, à effet immédiat. Ces instructions bien comprises, la réunion terminée, chacun partira se restaurer et prendre un peu de repos.

Le soir, rassemblement des « taupes » et des groupes qui vont participer à l'opération, s'arment et s'équipent. L'armement comprend :

- P.M. silencieux H & K MP5 SD6 (avec neuf chargeurs) pour les deux « taupes » en pointe de chaque groupe.
- P.M. AKSU-74 (avec neuf chargeurs) pour les autres.
- Pistolets Beretta 92 (avec trois chargeurs) pour tout le monde, y compris pour les « taupes ».
- Grenades défensives (retard trois secondes) ; six par homme, portées bien espacées l'une de l'autre afin d'éviter qu'elles ne fassent du bruit en s'entrechoquant.
- Pour chaque groupe : une charge explosive toute prête, retard dix secondes, pour chaque bâtiment dont il faudra « ouvrir » la porte.

Les équipements prévus sont les suivants :

● Goggles pour tous.
● Radios individuelles permettant aux paramilitaires antiguérilla de communiquer entre eux et avec le chef de l'opération.
● Demi-bottes à semelles de crêpe très silencieuses.
● Uniformes en tissu léger, terne, de couleur noire.
● Pour chaque groupe, un G.P.S. de poignet destiné à indiquer sa position s'il était en difficulté et appeler un hélicoptère d'attaque à l'aide.

Lorsque la force d'attaque est prête. Une inspection détaillée des armes et équipements aura lieu ; l'ensemble ne devant faire aucun bruit lors de la marche (11). Ne pas hésiter à coller un ruban adhésif sur toute partie métallique susceptible d'émettre un bruit en cas de choc. Les P.M. seront armés et le sélecteur de tir des AKSU-74 et des MP5-SD6 sera sur la position « automatique » (12) avant de pénétrer dans le bidonville.

Il ne faut jamais oublier qu'armer un P.M. ou changer la position du sélecteur de tir dans le silence absolu de la nuit fait un bruit très fort, caractéristique et révélateur (13). Attention au reflet possible d'une

---

(11) Pour s'en assurer, chaque chef de groupe fera sautiller ses hommes sur place avant le départ.

(12) Les sélecteurs de tir des pistolets-mitrailleurs AKSU-74 et MP5-SD6 sont différents l'un de l'autre. L'AKSU-74 possède un sélecteur situé sur le côté droit de l'arme, un peu au-dessus du chargeur. Il comporte trois positions :

Haute : *sûreté*. **Intermédiaire** : *automatique*. **Basse** : *Coup par coup*.

Le MP5-SD6, quant à lui, est doté d'un sélecteur à quatre positions placé sur le côté gauche de l'arme, un peu au-dessus de la poignée pistolet. En partant du haut :

Première position (haute) : *sûreté* (marquée « S »).

Deuxième position, en poussant vers le bas : *coup par coup* (indiquée « E » ou « une cartouche »).

Troisième position en poussant un peu plus vers le bas : *Rafale* de trois coups (indiquée par trois cartouches).

Quatrième position (la plus basse) : *Tir automatique* (marquée « F » ou « plusieurs cartouches »).

(13) C'est exactement ce qui arriva de nuit à l'auteur, après plusieurs assauts violents et exténuants de jour, à quelques kilomètres de la route Hà Nội-Hải Phòng. Les Việt Minh, supputant notre itinéraire de repli, s'étaient mis en embuscade derrière la haie de bambous d'un village, que longeait à une trentaine de mètres la diguette sur laquelle nous effectuions notre retraite, dans le plus grand silence. Nos partisans viêtnamiens marchaient pieds-nus dans la rizière ou sur les diguettes. C'était au moment où la rizière était inondée. (Lorsque la rizière était sèche, nous utilisions des « chaussures de brousse » en toile verdâtre avec des semelles

source de lumière (lampe à pétrole ou autre) sur les armes ou les équipements. Ces derniers doivent être noircis avant le départ en opération. Deux heures avant la fin de la nuit, la force d'attaque s'entasse dans des minibus roulant tous feux éteints et dont les conducteurs militaires sont équipés de goggles. Pour des raisons de discrétion, la route principale sera déserte ayant été barrée par la police quelques kilomètres avant et après le bidonville. Selon les ordres reçus, cette mesure doit officiellement permettre la remise en état de la route, suite à un affaissement de terrain. Arrivés à un kilomètre du bidonville par un chemin détourné évitant les barrages de police, les hommes descendent de leurs véhicules. Guidés par les « taupes », ils marchent d'un pas silencieux et rapide dans la nuit, sur la route où il n'y a aucune circulation. Chaque groupe se dirige vers son objectif. Quand tous sont en place, les repaires des miliciens vont être attaqués simultanément, une heure avant la fin de la nuit, moment où les bandits relâchent leur vigilance instinctive.

L'action devra être brutale et rapide :

- La porte de chaque bâtiment est « ouverte » par une charge explosive.
- Jets de grenades défensives à l'intérieur de la maison (retard trois secondes).
- Les paramilitaires entrent dans la maison en tirant sur tout ce qui bouge, pendant que d'autres camarades restent en protection.
- Tous les miliciens qui tentent de fuir sont abattus sur le champ.
- Les armes et les munitions des bandits sont récupérées.
- Leurs cadavres sont laissés sur place pour décourager les « candidats ».

A l'heure prévue, un peu avant la fin de la nuit, l'ordre de repli est donné par le chef de l'opération. Les groupes se retirent en tiroir, l'un

---

en caoutchouc souple). Le tireur « Viêt », qui ne nous avait ni vu ni entendu approcher, commit une erreur impardonnable. Il arma son fusil-mitrailleur au moment même où nous étions déjà en face de lui. Ce bruit caractéristique qui retentit si près de nous dans le silence total de la nuit nous fit plonger dans la rizière à l'abri de la diguette comme un seul homme. Il résonne encore dans les oreilles de l'auteur. Les Viêt Minh furent alors copieusement arrosés de grenades, de rafales de P.M. MAT.49 et de fusil-mitrailleur 24-29, pendant que notre décrochage s'effectuait dans l'ordre et en tiroir, sans un mort ni un seul blessé. Il était temps. Arrivé à sa base, l'auteur constata que sur les 575 cartouches « 30 » de sa carabine U.S. M.1 emportées le matin, il ne lui restait plus qu'un seul chargeur à demi plein (7 cartouches) et plus une seule grenade…

se repliant sous la protection de l'autre, afin d'éviter toute surprise de la part de miliciens ayant pu échapper à l'opération. Les hommes regagnent leurs véhicules. Alors seulement, la police, ignorant l'opération en cours (14), reçoit l'ordre de lever les barrages. Rentrés à leur base, les hommes sont réunis par le responsable. Il expose les résultats obtenus et reçoit les critiques constructives de ses chefs de groupe.

Le soir même, les « taupes » rentrant de leur travail (15), « apprendront » de leurs voisins les terribles événements de la nuit. Avec courage, ils vont continuer leur mission et mener leur vie normale dans le bidonville. Ils tenteront de connaître quelle est la situation des miliciens après l'attaque de la nuit précédente et leurs projets de reprise en mains de la population.

Il existe beaucoup d'autres possibilités d'action mais celles qui viennent d'être décrites figurent parmi les plus réalistes. En zone urbaine, l'action ressemblera plus à un travail de policier que de militaire, même si les acteurs sont des spécialistes de l'action antiguérilla. Cette lutte devra avoir deux axes principaux :

- Surveiller de très près les mouvements d'argent, de manière à découvrir et à démanteler les réseaux financiers. Une guérilla urbaine consomme beaucoup d'argent. Arrêter ce flux lui porte un coup mortel.
- Retourner des terroristes capturés. Tous les moyens, quels qu'ils soient, seront bons pour parvenir à ce but. Beaucoup de terroristes sont plus préoccupés du sort réservé à leur famille proche qu'au leur. Il s'agira d'en profiter.

La pénétration et la désinformation des réseaux terroristes, en utilisant ces « retournés » sera alors possible. La manipulation de ces réseaux, correctement menée grâce aux « nouveaux amis », sèmera la méfiance puis attisera les animosités personnelles ou politiques, faisant éclater la guérilla urbaine en groupes hostiles qui se suspecteront mutuellement de trahison et s'autodétruiront. Un bon exemple d'une telle action nous est donné par les résultats obtenus au détriment des maquis de la rébellion algérienne par le capitaine Paul Alain Léger, créateur de la « bleuîte ».

---

(14) Pour éviter toute fuite, la police en Afrique étant notoirement corrompue, la cause principale là encore étant leurs salaires dérisoires.

(15) Expliquant leur absence par les barrages de police qui empêchaient les bus de circuler et leur ont interdit de rentrer chez eux, la veille au soir.

Au Libéria

Bien qu'il ne s'agisse pas d'action antiguérilla spécifique, nous ne pouvons clore ce chapitre sur l'Afrique subsaharienne sans faire état des longs conflits qui déchirèrent le Libéria. Ils ne prirent fin qu'avec l'envoi d'une force de paix interafricaine, l'ECOMOG (16) qui obligea finalement le président Charles Taylor à s'exiler au Nigéria.

Il a déjà été évoqué, dans le chapitre « Ressources et Financements », comment Charles Taylor finançait sa guerre par l'exportation de bois tropicaux et la commercialisation des diamants de son protégé, Foday Sankoh, le chef du R.U.F. de Sierra Leone. Cette longue guerre commença de façon tout à fait banale pourrait-on dire, si l'on considère les us et coutumes du continent africain :

1979 : Le président William Tolbert est renversé par un sergent-major analphabète, Samuel Doe, qui deviendra président après avoir mis au poteau et fusillé W. Tolbert et les membres de son gouvernement. Au début de son règne, S. Doe écrase l'opposition interne. Les choses se gâtent lorsque son ethnie, les *Khrans*, commencent à attaquer les autres tribus et en particulier les *Gios* et les *Manos* du Comté de Nimba.

1985 : Tentative de coup d'état contre S. Doe (17). Celui-ci ordonne une répression militaire féroce qui s'abat sur les *Gios* et les *Manos* du comté de Nimba : civils massacrés, femmes violées, hommes et enfants torturés, villages brûlés, la routine ordinaire….

Décembre 1989 : Début de la première guerre civile. Charles Taylor, ex-ministre (18) du gouvernement Doe, en fuite pour cause de détournements de fonds (19), assemble en Côte d'Ivoire un groupe de 100 rebelles formés en Lybie (20) et qui prend le nom de N.P.F.L. (Front Na-

---

(16) ECOMOG (Economic Community Cease-Fire Monitoring Group) : Force interafricaine de maintien de la paix au Libéria. Elle était initialement composée de 4000 hommes, fournis par le Nigéria, le Ghana, la Sierra Leone, la Gambie et la Guinée ; auquel se joindra plus tard l'excellent contingent sénégalais. Cette force, par mesure de facilité, finira par prendre parti contre Charles Taylor.

(17) Monté par Thomas Quiwonkpa (un *Gio*), ex-commandant en chef de l'armée, exilé depuis 1983. Infiltré depuis la Sierra Leone, après l'échec de son coup, il sera capturé, torturé puis exécuté.

(18) Dirigeait, avec rang de ministre, la *General Services Agency of Liberia*, chargée des achats du gouvernement libérien.

(19 Environ 900 000 dollars américains.

(20) Renforcés par des « volontaires » burkinabè envoyés par son ami Blaise Compraoré, président du Burkina-Faso.

tional Patriotique du Libéria). Il envahit le comté de Nimba où il est chaleureusement accueilli en libérateur par les ethnies *Gio* et *Mano*, qui
haïssant S. Doe, se joignent à lui. Un chef de guerre, Prince Yormie
Johnson (21) lui accorde d'abord son appui puis crée sa propre armée
composée de *Gios*.

1990 : Les Forces Armées du Libéria (A.F.L.) contre-attaquent, ai-
dées par l'ethnie *Khran* du président Doe. Des milliers de civils sont
massacrés par les deux camps. En juin de la même année, Charles Taylor
assiège la capitale, Monrovia, pendant que Prince Yormie Johnson, devenu son rival, crée l'I.N.P.F.L. (Front National Patriotique Indépendant
du Libéria). Les Forces Armées du Libéria (A.F.L.), demeurées fidèles
au président Samuel Doe, continuent de défendre la capitale.

Septembre 1990 : Prince Yormie Johnson, dont les forces contrôlent
une grande partie de Monrovia, réussit à capturer S. Doe. L'infortuné
président est battu, torturé puis a les oreilles coupées, avant d'être exécuté, pendant que la scène est filmée ! Les combats reprennent entre les
forces de Taylor et celles de Prince Yormie Johnson. Ils ne cesseront
qu'en 1995.

1991 : Un nouveau mouvement est créé : l'ULIMO (Mouvement
Unifié pour la Libération du Libéria), résultant de la fusion des partisans
de l'ex-président assassiné, J. Doe, avec les ex-soldats de l'A.F.L.

1992 : ECOMOG se déploie sur le territoire contrôlé par Charles
Taylor, dans le but de neutraliser les différents groupes de combattants.
Les hommes de C. Taylor désarment 580 soldats d'ECOMOG et les ren-
voient à Monrovia, après les avoir battus et humiliés. ECOMOG devient
alors franchement hostile envers C. Taylor et commence à aider les
groupes qui lui sont opposés, l'A.F.L. et l'UNIMO ; tout en les maintenant par prudence hors de la capitale, vu leur indiscipline notoire.

1993 : Le contingent sénégalais de 1800 hommes, le plus correct
envers les populations, est ramené à Dakar. ECOMOG procède à des
frappes aériennes, sur des objectifs situés dans la zone contrôlée par C.
Taylor : Port de Buchanan, Régions de Gbarnga, Kakata, Harbel, Green-
ville et aussi …des hôpitaux. ECOMOG utilise pour ces missions des
Alphajets nigérians.

---

(21) Ancien-aide-camp de Thomas Quiwonkpa. D'abord allié puis rival de Charles Taylor,
il forme le Front National Patriotique Indépendant du Libéria.

Septembre 1993 : Le Conseil de Sécurité décide l'envoi d'une mission au Libéria, l'UNOMIL, composée de 368 observateurs militaires.

Juillet et août 1994 : Les hostilités reprennent avec violence.

Septembre 1994 : Un accord de paix est signé à Akosombo, au Ghana.

Août 1995 : Le cessez-le-feu est proclamé. La guerre civile prend fin. En septembre, les trois principaux « saigneurs » de la guerre, C. Taylor, Georges Boley et Alhadji Kroman, font leur entrée triomphale à Monrovia. Un conseil de six membres prend le pouvoir pour préparer les élections prévues pour 1996, mais reportées une année plus tard.

1997 : Les élections ont lieu. Charles Taylor, qui a formé le N.P.P. (Parti National Patriotique) est élu président avec 75 % des voix, dans l'espoir qu'il ramènera une paix durable.

1999 : Début de la seconde guerre civile. Les rebelles du L.U.R.D. (Libériens Unis pour la Réconciliation et la Démocratie), appuyés par la Guinée, contrôlent rapidement le nord du Pays.

Début 2003 : Les forces d'un nouveau groupe, le M.O.D.E.L. (Mouvement pour la Démocratie au Libéria), soutenues par la Côte d'Ivoire, progressent dans le sud.

Juillet 2003 : Les combattants du L.U.R.D. assiègent le président Taylor dans Monrovia.

11 août 2003 : Le président Taylor démissionne sous l'amicale pression des Américains qui ont mis en place trois navires de guerre et 2300 *marines* près de la côte…

Quelques années plus tard, il sera exilé au Nigéria, puis déféré devant le Tribunal Spécial pour la Sierra Leone (TSSL) délocalisé à La Haye, devant lequel il devra répondre de complicité de crimes de guerre commis en Sierra Leone.

Son rival, Prince Yormie Johnson, quant à lui, s'en est sorti plutôt bien, grâce à sa relative et ancienne collaboration avec ECOMOG. Respecté et respectable sénateur du comté de Nimba, il coule des jours heureux à Monrovia.

Pendant ces guerres interminables, où abondaient les « saigneurs » de la guerre extraordinaires, l'un d'eux constitua une figure emblématique. Il s'agit de Joshua Milton Blahi, alias « Fesses-nues » (Butt Naked) qui dépassa en folies sanguinaires et en bouffonnerie macabre tous ses confrères ès meurtres collectifs. Ce personnage, haut en couleur, devait son surnom au fait qu'il attaquait parfois vêtu seulement de demi-bottes de combat, de manière à terroriser ses ennemis, pourtant peu influençables. Mieux encore, « Fesses-nues » menait souvent ses hommes (beaucoup étaient des enfants) au combat, drogués jusqu'au bout des ongles, affublés de perruques et de robes de femmes, le sac à main élégant (volé) d'une main, la kalachnikov de l'autre. Ceci pour la plus grande joie des photographes de presse qui eurent la chance d'assister à ces spectacles débridés.

Hélas, ces broutilles ne suffisaient pas au généralissime « Fesses-nues ». Il faut savoir que le personnage, qui avait débuté comme « prêtre » de l'ethnie *Khran*, avait conclu un pacte avec le groupe « politique » qui le finançait : soit, il combattrait mais exigeait, avant tout départ en opération, de renforcer son pouvoir magique en procédant à un sacrifice humain. La victime était généralement un enfant auquel on arrachait le cœur, qui était ensuite découpé en morceaux puis mangé par les participants. Cela dans le but d'en retirer une puissance surnaturelle.

« Fesses-nues » aimait aussi le sport. Son favori ? Un jeu de football où le ballon était remplacé par un crâne humain. Une autre de ses distractions consistait à parier sur le sexe du fœtus porté par une femme enceinte. Les paris faits, la malheureuse était éventrée vivante pour connaître le(s) gagnant(s). Ce grand guerrier, réfugié au Ghana à la fin de la guerre, se vanta d'avoir massacré 20 000 personnes sur un total de 250 000 morts causés par les guerres du Libéria. Mieux encore, il publia un livre : « *From priestwood to royal priestwood* » (22). Aux dernières nouvelles, revenu au pays, frais et dispos, blâmant le Diable pour ses exploits, il est devenu un prêcheur évangélique de l'Eglise Chrétienne de la Victoire (Victory Christian Church), à Monrovia. Il vit même plutôt bien, de la vente de ses sermons enregistrés sur cassettes.

Ce personnage n'est malheureusement pas un cas isolé. La République Démocratique du Congo (R.D.C), la Somalie, le Rwanda, le Burundi, l'Ouganda et bien d'autres pays africains ont connu, connaissent et connaîtront d'autres généraux « Fesses-nues ». Depuis 50 ans, l'Afrique Noire a connu 81 coups d'Etat et 125 tentatives qui ont échoué ! Un très estimable général français, ayant servi avec bravoure en Afrique et

_____

(22) *De la prêtrise à la prêtrise royale.*

autres lieux, a eu le rare courage d'écrire, dans un livre passionnant, que « le futur de l'Afrique ressemblait au présent d'Haïti, cela bien avant le terrible tremblement de terre qui vient de se produire ».

L'auteur, qui a vécu des périodes « haletantes » en R.D.C (Province Orientale et Nord-Katanga), au Rwanda et autre Burundi, estime que cet excellent général, d'une franchise et d'une lucidité extraordinaires, a dit tout haut ce que les gens avertis pensent tout bas. Il a même fait preuve de beaucoup de charité chrétienne car Haïti était un paradis (relatif) par comparaison à l'Afrique si l'on considère ces régions délétères du « cœur des Ténèbres », où pullulaient les milices de toutes sortes plus féroces les unes que les autres : *Mâyi-Mâyi* (I), *Simbas* (II), *Mulelistes* (III), *Gizengistes* (IV), *Soumialistes* (V), groupes armés *Wahutu*, *Watutsi* (23) et autres partisans de la Balubakat (VI), sans oublier les guerriers *Baluba* de l'éphémère roi du Sud-Kasaï, le *Mulupwé* Albert Kalonji (VII). Ces derniers, pour leur malheur, étaient principalement armés de fusils « *Pou-Pou* » (VIII) et non point de la traditionnelle kalachnikov ou du fusil automatique F.A.L. ou bien encore du pistolet-mitrailleur Vigneron.

---

(23) Le préfixe Wa, comme le préfixe Ba, indique le pluriel, le nom ne prenant pas de (s).

Notes sur les conflits africains

(I) ***Mâyi-Mâyi*** (Eau-eau en Kiswahili) : Groupes hétérogènes d'autodéfense, apparus en 1960 en République du Congo (ou Congo-Kinshasa), favorisés par Pierre Mulélé, un « maoïste » formé à la guérilla en Chine, ministre éphémère de l'Education nationale du gouvernement de Patrice Lumumba et avec l'appui des chefs traditionnels. Ces milices doivent leur appellation au fait que leurs sorciers les enduisaient d'eau (ou d'huile) avant de les envoyer au combat en leur affirmant que les projectiles ennemis seraient transformés en « gouttes d'eau » inoffensives. Comprenant beaucoup d'enfants et de villageois, croyant aux « forces surnaturelles », ils partaient au combat armés d'arcs et de flèches en hurlant « Mulé Mâyi !». Fauchés à l'arme automatique par l'armée congolaise, les sorciers expliquaient aux survivants que le pouvoir magique n'avait pas opéré parce que les morts n'avaient pas suivi correctement le rituel. Les *Mâyi-Mâyi* ont abandonné arcs et flèches, pour faire comme « tout le monde » et utiliser la kalachnikov, omniprésente dans ces guerres africaines. Réputés pour leur cruauté extraordinaire, pratiquant le cannibalisme (pour des raisons rituelles) ainsi que les mutilations, ils ont continué de sévir en R.D.C. jusqu'à aujourd'hui. Ainsi en 2003, ils furent accusés d'avoir commis des atrocités sur les pygmées de l'actuelle province de l'Ituri, avec la complicité du M.L.C. (Mouvement de Libération du Congo) de Jean-Pierre Bemba et du R.D.C./N (Rallye pour la Démocratie Congolaise) de Roger Lumbala, alors que, dans le même temps, ils perpétraient d'autres massacres jusque dans la province du Katanga.

(II) ***Simbas*** (Lions en Kiswahili) : Ces milices apparurent au Kivu, au Kwilu (1) et dans la Province Orientale de la République du Congo., au début des années 60. Elles étaient composées de villageois primitifs, croyant aux « forces magiques ». Ceux-ci furent facilement convaincus par leurs féticheurs qu'ils seraient transformés en lions, donc invincibles, pendant les combats sauf, curieusement, pendant la nuit ou les pluies orageuses. A l'origine, le Mouvement fut organisé par Gaston Soumialot, envoyé en janvier 1964 au Burundi pour organiser une rébellion au Kivu tout proche, contre le gouvernement central et au profit du C.N.L. (Conseil National de Libération). Le C.N.L. était constitué des lumumbistes en exil à Brazzaville (Christophe Gbenye, Bochely Davidson et autres). De son côté, Pierre Mulélé soulevait les *Simbas* du Kwilu. Gaston Soumialot reçut l'appui du gouvernement de Bujumbura (Burundi), dominé par l'ethnie *Tutsi*. Il recruta des milliers de partisans parmi les *Watutsi* réfugiés du Rwanda où les *Wahutu* sont au pouvoir. Il s'empara d'Uvira, ville congolaise non loin du Burundi. Ses hommes prennent le nom de *Simbas*. Ils étendirent leur action à la province du Maniema et à sa capitale, Kindu, puis au Nord-Katanga et à la ville de Baudouinville (aujourd'hui Moba). Ils terrorisèrent les soldats congolais de l'armée nationale pourtant bien armés mais aussi superstitieux qu'eux-mêmes. Ils finirent par investir Stanleyville (aujourd'hui Kisangani) en 1964, mettant en fuite une garnison de l'Armée Nationale Congolaise de 1500 hommes qui se sauvèrent en abandonnant leurs armes, sans tirer un seul coup de feu alors que les sorciers « *simbas* » agitaient frénétiquement des palmes « magiques » tressées, preuve de leur pouvoir surnaturel. Pendant l'occupation de Stanleyville par les

---

(1) District du Kwilu, situé à l'est de Kinshasa. Doit son nom à la Rivière Kwilu, affluent du fleuve Kasaï. Devenu le nom d'une province, dans le nouveau découpage territorial de la R.D.C.

Simbas, des centaines d'européens et 10 000 africains furent massacrés. Le Premier ministre de la République du Congo, Moïse Tshombe, demanda l'envoi d'une force de parachutistes belges (opération Dragon Rouge). Celle-ci, sous les ordres du colonel Charles Laurent, après avoir sauté le 24 novembre 1964 sur l'aérodrome de Stanleyville, faucha au F.A.L. (fusil d'assaut belge) les invincibles *Simbas*. Les paras et les volontaires de la colonne Vandewalle sauvèrent d'une mort certaine 1800 européens et 400 africains, otages des *Simbas*. La ville dégagée, rapidement attaqués par des bombardiers B-26 et des avions T-28 de la C.I.A. (2), pilotés par des Cubains anticastristes, les *Simbas*, leurs sorciers et leur magie furent définitivement écrasés. Pendant ce temps, les chefs de la « République Populaire du Congo », Christophe Gbenye (président), Gaston Soumialot (Défense), Laurent-Désiré Kabila (Adjoint), Nicolas Olenga (chef de l'armée), Thomas Kanza et Antoine Bula Nyati se sauvaient au Soudan en emmenant avec eux les 40 tonnes d'or de la « République Populaire du Congo ».

(III) ***Mulélistes*** : Partisans armés de Pierre Mulélé (1929-1968). Révolutionnaire congolais, communiste de tendance maoïste, formé dans les Pays de l'Est, puis entraîné à la guérilla en Chine. Il fut un ministre éphémère de l'Education nationale du gouvernement de Patrice Lumumba. En 1960, il favorisa la création des groupes d'autodéfense *Mâyi-Mâyi*. Puis en janvier 1964, il déclencha une rébellion *Simba* dans l'actuelle province du Kwilu, mobilisant sa propre ethnie, les *Mbunda* et aussi les *Pendé*, une tribu à laquelle appartenait Antoine Gizenga, membre comme lui du MNC-L (Mouvement National Congolais-Faction Lumumba). La défaite de ce soulèvement en décembre 1965 entraîna son exil au Congo-Brazzaville voisin. En 1968, le président de la R.D.C., Joseph-Désiré Mobutu, lui accorda une amnistie et l'invita à revenir au pays…Hélas, hélas ! Dès son retour, il fut torturé publiquement, puis, alors qu'il était toujours vivant, on lui arracha les yeux et les organes génitaux. Pour terminer, on lui coupa les membres un par un. Ce qui restait du corps fut jeté à la rivière.

(IV) ***Gizengistes*** : Partisans d'Antoine Gizenga. Politicien congolais né en 1925, de l'ethnie *Pendé*. Membre du M.N.C.-L (Mouvement National Congolais-Faction Lumumba), comme son ami Pierre Mulelé. Marxiste, il fut d'abord vice-Premier ministre dans le gouvernement de son ami et leader Patrice Lumumba, chef du M.N.C.-L, puis Premier ministre après la destitution de Patrice Lumumba par le président Joseph Kasa-Vubu, de l'ethnie *Bakongo*. Il s'autoproclama alors chef d'Etat d'un gouvernement rebelle ayant son siège à Stanleyville (maintenant Kisangani) où les lumumbistes sont nombreux. En février 1961, son gouvernement fut reconnu par 21 pays africains, est-européens et asiatiques. A la chute de son régime, il fut emprisonné de 1962 à 1965, puis exilé de 1965 à 1992. En 2006, Gizenga, vieux cheval politique sur le retour, à 81 ans, fut nommé Premier ministre de la R.D.C. par le président Joseph Kabila Karange.

(V) ***Soumialistes*** : Partisans armés de Gaston Soumialot (1922-2007). Ce politicien congolais marxiste est né dans le village de Ngom, territoire de Kasongo, dans l'ancienne province de Maniéma, de ce qui était alors le Congo belge. En 1960, au moment de l'indépendance, il fut membre du M.N.C. (Mouvement National Congolais), du révolutionnaire marxiste Patrice Lumumba, Premier ministre de la République du Congo. Il fut nommé directeur de la propagande du M.N.C. En 1963, après la « disparition » de Patrice Lumumba, il s'exila au Congo-Brazzaville avec d'autres dirigeants lumumbistes :

---

(2) Dont l'un d'eux, immatriculé FA-477, intervint juste au moment critique.

Christophe Gbenye, Thomas Mukwidi, A. Lubaya, etc. Ils créèrent le C.N.L. (Comité National de Libération). Assisté de Laurent-Désiré Kabila, G. Soumialot fut envoyé au Burundi par le C.N.L., afin d'y recruter des partisans pour soulever contre le gouvernement central le Kivu et la Province Orientale. Ses hommes, prenant le nom de « Simbas » (lions) terrorisèrent l'A.L.N. (Armée Nationale Congolaise) par les rituels magiques de leurs sorciers censés les rendre invincibles. G. Soumialot parvint à contrôler les provinces du Kivu, du Maniéma ainsi que le Nord-Katanga. Par la suite, ses forces devenues l'A.P.L. (Armée Populaire de Libération), s'emparèrent de Stanleyville où la « République Populaire du Congo » fut proclamée en 1964. Christophe Gbenye devient président, G. Soumialot toujours assisté par L.-D. Kabila, prend le ministère de la Défense alors que le général Nicolas Olenga assure le commandement de l'A.L.P. L'intervention des para-commandos belges le 24 novembre 1964, épaulés par l'arrivée de la colonne du colonel Vandewalle (5e Brigade mécanisée, dite *Ommegang*, composée des colonnes Lima 1 du lieutenant-colonel Lièggois et Lima 2 du lieutenant-colonel Lamouline), fit cesser les massacres d'otages européens et congolais qui furent libérés. Les régions de Paulis et de Bunia (près du Lac Albert) furent rapidement nettoyées par le 5e commando (colonel Mike Hoare, capitaine John Peters), avec « l'aide » de l'Armée nationale congolaise appuyée par les avions T-28 de la C.I.A. Cette action entraîna l'effondrement de la « République Populaire du Congo ». G. Soumialot et les autres dirigeants s'enfuirent au Soudan, avec le trésor de la « R.P.C. ». Il se rendit ensuite à Cuba pour obtenir une aide et l'intervention d'Ernesto Che Guevara au Congo. En 1965, ce dernier essaya en vain d'organiser les rebelles-contrebandiers de L.-D. Kabila qui tenaient Fizi, sur les bords du Lac Tanganyika. Il repartit ayant perdu toutes ses illusions sur les capacités révolutionnaires des Congolais. Laurent-Désiré Kabila se maintiendra plus de trente ans sur son petit territoire, toléré par Joseph-Désiré Mobutu, jusqu'à l'exil de ce dernier ; alors L.-D. Kabila deviendra président. G. Soumialot, installé dans une petite zone prés d'Uvira (Kivu), parviendra à s'échapper et à rejoindre la Tanzanie.

(VI) **Balukabat** (Association générale des *Baluba* du Katanga) : Ce parti politique avait pour dirigeant Jason Sendwé, supporter du M.N.C. de Patrice Lumumba dès 1960. C'était l'ennemi juré de Moïse Tshombe (un *Mulunda)*, président de l'Etat sécessionniste du Katanga et chef de la Conakat (Confédération des Associations du Katanga). Celui-ci représentait principalement les ethnies *Lunda* et *Yeke*. Les *Baluba* du Kasaï, en revanche, dirigés par Albert Kalonji (M.N.C.-K) étaient hostiles à Lumumba et ne partageaient pas la haine des *Baluba* du Nord-Katanga envers Moïse Tchombé qu'ils considéraient comme un allié. Il en était de même des *Baluba shakandi,* du grand chef Kasongo Nyembo, formant le bataillon supplétif autonome 32 *Kasengo Nyembo* constitué de six compagnies et basé à Kinkuki, qui combattaient pour le Katanga dès septembre 1960, sous les ordres du major Robert Lamouline. Jason Sendwé s'appuyait sur les « Jeunesses du parti Balubakat » (Jeubakat), en réalité une milice dont il avait offert le commandement à Laurent-Désiré Kabila, assisté du « colonel » Kabemba, du « commandant » Ilunga et du « major » Marcel Ngoy. Ces guerriers réputés pour leur extrême cruauté, se battront férocement dans le Nord-Katanga à partir de juin 1960 contre la gendarmerie katangaise encadrée d'Européens et leur créeront de graves difficultés. C'est pourquoi, en septembre 1960, l'arrivée de volontaires étrangers permit la création de quatre groupes mobiles mixtes (Européens et Katangais) d'une trentaine d'hommes chacun. Entraînés au camp Massart à E'Ville, sous les ordres d'officiers belges. Chaque groupe étant armé de fusils automatiques Fal (7,62 mm) et de P.M. Vigneron (9 mm), disposait de huit jeeps-mitrailleuses, d'une jeep-radio et d'un camion transportant le mortier (60 ou 81), ainsi que les munitions, l'essence et les vivres. Ces groupes, chacun supporté par un peloton d'intervention katangais d'une trentaine d'hommes, furent dirigés sur le Nord-Katanga pour combattre les milices de la *Balubakat*. En novembre 1961, le groupe « C », commandé par le capitaine Baltus, s'illustra dans la région de Kongolo. Malheureusement, en janvier 1962, l'intervention de l'O.N.U. devait rendre la position de la gendarmerie katangaise plus difficile encore.

Dès sa création, l'Etat du Katanga sera fortement soutenu par l'Union Minière du Haut-Katanga et en sous-main par la France, la Belgique et l'Afrique du Sud. Les forces armées du Katanga passeront de quelques centaines d'hommes en juillet 1960 à 18 000 à la fin de l'année 1962. Créée sous l'impulsion du président Moïse Tshombe, la Gendarmerie katangaise fut mise en place en juillet 1960 par une mission militaire technique belge, comprenant les majors Guy Weber et Frédéric Vandewalle. De nombreux officiers belges participèrent à sa création dont le major Crèvecœur qui fut son premier commandant. Encadrée par des volontaires européens (dont des Français), elle compta à ses débuts des chefs comme le colonel Roger Trinquier et le commandant Roger Faulques. Elle comprenait plusieurs unités de choc dont :

- Le commando de Mike Hoare (5 cdo).
- Le commando de Bob Denard (6 cdo).
- Le commando de Jean Schramme, créé début 1962 au Nord-Katanga. Ce commando « Kansimba », deviendra plus tard le 10ᵉ commando (Bataillon *Léopards*).
- Le bataillon *Marsupilami* (capitaine Christian Tavernier).

La gendarmerie katangaise, sous pression de l'O.N.U., avait à sa tête le « général » Norbert Muke Masaku, un ex-sergent de l'ancienne Force Publique, totalement incapable. Heureusement, elle se trouvait sous le contrôle de Joseph Yav, ministre de la Défense et sous l'influence de Godefroy Munongo, ministre de l'Intérieur, second du président Tshombe. Homme fort du régime et très capable, il était le petit-fils du roi Msiri, de l'ethnie *Bayeke*. Le ravitaillement de cette force était assuré via l'Angola portugais alors allié, grâce à la ligne de chemin de fer de Lobito.

Après de vaillants combats contre les forces de l'ONU qui lanceront trois offensives contre le Katanga entre le 13 septembre 1961 et le 21 janvier 1963 (3), la gendarmerie katangaise, finalement vaincue, dut s'exiler en Angola portugais. Le président américain J.F. Kennedy ayant imposé son homme (J.-D. Mobutu) à Kinshasa, la sécession katangaise ne lui était plus d'aucune utilité pour contrer la pénétration soviétique au Congo.

En 1964, les *Jeubakat* se rallieront au soulèvement des *Simbas*. Le maquis de L.-D. Kabila survivra pendant trente ans, jusqu'à ce que J.-D. Mobutu parti en exil, L.-D. Kabila devienne à son tour enfin président de la R.D.C.

(VII) ***Albert Kalonji*** : En 1960, au moment où le Congo belge accède à l'indépendance, ce politicien *Muluba* du Kasaï crée le MNC-K (Mouvement National Congolais-Faction Kalonji). Il se rend à Elisabethville, dite E'ville (maintenant Lubumbashi), capitale de l'ancienne province du Katanga. Il proclame Bakwanga (maintenant Mbuji-Mâyi) capitale de l'Etat autonome du Sud-Kasaï et reçoit le soutien (financier, logistique sous la

---

(3) Le 21 janvier 1963, après un dernier combat, Kolwezi, défendue par Bob Denard, tomba sous le contrôle de l'O.N.U.

forme de transports aériens) de la Compagnie minière *Forminière*, hostile au gouvernement central marxiste de Léopoldville (aujourd'hui Kinshasa). Les notables *Baluba* du
Kasaï accordent à son père le titre royal de « Mulupwé » (le 12 avril 1961). Ce dernier
abdique aussitôt en faveur de son fils Albert. Le Mulupwé Albert Kalonji dispose alors
d'un privilège d'importance. D'après la tradition Luba, un « Mulupwé » ne peut en
aucun cas être mis à mort.

   Léopoldville, siège du pouvoir central, donne l'ordre à l'Armée nationale congolaise (A.N.C.) de reprendre le contrôle du Sud-Kasaï. Après une campagne militaire sanglante qui va durer quatre mois, les guerriers *Baluba* d'Albert Kalonji, « conseillés »
par le colonel Jean Gillet, ne peuvent avec leurs fusils « *Pou-Pou* », arrêter l'armée
congolaise, mal commandée mais bien armée (de fusils automatiques belges F.A.L.,
entre autres). L'A.N.C. occupe le Sud-Kasaï et arrête le Mulupwé le 30 décembre 1961.
Celui-ci réussit à s'évader peu après, le 7 septembre 1962 et constitue un nouveau gouvernement sécessionniste. Léopoldville réplique en désignant Kanko Longo comme
commissaire extraordinaire pour le Sud-Kasaï. Le nouveau venu s'empare de tous les
pouvoirs, civils et militaires et réussit un coup d'Etat contre Albert Kalonji dans la nuit
du 29 au 30 septembre 1962.

   Malgré la perte de tout pouvoir, Albert Kalonji conservera le titre honorifique de
« *Souverain possesseur des terres occupées par les Baluba* ».

(VIII) ***Les fusils « Pou-Pou »*** **:** Il s'agit d'armes rustiques, fabriquées par les artisans des
villages congolais, ressemblant aux fusils à piston de nos grands pères. Utilisés pour la
chasse en temps normal, les « *Pou-Pou* » possèdent un chien extérieur et se chargent
par la bouche de façon traditionnelle : poudre noire, bourre, débris de ferraille, clous,
etc. Les « *Pou-Pou* » constituaient, pour le malheur des guerriers *Baluba* d'Albert Kalonji, l'essentiel de l'armement, bien que le Katanga lui ait livré 200 fusils d'assaut
belges Fal, arme en dotation dans la gendarmerie katangaise, 500 fusils Mauser, 6 fusils-mitrailleurs, 3 mitrailleuses et 2 mortiers de 60 mm.

23.4. L'ACTION CIVIQUE RURALE

Nous venons d'évoquer différentes actions militaires susceptibles d'éradiquer la guérilla d'une région.

Cependant, dans de nombreux cas, ces mouvements subversifs s'attaquent non pas à un occupant étranger mais bien à l'Etat lui-même. Dans cette situation, il ne servirait à rien de « balayer » les partisans d'une zone, puis d'abandonner le terrain à la suite du retrait de l'armée. La guérilla y réimplanterait rapidement son administration parallèle... et tout serait à recommencer.

C'est pourquoi, les opérations militaires devront être impérativement suivies d'une action civique complémentaire. Son but sera de rétablir promptement la présence de l'administration gouvernementale jusqu'à l'échelon village, dès qu'un secteur sera libéré.

Il est évident que des fonctionnaires « ordinaires », citadins pour la plupart n'accepteraient jamais d'être mutés dans un village reculé où les conditions de vie sont particulièrement inconfortables et la sécurité mal assurée. D'où la nécessité de créer une organisation spéciale, capable d'imposer la présence de l'Etat dans les territoires récemment pacifiés. Nous l'appellerons l'*Action Civique Rurale (ACR)*.

Il sera créé un *Corps d'Administrateurs Ruraux*. Considérant les difficultés et les dangers auxquels ils sont exposés, ces administrateurs débutants seront assimilés au grade de lieutenant (indice de traitement, primes de risque, déroulement de carrière et autres avantages spécifiques liés à la fonction militaire).

Ces *Administrateurs* seront épaulés sur le terrain par deux *Administrateurs-adjoints* ; ces derniers étant, quant à eux, assimilés au grade de sous-lieutenant (indice de traitement, primes, déroulement de carrière, identiques à ceux des militaires d'un grade équivalent).

Au niveau national, l'*ACR* dépendra du commandement militaire. Dans tous les territoires où opère la guérilla seront implantées des *Di-*

rections régionales dotées de moyens propres constitués d'un bataillon de gardes civiques (paramilitaires régionaux). La souplesse d'emploi de ces moyens devra être telle qu'ils seront susceptibles d'intervenir en dehors de leur région afin d'assurer un contrôle sans faille du Territoire. Ces *Directions régionales,* agissant en rapport étroit avec l'armée, nommeront dans chaque village d'où la guérilla aura été chassée :

- Un *Administrateur rural* représentant l'autorité gouvernementale
- Un *Administrateur-adjoint* « sécurité », chargé de la supervision de la force d'auto-défense et du renseignement.
- Un *Administrateur-adjoint* « **action psychologique** », chargé de la mise en condition de la population.

Cette troïka, assumant un double rôle, civil et militaire, assurera la liaison avec l'administration civile dont elle répercutera les directives jusqu'au village.

La création de cette organisation comprendra plusieurs phases :

- Recrutement
- Formation
- Installation
- Fonctionnement opérationnel

Recrutement

Les volontaires devront être célibataires, âgés de 20 à 30 ans, ayant un niveau pré-universitaire. La sélection tiendra compte des origines des candidats afin de réaliser une bonne mixité sociale et régionale. Il est indispensable que ces jeunes reflètent le visage réel du pays et non celui d'une classe particulière, afin d'être vraiment efficaces.

Ils subiront de nombreux tests afin d'évaluer leur motivation et leur aptitude. Ces épreuves porteront sur les points suivants :

- Intelligence
- Patriotisme
- Goût de servir (le pays et le peuple)
- Enthousiasme
- Sang-froid
- Facilité d'adaptation
- Détermination
- Esprit d'initiative

- Discipline
- Honnêteté
- Frugalité/sobriété
- Courage physique
- Esprit d'équipe
- Aptitude aux sports

Les postulants, instituteurs ou infirmiers qualifiés, bénéficieront d'une sélection avantageuse. Leurs connaissances seront utiles pour leur future tâche. La procédure se terminera par un entretien approfondi qui permettra aux recruteurs de cerner avec précision la personnalité des candidats, afin de s'assurer qu'ils possèdent bien le profil requis.

Formation

Les candidats sélectionnés devront alors effectuer un stage de douze mois, reparti en quatre modules d'une durée de trois mois chacun :

a/ *Module 1 (mois 1 à 3) : Accoutumance et immersion en milieu rural :*

Vêtus simplement, mais d'aspect propre et net, les volontaires vont vivre parmi les familles paysannes d'un village éloigné, mais pacifié. Mangeant et dormant comme eux, ils vont s'accoutumer au dur travail manuel, au mode de vie spartiate et à la simple existence des « gens de la terre ». Le but sera de développer chez ces jeunes gens une forte empathie envers leurs hôtes, qui leur permettra d'établir des rapports humains faciles et confiants. Néanmoins, ils devront absolument éviter tout rapport amoureux avec les jeunes villageoises, ce qui entraînerait leur éviction immédiate. Les trois mois écoulés, les paysans « voteront » pour donner leur avis sur le stagiaire. Tout commentaire négatif entraînerait l'expulsion immédiate de l'intéressé comme étant inapte à fonctionner en milieu rural.

b/ *Module 2 (mois 4 à 6) : Administration et droit (rural et coutumier)*

Cette partie du stage aura lieu dans un « camp de jeunesse » aux installations sommaires (ablutions à la rivière), implanté près d'un village isolé, dans une région pacifiée depuis peu. La sécurité y est assurée par une section de gardes civiques, détachée du centre régional. Le programme comprendra l'étude des points suivants :

- Codes (rural, du travail, de la famille)
- Droit administratif (région, canton, village)

- Administration traditionnelle locale
- Causes et moyens de s'opposer à la propagande de la guérilla
- Action psychologique intelligente pour gagner le cœur et l'esprit des paysans.
- Chaque matin à 7h00, lever des couleurs, suivi par une heure de sport.
- Chaque soir à 18h00, l'amener des couleurs.

Les participants seront notés à la fin des cours.

c/ *Module 3 (mois 7 à 9) : Formation pédagogique/ infirmière*

Les volontaires partageront leurs activités alternativement entre, une école de village éloignée et une infirmerie rurale, pour une durée identique. Dans le premier cas ils assisteront le maître ; dans le second ils aideront l'infirmier responsable. Lors de leur affectation, ils se verront remis, au début de la formation un *Manuel du Maître d'Ecole* et un *Livret de l'infirmier*, où ils pourront trouver des conseils pertinents. Au terme de leur formation, les stagiaires seront notés par leurs « tuteurs », le directeur de l'école et le chef de l'infirmerie.

d/ *Module 4 (mois 10 à 12) : Auto-défense*

Ce cours accéléré se déroulera dans le camp d'une unité antiguérilla, non loin d'une zone tenue par les partisans. Pendant cette période, les stagiaires porteront l'uniforme militaire et participeront au lever et à l'amener des couleurs. Ils absorberont pendant le premier mois les connaissances militaires de base, s'exerceront au tir d'armes individuelles et collectives, à l'utilisation des explosifs et se familiariseront à l'usage d'un poste radio émetteur-récepteur. Pendant les deux mois suivants, ils apprendront à créer et à entraîner une force villageoise d'auto-défense, puis à manœuvrer dans un combat simulé mais réaliste ; la finalité de ce module étant la capacité à commander une section dans un exercice à tirs réels. Parallèlement, chaque semaine, deux demi-journées seront consacrées à l'étude de deux aspects essentiels de la lutte antiguérilla : l'*action psychologique* et la recherche du renseignement. Ces cours seront dispensés par des spécialistes, détachés à cette occasion.

A l'issue de leur formation, ces volontaires devront subir un concours portant sur le programme de leur instruction. Les notes obtenues à cette épreuve compteront pour 50 % de la note finale. Celles obtenues à l'issue de chaque module compteront pour les autres 50 % de la note de fin de stage.

Parmi les candidats ayant obtenu une note satisfaisante, ceux classés dans le premier tiers, seront promus *Administrateurs ruraux*. Les deux tiers restants seront nommés *Administrateurs-adjoints*. Cette promotion aura lieu au cours d'une cérémonie solennelle. Les autres étant définitivement éliminés.

Installation

Le nouvel *Administrateur* et ses deux *adjoints* seront alors affectés à une direction régionale de l'*Action Civique Rurale* qui les dirigera sur un village récemment libéré. Arrivant avec un opérateur radio et douze gardes civiques, ils se présenteront au chef du village, simplement vêtus, et avec modestie. Dans les premiers temps, ils seront hébergés à tour de rôle par les familles villageoises afin de se familiariser avec elles, en attendant qu'ils fassent construire une case simple, servant de bureau et de logement. Ils se mettront alors immédiatement au travail. Afin de ne pas se couper de la population, ils s'interdiront rigoureusement de vivre « entre eux ». A l'exception du rassemblement qui aura lieu chaque matin après le lever des couleurs (ou d'une alerte), ils vivront en étroit contact avec les villageois, pour faire mieux corps avec eux.

Menant une vie frugale, ils feront preuve d'une rigueur morale exemplaire qui forcera le respect et l'admiration des villageois.

Fonctionnement opérationnel

Tout d'abord, l'*adjoint « sécurité »* va, en accord avec l'actuel chef de village (1), avec l'aide des gardes civiques, mettre sur pied, armer et entraîner une force d'auto-défense (2), composée d'éléments sûrs choisis par le chef de village et sous sa responsabilité ; puis former un opérateur-radio. Le chef de cette milice sera un ancien militaire, énergique, jouissant d'une bonne réputation.

Avec l'aide du chef de village, sous l'impulsion de l'*adjoint « sécurité »*, les sympathisants de la guérilla seront arrêtés par les gardes civiques. Ces derniers, lorsque la force d'auto-défense sera bien organisée,

---

(1) Après une enquête sérieuse pour s'assurer qu'il n'est pas favorable à la guérilla.
(2) Les gardes civiques feront fonction de moniteurs auprès des nouvelles recrues.

rejoindront leur base régionale en emmenant les prisonniers (qui n'auront pas été maltraités) afin d'y être jugés par un tribunal spécial.

Dans le mois qui suivra, une cérémonie solennelle, préparée par l'*adjoint « sécurité »* aura lieu devant tout le village rassemblé. Le commandant du district remettra son fanion à la force d'auto-défense. A cette occasion, son chef sera promu sous-lieutenant supplétif pour officialiser son commandement et asseoir son autorité.

A ce stade, dans le respect des lois coutumières, le nouvel administrateur va organiser des élections libres et démocratiques, permettant, selon la tradition, aux villageois, de s'auto-administrer (3). Ce sera le meilleur barrage face aux tentatives possibles de réimplantation de l'administration parallèle de la guérilla.

L'Administrateur rural sera alors prêt à remplir pleinement sa double mission :

1/ *Assurer la présence de l'administration régionale.*

Il doit en particulier :

- Assister aux assemblées du village, qu'il co-préside avec le chef de village. Il peut donner son avis, mais ne participe pas aux votes.
- Faire appliquer de façon intelligente, et avec doigté les instructions de sa direction telles que campagnes de vaccination, programmes scolaires, amélioration des cultures, etc.
- Surveiller avec tact le bon fonctionnement de l'école et de l'infirmerie du village.
- Veiller à ce que les paysans s'acquittent de leurs impôts, établis sur une base équitable.
- Co-présider le tribunal coutumier où sont réglés à l'amiable les conflits de voisinage, etc. ; transmettre les cas sérieux au siège de la région.
- Assurer, en coopération avec le chef du village, la mobilisation de la population, en cas de catastrophe naturelle et gérer avec lui l'équipe des pompiers volontaires
- Faire parvenir chaque mois à sa direction un rapport détaillé sur l'état d'esprit de la population

---

(3) Comme l'exprime très clairement le dicton viêtnamien : « Les lois royales cèdent devant les règles ou coutumes du village » (Phép Vua Thua Lệ Làng).

- Suggérer à sa direction les moyens de régler les causes possibles de mécontentement que pourraient utiliser la propagande de la guérilla. Exemples : réforme agraire pas ou mal appliquée, taux de fermage exorbitants, difficultés d'accès à la ville pour y vendre les récoltes, etc.
- Susciter la solidarité des villageois si une famille venait à être frappée par une catastrophe (incendie de leur maison, par exemple).

2/ ***Représenter le village auprès de l'administration régionale.***

Il est en outre chargé de :

- Réclamer des crédits (ou des matériaux) pour la construction d'une école et/ou d'une infirmerie s'il n'en existait pas. Dans ce cas, il devra obtenir la venue provisoire d'un maître et/ou d'un infirmier, capable de former sur place un titulaire local.
- Aider les élèves brillants en fin de scolarité primaire à obtenir une bourse d'études au lycée régional.
- Obtenir des crédits (ou des matériaux) pour l'entretien des routes et des ponts. Dans tous les cas, la main d'œuvre sera fournie par les villageois, sous la direction du chef de village qui devra se montrer équitable.
- Organiser l'évacuation des malades (ou blessés) graves vers l'hôpital régional.
- En cas d'épizootie, obtenir la venue d'un vétérinaire pour l'enrayer.
- Intervenir également pour obtenir l'aide de sa direction régionale en cas de calamité naturelle (tremblement de terre, tempête, inondation, sécheresse). De façon générale, il maintiendra des relations harmonieuses entre le village et l'administration régionale, assurant par là-même la stabilité et la prospérité de ses administrés, ce qui rendra la population imperméable à la propagande de la guérilla.
- Charger l'*adjoint « sécurité »* d'animer la force d'autodéfense, en étroite coopération avec le sous-lieutenant supplétif, et en particulier de :
    - Poursuivre l'entraînement,
    - Organiser la garde du village,

- Rechercher le renseignement pour transmission au P.C. et son exploitation lorsque la capacité de la force d'auto-défense le permet.
- Mettre au point les patrouilles de liaison avec les villages alentours,
- Monter des embuscades tournantes de nuit dans la zone de sécurité attribuée au village (rigoureusement adjacente à celles des villages voisins et correspondant en général à leurs aires traditionnelles). Abandonner les ténèbres à l'ennemi ferait courir un risque mortel au village.
- Apporter son concours à l'armée lorsque des opérations se déroulent dans le secteur (guides, renseignements, etc.).
- Vérifier le bon état des armes et l'approvisionnement en munitions,
- Assurer une liaison radio avec les villages voisins et le commandant du district,
- Procéder, tous les matins à 7h 00, au lever des couleurs et chaque soir à 18h00 l'amener des couleurs devant la force rassemblée.

Alors que, de son côté, l'*adjoint « Action psy »* va intensifier son action en vue de :

- Poursuivre l'*action psychologique* auprès des éléments de la force d'auto-défense et des villageois, afin de les « mettre en condition ».
- Organiser des meetings réguliers pour dénoncer les crimes de la guérilla.
- Placer des haut-parleurs aux endroits stratégiques du village pour diffuser des slogans antiguérilla et de la musique contre-révolutionnaire pour exacerber le sentiment patriotique populaire.
- Organiser la venue périodique d'une équipe du *Service d'action psychologique* de l'armée. Celle-ci projettera des films patriotiques et, la séance terminée, distribuera de menus cadeaux : cigarettes, chocolats, etc., afin de gagner la sympathie des villageois. De même, quelques postes de radio permettant de capter seulement les émissions du *Service d'action psychologique*, seront remis aux notables les plus influents.
- Arranger les visites régulières d'une équipe mobile d'assistance médicale, pour épauler l'infirmerie du village, soigner les malades

et pratiquer les vaccinations. Toujours dans le cadre de la conquête des « cœurs et des esprits ».

La venue discrète d'un simple administrateur et de ses deux adjoints dans un village récemment libéré peut paraître insuffisante, voire dangereuse. C'est un risque calculé mais nécessaire. Il va s'agir, avec leur aide et leurs conseils, de rétablir l'auto-administration du village, pour recueillir l'adhésion de la population ; ce qui est le meilleur barrage face à la propagande de la guérilla.

La présence d'une lourde équipe aurait tendance à se substituer aux autorités locales. Ce qui finalement nuirait à la conquête des cœurs et des esprits.

Ainsi, lors de la guerre d'Indochine, à partir de 1952, une action similaire fut tentée au Nord-Viêtnam avec les *GAMO* (*Groupements Administratifs Mobiles opérationnels*) (4), à une échelle et avec des moyens relativement importants. Formés entièrement de personnels viêtnamiens, leur comportement détestable envers les autorités locales et les populations entraîna leur échec quasi total.

En revanche, il est intéressant de noter qu'une expérience hardie et intelligente de ce type se déroula pendant la guerre d'Algérie.

L'exemple des SAS en Algérie

En septembre 1956, le gouverneur général, Jacques Soustelle, décida de prendre des mesures capables de gagner les cœurs et les esprits des habitants des douars (5) du bled, pratiquement abandonnés à eux-mêmes mais, heureusement, dans leur ensemble peu favorables aux rebelles.

Le général Jacques Parlange, figure emblématique des *Affaires Indigènes du Maroc*, fut chargé de créer des *Sections Administratives Spécialisées* (*SAS*), dépendant du Service des Affaires Algériennes, installé à Alger. Sept à huit cents *SAS* seront mises sur pieds, principalement dans le Constantinois, la Grande Kabylie et l'Algérois. Plus tard, leur présence sera étendue à toute l'Algérie, jusque dans les villes où seront implantées des *Sections Administratives urbaines* (*SAU*).

---

(4) Voir le chapitre 25 : *Nord-Vietnam*.
(5) Douars : villages en arabe.

Action :

Les *SAS* vont se consacrer à la classique « conquête des cœurs et des esprits », auprès d'une population rurale scandaleusement laissée à l'abandon mais plutôt neutre. Elles vont entreprendre une action civique énergique, portant sur plusieurs domaines tels que :

- Sécurité : renseignements sur les rebelles, sans violences, en tissant des liens de confiance et d'amitié avec les populations.
- Santé : construction d'une infirmerie avec présence d'un médecin ou d'une infirmière assurant des soins médicaux gratuits à tout musulman (ou musulmane) qui se présente. Ce qui représentait un certain danger (6). Dans son action sanitaire, la *SAS* est appuyée par la très efficace *Assistance Médicale Gratuite* (7) , épaulée par les *Equipes Médico-sociales Itinérantes*(8), elles-mêmes supportées par les *Assistances Sanitaires et Sociétés Rurales Auxiliaires* (9).
- Scolarisation : construction d'une école si elle n'existe pas et, dans tous les cas, mise en place d'un maître.
- Travaux d'intérêt collectif : remise en état des routes, ouverture de marchés.
- Etablissement de l'état-civil, etc.
- Atelier pour les femmes.
- Aide à la Jeunesse (moniteurs).
- Préparations des élections.

Implantation typique d'une SAS

Elle est située près d'un gros village d'où elle rayonnera sur l'ensemble des douars de son secteur. Elle dispose en général des bâtiments suivants :

- Ferme fortifiée
- Poste du maghzen (10)

---

(6) En octobre 1956, la *SAS* du Lelaab fut attaquée par des rebelles qui étaient venus auparavant se faire soigner à l'infirmerie, en civil, dans le seul but de repérer les lieux et les défenses afin de préparer une attaque.

(7) *A.M.G.* : comptera 530 équipes en Algérie, constituées de 700 médecins militaires et de 1300 infirmières.

(8) *E.M.S.I.* : formées de 45 personnels militaires.

(9) *A.S.S.R.A.* : réunissent 240 femmes qui supportent l'*E.M.S.I.* et coopèrent avec les 200 attachés féminins des *SAS*.

(10) Maghzen : Force supplétive d'auto-défense composée d'environ 30 moghaznis.

- Ecole
- Infirmerie
- Ouvroir pour les femmes musulmanes
- Terrain de sport (pour les jeunes)

Personnel

La *SAS* est commandée par un capitaine ou un lieutenant (11), ayant souvent pour adjoint un sous-lieutenant du contingent, assisté d'un sous-officier. Elle dispose parfois d'un médecin militaire et toujours d'un radio. La protection est assurée par le maghzen. Une équipe civile complète le personnel : secrétaire, comptable, infirmière, assistante médico-sociale, interprètes, chauffeurs. La présence de femmes dans les *SAS* était capitale pour établir le contact avec les musulmanes et permettre de pénétrer dans les mechtas (12). Ce que n'auraient pas pu faire les militaires sans s'aliéner la population.

Moyens de transport

Afin de permettre au chef de la *SAS* et au personnel de faire leurs tournées chez leurs administrés, les véhicules suivants sont attribués à la *SAS* : jeep, camionnette, parfois des chevaux.

Cette politique de la « main tendue » aura des effets très positifs sur les populations, quand bien même elle ait pu connaître quelques rares revers. Dans leur ensemble, les *SAS* réussiront à gagner l'amitié et la confiance des populations du bled, malgré la menace des rebelles qui n'hésitaient pas à égorger les notables ou les fellahs (13) se rangeant du côté de la France.

Parallèlement en 1958, le Délégué Général du gouvernement, Paul Delouvrier, pour affaiblir le F.L.N., mit en place le « *Plan de Constantine* ». Il prévoyait la construction de nombreux logements, la redistribution des terres, des projets d'irrigation, de création d'emplois industriels, la scolarisation généralisée, l'accès des musulmans à la fonction publique, l'alignement des salaires sur la métropole. Malheureusement, ce projet n'eut pas les effets escomptés.

Le discours équivoque sur l'auto-détermination, prononcé le 16 septembre 1961, par le « Sauveur de la France », le général De Gaulle,

---

(11) Beaucoup d'officiers, anciens des « Affaires Indigènes » du Maroc rejoindront les *SAS*.
(12) Mechtas : hameaux du bled algérien.
(13) Fellah : paysan arabe.

sonna comme un glas. Les cadres des *SAS* vont certes continuer leur noble mission avec foi mais ne pourront éviter de se poser des questions, voyant poindre l'indépendance à l'horizon. Attachés viscéralement à leurs hommes et à leurs populations, ils pressentent le drame que va être l'abandon de tous ceux qui ont fait confiance à la France, suivi de leur massacre…souvent dans la torture.

En juin 1962, la France, qui pourtant a gagné la guerre sur terrain, sur l'ordre du « Guide », plie bagage. Les *SAS* sont dissoutes. Certains chefs de *SAS*, tel le lieutenant Daniel Abolivier (gloire à lui !), bravant les ordres d'abandon, suivent le chemin de l'honneur. Grâce à de faux papiers, ils réussissent à ramener leurs hommes en métropole, où un réseau d'accueil avait été mis en place pour ces loyaux amis de la France. Hélas, l'infâme ministre-cerbère, Louis Joxe (14), décrétera aussitôt que : « les supplétifs débarqués en métropole, en dehors du plan général de rapatriement, seraient renvoyés en principe en Algérie ». Et pour faire bonne mesure « que des sanctions appropriées seraient prises contre ceux qui participent aux filières clandestines ». Honte à lui !

Cette tragique déclaration, qui serre le cœur, devient risible quand on constate aujourd'hui la présence en France de dizaines de milliers d'Algériens qui, après avoir combattu la France haïe, ont fui « leur » Algérie indépendante. Ils ont trouvé refuge dans l'ex-métropole détestée pour y bénéficier de tous les avantages sociaux, tout en cherchant à imposer leurs pratiques islamistes, incompatibles avec les valeurs de notre malheureux pays. Celui-ci voit leurs descendants conspuer la Marseillaise dans nos stades, brûler son drapeau ou hurler leur rap haineux avec une impunité totale.

Autre exemple

Il faut citer un exemple plus ancien : la pacification remarquable réalisée par les Espagnols dans leur zone du Maroc, après la guerre du Rif, qui se termina en 1926. Les autorités implantèrent dans les villages ralliés des « interventores » militaires qui remplissaient le rôle d'officiers des affaires indigènes. Ceux-ci faisaient l'objet d'une sélection très rigoureuse : choisis parmi les arabophones, ayant une forte empathie pour les Marocains, ils devaient connaître le Coran, la loi islamique, respecter les coutumes du pays et être assez âgés pour participer aux « conseils des anciens ». Ces officiers hors du commun réussirent magnifiquement leur mission, gagnant la confiance et la fidèlité des caïds et des populations marocaines.

---

(14) Ministre d'Etat chargé des affaires algériennes.

23.5 LIMITES DE LA CONTRE-GUÉRILLA

Nous avons vu, dans les chapitres précédents, plusieurs types d'action antiguérilla parfaitement adaptés à une situation déterminée. Il est maintenant nécessaire d'évoquer rapidement l'ancienne Indochine française où de vigoureuses opérations ne donnèrent pas la victoire à la France. Le soulèvement commença en 1946. La France, à cette époque affaiblie, hésitante, dut faire face à une guérilla généralisée dans laquelle le courageux C.E.F.E.O. (1) s'enlisa.

En octobre 1949, Mao Tsé-toung, qui aide activement le Việt Minh, contrôle maintenant l'ensemble de la Chine, y compris la frontière avec l'Indochine.

En septembre 1950, le général Marcel-Maurice Carpentier, commandant en chef, prend, contre tout bon sens, la décision aberrante de se retirer de Cao Bằng, place forte quasiment imprenable et située non loin de la frontière chinoise. Malgré l'opposition du général Marcel Alessandri, commandant de la zone du Tonkin, l'opération a lieu.

« Conseillé » par le très compétent général chinois Chen Geng (2), Võ Nguyên Giáp attaque les postes de la R.C.4.qui longe la frontière de Chine sur 200 km (3). Il dispose pour cela de 25 bataillons formés et armés en Chine. Il inflige une défaite désastreuse et la perte de plusieurs milliers d'hommes à la France. La ville importante de Lạng Sơn (4) est

---

(1) C.E.F.E.O. : Corps Expéditionnaire Français d'Extrême-Orient
(2) Représentant du Comité Central chinois. Ce chef conseiller militaire jouera un rôle important auprès de Giáp, lors du désastre de Cao Bằng. Il arrive au Việt Nam en juillet 1950, venant d'inspecter la division việt 308 à l'entraînement au camp de Yanshan (Chine) commandé par le Zhou Xihan, chef de la XIIIᵉ armée chinoise. Le général Chen Geng repartira en Chine en novembre 1950, puis en août 1951 prendra un grand commandement en Corée.
(3) Đông Khê tombe fin mai puis est repris. Cao Bằng évacué le 2 septembre. Đong Khê tombe à nouveau le 18 septembre ; Thất Khê est perdu le 10 octobre alors que Lạng Sơn est abandonné le 17 octobre.
(4) Le 17 juillet 1953, un lâcher de 3 000 parachutistes aura lieu sur Lạng Sơn (opération « Hirondelle »). De très importants stocks vietminh seront détruits au cours de cette action éclair qui sera un succès.

évacuée sans combat, laissant le Việt Minh s'emparer de tonnes d'armes et de munitions.

Un vent de panique souffle sur l'Indochine. La France perd le contrôle de la frontière de Chine. Le Tonkin est ouvert ! Luo Guibo (5), « conseiller » politique auprès d'Hồ Chí Minh, organise aussitôt des livraisons d'armes et de munitions importantes au Việt Minh, qui atteindront 4 000 tonnes en 1952.

(*Voir carte des zones de combats et des frontières dans le cahier central*).

Affolé par cette situation, désemparé, dans l'urgence, Paris donne les pleins pouvoirs civils et militaires au général de Lattre de Tassigny. En 1951, peu après son arrivée, le « Roi Jean » (6) redressa la situation de façon éclatante. Ayant « cassé » les Việt minh (7) à Vĩnh Yên, Đông Triều et Ninh-Bình, il galvanisa les lieutenants et les capitaines, réunis à Hà Nội puis à Hải Phòng, par un discours volontaire, et redonna confiance aux combattants par des mesures radicales.

Bien que non favorable envers les particularismes, il dynamisa toutes les forces du pays hostiles au Việt Minh et créa de nouvelles unités :

Au Nord-Viêtnam

Les Groupes Mobiles

Un Groupe Mobile, véritable force de frappe, était constitué de trois bataillons d'infanterie, appuyés par trois batteries d'artillerie, un peloton de chars, un peloton blindé et des éléments du Génie, des Transmissions et du

---

(5) Luo Guibo est en mission au Việt Nam depuis janvier 1950. Après avoir assuré la logistique de l'aide militaire chinoise, du début janvier au 27 octobre 1952, il assure l'intérim du général Wei Guoqing reparti en Chine pour raison médicale. Il deviendra le 10 octobre 1953 chef de la Mission chinoise de conseillers politiques (Chinese Political Advisory Group). Parallèlement, le général de division chinois, Wei Guoqing, ancien de la Longue Marche, assisté des généraux Mei Jiasheng et Deng Yifan, présent au Việt Nam depuis avril 1950, sera nommé chef de la Mission militaire chinoise (Chinese Military Advisory Group) totalisant 281 militaires dont 79 conseillers et leurs adjoints. Il « conseillera » efficacement Giáp lors de la bataille de Điện Biên Phủ.

(6) Le Roi Jean : Le général Jean-Marie-Gabriel de Lattre de Tassigny, Commandant en chef en Indochine. Rapatrié en France fin 1952, gravement malade.

(7) Việt Minh : abréviation de Việt Nam Độc Lập Đồng Minh Hội. Ligue pour l'Indépendance du Việt Nam. Fondée le 19 mai 1941 à Pác Bó (province de Cao-Bằng, Nord-Việtnam), cette coalition était dominée par le Parti communiste indochinois (Đảng Cộng Sản Đông Dương). Y entrèrent aussi des nationalistes. « Résistant » aux Japonais, il reçu une aide américaine en armes, etc., via l'O.S.S., le précurseur de la C.I.A.

Service de Santé. Si les G.M. furent efficaces pour affronter des divisions régulières, comme à Vĩnh Yên, ils présentaient des inconvénients. La lourde mise en place des bouclages, suivie d'un ratissage méthodique mais lent, faisait trop souvent perdre l'effet de surprise, face aux Việt Minh qui avaient des « yeux » et des « oreilles » partout (8). De ce fait, dans de nombreux cas, seul le menu fretin (Du Kích et régionaux) demeurait sur place pour laisser le temps aux réguliers việt minh de s'esquiver sans aucun mal. En cas d'accrochage, les régionaux tenaient coûte que coûte jusqu'à la nuit, puis rompaient l'encerclement, en fonçant par surprise sur le maillon faible de nos forces, en tirant de toutes leurs armes. Au matin, le « filet » était vide…

Les Commandos du Nord-Viêtnam

Ces unités étaient composées de Viêtnamiens *Kinh*, commandées par des chefs français, parfois viêtnamiens, de valeur exceptionnelle. Ces commandos, extrêmement bien adaptés à cette forme de lutte, donnèrent d'excellents résultats. Le Commando 24 (*Tigres noirs*), commandé par l'adjudant-chef Roger Vandenberghe et son adjoint le sergent-chef Trân Đinh Vy, deux figures emblématiques, en fut un remarquable exemple.

Les Compagnies Légères de supplétifs militaires

Elles étaient formées de Viêtnamiens *Kinh* du Delta, sous les ordres de Français attachés à leurs hommes et au pays. Leur nombre fut accru de façon importante (plus de 200 de ces compagnies supplétives étant mises sur pied). Les « supplétifs » appelés « partisans » (9) dans le langage courant, étaient surtout (mais pas toujours) de fervents catholiques, opposés au Việt Minh communiste et athée. Plus tard, froidement abandonnés par une France sans honneur, ils durent fuir vers le sud, pour éviter le sort réservé, quelques années après à nos fidèles harkis et Moghaznis (10), à la fin du conflit algérien.

---

(8) Le fameux « Quân Báo » (Service du Renseignement militaire du Việt Minh), plus efficace que le nôtre, malgré les excellents décrypteurs du service des écoutes du S.D.E.C.E./Indochine du colonel Maurice Belleux. Ainsi, en 1949, à Paris même, les agents « Việts » réussirent à obtenir une copie du rapport ultra secret établi par le général Revers, suite à son inspection en Indochine. En 1953, c'est le plan Navarre qui tombe entre les mains des « Việts », Hồ Chí Minh le recevant du général Wei Guo Qing, chef de la Mission militaire chinoise !

(9) Appelés « Bạt Ti Rănh » par les Viêtnamiens (se prononce « Batizanh »).

(10) Ces malheureux qui, eux aussi, avaient fait confiance à la France, sur ordre venu de très haut, ne furent pas autorisés à partir en métropole. Lâchement abandonnés au F.L.N. celui-ci les massacra ainsi que leurs familles, avant même que la France ne quitte l'Algérie.

Ces unités locales légères, agressives et bien renseignées, portèrent des coups très durs aux « Việts ». Les paysans armés qui les composaient, vivant en contact étroit avec les villageois de leur secteur, bien que patriotes, étaient farouchement opposés au Việt Minh. Ils démantelaient le réseau de propagande việt minh (Địch Vận), créant ainsi une large zone de sécurité autour de leur poste. Alors que les unités régulières du C.E.F.E.O (mêmes les meilleures) étaient le plus souvent contraintes de progresser sur les routes et les diguettes, il en était tout autrement pour les supplétifs : ces combattants marchaient toujours à travers les rizières. Ils attaquaient de nuit les villages en pénétrant par la haie de bambous (*luy tre làng*) afin de surprendre les Du Kích surveillant les accès du village. Leur uniforme, de tissu léger noir un peu semblable à celui des régionaux (11), renforçait leur invisibilité la nuit. Ces *partisans* avaient mis au point une excellente tactique pour effectuer les patrouilles ou monter les embuscades, toujours de nuit. Ils partaient bien armés (un maximum de P.M. avec 9 chargeurs, grenades, 3 FM 24/29 (12) pour la section). Personne, sauf le chef, ne connaissait à l'avance l'objectif (les femmes des partisans auraient pu involontairement lâcher cette information à leurs amies ou au marché).

Lorsque la section (*Trung Đội*) part en patrouille, au début de la nuit, si l'objectif est plein sud, elle quitte le poste en prenant plein nord, pour tromper d'éventuels guetteurs, reprenant plus tard la bonne direction, après un détour. La progression se fait toujours dans un silence absolu, pieds nus à travers la rizière (13), en n'utilisant jamais les diguettes reliant les villages, presque toujours piégées et surveillées par les guetteurs « Việts ». Les partisans n'empruntent pas les ponts également surveillés mais adoptent la méthode des « Việts » : les cours d'eau étant franchis soit grâce à des ponts de singe en bambous démontables, soit en s'accrochant à des radeaux faits de troncs de bananiers et tirés par un câble.

Arrivée au lieu d'embuscade, souvent un croisement de diguettes, parfois un point de passage près d'une rivière, la section se fond dans la

---

(11) Portant souvent des vêtements marron (teints au « cù nâu »).

(12) Pour compléter la maigre dotation, ces armes étaient, soit récupérées sur les « Việts », soit empruntées aux autres sections du poste, pour la durée de la patrouille.

(13) Lorsque la rizière est inondée, la progression pieds nus est silencieuse, rapide et protège du « pied de buffle », ce gonflement des pieds qui se produit si l'on marche dans la boue des rizières, en utilisant chaussettes et chaussures.

rizière et reste immobile jusqu'à la fin de la nuit où elle décroche juste avant l'aube. En cas de grave difficulté, elle peut compter sur l'appui de tirs préréglés de la batterie d'artillerie du secteur.

Parfois, au lieu de se retirer à la fin de la nuit, son chef prend l'initiative, avec l'accord du chef de poste, de pénétrer dans un village contrôlé par les « Viêts ».

La tactique étant alors la suivante :

- Approche du village par la rizière, en négligeant les diguettes.
- Pénétration à travers la haie de bambous ceinturant le village (écarter les bambous sans les casser à cause du bruit).
- Fouille soignée du village, maison par maison. Il arrivait assez souvent que les hommes avaient fui. Il ne restait au village que les enfants, les femmes et les vieillards.
- Si les partisans ont été accueillis par des jets de grenades ou des coups de feu, rassemblement des civils, sans violence, puis long interrogatoire de chacun d'eux pour découvrir les membres de l'appareil viêt minh local, ces interrogatoires étant menés en douceur. Chaque paysan est prévenu que si les Địch Vận, Du Kích, Cán Bộ (14) et autres Chính Trị Viên (15) de passage ne sont pas dénoncés le village, considéré comme complice sera détruit et les buffles abattus. En contrepartie tout informateur voit son anonymat préservé et ne peut être identifié par les « Viêts ». Si, au cours d'une fouille, des membres de l'organisation viêt minh sont arrêtés, ils sont d'abord questionnés sans violence, hors de la présence des villageois. Ceux qui donnent des informations crédibles et exploitables ou qui livrent les noms des responsables (ou des caches d'armes) sont amenés au poste pour y subir un interrogatoire très poussé. Après vérification de l'authenticité de leurs informations, ils seront dirigés sur l'officier de Renseignement du P.C. du sous-secteur puis expédiés par celui-ci vers un camp de P.I.M. (16) où ils seront traités correctement, comme des prisonniers de guerre. A l'inverse, ceux qui refusent obstinément de parler sont, sans brutalité inutile, « rendus à la rizière » lors du repli nocturne de la section.

---

(14) Cán Bộ : Cadre politique viêtminh.
(15) Chính Trị Viên : Commissaire politique.
(16) P.I.M. : Prisonniers et internés militaires.

Dans le même temps, un groupe de combat se met en position à chacune des deux entrées du village, face à la diguette d'accès, cette précaution s'avérant indispensable pour empêcher quiconque de s'échapper et de donner l'alarme et inversement pour « cravater » toute personne tentant de pénétrer dans le village. Cette mesure réalisée, le reste de la section se livre à une fouille méthodique (17), toute la journée et en particulier :

- Du temple du village (*Cái đình làng*), avec une attention particulière au sol et à la maçonnerie de l'autel.
- De la pagode (*Cái Chùa*), qui devra faire l'objet d'une fouille minutieuse, tout en respectant avec soin les objets de culte.
- De la maison commune (*Nhà Hội*).
- De l'âtre de chaque maison (surtout si une marmite était sur le feu) afin de s'assurer qu'il ne cachait pas l'orifice d'un tunnel.
- De la mare du village (*ao làng*) qui devait être sondée avec soin, les « *Du Kích* », lorsqu'ils étaient surpris, y jetant souvent leurs armes et leurs munitions. De même, les tunnels du village, barrés par un siphon débouchant sous l'eau sur le côté de la mare.
- Des citernes contenant l'eau constituaient une bonne cache... Il en allait de même des énormes cruches remplies d'eau ou de riz.
- Les touffes de bananiers en lisière de village masquant fréquemment la sortie d'un tunnel.
- Le sol devait être scruté pour rechercher d'éventuels orifices d'aération (bambous creux), camouflés dans la végétation.
- Vérifier que les malades couchés et gémissants, les femmes enceintes, ne cachent pas sur eux des armes ou des documents.

Pendant la journée, les partisans prennent à tour de rôle un peu de sommeil et de nourriture (18), tout en demeurant très vigilants. A la nuit tombée, la section se replie en silence à travers la rizière, par un itinéraire différent, emmenant avec elle ses prisonniers les mains liées et tenus par une corde.

L'auteur pense que la mise sur pied d'unités supplétives et de commandos du Nord-Viêtnam aurait dû être généralisée massivement. La multiplication de ces unités autochtones aurait permis de mettre les ré-

---

(17) Non seulement des armes pouvaient être cachées dans des souterrains mais parfois, des « Viêts » surpris s'y réfugiaient jusqu'au départ des partisans.

(18) La fameuse « boule de riz », si chère aux unités tonkinoises (Français compris). Du riz cuit douze heures avant le départ en opération, que l'on compresse dans une serviette pour lui donner une forme sphérique. Elle était consommée en tranches compactes, accompagnées de corned beef, le tout arrosé de thé.

gionaux et les Du Kích dans une mauvaise situation, permettant aux Groupes Mobiles de concentrer leurs efforts sur les divisions régulières « Viêts » (Đại Đoàn) du Chủ Lực.

Cela eut été possible en mobilisant systématiquement, en accord avec les évêques (19), les populations catholiques du Delta (Nam-Định, Thái-Bình, Ninh-Bình, Bùi-Chu, Phát-Diệm, etc.). Ces populations, bien que patriotes étaient fanatiquement opposées au Việt Minh marxiste et ennemi de leur Eglise.

Cette politique aurait permis d'intensifier le combat contre les « Viêts » par trois actions distinctes :

- Implantation systématiques de milices catholiques statiques protégeant leur village (et leur église), montant des embuscades dans ses environs immédiats pour éviter qu'il ne soit isolé, interdisant toute action de propagande việt minh par le Địch Vận.
- Mise sur pieds massive de compagnies supplétives légères (Đại-Đội) occupant un poste et rayonnant dans un espace de 10 à15 km en effectuant patrouilles et embuscades de nuit.
- Multiplication des commandos du Nord-Viêtnam, chargés de la recherche du renseignement et de la fixation des réguliers « Viêts », avant qu'ils ne puissent s'enfuir durant de grosses opérations montées par les Groupes Mobiles.

Ces actions énergiques auraient pu faire échec au Việt Minh communiste et rendre possible la négociation pour amener le pays à l'indépendance avec les nationalistes anti-communistes sur une position forte. Nous aurions ainsi pu sauvegarder nos intérêts économiques et culturels à long terme dans un climat de confiance et d'amitié

Les maquis pro-français

Une autre mesure heureuse, mais trop tardive, consista à mettre en place des maquis pro-français, dans les régions montagneuses peuplées

---

(19) Tout particulièrement Monseigneur Tađêô Lê Hữu Từ, l'extraordinaire évêque et nonce apostolique de Phát-Diệm qui, dès 1949, créa une milice catholique antiviệtminh, aidé en cela par le père Hoàng Quỳnh, un prêtre-soldat pur et dur. Cette milice devint un modèle pour toutes celles du Delta du Fleuve Rouge qui comptait plusieurs dizaines de milliers de partisans. Ces forces paramilitaires, armées par l'administration Bảo Đại et par la France, réussirent à maintenir la sécurité sur 70 % de cette zone. Harassant les Việt minh la nuit, exécutant les espions du Quân Báo, ces hommes frugaux se mouvaient parmi les villages comme des poissons dans l'eau, redevenant le jour de paisibles paysans.

par les minorités ethniques hostiles aux Viêtnamiens *Kinh*. En pays Thái et dans les régions montagneuses du Haut-Tonkin, ces maquisards animés par des cadres français et locaux constituaient le G.C.M.A. (20), devenu G.M.I. (21) par la suite, sous les ordres du commandant, puis lieutenant-colonel Roger Trinquier. Ces hommes combattirent héroïquement, apportant une aide efficace au C.E.F.E.O. Parmi ces maquis très actifs, nous citerons :

- **Le maquis Chocolat** (2 500 hommes) :

    Des *Méo* du chef Chau Quan Lo (22), vieil ami du « capitaine » Salan. Il est renforcé dès le début de 1951 grâce à l'aide du G.C.M.A et sous l'impulsion du lieutenant Pierre Cavasse auquel succédera le lieutenant Pierre Hautier, en octobre 1951. Chau Quan Lo réussit à tenir sa zone de Pha Long dans la région de Lào Cai (à la frontière de Chine), aidé en cela par le chef Hoàng Tsé Lung. Après avoir causé de lourdes pertes au régiment viêt minh 148 et anéanti le 9ème régiment de la division chinoise 302, notre ami Chau Quan Lo finit assassiné fin 1952, après avoir été écrasé sous le nombre. Pourtant, des groupes de partisans se camouflent et de temps à autre, continuent leurs actions contre les « Viêts » dans les secteurs de Pha Long et Pa Kha. Début 1954, le G.M.I. réussit à reprendre le contact. Le maquis Chocolat va reprendre son essor sous le commandement du chef Tai Chin Quay. 3000 partisans sont recrutés. En moins de deux mois « *Chocolat* » reprend le contrôle de son territoire et s'étend… L'arrivée du cessez-le-feu va priver ces braves de tout appui.

    Ils continueront malgré tout leur combat désespéré jusqu'au bout, infligeant au Việt Minh des pertes sévères, avant de succomber finalement, à court de munitions.

- **Les maquis établis dans la zone de Na Sàn :**

    Sous les ordres du capitaine René Hébert. Sa situation est la suivante en juillet 1953 :

    ■ *Colibri* : 1 500 *Thái* « *blancs* » à Thuân Châu qui harcèlent la R.P. 41.

---

(20) G.C.M.A. : Groupement de Commandos Mixtes Aéroportés.
(21) G.M.I. : Groupement Mobile d'Intervention.
(22) Chau Quan Lo, depuis le retrait de la France de son territoire, fin 1950, n'avait jamais cessé ses actions de guérilla contre le Việt Minh.

- **Calamar** : 400 *Thái* « *noirs* » à Pa Lao et Ban Co Tonh.
- **Aiglon** : 400 *Méo* à Muong Lam. Ces forces, après avoir facilité l'évacuation du camp retranché de Na Sàn, seront attaquées par le régiment « Việt » 88, puis décimées par la division 316.

- **Le maquis Cardamone** :

Sera mis en place en juin 1953, après la prise de Phong Thổ par les partisans du lieutenant Ly Séo Nung, venus de Lai Châu. Ce maquis étendra son action sur une zone importante, à partir de Phong Thổ et comptera 2 500 partisans.

Il sera complété par deux maquis établis au Sud :

– **Khong Say** : Opérant dans le district de Thân Yuên. Il regroupera 2 000 combattants.

– **Hans Khan :** Etabli dans la zone de Pung Luong et Nam Cat, il rassemblera 700 hommes déterminés.

Appelés « *maquis de la rive droite du fleuve rouge* », en mars 1954, ils couvriront ensemble 80 000 km2, regroupant 5 200 partisans sous commandement entièrement autochtone : lieutenant puis capitaine Ly Séo Nung, lieutenants Long et Se Co Thin. Les combattants de ce maquis participeront à l'opération « Chau Quan Tinh » sur Côc Lêu/ Lào Kay) en octobre 1953. Ils seront actifs dans la région de Lào Kay, occuperont Sa Pa, puis harcèleront sur la R.P. 41, les convois việt minh amenant des renforts à Điện Biên Phủ. Ces hommes, après le cessez-lefeu, continueront à combattre courageusement mais, ne pouvant plus être ravitaillés, ils connaîtront pour la plupart une fin tragique.

D'autres « minorités » prendront les armes contre le Việt Minh :

- Les *Nùng* de la rivière noire, qui en 1954 reprennent Lai Châu avec 4 000 partisans, et libèrent Phong Thổ, capitale des *Thái* « *rouges* ».
- Les *Man*, qui à la même époque, assiègent Cao Bắng, pourtant tombé depuis octobre 1950.

Les Bataillons autochtones

- Les *Thái* « *Blancs* » du chef Đèo Văn Long (province de Lai Châu). Ils fournirent trois bataillons thái et assurèrent la sécurité dans toute leur zone.
- Les *Mường* avaient à leur tête le *Tholang* (noble féodal), Đinh Công Thuận, qui avait rang de capitaine. Ils constituèrent deux bataillons

mường, originaires de la région d'Hòa Bình / Cao Phong intégrés au G.M. 3.

- Les *Nùng* (ethniquement chinois) du colonel Vòng A Sáng, dans la région de Móng Cáy. Ils formèrent le fameux bataillon des « becs d'ombrelles ».
- Le B.M.I. (Bataillon de Marche Indochinois), héritier de l'ancien 1er Régiment de Tirailleurs Tonkinois. Cette excellente unité combattit les « Viêts » avec vigueur et détermination.

Les Milices catholiques du Delta tonkinois

Les catholiques du « triangle des Evêchés » (Nam-Định, Thái-Bình, Phát Diệm), sous l'impulsion de Monseigneur Lê Hữu Từ, évêque de Phát Diệm (23), mirent sur pied de nombreuses milices, actives et accrocheuses. Ces forces, pourtant d'ethnie *Kinh*, détestaient les Việt Minh communistes pour des raisons religieuses évidentes et les combattirent avec acharnement.

Les G.A.M.O. (Groupements Administratifs Mobiles Opérationnels

Ces groupements entrèrent en action en mars 1952, au cours de l'opération « Mercure ». Par la suite, ils furent implantés dans les régions pacifiées pour y rétablir « l'administration Bảo-Đại », à l'échelon du district. Composés de Viêtnamiens, ils étaient constitués des éléments suivants :

Personnel :

- Un chef de groupe (échelon chef de secteur)
- Trois adjoints chef de groupe (échelon sous-chef de secteur).
- Dix agents de la sûreté.
- Six agents de propagande.
- Deux secrétaires.
- Une unité de Bảo Chín Đoàn (24) (protection) ; soit un officier et cinq gradés (100/140 hommes).

Matériel :

Une jeep, trois postes radio, armement léger.

---

(23) Qui, hélas, ne joua pas toujours franc-jeu vis-à-vis de la France.
(24) Garde Nationale

Leur mission était multiple : renseignement, sécurité du district, propagande anticommuniste, action sanitaire, assistance sociale, aide technique et rétablissement de l'administration.

Les G.A.M.O. furent totalement déconsidérés aux yeux de la population. Beaucoup de G.A.M.O. se comportaient vis-à-vis des villageois de manière plus exécrable que les « Viêts ». De plus, l'unité de Bảo Chín Đoàn, censée assurer leur sécurité, ne représentait qu'une protection illusoire, étant incapable de s'opposer sérieusement aux « Viêts » en cas d'attaque. Alors que les G.A.M.O. étaient sensés opérer sous l'autorité du chef de province (25) et collaborer avec les chefs de ses districts, ils ignoraient l'administration locale, avec qui ils avaient de mauvaises relations. Enfin, l'unité de Bảo Chín Đoàn, parfois mal armée, sous-équipée, ne recevait souvent qu'un ravitaillement irrégulier qui l'obligeait à vivre sur l'habitant. Dans la plupart des cas, ce fut un échec.

Au Nord-est du Laos

Les *Lao Soung* (26), appelés communément *Méo*, sous les ordres du chef Touby Ly Foung (27) et du gouverneur (*Chao Khoueng*), Tiao Saykham, de la province de Xieng Khouang, aidés de leurs nombreux partisans prirent les armes dès 1945 contre les *Lao Issara* anti-français et leur allié Viêt Minh.

---

(25) La Direction des G.A.M.O. à Hà Nội refusait que ses hommes soient placés sous l'autorité des chefs de province.

(26) Le Laos est peuplé principalement de trois ethnies :

• Les *Lao Loum* (Lao d'en-bas), d'origine austro-thai, vivant dans les plaines, de la culture du riz (rizières inondées), sédentaires, bouddhistes, constituant la classe dominante.

• Les *Lao Theung* (Lao d'en-haut), d'origine austro-asiatique, arrivés au XIIIe siècle, vivant de la culture sur brûlis, de cueillette, de riz de montagne. De religion animiste. Implantés dans des zones de 300 à 900 m d'altitude.

• Les *Lao Soung* (ou *Hmong* ou *Méo* qui signifie sauvages) : d'origine sinotibétaine, arrivés au siècle dernier. De religion animiste, vivent de la culture du maïs, du riz de montagne et d'élevage à des altitudes de plus de 1 000 m. Cultivent le pavot (opium).

(27) Touby Ly Foung : après avoir reçu une éducation au collège français de Vinh (Annam) puis étudié à l'école de droit de Ventiane, nommé en 1939 chef du canton de Keng Khoay, chef-lieu Nong Het, avec autorité sur les chefs de village *(Nai Ban)*. En septembre 1946 il devint gouverneur *(Chao Muong)* des *Méo* du Xieng Khouang, représentant cette ethnie dans la capitale, Vientiane. Si le clan *méo* de Touby Ly Fong prit fait et cause pour la France dès 1945 son oncle Fay Dang Lo, par suite d'une rivalité familiale, se mis d'abord au service des Japonais puis avec les Lao Issara/ Viêt Minh pour combattre la France.

En janvier 1946, ils assiégèrent Xieng Khouang qui tomba entre les mains du capitaine René Bichelot (28) et de son commando.

Plus tard, fin 1952 /début 1953, grâce à l'action audacieuse du G.C.M.A., le Groupement de maquis « *Malo-Servan* » (G.C. 200) est mis en place dans les provinces de Xieng Khouang et Sam Neua, avec l'appui total du « *Chao Muong* » Touby Li Foung, chef des *Méos* du Tranninh et du « *Chao Khoueng* » Tiao Saykham. Ce groupement, ayant son P.C. à Khang Khay sur le plateau du Tranninh, a pour chef le capitaine Alexandre Desfarges puis, successivement, les capitaines Guy de Bazin et Jean Sassi (29).

Il comprend deux maquis distincts :

- *Malo* (G.C. 200) : mis en place au tout début de 1953 sur le plateau de Tranninh (Xieng Khouang). Ses « centaines » sont commandées par leur *Nai Kong* (chef de canton), appuyé par un cadre français. A l'été 1953, il regroupe un millier de partisans.
- *Servan* : établi dans la province de Sam Neua, secteur de Muong Yut, sous les ordres du lieutenant Bréhier. En mars 1954, il comptera 1 500 combattants.

Le maquis « *Sangsue* » s'y ajoutait, sous les ordres du lieutenant Géronimi. Opérant en pays « Thái Rouge », dans la zone frontière Laos-Annam, il comptait 2 000 maquisards.

L'offensive viêt minh d'avril 1953 va obliger ces maquis à se replier sur la Plaine des Jarres. Ils vont néanmoins réoccuper leurs territoires au moment de la contre-offensive franco-lao de l'été 1953 et s'y maintenir au moment du cessez-le feu au Laos, le 6 août 1954.

Ces combattants, loyaux et courageux, recueilleront les quelques rescapés de Điện Biên Phủ en 1954. Ils continueront leur combat dans le cadre de l'armée royale lao, après le départ de la France. Dés la prise du pouvoir par le Pathet Lao, en 1975, les *Méo* seront pourchassés et exterminés, civils compris, malgré leur défense désespérée. Les plus

---

(28) Ces mêmes *Méo* qui, après avoir loyalement combattu à nos côtés en 1945 contre les Japonais, puis en 1946 contre les Lao Issara/ Viêt Minh, avaient été bien mal récompensés par la France. En 1947, sous la pression du gouvernement royal du Laos, ils avaient été désarmés sur ordre du colonel Jean Boucher de Crèvecœur, commandant les troupes françaises au Laos.

(29) Le capitaine Sassi, homme d'honneur, évita le désarmement de ses partisans *Méo* (*Hmong)* par l'armée lao, avant d'être dans l'obligation de les abandonner.

chanceux parviendront à se réfugier en Thaïlande ou aux Etats-Unis, certains même en Guyane française.

L'évocation du groupement de maquis « *Malo-Servan* » implique de citer le rôle majeur qu'y joua un héros, loyal ami de la France : Vang Pao. Il a connu une destinée hors du commun. Laotien de l'ethnie montagnarde *Hmong (Méo)*, il est né en 1931, d'une famille appartenant à un petit clan. Son énergie le fit remarquer par le chef francophile Touby Ly Foung. Protégé par Tiao Say Kham, le gouverneur héréditaire *(Chao Khoueng)* de la province de Xieng Khouang, il intégra une équipe de partisans *Méo* qui portaient secours aux militaires français traqués par l'armée impériale japonaise et aidaient les parachutistes du commando Gaur (30) « *Polaire* » (capitaine Léopold Henry Ayrolles), après le coup de force du 9 mars 45. En janvier 1946, il prend part aux combats pour la libération de Xieng Khouang.

En 1950, il est sergent dans la police laotienne (sous le protectorat français). En 1952, après sa sortie de l'école militaire lao, il sert en qualité de sous-lieutenant (31).

En 1953-54, lieutenant puis capitaine, il est chef du commando 4 (32), sous les ordres des capitaines Desfarges, Bazin et Jean Sassi, officiers du G.C.M.A./G.M.I.

Après le départ de la France, il devient commandant en 1959. Il est ensuite nommé colonel puis élevé au grade de général de brigade en 1960, avant d'être promu général de division en 1964, commandant la IIe région militaire au Nord-Laos (Sam Neua /Xieng Khouang). On y combattait les Nord-Viêtnamiens et le Pathet Lao. Jugée trop dangereuse et n'offrant pas assez de possibilités de trafics, cette région n'intéressait aucun des généraux de Vientiane !

Dés le début de la guerre civile laotienne (1960), recevant l'appui de la C.I.A., qui finançait 9 de ses 14 bataillons (et ses 30 000 partisans), Vang Pao, devenu « général de la C.I.A. » (33), va combattre durement

---

(30) Commandos « Gaur » : composés de volontaires français de la Force (Spéciale) 136, formée en Inde par le S.O.E. britannique.

(31) En fait, chef d'une section *Méo* à la 14e compagnie d'infanterie lao, du poste de Muong Hiem, sous les ordres du capitaine Corcosteguy.

(32) Ce commando 4, constitué de réguliers lao était une unité intégrée au maquis « *Malo-Servan* » (GC 201) du G.C.M.A. (Emanation du Service Action français).

(33) Général de la C.I.A. : (GS-16).Grade équivalent à celui d'un général de brigade. L'infortuné Vang Pao, par ailleurs général de l'Armée royale Lao, n'a jamais été réellement titulaire de ce grade américain. Tout au plus a-t-il été soutenu mais surtout manipulé par le

le Pathet Lao et les Nord-Vietnamiens, depuis sa base établie à Long Tieng.

Après « le lâchage » américain en avril 1975, une partie de ses partisans rejoindra le massif de Phu Bia et continuera un combat désespéré pour survivre jusqu'en 1977. Vang Pao et sa famille devront être exfiltrés aux Etats-Unis.

Au Sud/Centre Viêtnam

Les montagnards des Hauts-Plateaux, peuplant les provinces de Gia Lai, Kon Tum, Đăk Lăk et Lâm Đồng, bruns de peau et physiquement très différents des Viêtnamiens *Kinh*, appelés par ces derniers *Moi* (sauvages) étaient leurs ennemis jurés. Ils prirent les armes contre les unités du Việt Minh dont la grande majorité était composée de *Kinh*, considérés comme des envahisseurs. Ainsi, les *Rhé* constituèrent les « Forces Rhés Libres » (Ban Mê Thuột), commandées par le capitaine Pierre Hentic. D'autres *montagnards* (c'était leur désignation officielle, non péjorative), s'opposèrent également au Việt Minh. Parmi les groupes les plus importants, il faut citer : au nord de la zone, les *Bahnar* et les *Djarai* (34) ; au centre les *Rhade* ; au sud les *M'Nong* et les *Kohu*. Egalement d'autres ethnies : *Bong, Cham, Chil, Drung, Halang, Ma, Mien, Nongao, Ragulai, Rongau, Sedang* et les *Tuong*. Ces montagnards, médiocres combattants, étaient en revanche des pisteurs inégalés dans leur jungle natale.

Au Sud-Viêtnam

Outre les U.D.M.C. (35) du colonel Jean Leroy qui tenaient solidement la province-île de Bến Tre, se trouvaient des groupes armés des

---

colonel James William Lair, un Texan (remplacé durant l'été 1968 par son adjoint Lloyd « Pat » Landry), du *4802 Joint Liaison Detachment (C.I.A.)*, basé à Udorn (Thaïlande) et par son « conseiller », Jerry Daniels. Parmi les paramilitaires de la C.I.A. qui aidaient le général Vang Pao, trois furent particulièrement efficaces : William Young (expert tribal), né en Birmanie ; Anthony Alexander Poshepny (ex-*marine*), Vincent Lawrence, conseillers militaires. Edgard Buell, ancien fermier, était chargé de la logistique dans la Plaine des Jarres. Avant de lâcher le Laos en 1973, la C.I.A. aura fait massacrer 15 000 de ses hommes, dont certains étaient des enfants, dans des combats frontaux, alors qu'ils auraient dû se cantonner à des actions de guérilla.

(34) En 1946, 200 **Djarai** rejoignent la 1ʳᵉ B.M.E.O. dont ils vont constituer une compagnie.

(35) Unités Mobiles de Défense des Chrétientés totalisant 5 000 combattants. Devise : « Pro Deo et Patria » (Vì Chúa Vì To Quốc). Dissoutes le 1 mai 1953 et transformées en Compagnies Légères.

sectes politico-militaires, alliés incertains, changeants, trahissant puis se ralliant, parfois utiles, toujours dangereux. Habilement manipulés par le commandant Antoine Savani, du 2ᵉ Bureau, très fin connaisseur et grand amateur de la culture viêtnamienne, sous toutes ses formes il faut citer :

- La secte *Hòa Hảo* (36): création du « mystique » (et dérangé) Huỳnh Phú Sổ, assassiné par le Việt Minh. Elle avait pour chefs militaires le « général » Trần Văn Soái (37) (dit Năm Lửa), le « général » Lâm Thành Nguyên dit Hai Ngoán, le truculent colonel Lê Quang Vinh dit Ba Cụt, le « général » Nguyễn Gíac Ngộ et le capitaine Võ Văn Diêu dit Ba Gà Mổ. Leur zone d'influence s'étendait entre les fleuves Mékong et Bassac.

- La secte *Caodaïste :* du « Gardien de la Loi » (Hộ Pháp) Phạm Công Tắc, dont le Saint-Siège se trouve à Tây Ninh. Forces commandées par leur chef officiel, le « général » Nguyễn Thành Phương (38) (8 à 10 000 hommes) et par le fameux « général » Trịnh Minh Thế (ex- adjudant de la milice pro-japonaise pendant l'occupation nipponne de l'Indochine). Ce dernier, ayant pour adjoint Văn Thành Cao, en juin 1951, il entre en dissidence et forme son propre groupe politicomilitaire : le « Quân Đội Quốc Gia Liên Minh Hội », soit 2500 hommes, basés dans la Montagne de la Dame Noire (Núi Bà Đen). Le 31 juillet 1951, il fait assassiner le général Chanson à Sa Đéc puis, en 1953, cause l'explosion d'un véhicule devant l'opéra de Saïgon.

Ce personnage trouble et vénal, acheté par le « grand ami de la France », le colonel américain Ed. Lansdale, perdit la vie mystérieusement au cours des combats du « Pont en Y » à Cholon contre les fidèles *Bình Xuyên.*

- Les *Bình Xuyê* : apparus vers 1920, ils étaient à l'origine un groupe de bandits implantés dans les marécages du Rừng Sát. En 1945, ils sont commandés par Dương Văn Dương (dit Ba Dương). Il est tué en 1946 par un avion français. Après sa mort, Lê Văn Viễn

---

(36) Secte disposant, en 1953, de 12 500 combattants, dont 7 000 sous les ordres directs de Trân Văn Soái.

(37) Reconnu comme commandant en chef des Forces Hòa Hảo (Tổng Tư Lệnh).

(38) Limogé en décembre 1952 par le « Hộ Pháp » à la suite d'incidents violents. Remplacé par le général Nguyễn Văn Thành. En mars 1953, ce dernier a pour successeur le fidèle colonel Lê Văn Tất. Plus tard, Trịnh Minh Thế et Nguyễn Thành Phương se rallieront à Ngô Đình Diệm.

(dit Bảy Viễn) prend le commandement du groupe. Lê Văn Viễn fut un personnage pittoresque. Bagnard « droit commun » dans l'île de Poulo Condor, ses contacts avec les prisonniers nationalistes lui font s'allier au Việt Minh en 1945. Ses hommes commettent alors le massacre de 150 Français à la Cité Hérault de Saïgon. Plus tard, le Việt Minh (39), pour se débarrasser de lui, lui tend un traquenard auquel il réchappe de peu. Récupéré par le commandant Savani, chef du 2ᵉ Bureau du Sud-Viêtnam, il rejoint les Français.

A son apogée, Lê Văn Viễn s'appuie sur 16 bataillons de 400 hommes et sur la « police d'assaut » de Saïgon-Cholon, commandée par Lai Văn Sang, assisté de Lê Hữu Tài.

En 1954, après son combat malheureux contre les forces de Ngô Đình Diệm, où il fut trahi par son chef d'état-major, le colonel Thái Hoàng Minh (soudoyé par le colonel Lansdale), le général Lê Văn Viễn, maffieux mais désormais loyal ami de la France, sera exfiltré et se retrouvera en exil en France (Région parisienne), avec beaucoup d'autres...

Le très mal inspiré président Ngô Đình Diệm, à son tour fut exécuté plus tard par ses propres militaires pour désobéissance à ses maîtres américains, à l'instigation du trop célèbre, omniprésent et omnipotent colonel Edward Lansdale (40).

- **La Garde du Viêtnam Sud (G.V.N.S.) :** unité viêtnamienne de gendarmes supplétifs encadrés par des gardes républicains français. Créée en 1948 pour succéder à la Garde Civile de Cochinchine. Comptant environ 400 hommes, elle se montrait peu agressive et occupait des postes placés sous le commandement du chef de secteur.

---

(39) Sur décision de Nguyễn Bình (Nguyễn Phương Thảo), surnommé « Le Borgne », notre redoutable adversaire, commandant les unités « Việt » de Cochinchine. En 1951, « purgé » par Võ Nguyên Gíap, il est rappelé au Tonkin. Par un curieux « hasard » Nguyễn Bình meurt dans une embuscade française, à la frontière du Cambodge, alors qu'il revenait au Sud Việt Nam.

(40) Aidé par son acolyte et subordonné, le major Lucien Conein, d'origine française, hélas (surnommé « Black Luigi »). Ex-Jedburgh, ce dernier est dans les années cinquante et soixante, chargé des « basses besognes » par son chef. En particulier de l'affaire « Ngô Đình Diệm » en 1963. Bravache, fabulateur, il fréquentait le gang des Corses de Saïgon où il se faisait passer pour un Corse, ancien légionnaire ! Ce triste sire terminera sa carrière avec le grade de lieutenant-colonel américain.

Pour l'ensemble du Viêtnam

La Jeune armée vietnamienne

La création de la « Jeune armée viêtnamienne », sur laquelle étaient fondés beaucoup d'espoirs répondait au souci politique de « viêtnamiser (41) » la guerre. Hélas ! Hélas ! Ce bel outil, très bien équipé, ne servit pas à grand-chose et déçut bien des généraux, malgré la valeur exceptionnelle de son chef, le général Nguyễn Văn Hinh, ami très sincère de la France. Ses bataillons « T.Đ.K.Q. » (42) volèrent en éclats au premier choc sérieux contre le Viêt Minh (43), même si les excellents 1er, 3e et 5e Bataillons parachutistes viêtnamiens (Bawouan) se battirent vaillamment. Elle ne put jamais égaler l'efficacité de nos partisans et de nos commandos encadrés par des Français et des Viêtnamiens hors du commun. Elle connaîtra, surtout après Điện Biên Phủ, un nombre très important de désertions.

Điện Biên Phủ

Cette opération désastreuse fut décidée par le Haut Commandement, contre l'avis de nombreux officiers supérieurs et malgré l'opposition catégorique du S.D.E.C.E. Indochine (44).

Le propos n'est pas ici de décrire une fois de plus le déroulement de cette bataille mais plutôt de rappeler succinctement les conceptions stratégiques des deux adversaires.

Côté français, un corps de bataille (l'élite du C.E.F.E.O.) aux effectifs étriqués, s'inspirant des techniques *chindits* (enclave dans la jungle, au milieu du territoire ennemi et dépendant entièrement du transport aérien pour l'insertion et le ravitaillement).

Côté Việt Minh, l'utilisation totalement nouvelle d'une artillerie puissante (y compris D.C.A.) (45), invisible, pour fixer l'adversaire et le priver de la logistique indispensable à une troupe combattante.

---

(41) Bien avant cela, notre commandement parlait avec tact et délicatesse de « jaunir » les unités.
(42) T.Đ.K.Q. : Tiểu Đoàn Khinh Quân (Bataillons Légers)
(43) Malgré de rares exceptions telles que le T.Đ.K.Q. 702 qui défendit avec acharnement le séminaire de Quần Phuong.
(44) Ce dernier « cassait » les codes « viêts » sans grande difficulté et, de ce fait, connaissait exactement les moyens considérables de l'adversaire, amplement approvisionné par la Chine.
(45) Dont 4 bataillons DCA Việt, entraînés en Chine et armés de canons de 37 mm.

Hélas, le commandement français, conforté par le succès obtenu précédemment au camp retranché de Na Sàn, négligea trois aspects essentiels : l'existence chez l'adversaire d'une artillerie puissante, une longue chaîne logistique inépuisable, alimentée par son voisin et allié chinois et, après de trop coûteuses attaques massives par vagues humaines, l'adoption d'une tactique intelligence « suggérée » par le général chinois Wei Guoqing, « conseiller » de Giáp, en application des directives reçues de la Commission centrale militaire de Pékin : « Séparer puis encercler l'ennemi avant d'écraser ses défenses une à une en commençant par ses avant-postes. Lorsque 4 ou 5 bataillons auront été détruits, l'adversaire perdra confiance. Il pourra alors, soit retraiter vers le sud, soit attendre des renforts. Dans les deux cas, la situation nous sera favorable ». Cette tactique fut complétée par l'utilisation de tireurs d'élite pour démoraliser nos soldats. De plus, des centaines de kilomètres de tranchées furent creusés pour permettre aux Viêts de s'avancer près de nos positions sans grand danger et de déboucher sur elles pour les submerger. Pendant ce temps, la puissante D.C.A. mise en place autour de la cuvette interdit à nos avions de se poser sur la piste du camp, étranglant progressivement ses défenseurs.

Pendant plusieurs années, les guérilleros du Viêt Minh avaient fixé le C.E.F.E.O. alors que Võ Nguyên Giáp, puissamment aidé par la Chine Populaire, forgeait une véritable armée composée de divisions régulières. Ce sont ces grandes unités (Đại Đoàn), les divisions 304, 308, 312, 316, 351 (lourde) et le Régiment Indépendant 148 qui écraseront les Français à Điện Biên Phủ.

Trois mille magnifiques soldats d'un courage extraordinaire, essentiellement parachutistes et légionnaires (46), galvanisés par d'héroïques chefs de guerre (47) y supporteront tout le poids de la bataille. Alors que le 3ᵉ Bataillon thái qui tenait les quatre bastions composant « Anne-

---

(46) Mais également les équipages de l'Escadron de chars M24 « Chaffee », les sapeurs et les artilleurs, dont les alvéoles offraient un abri dérisoire, tous firent preuve d'un courage admirable.

(47) lieutenant-colonel Pierre Langlais (paras), de facto « commandant » du camp retranché, commandant Marcel Bigeard (6ᵉ B.P.C.), lieutenant-colonel Jules Gaucher (Légion), lieutenant-colonel Maurice Lemeunier (Légion), commandant Maurice Guiraud (1ᵉʳ B.E.P.), commandant Jean Bréchignac (II/1ᵉʳ R.P.C.), capitaine Pierre Tourret (8ᵉ Bataillon de Choc), capitaine André Botella (5ᵉ B.P.V.N.), capitaine Yves Hervouet (Escadron de Tanks). Et bien d'autres encore. Gloire à ces héros !

Marie » désertera, que le III/3ᵉ R.T.A. (48), posté sur les quatre points d'appui de « Dominique » se débandera et que les « *rats de la Nam Youm* » (49) attendront tranquillement la fin de l'orage.

Le fait que le « brillant colonel de spahis », commandant du camp retranché, confiné dans son abri équipé d'une baignoire, laissant les paras et la Légion faire face aux attaques, fut nommé général est une honte que rien ne pourra effacer (50). Son courage physique évident (nombreuses citations) n'était pas en cause mais plutôt le fait qu'il n'était absolument pas à la hauteur de son commandement. Le colonel, comte Christian de la Croix de Castries, par ailleurs fin cavalier, était incapable d'aucune initiative. Il ne fit rien pour renforcer les 417 légionnaires défendant les quatre points d'appui constituant « Béatrice », la plus éloignée et la plus exposée de nos positions. Ecrasée par l'artillerie ennemie, elle sera la première à tomber sous l'assaut de milliers de « Viêt » fanatisés.

Cette guerre se termina en catastrophe lorsque le gouvernement Mendès-France, affolé, bâcla la Conférence de Genève ; alors même qu'au Tonkin, un général ambitieux et cynique (51) hâtait le repli des F.T.N.V. (52), abandonnant froidement à leur triste sort les fidèles populations catholiques du Delta, d'où provenaient la plupart de nos partisans. Dans ce conflit, la France perdit et la guerre et l'honneur, malgré le courage incomparable de ses combattants, locaux ou français.

La responsabilité de ces désastres revient essentiellement aux gouvernements successifs des IIIᵉ et IVᵉ République qui n'eurent pas le cou-

---

(48) III/3ᵉ RTA : 3ᵉ bataillon du 3ᵉ Régiment de Tirailleurs Algériens, dont un certain nombre, il est vrai, étaient des « Boujadis », des bleus, peu aguerris.

(49) Désigne les nombreux militaires, lâches et méprisables, qui désertèrent, abandonnant leurs camarades et leur poste de combat. A l'abri des berges de la Nam-Youm, ils vivaient de trafics de rations, médicaments et autres, en attendant tranquillement la fin des combats.

(50) Il est également scandaleux qu'il laissa proliférer les « rats de la Nam Youm » alors qu'une section de légionnaires eut suffi pour « dératiser » cette vermine.

(51) Général René Cogny. Surnommé « Coco la Sirène » pour son goût prononcé des escortes motocyclistes. Un incident dépeint le personnage. Le 30 mars 1953, à 22 h 00, un message du colonel de Castries parvient à Hà Nội : « Dominique 1 et Eliane 2 sont tombées. Impossible rétablir situation sans renforts ». Hélas, le sieur Cogny est introuvable, passant la nuit « en ville » dans ces moments dramatiques… Le général Navarre, Commandant en chef, accourt de Saïgon en catastrophe et arrive à 1 h 00 du matin à Hà Nội. Point de Cogny ! Ce dernier ne fera surface qu'à 8 h 30 le lendemain matin ! Une très violente altercation opposera alors les deux généraux.

(52) F.T.N.V. : Forces Terrestres du Nord-Viêtnam.

rage de définir une politique indochinoise ferme et de s'y tenir. Par-dessus tout, la faute en incombe à l'action corrosive du puissant Parti Communiste dit « Français » d'alors, dont l'attitude antinationale fut constante et exemplaire dans sa fidélité aux ordres de Moscou.

La chute du camp retranché coïncida avec la Conférence de Genève. La France fut lâchée par ses alliés traditionnels (les Américains pas fâchés de nous voir déguerpir, pressés « de jouer aux dominos » et même Churchill, indifférent), tout concourut à sceller le sort de nos vaillants soldats...

Pourtant, malgré tout l'héroïsme de notre C.E.F.E.O., la perte de « notre Indochine » était, à long terme, inéluctable. Aucune action (53) d'antiguérilla n'aurait pu nous apporter la victoire finale. Notre défaite était en quelque sorte programmée...Pourquoi ? Parce que ce peuple travailleur et intelligent possédait, avant notre arrivée, une très vieille culture et de fortes traditions nationales.

Une brève histoire du Viêt Nam combattant

Son histoire est faite d'une longue résistance à l'occupant chinois, pour conquérir son indépendance (54). Elle est marquée de soulèvements répétés au cours des siècles, où se sont illustrés de nombreux héros :

2878 av. J.C. : L'empereur de Chine, Đế Minh, inspectant le sud du pays, donne à son fils Lộc Tục un Royaume constitué par le Kouang-Toung, le Kouang-Si et le Nord du Việt Nam actuel, jusqu'au Champa. Lộc Tục prend le nom de Kinh Dương Vương. Il fonde la dynastie des Hồng Bàng qui régnera pendant vingt-six siècles, jusqu'en 278 av. J.C. et sera la fondatrice du Việt Nam.

An 200 av. J.C. : La Chine s'empare du riche Delta du Fleuve Rouge. Ses efforts pour imposer sa culture se heurtent à la résistance tenace des chefs locaux.

An 40 après J.C : Les deux « Jeanne d'Arc » vietnamiennes, les sœurs Trung (Trưng-Nhi et Trưng-Trắc) prennent la tête d'une révolte contre l'occupant chinois. Vaincues en l'an 43 par les généraux chinois Ma

---

(53) Chaque année, le dixième jour du troisième mois, on célèbre la fête de « Hùng Vương » commémorant la mort du premier Roi Hùng Vương dont la dynastie a fondé le Việt Nam. (54) C'est pourtant un général chinois de la dynastie des Chin, Triệu Đà (Zhào Tuo) qui conquit, en 206 Av. J.C. le Royaume d'Âu Lạc. Il fonda le Nam Việt qui deviendra plus tard le Việt Nam.

Vien et Luu Long, les deux héroïnes se jettent dans la rivière Hà Giang plutôt que de se soumettre.

245 : Triệu Thị Trinh, connue sous le nom de Triệu Ẩu ou Bà Triệu (Dame Triệu), née dans la province de Thanh-Hóa, prend la tête d'une révolte contre l'occupant chinois (Etat de Wu). Elle gagne de nombreuses batailles. Vaincue en 248, elle se suicide en se jetant dans une rivière.

542 : Lý Bôn (Lý Nam Đế) dirige une révolte contre les Chinois dans la province de Gia Cho. Il conquiert Long Biên (maintenant Hà Nội) et fonde le Royaume de Van Xuân qui disparaîtra en 547.

938 : Le général Ngô Quyền conduit un soulèvement contre les forces chinoises dont la flotte est détruite sur la rivière Bạch Đằng (55). Cette victoire mit fin à 1000 ans de domination chinoise.

969 : Đinh Tiên Hoàng devient roi du « Đại Cồ Việt ». Capitale : Hoa-Lu (l'actuel Ninh Bình). Il va lutter contre les Chinois et mourir en 980.

1010 : L'empereur Lý Thái Tổ (Lý Công Uẩn) fonde la dynastie des Lý. Celle-ci renforce l'indépendance nationale et sous le commandement de Lý Thường Kiệt, un stratège et tacticien de valeur, repousse les attaques des Chinois, des Khmers et des Chams. Il transfère sa capitale à Thăng Long (56), l'actuel Hà Nội.

1075 : Première remise de diplômes aux étudiants sortant de la Faculté de Lettres d'Hà Nội (Temple de la Littérature), dont l'enseignement s'inspirait du confucianisme. Ils vont devenir des mandarins (Quan Lại) et administrer l'Empire d'Annam.

1285 : Le général Trần Hưng Đạo attaque une armée de 500 000 Mongols et les repousse en Chine, alors soumise par Kublai Khan. Deux ans après, les Mongols reviennent avec une armée de 300 000 hommes et une flotte importante. Attirés dans un traquenard sur la rivière Bạch Đằng, ces bateaux sont détruits ou capturés, grâce au même stratagème

---

(55) Avant l'arrivée de la flotte chinoise, Ngô Quyền fit planter de très nombreux pieux dans le lit de la rivière Bạch Đằng, au moment des basses eaux (influence de la marée). Puis il entraîna les embarcations chinoises à la poursuite de ses propres bateaux à fond plat, au moment des hautes eaux. Lorsque le niveau de l'eau baissa à nouveau, les bateaux chinois furent immobilisés et coulés par les pieux qui les transpercèrent.
(56) Signifie « Dragon ascensionnel ».

que celui utilisé en 938 par le général Ngô Quyền, près de trois cents cinquante ans auparavant.

1418 : Les Chinois étant revenus, Lê Lợi soulève le peuple. Il bat l'armée chinoise et se proclame empereur « Lê Thái Tô » en 1428. De nos jours, Lê Lợi est toujours vénéré comme l'un des plus grands héros viêtnamiens. Son conseiller, Nguyễn Trãi, Docteur és-Lettres (Tiến Sĩ), fut l'un des précurseurs de l'*action psychologique*. Il prônait :

- La conquête des cœurs au sein de la population (Tâm Công).
- La propagande contre l'ennemi (Địch Vận).
- L'envoi de lettres aux généraux adverses avant le combat pour les persuader de se rendre.
- Offensive et négociation menées simultanément (Vừa đánh, vừa đàm).

Il obtient la reddition de la garnison chinoise de la Citadelle de Hà Nội contre la promesse de lui éviter le massacre. Le véritable concepteur de l'*action psychologique* n'en demeure pas moins l'admirable stratège Sun Tzu, presque vingt siècles auparavant, Nguyên Trãi restant cependant un maître en manipulation, désinformation et autres « coups tordus » (57).

1460 : L'empereur Lê Thánh Tông (Lê Tư Thành), lettré, de tradition confucianiste, monte sur le Trône. Il établit sa capitale à Đông Kinh (le Hà Nội actuel). Son règne va durer trente-huit ans et sera un véritable âge d'or pour le Pays. Il réforme complètement l'administration et met en place un système de mandarinat (neuf grades), doublé d'un corps d'inspecteurs itinérants chargés de protéger le peuple des abus des mandarins locaux. Modernisant l'université, il encourage les sciences et la littérature ; puis édicte un code civil et pénal, rigoureux mais juste. Il met sur pieds une puissante armée.

1774 : Révolte des frères Tây Sơn. Le prince Nguyễn Phúc Ánh doit quitter la capitale. Pourchassé, il se réfugie à l'Extrême-Sud de la Cochinchine.

1777 : A Hà Tiên, il rencontre l'évêque, Monseigneur Pigneau de Behaine, qui le sauvera. Ce dernier rentre à Paris pour demander l'aide de

---

(57) Il écrivit deux grands classiques de la littérature militaire : « *Recueil de mots et d'ordres militaires* » et « *La vraie histoire de la Résistance* ». Plus tard, bien plus tard, le général Võ Nguyên Giáp devait s'en inspirer avec succès, d'abord contre les Français, hélas ; puis contre les Américains venus se fourrer dans ce guêpier.

Louis XVI, qui promet beaucoup mais ne pourra rien donner. L'évêque va alors à Pondichéry (Inde française) d'où il revient en Cochinchine avec quatre vaisseaux, des soldats indiens, des officiers et techniciens français.

1788 : Au Tonkin, Nguyễn Huệ, le cadet des frères Tây Sơn, après bien des péripéties, force à l'exil en Chine le dernier empereur Lê, le faible Lê Chiêu Thống (58), ayant auparavant éliminé ses protecteurs, les seigneurs Trịnh (59) sous le prétexte de rétablir l'empereur déchu sur le trône. Les Célestes, tenaces, sont de retour. Nguyễn Huệ prend le titre d'empereur Quang Trung Hoàng Đế. Il écrase l'armée chinoise à Đống Đa, près d'Hà Nội, réalisant l'une des plus grandes victoires militaires du Việt Nam (60).

1802 : Nguyễn Phúc Ánh, ayant vaincu les Tây Sơn avec l'aide du général Lê Văn Duyệt, a reconquis son trône. Il fonde la dynastie des « Nguyễn » (61) et va régner à la Cours de Huế, sous le nom d'empereur Gia Long. Ses conseillers et bienfaiteurs français, écoutés et respectés, occuperont les plus hautes fonctions jusqu'à sa mort, le 3 février 1820.

1820 : Son fils, l'empereur Minh Mạng (Nguyễn Phúc Đảm), lui succède dès le 14 février. Par réaction, il adopte une politique très xénophobe et persécute les chrétiens. Plus tard, son fils, Thiệu Trị et son petit-fils Tự Đức, lui succéderont et suivront la même politique, amenant l'intervention de la France.

1858 : La Marine française attaque Tourane (Đà Nẵng aujourd'hui).

1859 : Sous le règne de l'empereur Tự Đức, l'amiral Charles Rigault de Genouilly s'empare de Saïgon.

(58) Lê Chiêu Thống « régnera » de 1786 à 1788.
(59) De 1533 à 1788, les faibles empereurs « Lê » n'avaient plus aucun pouvoir réel. Le Việt Nam était divisé en deux parties, tenues fermement en main par des Seigneurs à l'autorité quasi royale : Au sud les Nguyễn, au nord les Trịnh. En 1771, les « Tây Sơn », révoltés, massacrent presque tous les « Nguyễn » puis, en 1785, anéantissent les « Trịnh ». Le pays est alors unifié sous les « Tây Sơn » jusqu'en 1802, date à laquelle l'empereur Gia-Long, un Nguyễn, rétablira finalement son autorité sur l'ensemble du Việt Nam.
(60) Victoire de l'année Kỷ Dậu (Chiến Thắng Kỷ Dậu), qui est toujours fêtée le premier jour du premier mois de l'année lunaire.
(61) Ce sera la dernière des dynasties du Việt Nam. Le 13e (et dernier) empereur « Nguyễn », l'infortuné Bảo Đại, sera déchu en 1955 par Ngô Đình Diệm, qui deviendra président de la République du (Sud) Việt Nam.

1867 : L'amiral Léon Victor Charner entreprend la conquête de la Cochinchine, que les amiraux Louis Adolphe Bonard, puis Pierre Paul Marie de La Grandière compléteront.

L'offensive française détruit la résistance, dirigée par les « Lettrés Gentilshommes » locaux.

1872 : Au Tonkin, arrive à Hà Nội Jean Dupuis, un commerçant désireux de livrer du sel et des armes à un général chinois du Yunnan. En remontant le Fleuve Rouge, il s'empare de la Citadelle. Le capitaine Francis Garnier le suit et investit Hà Nội. Il est tué par les Pavillons Noirs, des pirates xénophobes. Le capitaine Henri Rivière reprend Hà Nội. Il est tué peu après, ainsi que 32 Français. L'affaire était lancée…

Si l'installation des Français au Tonkin se fit sans trop de difficulté, malgré l'opposition des Pavillons Noirs, ce fut le résultat de l'indifférence du peuple autochtone, voyant arriver un nouvel envahisseur, inconnu, succédant à un autre (le chinois), trop bien connu et depuis trop longtemps !

La présence française rencontra toutefois rapidement une résistance sourde, parfois ouverte, de la part des populations, entraînées par les notables, exactement comme cela s'était passé au cours des siècles précédents contre l'occupant chinois. C'est ainsi que le Đề Thám (62) (Hoàng Hoa Thám), un grand féodal mi-seigneur, mi-pirate, se livra à une féroce guérilla contre les Français.

1885 : Le jeune empereur Hàm Nghi (63) (Nguyễn Phúc Ưng Lịch), monté sur le trône l'année précédente, s'échappe de sa capitale (Huế) à la suite de la révolte malheureuse de ses mandarins contre la France. Il est remplacé par l'empereur Đồng Khánh. Hàm Nghi rejoint la pro-

---

(62) Né Trương Văn Nghĩa en 1858, dans la province de Hưng Yên (Tonkin). Par la suite il prendra le nom de Hoàng Hoa Thám, puis se fera appeler le Đề Thám. En 1874, à l'âge de 16 ans, il se joint à l'insurrection de Đại Trận (1870-75). En 1884, lors de la prise de Bắc Ninh (Tonkin) par les Français, il rejoint les rebelles du chef Trần Quang Loan. Plus tard, il combat avec les partisans de Hoàng Đình Kinh (1882-88). Puis il intègre le groupement commandé par Lương Văn Nắm (le Đề Nắm). Il devient alors un chef prestigieux et prend le commandement du groupe basé dans le district de Yên Thế (province de Bắc Giang), après l'assassinat du Đề Nắm en 1892. Arrêté par les Français, il s'évade de prison en 1895, évasion au cours de laquelle deux gendarmes perdront la vie. Il fera une trêve de 1897 à 1909 puis luttera jusqu'à sa mort. Lorsqu'après avoir été capturé et condamné à la peine capitale, il sera guillotiné le 10 février 1913.

(63) Successeur de l'empereur Kiến Phúc, qui n'aura régné que deux années (1883-1884).

vince de Hà Tĩnh d'où il lance la proclamation « *Cần Vương* » (loyauté à l'empereur), un appel au peuple à résister à la France. Il se réfugie alors dans les montagnes où ses partisans vont mener une guérilla tenace. Livré à la France par un chef Hmong, il est exilé en Algérie en 1888. Malgré cela, ses partisans continueront leur lutte contre la France jusqu'en 1897.

1904 : Phan Bội Châu, lettré radicalisé dans sa jeunesse par la révolte des mandarins, va devenir le père fondateur du nationalisme moderne viêtnamien et le précurseur d'Hồ Chí Minh. Il fonde le Việt Nam Duy Tân Hội (Société pour la modernisation du Việt Nam), afin de lutter pour l'indépendance du pays. En 1905, il s'exile au Japon. Déporté en 1909, il se retrouve en Chine où il sera séduit par les idées de Sun Yatsen. Il se rend à Hong Kong avec le prince Cường Để pour poursuivre son action. Puis il crée le Việt Nam Phục Quốc Đồng Minh Hội (Ligue pour la restauration Nationale du Việt Nam) qui a pour but l'éviction de la France. Arrêté à Shanghaï en 1925 et ramené à Hà Nội, il est condamné à la prison à perpétuité. Relâché sous la pression de l'opinion publique, il est assigné à résidence surveillée à Huế où il finira ses jours en 1940.

1914 : Pourtant, c'est un événement extérieur qui allait amener un bouleversement dans l'évolution des esprits en Indochine. Au cours de la Grande Guerre, une centaine de milliers d'Indochinois furent envoyés en France :

- Tirailleurs « annamites » (ou « tonkinois ») formant quatre bataillons de « combat » et 15 bataillons d'étapes.
- 5 000 conducteurs et 9 000 infirmiers.
- De très nombreux travailleurs civils.

Le Tonkin (Nord-Viêtnam) fournira à lui seul 43 000 tirailleurs. Ces hommes, dans leur ensemble et malgré les préjugés de l'époque à leur encontre, donnèrent entière satisfaction. Le rapport du commandant du 21ᵉ Bataillon indochinois est très éclairant : « Ce sont les seules troupes indigènes où l'on puisse dresser des observateurs sachant lire des cartes et y situer les observations ».

Aujourd'hui, pour ceux qui ont combattu les « Việts » ou mieux, qui ont eu le privilège de commander des Viêtnamiens, courageux, intelligents, chaleureux, l'observation de cet officier dénote une sous-estimation totale de la valeur de ces hommes, qui serait risible si elle n'était tragique (64).

1916 : L'empereur d'Annam Duy Tân (Nguyễn Phúc Vính San), un adolescent, avec la complicité du poète Trần Cao Vân, prépare un soulèvement général contre les Français. Découvert la veille de son déclenchement, le poète est décapité. Le jeune empereur est exilé à la Réunion, tout comme l'avait été son père, le très jeune empereur Thành Thái (Nguyễn Phúc Bửu Lân), pour les mêmes raisons.

1918 : A la fin de la guerre, nos braves « Annamites », comme on les appelait à l'époque, rentrèrent chez eux. Ils ramenaient une image de la France et de ses valeurs républicaines (Liberté, Egalité, Fraternité), où tous les hommes étaient libres et égaux en droit, même si beaucoup de Français étaient des miséreux aussi mal lotis qu'eux. Cela ne cadrait pas avec la « réalité de la société indochinoise », où le Français ne pouvait pas être autre chose qu'un « *sếp* ». L'idée d'une France, « Pays de Cocagne », où tout le monde est riche et puissant avait vécu. Ces hommes eurent l'impression (n'était-ce vraiment qu'une impression ?) d'avoir été victimes d'une fiction, où les discours hypocrites et moralisateurs cachaient mal une escroquerie morale. Le réveil fut brutal !

Autre facteur conflictuel auquel ne prit pas garde la tutelle coloniale fut l'évolution de la structure agraire du pays. Ainsi, à l'arrivée des Français, la majorité des paysans « annamites » étaient propriétaires de la terre qu'ils cultivaient. Des décennies plus tard, en Cochinchine (Sud-Viêtnam actuel), 2,5 % de la population possédait 45% de la terre, créant un sous-prolétariat de paysans sans terre donc potentiellement dangereux pour la stabilité du corps social, obligés de travailler comme « métayers » en versant 60 % de leur récolte aux propriétaires. En 1930, 70 % des paysans ne possédaient plus leur terre. Appauvris, ils allaient constituer un terreau favorable à l'action antifrançaise des nationalistes et des communistes viêtnamiens.

---

(64) Ce « bon commandant » aurait dû réaliser que ces « indigènes » avaient parfois, tout comme les Français, un potentiel intellectuel remarquable. Ainsi, en 1914, le colonel Đỗ Hữu Chẩn, Saint-Cyrien, commande le 363ᵉ Régiment d'infanterie. Il terminera la guerre comme chef d'Etat-major de la IIIᵉ Région militaire de Rouen. Son frère, Đỗ Hữu Vị, également Saint-Cyrien, après avoir été officier de la Légion Etrangère, passe à l'aviation où il se joint aux as de l'Escadrille des Cigognes, aux côtés de Guynemer. Son avion abattu, très gravement blessé, il réintègre la Légion et se fera tuer sur la Somme en 1916, à la tête de la 7ᵉ Compagnie du Régiment de Marche de la Légion Etrangère. Il faut citer également le Dr Trần Văn Đôn qui vient avec son épouse soigner les blessés, dans les hôpitaux de Bordeaux.

D'autres événements internationaux auront également une influence très négative sur l'évolution des mentalités indochinoises :

1918-1920 : La Révolution bolchévique en est un. Des Tonkinois appartenant au « Bataillon Colonial de Sibérie » (65) combattirent les Rouges, d'août 1918 à février 1920, appuyant en Sibérie occidentale les armées blanches de l'amiral Koltchak, auxquelles s'était jointe la puissante Légion tchèque. En Sibérie orientale, les Cosaques de l'Ataman Seminov menaient le même combat antibolchevique. Les hommes de cette unité franco-indochinoise devront être évacués avec leur bataillon par Vladivostok, sous la poussée des Rouges victorieux.

La déclaration (déjà) du président américain T. W.Wilson appelant les peuples à disposer d'eux-mêmes et l'entrée à Pékin du révolutionnaire chinois Sun Yat-sen, constituent les autres événements remarquables de cette période.

1920 : Enfin et surtout, le Congrès de Tours (66), auquel participait un certain Nguyễn Tất Thành (67) et qui s'appelait maintenant Nguyễn Ái Quốc (le patriote). Il avait quitté l'Indochine en 1911 comme aide-cuisinier à bord du *Latouche-Tréville*. Il se présenta à ce Congrès comme porte-parole du peuple annamite et adhéra au Parti Communiste « Français », créé lors de cette manifestation. Vingt-cinq ans plus tard, ce même personnage proclamera l'Indépendance du Việt Nam, à Hà Nội et deviendra le président Hồ Chí Minh.

1925 : Bùi Quang Chiêu et Nguyễn Phan Long (68) créent le Parti « constitutionnaliste », qui représentait à Saïgon les tendances autono-

---

(65) Ce bataillon, très curieusement nommé, était commandé par le chef de bataillon Mallet. Au début, formé d'éléments « du Régiment d'Hà Nội », le 9ᵉ Régiment d'Infanterie Coloniale, il comprenait 277 tirailleurs tonkinois. Embarqué fin juillet 1918 à Hảiphòng sur l'*André Lebon*, des renforts monteront à bord au cours de l'escale à Takou (Chine) : Deux compagnies du 16ᵉ Régiment d'Infanterie coloniale et une compagnie du 3ᵉ Régiment de Zouaves. Ce bataillon débarquera à Vladivostok le 9 août 1918.

(66) Il s'agit du 18ᵉ Congrès de la Section Française de l'Internationale Ouvrière (S.F.I.O.), tenu à Tours le 25 décembre 1920 et où une scission se produisit : une partie des participants menée par Léon Blum choisit de demeurer fidèle à la IIᵉ Internationale (Socialiste). L'autre, entraînée par de jeunes dirigeants décida d'adhérer à la IIIᵉ Internationale Communiste, inspirée par Lénine. Ce groupe forma la Section « Française » de l'Internationale Communiste qui devait devenir plus tard le Parti Communiste dit « Français ».

(67) De son vrai nom Nguyễn Sinh Cung (Fils de Nguyễn Sinh Sắc).

(68) Appartenait également à la secte Cao Đài.

mistes et modérées de la grande bourgeoisie viêtnamienne. Le slogan du parti (Pháp Việt đề huề), était éloquent : Harmonie entre la France et le Việt Nam ! La France commit une erreur capitale en refusant cette main tendue. Elle le paiera très chèrement plus tard...

1927 : Le Parti Nationaliste Việt Nam Quốc Dân Đảng (V.N.Q.D.Đ.) (69) tint ses premières instances au grand jour, à Hà Nội.

1929 : Le 1er mai, à Hong Kong, se tint le Congrès des Partis Communistes Asiatiques. Le vers est dans la pomme. Plus tard, bien plus tard, le « pommier » en crèvera. Très rapidement, les actions violentes contre la France se multiplient (Yên Báy, 1930) (70), qui furent très durement réprimées avec l'aide de l'aviation (71). A la suite de cette révolte, l'un des fondateurs du mouvement nationaliste V.N.Q.D.Đ, Nguyễn Thái Học, fut guillotiné avec douze de ses partisans.

Chef de province, Diệm participe efficacement à la répression des agitateurs communistes. Il est promu gouverneur de la province de Phan Thiết.

1930-31 : Les Communistes viêtnamiens parvinrent à établir des Comités Révolutionnaires dans une partie des provinces de Nghệ-An et de Hà-Tĩnh qui furent écrasés par la force. Diệm réprime avec vigueur une révolte paysanne inspirée par les communistes.

1933 : Bảo Đại, qui vient d'accéder au trône d'Annam, nomme Ngô Đình Diệm, ministre de l'Intérieur, sur « suggestion » française. Ce dernier est alors invité à faire partie d'une commission chargée d'étudier la possibilité de procéder à des réformes administratives. Les autorités coloniales ne voulant pas, en fait, adopter de mesures favorables aux Annamites, il démissionne au bout de trois mois, jugeant sa mission futile. Là encore, malheureusement, la France ne sut pas saisir la chance d'une évolution harmonieuse que représentait Ngô Đình Diệm (72), intègre, pieux catholique, austère, patriote et confucianiste.

---

(69) V.N.Q.D.Đ. (Việt Quốc Dân Đảng) ou Parti National populaire viêtnamien : Parti nationaliste créé en 1927, s'appuyant sur les classes moyennes (inspiré par le Kuo Min Tang chinois).

(70) Cette révolte échoua parce que, fait notable, la presque totalité des hommes du 4e Régiment de Tirailleurs tonkinois (550 sur 600) resta fidèle à la France.

(71) Avions biplans « Potez 35 » lançant des bombes de 10 kg.

(72) Plus tard, lorsqu'il sera au pouvoir (1954-1963), il sera malheureusement influencé son frère, Ngô Đình Nhu, personnage corrompu. Dirigeant le parti « Cần Lao Nhân Vị Đảng », il prélevait son tribut sur toutes les transactions commerciales importantes et les contrats

1932-39 : Pendant la période précédant la Seconde Guerre mondiale, la Sûreté Nationale parvint à démanteler les réseaux nationalistes, dont le « V.N.Q.D.Đ. », laissant le champ pratiquement libre aux communistes. En 1936, le Front Populaire décrète une amnistie qui fait libérer de nombreux prisonniers dangereux pour l'administration française.

1940 : Ceux-ci subirent pourtant un grave revers lorsqu'ils se révoltèrent contre les autorités françaises dans le Sud-Viêtnam (Cochinchine). L'histoire de cette insurrection trouve son origine dans l'agression thaïlandaise du général Palekh Pibulsonggram (Phibun), encouragée discrètement par l'occupant japonais et ayant pour but d'annexer une partie du Laos et du Cambodge. Le 22 novembre 1940, profitant des difficultés françaises, 15 000 communistes déclenchent une révolte dans la province de Mỹ Tho, qui s'étend aux provinces voisines de Cochinchine. Ils massacrent trente fonctionnaires et notables. La réponse française est immédiate et énergique : les « marsouins » et les marins, appuyés par la Garde Civile (encadrée par des gendarmes) écrasent l'insurrection. Celle-ci se termine par la condamnation à mort de 100 insurgés, exécutés immédiatement. A Saïgon, l'occupant japonais favorise les partis Việt Nam Phục Quốc Đồng Minh Hội (Ligue pour la Restauration Nationale du Việt Nam) et Đại Việt Quốc Dân Đảng (Parti du Grand Viêtnam), tous nationalistes et antifrançais.

19 mai 1941 : Hồ Chí Minh crée le Việt Nam Độc Lập Đồng Minh Hội (73), à Pác Bó, province de Cao Bằng, (Tonkin).

1941-45 : Ce sont cependant les répercussions de la Seconde Guerre mondiale qui vont porter un coup fatal à l'Indochine française. Après la défaite de la France, le territoire est occupé par les Japonais qui tolèrent mal la présence de l'administration française. Malgré toute la diplomatie du gouverneur général, l'amiral Jean Decoux (voir note détaillée), l'occupant met tout en œuvre pour faire perdre la face à la France. Le 9 mars 1945, les Japonais, voyant la guerre perdue, réalisent un coup de force,

---

avec les Américains. Ce triste sire déconsidéra le régime, malgré la sincérité et l'honnêteté de l'autocrate Ngô Đình Diệm. Pour faire pression sur ses protecteurs américains, Ngô Đình Nhu alla trop loin et prit contact avec Hà Nội. Cela rendit furieux les Américains et provoqua indirectement le renversement et l'assassinat des deux frères Ngô par leurs généraux, avec la bénédiction américaine.

(73) Mouvement communiste fortement teinté de nationalisme et dont l'objectif était d'obtenir l'indépendance du Việt Nam, y compris par la lutte armée.

attaquent par surprise les Forces françaises coupées de tout. Ils en massacrent un grand nombre. Aux yeux des Annamites, la France avait perdu le mandat du Ciel (Cách Mạng) (74).

C'est alors que se produisit la terrible famine de l'année « Ât Dậu » (Nạn Đói Năm Ât Dậu) qui ravagea le Nord-Viêtnam d'octobre 1944 à mai 1945. Cette catastrophe fut le résultat de quatre causes principales :

- L'administration française, à demi paralysée par les Japonais, ne put pas faire grand-chose pour y remédier. D'autant plus qu'elle procédait elle-même à des réquisitions (ou des ventes forcées) de riz pour nourrir les troupes françaises.
- L'occupant japonais, de son côté, saisissait le riz dont avait besoin sa propre armée et forçait en outre les paysans à se consacrer à la culture de plantes industrielles (coton, jute), aux dépens de la production de riz.
- L'aviation américaine en bombardant les voies de communication de l'Indochine occupée, empêchait le riz abondant du Sud-Viêtnam d'être acheminé vers le Nord.
- Les fléaux naturels vinrent encore aggraver la situation. Une grande sécheresse se produisit, associée à l'action d'insectes prédateurs et fit s'effondrer la production de riz du Tonkin de 20 %.

Tous ces éléments conjugués provoquèrent la flambée du prix du riz, nourriture de base, qui devint hors de portée du peuple. Malgré les efforts du « gouvernement » de Trần Trọng Kim mis en place par les Japonais après le coup de force de mars 1945, la famine dura jusqu'en mai 1945. Il en résulta une véritable hécatombe qui dévasta des villages entiers, dépeupla les campagnes et fit plus d'un million de morts. La totalité de la population fut révoltée, cherchant un coupable. Habilement, les Việt Minh, qui n'avaient qu'une audience populaire assez limitée, firent porter le blâme à la France. De plus, ils entraînèrent les paysans à piller les dépôts de riz et à attaquer les convois transportant ce grain. Le peuple tonkinois bascula alors massivement en faveur du Việt Minh qui devint, comme par enchantement, un mouvement de masse possédant « le cœur et l'esprit » du peuple, objectif indispensable pour assurer la victoire à toute guerre révolutionnaire. Pour la France, hélas, même si le conflit devait traîner encore quelques années, la partie était perdue.

---

(74) Qui signifie aussi « Révolution » (Cuộc Cách Mạng).

L'effondrement de la présence française fut parachevé par nos mortels « amis » américains, dont une équipe de l'O.S.S., nom de code « *Deer Team* », aux ordres du major Allison Thomas et du capitaine Charles M. Holland, armait et entraînait dès juillet 1945 les 300 premiers partisans de l'Oncle Hồ (voir la note détaillée **N° 2**, à la fin du livre sur l'action antifrançaise de l'O.S.S. en Indochine), commandés par Võ Nguyên Giáp et Chu Văn Tấn. Les Etats-Unis soutinrent chaleureusement la déclaration d'indépendance du Việt Nam, proclamée par Hồ Chí Minh le 2 septembre 1945 à Hà Nội, Place Puginier (actuelle Place Ba Đình), entouré par l'équipe « *Deer Team* » à laquelle s'était joint le nocif major Archimedes L. A. Patti, chef de l'O.S.S. pour l'Indochine. Plus tard, bien plus tard, nos « amis » américains, devant le spectacle de leur orgueilleuse armée ignominieusement défaite par leurs anciens protégés, devaient s'en mordre les doigts et peut-être même autre chose… Mais ceci est une autre histoire. Il s'est avéré, une fois encore, que l'intelligence et la clairvoyance ne sont pas le fort de cette nation arrogante qui se considère comme le phare de l'Humanité. Et quel phare !

Hồ Chí Minh parvint à galvaniser ce peuple à majorité paysanne, imprégné de confucianisme, foncièrement patriote mais dans son immense majorité non communiste, conservateur comme peuvent l'être les gens qui travaillent la terre. Le futur président offrait aux populations une formule politique simple mais magique :

- Độc-Lập (Indépendance).
- La terre à ceux qui la travaillent.

La France ne trouva rien à répondre à cela sinon s'appuyer sur l'administration mandarinale (75) sclérosée et vénale de l'empereur Bảo Đại, l'empereur « playboy » des boîtes de nuit à qui elle avait accordé en 1948 (76) l'indépendance formelle du Việt Nam, dans le cadre de l'Union Française. Pourtant, la France, par une action hardie et volontaire, aurait pu sauvegarder l'essentiel, c'est-à-dire une amitié durable permettant d'excellentes relations culturelles et économiques avec le Việt Nam, en adoptant une politique franche et honnête.

Cette stratégie avait été mise en œuvre par le général Leclerc. Sur le terrain ses subordonnés directs le colonel Massu et le commandant

---

(75) Khâm-Sai (Vice-Roi), Tinh Trưởng (chef de province), Đốc Phủ Sứ ou Trị Phủ (Préfet), Trị Huyện (Sous-Préfet), etc.

(76) Accord de la Baie d'Hạ Long, signé le 05/06/1948 par le général Nguyễn Văn Xuân président du conseil viêtnamien et le haut commissaire Bollaert en présence de S.M. Bảo Đại.

Ponchardier avaient rapidement rétabli l'ordre en Cochinchine, dès 1945. *Le Commando des Tigres* avait mené une action de contre-guérilla intelligente, dynamique et efficace sous les ordres du commandant Ponchardier. Le retour de la France au Tonkin était préparé. Le général, clairvoyant, avait pressenti qu'à terme une guerre d'usure ne pouvait pas être gagnée. Il était conscient qu'Hồ Chí Minh avait l'appui de la majorité du peuple viêtnamien *Kinh*, mais pas de sa totalité. Il avait recommandé à Jean Sainteny, commissaire de la République au Tonkin et Nord-Annam : « *dans vos négociations avec Hồ Chí Minh, tirez sur la corde... tirez le plus fort possible... mais surtout ne la cassez pas!* »

Lors de son entrevue avec Hồ Chí Minh avant la conférence de Fontainebleau le général avait créé une atmosphère de compréhension réciproque et de respect mutuel. Cette situation était propice à une indépendance du Việt Nam dans le cadre de l'Union française ; puisque la motivation profonde de son leader était le patriotisme, sentiment partagé par l'immense majorité du peuple viêtnamien. Malheureusement aucune solution concrète ne fut trouvée à l'issue de ces pourparlers.

Par la suite Jean Sainteny fut remplacé par l'amiral Thierry d'Argenlieu (certainement meilleur moine que négociateur) qui menait une politique désastreuse de séparation de la Cochinchine (*Nam Kỳ*) de l'Annam (*Trung Kỳ*) et du Tonkin (*Bắc Kỳ*). Cette attitude désinvolte eut pour effet de compromettre les avancées obtenues par Leclerc.

Hồ Chí Minh voyait dans le communisme un moyen de se libérer du *joug colonialiste*. S'il avait obtenu l'indépendance et senti les liens d'amitiés se renforcer il aurait coopéré au sein de l'Union française.

Ebauche d'une politique française respectueuse de l'identité du Việt Nam

Imaginons une France accordant dès les années 1930 au peuple viêtnamien, tout ce que lui promettaient les communistes. Et lui octroyant une chose en plus : la liberté (*Tự-Do*) ! Ce qui s'avérera ne pas être le cas lors de l'indépendance avec l'instauration d'un régime marxiste (77).

---

(77) Comme en témoignent les violentes révoltes durement réprimées des paysans du district catholique de Quỳnh Lưu, dans les années 1956-59, lorsque le dogmatique et prochinois Đặng Xuân Khu, alias Trường Chinh (Longue Marche), Premier Secrétaire du P.C. viêtnamien, s'inspirant de Mao Tsé-toung, procéda à la collectivisation brutale des terres. La direction du Parti, prosoviétique, le destitua en 1956 mais lui permit de conserver sa place au Politburo et de faire une belle carrière.

Une telle démarche aurait pris de vitesse les agitateurs antifrançais, nationalistes ou communistes.

Cette indépendance, rapidement accordée, sans aucune arrière-pensée, aurait dû être entreprise après une recherche rigoureuse et honnête d'interlocuteurs patriotes, intègres et confucianistes (78), connus et respectés du peuple. Et ne s'accompagner d'aucune obligation d'adhérer à une quelconque Union Française, ce qui aurait entaché le projet d'une suspicion, non dénuée de fondement. Ces hommes et ces femmes aimaient la France, sa culture et même les Français ayant une attitude décente. Seul, le « colonialisme » leur était insupportable.

Des changements profonds auraient accompagné ce nouvel ordre social, propres à créer un Etat viable et souverain :

Sur le plan économique, une réforme agraire totale, brutale et immédiate : la terre à ceux qui la travaillent, après compensation équitable des propriétaires par émission de bons du Trésor. Les paysans auraient remboursé au gouvernement la valeur de leur terre, augmentée d'un faible intérêt, par de petites annuités, suspendues les années où la récolte est désastreuse.

En ce qui concerne la Défense, la création d'une force nationale et populaire qui, exonérée de l'hypothèque coloniale, aurait extirpé les racines du mal communiste, présenté au peuple patriote comme le masque derrière lequel se profile l'influence de l'encombrant voisin du Nord. Parallèlement, un accord portant sur le regroupement et un retrait progressif étalé sur trois ans des forces militaires françaises.

Le rapatriement des Forces françaises aurait commencé par les régiments d'infanterie coloniale ou les régiments mixtes (9e et 11e RIC, 16e et 19e RMIC), tout en ne dégarnissant pas brutalement les territoires

---

(78) Confucius (K'ung Fu Tzu) : 551-479 av. J.C. Prônait une philosophie exprimée dans les quatre livres et les cinq classiques. Le confucianisme a été un facteur de cohésion sociale, tant en Chine que dans sa zone d'influence culturelle naturelle : Japon, Corée, Việt Nam, pendant vingt-cinq siècles. Confucius souhaitait restaurer la moralité ancienne et instaurer les « cinq vertus » : bonté, droiture, décorum, sagesse, fidélité. Il préconisait un gouvernement autoritaire mais respecté par le peuple parce que juste et bienveillant : toute personne, quel que soit son rang social, avait la possibilité par des études classiques, longues et difficiles, d'accéder aux hautes fonctions du Mandarinat. Ce système présentait l'avantage de prévenir les conflits sociaux et de développer une société harmonieuse, puisque les rapports humains, empreints de courtoisie et de justice, étaient clairement codifiés. Ce qui n'est pas, loin de là, le cas de nos sociétés modernes et conflictuelles.

militaires (n° 1 : Móng Cáy, n° 2 : Cao Bằng, n° 3 : Hà Giang, n° 4 : Lai Châu, n° 5 : Phong Saly). La Légion Etrangère (3 bataillons du 5ᵉ Régiment Etranger) ne partant qu'en dernier. De même, jusqu'à ce qu'une Marine viêtnamienne soit en mesure de l'assurer et à la demande expresse du nouvel Etat, la Marine nationale, aurait eu pour mission de protéger les eaux territoriales viêtnamiennes, dont les archipels des Spratlay et des Paracels, convoités par ses voisins… qui se les sont appropriés, comme il était prévisible, après l'indépendance.

Les nouvelles forces viêtnamiennes auraient pu être constituées de deux parties distinctes :

- L'armée nationale : créée à partir de la mutation des meilleurs éléments des quatre régiments de tirailleurs tonkinois et des deux régiments de tirailleurs annamites, avec pour encadrement :
  - Officiers et sous-officiers viêtnamiens de l'armée française
  - Officiers et sous-officiers français, désignés par les Viêtnamiens en regard de l'estime de leurs hommes et de leurs connaissances du pays et de sa langue.
  - Promotion interne de Viêtnamiens intelligents et aptes au commandement, en remplacement des cadres français rapatriés.
- La Garde nationale (Bảo Chính Đoàn) : constituée des bons éléments apolitiques de la Garde indochinoise (ex-Garde indigène), l'encadrement étant identique à celui de l'armée nationale. L'emploi de cette force aurait permis la présence de gardes nationaux dans chaque village pour s'opposer à tout moment à une action subversive, communiste ou autre.

Enfin, dans le domaine de la coopération entre les deux pays, il aurait été proposé aux Viêtnamiens des accords d'échanges culturels et économiques :

- Accès aux universités et aux grandes écoles françaises pour les Viêtnamiens (79).
- Libre circulation des personnes de part et d'autre, dans la limite de quotas rigoureusement identiques pour les deux parties.
- Egalité des droits pour les ressortissants établis dans le pays de l'autre partenaire.

---

(79) Selon des critères de sélection rigoureusement identiques, sans aucune « discrimination positive », source de ressentiment, obstacle à une amitié véritable.

Les Viêtnamiens auraient été alors complètement libres d'accepter ou non ces propositions équitables. Lors des négociations avec les Viêtnamiens, les Français auraient dû avoir en mémoire ce proverbe chinois disant que : « *Lorsque la vache ne veut pas boire de l'eau, il ne sert à rien de lui faire baisser la tête* ». Cette association avait peut-être une chance de réussir (si toutefois les Etats-Unis ne s'étaient pas obstinés dans leur volonté de chasser la France de ce pays). Elle aurait pu déboucher sur une amitié sincère, durable et désintéressée entre deux peuples de civilisation ancienne qui ont tant de valeurs et d'affinités naturelles en commun.

Le Mal Jaune

Malgré des malentendus, des maladresses, est né chez bon nombre de militaires du C.E.F.E.O., à des degrés divers, un sentiment puissant sans équivalent nulle part ailleurs. Ceux d'entre-nous qui ont vécu au quotidien avec ce peuple rieur, travailleur, intelligent, observateur, tout en finesse, ont subi une transformation radicale de leur « moi ». Il en est résulté une véritable symbiose entre les *Kinh* et nous. De manière irrévocable, nous nous sommes coulés dans cette population attachante, sa culture raffinée, découlant de l'influence millénaire de l'Empire du Milieu.

L'écrivain Jean Lartéguy a parlé de « *Mal jaune* » ; le général Bigeard, lui aussi, l'a évoqué, en exprimant le souhait que « nous nous remarierons ». Il s'agissait bien d'un mariage, avec tous les liens viscéraux que cela implique et les atroces déchirures d'un divorce. Ce mal n'est pas un mythe. Ceux qui ont eu le bonheur (ou le malheur) de le contracter doivent se résigner : il est incurable. Même s'il est vrai que l'on peut le mettre en sommeil en vivant immergé dans un milieu asiatique assez proche de celui que l'on a connu.

Décrire « cliniquement » les effets de ce « mal » indéfinissable n'est pas chose aisée. C'est d'abord un sentiment diffus, lancinant, tendre et douloureux à la fois, comme le souvenir d'un amour de jeunesse merveilleux, irrémédiablement perdu. C'est l'éternel regret d'une douceur de vivre au milieu d'un peuple attachant, perdue à jamais dans une glaçante Europe. Ce sont les souvenirs d'odeurs violentes (80), de couleurs vives, de saveurs exotiques, de bruits familiers et rassurants. C'est aussi

---

(80) Dont celle du nước-mắm, sauce délicieuse à base de poisson macéré dans la saumure. Placée dans une coupelle contenant des petits morceaux de piment rouge, de jus de citron vert, et d'un peu de sucre. Cette sauce à l'odeur caractéristique, est indispensable pour savourer les « nems » (rouleaux de printemps), que l'on y trempe avant de les déguster.

le sourire timide et furtif d'une gentille « Cô Gái » (81), le visage ave-
nant de la marchande de « phở » (82) qui s'éclaire lorsque l'on s'adresse
à elle en viêtnamien, au marché ; l'attitude chaleureuse du petit peuple
et la démarche empreinte de dignité des « lettrés ». C'est l'allure souple,
féline, silencieuse de ces êtres charmants, à la peau couleur d'ivoire, au
corps gracile, à l'œil noir pétillant de curiosité et d'intelligence…C'est
une nostalgie lancinante qui confine à l'envoûtement, d'autant plus insupportable si elle est confrontée à une France méconnaissable, défigu-
rée par le « multiculturalisme sacrosaint », qui a échoué partout et dans
lequel il ne se reconnaît plus. C'est l'image gravée à jamais d'un « partisan » attentif, modeste et amical, des repiqueuses de riz, l'eau
jusqu'aux mollets, travaillant inlassablement sous le soleil, la tête recouverte du « Cái Nón » (83) conique. C'est la paix qui tombe sur la rizière, à la fin de la journée, au moment où roucoulent les tourterelles,
où les laboureurs, silhouettes sombres, ramènent au village les buffles
chevauchés par de jeunes enfants qui, au retour, les feront baigner dans
la mare communale (ao làng)…

Celui qui est atteint de ce mal, se retrouve en présence d'un pays
dont l'identité disparaît chaque jour davantage sous les exigences de
communautés allogènes, inassimilées et inassimilables rejetant nos valeurs et menaçant d'imposer les leurs. Tout cela avec la bénédiction béate
de leaders utopistes qui mènent, le cœur léger, notre pays vers un abîme
cauchemardesque. La France, sous le poids de la démographie galopante
des nouveaux venus, aura cessé d'être la France et les Français seront
devenus des étrangers chez eux…Il est devenu « l'étranger » qui ne se
sent chez lui qu'en Asie. L'auteur souhaite que si l'un de ses anciens adversaires lise ces lignes, il sache que beaucoup de ceux qui le combattaient avec une farouche détermination le faisaient avec l'amour du Việt
Nam au cœur, même si cela peut paraître tragiquement paradoxal.

Conclusion

Ce livre est le fruit d'une longue réflexion de l'auteur qui livra ses
premiers combats contre une guérilla dans la rizière et les montagnes du

---

(81) Cô Gái : jeune fille, de laquelle émane parfois une odeur de santal.
(82) phở : soupe de nouilles au poulet ou au bœuf. Vendue par petits bols au marché ou dans
les petits restaurants. Se prononce « phœu ».
(83) Cái Nón : Chapeau léger, frais et très confortable, en bambou et feuilles de latanier.
Bien ventilé, il assure une protection parfaite contre le soleil ou la pluie.

Tonkin (84) ; expérience complétée par une séquence africaine, voici quelques décennies. Le temps lui a permis de chercher un sens à son expérience initiale et d'approfondir ses connaissances dans ce domaine.

S'il est vrai que le mot de guérilla donne à penser immédiatement à la « petite guerre » que livra avec succès le peuple espagnol à l'armée de Napoléon, il n'en demeure pas moins vrai que d'autres exemples de cette forme de lutte asymétrique, du faible contre le fort, beaucoup plus anciens, existent. L'un des plus grands classiques chinois, « *Au bord de l'eau* » (de Shui Fu Zhuang), qui date du XIVᵉ siècle, est basé sur l'histoire d'une guérilla héroïque, dont l'action se déroule au XIIᵉ siècle, sous l'empereur Hui Zong de la dynastie des Song. Cette lutte contre les fonctionnaires corrompus était dirigée avec un grand succès par son chef, Song Jiang, s'appuyant sur 108 héros qui commandaient ses partisans. Song Jiang s'empara de la province de He Bei. Malheureusement, sa loyauté vis-à-vis de l'empereur entraîna sa fin tragique.

La lecture de la Bible, avec les combats de Josué contre les Cananéens, celle de l'*Art de la Guerre* de Sun Tzu qui, plusieurs siècles avant notre ère, au temps de la Chine des Royaumes Combattants, définit déjà le concept du « soldat paysan », une histoire hexagonale plus récente avec les guerres de Vendée, et bien sûr, l'« Empereur Rouge », Mao Tsé-toung, qui la codifia, tous ces exemples et bien d'autres, tendent à montrer que la guérilla est et restera une forme privilégiée des peuples pour défendre leur intégrité, tant territoriale, que culturelle et religieuse.

Dans un monde inquiétant – mais fut-il un jour rassurant ? – s'annoncent des conflits de civilisation majeurs. Il en est ainsi, déjà, d'un Occident vieillissant, bêlant et permissif, détenteur d'une haute technologie, riche et arrogant face à un Islam vigoureux, austère, rigoriste et conservateur ainsi que d'une Chine enfin réveillée qui reprend sa place dans le monde. Ces oppositions cachent mal les véritables enjeux de l'âpre lutte que se livrent les puissances pour le contrôle de l'énergie, de l'eau, des matières premières en voie de raréfaction, de la nourriture tout simplement. Les conflits de basse intensité sont autant de plaies purulentes qui se multiplient aux flancs d'une planète polluée et surpeuplée.

---

(84) Et, à un moindre degré, au Centre-Viêtnam, pendant l'opération « Camargue », parmi les villages complètement recouverts par la jungle, auxquels on accédait par de véritables « tunnels » sous les arbres (et la végétation) ; ainsi que les environs de la fameuse « Rue sans joie » (un tronçon de la RC 1), de sinistre mémoire pour les Anciens du C.E.F.E.O.

L'hyper-puissance des Etats-Unis ne durera pas éternellement. L'histoire en atteste : tous les empires ont une fin, y compris l'empire américain, fin que compte bien d'ailleurs hâter « l'Ours » renaissant et le « Panda », qui fait pour l'instant le « gros dos » mais dont la puissance grandissante surprendra bientôt le monde (85). L'effondrement du système financier (Wall Street) et de l'économie de la démo-chienlit américaine de 2008, aggravé par une dette considérable qui devient terrifiante, laisse présager la perte de puissance de cet empire du mal dont la fourberie n'a d'égal que son cynisme brutal. L'émergence de doctrines militaires, émanant de l'OTAN (sous contrôle états-unien) et tentant de faire perdre à l'arme atomique son caractère dissuasif pour en banaliser l'usage, n'est guère rassurant. Il faut y voir la main des néoconservateurs et l'application de leur doctrine dite de « guerre préventive ». Pure folie !

Dans un monde guetté par des bouleversements climatiques sans précédent, qui vont engendrer sécheresse ici, montée des eaux ailleurs, provoquant un déferlement massif de populations, de proportions bibliques, vers des zones plus hospitalières, il est difficile de trouver des raisons d'être optimiste. Alors, quel sera le sort de l'humanité, de nos enfants ? De terrifiants conflits nucléaires ou la multiplication de mouvements de guérilla ?

---

(85) La Chine actuelle, puissance mondiale grandissante, imprégnée d'un très fort sentiment national, n'a plus de « rouge » que la couleur de son drapeau. Son régime s'apparente plus à un système national-capitaliste. Elle met au point un missile balistique antinavire, véritable tueur de porte-avions. Cela inquiète beaucoup les Américains qui, eux, n'en possèdent pas. Il s'agit du « Dong Feng 21D » A.S.B.M., basé au sol, guidé avec précision sur une cible mouvante par satellites, drones et radar transhorizon. D'une vitesse égale à 10 fois celle du son et d'une portée de 2500 km, il serait capable d'interdire à tout agresseur de s'immiscer dans les affaires intérieures chinoises. En particulier lors d'un éventuel conflit avec la province dissidente de Taiwan.
Tout aussi alarmant pour un prédateur éventuel, le *Chengdu Aircraft Design Institut* chinois vient de débuter les essais en vol du chasseur furtif « J-20 ». Cet appareil surclasse le F-35 Lightning II américain, doté d'une faible signature radar et dont sont équipés certains de leurs « alliés ». Il n'a pour rivaux sérieux que le F-22A « *Raptor* » américain, dont la production a été arrêtée en 2009 pour des raisons budgétaires (187 appareils construits sur un programme total de 300) et le Sukhoï T-50 PAK-FA russe, en cours de réalisation. Il faut noter que le J-20 chinois possède une grande autonomie de vol (2500 km) et surtout qu'il sera probablement équipé de missiles antisatellites. Ce qui n'est pas le cas du F-22A. Encore moins rassurant pour la « Pax americana » est le programme chinois de construction de plusieurs porte-avions dans les années à venir.

L'action de l'amiral Jean DECOUX en Indochine (1884-1963)

En 1939, l'amiral Decoux est nommé commandant des Forces Navales Françaises en Extrême-Orient.

En 1940, il devient gouverneur général de l'Indochine française. Le 22 septembre 1940, la chute de Lạng Sơn, verrou sur la frontière chinoise, l'oblige à laisser pénétrer en Indochine les troupes japonaises venant de Chine. Demeurant courageusement à son poste, il parvient à sauvegarder au mieux les intérêts de la France, face aux occupants auxquels il doit faire des concessions. Ceux-ci ne manquent pas une occasion d'humilier publiquement les Français, tout en soutenant en sous-main certains mouvements anti-français. Par son attitude digne, une politique ouverte envers les « Annamites » (86), l'amiral parvient à gagner la confiance et le respect de ces derniers ; de nombreux Français lui apportant leur soutien massif.

En 1941, les Siamois, encouragés par les Japonais, arrachent à la France trois provinces du Cambodge et une partie du Laos. En représailles, l'amiral Decoux fait couler la flotte siamoise (bataille navale de Koh Chang, le 17 janvier 1941). Les Japonais imposent alors un cessez-le-feu…

Dès 1943, il prend contact avec les gaullistes d'Alger, sans beaucoup de succès. Le 20 août 1944, il proclamera son allégeance au gouvernement provisoire de la France.

Le 9 mars 1945, sentant venir la défaite, craignant un revirement des Forces françaises, les Japonais réalisent un coup de force et mettent fin à l'administration française. Les troupes françaises, surprises, affaiblies, coupées de toutes sources d'approvisionnement, vont être en partie massacrées, même si les généraux Alessandri et Sabattier parvinrent à s'échapper en Chine avec quelques milliers d'hommes des garnisons du Tonkin. Les Anglais, de Calcutta, effectuent quelques parachutages d'armes et de munitions. Sur ordre de Roosevelt, les Américains basés au Yunnan (14ᵉ Groupe aérien américain), refuseront, quant à eux, tout appui aux Français. Après de nombreux combats et une marche épuisante, ils arriveront au Yunnan (Chine). Nos « amis éternels » américains leur réserveront le meilleur accueil : « Pas un grain de riz, pas une cartouche pour les Français », décrétera le général américain Wedemeyer, chef d'Etat-major de l'armée de Tchang Kai-chek. Heureusement, il y eut des « arrangements » avec les Chinois et les Français seront rapidement équipés et armés à l'américaine, au grand dam des Yankees !

Ces rescapés, forts de 3 500 hommes (et 1 100 animaux de bât), appelés jusque là « Forces françaises de Chine », passent sous les ordres de l'énergique lieutenant-colonel Robert Quilichini venant de Calcutta. En janvier 1946, celui-ci quitte sa base de Tsao Pa et ramène ses troupes en Indochine du Nord, malgré la mauvaise volonté du général chinois Lou Han, commandant de la 93ᵉ Division, qui occupe la région et attend la récolte d'opium.

---

(86) • Interdiction (hélas non respectée) du tutoiement (source d'humiliation) des « Annamites » par les Européens,

• Création de « Camps de Jeunesse » mixtes, ouverts aussi bien aux Français qu'aux Viêtnamiens, par le capitaine de frégate Maurice Ducoroy, commissaire à l'Education physique et aux Sports.

• Accession de nombreux « Annamites » aux hautes et moyennes fonctions de l'administration.

Les forces françaises réoccupent Phong Thổ (où se trouvait une compagnie du V.N.Q.D.Đ.). Elles sont accueillies chaleureusement par le chef Đèo Văn Anh. Puis c'est au tour de Lai Châu où les chefs Đèo Văn Long et Đèo Văn Mun, manifestent leur amitié aux Français, malgré leur crainte du Việt Minh et du V.N.Q.D.Đ. Enfin, ce sera Điện Biên Phủ d'où le lieutenant-colonel R. Quilichini fera ses adieux à l'Indochine, en 1946.

L'amiral Decoux va rester emprisonné par les Japonais, du 9 mars au 2 septembre 1945, jusqu'à leur reddition en septembre 1945.

A la stupeur et à la réprobation générale des populations locales et des Français d'Indochine, l'amiral Decoux est accusé de « collaboration » avec les Japonais et destitué, puis ramené en France. Traduit devant la Haute Cour de Justice, toutes les accusations portées contre lui sont reconnues sans objet. En 1949, cet excellent gouverneur bénéficie d'un non-lieu.

L'action anti-française de l'O.S.S. en Indochine (1944-1945)

L'Office of Strategic Services (O.S.S.), Service du Renseignement américain, précurseur de la C.I.A, fut créé par le général William Donovan (87) pendant la Seconde Guerre mondiale, sous la présidence de Franklin Roosevelt. Ce dernier, violemment opposé à toute présence française en Indochine, utilisa son antenne de Kunming pour empêcher la France du général De Gaulle de s'y rétablir. Cette politique continua plusieurs mois après la mort de Roosevelt.

Le détachement 202 de l'O.S.S, basé à Kunming (Chine) aida rapidement et de façon occulte le Việt Minh, sous le prétexte fallacieux de la lutte contre les Japonais, tout en sachant pertinemment que son objectif réel était l'éviction de la France.

I - Au Nord-Viêtnam

28 janvier 1941 : Hồ Chí Minh quitte Kunming (Chine) pour s'établir au Nord-Tonkin.

08 février 1941 : Il arrive à Pác Bó (province de Cao Bằng, près de la frontière chinoise), où il installe son P.C.

19 mai 1941 : Hồ Chí Minh crée à Pác Bó le Việt Nam Độc Lập Đồng Minh (Việt Minh).

28 août 1942 : Il se rend au Kouangsi en Chine. Suspecté d'être un agent japonais, il est arrêté par le maréchal Chang Fa Kwei, seigneur de la guerre, ayant pour adjoint le général Siao Wen.

19 septembre 1943 : Sous la pression de l'O.S.S. (202), qui compte bien l'utiliser contre les Français (et accessoirement contre les Japonais), Hồ Chí Minh est libéré par les Chinois.

Eté 1944 : Võ Nguyên Giáp, demeuré à Pác Bó pendant l'absence d'Hồ Chí Minh, dispose maintenant de 300 partisans armés.

11 novembre 1944 : Le lieutenant pilote Rudolph Shaw ayant un grave problème avec le moteur de son avion de reconnaissance, saute en parachute dans la région frontalière Tonkin/Chine. Il est amené à Pác Bó par des partisans việt minh et bien accueilli par Hồ Chí Minh.

---

(87) Nom de code : « 109 ».

22 décembre 1944 : Un élément viêt minh (31 hommes) attaque et capture leur premier poste français isolé.

Décembre 1944 : Hô Chí Minh escorte le lieutenant R. Shaw en direction de la base américaine de Kunming. A la frontière, les Chinois embarquent le lieutenant dans un avion partant pour Kunming, laissant Hô Chí Minh continuer son voyage à pieds et arriver à destination en janvier 1945, alors que le lt. R. Shaw a déjà quitté la Chine. Pour tirer avantage du sauvetage du lt. R. Shaw, Hô Chí Minh cherche à contacter les Américains.

17 mars 1945 : Le lieutenant Charles Fenn, de *l'Air Group Aid Service* (chargé de récupérer les pilotes américains abattus par les Japonais) rencontre Hô Chí Minh. Il le présente au général Claire Chennault, commandant le 14ème Groupe aérien américain basé à Kunming. Pour le remercier, ce dernier remet sa photo dédicacée à Hô. Plus tard, celui-ci se servira beaucoup de cette photo pour prouver aux Viêtnamiens que les Etats-Unis le soutenaient dans sa lutte... Le lieutenant Fenn, qui n'ignore pas qu'Hô Chí Minh est décidé à chasser la France, lui offre une mission officielle : surveiller la météo dans sa région, le tenir informé des conditions météorologiques et bien sûr secourir les pilotes des avions américains abattus. Pour cela, le lieutenant Fenn lui adjoint deux agents sino-américains de son service (dont un radio) et lui fournit un poste émetteur-récepteur, un générateur et un lot d'armes légères. Hô a reçu comme cadeau personnel, à sa demande, 6 colts « .45 » et 20 000 cartouches. Son groupe est transporté par avion à la ville frontière de Jingxi (Chine) et continue son trajet à pieds.

13 avril 1945 : Pendant ce temps, arrive à Kunming le très antifrançais et pro-viêt minh major O.S.S. Archimedes L.A. Patti. Responsable pour l'Indochine, il établit de bonnes relations avec les représentants du Viêt Minh à Kunming, écartant l'*Air Group Aid Service*. Il fixe rapidement un rendez-vous à Hô Chí Minh qui aura lieu à Jingxi le 27 avril 1945. Le sinistre major va offrir son soutien total au Viêt Minh.

Fin avril 1945 : Hô et son équipe arrivent à Pác Bó, après 15 jours de marche (300 km). Les deux agents sino-américains commencent à entraîner les partisans viêt minh à l'utilisation du poste radio et des nouvelles armes américaines. De nouveaux parachutages amenant d'autres postes de radio et des armes suivront...

Début mai 1945 : Hồ Chí Minh et ses partisans quittent leur base de Pác Bó et arrivent le 21 mai 1945 à leur nouveau P.C. de Kim Long.

16 juillet 1945 : Une équipe de cinq hommes de l'O.S.S. (nom de code « *Deer Team* »), sous les ordres du major Allison Thomas, est parachutée sur le P.C. d'Hồ Chí Minh (village de Kim Long, maintenant Tân Trào) qui se trouve non loin de Tuyên-Quang. Ce détachement va organiser pendant deux mois des parachutages d'armes et de munitions et entraîner les 300 partisans d'Hồ Chí Minh placés sous le commandement de Võ Nguyên Giáp et de Chu Văn Tấn. Les Américains vont choisir un premier groupe de partisans qu'ils vont entraîner au maniement des nouvelles armes américaines : carabines U.S. M1, pistolets-mitrailleurs Thompson, fusils-mitrailleurs, bazookas, mortiers, lance-flammes, grenades…

Le médecin de cette équipe, Paul Hoagland, sauvera probablement la vie d'Hồ Chí Minh, gravement atteint de paludisme et souffrant de dysenterie.

La mission « officielle » de « *Deer Team* », qui n'ignorait rien des objectifs anti-français du Việt Minh, était d'obtenir des renseignements sur les Japonais et de couper leurs voies de communication dans la région Hà Nội-Ning Mai. De fait, l'action des partisans việt minh se bornera à quelques accrochages avec les Japonais, leur véritable ennemi demeurant la France.

Fin juillet 1945 : Le capitaine Charles M. Holland et quatre hommes viennent renforcer « *Deer Team* ».

16 août 1945 : Hồ Chí Minh est élu président du gouvernement provisoire par le congrès national du peuple à Tân Trào. Une unité việt minh commandée par Võ Nguyên Giáp, accompagnée par les Américains de l'équipe « *Deer Team* », marche sur Thái Nguyên, occupé par les Japonais pour ouvrir la route d'Hà Nội.

22 août 1945 : Notre « ami », le major Patti, arrive à Hà Nội, accompagné du commandant Jean Sainteny, (chef du M5, le Service du Renseignement Français à Kunming, puis commissaire de la République pour le Tonkin et le Nord Annam), et de quatre officiers français. Cet officier, anti-français et pro-Việt Minh, isole Sainteny et son équipe qu'il neutralise et joue au « faiseur de roi ». Sainteny s'en plaindra amèrement au Q.G. français de Calcutta, citant « manœuvre alliée pour éliminer la France, perte de face totale de la France, etc. » A la suite de ces plaintes, le major Patti, qui cette fois a jeté le masque et est allé trop loin, se voit rappelé à l'ordre sévèrement par son chef, le colonel Richard P. Heppner, responsable O.S.S. pour la Chine.

25 août 1945 : Hồ Chí Minh, accompagné par l'équipe « *Deer Team* », arrive à Hà Nội, venant de Thái Nguyên. L'appui visible qu'il reçoit de l'O.S.S. lui permettra, après la défaite japonaise, de s'identifier aux Alliés victorieux auprès du peuple viêtnamien.

26 août 1945 : Võ Nguyên Giáp accueille en fanfare la mission américaine à Hà Nội. Le major Patti rencontre Hồ Chí Minh. Il va devenir son conseiller officieux dans les semaines cruciales qui vont suivre.

02 septembre 1945 : Hồ Chí Minh, en présence de l'équipe « *Deer Team* », proclame l'indépendance du Việt Nam et la formation d'un gouvernement provisoire. Le major Patti, présent lui aussi, l'a aidé à rédiger ce document, en s'inspirant largement de la déclaration d'indépendance des Etats-Unis faite par Thomas Jefferson. Hồ Chí Minh prends ainsi de vitesse les troupes chinoises du général Lou Han (88), chargé de recevoir la capitulation des troupes japonaises, les Chinois, soutenant ses rivaux des partis VNQDĐ et Việt Nam Cách Mạng Đồng Minh Hội, qui sont à la fois anticommunistes et anti-français.

09 septembre 1945 : Les troupes chinoises entrent à Hà Nội.

20 septembre 1945 : Le général Yuitsu Tsuchihashi signe l'acte de reddition japonaise au palais du gouverneur général.

30 septembre 1945 : Le major Patti reçoit enfin l'ordre de quitter Hà Nội, l'O.S.S. étant dissoute. Il passera sa dernière soirée à Hà Nội avec son ami Hồ Chí Minh, qui l'aura utilisé et manipulé au maximum.

II - Au Sud-Viêtnam (Cochinchine)

Lors de la capitulation japonaise, c'est la 20e Division indienne, commandée par le général David Douglas Gracey, qui fut chargée de

---

(88) Subordonné (et cousin) du général Long Yun, seigneur de la guerre du Yunnan. Tchang Kaï-chek, par une manœuvre machiavélique, lui ordonna d'envoyer ses troupes au Tonkin afin de l'affaiblir et se débarrasser de lui. Long Yun se vengera en se ralliant à Mao Tsétoung en 1949.

désarmer les troupes japonaises. Alors que les Américains se montraient ignobles dans le nord du pays, le général David D. Gracey sauva de très nombreuses vies françaises, en libérant nos prisonniers et en les réarmant.

Malgré cela, nos « amis » américains rôdaient déjà pour participer à l'éviction de la France du Việt Nam.

01 septembre 1945 : Le lieutenant Emile R. Connasse (89), précurseur du détachement O.S.S. 404, basé à Ceylan, est parachuté sur Saïgon.

04 septembre 1945 : Le lieutenant-colonel O.S.S. Albert P. Dewey arrive à Saïgon avec une petite équipe (nom de code *Project Embankment*) pour commencer son travail de sabotage contre la France. Dès son arrivée, il établit des rapports cordiaux avec le docteur Phạm Ngọc Thạch (90), chef de l'organisation « Jeunesse d'avant-garde » (91), affiliée au Việt Minh et avec les dirigeants du Comité Việt Minh pour le Sud-Viêtnam (92).

Ses activités déplurent fortement au très correct général D. Gracey qui interdit à Dewey d'arborer un drapeau américain sur sa jeep, ce qui plus tard, aura un effet fâcheux pour notre « ami » Dewey. Quelques semaines plus tard, le général D. Gracey ordonne l'expulsion du lieutenant-colonel Dewey.

26 septembre 1945 : Dewey, accompagné par le major O.S.S Herbert J. Bluechel, roule en jeep venant de l'aéroport de Tân Son Nhút. Par un heureux retour des choses, un barrage routier tenu par ses amis viêtminh, à la jonction en T de Chu-La, ouvre le feu sur la jeep considérée comme française, abattant le lieutenant-colonel Dewey. Son compagnon, le major H. J. Bluechel parvient à s'échapper. Les Việt Minh s'emparent de leur jeep et jettent le corps de Dewey dans une rivière, à Gò Vấp. Tenace, l'O.S.S. le remplace par le lieutenant James R. Withrow Jr. pour continuer son sale travail.

---

(89) Un tel nom ne s'invente pas ! C'est tout un programme…Heureusement, il quittera Saïgon à l'arrivée du lieutenant-colonel Dewey… hélas encore pire !

(90) Secrètement membre du Parti Communiste Indochinois

(91) Devenue le Thanh Niên Tiền Phong, organisation paramilitaire, sous l'impulsion du docteur Phạm Ngọc Thạch.

(92) Duquel dépendait Trần Văn Giàu, commandant des unités militaires việt minh au Sud-Viêtnam, après avoir formé le comité exécutif provisoire pour le Nam Bộ le 23 août 1945 à Saïgon.

III - Au Laos

19 septembre 1945 : Sur ordre du général américain Wedemeyer, les majors O.S.S. Aaron Bank et Charles M. Holland, basés au Siam arrivent à Nong Kai, sur la rive siamoise faisant face à Vientiane (Laos). Ils prennent contact avec le Việt Minh pour les encourager à évincer les Français du Laos. Le lieutenant O.S.S. Reeve, basé lui aussi au Siam, maintient de son coté, un contact bienveillant avec les Việt Minh du Laos.

01 octobre 1945 : L'O.S.S. devait être dissoute par le président H. Truman, ce qui n'empêchera pas, en 1954, le colonel Edward Lansdale de revenir sur les lieux avec la « *Saigon Military Mission* » (93) pour mettre au pouvoir Ngô Đình Diệm, leur créature, opposée à toute présence française au Việt Nam.

Les Américains avaient enfin gagné...pour un temps ! Mais cela allait leur coûter très cher !

---

(93) Aidée dans son action occulte contre la présence française par la *Special Technical and Economic Mission (STEM)* qui, ignorant complètement les structures françaises, traitait directement avec les autorités viêtnamiennes.

24. ANNEXES

24. ANNEXE 1
LE MISSILE SA-7B (STRELA 2M)

Avertissement

Les informations qui suivent ne prétendent pas être exhaustives ni d'une exactitude absolue, compte tenu des modernisations apportées au fil du temps au SA-7B, telles que le système d'identification ami/ennemi (IFF) ou d'automatisation de la séquence de tir permettant, entre autres, le blocage du tir si la cible est en dehors du domaine de tir. Néanmoins, elles constituent une base de données suffisante pour une bonne compréhension de ce système d'arme.

L'appellation SA-7B (ou SAM-7B pour Surface Air Missile) fait référence à la nomenclature OTAN, appellation sous laquelle il est le plus connu en Occident. En fait, il s'agit du système lance missile portable russe 9K32M Strela 2M, fabriqué depuis 1970 par KBM Kolomna; Strela signifiant flèche en Russe. Son concept doit beaucoup au missile américain équivalent « *Redeye* »…Il assure une couverture aérienne basse altitude.

De nombreuses raisons font qu'il présente un grand intérêt pour une guérilla :

- Très répandu dans le monde, il est d'un approvisionnement plus aisé si on le compare aux missiles équivalents d'origine occidentale. Outre la fabrication russe, il a de nombreux « clones », tels que : le HN-5 Hong Nu chinois, le Anza Mk2 Strela 2 pakistanais, le Ayn as Saqr Strela 2 M2J égyptien… Son rapport qualité/prix en fait une arme appréciée.
- Relativement léger (environ 15 kg), il est d'une mise en œuvre aisée et se tire à l'épaule par un seul homme.
- Le *Strela* 2M, contrairement à son prédécesseur le *Strela* 2 qui ne pouvait engager des cibles qu'en éloignement, peut le faire en rap-

prochement, pour des cibles lentes seulement (avions à hélices et hélicoptères).

- Il est doté d'une sensibilité lui permettant de résister aux leurres thermiques (pods).
- Depuis 1997, le fabricant offre aux détenteurs de *Strela* 2M des modernisations améliorant sensiblement ses performances.

Ce missile a connu un succès extraordinaire dans de nombreux pays, en conflit ou non. Ceci malgré les nombreux modèles plus efficaces qui lui ont succédé tels le système 9K34 Strela 3 (SA-14) en 1978 ou bien ceux de deuxième génération comme le système 9K38 Igla (aiguille en Russe) : IGLA-1 (SA-16) en 1981, IGLA (SA-18) en 1983 et le méchant petit dernier, l'IGLA-S, véritable tueur d'avions. Ces derniers offrent des performances égales au « *Stinger* » américain.

Les composants du système 9K32M Strela 2 M
(*voir photographie dans le cahier central*)

Le missile 9M32M

De type « Fire and Forget » (tire et oublie), grâce à son autodirecteur à infrarouges, passif, c'est-à-dire qui n'émet aucun signal susceptible d'être l'objet de contre-mesures électroniques. Seul le rayonnement infrarouge de la cible (principalement les moteurs) le guide vers cette dernière. Ce sous-système de guidage est situé dans la tête du missile.

Le missile est lisse sur toute la longueur avec l'avant arrondi. D'une longueur de 1,40 m et de 70 cm de diamètre, il comporte à l'avant deux ailerons directeurs à voilure canard et à l'arrière quatre ailerons stabilisateurs qui constituent l'empennage. Ces éléments se déploient dès l'éjection du missile hors du tube de lancement. Une rotation continue de 20 tours/minute selon son axe longitudinal lui donne une bonne stabilité aérodynamique.

La propulsion est assurée par deux charges de carburant solide (propergol). La première, un lanceur, projette le missile hors du tube à une vitesse de 30m/s et finit de brûler avant que le missile soit totalement éjecté. La seconde, le propulseur de croisière, prend le relai quand l'engin se trouve à 5 ou 6 mètres du tireur et porte sa vitesse à environ 540m/s (1940 km/h).

Il est équipé d'une charge explosive de 1 kg 800 dotée d'une fusée d'impact. Il faut donc qu'il touche sa cible pour être efficace. Cette charge est armée au bout de 120 m de vol. Si le missile rate sa cible une charge d'autodestruction, actionnée automatiquement au bout de 15 secondes de vol ou 6500 m parcourus, détruit le missile.

Le temps de réaction du système d'arme est d'environ 5 secondes.

Domaine de tir :
> a/ distance d'engagement : de 800 à 4200m.
> b/ altitude en engagement frontal sur cibles lentes
> > (moins de 540 km/h) : de 50 à 2300 m.
> c/ altitude pour un engagement en poursuite sur avions
> > rapides (moins de 940 km/h) : 1500 m.

La probabilité de destruction est voisine de 25 %.

Le tube de lancement 9P54M

Lisse, avec la partie avant qui s'élargie légèrement. Il contient le missile avant sa mise à feu. C'est sur lui que vient se fixer la crosse de tir et le système de visée.

La crosse de tir réutilisable 9P58

Elle s'accroche sous l'avant du tube de lancement par 28 points d'accrochage. Elle comprend la poignée pistolet, sans pontet de protection, avec un mécanisme de détente à double effet, un cran de sûreté, un clip de blocage et un dispositif d'alarme sonore. Cette poignée est suivie d'un gros bloc rectangulaire, à la moitié de l'arme.

La batterie thermique 9B17

Gros bloc cylindrique placé à l'avant du 1/3 de la partie inférieure du tube et rattachée à la crosse de tir par une rainure à quatre goupilles.

Le système de visée

Constitué de deux petits axes avec un viseur sur la partie circulaire, légèrement inclinés vers la gauche de l'arme.

Approvisionnement

Caisse en bois de 1655 x 382 x 325 mm, contenant 2 missiles et 4 batteries thermiques, d'un poids total de 59 kg.

Equipe de feu

Au niveau bataillonnaire, l'équipe de feu était composée d'un opérateur et deux assistants. Ils portaient cinq conteneurs avec leurs missiles, un seul mécanisme de lancement, plus quelques batteries. Cette organisation est à reconsidérer dans le cadre de la guérilla.

Séquence de tir opérationnelle

Lorsque l'opérateur détecte visuellement une cible, il enlève le capuchon qui obture le tube de lancement contenant le missile, place l'arme sur son épaule et met le système électronique et le senseur infrarouge sous tension ; ce qui prend environ 5 secondes. Puis il vise la cible pour permettre à la « tête chercheuse » de l'acquérir ; ce qui déclenche un signal sonore et lumineux. Il presse alors la détente en position intermédiaire, ce qui permet au gyroscope de mesurer les données de l'objectif (altitude, direction, vitesse).

Si la cible est saisie et que les paramètres autorisent le tir, un nouveau signal lumineux et sonore en avertit le tireur. Celui-ci appuie alors à fond sur la détente. Le missile est presque instantanément éjecté à une distance de sécurité de 5 à 6 mètres, à une vitesse de 30 m/s. La première sécurité est désarmée. Le propulseur de croisière prend le relais automatiquement et la seconde sécurité est supprimée provoquant l'armement de la charge explosive au bout de 120 m de vol.

Si lors d'une première tentative, la cible n'a pas été « verrouillée », le tir est bloqué et un signal lumineux apparaît sur le système de visée indiquant au tireur la nécessité de faire un nouvel essai, qui impliquera nécessairement le changement de la batterie thermique.

Durée de vie du système d'arme

La durée de vie de la batterie thermique est un problème majeur de ces systèmes d'arme. La batterie est indispensable à l'activation préalable au vol et au démarrage du gyroscope avant le tir. Ce qui explique la fourniture de deux missiles accompagnés de quatre batteries par caisse. Il est indéniable que ce facteur est déterminant pour la longévité du système complet ; bien plus que celui du carburant solide. Les avis sur ce point, bien que divergents, avancent des chiffres de 10 ans voire 20 ans. Cet aspect est beaucoup plus sensible pour des « groupes non-gouvernementaux » qui ne peuvent souvent compter que sur des acquisitions illicites.

La diffusion du savoir

Le second facteur pénalisant pour une guérilla est celui de la diffusion du savoir faire. Les séquences de tir nécessitent un entraînement intensif, qu'il n'est pas facile d'obtenir en dehors du cadre des forces armées nationales. Le *Strela* 2M, du fait de son principe même (autodirecteur à infrarouge), présente néanmoins une relative simplicité d'emploi. C'est ce qui explique, en partie, son succès (175 000 exemplaires pour la seule Russie).

Bref historique

Pendant la guerre américaine au Viêt-Nam, les Nord-Viêtnamiens ont effectué 589 tirs, de SA-7B, abattant ou endommageant 204 aéronefs, dont de nombreux hélicoptères et deux formidables *Spectre* AC-30, pourtant abondamment pourvus en moyens de protection en tous genres. Les premières expériences de combat acquises au cours de ce conflit ont permis très rapidement de prouver les lacunes de ce système et d'entreprendre les améliorations indispensables.

Mais ce sont des IGLA-1 que l'Irak a déployés lors de l'opération « Désert Storm » en 1991, causant de nombreuses pertes aux avions de la Coalition.

Utilisation tactique par les forces de guérilla

Dans une armée classique, une équipe de feu SA-7 / Strela 2M comprend un tireur qui porte un missile, aidé par deux pourvoyeurs portant chacun deux missiles avec leurs batteries. Considérant les difficultés de terrain où opèrent les guérilleros et leurs pertes parfois élevées, il faut envisager de constituer des équipes SA-7 comportant :

- Un tireur, portant le missile à tour de rôle avec son adjoint.
- Un adjoint dont le rôle essentiel est de scruter le ciel avec ses jumelles télémétriques pour détecter les cibles aussi tôt que possible et déterminer les distances. Il doit être en mesure de remplacer le tireur en cas d'incapacité de ce dernier à remplir sa fonction.
- Quatre pourvoyeurs portant chacun un missile et deux batteries.

25. ANNEXE 2
LES MINES ANTIPERSONNEL

Généralités

Les mines antipersonnel se définissent comme un engin pyrotechnique conçu pour être déclenché par une action involontaire de l'ennemi, afin de provoquer la mise hors combat de personnel, en tuant ou blessant (un blessé mobilisant au moins une personne pour le secourir).

Bien que la Convention d'Ottawa de 1997 en interdise l'usage, il faut noter que beaucoup de pays ne l'ont pas ratifiée (Etats-Unis, Israël, Chine, Russie, etc.). De nombreuses régions du globe sont minées. Il en est ainsi en Asie du Cambodge où l'on estime à 4 à 6 millions le nombre de mines encore actives. De même en Afghanistan où 5 à 7 millions de mines infectent le pays. L'Afrique n'est pas épargnée avec des pays comme le Soudan, l'Angola, le Mozambique, fortement minés. L'Europe même est touchée par ce phénomène : l'ex-Yougoslavie compterait environ un million de mines. Enfin, en Colombie, les FARC utilisent beaucoup les mines.

La définition même de ces armes et leur classification sont déterminantes en regard du Droit international. En effet, le fait d'attribuer ou de dénier certaines caractéristiques à une mine antipersonnel suffit à la déclasser pour qu'elle échappe aux interdictions d'emploi prévues par les conventions internationales, suffisamment imprécises. Les fabricants ont beau jeu de jouer avec les nomenclatures et les notices de leurs produits pour prouver que ces derniers ne sont pas des mines antipersonnel susceptibles de non discrimination entre militaires et civils.

La mine « Claymore » à fragmentation directionnelle

Au vu de cette situation, il convient d'aborder le sujet des mines antipersonnel, même de manière non exhaustive, leur utilisation par des mouvements de guérilla ou par des forces gouvernementales n'étant pas près de cesser. Ces matériels sont en continuelle évolution, ce qui oblige les personnels démineurs (unités du génie militaire dans les armées classiques) à un effort de formation permanente, en regard du caractère éminemment dangereux de la tâche. Parmi les nombreux produits disponibles, une mine à fragmentation directionnelle semble particulièrement adaptée à la guérilla (comme à la lutte antiguérilla). Il s'agit de la mine américaine « Claymore » M18A1 ou ses équivalents : la mine chinoise type 66 ou la MON-50 russe. Elle convient parfaitement dans les embuscades et comme moyen de parer l'infiltration de l'infanterie adverse, voire contre des véhicules non blindés.

Cette mine est utilisée en la posant sur le sol, la partie frontale (clairement indiquée) face à l'ennemi. En détonant, elle projette sur un arc de 60 degrés 700 billes d'acier, formant un rideau mortel de 2 mètres de hauteur sur 50 mètres de largeur. Cette mine est particulièrement efficace à 50 m devant elle mais elle peut être létale jusqu'à 200 m de distance. Au moment de l'explosion, les éléments amis devront respecter une zone de sécurité de 100 m de rayon à l'arrière de l'engin. L'explosif utilisé est du C4.

Modes d'utilisation
(*voir photographies dans le cahier central*)

1/ Mode télécommandé :

Cet engin peut être télécommandé par un fil électrique en utilisant l'appareil de mise à feu M57. Le boîtier de télécommande comporte des boutons poussoirs actionnant chacun une mine.

2/ Mode automatique :

Son explosion automatique peut être provoquée par l'arrivée d'ennemis. Pour cela, il existe plusieurs types d'allumeurs :
- Multi-usage (type M142).
- A pression/relâchement (type M5).
- Par fil tendu.
- Par dispositif infrarouge passif.
- Par senseur acoustique/vibrations.
- Avec court retard. Ce dernier mode de fonctionnement sera utilisé par des partisans en retraite, qui déclencheront la mise à feu avant d'abandonner leurs positions, pour stopper leurs poursuivants.

Il faut considérer que cette mine est néanmoins lourde (3 kg 100), donc difficile à transporter pour des guérilleros qui doivent être extrêmement mobiles.

Autres types de mines antipersonnel

● Mine à effet de souffle :

La mine américaine M14 en est un exemple. De forme cylindrique, d'un diamètre 57 mm, d'une hauteur de 44 mm et d'un poids de 94 g, elle est généralement enterrée ou posée en surface et camouflée. Elle est déclenchée par la simple pression d'un pas, provoquant des mutilations et des blessures secondaires qui nécessiteront une amputation chirurgicale, partielle ou totale, d'un ou plusieurs membres.

● Mine à fragmentation :

La mine Pomz 2, fabriquée dans les anciennes républiques de l'ex-URSS appartient à cette catégorie. Ses caractéristiques (110 mm de hauteur, 64 mm de diamètre), son aspect extérieur quadrillé, lui ont valu l'appellation de mine « ananas ». Très utilisée par le Viêt Minh pendant le conflit indochinois, elle se pose au-dessus du sol, sur des piquets (d'où son autre nom de mine « piquet »), attachée à des arbres ou des buissons et ensuite camouflée. Elle est déclenchée par un fil à traction actionné soit par la jambe d'un ennemi en marche, soit par télécommande au moment où la cible passe à proximité de l'engin. Les fragments sont projetés à 360 degrés.

● Mines bondissantes à fragmentation :

Ce sont des mines très efficaces dont « l'ancêtre » est la mine allemande 35S. Elle se déclenche lorsqu'on marche dessus, bondissant sous l'effet d'une première charge à une hauteur d'environ 1 mètre. Elle explose ensuite en projetant des billes d'acier à 360 degrés, dans un rayon mortel de 25 mètres.

● Mines mises en place à distance :

Elles peuvent être à fragmentation ou à effet de souffle, cette dernière catégorie étant la plus répandue. Ces mines sont lancées et dispersées par une pièce d'artillerie, un lance-roquette multiple, un mortier ou larguées d'un aéronef (avion ou hélicoptère). Autant dire que ce mode de mise en place n'est pas à la portée d'un mouvement de guérilla.

Grenades piégées

Dans cette optique, il est possible d'utiliser des grenades défensives piégées, munies d'un allumeur instantané, fonctionnant par traction ou par pression. Pour ce mode d'utilisation, l'allumeur français, modèle 58 comportant 3 antennes, livré avec trois bobines de 10 m de fil-piège de couleur verdâtre ou son équivalent est particulièrement indiqué.

RÉFÉRENCES BIBLIOGRAPHIQUES

INDOCHINE :

ANONYME, *Nos Soldats d'Indochine vous parlent*, Nouvelles Editions Latines, 1950, 155 p.

ARETTE, Alexis, *On m'appelait Bleu de noir*, Ed. J.et D., 1997, 320 p.

AYROLLES (Commandant), L.-H., *L'Indochine ne répond plus*, Indo-Editions, 2005, 283 p.

BALNY d'AVRICOURT, A., *L'Enseigne Balny et la Conquête du Tonkin*, Ed. France-Empire, Paris, 1973, 324 p.

BAYLE, Claude, *Prisonnier au Camp 113*, Ed. Perrin, Paris, 1991, 275 p.

BERGOT, Erwan, *11ème Choc, Bataillon Action*, Ed. Presses de la Cité, Paris, 1986, 313 p.

BERGOT, Erwan, *2ème Classe à Dien Bien Phu*, Ed. La Table Ronde, Paris, 1964, 328 p.

BERGOT, Erwan, *Commandos de Choc en Indochine,* Ed. B. Grasset, Paris, 1982, 389 p.

BERGOT, Erwan, *Convoi 42*, Ed. Presses de la Cité, Paris, 1986, 340 p.

BERGOT, Erwan, *Gendarmes au combat (Indochine 1945-1955)*, Ed. Presses de la Cité, Paris, 1985, 270 p.

BERGOT, Erwan, *Les Héros oubliés*, Ed. B. Grasset, Paris, 1975, 387 p.

BERGOT, Erwan, *Les Paras*, Ed. Balland, Paris, 1971, 314 p.

BERGOT, Erwan, *Les Petits Soleils*, Ed. France Empire, 1966, 285 p.

BERGOT, Erwan, *Mourir au Laos*, Ed. Presses de la Cité, Paris, 1995, 444 p.

BERGOT, Erwan, *Vandenberghe, le Pirate du Delta*, Ed. Balland, Paris, 1973, 327 p.

BERNIER, Jean-Pierre, *G.M. 100 Combats D'Indochine après Dien Bien Phu,* Ed. Presses de la Cité, Paris, 1977, 285 p.

BEUCLER, Jean-Jacques, *Prisonnier des Viets*, Ed. Revue Historia, juillet 1979, N° 392.

BIABAUD, Henry, *Deux ans en Indochine*, Ed. Fayard, Paris, 1945, 257 p.

BODARD, Lucien, *La Guerre d'Indochine*, Ed. Bernard Grasset, Paris, 1997, 1168 p.

BODIN, Michel, *La France et ses soldats. Indochine (1945-1954)*, Ed. L'Harmattan, Paris, 1996, 285 p.

BODIN, Michel, *Les Combattants français face à la guerre d'Indochine (1945-1954),* Ed. L'Harmattan, Paris, 1998, 270 p.

BONNECARRERE, Paul, *Par le sang versé*, Ed. Fayard, Paris, 1969, 459 p.

BOUBAL, Jacques et HENRY, Georges, *9 Mars 1945, La retraite de Chine*, autoédité, 1990, 60 p.

BOURCIER, Emmanuel, *La Guerre du Tonkin*, Les Editions de France, St Nazaire, 1931, 263 p.

BREHERET, Yves, *Indochine 1946*, Ed. Presses de la Cité, Paris, 1992, 248 p.

BREHERET, Yves, *L'Odyssée de la Colonne Alessandri. La retraite de Chine (mars 1945-mai 1945)*, Ed. Presses de la Cité, Paris, 1989, 256 p.

BRETT, Gérard, *La tragédie des supplétifs. La fin des combats, Quartier de Phu Duc Tonkin (1953-1954)*, Ed. L'Harmattan, Paris, 1998, 264 p.

BRETT, Gérard, *Les Supplétifs en Indochine (1951-1953)*, Ed. L'Harmattan, Paris, 1996, 317 p.

BROSSARD, Capitaine de Corvette, M. de, *Dinassaut*, Ed. France-Empire, Paris, 1952, 316 p.

BRUGE, Roger, *Les Hommes de Dien Bien Phu,* Ed. Perrin, Paris, 2002, 613 p.

CHARBONNEAU, René et MAIGRE, René, *Les Parias de la gloire. Indochine-Chine 1945*, Ed. France-Empire, Paris, 1980, 397 p.

CHIARAMONTI, Colonel Edmond, *Soldats de la boue et des pitons*, Auto-édité, 1987, 128 p.

CUCCHI, Francis, *La Route du pavot*, Ed. Filipacchi, Levallois-Perret, 1991, 247 p.

DALLOZ, Jacques, *Dien Bien Phu*, Ed. La Documentation Française, 1991, 96 p.

ĐĂNG Văn Việt, Colonel, *La R.C. 4. Campagne des frontières (1947-1950)*, Editions Langues Etrangères, Hanoï, 1985, 165 p.

DARCOURT, Pierre, *Bay Vien, le maître de Cholon*, Ed. Hachette, Paris, 1977, 417 p.

DARCOURT, Pierre, *De Lattre au Viêt-Nam. Une année de victoires*, Ed. La Table Ronde, Paris, 1965, 358 p.

DECOUX, Amiral Jean, *A la barre de l'Indochine*, Ed. Plon, 1949, 494 p.

DELARUE, Louis, *Avec les Paras des 1er R.E.P. et 2ème R.P.I.Ma*, Nouvelles Editions Latines, 1961, 250 p.

DELPEY, Roger, *Dien Bien Phu. Histoire d'une trahison*, Ed. J. Grancher, Paris, 2004, 286 p.

DELPEY, Roger, *Parias de la gloire*, Ed. Karolus, 1962, 298 p.

DELPEY, Roger, *Soldats de la boue. Epopée indochinoise*, Ed. L.M.E., Paris, 1949, 253 p.

DELPEY, Roger, *Soldats de la boue. Glas et tocsin*, Ed. André Martel, 1952, 253 p.

DELPEY, Roger, *Soldats de la boue II. La bataille du Tonkin*, Ed. Karolus, 1961, 387p

DELPEY, Roger, *Soldats de la boue I. La Bataille de Cochinchine,* Ed. Karolus, 1961, 360 p.

DELPEY, Roger, *Soldats de la boue,* Ed. Karolus, 1950, 360 p.

DEROO, Eric, VALLAUD, Pierre, *Indochine Française. Guerres, mythes et Passions*, Ed. Perrin, Paris, 2003, 220 p.

DESCAMPS, G.L., *Commandos d'Indochine*, Ed. de la Porte St Martin, 1951, 330 p.

DEUVE, Jean, *La Guerre secrète au Laos contre les Communistes (1955-1964)*, Ed. L'Harmattan, Paris, 1995, 311 p.

DEUVE, Jean, *Le Service du Renseignement des Forces Françaises au Laos (1946-1948)*, Ed. L'Harmattan, Paris, 2000, 214 p.

DOYON, Jacques, *Les Soldats blancs de Ho Chi Minh*, Ed. Fayard, Paris, 1973, 521 p.

DUCOROY, Maurice, *Ma trahison en Indochine*, Editions Internationales, 1949, 225 p.

ELFORD, George-Robert, *La Garde du diable. Des S.S. en Indochine*, Ed. Fayard, Paris, 1974, 298 p.

FLEURY, Georges, *La Guerre en Indochine*, Ed. Perrin, Paris, 2000, 690 p.

FLEURY, Georges, *Le Commando*, Ed. Bernard Grasset, Paris, 1983, 303 p.

FONDE, Jean-Julien, *Traitez à tout Prix...*, Ed. Robert Laffont, Paris, 1970, 384 p.

FRANCHINI, Philippe, *Tonkin (1873-1954). Colonie et Nation : Le Delta des mythes,* Ed. Autrement, Paris, 1994, 166 p.

GALABRU, André, *La Victoire avortée. Dien Bien Phu. Printemps 1954*, Ed. Atlante, St. Cloud, 2004, 222 p.

GAUDRON, Max, *Légionnaire au Nord-Tonkin*, Ed. Copernic, Paris, 1980, 223 p.

GEORGES, Marcel, *Go sur Dien Bien Phu*, Ed. France-Empire, Paris, 1992, 331 p.

GOBRON, Gabriel, *Histoire du Caodaïsme*, Ed. Dervy, Paris, 1948, 196 p.

GRINTCHENKO, Michel, *Atlante Aréthuse*, Ed. Economica, Paris, 2001, 333 p.

GUIBERTEAU, Yannick, *La Dévastation, cuirassé de rivière*, Ed. Albin Michel, Paris, 1983, 359 p.

GUILLOT, Maurice, *Les Juteux*, Ed. Presses de la Cité, Paris, 1962, 319 p.

HAMEL, Bernard, *Résistance en Indochine (1975-1980)*, Ed. I.R.E.P., 1980, 268 p.

HEDUY, Philippe, *Histoire de L'Indochine (1624-1954)*, Ed. S.P.L., 1983, 365 p.

HOLEINDRE, Roger, *Des Pavillons Noirs à Dien Bien Phu* (tome I), Editions Flanant, Limoges, 1997, 191 p.

JACQUIN, Général Henri, *Guerre secrète en Indochine*, Ed. Olivier Orban, Paris, 1979, 252 p.

KARNOW, Stanley, *Vietnam. A History*, Ed. Penguin Books, New York (U.S.A.), 1984, 768 p.

KILIAN, Capitaine de Vaisseau Robert, *Les Fusiliers Marins en Indochine*, Ed. Berger-Levrault, Paris, 1948, 256 p.

KREMMER, Christophe, *Stalking the Elephant Kings*, Ed. Allen and Unwin, St Leonard, Australie, 1997, 215 p.

LABROUSSE, Pierre, *La Méthode Vietminh. Indochine,1945-1954*, Ed. Lavauzelle, Panazol, 1996, 391 p.

LANSDALE, Colonel (C.I.A.) Edward-Geary, *In the Midst of War*, Ed. Fordham University Press, New York (U.S.A.), 1991, 386 p.

LARTEGUY, Jean, *Soldats perdus et Fous de Dieu. Indochine (1945-1955)*, Ed. Presses de la Cité, Paris, 1986, 251 p.

LATTRE DE TASSIGNY, Maréchal Jean de, *La Ferveur et le Sacrifice. Indochine 1951*, Ed. Plon, 1987, 473 p.

LE PAGE, Colonel Marcel, *Cao Bang. La tragique épopée de la colonne Le Page*, Nouvelles Editions Latines, 1981, 384 p.

LE QUANG, Gérard, *La Guerre américaine d'Indochine*, Editions Universitaires, 1973, 221 p.

LEBARGY, Emile, *Indochine de ma jeunesse*, Autoédité avec André Galabru, 1999, 221 p.

LEROY, Colonel Jean, *Fils de la rizière*, Ed. Robert Laffont, Paris, 1977, 334 p.

LEYX, André, *Un Spahi raconte la guerre d'Indochine (1952-1954)*, Muller Editions, Issy-les-Moulineaux, 2005, 288 p.

LOUSTAU, Henri-Jean, *Les Derniers combats d'Indochine (1952-1954)*, Ed. Albin Michel, Paris, 1984, 282 p.

LOUSTAU, Henri-Jean, *Les deux Bataillons. Cochinchine-Tonkin (1945-1952)*, Ed. Albin Michel, Paris, 1987, 255 p.

MALTRUD, Jean, *L'Aventure indochinoise*, Ed. Imp. Perrochon, 1950, 413 p.

MARCHAND, Général Jean, *Dans la jungle moï*, Ed. Peyronnet et Cie, 1951, 182 p.

MAUCLERE, Jean, *Marins dans les Arroyos*, Ed. J. Peyronnet et Cie, 1951, 188 p.

Mc COY, Alfred, *La Politique de l'héroïne en Asie du Sud-est*, Ed. Flammarion, Paris, 1980, 607 p.

MORGAN, Ted, *Valley of Death. The Tragedy at Dien Bien Phu that Led America into the Vietnam War*, Ed. Random House , New-York, 2010, 722 p.

MOYAR, Mark, *Triumph Forsaken the Vietnam War (1954-1965)*, Ed. Cambridge University Press, New York, 2006, 512 p.

MUELLE, Commandant Raymond, *Bérets Rouges en Indochine. La demi-brigade SAS (février 1946-juin 1948)*, Ed. Presses de la Cité, Paris, 1987, 334 p.

MUELLE, Commandant Raymond, *Commandos et forces spéciales en Indochine (1944-1954)*, Ed. Lavauzelle, 2000, 124 p.

MUELLE, Commandant Raymond, *Commandos et maquis. Service action en Indochine. G.C.M.A. Tonkin (1951-1954)*, Ed. Presses de la Cité, Paris, 1993, 264 p.

MUELLE, Commandant Raymond, *Le Bataillon des damnés. Indochine (1949-1950)*, Ed. J. Grancher, Paris, 1989, 307 p.

MUELLE, Commandant Raymond, *Le Bataillon des réprouvés. Indochine (1949-1950)*, Ed. Presses de la Cité, Paris, 1989, 270 p.

MUELLE, Commandant Raymond, *Le Premier Bataillon de choc en Indochine (1947-1948)*, Ed. Presses de la Cité, Paris, 1985, 314 p.

MUELLE, Commandant Raymond, *Services Spéciaux. Armes Techniques, Missions G.C.M.A-Indochine (1950-1954)*, Ed. Crépin-Leblond, Chaumont, 1992, 125 p.

NASHEL, Jonathan, *Edward Lansdale's Cold War*, Ed. University of Massachusetts Press, Amherst et Boston, U.S.A., 1963, 278 p.

NAVARRE, Général Henri, *Agonie de l'Indochine*, Ed. Plon, 1956, 335 p.

NGO Van, *Viêt-Nam 1920-1945. Révolution et contre révolution sous la domination coloniale*, Ed. L'Insomniaque, Montreuil s/Bois, 438 p.

NGUYEN Khac Vien, *Viêt Nam. Une longue histoire*, Editions Langues Etrangères, Hanoï, 1987, 507 p.

PATTI, Colonel (C.I.A.) Archimedes-L-A, *Why Viet Nam ?*, Ed. University of California Press, Berkeley, U.S.A., 1980, 612 p.

PEDRAZZANI, Jean-Michel, *La France en Indochine. De Catroux à Sainteny*, Ed. Arthaud, Paris, 1972, 216 p.

PIKE, Douglas, *People Army of Vietnam*, Ed. Brassey's Defence Publisher's, Londres, 1986, 384 p.

PILLEUL, Gilbert, *Le général De Gaulle et l'Indochine (1940-1946)*, Ed. Plon, 1982, 272 p.

PIREY, Charles-Henry de, *Vandenberghe. Le Commando des Tigres Noirs*, Indo-Editions, Paris, 2003, 175 p.

PISSARDY, Jean-Pierre, *Commandos Nord-Vietnam 1951-1954,* Ed. Indo Editions, Paris, 1999, 337 p.

PRADOS, John, *Viet-Nam. The History of an Unwinnable War 1945-1975*, Ed. University Press Of Kansas, Laurence, U.S.A., 2009, 669 p.

PUY-MONTBRUN, Colonel Déodat du, *Chemin sans croix*, Ed. Presses de la Cité, Paris, 1964, 352 p.

QIANG ZHAI, *China and the Vietnam Wars 1950-1975*, Ed. The University Press of North Carolina, Chapel Hill, U.S.A., 2000, 320 p.

RICHARD, Pierre, *Cinq ans prisonnier des Viets*, Ed. Nouvelles Editions Latines, 1996, 211 p.

ROLAND, André, *L'action dans l'ombre*, Edition du Dauphin, Paris, 1971, 346 p.

ROLLAND, Pierre, *Contre-guérilla*, Ed. Louvois, 1956, 256 p.

ROUBAUD, Louis, *Viet Nam. La tragédie indochinoise*, Ed. Librairie Valois, 1931, 288 p.

SABATTIER, Général Gabriel, *Le Destin de l'Indochine (1941-1951),* Ed. Plon, 1952, 466 p.

SAINTENY, Jean, *Histoire d'une paix manquée*, Ed. Amiot-Dumont, 1953, 260 p.

SAINTENY, Jean, *Ho Chi Minh and his Vietnam (Face à Ho Chi Minh)*, Ed. Seghers, Paris, 1970, 193 p.

SALAN, Général Raoul, *Fin d'un Empire* (tome II) *: Le Viet Minh mon adversaire*, Ed. Presses de la Cité, Paris, 1971, 479 p.

SASSI, Colonel Jean, *Opérations spéciales. 20 ans de guerres secrètes*, Ed. Nimrod, 2009, 335 p.

SAVANI, Commandant A.M., *Visages et images du Sud-Vietnam*, Ed. Imprimerie Française d'Outre-mer, Saïgon, 1953, 355 p.

SERGENT, Pierre, *Je ne regrette rien*, Ed. Fayard, Paris, 1972, 406 p.

SERGENT, Pierre, *Les Maréchaux de la Légion*, Ed. Fayard, Paris, 1977, 441 p.

SERGENT, Pierre, *Paras Légion. Le 2ème B.E.P. en Indochine*, Ed. Presses de la Cité, Paris, 1982, 254 p.

SERGENT, Pierre, *Un étrange Monsieur Frey*, Ed. Fayard, Paris, 1982, 348 p.

SOLNTSEV, Nikolai, *Viet-Nam*, Hanoi, Ed. Van Hoa, 1986, 240 p.

SPECTOR, Ronald H., *Advice and Support the Early Years of the United States Army in Vietnam (1941-1960)*, Ed. The Free Press, New York, U.S.A., 1983, 391p

TENNESSON, Stein, *1946. Déclenchement de la guerre d'Indo*chine, Ed. L'Harmattan, Paris, 1987, 275 p.

TEULIERE, André, *L'Indochine, guerres et paix*, Ed. Lavauzelle, 1985, 302 p.

THABAUT, André, *Médecin lieutenant au 1er Bataillon Muong Indochine (1954-1955)*, Ed. L'Harmattan, Paris, 2005, 189 p.

TOPLING, Seymour, *Fatal Crossroads a Novel of Vietnam 1945*, Ed. East Bridge Editors, Norwalk (USA), 2004, 275 p.

TRINQUIER, Colonel Roger, *Les Maquis d'Indochine*, Ed. Albatros, 1976, 207 p.

VALETTE, Jacques, *La Guerre d'Indochine* (1945-1954), Ed. Armand Colin, Paris, 1994, 415 p.

VO NGUYÊN GIÁP, Général, *Dien Bien Phu*, Ed. Langues Etrangères, Hanoï, 1984, 186 p.

WARNER, Roger, *Shooting at the Moon. The Story of America's Clandestine War in Laos*, Ed. Steerforth Press, South Royalton (USA), 1995, 436 p.

CHINE

BYRON John et PACK Robert, *The Claw of the Dragon, Kang Sheng*, Ed. Simon et Schuster, New York, U.S.A., 1992, 560 p.

CHAN Shui Jeung, *East River Column, Hong Kong Guerillas in the Second World War and After*, Ed. Hong Kong University Press, Hong Kong, 2009, 182 p.

DEACON, Richard, *The Chinese Secret Service*, Ed. Grafton Books (Collins) Publishing Group, Glasgow, 1989, 443 p.

EFTIMIADES, Nicholas, *Chinese Intelligence Operations*, Ed. Naval Institute Press, Annapolis, U.S.A., 1994, 169p

FALIGOT Roger et KAUFFER Rémy, *Kang Sheng et les Services Secrets Chinois*, Ed. Robert Laffont, Paris, 1987,652p

GARDELLA, Lawrence, *Mission secrète en Chine, 9 mai-30 mai 1952*, Ed. Pygmalion, Paris, 1982, 252 p.

GUILLERMAZ, Général Jacques, *Une vie pour la Chine*, Ed. Robert Laffont, Paris, 1989, 450 p.

MAO TSE-TOUNG, *Ecrits militaires*, Editions en Langues Etrangères, Pékin, 1964, 465 p.

MAO TSE-TOUNG, *La Guerre révolutionnaire*, Ed. Union Générale d'Editions, Paris, 1962, 195 p.

QIAO, Colonel Liang et WANG, Colonel Xiangsui, *La Guerre hors limites*, Ed. Payot et Rivages, Paris, traduit du chinois l'an 2003, 318 p.

SUN TZU, *The Art of war*, Ed. Oxford University Press, New York (U.S.A.), 1983, 197 p.

SUSBIELLE, Jean-François, *Chine U.S.A.. La guerre programmée*, Editions générales First, 2006, 379 p.

ALGÉRIE

ARGOUD, Colonel Antoine, *La Décadence, l'imposture et la tragédie*, Ed. Fayard, Paris, 1974, 360 p.
AUSSARESSES, Général Paul, *Services Spéciaux. Algérie 1955-1957*, Ed. Perrin, Paris, 2001, 197 p.
BENESIS de ROTROU, Lieutenant-colonel Armand, *Commando "Georges" et l'Algérie d'après*, Ed. Dualpha, Paris, 2009, 448 p.
BERGOT, Erwan, *Le Dossier rouge*, Ed. Grasset, Paris, 1976, 314 p.
FLEURY, Georges, *Histoire secrète de l'O.A.S.*, Ed. Grasset, Paris, 2002, 1042 p.
GANDY, Alain, *Salan*, Ed. Perrin, Paris, 1990, 438 p.
GUIBERT, Vincent, *Les commandos Delta*, Ed. Jean Curutchet, 2000, 304 p.
GUIFTRAY, Louis, *On m'appelait Boulhaya*, Editions France-Empire, Paris, 1966, 299 p.
JACQUIN, Général Henri, *La Guerre secrète en Algérie*, Ed. Olivier Orban, Paris, 1977, 321 p.
LE MIRE, Henri, *Histoire militaire de la guerre d'Algérie*, Ed. Albin Michel, Paris, 1982, 402 p.
MASSU, Général Jacques, *La vraie bataille d'Alger*, Ed. Jules Tallandier, Paris, 1971, 391 p.
MELIANI, Abd-el-Aziz, *Le drame des Harkis*, Ed. Perrin, Paris, 2001, 233 p.
MELNIK, Constantin, *La mort était leur mission*, Ed. Plon, 1996, 220 p.
PEREZ, Dr Jean-Claude, *L'Islamisme dans la guerre d'Algérie*, Ed. Dualpha, Paris, 2004, 500 p.
VOISIN, André-Roger, *Intox et coups fourrés*, Editions Cheminements, Le Coudray-Macouard, 2008, 187 p.

INDOCHINE/ALGÉRIE

BIGEARD, Général Marcel, *Pour une parcelle de gloire*, Ed. Plon, 1975, 480 p.
DELARUE, Louis, *Avec les Paras des 1er R.E.P. et 2ème R.P.I. Ma*, Ed. Nouvelles Editions Latines, 1961, 250 p.
FLEURY, Georges, *Le Baroudeur*, Ed. Bernard Grasset, Paris, 1979, 428 p.
LE BERRE, Commandant François, *Cravate verte, Képi blanc*, Ed. J. Grancher, Paris, 1991, 244 p.
LEGER, Capitaine P.-A., *Aux Carrefours de la guerre*, Ed. Albin Michel, Paris, 1983, 427 p.
TRINQUIER, Colonel Roger, *Le temps perdu*, Ed. Albin Michel, Paris, 1978, 442 p.

AFGHANISTAN-PAKISTAN

CRILE, George, *Charlie Wilson War*, Ed. Grove Press, New York (U.S.A.), 2003, 550 p.
FERGUSSON, James, *Taliban*, Ed. Transword Publishers, Londres, 2006, 416 p.

GUL, Imtiaz, *The Most Dangerous Place, Pakistan Lawless Frontier*, Ed. Penguin Book, Londres, 2010, 282 p.

HOPKIRK, Peter, *Le Grand Jeu. Officiers et espions en Asie centrale*, Ed. Nevicata, Bruxelles, 2011, 569 p.

NOTIN, Jean-Christophe, *La guerre de l'ombre des Français en Afghanistan*, Ed. Fayard, Paris, 2011, 932 p.

AUTRES

ANDREW, Christopher, *Defend The Realm, The Autorized History MI 15*, Ed. Alfred A. Knopf (Random House), Inc., New York (U.S.A.), 2009, 1032 p.

BEHR, Edward, *Une Amérique qui fait peur*, Ed. Plon, 1995, 325 p.

BEMERT, Philippe, *Roger Wybot et la bataille pour la D.S.T.*, Ed. Presses de la Cité, Paris, 1975, 544 p.

BEMERT, Philippe, *S.D.E.C.E. Service 7*, Ed. Presses de la Cité, Paris, 1981, 353 p.

BITTERLIN, Lucien, *Histoire de barbouzes*, Ed. du Palais Royal, Paris, 1972, 269 p.

BLUM, William, *Rogue State*, Ed. Zed Books Ltd, Londres, 2006, 393 p.

BONN, Keith E. et BAKER, E. Anthony, *Guide to Military Operations other than War*, Ed. Stackpole Books, Mechanicsburg (U.S.A.), 2000, 368 p.

BURDAN, Daniel et DENIAU, Jean-Charles, *D.S.T. Neuf ans à la division antiterroriste*, Ed. Robert Laffont, Paris, 1990, 384 p.

CECILE, Jean-Jacques, et autres, *Renseignement & opérations Spéciales* (n° 9), Ed. L'Harmattan, Paris, 2001, 178 p.

CHALIAND, Gérard, *Les guerres irrégulières*, Ed. Gallimard, Paris, 2008, 980 p.

CHAPMAN, F. Spencer, *The Jungle is Neutral*, Ed. Chatto and Windus, Londres, 1949, 435 p.

CLARKE Richard A. et KNAKE Robert K., *Cyber War*, Ed. Harpe Collins Publishers, New York, U.S.A., 2010, 290 p.

DESMARETZ, Gérard, *Cyber Espionnage*, Ed. Chiron, Paris, 2007, 252 p.

DESMARETZ, Gérard, *Service Action*, Ed. Chiron, Paris, 2007, 318 p.

DROUHAUD, Pascal, *F.A.R.C., Confessions d'un guérillero*, Ed. Choiseul, 2008, 203 p.

FALIGOT, Roger et KROP, Pascal, *La Piscine. Les services secrets français*, Ed. du Seuil, Paris, 1985, 430 p.

GMELINE, Patrick de, *Les Corps Francs 39/40*, Ed. Presses de la Cité, Paris, 1983, 266 p.

GORDON Thomas, *Les Armes Secrètes de la C.I.A.. Tortures, manipulations et armes chimiques,* Ed. Nouveau Monde Editions, 2006, Paris, 455 p.

GRAMONT, Sanche de, *La Guerre secrète*, Ed. Robert Laffont, Paris, 1962, 631 p.

HELM, Sarah, *A Life in Secrets*, Ed. Abacus, Londres, 2006, 463 p.

JACQUARD, Roland, *La Guerre du mensonge, Histoire secrète de la désinformation*, Ed. Plon, 1986, 308 p.

KILCULEN, David, *The Accidental Guerilla*, Ed. Oxford University Press Inc., New York, 2009, 346 p.

KOSTOV, Wladimir, *Le Parapluie bulgare*, Ed. Stock, Paris, 1986, 236 p.

LACHEROY, Colonel Charles, *De Saint-Cyr à l'action pyschologique. Mémoires d'un siècle*, Ed. Lavauzelle, Panazol, 2003, 204 p.

LAQUEUR, Walter, *Guerilla Warfare. A Historical and Critical Study*, Ed. Transaction Publishers, Londres, 2008, 462 p.

LAWRENCE, Colonel Thomas Edward, *Les sept piliers de la sagesse*, nouvelle traduction de l'anglais, Ed. Phébus, Paris, 2009, 1054 p.

MACINTYRE, Ben, *Operation Mincemeat*, Ed. Bloomsbury, Londres, 2010, 414 p.

MACHIAVEL, Nicolas, *L'art de la guerre*, Ed. Flammarion, Paris, 1991, 278 p.

MARTIN, Alexis, *Technique de la guerre occulte*, Ed. Flammarion, Paris, 1963, 213 p.

MARTINET, Pierre, *D.G.S.E. Service Action. Un agent sort de l'ombre*, Ed. Privé, Paris, 2005, 385 p.

MORIN, Lieutenant-Colonel J.P., *Le Viol psychique*, Ed. Eboli, 1978, 127 p.

MOUNTFIELD, David, *The Partisans*, Ed. Hamlyn Publishing Group, Londres, 1979, 192 p.

NIMA, Zamar, *Je devais aussi tuer*, Ed. Albin Michel, Paris, 2003, 334 p.

OLLIVIER, Patrick, *Commandos de brousse (Rhodésie)*, Ed. Grasset, Paris, 1985, 275 p.

PORCH, Douglas, *Histoire des services secrets français*, Ed. Albin Michel, Paris, 1997, 339 p.

ROCHET, Jean, *Cinq ans à la tête de la D.S.T..*, Ed. Plon, 1985, 339p

RUNOV, Colonel Valentin et Membres Etat-major russe, *The Soviet Afghan War* (traduit du Russe), Ed. University Press of Kansas, Lawrence (U.S.A.), 2002, 364 p.

SAINT-MARC, Hélie de, *Les Champs de braises*, Ed. Perrin, Paris, 1995, 332 p.

SARDAR Ziauddin et WYNDAVIES Merryl, *Américan Dream Global Nigthmare*, Ed. Iconbooks Ltd, Cambridge, Grande Bretagne, 2004, 287 p.

SCOTT, Wimberley, *Special Forces Guerilla Warfare Manual*, Ed. Paladin Press, Boulder (U.S.A.), 1997, 201 p.

SILBERZAHN, Claude et GUISNEL, Jean, *Au cœur du secret. 1500 jours aux commandes de la D.G.S.E. (1989-1993)*, Ed. Fayard, Paris, 1999, 330 p.

SIRAMY, Pierre et LEGER, Laurent, *25 ans dans les services secrets*, Ed. Flammarion, Paris, 2010, 342 p.

STEINER, Rolf, *Carré Rouge*, Ed. Robert Laffont, Paris, 1990, 450 p.

STRAWSON, John, *Le Régiment S.A.S.*, Editions France-Empire, Paris, 1985, 295 p.

THOMAS, Gordon, *Histoire secrète du Mossad, de 1951 à nos jours*, Ed. Nouveau Monde Editions, Paris, 2006, 527 p.

TRINQUIER, Colonel Roger, *Guerre, subversion, révolution*, Ed. Robert Laffont, Paris, 1968, 285 p.

TRINQUIER, Colonel Roger, *La Guerre moderne*, Ed. La Table Ronde, Paris, 1961, 196 p.

TRONTO, Joseph J., *The Secret History of the C.I.A.*, Ed. Basic Books, New York (USA), 2001, 542 p.

VENNER, Dominique, *Westerling. Guerilla story*, Ed. Hachette, Paris, 1977, 319 p.

VOLODARSKY, Boris, *The K.G.B. 's Poison Factory from Lelin to Litvinenko*, Ed. Pen and Sword Books Ltd, Barnsley (G.B.), 2009, 288p

VOLKOFF, Vladimir, *Le Montage*, Ed. Julliard, 1982, 361 p.

VOLKOFF, Vladimir, *Petite histoire de la désinformation*, Ed. Du Rocher, Monaco, 1998, 300 p.

WEBER, Guy, *Le Katanga de Moïse Tshombe*, Ed. Louis Musin, Bruxelles, 1983, 214 p.

WEINER, Tim, *Legacy of Ashes the History of the C.I.A.*, Ed. Anchor Books, New York (USA), 2008, 812p

WOODWARD, Bob, *C.I.A., Guerres secrètes, 1981-1987*, Ed. Stock, Paris, 1987, 606 p.

INDEX

A

A.L.D.L. (Armée de Libération et de Défense Lao), 59
A.L.N. (Algérie), 248
A.L.N. (République Démocratique du Congo), 407
A.N.C., 409
A.N.S.S.I. (Paris), 282
A.P.L., 88, 407
A.U.C., 19, 42, 43, 44, 45
Abdur Rahman Khan (Emir), 331
Abidjan, 23
Abolivier (lieutenant Daniel), 422
Abwehr, 251
Action Civique Rurale, 411, 415
Action psychologique, 61, 66, 74, 80, 81, 82, 88, 92, 95, 99, 100, 101, 104, 105, 176, 182, 183, 205, 206, 207, 208, 213, 215, 216, 217, 219, 224, 228, 232, 233, 243, 244, 246, 253, 255, 259, 285, 311, 322, 341, 412, 414, 418, 444
Adrar (forêt de l'), 249
Aéroglisseur, 136
AeroVironment, 291
Afghanistan, 14, 21, 22, 49, 193, 240, 271, 277, 287, 289, 290, 291, 293, 296, 305, 320, 323, 324, 325, 326, 327, 328, 329, 331, 333, 334, 335, 336, 337, 474
Agbarabo (Congo), 39
Air Group Aid Service, 464
Aït-Ahmed (Hocine), 57

Al-Qaïda, 290, 321, 324, 327, 329, 330, 331, 335, 337
Algérie, 28, 29, 31, 33, 57, 59, 152, 205, 246, 248, 271, 303, 304, 318, 320, 419, 420, 422, 425, 447
Alikozai (Afghanistan), 328
Allemagne, 29, 32, 250, 265
Alper (Art), 271
Ames (Aldrich Hazen), 255
Amirouche (Aït Hamouda), 246, 247, 318
Andhra Prahesh (Etat d'), 341
Angleterre, 59, 271
Angleton (James J.), 255
Angola, 22, 27, 31, 32, 33, 408, 474
Anjouan (Rép. Islam. Comores), 34
Anthropoïde (Opération), 225
Aozou (bande d'), Tchad, 28
Aponte (Hector), 47
Apurimac (rivière), 45, 47
Arango (Luciano Marin), alias Iván-Marquez, 40
Arequipa, 45
Armée de l'Etat Shan-Nord, 54-55
Armée de l'Etat Shan-Sud, 53
Armée Révolutionnaire Unie de l'Etat Shan, 53
Arzew, 304
Ashaninka (tribu des), 48
Assam, 340, 341
Astramar, 272
Aung San (général), 56
Aurica, 42
Avital (mont), 282
Ayrolles, 435

B

B.A.E. Systems (Grande-Bretagne), 300
B.C.R.A., 59
Bắc Cạn (Viet Nam), 63
Badakshan (Afgh.), 49
Badr City (Bagdad), 185
Bagdad (Irak), 185, 294, 321, 329
Bahnar (ethnie), V.N., 312, 436
Bai Suo Qian, 52
Bakongo (ethnie), 406
Baluba (Katanga), 312, 404, 407, 409
Balubakat (Katanga), 404, 407, 408
Balunda (Katanga), 312
Ban Co Tonh (V.N.), 431
Ban Mê Thuột, 436
Bandoeng, 280
Bank (major Aaron), O.S.S., 468
Bảo Chín Đoàn, 432
Bao You Xiang (Birmanie), 51
Bảo-Đại, 432
Barakzai, 328
Barelvite, 330
Barr (Aaron), 281
Barracuda (Opération), 252
Basra (Irak), 185
Bassaev (Chamil), 15
Bataillon Colonial de Sibérie, 449
Bazin (capitaine Guy de), 434, 435
Belgique, 29, 33, 408
Belkacem (Krim), 248
Belleux (colonel Maurice), 425
Bellounis (Mohammed Ben Lounis dit), « général », 318
Beltrán (Pablo), 42
Bemba (Jean-Pierre), 405
Ben Abderrazak Hamouda (alias Si El-Haouès), 247
Ben Ali Deghine (alias Lofti), 247
Ben Bella (Ahmed), 57
Ben Boulaïd, 57
Ben Laden (Oussama), 22, 23, 290, 334, 335, 336

Ben Rabeh Mohamed Zamoun (alias Si Salah), 247
Bến Tre, 436
Bental (Mont), Israël, 282
Berengo (palais de), 252
Beria (Lavrenti), 279
Biafra, 23, 27
Bichelot (capitaine René), 434
Bickford (cordon), 274, 361
Bigeard, 249, 304, 440, 457
Bihar, 339, 340
Bình Xuyên, 437
Birmanie (Myanmar), 14, 21, 34, 50, 51, 53, 55, 56, 57, 342, 351, 436
Bitat (Rabah), 57
Bleuîte (Algérie), 247, 248, 318, 399
Bluechel (major Herbert J.), O.S.S., 467
Bo Mya (général), 56
Bollaert (Haut commissaire), 453
Bonard (amiral Louis Adolphe), 446
Bosnie, 31, 287, 293
Boston Dynamics, 294
Bou Saâda (Algérie), 247
Bougara (Ahmed), alias Si M'Hamed, 247
Brandebourg (Unité), 83
Brazzaville, 405, 406
Brésil, 33
Brigades Urbaines, 181, 182, 183
Briggs (Sir Harold), 303
Broz (Josip), dit Tito, 63
Bruge (colonel André), 304
Bucarest, 24
Buckmaster (lieutenant-colonel Maurice), 59
Budapest, 185
Bùi Quang Chiêu, 449
Bùi-Chu, 429
Bula Nyati (Antoine), 406
Bulgarie, 28, 59
Burundi, 31, 403, 404, 405, 407
Bush (George W.), 14, 24, 100, 101, 279, 320, 322

C

Caban (Opération), 252
Caire (Le), 23
Camargue (Opération), 459
Cambodge, 88, 438, 451, 461, 474
Camp Glilot (Israël), 282
Cán Bộ, 427
Cao Phong, 432
Castaño (Carlos), 43, 44
Castaño (Vicente), 44
Castro (Fidel), 214, 215
Cát Bi (V. N.), 179
Cauca, 40
Célèbes, 21
Cercottes, 22
Cerrón Cardozo (Florentino), 47
Chamorro Acosta (Eliécer Erlington), alias Antonio Garciá, 42
Chang Chi Fu (Khun Sa), 53
Chang Fa Kwei (maréchal), 463
Chaplin (Charlie), 101
Charia, 327, 329, 330, 332
Charner (amiral Léon Victor), 446
Chau Quan Tinh (Opération), 431
Che Guevara (Ernesto), 407
Cheikh, 313
Cheney (Dick), 101
Chennault (général Claire), 464
Chhattisgarh, 339, 340, 343
Chin, 51, 55, 442
Chính Trị Viên, 427
Chủ Lực, 18, 429
Chu Văn Tấn, 453, 465
Clinton (Hillary), 332
Côc Lêu, 431
Cogny (général René Cogny), 441
Conakat (Katanga), 407
Conein (major Lucien), 438
Congo (République Démocratique du), 19, 27, 33, 38, 388, 390, 392, 403
Connasse (lieutenant Emile R.), 467
Coran, 327, 329, 422

Corcosteguy (capitaine), 435
Crèvecœur (colonel Jean Boucher de), 434
Củ Chi, 64
Curare, 279, 365, 384

D

Dadullah (Akhun), 50, 59, 336, 337
Dadullah (Mansour), 50, 328
Đại Cồ Việt, 443
Đại Đoàn, 429, 440
Đại-Đội, 429
Daniels (Jerry), 436
De Gaulle (général Charles de), 27, 186, 421, 463
Đề Thám, 446
Decoux (amiral Jean Decoux), Gouverneur général, 451, 461, 462
Deer Team (O.S.S.), 32, 453, 465, 466
Delouvrier (Paul), 421
Denard (Bob), « colonel », 408
Đèo Văn Anh, 462
Đèo Văn Long, 431, 462
Đèo Văn Mun, 462
Deobandistes, 330
Desfarges (capitaine Alexandre), 434, 435
Détachement 202 (O.S.S.), 463
Devia Silva (Luis Edgar), alias Rául Reyes, 41
Dewey (lieutenant-colonel Albert P.), 467
Địch Vận, 105, 207, 426, 427, 429, 444
Đinh Công Thuận, 431
Đỗ Hữu Chẩn (colonel fr.), 448
Đỗ Hữu Vị (officier fr.), 448
Đốc Phủ Sứ, 453
Đong Khê, 423
Đông Triều, 424
Du Kích, 17, 66, 69, 105, 425, 426, 427, 428, 429
Ducoroy, 461

Dupuis (Jean), 446
Durand (Ligne), 331
Durrani, 327, 328

E

E.L.N. (Colombie), 42, 43, 44, 48
E.N.I. (Italie), 33
Egypte, 24, 28, 83
Eitingon (général Nahoum), 279
El-Sadate (Anouar), 83
Elbit Systems Ltd (Haïfa-Israël), 291
Enigma, 201
ENOSIS (Grèce), 31
Equateur, 41, 364
Etats-Unis, 14, 49, 59, 214, 271, 281,
    295, 296, 300, 323, 334, 335, 453,
    457, 460, 464, 466

F

F.A.R.C.-EP (Colombie), 39
F.L.N.(Algérie), 29, 31, 33, 58, 247,
    271, 304, 421, 425
F.S.B. (Russie), 84, 271
F.T.P., 186, 199
Fabien (Pierre Georges alias),
    colonel, 199
Farewell (Affaire), 255
Faulques (commandant Roger), 408
Fay Dang Lo, 433
Fazal-El-Barelvi, 330
Fenn (lieutenant Charles), 464
Field (Noël), 249
Fiorini (Franck Angelo), 214
Firescout (MQ8B), drône hélicop-
    tère, 293
Fleet (général James A.), 59
Florés Hala (Florido Eleuterio), dit «
    Camarade Artémio », 47
Fontainebleau (Accords de), 20, 454
Force Rebelle de Résistance
    (Birm.), 53
Forces Rhés Libres, 436

Foukien (Chine), 25
France, 22, 27, 28, 29, 32, 33, 37, 58,
    59, 78, 129, 199, 213, 252, 255, 271,
    282, 291, 312, 314, 320, 347, 408,
    421, 422, 423, 424, 425, 429, 430,
    432, 433, 434, 435, 437, 438, 439,
    441, 442, 445, 446, 447, 448, 450,
    451, 452, 453, 454, 455, 457, 458,
    461, 462, 463, 464, 465, 466, 467
Francfort, 272
Franco (général Francisco), 32
Freetown (Sierra Leone), 38
Friedenthal (commando), 83
Fritsch (général Werner Freiherr
    von), 250
FROLINAT (Tchad), 23, 28
Frontier Crime Regulation, 332
Fujimori (Alberto), président, 46
Fushë-Krujë (Kosovo), 34

G

G.A.M.O., 347, 432, 433
G.C.H.Q. (G.-B.), 281
G.C.M.A. (Indochine), 246, 307, 317,
    430, 434, 435
G.M.I. (Indochine), 317, 430, 435
G.P.R.A. (Algérie), 247
Gabon, 32
Gaifa (général), 55
Gakayev (Khusein), 15
García Fernández (Carlos Mauricio),
    alias Rodrigo Franco, dit « Double
    zéro », 43
Gbenye (Christophe), 405, 406, 407
General Atomics (Sté), 291
Geronimo (Opération), 342
Giáp (général Võ Nguyên), 440, 444,
    453, 463, 465, 466
Gillet (colonel Jean), 409
Gizenga (Antoine), 406
Godard (colonel Yves), 246
Golan (hauteurs du), 282

Gonzalo (« Président »), 45, 46, 47, 48
Gorumba (Rép. Dém. Congo), 39
Gottelieb (Dr. Sidney), 280
Gracey (général Sir David Douglas), 466, 467
Grall (lieutenant-colonel Edmond), 317
Grèce, 31, 59, 251
Grivas (colonel Georges), 31
Groupe de Renseignements et d'Exploitation (Alger), 246
Groupe Mobile, 424
Grozny (Tchétchénie), 15
Guantanamo, 24
Guinée Equatoriale, 34
Guizhou (Chine), 202
Gunhtang (général Gam Shawng), 52
Guojong (commandant), 51
Guzman Reynoso (Abimaël), 45

H

H.B. Gary Federal (Sté), 281
Hà Giang (rivière), 443, 456
Hạ Long (baie d'), 453
Hà Nội, 59, 88, 127, 178, 182, 397, 424, 433, 441, 443, 444, 445, 446, 447, 449, 450, 451, 453, 465, 466
Hà Tĩnh (V.N.), 447
Hadiths, 327
Hadj (Messali), 59
Haganah, 31
Hải Phòng, 179, 397, 424
Haitham-Al Yemeni, 290
Haji Lalai (commandant), 50
Hàm Nghi (empereur), 446
Hambourg, 272
Haoussas, 27
Haqqani (Badruddin), 337
Haqqani (Jalaluddin), 23, 320, 321, 325, 334
Haqqani (Khalifa Sirajuddin), 325, 337
Hart (Howard Phillips), 22
Hébert (capitaine René), 430

Hellfire, 23, 290, 291, 292
Helmand (Afgh.), 49, 327, 328, 336
Hémas, 39
Hentic (capitaine Pierre), 436
Hérat (province d'), Afgh., 49
Heydrich (Reinhard), 225
Hezb-e-Islami, 22, 23, 334
Hezbollah, 31
Hirondelle (Opération), 423
Hkawnglanghpu, 53
Hkun Okker, 54
Hkun Thurein, 54
Hồ Chí Minh, 14, 20, 32, 59, 63, 424, 425, 447, 449, 451, 453, 454, 463, 464, 465, 466
Ho Chung Ting, 51
Hòa Bình, 130, 432
Hòa Hảo, 437
Hoagland (Paul), 465
Hoàng Quỳnh (Père), 429
Hoàng Tsé Lung, 430
Holland (major Charles M.), O.S.S., 453, 465, 468
Hollande, 29
Homong, 53
Honduras, 32
Hseng Home Guard, 55
Huallaga (Pérou), 45, 47
Huelva (Espagne), 251
Huỳnh Phú Sổ, 437

I

I.R.A., 30, 40
Ibos (Nigéria), 27
Inde, 19, 33, 55, 325, 326, 330, 331, 339, 342, 435, 445
Indonésie (Rép. d'), 21, 280
Ingouchie (Caucase), 16
Iparraguirre (Elena), 46
Irak, 13, 14, 18, 19, 21, 31, 123, 185, 193, 194, 277, 287, 291, 293, 294, 295, 296, 305, 320, 321, 323, 329, 337, 473

Irgoun (Zwaï Leumi), 31, 104
Islamabad, 22
Israël, 31, 281, 291, 318, 474
Ituri, 39, 387, 405
Itzharkzai (tribu), 328

J

Jakarta (Indonésie), 21
Jamiat-e-Islami, 22
Japon, 48, 296, 447, 455
Jeubakat (Katanga), 407, 408
Jiao Wei (colonel), 51
Jiménez (Timoléon), alias Rodrigo
  Londoño Echeverri, dit « Timo-
  chenko », 40
Joint non lethal directorate, 300
Joxe (Louis), 422

K

K.A. (Armée Karenni), 53
K.D.A. (Birm.), 52
K.G.B., 271
K.N.P.L.F. (Birm.), 54
K.N.P.P. (Birm.), 54
Kabardino-Balkarie, 16
Kabila (Laurent-Désiré), 33, 406,
  407, 408
Kaboul, 22, 24, 290, 327, 333, 335, 337
Kachin (Birm.), 51, 52
Kadyrov (Akhmat), 15
Kadyrov (Ramzan), 15
Kalenjins (Kénia), 312, 393, 394
Kali (Birm.), 55
Kalonji (Albert), 404, 407, 408, 409
Kandahar (Afgh.), 49, 240, 327,
  328, 333
Kanza (Thomas), 406
Karatchaevo-Tcherkessie, 16
Karen, 21, 51, 56, 57
Karzai (Hamid), 327, 328
Kasa-Vubu (Joseph), 406
Kasaï, 405, 407, 408, 409

Katanga, 23, 27, 33, 312, 388, 405,
  407, 408, 409
Kawnghka, 52
Kenya, 303, 312, 393
Kétin Vidal (général Antonio), 46
Khaled, 247
Kham Thaung, 53
Khan (Ismael), 49
Khang Khay (Laos), 434
Khmers rouges, 88
Khost, 324, 328, 333, 335, 336, 337
Khrouchtchev (Nikita), 279
Khu Htae Bu Peh, 54
Khurram (Agence de), 325
Kiangsi, 25
Kilo-Moto (Rép. Dém. Congo), 39
Kinh (V.N.), 312, 425, 430, 432, 436,
  454, 457
Kinshasa, 33, 280, 405, 408, 409
Kivu, 405, 407
Koh Chang, 461
Kokang, 51
Konduz (Afgh.), 49
Kono (district de), 38
Kosovo, 34
Kuo Min Tang, 25, 450

L

La Grandière (amiral Pierre-Paul-
  Marie de), 446
Lacheroy (lieutenant-colonel
  Charles), 304
Lai Châu, 431, 456, 462
Lai Văn Sang, 438
Lair (colonel James William, 436
Lâm Thành Nguyên (général), 437
Lạng Sơn, 423, 461
Lansdale (colonel Edward),
  O.S.S., 437, 438, 468
Lansky (Meyer), 214
Lào Cai, 430
Laos, 50, 289, 312, 320, 342, 351, 433,
  434, 435, 436, 451, 461, 468

Lasang Awng Wa (colonel), 52
Lasang Awng Wa Peace Group, 52
Lattre de Tassigny (maréchal Jean de), 17, 320, 424
Laukkai (Birm.), 52
Lawrence (Vincent), 436
Layawk Zelum, 52
Lê Hữu Tài, 438
Lê Hữu Từ (Mgr Tađêô), 429
Lê Lợi, 444
Lê Văn Tất (colonel), 437
Lê Văn Viễn (général), 437
Léa (Opération), 63
Léger (capitaine Paul-Alain), 246, 318, 399
Lénine, 47, 279, 449
Léopold (Marcel), 271
Léopoldville, 280, 409
Leroy(colonel Jean), 436
Lewes (John « Jock »), 83
Li Hsarm Nab, 51
Li Mi (général), 50
Li Zu Ru, 51
Liban, 31, 318
Libéria, 19, 33, 38, 387, 400, 401, 402, 403
Libye, 23, 28, 57, 178
Lima, 46, 48
Linarès (François Jean Antonin Gonzalez), 17
Lisu (Birm.), 53
Liu Go Shi, 52
Lobban (Iain), 281
Loi Mao (général), 55
Long Yun, 466
Longue Marche, 25
Lou Han (général), 461, 466
Loubianka, 279
Luanda, 32
Lubaya (A.), 407
Lumbala (Roger), 405
Lumumba (Patrice), 27, 280, 405, 406, 407

Lundu (ethnie), 39
Luos (ethnie), 312, 393, 394
Lý Bôn, 443
Ly Séo Nung (lieutenant), 431
Lý Thái Tổ (empereur), 443

M

M.I.R. (Pérou), 48
M.L.C. (Rép. Dém. Congo), 38
M.N.A. (Algérie), 248
M.N.D.A.A. (Birm.), 51
M.N.L.A. (Birm.), 55
M.P.D.F. (Birm.), 55
M.P.L.A. (Angola), 27
M.R.T.A. (Pérou), 48
M.T.L.D. (Algérie), 57, 59
M.V.D., 279
M'Nong (ethnie), 312, 436
Macarena (Sierra de la), 63
Machiavel (Nicolas), 9
Maestra (Sierra), 214
Maghzen, 420, 421
Mahdi, 31, 185, 322
Mahiouze (Hacène), 247, 318
Mahtu Naw, 52
Mairanovsky (Dr Grigory Moïssevitch), 279
Maktab al-Khadamat, 22
Malaisie (Malaya), 303, 352, 361
Malik, 332
Man (ethnie), 431
Mancuso Gómez (Salvatore), alias El Mono Mancuso ou Santander Lozada, 44
Manerplaw (Birm.), 56
Maniéma (province de), 406, 407
Manioc, 363, 384, 385
Manipur (Etat de), 340
Mao Tsé-toung, 18, 25, 28, 45, 47, 50, 91, 185, 339, 423, 454, 459, 466
Marín y Marín (Pedro Antonio), alias Manuel Manuranda Vélez, dit « Tirofijo », 39

Maroc, 23, 24, 28, 248, 422
Martin (William Bill), 251
Marx (Karl), 47
Massoud (commandant
  Ahmed Chah), 22
Mattei (Enrico), 33
Mau Mau (Kenya), 393
Mbunda (ethnie), 406
Mellah (Ali), alias Si Chérif, 247
Méo, 312, 430, 431, 433, 434, 435
Mercure (Opération), 432
Merom Golan (kibboutz), 282
Mexique, 214
Milice patriotique, 61
Mincemeat (Opération), 251
Mizoram (Etat de), 340
Mobutu (Joseph-Désiré), 406, 407, 408
Mohammed Omar (mollah), 49, 327,
  335, 336, 337
Moldavie, 28
Mollendo, 45
Mon (Birm.), 51
Móng Cáy, 432, 456
Mong Hsat (Birm.), 50
Mong Tai (Birm.), 53
Mongkhurh (Birm.), 55
Montesinos (Vladimiro), 46
Montoya (Mario), 44
Morantes (Luis Alberto), alias Jacobo
  Arénas, 40
Morice (Ligne), 152
Morsures de serpents, 354, 356,
  358, 383
Motsepé (Godfrey), 27
Mourmansk, 252
Moutet (Marius), 20
Mozambique, 31, 474
Mugabe (Robert), 31
Muke Masaku (général Norbert), 408
Mukwidi (Thomas), 407
Mulelé (Pierre), 406
Munongo (Godefroy), 408

Muñoz Ortiz (Manuel de Jesús),
  alias Iván Ríos, alias José Juvenal
  Velandia, 41
Muong Hiem (Laos), 435
Murillo Bejanaro (Diego Fernando),
  alias Don Berna, dit Adolfo Paz, 44
Mwambutsa IV, 31
Mỹ Lai, 102
Myanmar. Voir Birmanie

N

N.D.A.-K. (Birm.), 52
N.K.V.D., 279
Nagaland (Etat de), 340
Nai Aung Naing (général), 55
Nai Htaw Mon, 55
Nai Shwe Kying, 55
Nam Cat, 431
Nam Ka (rivière), 51
Nam-Định, 429, 432
Namibie, 31
Nangarhar (Afgh.), 49
Nassery (Mirza Mohammed), 49
National Cyber Investigative Joint Task
  Force, 281
Naxalites, 19, 339, 340, 341, 343
Ngô Đình Điệm, 438
Ngô Đình Nhu, 450
Ngoy (major Marcel), 407
Nguema (Téodoro Obiang), 34
Nguyễn Ái Quốc, 449
Nguyễn Bình, 438
Nguyễn Gíac Ngộ (général), 437
Nguyễn Sinh Cung, 449
Nguyễn Thái Học, 450
Nguyễn Thành Phương (général), 437
Nguyễn Văn Xuân (général), 453
Nicaragua, 32
Nietzsche (Friedrich), 14
Ninh Giang, 127
Ninh-Bình, 424, 429

Nord-Kayah (Etat du), 54
Northrop Grumman, 293

O

O.S.S., 32, 424, 453, 463, 464, 465, 466, 467, 468
O.T.A.N., 77, 336
Obaidullah (mollah), 59
Oiseau Bleu (Opération), 248
Olenga (Nicolas), 406, 407
Omar (mollah Mohammed). Voir Mohammed Omar (mollah)
ONERA, 291
Oran, 57
Orang Asli, 361, 363, 365
Osamni, 59
Ouganda, 33, 387, 388, 389, 390, 395, 403
Oumarov (Dokou), 15
Oussedik (Omar), 247
Oussman (Abou), 15

P

P.A.N.A.F., 123, 124, 174, 175, 176, 177
P.N.F. (Birm.), 53
P.N.L.O. (Pa O), 54
P.P.L.O. (Pa O), 54
P.S.L.A. (Birm.), 53
P.S.L.O. (Birm.), 53
Pa Kha, 430
Pa Lao (V.N.), 431
Pác Bó, 424, 451, 463, 464, 465
Pacha Khan Zadran, 49, 336
Pachtounes, 49, 323, 324, 325, 326, 327, 328, 329, 330, 331, 332
Pakistan, 22, 49, 50, 59, 290, 324, 325, 328, 330, 331, 332, 334, 335, 336, 343
Palaung (Birm.), 51, 53
Palestine, 104

Palmera Pineda (Juvenal Ovidio Ricardo), alias Simón Trinidad, dit « Frédérico Bogota », 41
Palong (Accords de), 56
Pang Fah (général), 54
Pang Wa, 52
Panghsang (Birm.), 51
Para-commandos, 76, 341, 343, 345, 346, 347, 351, 352, 368, 370, 371, 372, 378, 379, 380, 381, 382, 407
Paris, 27, 37, 38, 185, 186, 199, 282, 424, 425, 444
Parra (Jaime Alberto), alias Mauricio Jaramillo, alias Wilson Valdemarra Cano, dit « El Médico », 40
Pathet Lao, 59, 434, 435, 436
Patti (major Archimedes L.A), O.S.S., 453, 464, 465, 466
Paung Khay (général), 53
Pendé, 406
Peng Jia Fu, 51
Peng Jia Sheng, 51, 52
Pérez Martínez (Père Gregorio Manuel), alias Poliarco, dit « El cura Pérez », 42
Peters (capitaine John), 407
Petraeus (général David H.), 15, 185, 321, 322
Pha Long, 430
Phạm Công Tắc, 437
Phạm Ngọc Thạch (Dr), 467
Phan Bội Châu, 447
Phát-Diệm, 429
Philby (Kim), 255
Philippeville, 304
Phong Thổ (V.N.), 431, 462
Phú Thọ, 141
Pigeons voyageurs, 202
Pike (John), 295
Piranhas, 364
Plan de Constantine, 421
Polay Campos (Victor), alias « Commandante » Rolando, 48

Pologne, 24, 250
Ponwar (général de brigade Basant Kumar), 340
Popalzai, 327, 328
Poshepny (Anthony Alexander), 436
Poutine (Vladimir), 15
Predator (drone), 23, 63, 290, 291
Project Embankment, 467
Puchert (Georg), 272
Putao (Birm.), 53
Puy-Montbrun (capitaine Déodat du), 307

Q

Quân Báo, 425
Quảng Ngãi (V.N.), 246
Quilichini (lieutenant-colonel Robert), 461
Quispe Palomino (Victor), alias « Camarade José », 48

R

R.D.C., 280, 405, 406, 408
R.D.C./N, 405
Rabbani (Burhanudinn), 22
Rachid (Ajaoud), 247
Radouev (Salman), 15
Rahman (général Akhtar Abdul), 22
Ral Hnin (colonel), 55
Ramírez (Óscar), alias Camarade Feliciano, 47
Raven (drone), 291
Reaper (drone), 63, 290, 291
Reeve (lieutenant), O.S.S., 468
Remanta (drone), 291
Renseignement (Service du), 40, 83, 99, 182, 183, 211, 217, 223, 241, 261, 341, 344, 427, 465
République espagnole, 32
Rhade (ethnie), 312, 436
Rhodésie, 31

Richmond (Tawplo), 53
Rigault de Genouilly (amiral Charles), 445
Río Ene, 48
Rivière (capitaine Henri), 446
Robertson (Pat), 38
Rodríguez Bautista (Nicolás), alias Gabino, 42
Rol-Tanguy (colonel Henri), 186
Roosevelt (Archibald), 279
Roosevelt (Franklin D.), 461, 463
Rösselsprung (Opération), 63
Roumanie, 59
Rừng Sát, 437
Rwanda, 33, 312, 387, 403, 404, 405

S

S.K.Z., 145
S.N.P.L.O. (Pa O), 54
S.O.E., 59, 253, 435
S.S.P.P. (Etat Shan), 55
Sa Đèc, 437
Sa Pa, 431
Sáenz Vargas (Guillermo León), alias Alfonso Cano, dit « El Ciego », 40
Sai Lu (général), 53
Saïgon, 128, 156, 185, 437, 438, 441, 445, 449, 451, 467
Saigon Military Mission, 468
Sainteny (commandant Jean), 454, 465
Salafistes, 15, 327, 329, 330
Salan (général Raoul), 17, 430
Salwa Judum (Inde), 340, 343
Sandar (Birm.), 54
Sankoh (Foday), 38, 400
Santos (Oscar), 42
Saras (ethnie), 28
Sardaigne, 251
SAS, 344, 352, 419, 420, 421, 422
Sassi (capitaine Jean), 434, 435
Savani (Antoine), commandant du 2e Bureau, Saïgon, 437, 438

Savimbi (Jonas), 22, 27, 32
Saw Mah Rew (Birm.), 54
Saw Shew (Birm.), 53
Scheider (Scheider), 280
Schramme (colonel Jean), 408
Sections Administratives Spécialisées. Voir SAS
Sécurité extérieure, 241, 243, 244, 245, 246, 249, 254, 256, 257, 261, 266
Sécurité intérieure, 241, 244, 246, 252, 255, 256, 257
Sedang (ethnie), 312, 436
Seeckt (général Hans von), 25
Sendwé (Jason), 407
Sentier Lumineux, 45, 46, 47, 48
Sentinel (drone), 291, 292
Sept Pagodes (V.N.), 127
September (Dulcie), 27
Service de Santé, 191, 219, 221, 314, 425
Service Extractions, 72, 83, 217, 222, 223
Servier (Jean), 248
Shan (Etat), 50, 52, 53, 54
Shaw (lieutenant pilote Rudolph), 464
Sheikh-ul-Islam, 330
Sherzai (Gul Agha), 49
Siao Wen (général), 463
Sichuan (Chine), 202
Sicile, 251, 252
Sinchis, 46
Sinkiang (Chine), 202
Skorzeny (commandant Otto), 83, 253
Skylark 1 (drone), 291
Smith (Ian), 31
Sơn Tây (V.N.), 127
Soudoplatov (général Pavel Anatolye-vitch), 279
Soumialot (Gaston), 405, 406, 407
Souphanouvong (prince Chao), 59
Soustelle (Jacques), 248, 419
Special Technical and Economic Mission (STEM), 468

Spectre (avion AC 130 H.P.), 147, 148, 150, 151, 152, 153, 154, 156, 157, 158, 160, 161, 162, 164, 166, 167, 168, 169, 171, 172, 174, 175, 176, 178, 290, 473
Spetsnaz, 78
Staline (Joseph), 101, 249, 250, 279
Stalingrad, 185
Stanleyville, 387, 405, 406, 407
Sterling (David), 342
Sturgis (Franck Anthony), 214
Suárez Rojas (Víctor Julio), alias Jorge Briceño, dit « Mono Jojoy », 40
Suchowljansky (Meyer). Voir Lansky (Meyer)
Sud-Waziristan, 50, 59, 325, 327, 331
Sui Khar (Dr), 55
Suisse, 58
Swe War (major), 54
Swiato (Josef), 249

T

Ta Hsang (commandant), 51
Ta Hsong (commandant), 51
Ta Marn (commandant), 51
Tadjiks, 327, 331, 337
Tai Chin Quay, 430
Taiwan, 28, 460
Taliban, 49, 50, 59, 240, 323, 324, 325, 326, 328, 329, 330, 331, 332, 333, 334, 335, 336, 337
Tân Sơn Nhứt (V.N.), 156
Tân Trào (ex-Kim long), 465
Tanggu Dang, 53
Task Force 373, 333
Tavernier (capitaine Christian), 408
Tây Ninh, 437
Taylor (Charles Ghankay), 38, 400, 401, 402
Tchang Kaï-chek, 28
Teherik Nifaz-E-Shariat-Muham-madi, 326

Teherik-e-Taliban Pakistan, 50, 325
Tết, 185
Thái (ethnie), 312, 430, 431
Thái Hoàng Minh colonel), 438
Thái Nguyên, 465, 466
Thái-Bình, 429, 432
Thaïlande, 50, 51, 57, 289, 435, 436
Thallium, 265, 273, 279
Thân Yuên, 431
Thất Khê (V.N.), 423
Thổ (ethnie), 312
Thomas (major Allison),
    O.S.S., 32, 453, 465
Thuân Châu, 430
Ti Hsawng, 54
Tiao Say Kham, 435
Tibet, 202
Tiểu Đoàn Khinh Quân, 439
Tigres tamouls, 339
Tito. Voir Broz (Josip)
Toncel Redondo (Milton de Jesús),
    alias Joaquín Gómez, alias Usuriaga,
    dit « El Negro », 40
Torres Restrepo (Camilio), 42
Toubous, 28
Touby Li Foung, 434
Trafficante (Santo), 214
Trân Đinh Vy (sergent-chef), 425
Trần Hưng Đạo (général), 443
Trần Trọng Kim, 452
Trần Văn Giàu, 467
Trân Văn Soái (général), 437
Transnistrie, 28
Tripoli (Libye), 23
Trưng-Nhi, 442
Trưng-Trắc, 442
Trường Chinh, 454
Tshombe (Moïse), 27
Tunis, 247
Tupac Amaru, 46
Tuyên-Quang, 465

U

U.D.M.C., 436
U.S. Cyber Command, 281
U.W.S.A. (Etat du Wa, Birm.), 51
Ukraine, 28
Ulster, 19, 31
UNITA, 22, 23, 27, 32
Unité 8200 (Israël), 281
Uribe (Alvaro), 44
Uribe (Mario), 44
Urim, 282
URSS, 32, 255, 335, 476
Uruzgan (Afgh.), 49

V

V.N.Q.D.Đ (V.N.), 450, 451, 462
Vafiadis (Markos), 32
Văn Thành Cao, 437
Vandenberghe (adjudant-chef Roger),
    88, 425
Vandewalle (colonel Frédéric), 406,
    407, 408
Vang Pao (général), 435, 436
Vargas (Ramiro), 42
Varsovie, 38
Vásquez Castaño (Fabio), 42
Venezuela, 41, 42, 45
Vetrov (colonel Vladimir Ippolito-
    vitch), K.G.B., 255
Việt Công, 13, 64, 133, 185, 286, 342
Việt Minh, 13, 17, 32, 69, 188, 224,
    286, 312, 317, 397, 398, 423, 424,
    425, 426, 429, 430, 431, 432, 433,
    434, 436, 437, 438, 439, 440, 452,
    462, 463, 464, 465, 467, 468, 476
Việt Nam, 21, 59, 66, 88, 101, 102,
    133, 136, 156, 185, 205, 271, 287,
    288, 289, 296, 312, 320, 423, 424,
    438, 442, 445, 447, 449, 450, 451,
    453, 454, 455, 458, 466, 467, 468
Việt Trì, 130

Vinh, 59, 433
Vinogel, 191
Võ Văn Diêu (capitaine), dit Ba Gà Mồ, 437
Vòng A Sáng (colonel), 432
Vychinski (Andreï), 249

W

Wahhâbistes, 330
Wahutu (ethnie), 31, 312, 387, 404, 405
Warang (ethnie), 53
Watutsi (ethnie), 31, 312, 387, 404, 405

TABLE DES MATIÈRES

1. AVANT-PROPOS 13
2. INTRODUCTION 17
3. GÉNÉRALITÉS 19
4. RESSOURCES ET FINANCEMENTS 29
5. MISE EN PLACE DES BASES 61
6. STRUCTURE DES UNITÉS 71
7. RELATIONS ENTRE LES COMBATTANTS 87
8. RELATIONS AVEC LES POPULATIONS RURALES 91
9. CODE DE JUSTICE DE LA GUÉRILLA 95
10. PRISONNIERS ENNEMIS 99
11. ACTION EN ZONE RURALE 105
12. OBJECTIFS D'ACTIONS OFFENSIVES 109
    12.1. PATROUILLE DE ROUTINE 109
    12.2. PATROUILLE EN PROFONDEUR 115
    12.3. CONVOI ROUTIER EN PAYS TROPICAL 119
    12.4. CONVOI ROUTIER EN VILLE OU EN RASE CAMPAGNE 123
    12.5. CONVOI FLUVIAL 127
    12.6. LE POSTE 139
    12.7. BASE AÉRIENNE 147
13. BRIGADES URBAINES 181
14. COMBATS DE RUE 185
15. COMMUNICATIONS 200
16. ACTION PSYCHOLOGIQUE 205
17. SERVICE DE SANTÉ 219
18. SERVICE « E » (EXTRACTIONS) 223
19. SERVICE DU RENSEIGNEMENT (S.R.) 241
    19.1. SERVICE DE SÉCURITÉ EXTÉRIEURE 243
    19.2. SERVICE DE SÉCURITÉ INTÉRIEURE 255
    19.3. SERVICE D'INFORMATIONS GÉNÉRALES 259
    19.4. DIRECTION DES BRIGADES URBAINES 261
    19.5. SERVICE ACTION 263
20. SERVICE FARCES ET ATTRAPES 271
21. GUERRE CYBERNÉTIQUE 281
22. AVENIR DE LA GUÉRILLA 287
23. CONTRE-GUÉRILLA 303
    23.1. EN ZONE TRIBALE 305
    23.2. DANS LA JUNGLE 339
    23.3. EN AFRIQUE SUBSAHARIENNE 387
    23.4. L'ACTION CIVIQUE RURALE 411
    23.5. LIMITES DE LA CONTRE-GUÉRILLA 423
24. ANNEXES 469
    24. ANNEXE 1 : LE MISSILE SA-7B (STRELA 2M) 469
    25. ANNEXE 2 : LES MINES ANTIPERSONNEL 474
BIBLIOGRAPHIE 477

Ce livre
édité par François-Xavier d'Hautefeuille
est le cent-vingt-sixième
publié sous la marque « Editions de Chiré »

www.chire.fr

Achevé d'imprimer en Août 2012
Dépôt légal : N° 1969